Inhalt

Das Buch

Er wanderte nach Amerika aus und kehrte zweimal wieder heim, er war Straßenbahnschaffner, erhielt den Nobelpreis, wurde noch im Jahre 1941 von Hitler empfangen und nach dem Krieg in eine psychiatrische Anstalt gesperrt. Vor allem aber war er ein Dichter. »Ernest Hemingway versuchte so zu schreiben wie er«, berichtet die ›Sunday Times‹, »Henry Miller nannte ihn den ›Dickens meiner Generation‹. Isaac Bashevis Singer verkündete, die ganze moderne Erzählweise des zwanzigsten Jahrhunderts gehe auf ihn zurück.« Und doch weiß man über Knut Hamsun meist nur, daß er die Romane ›Hunger‹ und ›Segen der Erde‹ geschrieben und seine Landsleute im Zweiten Weltkrieg aufgefordert hat, mit der deutschen Besatzungsmacht zusammenzuarbeiten. Lange Zeit wurde dadurch eine unvoreingenommene Auseinandersetzung mit Hamsuns Leben und Werk verhindert – einem beinahe hundert Jahre umspannenden Leben, das geprägt ist von Widersprüchen. Nun liegt die große zusammenfassende Biographie dieses Schriftstellers vor und berichtet von einem umfangreichen und vielschichtigen Œuvre, das von pantheistischen, naturmystischen Visionen über psychologische Analysen bis zur zivilisationskritischen Botschaft alle großen Topoi des zwanzigsten Jahrhunderts aufnimmt und gestaltet und inzwischen zum klassischen Bestand der modernen Literatur gehört.

Der Autor

Robert Ferguson wuchs in Nordengland auf, wo er zehn Jahre lang verschiedene Berufe ausübte, bis er die Werke Knut Hamsuns liebenlernte und daraufhin Norwegisch studierte. Ferguson hat Romane und Kurzgeschichten von Hamsun ins Englische übertragen und für den Rundfunk bearbeitet; auch hat er selbst mehrere Hörspiele verfaßt. Seit der Arbeit an der Hamsun-Biographie lebt Robert Ferguson in Oslo.

Robert Ferguson:
Knut Hamsun
Leben gegen den Strom
Biographie

Deutsch von Götz Burghardt

dtv

Deutscher
Taschenbuch
Verlag

Von Knut Hamsun
sind im Deutschen Taschenbuch Verlag erschienen:
Segen der Erde (11055)
Pan/Schwärmer/Die Nachbarstadt (11095)
Victoria (11107)
Unter Herbststernen/Gedämpftes Saitenspiel/
Die letzte Freude (11122)
Mysterien (11157)
Auf überwachsenen Pfaden (11177)
Benoni (11221)
Rosa (11228)
Landstreicher (11248)
August Weltumsegler (11320)
Hunger (11398)
Nach Jahr und Tag (11433)

Ungekürzte Ausgabe
Januar 1992
Deutscher Taschenbuch Verlag GmbH & Co. KG,
München

Die Originalausgabe erschien 1987 in London
unter dem Titel ›Enigma. The Life of Knut Hamsun‹
Die Originalzitate aus dem Norwegischen
übersetzte Siegfried Weibel

ISBN 3-471-77543-9
Umschlaggestaltung: Celestino Piatti
unter Verwendung eines Fotos von Knut Hamsun
als Cable-car-Schaffner in Chicago 1886/87
(Gyldendal Norsk Forlag A/S, Oslo)
Satz: Typodata GmbH, München
Druck und Bindung: C. H. Beck'sche Buchdruckerei,
Nördlingen
Printed in Germany · ISBN 3-423-11491-6

Danksagung

Mein Dank gilt John Townsend; Torbjørn Støverud; Rolf Nyboe Nettum; dem verstorbenen Ronald Popperwell; Professor T. K. Derry; Rolf Normann; Sigurd Abusdal; Arild Hamsun; Tore Hamsun; Terence de Vere White; Suzanne Palme; den Mitarbeitern der folgenden Bibliotheken: Universität Oslo, Universität Bergen, Königliche Bibliothek, Kopenhagen, Deichmanske-Bibliothek, Oslo; den Mitarbeitern des Reichsarchivs Oslo; der Archivarin Elisabeth Trier von *Aftenposten*; den Archivaren des Post-Museums, Oslo; den Archivaren von NRK TV und Hörfunk; dem Schriftführer vom Englischen PEN-Club; dem Archivar des Munch-Museums, Oslo; dem Archivar des Vigeland-Museums, Oslo; Erik Charlesson; Henry Andersen; den Mitarbeitern des Harry Ransom Humanities Research Centre, Texas; Jan und Liv Marstrander; Harald S. Næss; Michael Meyer; Per Amdam; Lars L'Abée-Lund.

Mein besonderer Dank gilt Sten Sparre Nilson; Oskar Mendelsohn; Ellinor Ringstrøm und Eva Lie-Nielsen vom Gyldendal Norsk Forlag; Knut Thomas Dederick Charlesson; Th. Myklestad; Erik Petersen von der Königlichen Bibliothek, Kopenhagen.

Ganz besonderer Dank gilt auch Lars-Frode Larsen, weil er mich in so großzügiger Weise an seinen umfangreichen Kenntnissen über die Nebenaspekte von Hamsuns Leben hat teilhaben lassen; und Nina, für ihre Unterstützung, Ermunterung und überhaupt alles.

Wenn ein Name hier aufgeführt ist, so muß das nicht gleich bedeuten, daß der Betreffende mit dem, was in diesem Buch gesagt wird, auch übereinstimmt. Dafür bin allein ich verantwortlich.

Ich war einmal wie meine Kameraden. Sie haben mit der Zeit Schritt gehalten, ich nicht. Jetzt bin ich wie niemand.

Unglücklicherweise. Gott sei Dank. — *Knut Hamsun*

Einführung

Wer jemals etwas von Knut Hamsun gehört hat, der weiß zumeist zwei Dinge: daß *Hunger* von ihm stammt und daß er einmal von Hitler empfangen worden ist. Diejenigen, die schon mehr gehört haben, wissen, daß er mit *Hunger, Mysterien* und *Pan* Romane geschrieben hat, die die europäische und die amerikanische Literatur des zwanzigsten Jahrhunderts entscheidend beeinflußt haben. Ernest Hemingway versuchte zu schreiben wie er; ebenso Henry Miller, der ihn den »Dickens meiner Generation« nannte; »nie ist der Nobelpreis jemandem verliehen worden, der ihn mehr verdient hätte als er«, schrieb Thomas Mann 1929. Hermann Hesse nannte ihn seinen »Lieblingsautor«. Russische Schriftsteller wie Andre Bely und Boris Pasternak verschlangen ihn in ihrer Jugend, und André Gide hielt ihn für noch überragender als Dostojewski. Sie alle lasen ihn: Kafka, Brecht, Gorki, Wells, Musil. Rebecca West zufolge besaß er »Qualitäten, die zum Allergrößten gehören – das vollständigste Wissen über die menschliche Natur«, und Isaac Bashevis Singer bezeichnete Hamsun ganz einfach als »Vater der modernen Erzählform in jeder Hinsicht – mit seiner Subjektivität, seinem Hang zum Fragmentarischen, seiner Verwendung von Rückblenden, seiner Lyrik«. In seinem Vorwort zu *Hunger* erklärt er weiter: »Die ganze moderne Erzählweise des zwanzigsten Jahrhunderts geht auf Hamsun zurück.« Doch in Abhandlungen über die Geschichte der modernen Literatur wird Hamsuns Name nur selten erwähnt. Sein Ansehen, das vermutlich im Jahr 1929 mit den Feiern zu seinem siebzigsten Geburtstag seinen Höhepunkt erreichte, war am Ende des Zweiten Weltkriegs völlig zunichte. Als einziger der bedeutendsten europäischen Schriftsteller hatte er Hitler unterstützt. Als einziger hatte er den Aufstieg des Inbegriffs der geistigen Tyrannei in der jüngsten Geschichte bejubelt und seinen Untergang beklagt.

Äußerst einprägsam verdeutlicht eine Episode aus dem Jahr 1955 die zwiespältige Situation, in der sich Hamsuns Bewunderer befanden. Man muß sagen, daß es um sein literarisches Ansehen selbst zu dieser Zeit, drei Jahre nach seinem Tode und sieben Jahre nach seinem Prozeß und der Verurteilung wegen Landesverrats, noch sehr schlecht bestellt war. In dieser Situation unternahm eine Frau namens Hilde Fürstenberg einen Versuch, dessen Fortdauern zu sichern, indem sie in ihrer Heimat Deutschland eine Knut-Hamsun-Gesellschaft gründete. Ihre Absicht war rein literarischer Natur, nicht politischer, und sie bat zwei von Hamsuns bedeutendsten deutschen Bewunderern, Hermann Hesse und Thomas Mann, um Unterstützung für ihr Vorhaben. Hesse schlug die Einladung, an der Gründungsveranstaltung dieser Gesellschaft teilzunehmen, mit dem Hinweis auf sein hohes Alter und seine angegriffene Gesundheit aus, wünschte ihr aber gutes Gelingen:

> Der große Dichter hat seine erstaunlichen Irrtümer auf politischem Gebiet schwer genug büßen müssen, wir tragen sie ihm nicht mehr nach, und ich habe, obwohl ich an der entgegengesetzten Front stand, nie einen Augenblick am dauernden Fortbestand von Hamsuns großartigem dichterischen Werk gezweifelt.

Mann war diesem Projekt weniger wohlgesonnen:

> An der Gründungsveranstaltung der Knut-Hamsun-Gesellschaft möchte ich lieber nicht teilnehmen. Ich weiß wohl, daß das politisch Mißliche einmal von seinem Dichtertum, das ich sehr hoch stelle, abfallen wird, und als genauer Kenner seines Werkes und Wesens sehe ich auch eine gewisse Notwendigkeit, eine Fatale, in seinem Verhalten während der Nazi-Zeit. Aber das wirklich Böse, ja Miserable, das er zu jener Zeit sagte, schrieb und tat, ist noch in zu frischer Erinnerung, als daß ich die Gründung einer solchen Gesellschaft in diesem Augenblick für recht passend halten könnte.

Manns heftiges Unbehagen und Hesses vorsichtige Erklärung, daß er »an der entgegengesetzten Front stand«, sind verständlich, nachdem der Krieg gerade erst zehn Jahre zurücklag. Doch selbst heute, vierzig Jahre danach, hat Hamsuns literarisches Ansehen immer noch damit zu kämpfen, den bösen Schatten seiner politischen Ansichten loszuwerden. Er war als Nazi abgestempelt worden, und ohne eine ausführliche Darstellung seines Lebens, einschließlich seines besonderen Verhältnisses zu Deutschland und den Deutschen, bleibt dieses Etikett die maßgebende Beschreibung dieses Mannes. Ich habe das vorliegende Buch in dem Bestreben geschrieben, eine solche Darstellung zu liefern, und hoffe, daß es sich als aufschlußreich erweisen wird; schließlich verkörpert Hamsun lediglich das extreme Beispiel jener seltsamen Tendenz in der Kunst, daß große schöpferische Revolutionäre persönlich reaktionär und antiliberal sein können. Im Bereich der Literatur fallen einem dabei Namen ein wie Faulkner, Eliot und Lawrence, wobei Ezra Pound und Louis-Ferdinand Céline Hamsuns extremem Beispiel noch näher kommen.

Mein persönliches Interesse an Hamsun begann, als mir zum erstenmal *Pan* in die Hände fiel. Von seinem Stil, selbst in der Übersetzung, ging eine hypnotische Intensität aus, die mich so faszinierte, daß ich das Buch dreimal hintereinander las und auch alles andere verschlang, was mir von Hamsun in die Hände fiel. Damals waren es die frühen Romane – *Hunger, Mysterien* und *Victoria* –, an die man leicht herankam. Ich las sie mit großer Aufregung und zunehmendem Interesse an dem Autor. Was Hamsuns spätere Zeit betraf, so waren seine englischen Verleger jedoch sehr zurückhaltend, und es sollte noch einige Zeit dauern, ehe ich den Grund dafür herausfand – die Geschichte mit Hitler.
Von Anfang an faszinierte mich diese Information eher, als daß sie mich abstieß. Konnte der empfindsame, verträumte Genius, der so herrliche Liebesgeschichten wie *Pan* und *Victoria* geschaffen hatte, wirklich ein Nazi gewesen sein? Die Äußerung, die er nach der Veröffentlichung seiner Ge-

denkworte auf Hitler im Mai 1945 gemacht haben soll (daß er ihn gar nicht gemocht und den Nekrolog als »eine Ritterlichkeit, nichts weiter« geschrieben habe), vertiefte meine Neugier auf Hamsun nur noch und verstärkte meinen Verdacht, daß mehr hinter der Sache steckte. Mein Wunsch, ihn im Original zu lesen und mehr über ihn herauszufinden, führte schließlich dazu, daß ich mich 1976 als Student für Norwegisch an der Londoner Universität einschrieb, wo ich sein Leben und Werk von Grund auf studieren konnte.

Noch nie hat es eine ausführliche Biographie Knut Hamsuns in Englisch gegeben, und aufgrund seines geschädigten Ansehens wurde nach dem Krieg auch in Norwegen keine neue Biographie von ihm geschrieben. Das war einfach ein zu heikles Thema. Marie, seine Witwe, hat zwei Bände Erinnerungen veröffentlicht, und Tore Hamsun hat mehrere Ausgaben einer faszinierenden und gut geschriebenen Schilderung des Lebens seines Vaters herausgebracht; doch in beiden Fällen schließt wohl die enge persönliche Bindung des Autors an den Gegenstand der Darstellung absolute Objektivität aus.

War Hamsun Nazi, oder war er es nicht? Wußte er, was er sagte und tat, oder nicht? War er wirklich senil, wie die Psychiater, die ihn nach dem Krieg untersucht hatten, erklärten; oder war er so verbittert, zynisch und desillusioniert, daß er sich tatsächlich die totale Unterdrückung wünschte? Oder war er – auch eine Möglichkeit – ein mißverstandener und falsch interpretierter Patriot? Es ist nicht nur denkbar, daß sich über jede dieser Deutungen streiten ließe, sondern es gibt sogar Zeiten, da dies die einzige Hoffnung zu sein scheint, der Wahrheit näherzukommen. Eines ist gewiß: Hamsun war ein mehrfaches Paradoxon, ein lebendes Rätsel, ein Fragezeichen in Menschengestalt.

In der Hoffnung, meine Neugier auf diesen Mann befriedigen zu können, traf ich, mit einem Stipendium der norwegischen Regierung in der Tasche, 1983 in Oslo ein und machte mich daran, Hamsuns Leben zu erforschen. Während meiner Zeit in Norwegen sah ich mich, in der angenehm zurückhaltenden, doch direkten Art, die den Norwegern eigen ist, immer wieder mit der Frage konfrontiert, was ich in ihrem Land eigentlich machte. Meine Antwort führte häufig zu einer gedankenvollen Stille und dann zu der ruhigen und stets ein bißchen herausfordernden Erwiderung: »Aber er war doch ein Nazi, oder?« Wie oft ich das auch gefragt wurde, eine völlig zufriedenstellende Antwort kam nie über meine Lippen. Für gewöhnlich murmelte ich etwas wie »komplizierter Mann« oder »nichts ist ausschließlich schwarz oder weiß«. Dieses Buch ist ein Versuch, dieses Gemurmel näher auszuführen.

1

Kindheit, rastlose Jugend und der Beginn einer Minikarriere

Im Oktober 1945 sitzt Knut Hamsun in der psychiatrischen Klinik von Oslo in seinem Zimmer und schreibt. Er wird hier von den beiden Psychiatern Dr. Gabriel Langfeldt und Dr. Ørnulv Ødegård untersucht, die über seinen Geisteszustand und seine Fähigkeit, einen Prozeß mit der Anklage auf Landesverrat durchzustehen, ein Gutachten zu erstellen haben. Er ist sechsundachtzig Jahre alt und äußerst schwerhörig. Nach einer Anzahl tragikomischer Versuche mündlicher Kommunikation sind die Psychiater dazu übergegangen, ihm schriftliche Fragen zu stellen. In ihrem Bericht an den Staatsanwalt findet sich der folgende Wortwechsel:[1]

> FRAGE: Würden Sie hier kurz schildern, wie Sie nun Ihre Kindheit und die Zeit Ihres Heranwachsens sehen. Nennen Sie besondere Umstände und Erlebnisse, von denen Sie meinen, sie hätten dauerhafte Spuren hinterlassen.
>
> ANTWORT: Mein Zuhause war arm, aber mir unendlich lieb, ich weinte und dankte Gott jedesmal, wenn ich von meinem Onkel (Hans Olsen), der mich hungern ließ und mich tyrannisierte, fort und nach Hause kommen konnte. Ich drängte darauf, das Vieh draußen auf der Weide zu hüten, selbst wenn wir nicht an der Reihe waren. Ich lag und saß herum, sprach mit mir selbst, schnitzte Flöten, schrieb Gereimtes auf Papierfetzen, wie andere Bauernjungen auch. Ich war nichts Besonderes, vielleicht etwas aufgeweckter als meine Altersgenossen. Wir Kinder hatten Respekt vor unserem Vater, aber unsere Mutter war so lieb und geduldig, sie hob meine Papierfetzen auf und zeigte sie mir, nachdem ich erwachsen geworden war. Sie hatte eine sanfte und zu Herzen gehende Singstimme,

doch wir sprachen lieber mit unserem Vater als mit ihr, er lehrte uns mehr. Wir Brüder stritten und vertrugen uns wie andere Bauernjungen, unsere älteste Schwester mochten wir alle, obwohl unsere andere Schwester tüchtiger war. Keines meiner Geschwister lebt mehr, doch ich habe meiner ältesten Schwester nicht helfen können, sie starb so jung, und damals konnte ich mir leider nicht einmal selber helfen. Es bedrückt mich, daß ich ihr nicht habe helfen können.

Es ist mein Onkel, der die dauerhaftesten Spuren in meinem Gemüt hinterlassen hat, er konnte nicht mit Kindern umgehen, obwohl er sonst nicht ohne gute Eigenschaften war. Er verhalf uns allen zu unserem Hof, der klein und erbärmlich war, aber wir schuldeten niemandem etwas. Und lassen Sie mich meinen Großvater mütterlicherseits nicht vergessen, er hatte die Herzenswärme meiner Mutter und war uns Kindern gegenüber unendlich lieb und gut. Ich bin kein so guter Großvater, wie er es war.

Hamsun beantwortet die Fragen, gewiß – doch irgendwie hat man das Gefühl, daß der leichte, traumartige, subjektive Fluß seiner Erinnerung nicht gerade das war, was die Psychiater sich erhofft hatten. Sie fanden keinen Zugang zu ihm; Knut Hamsun war der Meister des raffinierten Bekenntnisses. In einem literarischen Leben, das sich über zweiundsiebzig Jahre spannte und Romane, Erzählungen, Reisebilder, Zeitungsartikel und Theaterstücke umfaßte, hatte er mit einer verblüffenden, gewissenhaften Konsequenz immer wieder über ein Thema improvisiert: sein Leben.

Die Familie Pedersen – zu dem Namen Hamsun sollte es erst später kommen – stammte ursprünglich aus Lom im Gudbrandsdal im mittleren Südnorwegen. Sein Vater Per wurde am 28. März 1825 in Skultbakken in Vågå geboren, einem abgelegenen Gehöft, das jetzt völlig verlassen ist. Pers Vater, der ebenfalls Per hieß, war es unmöglich, die Familie allein durch den Hof zu ernähren, und so war er gezwungen, als »bygdetusenkunstner«, eine Art Alleskönner, umherzureisen. Außer seinen zahlreichen anderen Begabungen war er Schmied, mit einem Sinn für feine, grazile Sachen. Ymbjør, seine Frau, brannte Schnaps, bis das per Gesetz verboten wurde. Die Schneiderei hatte eine lange Tradition in Skultbakken, und so begab sich der jüngere Per nach Ålesund, ging dort fünf Jahre bei einem Schneider in die Lehre, kehrte als guter Handwerker nach Skultbakken zurück und eröffnete dort ein Geschäft. Ein Foto, in späteren Jahren aufgenommen, zeigt ihn mit hoher Stirn und langen Koteletten und einem nachdenklichen Blick in den Augen. Als junger Mann soll er sehnig und stark gewesen sein und einen trockenen Humor besessen haben, was ihn für die Mädchen besonders anziehend machte. Einmal hat er einem Bräutigam kurz vor der Hochzeitsfeier ein Paar Hosen geliefert, bei denen er absichtlich den Schlitz vergessen hatte.

Per Pedersen wurde als guter und fleißiger Schneider sehr geschätzt. Mit Schere und Bügeleisen zog er durch Lom und Vågå und schnitt Kleider zu und bügelte sie, und seine Gehilfen folgten ihm und nähten die Sachen. Bei seiner Arbeit lernte er Tora Olsdatter Garmotrædet kennen, deren Vater Ole auf der westlichen Seites des Vågå-Sees, nicht weit von der Dorfkirche, einen kleinen Hof bewirtschaftete. Das Paar heiratete am 14. Oktober 1852 in der Kirche von Vågå und hatte da bereits ein sieben Monate altes Kind, Peter. Per war siebenundzwanzig und Tora zweiundzwanzig. Auch von ihr sind nur noch Fotos vorhanden, die sie als alte Frau zeigen, mit zahnlosem, eingefallenem Mund, aber klaren und kräftigen Augen und straff nach hinten gekämmtem und hinten zusammengenommenem Haar. Als junges Mädchen soll sie schlank, klug und sehr hübsch gewesen sein. »Sie hätten eher kommen sollen«, soll sie zu einem Journalisten gesagt haben, der gekommen war, um ein Foto von ihr zu machen.

Während die Pedersens von Skultbakken einfache Arbeiter waren, konnte die Familie Garmo aus Lom für sich in Anspruch nehmen, eine der ältesten Familien im Gudbrandsdal zu sein, deren Ursprünge 900 Jahre zurückreichten, bis zu Torgeir dem Alten, der nach der Überlieferung die Kirche von Garmo gebaut haben soll, auf direktes Verlangen des Heiligen – König Olaf selbst. Eine andere Überlieferung beteuert ihre Abkunft von Harald Schönhaar, einem norwegischen Stammesfürsten, der geschworen hatte, sich das Haar nicht eher wieder schneiden zu lassen, als bis er Norwegen geeint hätte, ein Ziel, das er in der zweiten Hälfte des neunten Jahrhunderts erreichte. Was an diesen Legenden auch wahr sein mag, Tatsache ist, daß zur Zeit der Heirat Toras Wohlstand und Macht der Familie längst dahin und nur noch Gegenstand nostalgischen und sehnsüchtigen Geredes der lebenden Träger des Namens waren.

Die junge Familie zog zu Toras Eltern nach Garmotrædet. Per übernahm von seinem Schwiegervater Ole weitestgehend die Führung des Hofes, doch es waren schwere Zeiten, und selbst mit dem zusätzlichen Einkommen durch die Schneiderei war es ein ständiger Kampf, für alle zu sorgen. Allmählich begann in Norwegen die Industrialisierung. Eisenbahnen, Straßen und Kanäle förderten den Drang in die Stadt, wo Fabriken entstanden. Die Auswanderung nach Amerika hatte bereits 1825 eingesetzt, als die »Restoration« mit fünfundvierzig Norwegern an Bord Stavanger verließ. Diese ersten Emigranten waren noch aus religiösen Beweggründen gegangen, aber ihre unmittelbaren Nachfolger, organisiert und angeführt von Cleng Peerson, hatte die Hoffnung auf bessere Lebensbedingungen gelockt. Zwischen 1825 und 1850 waren achtzehntausend Norweger nach Amerika gegangen, mit späteren Jahren verglichen, eine recht bescheidene Zahl, aber dennoch ein Anzeichen von Ruhelosigkeit und Wandel in einer Gesellschaft, in der es beinahe tausend Jahre lang keine nennenswerte Veränderung gegeben hatte.

Für diejenigen, die zwar spürten, daß die alten Zeiten entschwanden, die sie aber doch nicht ganz aufgeben wollten, gab es, neben den Städten und Amerika, eine dritte Möglichkeit – sie konnten versuchen, ganz von vorn zu beginnen, indem sie in den Norden Norwegens zogen. Noch vor Toras Heirat mit Per Pedersen war ihr Bruder Hans Olsen nach Hamarøy im Nordland gezogen, etwa dreihundert

Kilometer nördlich des Polarkreises, und hatte sich wirtschaftlich und gesellschaftlich in dem Dorf Presteid eingerichtet. Mit der Geburt von Knut am 4. August 1859, dem vierten von schließlich sieben Kindern, wurde Pers wirtschaftliche Lage hoffnungslos. Eine Wirtschaftskrise im Jahr darauf löste eine weitere Abwanderungswelle aus, und so reiste er 1860 zu seinem Schwager in den Norden, um herauszufinden, ob ein Umzug nach Hamarøy praktikabel wäre. Er war kein sehr gelehrter Mensch, und so schrieb die Nachricht, die er Tora schickte, ihr Bruder Hans für ihn:

> ... Aber ich will Dir fürs nächste Mal einige Zeilen von mir selbst versprechen, da ich mich bis dahin etwas üben werde. Nun bin ich keineswegs nach der Reise oder sonstwie krank, doch etwas unfähig, nach einer solch langen Reise zu schreiben. Ansonsten sei zuversichtlich und habe Gott, von dem alles Gute kommt, in liebem Angedenken und vergiß nicht, die kleinen Jungen im Lesen zu üben. Sollte der Allmächtige uns allen Gesundheit vergönnen, dann hoffe ich jetzt, daß die schlimmste Zeit vorüber ist. – Nehmt alle die herzlichsten Grüße entgegen, doch besonders und die herzlichsten für Dich, meine liebe Gattin, und unsere kleinen Jungen, Peter, Ole, Hans und Knud.
> Dein aufrichtiger
> Peder Pedersen[2]

Hans Olsen, der eine so entscheidende Rolle in Knut Hamsuns Leben spielen sollte, war 1927 in Lom geboren worden. Er war ein arbeitsamer, solider Mensch und in mancher Hinsicht das ganze Gegenteil von seinem Bruder Ole, einem Charmeur und Tunichtgut mit Spitznamen Vetltræin (Kleiner), der lieber trank und sich in seiner Phantasie erging, als zu arbeiten. Hans Olsen wohnte in Presteid im Pfarrhaus und führte ein kleines Gut. Er nähte auch ein wenig – was ihm sein Schwager Per beigebracht hatte – und handelte mit gebrauchten Kleidern, er besorgte die Poststelle im Dorf und kümmerte sich um die Bibliothek. In Hamarøy war er ein sehr angesehener Mann. Zu seinem Freundeskreis gehörten sogar der Pfarrer und der Küster. Als er den kleinen Hof in Hamsund, fünf Kilometer von Presteid entfernt, kaufte, hatte er vielleicht im Sinn, seinen Schwager und dessen Familie dazu zu bringen, ihn zu bewirtschaften. Er muß gewußt haben, daß ihm seine eigene Arbeit keine Zeit dazu lassen würde. Dieser Hof war es, den zu sehen Per Pedersen 1860 gekommen war und auf den sie schließlich zogen, nach einer langen Reise mit Pferd und Wagen von Vågå nach Trondheim, von dort weiter mit dem Dampfschiff bis zur letzten Anlegestelle und schließlich mit dem Ruderboot nach Hamsund, wo sie am 24. Juni 1862 eintrafen.

Man würde wohl kaum erwarten, daß Hamsun, damals knapp drei Jahre alt, sich noch deutlich an Lom hätte erinnern können und an das weite, friedliche Gudbrandsdal, wo er die ersten drei Jahre seines Lebens verbracht hatte, und doch gibt es eine Stelle in *Segen der Erde,* in dem der rührige und geheimnisvolle »Gott« des Buches, Geißler, von einem Geruch spricht, der ihm in die Sinne dringt und den er aus einer Zeit kennt, da er achtzehn Monate alt war und sich in Garmo von der Scheunenbrücke herabneigte.

Hamarøy war eine ganz andere Welt mit seiner wilden, gebirgigen Schönheit und der weiten Aussicht aufs Meer, eine Landschaft, die berauschend und bedrohlich zugleich sein konnte. Das war der wirkliche Ort von Hamsuns Kindheit. Hier nahm er Einflüsse auf, die sich nachhaltig auf ihn und sein Werk auswirkten. Bis zum Alter von neun Jahren scheint er glücklich gewesen zu sein, trotz der Armut der Familie und der häuslichen Enge – es waren nicht nur sieben Kinder da, sondern Toras Eltern wohnten ebenfalls bei ihnen. Der Vetltræin war auch mit ins Nordland gekommen und hatte Frau und Familie im Gudbrandsdal zurückgelassen. Selbst als kurz nach ihrer Ankunft auf dem Hof Toras Mutter starb und die Männer nicht weit vom alten Haus ein neues bauten, war der Wohnraum immer noch knapp. Auch hier zog Per von Haus zu Haus und bot seine Dienste als Schneider an, und in der verbleibenden Zeit bewirtschaftete er den Hof und versuchte sogar, ihn noch zu vergrößern, indem er neues Land unter den Pflug nahm. Er hatte ein Pferd, fünf Kühe und ein paar Schafe und Ziegen. An Getreide und Kartoffeln konnte der Hof seinen Eigenbedarf decken. Doch bei so vielen Mündern, die Per zu stopfen hatte, war sein Leben eine einzige Mühsal und nur durch die Liebe zu Gott, die Liebe zu seiner Familie, seinen Humor und sein Durchhaltevermögen zu ertragen.

Eine Skizze von Hamsuns frühester Kindheit in Hamarøy schildert diese, völlig ungekünstelt, als ein verlorenes Paradies, wo die Kinder in enger Harmonie mit den Tieren des Hofes und der Natur um sie herum lebten. Ihr Geld gaben sie für kleine Glöckchen für die Schafe und die Ziegen aus; und wenn fremde Hunde vorüberkamen, müde und hungrig vom Umherstreifen, gingen die Kinder in die Vorratskammer und stahlen für sie etwas zu fressen. Eines Tages fanden sie ein Reh und nahmen es mit nach Hause. Nach einiger Zeit wurde es erschossen, aber »damit es unter uns nicht sterben mußte wie ein Hund«, schrieb Knut einen kleinen Vers zur Erinnerung.

Es ist eine idyllische und magische Entrücktheit um das Leben, das er in *Unter den Tieren* beschreibt. Doch es ist ganz charakteristisch für ihn, daß er, ohne den Ton und den Fluß der Schilderung dieser unschuldigen Tage zu verändern, einen langen Bericht über das Erhängen einer alten, kranken Katze einfügt, die zu töten seine Mutter ihn gebeten hatte. Die Katze zappelt und windet sich fünf Minuten lang, ehe sie stirbt, das Paradies war nicht ohne seine Schattenseiten.

Ein besonderer Freund dieser frühen Tage war sein Onkel Vetltræin. Er hatte zwei linke Hände, war frei und ungebunden, doch ein großer Träumer und glänzender Märchenerzähler, um den sich die Kinder scharten. Er gab vor, er könne mit seinen selbstgemachten hölzernen Schlittschuhen auf dem zugefrorenen Vestfjord gewaltige Strecken rückwärts laufen, und Knut machte er weis, sie beide kämen von den Sternen, und ihr Aufenthalt in Hamarøy wäre nur vorübergehend. Genau wie die anderen Mitglieder der aus ihrer ursprünglichen Umgebung gerissenen Familie hing er den eingebildeten Freuden der guten alten Zeit in Lom nach, und

abends am Kamin lenkte er die Unterhaltung gern auf den entschwundenen Glanz und die verlorene Größe der Familie Garmo.
Wenn sich das Kindliche, Phantastische und Sehnsüchtige im Schriftsteller Hamsun zurückführen läßt auf den frühen Kontakt mit Vetltræin, dann mögen die düsteren Seiten seiner literarischen Persönlichkeit ebenso offensichtlich aus der Beziehung zu seinem anderen Onkel, Hans Olsen, herrühren. »Der große Hans« wurde er von den Pedersens genannt, aber nicht in Anspielung auf seine Körpergröße, sondern auf seine Macht. Mit neun Jahren kam Hamsun zu seinem Onkel Hans nach Presteid. Wie sich seinen Bemerkungen gegenüber den Psychiatern etwa achtzig Jahre später entnehmen läßt, waren diese fünf Jahre im Pfarrhaus unauslöschlich in seinem Gedächtnis haftengeblieben, und er sah in Hans einen der prägenden Einflüsse auf die Formung seines Charakters. Die Geschichte, mit der Hamsun aufwuchs und die er seiner eigenen Familie weitererzählte, ist folgende: Eines Tages kam der Onkel zu Besuch auf den Hof Hamsund, und nach ein paar formellen Höflichkeiten forderte er das Geld, das die Pedersens ihm für den Hof schuldeten. Seine Krankheit beginne sich auf seine Arbeit auszuwirken, argumentierte er, so daß er nicht mehr soviel verdiene wie sonst und auf das Geld angewiesen sei. Er wußte vermutlich genausogut wie die Pedersens, daß sie nicht die leiseste Möglichkeit hatten, ihn zu bezahlen. Was sie auch sagten, er ließ sich nicht beeindrucken und stellte ihnen eine Frist von einer Woche. Während sie diese Neuigkeit zu verdauen hatten, nahm er wie zufällig eines von Knuts Schulheften in die Hand und blätterte darin. Er bemerkte die ausgesprochen schöne Schrift des Jungen und machte daraufhin einen Vorschlag, den er vermutlich schon die ganze Zeit im Hinterkopf gehabt hatte: Sie könnten ihre Schulden vergessen, vorausgesetzt, Knut käme mit zu ihm nach Presteid und hülfe ihm bei der Arbeit. Ihnen blieb gar keine andere Wahl.[3]
Schriftsteller sind berüchtigt dafür, die Schrecken ihrer Kindheit zu übertrieben darzustellen, doch in Hamsuns Fall

scheint das keine Übertreibung zu sein. Onkel Hans war zweiundvierzig, als Knut zu ihm zog. Die Krankheit, die ihn dazu gebracht hatte, den Jungen als Gehilfen zu sich zu nehmen, war eine Schüttellähmung, die Parkinsonsche Krankheit, die ihn zwang, die meiste Zeit zu sitzen. Sein rechter Arm zitterte unkontrolliert. Zwar hatte er gelernt, mit der linken Hand zu schreiben, doch die Krankheit wurde immer schlimmer. Mit eiserner Disziplin versuchte er, den Jungen zu einem Werkzeug für seinen schwachen Körper zu machen. Angst und körperliche Züchtigung waren die Mittel, deren er sich dabei bediente. Wenn Knut Schreibarbeiten erledigte, saß der Onkel gewöhnlich mit einem langen Lineal in der Hand daneben und schlug ihm bei dem winzigsten Fehler damit auf die Finger, nicht selten so sehr, daß sie bluteten. Einmal sogar zerbrach er auf Knuts Kopf das Lineal. Wenn Knut verschlief, weckte er ihn, indem er ihm mit der Krümmung seines Spazierstocks unter den Arm fuhr und ihn dann in die Höhe riß. Viele Stunden am Tag mußte der Junge schwere Arbeit leisten: die Bücher führen, auf dem Hof helfen, Holz hacken, Post besorgen. Es dauerte nicht lange, bis er Angst hatte vor dem Onkel und ihn haßte. Später hat Hamsun immer wieder geäußert, in Presteid nicht genügend zu essen bekommen zu haben. Fünf Jahre lang habe er jeden Abend hungrig zu Bett gehen müssen, mit dem Ergebnis, daß er – nach seiner eigenen Diagnose – ein »Neurastheniker« wurde. Die Erzählung *Ein Gespenst*, 1898 veröffentlicht, acht Jahre nach Olsens Tod, malt ein eindringliches Bild seiner Einsamkeit und seines Elends auf dem Pfarrhof von Presteid:

> Mehrere Jahre meiner Kindheit verbrachte ich bei meinem Onkel auf dem Pfarrhof im Nordland. Es war eine harte Zeit für mich, viel Arbeit, viele Prügel und selten oder niemals eine Stunde zu Spiel und Vergnügen. Da mein Onkel mich so streng hielt, bestand allmählich meine einzige Freude darin, mich zu verstecken und allein zu sein; hatte ich ausnahmsweise einmal eine freie Stunde, so begab ich mich in den Wald, oder ich ging auf den

Kirchhof und wanderte zwischen Kreuzen und Grabsteinen herum, träumte, dachte und unterhielt mich laut mit mir selber.

Eines Tages findet er auf dem Friedhof einen Zahn und steckt ihn ein. Er beabsichtigt, ihn in eine Figur einzufügen, die er aus Holz schnitzt. Dann verfolgt ihn das Gespenst des Mannes, dem der Zahn gehört hatte, ein Seemann mit rotem Vollbart erscheint vor dem Fenster seines Zimmers und starrt ihn an. Mit schlotternden Knien geht er wieder auf den Friedhof, und da er es nicht wagt, den Zahn an die Stelle zurückzulegen, die die vor ihm herschwebende Erscheinung ihm anzeigt, wirft er ihn mit aller Kraft von sich und rennt nach Hause zurück. Wieder verfolgt ihn der rotbärtige Mann. Er beherrscht sein Innerstes und macht ihm das Leben zur Hölle, einer Hölle, in der ihm nur noch der Gedanke, an den Strom Glimma zu laufen und sich bei Flut ins Wasser zu stürzen, Erleichterung bereitet. Mit der Zeit erwirbt er sich einigen Mut, der ihn in die Lage versetzt, dem Blick des Gespenstes zu widerstehen. Eines Tages legt es ihm seine kalte Hand auf die Stirn. Er stößt sie weg und befiehlt dem Geist zu verschwinden. Als der Rotbärtige noch einmal erscheint, bemerkt der Junge, daß der fehlende Zahn wieder da ist. Die Verfolgung hört auf, aber ihre Spuren bleiben unauslöschlich:

> Dieser Mann, dieser rotbärtige Bote aus dem Lande des Todes, hat mir durch das unbeschreibliche Grausen, das er in mein Kinderleben gebracht, viel Böses getan. Ich habe seither mehr als eine Vision gehabt, mehr als einen seltsamen Zusammenstoß mit Unerklärbarem – nichts aber hat mich so tief ergriffen wie dies.
> Und doch hat er mir vielleicht nicht ausschließlich Schaden zugefügt, dieser Gedanke ist mir oft gekommen. Ich könnte mir vorstellen, daß er eine der ersten Ursachen gewesen ist, durch die ich lernte, die Zähne zusammenzubeißen und mich hart zu machen. In meinem späteren Leben habe ich hin und wieder Verwendung dafür gehabt.

Man kann sich wohl vorstellen, daß noch einige Jahre vergehen mußten, ehe Hamsun seine Erlebnisse in diesem Lichte sehen und die ungeheure Härte seines Lebens mit Olsen vergessen konnte. Einmal lief er davon und wurde halb erfroren auf einem benachbarten Anwesen gefunden. Ein andermal hieb er sich beim Holzhacken absichtlich mit der Axt ins Bein. Er wurde ins Bett gesteckt, und man holte seine Mutter, doch sein sehnlichster Wunsch – nach Hause zu dürfen – ging nicht in Erfüllung.
Mehr als alles andere hat er wohl die Einsamkeit und Isolation gehaßt, die ihm sein Onkel aufzwang. Wenn er gerade mal auf dem Hof oder im Büro nichts zu tun hatte, wurde er gerufen, um einer kleinen Gruppe von Anhängern des Stavanger Evangelisten Lars Oftedal aus der Bibel vorzulesen. In einer Artikelserie setzte sich Hamsun 1889 schonungslos mit Oftedal und seinem freudlosen Pietismus auseinander, wobei sich seine Verachtung mit bitteren persönlichen Erinnerungen an jene Tage mischte:

> Mein erster Eindruck von Lars Oftedal ist für mich mit einem Sonntagnachmittag in meiner Kindheit verknüpft. Diese Erinnerung ist von seltsamer Eindringlichkeit. Ein Sonntagnachmittag mit blauem Himmel und stillem, stillem Wetter, ein Frühlingsabend mit Birkhahnspiel im Osten, einem großen gelben Hund, der nach Norden in Richtung auf die Berghänge zu japsend wilderte, und einer blutroten Sonne, die im Westfjord unterging.
> Ich hatte mich so sehr auf diesen Abend gefreut. Draußen auf dem Holzplatz standen zwei Kameraden vom Nachbarhof und warteten auf mich – aber ich sollte lesen! Im Haus gab es jetzt ein neues Blatt, den *Bibelboten* aus Stavanger, viele fürchterliche Nummern, fürchterlich viele. Ich las Oftedal. Ich saß in einer stickigen, warmen Stube, um mich her Menschen in dunklen Kleidern, Menschen, die gerade aus der Kirche kamen und nun düster und bedächtig dasaßen und auf den Anruf des Heiligen Geistes in ihrem Herzen achteten. Dicht vor mir stand ein großer, schwarzer Kachelofen mit unheimlichen Drachen an der

Tür – damals entdeckte ich zum ersten Mal, daß etwas Unheimliches an diesen Türen war. Und draußen strömte zartes Licht in jähem Aufglühen aus dem Lofotenhimmel. Die Sonne färbte dort, wo ich saß, jedes Blatt zwischen meinen Fingern rot, bei jedem Punkt hörte ich oben am Berg den Birkhahn, bei jeder neuen Zeile sah ich den Hund weiter und weiter entfernt, und bei jeder neuen Nummer, nach der ich griff, hörte ich so deutlich meine Kameraden meinen Namen flüstern und sah sie, wie sie sich vorbeugten und bang in mein Fenster hineinblickten. Und da saß ich.

Ich las. Sieben Menschen hockten um mich herum und hörten mir zu. Eine Stunde, zwei, drei Stunden...

Ich las und las, aber es wollte kein Ende nehmen: große rohe Worte, die ganz meinen Mund anfüllten, lange, harte Sätze, bei denen mir der Atem ausging und die mir im Kopf brummten, die in die Stube hinausgeschleudert wurden und von den Wänden widerhallten. Der gute fremde Mann in Stavanger peinigte mich unsäglich, ich wollte ihn wirklich nicht lieben, ich wollte nicht einmal seine Blätter mehr lesen, wenn ich erst einmal groß war, er war ein dicker, düsterer Mann, der, wenn er allein war, ganz gewiß Fliegen quälte, oh, ich haßte ihn, er verdunkelte mir sogar die Sonne ...[4]

Und wenn der Junge schließlich hinausdurfte, war die Sonne bereits untergegangen und seine Kameraden längst verschwunden. Wahrscheinlich meinte es Hans Olsen sogar gut, aber er hatte nicht die mindeste Ahnung, wie man mit Kindern umgeht.

Außer dem verbissen geschätzten Vermögen, hart und geduldig zu sein, zog Knut noch anderen Nutzen aus den Jahren bei seinem Onkel. Erstens einmal muß ihm sein Umgang mit einem so bedeutenden Mann und mit den Geheimnissen der Buchhaltung unter seinen Spielgefährten einen beachtlichen Status eingebracht haben. Außerdem verschaffte ihm diese Verbindung einen ersten Eindruck von der Welt der Bücher. Bei seinen Eltern zu Hause waren das Psalmbuch und ein paar Zeitungen, die sein Vater abonniert hatte, die einzige Lektüre gewesen. Bei Onkel Hans stand ihm die gesamte Bibliothek der Gemeinde zur Verfügung. Hier machte er Bekanntschaft mit Büchern solcher Schriftsteller wie P. A. Munch und Jacob Aall, mit den Märchen der Gebrüder Grimm, mit Bjørnstjerne Bjørnsons frühen Bauerngeschichten *Synnøve Solbakken* und *Arne* wie auch mit Büchern und Zeitschriften mit sentimentaler Unterhaltungsliteratur.

Die Bibliothek enthielt auch Bücher über Geographie, Naturgeschichte und Geschichte. Diese Geschichtsbücher, die Hamsun hier las, waren es, aus denen er ein erstes und ungünstiges Bild von den Engländern vermittelt bekam,[5] was entscheidende Konsequenzen für sein späteres Leben mit sich bringen sollte. Zwei Ereignisse haben ihn ganz besonders berührt: Er las etwas über die schikanöse, arrogante Art und Weise, in der die englischen Behörden im sogenannten »Fall Bodø« von 1818 mit Norwegen verfahren waren. Eine britische Exportfirma hatte in der nordländischen Stadt Bodø Schmuggelei in großem Stil betrieben, und als die betreffenden Leute von norwegischen Behörden gestellt wurden, gelang es ihnen, durch den Einsatz von Gewalt zu entkommen. Wieder in Sicherheit in England, stellte die Firma dann unverschämte Forderungen für erlittene Schäden und Verluste an die schwedische Regierung. Die britische Regierung nahm sich der Interessen der Firma an und weigerte sich ganz entschieden, in direkten Kontakt mit den Norwegern zu treten, da Norwegen eine Kolonie der schwedischen Krone war. Die Verhandlungen, die auf Kabinettsebene geführt wurden, endeten schließlich 1821 mit der Vereinbarung, daß den britischen Schmugglern eine gehörige Summe als Ausgleich für ihre »Verluste« zu zahlen war. Und auch als es zwölf Jahre später – im Jahre 1833 – ans Tageslicht kam, daß die Dokumente, auf denen der Anspruch auf Entschädigung basiert hatte, Fälschungen waren, die die Schmuggler mit der Unterstützung eines Mannes erhalten hatten, der damals Polizeiinspektor in Glasgow gewesen war, wurde diese Ungerechtigkeit nicht wiedergutgemacht.

Der andere Vorfall, der Hamsun im Gedächtnis haftengeblieben war, ging auf das Jahr 1807 zurück, als eine britische Flotte zweiundsiebzig Stunden lang, Tag und Nacht, Kopenhagen beschoß, mit der Absicht, die dänische Regierung davon abzuhalten, sich mit Napoleon zu verbünden. Während des Beschusses waren Hunderte von Zivilisten ums Leben gekommen und Wohnhäuser, öffentliche Gebäude, Kirchen und die Universität in erheblichem Maße zerstört worden. Als die Dänen schließlich kapitulierten, stellte sich heraus, daß der britische Verdacht, sie wollten mit den Franzosen gemeinsame Sache machen, völlig unbegründet gewesen war.
Diese beiden Ereignisse sollten die Grundlage bilden für eine heftige Abneigung gegenüber Engländern und der englischen Wesensart, die sich schließlich zu einem äußerst leidenschaftlichen Abscheu steigerte.

Die Schulausbildung begann für Hamsun im gleichen Jahr, in dem er zu seinem Onkel zog, also im Jahr 1868. Der Unterricht war primitiv und fand nur sporadisch statt. Hamsun besuchte eine Wanderschule, die die abgelegenen Orte nacheinander abklapperte. Als Klassenzimmer dienten alle möglichen Räume, wenn sie nur groß genug waren. Das Bestreben ging dahin, die Kinder neunundsechzig Tage pro Jahr zu unterrichten, doch aufgrund der Landarbeit, die ebenfalls auf die Kinder wartete, war dieses Ziel nicht immer zu erreichen. In seinem ersten Schuljahr brachte es Knut lediglich auf elf Unterrichtstage, in den nächsten beiden Jahren war er fast immer anwesend, schloß das folgende aber nicht ab. Von 1872 an ging er dann fast zwei Jahre regelmäßig zur Schule und konnte sie am 18. September 1873 mit den folgenden Zensuren verlassen: Biblische Geschichte 2, Religionsunterricht 2+, Lesen 2, Schreiben 1 1/2. Diese letzte Note, für Schönschreiben, ist die beste Zensur, die jemals einem Schüler in irgendeinem Fach erteilt wurde, solange Hamsun zur Schule ging, und er war der einzige, der sie bekommen hat.[6] Sein ganzes Leben lang war er stolz auf seine

Handschrift, und es steckt schon eine seltsame Ironie in der Tatsache, daß es ebendieses Talent war, das seinen Onkel auf ihn hatte aufmerksam werden lassen und somit die indirekte Ursache für seine unglückliche Kindheit war. Die Vorstellung, wie in dem Jungen eine unschuldige Verbindung heranwuchs zwischen der Fähigkeit, schön zu schreiben, und dem Vermögen, gut und ausdrucksvoll zu schreiben, hat auch etwas Ergreifendes. Immerhin hatte Gelehrsamkeit keine lange Tradition in der Familie Pedersen, geschweige denn ein Sinn für Literatur.

Hamsun hatte immer einen starken Willen, und so gelang es Onkel Hans trotz seiner Taktiken nicht, ihn sich gefügig zu machen, wie er sich andere, die bei ihm lebten und arbeiteten, gefügig gemacht hatte. Hamsuns bester Freund in den Jugendtagen, Georg Olsen, erzählt, Knut habe nie einen eingeschüchterten oder niedergeschlagenen Eindruck gemacht, er sei im Gegenteil stets eine angenehme Gesellschaft gewesen und habe gern und viel gelacht.

Als Knut älter wurde, schien sich ein Wandel in dem Verhältnis zwischen ihm und seinem Onkel vollzogen zu haben. Hans Olsens Krankheit wurde immer schlimmer. Bisweilen mußte Knut ihn mit dem Löffel füttern. Und während sein Onkel immer schwächer wurde, nahm seine Kraft immer mehr zu. Er erkannte bald, daß die körperliche Überlegenheit seines Onkels dahin war. Auch Olsen erkannte das, und so versuchte er eine andere Taktik, sich den Jungen gefügig zu halten. Er wußte, wie empfänglich der Junge für Eindrücke war und was für eine lebhafte Phantasie er besaß, und so bedrängte er ihn endlos mit den von Oftedal inspirierten Visionen des Höllenfeuers und der Qualen für Sünder und Ungehorsame. Sie jagten Knut tatsächlich Angst ein, jedoch nicht genug. Er begann, einen stummen Widerspruch zu praktizieren. Das Verhältnis zwischen Per pa Bua und seinem Sohn Theodor, das Hamsun in seinem Roman *Die Stadt Segelfoß*, veröffentlicht 1915, gestaltete, mag uns einen Eindruck davon vermitteln, wie die beiden in den letzten Monaten miteinander umgingen, ehe Knut den Onkel schließlich verließ. Theodor eilt nicht herbei, wenn er seinen Vater herrisch mit dem Stock auf den hölzernen Fußboden über sich klopfen hört. Er kommt, wenn es die Arbeit im Laden gerade zuläßt, und hört sich unbeeindruckt die Schimpftiraden an, nicht rechtzeitig gekommen zu sein, verweilt in seinen Gedanken und stellt sich vor dem Fenster auf, in dem vernünftigen Glauben, sein Vater würde das wertvolle Glas nicht aufs Spiel setzen und etwas nach ihm werfen. Knut und Hans Olsen trennten sich endgültig im Jahre 1873, doch sollten sich diese fünf Jahre ein Leben lang auf Hamsun auswirken. Das kann man vielleicht an seinem pathologischen Haß auf jede Form von Autorität erkennen, der für sein Verhalten bis gut in seine mittleren Jahre hinein charakteristisch ist; und am deutlichsten ist es vielleicht erkennbar an der Art und Weise, wie er in seinen Werken mit den Alten und Kranken verfährt. Sie sind beinahe ausnahmslos Objekte schrecklicher Verachtung. Bisweilen gelingt es ihm, sich auf schwarzen Humor zu beschränken, der sehr amüsant sein kann; aber genausooft schießt er über das Ziel hinaus, und seine Schilderungen, wie die von Mons und Fredrik Mensa in den Romanen *Benoni* und *Rosa*, grenzen ans Hysterische.

Von Presteid kehrte Knut für einige Zeit nach Lom zurück. Vetltræin war 1869 an Nervenfieber gestorben, doch viele Geschichten, die er dem Jungen über die Schönheiten von Lom erzählt hatte, hatte dieser noch nicht vergessen, und so verspürte er jetzt den Wunsch, seinen Geburtsort wiederzusehen. Die Ruhelosigkeit, die für sein ganzes Leben charakteristisch war, zeigte sich jetzt zum erstenmal, als er sich hinsetzte und seinem Patenonkel Torstein Hestehagen, der einen Krämerladen betrieb, einen Brief schrieb. Als Antwort kam eine freundliche Einladung und ausreichend Geld für die Reise; im Herbst 1873 fuhr er – allein – mit dem Dampfschiff von Presteid los. Er war gerade vierzehn geworden.
In Lom wohnte er bei seinem Patenonkel und arbeitete in dessen Laden. Nebenher besuchte er noch den Konfirmandenunterricht. Ein besonders eifriger Schüler scheint er nicht gerade gewesen zu sein, doch besaß er die spezielle

Gabe, dem Pfarrer keine Antwort schuldig zu bleiben, und irgendwie trafen sie sogar den Kern der Fragen. Er war recht groß für sein Alter und stark und damit der geborene Führer unter seinen Altersgenossen. In einer Geschichte aus dieser Zeit erscheint er in der für ihn nicht gerade typischen Rolle des Arbeitschampions. Die Jungen aus der Nachbargemeinde Fossbergom betrachteten sich gegenüber denen aus Vardal, Hamsuns Freunden, als etwas Besseres und setzten sich im Unterricht immer auf die vordersten Plätze. Knut jedoch bereitete dieser Tradition ein Ende. Eines Tages krempelte er sich, ehe der Pfarrer kam, die Ärmel hoch und zerrte die Jungen aus Fossbergom einen nach dem anderen von ihren Plätzen; sobald ein Platz leer war, sprang einer aus Vardal vor und setzte sich drauf. Das ging so lange, bis die gesamte bisherige Sitzordnung in ihr Gegenteil verkehrt war. Die Konfirmation fand in Lom am 4. Oktober 1874 statt. Ein Foto von diesem Tag zeigt Hamsun, wie er im Konfirmationsanzug, die Arme verschränkt, rechts an der Kamera vorbeiblickt. Das Haar über der Stirn sträubt sich in einer riesigen, ungebändigten Tolle. Selbstbewußtsein und Willenskraft zeigen sich in seinen Augen und um den Mund. Es ist bereits das Gesicht eines Mannes.

In seiner neugefundenen Freiheit war Knut wohl nahezu unbezähmbar. Innerhalb eines Jahres hatte er sich mit seinem Patenonkel überworfen und verkündete, er wolle nach Hamarøy zurückkehren. Als Hestehagen ihn weder gehen lassen noch ihm das Fahrgeld geben wollte, zog er gelassen dessen ursprünglichen Brief aus der Tasche, in dem er sich ausdrücklich verpflichtet hatte, ihm das Geld für die Rückreise zu geben, wenn der Junge sich bei ihm nicht einleben sollte. Hestehagen gab sich geschlagen.

Gleich nach seiner Rückkehr nach Hamarøy fand Knut eine Stellung bei dem Kaufmann Walsøe auf Tranøy, ganz im Norden von Hamarøy, etwa acht Kilometer von Hamsund entfernt. Tranøy war der bedeutendste Handelsplatz im Umkreis, und dort zu arbeiten bedeutete für den Jungen eine weitere Sprosse auf der sozialen Leiter nach oben. In dem Ladenbesitzer Walsøe begegnete Hamsun zum erstenmal der patriarchalischen Herrschergestalt, die eine so entscheidende Rolle in seinem persönlichen Leben wie auch in seinen Werken spielen sollte. In der norwegischen Sprache gibt es verschiedene Wörter für einen solchen Menschen – »enevoldskongen«, »matadoren«, »handelskongen«, »nessekongen«. Er war ein Kleinstadtaristokrat, der unumschränkte Herrscher am Ort, die finanzielle Schaltzentrale, der große Arbeitgeber. Jedermann war von ihm abhängig, vom Bauern bis zum Fischer. Er lieferte den Fischern die Ausrüstung und kaufte ihren Fang, trocknete ihn oder salzte ihn in großen Fässern ein und verschiffte ihn nach Bergen. In Hamsuns Werken nimmt er meist eine Art Lehnsherrnrecht in Anspruch, sowohl gegenüber verheirateten als auch alleinstehenden Frauen.

Als jüngster Ladengehilfe mußte Knut sich meist mit Handlangerarbeiten begnügen, wie Dinge aus dem Lager heranholen und wieder wegtragen, manchmal durfte er aber auch hinter dem Ladentisch stehen, und ab und zu durfte er Walsøe sogar bei der Buchführung helfen. Wie die anderen Gehilfen auch, wohnte er im Hause, im zweiten Stock, und aß mit am Tisch der Familie Walsøe. Allem Anschein nach war er bei den Erwachsenen beliebt. Sie amüsierten sein Witz und sein Bemühen, volljährig zu erscheinen. Ein Foto der versammelten Familie vor dem Laden von Tranøy zeigt ihn in einem eleganten dreiteiligen dunklen Anzug – vermutlich dem Konfirmationsanzug, den ihm sein Vater ein Jahr zuvor genäht hatte – mit einer hübschen Uhrkette auf der Weste und einem verwegen aufgesetzten Hut. Wiederum ist sein Gesichtsausdruck außergewöhnlich hart und entschlossen für sein Alter. Bisweilen neckten ihn die Erwachsenen, indem sie ihn nach der Zeit fragten und ihn somit zwangen zu zeigen, daß gar keine Uhr an der Kette hing, und zu erklären, daß er noch darauf sparte. Und wie Johannes, der Müllersohn in *Victoria*, wurde auch er unter seinen Freunden langsam bekannt für sein Interesse am Makabren. Sein Faible für Friedhöfe hatte schon in Presteid eingesetzt, und auf Tranøy faszinierte ihn das Phänomen des Deliriums. Einen Bauernjungen, der an Typhus erkrankt war und im Sterben lag, be-

suchte Knut täglich einige Minuten in seinem Zimmer und hörte sich seine wilden Reden und sein gequältes Singen von Psalmen an.
Ein wenig geheimnisumwittert war sein Weggehen von Tranøy 1875, im Alter von sechzehn Jahren. Gewöhnlich wird angenommen, die Tatsache, daß Walsøe in diesem Jahr Bankrott gemacht hatte, seinen Laden verkaufen und das Personal entlassen mußte, sei schuld daran gewesen. Diese Erklärung mag auch plausibel sein, zumal Hamsun später in seinen Werken den Bankrott des »enevoldskongen« stets als Ereignis von gewaltiger lokaler Bedeutung geschildert hat. Auf Hamarøy jedoch hält sich beharrlich das Gerücht, daß Knut und eine von Walsøes Töchtern, Laura, ineinander verliebt gewesen seien und Walsøe Knut in Wirklichkeit entlassen habe, um diesem Verhältnis ein Ende zu setzen. Zweifellos findet sich in Hamsuns Werken stets ein respektvolles Bewußtsein der schmerzvollen Intensität von Gefühlen, deren verliebte Kinder fähig sind. Eine Erzählung, *Nelliker smaa,* aus dem Jahre 1912 hebt hervor: »Jugendliche, ja sogar Kinder können auf die sonderbarste Weise eine Leidenschaft füreinander empfinden.« Noch bemerkenswerter ist die Tatsache, daß Hamsun in seinen beiden ersten literarischen Versuchen die Liebe zwischen einem Bauern und einer Prinzessin zum Thema genommen hat, wobei Walsøe wohl das Verhältnis zwischen seiner Tochter und seinem Lagerburschen mehr oder weniger in diesem Licht gesehen hatte. Am bemerkenswertesten von allem ist, daß sich in dem zweiten dieser Werke, *Bjørger,* geschrieben 1879, der Titelheld der Geschichte in die Tochter des »enevoldskongen« Moe verliebt, ein Mädchen, das – zufällig? – Laura heißt. In ästhetischer Hinsicht ist diese Variante derjenigen vorzuziehen, daß Knut zusammen mit allen anderen von Walsøes Angestellten wegen Bankrotts entlassen worden sei, die genaue Wahrheit aber wird man wohl nie erfahren. Wie dem auch sei, die Faszination, die das tragische Schicksal einer Liebe, die die sozialen Schranken zu überwinden versucht, in seinem gesamten Frühwerk – seinen Jugenderzählungen wie auch seinen großen Romanen der

neunziger Jahre – auf Hamsun ausgeübt hat, läßt eine tiefe persönliche Erfahrung mit diesem Problem vermuten. Von Laura war lange Zeit angenommen worden, sie habe schließlich einen Telegraphisten geheiratet und ein normales Familienleben geführt. Auch diese Vermutung ging auf Hamsun selbst zurück. Neuere Forschungen haben jedoch ergeben, daß es ihre Schwester gewesen war, die sich verheiratet hatte. Laura starb – eine tragische Ironie, die ihr Schicksal mit dem des Mädchen in *Bjørger* verbindet – in Wirklichkeit jung, im Alter von dreiundzwanzig Jahren, und liegt auf dem Friedhof von Tranøy begraben.

Nun folgen zwei Jahre, von denen es nur spärliche Informationen, aber um so mehr Mutmaßungen über Hamsuns Tätigkeiten gibt. Die einzige Gewißheit, die wir haben, ist die, daß er, kurz nachdem er Walsøe und Tranøy verlassen hatte, Besuch von einem älteren Kameraden aus seinem Geburtsort Lom bekam, einem Mann namens Ole Trykket, und daß die beiden beschlossen, sich zusammenzutun, gemeinsame Einkäufe machten und als Hausierer ihr Glück versuchten. Nach der einen Version dessen, was nun folgte, nämlich der von Hamsuns Sohn Tore,[7] kamen sie überein, daß Hamsun durch den Norden und Ole Trykket durch den Süden ziehen sollte, und danach wollten sie sich an einem bestimmten Tag in Bodø wieder treffen, um sich über ihre Einnahmen Klarheit zu verschaffen und neue Ware einzukaufen. Hamsun reist bis nach Tromsø im Norden und Helgeland im Süden, und das Geschäft floriert. Er trifft sich mit Ole Trykket auf dem großen Markt von Stokmarknes auf den Lofot-Inseln und macht mit ihm eine Bude auf, in der sie alles mögliche verkaufen, von Knöpfen bis zu Ölzeug. Das Geschäft läuft so gut, daß Hamsun zum erstenmal in der Lage ist, seinen Eltern Geld nach Hause zu schicken. Auch sammelt er reichlich Erfahrungen, indem er in die skurrile Welt der Zauberkünstler und Wahrsager, der Leierkastenmänner und Uhrenverkäufer eintaucht. Das ist die Welt von August und Edevart, dem Scharlatan und dem schuldlos Entwurzelten der *August*-Trilogie (1927–1933),

eine Welt, die Hamsun in diesen Büchern so ausgiebig beschreibt, als habe er lange und innige Kenntnis davon gehabt.
Die Version, die Hamsun den Psychiatern Langfeldt und Ødegård geboten hat, war eine ganz andere.[8] Er tut diesen Zeitabschnitt mit der Bemerkung ab, er habe nicht länger als zwei Monate gedauert, er selbst sei ein armer Händler gewesen und habe nicht einmal genug zum Leben verdient. Improvisiert Tore Hamsun hier ein wenig nach den Fakten aus den Büchern über *August*, um diese Jahre etwas gefälliger erscheinen zu lassen? Oder hatte Hamsun mit siebenundachtzig Jahren die Einzelheiten vergessen? Nachdem er sich ein Leben lang alternative Schicksale und Erlebnisse geschaffen hatte, die seinen eigenen beängstigend nahekamen, mögen sich die Grenzen zwischen den tatsächlichen und den erfundenen Erlebnissen verwischt haben. Insbesondere seine frühen Lebensjahre waren geprägt von extremer Rastlosigkeit, Fernweh und dem Trachten nach neuen Erlebnissen, auf denen er dann später in seinen Romanen aufbaute. Selbst wenn das, was er schrieb, reine Erfindung war, ließ die äußerst große Subjektivität seiner Erzähltechnik viele frühe Kommentatoren zu der Überzeugung gelangen, daß das, was sie lasen, autobiographisch war.*
Der gesamte Werdegang Hamsuns war so ganz und gar untypisch für ein literarisches Genie, daß alles mögliche über ihn geglaubt werden konnte, und tatsächlich war es auch so. Und verständlicherweise unternahm er später, in den Jahren seines Ruhms, auch nichts, um der Verbreitung von Gerüchten über seine dunkle, exotische Seite Einhalt zu gebieten. Der Mangel an genauen Informationen aus diesem Zeitabschnitt ist bedauerlich, denn das Erscheinen seines ersten Prosawerkes 1877 läßt erkennen, daß diese Zeit für ihn von großer Bedeutung war. Stil und Inhalt des *Rätsel-*

* Frühe Biographien haben gewöhnlich – und ziemlich fälschlich – geschrieben, er habe drei Jahre lang auf einem Fischerboot vor der Küste von Neufundland gearbeitet, und das einzig und allein aufgrund seiner in der Ich-Form geschriebenen Erzählung *Auf den Bänken bei Neufundland*, die 1891 veröffentlicht wurde.

haften, in dem sich Elemente von schlechter Kolportageliteratur, Märchen und eigenen Erfahrungen mischen, könnten Hinweis sein auf eine bloßstellende Schilderung dieser Periode: daß er viel Zeit damit verbrachte, sich hinzusetzen und die billige Kolportageliteratur zu lesen, die er zusammen mit den anderen Dingen bei sich führte und zu verkaufen versuchte.
In dieser Zeit begannen sich seine Eltern Sorgen um ihn zu machen. Sie waren der Ansicht, er solle nun etwas mehr Verantwortung zeigen, was für sie bedeutete, ein Handwerk zu erlernen. Vielleicht weil Hamsun so wenig täglichen Kontakt mit seinem Vater hatte, bewahrte er sich ein Leben lang Respekt vor ihm, und die Aggressivität und Rebellion, mit denen der Vater eines eigensinnigen Sohnes mit einem starken Selbstbestimmungsdrang häufig konfrontiert ist, richteten sich statt dessen auf Hans Olsen und Torstein Hestehagen. Knut ging auf den Vorschlag seiner Eltern ein und begab sich zu dem Schuhmacher Bjørnsen nach Bodø in die Lehre. Bjørnsen war ein entfernter Verwandter seines Vaters und ein alter Freund der Familie. Bei ihm war Knut einer von elf oder zwölf Mitarbeitern, und normalerweise hätte er erst eine sechsmonatige Probezeit absolvieren müssen, ehe er seine richtige Lehre aufnehmen konnte, die dann fünf Jahre dauerte. Bjørnsen erinnerte sich an ihn als einen freundlichen, geschickten Jugendlichen und gewissenhaften Arbeiter. Er neigte nicht zur Geschwätzigkeit und suchte nicht die Freundschaft der anderen Lehrlinge, sondern blieb mehr für sich.[9] In den Jahren, seit er bei Hans Olsen gewesen war, hatte er aber an der Unabhängigkeit Gefallen gefunden, und dadurch fiel ihm der Alltag einer Lehre und die Unterordnung unter einen Meister schwer. Außerdem teilte er, wie man sich leicht vorstellen kann, nicht den Glauben seines Vaters an den Wert eines Handwerks – immerhin hatte dem ja sein eigenes Schneiderhandwerk nur selten genügend eingebracht, um die Familie ernähren zu können. Nach nur vier Monaten gab Knut die Schuhmacherlehre auf und fand wieder eine Anstellung in einem Kramladen. Er mochte das Treiben dort; er genoß es, sich im Herzen der

Gemeinde zu befinden, er genoß das ständige Kommen und Gehen, das viele Gerede. Es sprach seinen Sinn fürs Exotische an, an einem Ort zu arbeiten, wo es absolut *alles*, von Kaffee bis zu Damenschlüpfern, zu kaufen gab, wozu sich diese Läden verpflichtet sahen. Auch auf seinen beiden Reisen nach Amerika in den achtziger Jahren sollte er wiederum in Läden arbeiten, und in seinen späten Romanen, der Trilogie um August den Weltumsegler, ist es der Kramladen, der als eine Art Fixpunkt dient, um den herum die fragmentarische Handlung der Geschichten strudelt.

Als Knuts Eltern dahinterkamen, daß er seine Lehre abgebrochen hatte, appellierten sie erneut an ihn, ein geregeltes Leben anzufangen. Er begab sich auf die Lofot-Inseln, wo er mit dem Pfarrer von Bø auf Langøy, August Weenaas, in Kontakt kam. Weenaas oblag die Schulverwaltung dieses Gebietes, und trotz Hamsuns Jugend war er von dessen recht umfangreichem Wissen beeindruckt und gab ihm eine Stelle als Lehrer in der Schule von Hjørundfjord.[10] Das war ein Zeichen großen Vertrauens von seiten Weenaas', und Hamsun hat es ihm nie vergessen. Ohne Geld und sozialen Status war er ganz und gar auf solche Gesten angewiesen.
Als Lehrer in Hjørundfjord hatte er eine Klasse von sieben, acht Schülern im Alter von etwa acht Jahren. Nach den Worten eines ehemaligen Schülers war er ein ungewöhnlicher, beliebter und unterhaltsamer Lehrer, der die Vorstellungskraft seiner Schützlinge lieber mit seltsamen, aufregenden Geschichten anregte, als ihnen das Abc einzupauken. Er bot ihnen seine exzentrisch schönen Versionen von Geographie und Geschichte und erzählte den Kindern von Afrika und den Negern dort, die er als die besten Menschen auf Gottes Erde bezeichnete. Wenn er direkt gefragt wurde, woher er das denn so genau wisse, da er doch niemals in Afrika gewesen sei, erwiderte er, daß er im Gegenteil jede Nacht in seinen Träumen dahin reise. Solche atemberaubend logischen Antworten vergessen Kinder nicht so schnell. Er unterrichtete sie auch in Botanik, indem er mit ihnen in die Natur hinausging, ihnen die wildwachsenden Pflanzen

zeigte und deren Namen nannte – die einheimischen natürlich, nicht die lateinischen. Damals malte er auch, Landschaften zumeist, die er dann an Leute verschenkte, die er mochte. Am 27. November 1878 stellte Weenaas ihm folgendes Zeugnis aus:

> Herr Knut Pedersen war gut ein Jahr lang als kommisarischer Lehrer in der Schulgemeinde Bø tätig, und in dieser Stellung hat er seine Pflichten zur vollen Zufriedenheit aller erfüllt. Mit sehr guten Fähigkeiten, mit Sicherheit in Rechtschreibung und Stil verbindet er Pünktlichkeit, Nüchternheit und Verantwortungsbewußtsein, so daß ich ihn ruhigen Gewissens für den Posten, den er nun erstrebt, empfehlen kann.[11]

Die Schreibkünste, die Hans ihm eingehämmert hatte, kamen ihm jetzt sehr zustatten. Nach dem Jahr im Schuldienst bewarb er sich um eine Stellung als Gehilfe bei dem Lensmann Nordahl in Bø und bekam sie auch. Zwischen Knut und Nordahl und auch dessen Tochter Inger entwickelte sich ein herzliches Verhältnis. Der Lensmann war ein literarischer Mensch, der eine eigene Bibliothek besaß, was zu jener Zeit und in jener Gegend eine Seltenheit war; und Hamsun hatte freien Zugang zu den Büchern. Hier fand er die Werke der großen norwegischen Poeten Wergeland und J. S. Welhaven und auch die Volksmärchen, die Asbjørnson und Moe gesammelt hatten. Ihm mögen Ibsens Versdramen *Brand* und *Peer Gynt* und auch die Klassiker des Altertums untergekommen sein. Gewiß hat er hier Bjørnson gelesen und auch ein Buch des Bjørnson-Jüngers Kristofer Janson mit dem Titel *Torgrim,* das ihn stark beeindruckt hat. Der Prozeß des Selbstunterrichts durch sein enges Verhältnis mit der Welt der Bücher, der bei Hans Olsen begonnen hatte, setzte sich hier fort.

Dies waren die Jahre von Hamsuns ersten literarischen Versuchen, eine Art Minikarriere, die drei Jahre dauerte und sich dann in zehn Jahren absoluter Anonymität verlief. Die erste der drei damaligen Publikationen erschien, als er achtzehn Jahre alt war. Sie hieß *Der Rätselhafte* und kam in Tromsø bei dem Verleger Mikkel Urdal heraus. Das Buch trug einen Untertitel – »Eine Lebensgeschichte aus dem Nordland« – und nannte als Verfasser Kn. Pedersen. Bereits in dieser recht unnatürlichen Abkürzung seines Vornamens steckt ein Hinweis auf den beinahe mystischen Glauben an die Bedeutung von Namen, den Hamsun hegte. Ein besonderes Merkmal der dreizehn Jahre, die von der Veröffentlichung dieser Erzählung 1877 bis zum Erscheinen von *Hunger* 1890 vergehen sollten, ist das ständige Experimentieren mit einer verwirrenden Vielzahl von Namen und Variationen seines eigenen Namens.

Die Geschichte selbst ist ziemlich banal, der naive Versuch, die Kolportageliteratur seiner Zeit zu reproduzieren. Dennoch enthält sie im wesentlichen die Keime einiger von Hamsuns fruchtbarsten Entwicklungen. Auf einunddreißig Seiten erzählt sie in acht kurzen Kapiteln die Geschichte eines »husmann«, eines Angehörigen der niedrigsten Schicht der norwegischen Bauerngesellschaft, der eines Tages mit seinem Vater in einer fremden Stadt auftaucht. Der Name des jungen Burschen ist Rolf Andersen, und kurz nach ihrer Ankunft in der Stadt stirbt der Vater. Rolf findet Arbeit auf dem Hof des reichsten Mannes in der Gegend, dem Großbauern Ole Aae. Ole hat eine Tochter, Rønnaug, fünfzehn Jahre alt. Rolf und Rønnaug verlieben sich. Das alles ist noch ziemlich einfach und konventionell, bis nach und nach deutlich wird, daß Rolf etwas anderes ist, als er zu sein vorgibt. Der Dialekt, in dem er spricht, scheint zum Beispiel eine Art Tarnung zu sein. Mitunter vergißt er sich und spricht plötzlich in der wohlartikulierten Weise eines reichen, gebildeten Burschen aus der großen Stadt. Auch die Schönheit seiner Handschrift setzt Ole Aae in Erstaunen. Schließlich kommt die ganze Wahrheit heraus, Rolf ist ganz und gar kein einfacher Bauernlümmel. Sein wirklicher Name ist nicht Rolf Andersen, sondern Knut Sonnenfeld, ein wesentlich exklusiverer Name. Er ist auch keineswegs arm, sondern der Erbe eines großen geheimen Vermögens von seinem toten Vater. Angesichts dessen verfliegt auch

Ole Aaes anfänglicher Widerstand gegen dieses Liebesverhältnis. Er erteilt den beiden seinen Segen, sie heiraten und ziehen in die Stadt, wo Knut ein erfolgreicher Geschäftsmann wird. Hier, in dieser unbeholfenen, jugendlichen Karikatur eines Mannes, der nicht das ist, was er vorgibt, begegnen wir dem Original des Helden von Hamsuns größten Romanen, dem Leutnant Glahn in *Pan,* Johan Nilsson Nagel in *Mysterien* und dem Schriftsteller Johannes in *Victoria.*

Der Rätselhafte wurde vermutlich als Kolportageliteratur verkauft, die Art von Büchern, die Hamsun während seiner Zeit als Hausierer selbst angeboten haben mag. Es existieren keine Verkaufszahlen davon, aber sie können nicht sehr hoch gewesen sein. Man erzählt sich, Urdal habe, um die Restexemplare des Buches loszuwerden, sie in Papier gewickelt und als »Überraschungspakete« verkauft.[12]

Im darauffolgenden Jahr, 1878, brachte Hamsun einen Verleger in Bodø, A. F. Knudsen, dazu, sein Gedicht *Ein Wiedersehen* zu drucken. Diesmal nannte er sich Knud Pedersen Hamsund und folgte damit der norwegischen Tradition, seinen Heimatort an den Namen anzufügen, wenn man von zu Hause weg war. Dieses Gedicht ist zweifellos das seltsamste Produkt seiner frühen literarischen Versuche, und daß es überhaupt veröffentlicht wurde, verdankt es wohl nur Hamsuns Überredungskunst. In diesem Gedicht lernen wir einen alten deutschen Einsiedler kennen, der in einer Höhle an der norwegischen Küste lebt. Vor langer Zeit hat er seine Geliebte umgebracht, und diese Schuld hat ihn fast wahnsinnig werden lassen. Es erhebt sich ein großer Sturm und spült eine bewußtlose junge Frau ans Ufer. Er rettet ihr das Leben und macht damit seine Schuld wieder gut. Siebzig Jahre später, 1950, gab die Norwegerin Eli Krog eine Anthologie mit den Erstveröffentlichungen einiger bekannter norwegischer Autoren heraus. In seiner Erwiderung auf das entsprechende Anschreiben nannte Hamsun als seinen Erstlingsdruck ein Gedicht mit dem Titel *Die geheimnisvolle Insel,* war jedoch nicht in der Lage, noch ein Exemplar davon zur Verfügung zu stellen oder zu sagen, wo man eins auftreiben konnte. Vielleicht hatte der alte Mann, damals einundneunzig Jahre alt, sich nur geirrt und meinte in Wirklichkeit *Ein Wiedersehen*. Doch schrieb Hamsun in seiner Jugend so viel und zog so viel umher, daß durchaus irgendein Lokalblatt in einem der vielen Orte, durch die er kam, auf einer seiner Seiten *Die geheimnisvolle Insel* abgedruckt haben könnte.

Bei Knudsen in Bodø erschien auch Hamsuns nächstes Werk, die Erzählung *Bjørger*, doch diesmal stand auf der Titelseite der Vermerk »Eigenverlag«, was besagt, daß Hamsun die Druckkosten selbst zu tragen hatte. Vermutlich bereute Knudsen seine Investition in *Ein Wiedersehen*, so daß die beiden diesmal eine Übereinkunft trafen, nach der von den 1200 Exemplaren, die gedruckt wurden, Hamsun 300 als seinen Anteil bekam und die übrigen 900 an Knudsen gingen. Das Buch verkaufte sich nicht gut, und so wurde der größte Teil der Ausgabe schließlich einem Hausierer für zehn Öre pro Exemplar überlassen.

Wenn *Bjørger*, aus dem Jahre 1878, auch noch ein ausgesprochenes Jugendwerk ist, so unterscheidet es sich doch schon deutlich von seinen beiden Vorgängern. Es hat den beachtlichen Umfang von 124 Seiten und ist klar und mit viel Ausdauer geschrieben. Hier und da läßt sich sogar schon der unverwechselbare Stil erkennen, den Hamsun zwölf Jahre später in *Hunger* zu völliger Reife bringen sollte. Nach Form und Inhalt bezeugt es, wie sehr ihn in seiner frühen Schaffensperiode zwei Schriftsteller beeinflußt haben, die er später persönlich kennenlernen sollte – Kristofer Janson und Bjørnstjerne Bjørnson.

Bjørnson (1832–1910) ist heute außerhalb Norwegens ziemlich in Vergessenheit geraten. Er schrieb Dramen, Gedichte, Romane und Erzählungen, war ein eingefleischter, unermüdlicher Polemiker und als Persönlichkeit den Norwegern in mancherlei Hinsicht viel näher als Ibsen, der die meiste Zeit seines Lebens im Ausland verbracht und eher der ganzen Welt gehört hat als nur einer einzelnen Nation. Anders als der zurückhaltende, schweigsame Ibsen war Bjørnson eine deutlich erkennbare, aufsehenerregende Gestalt, ein leidenschaftlicher Redner, der sich in die kulturellen und moralischen Debatten seiner Gesellschaft stürzte. Von Anfang an war er Hamsuns Ideal, zunächst als literarischer Stilist und später als Mann des öffentlichen Lebens. Mit seinen Bauerngeschichten, wie *Arne* und *Synnøve Solbakken,* führte er ein neues Genre und einen neuen Helden in die norwegische Literatur ein; ebenso einen neuen Stil – die kurzen, lapidaren Sätze, die er aus der Sprache der altnordischen Sagen wiederaufleben ließ. Seltsam, sich vorzustellen, daß es der heute beinahe vergessene Bjørnson war, der Hamsun mit einem Stil bekannt machte, den dieser eingehend studierte, verfeinerte und zu solch meisterlichen Höhen führte, daß der junge Ernest Hemingway ihn als seinen Lehrmeister ansah und somit jenen sachlich-lakonischen Stil, dessen sich zum Beispiel Raymond Chandler und Dashiel Hammett so erfolgreich bedienen sollten, in die amerikanische Literatur einführte.*

Die Titelgestalt der Erzählung ist Bjørger, ein Bauernjunge, der nach dem Tod seiner Mutter und dem Selbstmord seines Vaters zusammen mit seinem älteren Bruder Thor von Pflegeeltern aufgenommen wird. Thor wird durch das tragische Schicksal wunderlich und läuft weg in die Berge, um Einsiedler zu werden. Bjørger wird bei dem Kaufmann am Ort angestellt, der recht wohlhabend ist, und verliebt sich in dessen Tochter Laura. Die weitere Entwicklung der Handlung unterscheidet sich dann aber sehr von dem ungetrübten Märchenklischee des *Rätselhaften.* Bereits in dem Liebesverhältnis, das sich nun entwickelt, zeigt sich das Element der zum Scheitern verurteilten Koketterie, das ständige hilflose Überschreiten der Grenzen zwischen harmlosem Flirt und seelischem Kampf, das selbst für des reifen Hamsun Ansicht über sexuelle Liebe charakteristisch ist. *Bjørger* beinhaltet seine erste Darstellung dieser intellektuellen

---

* Hamsuns Verleger Harald Grieg traf Ernest Hemingway in Kuba und fragte ihn, was er zu Arthur Koestlers Beobachtung meinte, daß bei Hemingway sehr vieles von Hamsun zu finden sei. Hemingway erwiderte, dies sei ganz ohne Zweifel richtig, Hamsun sei einer der Schriftsteller gewesen, denen er zutiefst verpflichtet sei.[13] Und in Hemingways Shortstory *Summer People* spricht Nick Adams von seinem Verlangen, »wie Hardy und Hamsun« schreiben zu können.

Perversion spontaner Liebe, die ihren stärksten Ausdruck in *Pan* findet. Die unerträgliche Situation wird dadurch gelöst, daß Laura in Bjørgers Armen stirbt. Hamsun war besessen von diesem Thema und kehrte in seinen Romanen, Erzählungen und Dramen immer wieder darauf zurück. Der Roman *Victoria,* mit neununddreißig Jahren geschrieben, ist im Grunde eine reifere Neudarstellung von *Bjørger.* Ein weiteres interessantes Bindeglied zwischen dem jungen und dem herangereiften Künstler findet sich in der Behandlung der beiden Brüder. Thor und Bjørger haben viele gemeinsame Eigenschaften: Beide finden Trost im Alleinsein, beide haben einen Hang zum Grübeln, beide verspüren das Bedürfnis, ihre Gedanken niederzuschreiben. Bereits mit neunzehn Jahren scheint Hamsun den ziemlich anspruchsvollen literarischen Versuch unternommen zu haben, verschiedene Seiten desselben Charakters darzustellen, indem er ihn aufspaltet.
Von diesen frühen Werken hielt Hamsun selbst nicht sehr viel. Im Vorwort zur Faksimileausgabe des *Rätselhaften* von 1959 zitierte der Chef des Gyldendal-Verlags, Harald Grieg, einen Ausschnitt aus einem Brief, den Hamsun ihm diesbezüglich einmal geschrieben hatte:

> Solche Sachen wie *Ein Wiedersehen, Der Rätselhafte* und *Bjørger* hätte ich nie veröffentlicht, wenn ich nicht jedesmal meinen Geschwistern hätte beweisen müssen, daß sie sich nicht über mich lustig zu machen brauchten. Keine dieser Sachen habe ich zu Hause geschrieben, aber ich habe sie immer voller Stolz nach Hamarøy geschickt.

Alle drei Bücher wurden von der damaligen Literaturkritik komplett übersehen, da sie als Kolportageliteratur behandelt und vermarktet wurden. Sowohl *Der Rätselhafte* als auch *Bjørger* waren in das norwegische Verzeichnis lieferbarer Bücher 1873–1882 aufgenommen worden, wenn der Verfasser, Feilberg, sie auch getrennt aufgeführt hatte, nicht wissend, daß Kn. Pedersen und Knud Pedersen Hamsund ein und dieselbe Person waren.

Hamsun war ein außergewöhnlicher Fall eines von dem Wunsch, Schriftsteller zu werden, besessenen Mannes; und beim Suchen nach Hinweisen darauf, was ihm den fanatischen Mut und die Kraft verlieh, die folgenden zehn Jahre durchzustehen, bis er einen wirklichen Durchbruch erreichen konnte, muß man diese kurze Karriere (die noch nicht zu Ende war) in Betracht ziehen wie auch die Tatsache, daß er bereits in dem jungen Alter von achtzehn Jahren ein Buch mit seinem Namen darauf in Händen gehalten hatte. Für einen jungen Autor muß das von unschätzbarem psychologischem Wert sein, und dieser Erfolg, innerhalb von zwei Jahren dreimal wiederholt, mag ihn in der Überzeugung bestärkt haben, daß er seinen Weg schon noch machen würde. Durch seinen Erfolg heftig angespornt, schien ihm nun die Zeit gekommen, sich in die größere literarische Welt außerhalb des Nordlandes hinauszuwagen. Dazu brauchte er natürlich Geld, und da er keines hatte, tat er das, was viele andere ehrgeizige Bauernjungen des Nordlandes vor ihm getan hatten – er schrieb einen Brief an den mächtigsten »enevoldskongen« weitum. Dabei bediente er sich seines allerbesten Stils:

> Herrn Zahl, Kjærringø [sic], Folden
> In tiefster Ehrerbietung wage ich, Ihrem Wohlwollen anheimzustellen, das folgende zu lesen:
>
> Als zwanzigjähriger Jüngling, doch niemandes Schützling, sondern einzig mit einer durchschnittlichen Schullaufbahn hinter mir, habe ich dennoch durch Selbststudium und glänzende Fähigkeiten, welche durch die Autoritäten, denen ich Proben vorgelegt habe, attestiert sind, meine nach Wissen dürstende Seele etwas weiter gebracht als mir Gleichgestellte und gleichfalls Unbemittelte. So habe ich mir auf dem Gebiet der Poesie, dem ich nach dem Urteil vieler mein Leben widmen sollte, als Verfasser einen Namen gemacht durch die Erzählung *Bjørger* und die Gedichtsammlung *Sverdgny.* Erstere kam vergangene Weihnacht (1878) heraus und ist in einer dänischen illustrier-

ten Zeitschrift von einem anonymen Kritiker (aus Norwegen?) lobend besprochen worden. Er bedauerte nur, daß es in Bodø und nicht auf dem größten Buchmarkt des Landes herauskam. – *Sverdgny* ist noch nicht gedruckt, aber das Manuskript ist von einem hierzulande angesehenen und urteilsfähigen Kritiker gelesen worden, der es in einem solchen Grade hochschätzte, daß er mir unbedingt eine Reise nach Kopenhagen zwecks Verhandlungen mit dem größten Buchhändler und Verleger des Nordens (Gyldendal oder F. Henkel) über den Druck des Gedichtes und als ersten Schritt vor ein Publikum anrät. – Jedoch fehlen mir als unbemitteltem 20jährigen die Ressourcen zu einer solchen Reise, und daher erflehe ich im Namen der Kunst und der Beförderung des Fortschritts von Ihnen,
Herrn Zahl,
dem wohl die größte ökonomische Bedeutung im Nordland zukommt, die gnädige Unterstützung mit 1600,00 – sechzehnhundert Kronen – gegen die Stellung einer bei »Idun« gezeichneten Lebensversicherungspolice über den Betrag von 2000,00 – zweitausend Kronen – als Garantie. Damit Sie bei einer solchen Garantie keine Gefahr laufen, wenn Sie dieses Mal einem Armen, aber Emporstrebenden eine helfende, gewährende Hand reichen, gelobe ich hiermit und beteuere, daß ich Ihnen das Geld zurückzahle, sobald ich das Buch verkauft habe, und sollte ich unterdessen sterben, brauchen Sie lediglich vom Aussteller der Versicherungspolice die oben angegebene Summe einzufordern. – Sollten Sie mir auferlegen wollen, mich Ihnen persönlich in kjärringø [sic] vorzustellen, wäre es mir eine um so größere Freude, als ich von Ihnen als einen [sic] wohlwollenden, humanen Menschen habe reden hören, bei dem selbst der Geringste Zuflucht finden könne – falls ich im Büro, wo ich jetzt aushelfe, entbehrt werden kann. In jeglichem Falle glaube ich doch dieses tun zu sollen, um damit die Bestätigung der Glaubhaftigkeit der hier von mir gemachten Äußerungen zu erbringen. Wenn Sie es wünschen, werde ich Ihnen ein Exempl. des *Bjørger* senden.

Ich nehme mir die Freiheit, ergebenst Ihre in dieser Angelegenheit entscheidende Antwort zu erwarten; ich warte und hoffe sehnsüchtig, indem ich darauf vertraue, daß eine zur rechten Zeit gewährte Hilfe Freude bereitet und ewigen Segen bringt.
Bø, Vesterålen, 26. April 1879.
Ehrerbietigst
Knud Pedersen Hamsund

Das war enorm viel Geld, um das Hamsun da bat, etwa dreimal soviel, wie er in einem ganzen Jahr bei Nordahl verdient hätte. Doch er hatte seine Wahl wohl überlegt und gut getroffen. Zahl, nach modernen Begriffen ein Multimillionär, war 1846, im Alter von zwanzig Jahren und mit wenig mehr, als was er auf dem Leibe trug, nach Kjerringøy gekommen. Durch harte Arbeit, hervorragenden Geschäftssinn und durch die Heirat der Witwe seines Chefs hatte er sich einen so außerordentlichen Reichtum geschaffen, daß 200.000 Kronen Schulden getilgt werden konnten, solange er lebte, und weitere 50.000, als er starb. Auf Hamsuns Brief, der 1977 im Archiv von Nordland entdeckt wurde, findet sich die Anmerkung:

Am 1.5.79 beantwortet und 1600 Kronen zugesichert.[14]

2

1879–1882: Bjørnson und das Ende der Minikarriere

Mit diesem Briefwechsel beginnt eine Episode in Hamsuns Leben, die ein gutes Jahr dauert und die, abgesehen vom Ausgang, alle Bestandteile eines Märchens enthält.
Hamsun scheint das, was nach seiner Kontaktaufnahme mit Zahl geschah, selbst sehr stark als etwas Unwirkliches empfunden zu haben, und er erweckt bisweilen den Anschein, zu handeln und zu schreiben, als wäre er selbst eher eine Figur in einer Erzählung als ein selbständiges Wesen. Sein zweiter Brief an Zahl legt den Gedanken nahe, daß er von Anfang an spürte, daß sein persönliches Geschick auf irgendeine geheime Weise in den unpersönlichen Lauf des Schicksals einbezogen war: Er schrieb bewußt am norwegischen Nationalfeiertag, dem 17. Mai, einem Tag von großer patriotischer Bedeutung und seit der kurzen und heftigen Karriere des Dichters und Nationalisten Henrik Wergeland (1808–1845) einer mit seltsamen literarischen Assoziationen in der öffentlichen Meinung. Vielleicht war es auch als Fingerzeig für den Patriarchen Zahl gedacht, daß er, wenn er den aufstrebenden Schriftsteller unterstütze, gleichzeitig sein Vertrauen in die Zukunft seines Landes bekunde:

> (Bø, Vesterålen, 17. Mai 1879)
> Lieber Herr K. Zahl,
> trotz der Tatsache, daß ich kaum meinen Augen trauen noch seine Bedeutung so recht erfassen kann, bestätige ich hiermit den Erhalt Ihres in seiner Art so außergewöhnlichen, seltenen und für meine Zukunft so entscheidenden Antwortschreibens vom 1. des Monats. Ich habe den Brief mehrfach gelesen und habe, da ich ursprünglich nicht so recht an den Erfolg meiner Bitte glauben konnte, schließlich soviel begriffen, daß ich mit Recht sagen

kann, Sie sind ein selten großzügiger Geist der allerbesten Sorte. Diesen Dank, den ich Ihnen noch nicht persönlich erwiesen habe, lege ich hiermit in tiefster Dankbarkeit vor Ihren Thron.

Sofort nach Erhalt Ihres Briefes habe ich den Antrag auf die Lebensversicherung ausgefüllt und bin heute von einem Arzt untersucht worden, der die sogenannte »vertrauliche Erklärung eines Arztes« auszufüllen hat. Er hat alle nur erdenklichen Gründe gefunden, um der Versicherung mit bestem Gewissen empfehlen zu können, mich aufzunehmen. Der Antrag ist abgeschickt, aber es kann noch drei, vier Wochen dauern, bis ich die Police bekommen werde. Gemäß ihren Bestimmungen muß die Versicherung erst alles noch von ihrem medizinischen Gutachter Professor Hjalmar Heiberg in Kristiania überprüfen lassen.

In der Zwischenzeit, in etwa vierzehn Tagen (das heißt Anfang Juli), reist die jüngere Tochter meines Arbeitgebers nach Namsos, und ihre Eltern haben mich gebeten, sie ein Stück zu begleiten. Obgleich von einer engeren Beziehung zwischen der Tochter und mir keinerlei Rede sein kann, würde eine Weigerung meinerseits zweifellos als Affront gegen meinen Arbeitgeber interpretiert werden, dem ich über die Erfüllung meiner Pflichten hinaus Dankbarkeit schuldig bin. Darum bin ich trotz unvermeidlicher finanzieller Einbuße gezwungen, auf besagten Vorschlag einzugehen.

Der eigentliche Zweck meines Schreibens besteht darin, mich zu erkundigen, ob Sie, Herr Zahl, mir erlauben, Sie in etwa vierzehn Tagen zu besuchen, ohne daß ich die Versicherungspolice mitbringe, da sie erst in einem Monat ausgestellt wird, doch mit der Erklärung des Versicherungsagenten, daß ich tatsächlich eine Lebensversicherung im Wert von 2000 Kronen bei der »Iduna« abgeschlossen habe und daß die Police sofort nach Ausstellung Ihnen zugeschickt wird. Es ist mein Bestreben, Reisekosten zu sparen, und ich hoffe, Sie werden in meinen Vorschlag einwilligen, so daß ich die 1600 Kronen empfangen und

quittieren kann, die Sie mir, allein angesichts der Feindseligkeit der Mehrheit mir gegenüber, in der Stunde der Not mit Ihrer väterlich helfenden Hand angeboten haben.
Ich erlaube mir, Sie, Herr Zahl, in aller Bescheidenheit und Hochachtung darum zu bitten, mir bei der nächstmöglichen Gelegenheit zu antworten. Und wenn ich die Ehre und das Vergnügen habe, Ihnen persönlich für das Vertrauen danken zu dürfen, das Sie mir bereits erwiesen haben, wie für das Ungemach, das auf mein Konto geht, dann bringe ich ein Exemplar von *Bjørger* sowie einige Empfehlungen mit, die Sie vielleicht zu lesen belieben werden.
Hochachtungsvoll,
Knud Pedersen Hamsund

Er fügt noch ein Postskriptum hinzu: »Meine aufrichtige Anteilnahme, Herr Zahl, zum Tode Ihrer Gattin.«

Wenn Zahl jemals irgendwelche Zweifel daran gehegt haben sollte, ob es klug wäre, den jungen Hamsun so großzügig zu unterstützen, dann muß dieser Brief ihn sicher gezwungen haben, sie aufzugeben. Eine Empfangsbestätigung vom 5. Juni 1879 zeigt, daß der Besuch stattgefunden hat und daß das Geld entsprechend übergeben wurde. Hamsun versprach, es Zahl zurückzugeben, und dann kehrte er nach Bø zurück, um sich auf seine Reise nach Kopenhagen und auf die folgenden Unvermeidlichkeiten des Märchens vorzubereiten: die Veröffentlichung seines Manuskripts, Ruhm, Reichtum, die Prinzessin und das halbe Königreich.
Doch nun verhielt sich Hamsun etwas seltsam. Nachdem er sich von seinen Eltern verabschiedet hatte, die er über zwanzig Jahre nicht wiedersehen sollte, begab er sich, statt nach Kopenhagen zu reisen, in eine kleine Küstenstadt am Hardanger-Fjord mit Namen Øystese und blieb dort einige Monate. In Beantwortung einer Anfrage seines Verlegers Harald Grieg im Jahre 1934 schrieb er, das romantische Bild, das Wergeland in seinen Gedichten von dieser Gegend ent-

worfen habe, hätte ihn veranlaßt, sich für Hardanger zu entscheiden. Er mag sich auch an seine Unterhaltung mit Schiffern aus Hardanger erinnert haben, die nach Hamarøy gekommen waren, um ihre Fische zu trocknen, insbesondere mit einem gewissen Knut Aga, der Anfang der siebziger Jahre drei Jahre lang dort gearbeitet hatte. Die Pedersens hatten ihm gelegentlich beim Fischetrocknen geholfen, auch Knut, der sich durch dessen Erzählungen mächtig von Hardanger hatte beeindrucken lassen.[1]

Es mag auch noch andere Gründe gegeben haben, warum Hamsun nicht direkt nach Kopenhagen gehen wollte. Vielleicht existierte die Gedichtsammlung *Sverdgny*, die er in seinem ersten Brief an Zahl mit so unbeschwertem Selbstvertrauen erwähnt hatte, noch nicht ganz in der vollendeten Form, wie er die Leute hatte glauben machen. Oder möglicherweise hatten ihn in letzter Minute die Nerven ein wenig verlassen, hatte er das Gefühl gehabt, dem, wie er meinte, kurz bevorstehenden, ehrfurchtgebietenden Schritt vom autodidaktischen Bauernjungen zum professionellen Schriftsteller doch noch nicht gewachsen zu sein. Dichter zu sein bestand für Hamsun nicht bloß in dem simplen Akt, Worte zu Papier zu bringen; dazu gehörte sein ganzes Dasein, die Art zu reden, zu handeln und sich zu kleiden, die vollständige Bindung an eine Rolle. Er mag gespürt haben, daß seine Interpretation dieses gesellschaftlichen Aspekts seiner Rolle noch nicht sehr befriedigend war und daß er noch etwas Übung in der liebenswürdigen Zurückgezogenheit von Øystese einlegen sollte, ehe er sich auf die größere Bühne Kopenhagen wagen konnte.

Gewiß läßt sein Verhalten in Øystese erkennen, daß er alles daransetzte, einen Eindruck zu hinterlassen. Nachdem er sich im Hause von Kapitän Flatabø ein Zimmer gemietet hatte, machte er sich an die schwierige Aufgabe, sich selbst neu zu definieren. Er kleidete sich neu und teuer ein, fing an, einen Kneifer zu tragen, und rauchte eine ausgezeichnete Sorte Tabak. Er nahm Grammatikunterricht und schaffte sich teure Bücher an. Auch experimentierte er, auf der Suche nach seiner Identität, weiterhin mit verschiedenen Formen seines Namens. Für Zahl war er sowohl Knud Pedersen Hamsund als auch Knud Pedersen gewesen, bevor er nach Øystese ging. Danach wurde er Knut Peterson. Er ersetzte das d und das e durch ein t und ein o, um seinen Namen noch norwegischer, weniger dänisch erscheinen zu lassen. Ein Name besaß für Hamsun eine Art Spannung, eine magische Kraft, unabhängig von seiner banalen Funktion als Etikett – wie Worte überhaupt –, und er verwandte ebensoviel Sorgfalt auf die Wahl seines eigenen Namens wie auf die Benennung seiner literarischen Gestalten.

Während Hamsun bei Kapitän Flatabø wohnte, setzte er seine Arbeit fort, indem er sich seine Zeit zwischen Poesie und einem Buch teilte, auf das er große Hoffnungen setzte, die Bauernerzählung *Frida.* Außerdem tat er den ersten Schritt zum Journalismus und löste nebenbei eine heftige Debatte in der Zeitung *Søndre Bergenhus Folkeblad* aus, die zwei Monate anhielt. Es ging um die Qualität des Psalmensingens in den Kirchen von Øystese und Vikøy.
Der erste von Hamsuns beiden Briefen erschien am 28. August in der Zeitung. Darin brachte er seine Verwunderung zum Ausdruck, daß es keinen organisierten Kirchenchor gab, was um so bedauerlicher war, da keine der beiden Kirchen eine Orgel besaß. Dann kritisierte er den Singstil der Gemeinde, den er als »wild« bezeichnete. Die Schuld daran gab er den Schullehrern, den Kirchenältesten und, wie er sie nannte, den »klapprigen alten Bauern«, die in der Stadt das Sagen hatten und darauf beharrten, die Psalmen nach herkömmlichen heimischen Melodien zu singen statt im Stil Lindemans (wie sie es zu Hause in Hamarøy tun, hätte er noch hinzufügen können, tat es aber nicht). Er behauptete, versucht zu haben, die Psalmen »richtig« zu singen, mit dem einzigen Erfolg, »idiotische Blicke« auf sich gelenkt zu haben. Um sich Peinlichkeiten rundherum zu ersparen, sei er schließlich dazu übergegangen, sie zu sprechen. Abschließend zitierte er das lateinische Sprichwort *Abusus non tollit sum* und äußerte den frommen Wunsch, Gott möge eine befriedigende Lösung des Problems arrangieren.

Man möchte gern glauben, die ganze Sache sei nichts weiter gewesen als ein belangloser Scherz, und Hamsun habe über seine eigene Wichtigtuerei insgeheim lachen müssen. Diese Art von Hinterlist sollte sich jedoch erst später einstellen, und sein Interesse an den Psalmen war völlig ernst gemeint. Mit dem Psalmenbuch hatte er seine ersten Leseerlebnisse gehabt, da dies das einzige Buch im Hause seines Vaters in Hamsund gewesen war, und sein ganzes Leben lang hegte er ein aktives Interesse an den wiederholten Neufassungen davon. Als der Herausgeber des *Folkeblad* den Brief las, war ihm klar, daß sich daraus etwas machen ließ, und setzte ihn auf die erste Seite, mit einer Anmerkung, in der er schrieb, daß er »aus ersichtlichen Gründen« die lateinischen Zitate, mit denen der junge Autor seinen Artikel »gespickt« hatte, ausgelassen habe. Den Rest taten die Leser, sie schrieben wütende Briefe, in denen sie Hamsun attackierten und als eingebildet, besserwisserisch und naiv bezeichneten.
Die Angriffe waren vermutlich nicht heftiger, als er erwartet hatte; eine Stellungnahme jedoch mag ihn besonders beeindruckt haben: die von Jon Skaar, einem Bruder des Herausgebers Nils, und zwar wegen ihrer trockenen Art. Sie machte sich lustig über die Großspurigkeit des Briefschreibers und seine »Buchgelehrsamkeit« und fügte hinzu: »Wenn ein Gelehrter so zu uns gesprochen hat, sollten wir uns dann noch erdreisten, daran zu zweifeln?« Das war genau der gewiefte, listige Einsatz von Intelligenz, den Hamsun später selbst schätzenlernen sollte. Seine Erwiderung auf seine Kritiker in einem Brief vom 9. Oktober war recht gelassen, und er blieb dabei, seine Kritik sei ernst gemeint gewesen, und die persönlichen Angriffe auf ihn wären an der Sache vorbeigegangen. Die ganze Angelegenheit war ein seltsam prophetisches Beispiel für Hamsuns Talent, Widerstand gegen seine Persönlichkeit zu erregen, und sie stellt in gewisser Weise einen Tribut an jenen hartnäckigen Mut und Glauben an sich selbst dar, die ihn in den Jahren der Enttäuschung und der Not, die vor ihm lagen, aufrecht hielten. Am Ende von Ibsens *Ein Volksfeind* erklärt Dr. Stockmann: »Der stärkste Mann der Welt ist derjenige, welcher allein

steht.« Hamsun besaß und bewies diese Stärke sein ganzes Leben lang. Sie war eine Art Besessenheit, ein psychisches Bedürfnis, das ihn immer weiter und schließlich verhängnisvoll weit von den Menschen um ihn herum entfernte. Von seinen fünf Opponenten in der Debatte hatte sich nur einer namentlich zu erkennen gegeben.

Er hatte eine Liebste in Øystese, ein Mädchen mit Namen Marta Flatabø, für die er Geschenke kaufte und der er zärtliche Komplimente machte. Einmal sagte er ihr, sie habe »Sonnenschein im Gesicht«, und sie hat ihm das nie vergessen. Über Komplimente kam er bei ihr vermutlich nie hinaus. Ein anderes Mädchen, das mit ihm nach Stokmarknes zur Kirmes ging, erzählte, der junge Knut habe ihr ein Kleid geschenkt und sei mit ihr in den Wald gegangen. Dort habe er sich einfach hingesetzt und sich Stroh von den Sachen gestrichen. »Er war ein richtiger Stockfisch, wenn es um Liebe und solche Dinge ging«, sagte sie. Hamsun war vermutlich zu sehr mit *Frida* beschäftigt, um Marta recht viel mehr Aufmerksamkeit entgegenbringen zu können.[2]
Mit der Zeit mußte Hamsun feststellen, daß ihm langsam das Geld ausging. Ein paar Tage vor seinem ersten Brief an das *Søndre Bergenhus Folkeblad* hatte er einen Brief von Zahl erhalten, und am 20. September schrieb er ihm wieder, um sich bei ihm zu bedanken und noch einmal um Geld zu bitten:

> Wenn ich jetzt schreibe, so geschieht dies vor allem, um Ihnen für Ihren freundlichen Brief vom 26. vorigen Monats zu danken, der mich in so mancher Hinsicht erleichterte, besonders, weil ich fühle, daß ich in Ihnen einen väterlichen Beschützer habe, dessen Wohlwollen mir gegenüber nicht nachgelassen hat. Aber wegen des anderen – oh, bitte verlieren Sie nicht die Geduld, ich werde Sie niemals wieder belästigen! –, *ich bitte um 400 Kronen.* Nun ist mein Buch bald fertig, und dann reise ich nach Kopenhagen, wo ich es, zusammen mit meinen Gedichten, verlegt zu bekommen hoffe – und dann werde ich

Ihnen zuerst diese 400 Kronen zurückzahlen. Glauben Sie mir bitte, Herr Zahl! Ich werde sie Ihnen dann sofort zurückzahlen! Um alles in der Welt möchte ich Ihnen gegenüber nicht zum Lügner werden, der mir ein solches Vertrauen erwiesen hat, und so wahr ich Ihnen meine Lebensversicherungspolice geschickt habe, so wahr will ich auch mein Versprechen einlösen.
Ich will Ihnen, wenn Sie es wünschen, ganz offen darlegen, wofür ich das schon früher empfangene Geld verwendet habe, und Sie werden daraus ersehen, daß ich Ihr Vertrauen keineswegs mißbraucht habe. Ich habe es zur Anschaffung des Notwendigsten für mich und zu einer kleinen Hilfe für meine guten, ergrauten Eltern benutzt, für die ich eine tiefe Liebe empfinde. Wie gesagt, falls Sie eine spezifizierte Aufstellung sämtlicher Ausgaben wünschen, so werden Sie sie erhalten, denn ich habe alle notiert.
Ist erst einmal alles erledigt, nämlich die Anschaffung der Bücher, die ich als Dichter benötige – und das sind nicht wenige, und billig sind sie auch nicht –, sowie die Ausgaben für Kleidung und Unterricht in sprachlicher Hinsicht, dann brauche ich nur noch 40 Kronen für meinen Unterhalt, damit muß ich auskommen, so gut es geht.
Als Sie sich meiner annahmen und mir erlaubten, Ihnen für das Beste zu danken, das ich unter Menschen fand – machten Sie mir gleichzeitig Hoffnung, auch bei späterer Gelegenheit auf Ihre Hilfe rechnen zu dürfen. Nun treibt mich die Not, Sie um etwas zu bitten, und ich stütze mich auf die Hoffnung, die Sie mir in der Abschiedsstunde machten.
Indem ich Ihnen verspreche, Sie in Zukunft nie wieder um Geld, sondern nur noch um Ihren Rat anzugehen, dagegen bei erster Gelegenheit meine Schulden abzutragen – o Zahl! –, will ich warten voller Hoffnung, warten in Jesu Namen! Ihr kindlich verbundener und ergebenster
Knut Pederson[3]

Tatsächlich hat er mit dieser schamlosen Mischung von Dreistigkeit, Unschuld und Sentimentalität bei Zahl wie-

derum eine Saite zum Klingen gebracht, und einen Monat später erhielt er von Kjerringøy nach Øystese telegraphisch 400 Kronen übermittelt. Man fragt sich, ob Zahl tatsächlich auf diese Briefe Hamsuns hereingefallen ist oder ob er ihn ganz einfach mochte, und nachdem er sich einmal entschlossen hatte, ihn zu sponsoren, es dann auch weiterzuführen gedachte, komme, was da wolle. Daß Hamsun eine einfache, freimütige und effektive Prosa schreiben konnte, ist an vielen Passagen in *Bjørger* ersichtlich; aber in der Beziehung zu Zahl steckte etwas, das ihn immer wieder in die Welt des *Rätselhaften* von 1877 und in die Rolle Rolf Andersens zurückzog, der fest entschlossen war zu beweisen, daß er in Wirklichkeit Knud Sonnenfeld war.
Hamsun hätte durchaus versuchen können, sein Buch in Norwegen verlegen zu lassen – ein unabhängiger norwegischer Verlag, Aschehoug, existierte seit 1872 in Kristiania –, aber ein kultureller Snobismus vertrat die Ansicht, daß in Norwegen publizierte Bücher nicht von den Leuten gelesen würden, die zählten. Dazu kam noch, daß die vier berühmtesten und einflußreichsten damaligen norwegischen Schriftsteller, Ibsen, Bjørnson, Kielland und Jonas Lie, alle von dem dänischen Verlag Gyldendal betreut wurden. Und so war es das Büro dieses Unternehmens in der Klareboderne Nummer 3, zu dem Hamsun im November 1879 reiste. Man mag sich wohl vorstellen, daß es einige Leute in Øystese gab, die ihm einen tiefen Sturz am Ende seiner langen Reise wünschten.

Chef von Gyldendal war damals Frederick Hegel, ein vornehmer Mann mit feinen Zügen, der ein wenig wie ein Geistlicher wirkte. Er nahm Hamsuns Manuskript persönlich entgegen und sagte ihm, er solle wegen der Entscheidung am Tag darauf wiederkommen. Wie Hamsun den Tag und die Nacht seines ersten Besuchs in Kopenhagen zubrachte, wissen wir nicht. Vielleicht saß er in einem Café, besuchte ein Museum oder sah sich in einem Buchladen um. Kopenhagen war der künstlerische Mittelpunkt Skandinaviens und nah genug an München, Berlin und Paris, um

deren kulturelle Einflüsse aufzunehmen und wiederzugeben – für Hamsun war einfach dort zu sein im Alter von zwanzig Jahren gewiß Beschäftigung genug.
Als er am nächsten Tag wieder in die Klareboderne kam, gab ihm Hegel sein Manuskriptpäckchen zurück. Ein »P« war darauf in eine Ecke geschrieben. Das stand für »Pederson« und bedeutete, daß Gyldendal nicht daran interessiert war, das Buch zu verlegen. Hamsun hörte Hegel ein paar ironische Bemerkungen in bezug auf Bjørnsons Reichtum machen – eine neue Ausgabe seines Stückes *Das neue System* sollte gedruckt werden. Und dann stand er wieder draußen auf der Straße, seine *Frida* immer noch in den Händen.[4]
Eine Enttäuschung ist nicht immer unbedingt eine Überraschung, aber was Hamsun auch sonst noch gefühlt haben mochte, die Enttäuschung muß – nach allem, was er unternommen hatte, um seinen weitreichenden Traum aufzubauen – groß gewesen sein. Er versuchte, eine zweite Ansicht einzuholen, und suchte Andreas Munch auf. Munch war ein Held der alten nationalromantischen Bewegung und in den fünfziger und sechziger Jahren zwischen Wergeland und Welhaven, Ibsen und Bjørnson vermutlich der beste der norwegischen Dichter. Er gehörte zu der großen Kolonie norwegischer Exilanten, die in Kopenhagen lebten. Im nächsten seiner Berichte an Zahl schildert Hamsun die Ergebnisse dieses Besuchs.

> Kopenhagen, K., 2. Jan. 1880
> Herrn K. Zahl,
> Kjerringö [sic] in Salten
> Nachdem ich nun hierher gekommen bin und mich in Kopenhagen ca. 1 Monat lang umgesehen habe, fühle ich mich verpflichtet, Ihnen, meinem väterlichen Gönner, mitzuteilen, daß ich zu dieser Jahreszeit meine Schrift leider nicht verlegt bekomme. Unlängst ist meine Erzählung vom Grafen Munch gelesen worden, der mir folgende Empfehlung mitgibt: »Nachdem ich Herrn Knut Pedersons Erzählung *Frida* gelesen habe, kann ich den jungen Verfasser als einen Mann mit bedeutenden dichterischen

Fähigkeiten empfehlen – usw. usw.« – Nun verhält es sich so, daß meine Schreibweise innerhalb der Literatur in Bjørnsons Richtung geht, und Bjørnson hat zur Zeit keine Freunde, sondern hier unten in Kopenhagen ausschließlich Feinde. – Ich werde mein Mauskript nach Kristiania schicken und dort verlegen lassen. Ich bin nämlich davon überzeugt, daß mein Buch dort verlegt werden *wird,* so hat sich auch Herr Munch (Professor) geäußert. Die meisten Bücher werden hier im Frühjahr verkauft, und daher bin ich zu einer ungünstigen Stunde hierher gekommen; jedoch war mir dies nicht bekannt, bevor ich hier eintraf. Nun habe ich also von meiner Reise hierher in ökonomischer Hinsicht keinerlei positiven Ertrag; doch sobald ich wieder zur Ruhe komme, werde ich einige Charakterstudien über einige der Persönlichkeiten schreiben, denen ich unterwegs begegnet bin. Ich habe, wie gesagt, hier in Kopenh. keinerlei direkte Einkünfte erzielt, doch andererseits habe ich Stoff für ein ganzes Jahr literarischer Arbeit gesammelt, ich habe weiterreichende Menschenkenntnis gewonnen und einen erweiterten Einblick in alle Belange des Lebens, und dies kommt mir natürlich bei meiner zukünftigen Tätigkeit als Schriftsteller zugute, wenn ich denn so lange am Leben bleibe, daß ich mich wiederum dieser meiner liebsten Beschäftigung widmen kann. Gleichfalls habe ich mir eine gewisse szenische Kenntnis verschafft, d. h. ich habe hier unten etwas Theaterwesen studiert; ich bekam nämlich als norwegischer Literat freien Eintritt. Ich bin mit all diesem sehr zufrieden, und hätte ich nur Gewißheit, daß auch Sie, Herr Zahl, mir noch eine Weile gnädig sind, dann sollen Sie zu sehen bekommen, daß ich mit Gottes Hilfe noch etwas Genialeres und Größeres zustande bringe als jetzt. – Ich bin nämlich unerschütterlich davon überzeugt gewesen, daß ich von hier nicht abreisen würde, ohne Ihnen jedenfalls die letzten 400,00, die ich erhielt, zurückbezahlt zu haben; nun ist jedoch diese Hoffnung entschwunden. Wenn Sie aber etwas warten, werden Sie nicht enttäuscht werden – selbst wenn ich meine Bücher wieder verkaufen sollte,

um Ihnen jedenfalls etwas zurückzuzahlen.
Leben Sie inzwischen wohl! – Ein frohes neues Jahr!
Verlieren Sie nicht das Vertrauen in Ihren
ergebensten
Knut Pederson[5]

Der Stil dieses Briefes unterscheidet sich wesentlich von den früheren an Zahl. Die großspurigen, barocken Bekundungen sind weggefallen und durch echte, nachvollziehbare Gefühle ersetzt. Und hinter der Enttäuschung spürt man den Eigensinn und die Weigerung, sich unterkriegen zu lassen, die zusammen eine der wesentlichsten und beeindruckendsten Seiten von Hamsuns Persönlichkeit ausmachen.

In Kopenhagen hielt er sich nicht lange auf. Kurz nachdem er an Zahl geschrieben hatte, kehrte er mit dem *Frida*-Manuskript nach Norwegen zurück. Nicht zufrieden mit den Einschätzungen von Hegel und Andreas Munch, hatte er sich entschlossen, sein Buch der höchsten Autorität vorzulegen, die er kannte.

Munchs Vergleich seines Stils mit dem Bjørnsons, der womöglich nur als zarter Wink gedacht war, mag nur dazu gedient haben, Hamsuns Eitelkeit zu schmeicheln. Mit seiner auffallend hochgebürsteten Frisur verfolgte er bereits den Zweck, seinem Idol äußerlich ähnlich zu sein, so wie er ihn auch literarisch zu imitieren versuchte, und er ließ es sich auch gern gefallen, wenn er gelegentlich für einen illegitimen Sohn Bjørnsons gehalten wurde. Er begab sich also jetzt zu Bjørnsons Landsitz Aulestad, wobei er die größte Strecke des Weges zu Fuß zurücklegte.

Vielleicht war die Vorstellung, seinem Idol persönlich zu begegnen, zuviel für ihn gewesen, oder vielleicht war er, wie er später sagte, auf dem Glatteis vor Bjørnsons Haustür ausgerutscht; wie dem auch sei, das Mädchen, das ihm öffnete, hielt ihn jedenfalls für betrunken und schickte ihn wieder weg. Bjørnson hatte außerdem Besuch, und Hamsun mußte auf einem benachbarten Bauernhof übernachten. Am nächsten Tag sprach er noch einmal vor, wieder mit *Frida,* und diesmal wurde er eingelassen. Die Spannung muß zum Zerreißen gewesen sein, während er so dasaß und zusah, wie Bjørnson das Manuskript durchblätterte. Das Idealste wäre natürlich gewesen, wenn er plötzlich innegehalten hätte, gefangen von einer überwältigenden Formulierung, und Zeile für Zeile weitergelesen hätte, Seite für Seite, sich gesetzt und nicht gespürt hätte, wie die Zeit verging, und das Buch ein paar Stunden später mit einem tiefsinnigen Ausdruck im Gesicht geschlossen hätte. Natürlich blätterte er das Buch nur durch, so schnell er es mit einigem Anstand eben tun konnte, und mit jener Gefühllosigkeit, die eigenartigerweise irgendwie charakteristisch ist für »große Männer«, sagte er, daß ein großer, gutaussehender junger Mann wie Hamsun eigentlich zur Bühne gehen sollte. Er gab ihm ein Empfehlungsschreiben an seinen Freund, den Schauspieler Jens Selmer, in Kristiania mit. Und das war alles, abgesehen von einem Handschlag und einer Ermahnung, nicht zu zögern und wieder zu kommen, wenn er wieder Hilfe benötige.

Es läßt erkennen, welche Hochachtung der junge Hamsun Bjørnson entgegenbrachte, daß er die Ablehnung nicht persönlich nahm und sich auch nicht, wie es ein kleinerer Geist getan hätte, mürrisch darüber hinwegtröstete, indem er den Helden verstieß, der ihn zurückgewiesen hatte. Statt dessen kehrte er nach Kristiania zurück und nahm gegen sein besseres Wissen Schauspielunterricht. Er mietete sich ein Zimmer in der Tomtegate 11, im Slumviertel von Vaterland, unweit der Docks und dem Bahnhof, wo sein Vermieter ein Haarkäufer namens Werschowski war. Der Held von *Hunger* wohnt ebenfalls in der Tomtegate 11, und dieser Winter 1880 markierte den Beginn jenes Lebensabschnitts, jenes erbärmlichen Daseins, das er später als Stoff für seinen Roman nutzen sollte.

Am 24. Januar schrieb er einen taktvollen Brief an Bjørnson, in dem er ihm seine Fortschritte als Schauspieler schilderte:

> Als wir uns trennten, waren Sie so freundlich, mir zu erlauben, mich wieder an Sie zu wenden, falls mir auf mei-

nem beabsichtigten Weg zur Bühne große Schwierigkeiten begegnen sollten. Und obwohl ich weiß, daß Sie mit andern Dingen beschäftigt sein werden, wage ich es trotzdem noch einmal, Sie um Ihren Beistand im Form eines Empfehlungsbriefes (und Rates) an einen Ihrer Bekannten in Kristiania zu bitten. Zur Unterstützung meines Anliegens lege ich einige Zeugnisabschriften bei.

Selmer war überaus freundlich zu mir; er sagte mir ohne Vorbehalt seine Meinung; aber die lief im wesentlichen darauf hinaus, mir deutlich zu machen, welche Schwierigkeiten einen Schauspieler erwarten, der »nicht zur Bühne berufen« sei. Er wollte mir damit natürlich zu verstehen geben, daß ich mich besonders für das Theater eignete. Und deshalb riet er mir, mich um eine Beschäftigung zu bemühen, die es mir ermögliche, häufig das Theater zu besuchen, um auf diese Weise später selbst entscheiden zu können, ob ich wirklich Schauspieler werden wolle.

Auf Selmers Rat ging ich auch zu Redakteur Wullum und bat ihn um Arbeit. Er erwiderte, er habe keine Verwendung für mich und halte es für das richtigste, mich bei der Theaterdirektion vorzustellen, da ich doch nun einmal daran dächte – usw. Aber in dieser Hinsicht möchte ich annehmen, daß Selmer am besten Bescheid weiß.

Inzwischen sitze ich jedoch arg in der Klemme, und auf jeden Fall ist es jetzt weit anders als zum Beispiel an dem Abend im Café »Helvede« in Kopenhagen, wo ich zweimal mit der Wirtin Brüderschaft trank und ich sie mon cher ami [sic] nannte!

Könnten Sie mir helfen, die eine oder andere Beschäftigung zu finden, Herr Bjørnson, so würde ich nie vergessen, daß *Sie* es waren, der half. Aber bald –

Ergebenst

Knut Pederson[6]

Er legte sorgfältig angefertigte Abschriften von Zeugnissen seiner vier angesehensten Arbeitgeber der letzten Jahre bei – von seinem Onkel Hans Olsen aus Presteid, von O. C. D.

Bugge aus Bodø, vom Pfarrer Weenaas, der ihm die Lehrerstelle in Bø besorgt hatte, und vom Lensmann Nordahl in Bø. Und für den Fall, daß Bjørnson angesichts dieser Lobeshymnen in Hamsuns eigener Handschrift mißtrauisch werden könnte, beruhigte Hamsun ihn, indem er ihm in einem Postskriptum versicherte, er sei sich »über die Tragweite einer Fälschung im klaren, und hoffe, daß Sie mir glauben«.[7] Bjørnson half ihm tatsächlich, aber auf sehr indirekte Weise und auch nicht gleich und nicht ganz in der Art, wie sie Hamsun sich erhofft haben mag. Seine Besessenheit von der Idee, Schriftsteller zu werden, beherrschte auch weiterhin seine Gedanken, und man erhält einen Einblick in seine Pläne und Hoffnungen aus einem seiner nächsten »Berichte« an Zahl:

Kristiania, den 24. März 1880
Herrn K. Zahl,
Kjerringö [sic] in Salten

Mein Wohltäter!
Ich schäme mich fast, Ihnen zu schreiben, und doch glaube ich, ich habe schon zu lange gezögert. Ich habe Ihnen nun ungefähr seit der Weihnachtszeit, von Kopenhagen aus, nicht mehr geschrieben. – Ich bin von dort hierher gereist, wo ich mein Buch auch nicht verlegt bekomme. Erlauben Sie mir nun bitte, Hr. Zahl, Ihnen abzuschreiben, was gewisse Autoritäten über mich gesagt haben. Es sind Referenzen von Munch und Skavlan, und beide sind Professoren.
»Nachdem ich Hr. Knut Hamsunns Erzählung *Frida* gelesen habe, muß ich gestehen, daß der (junge) Schriftsteller große dichterische Fähigkeiten hat, aber sein jetziges Schaffen ist noch zu sehr in der Nachahmung von Bjørnsons *Stil* befangen, so daß es noch einer Abklärung bedarf, um ein befriedigendes Ergebnis zu erzielen.«
– Eine zweite:
»Meine Meinung über Knut Hamsunn, der mir ein Ge-

dicht und eine Erzählung zugesandt hat, deckt sich im wesentlichen mit der von Hr. A. Munch. – Es ist jedoch bemerkenswert, daß ein so junger Autodidakt so sehr in den Stil eines anderen Schriftstellers schlüpfen kann, besonders bemerkenswert ist, daß (er) dies in seiner Gesamtheit so konsequent durchführen konnte. Das verrät eine zwar noch nicht ausgebildete, doch *sehr große Dichtergabe.* Bei Hamsunn findet sich etwas, was einen *guten* Eindruck macht. Es wäre bedauerlich, wenn dieser Schriftsteller, der so jung ist und vielseitige Interessen hat, nicht zur vollen geistigen Entfaltung käme.«
– Sie sehen nun selbst, Hr. Zahl, daß ich im Grunde über fast Alles [sic] verfüge, was darauf hinzudeuten vermag, daß ich mir eines Tages einen Namen in unserer Literatur werde machen können; doch diesmal ging es schlecht mit mir. Der große Dichter Henrik Ibsen hat sein erstes Buch auch nicht verlegt bekommen – aber jetzt, jetzt ist er jemand, zu dem andere große Dichter aufschauen.
Das Schlimmste ist, daß ich Ihnen gegenüber so große Verbindlichkeiten habe, der Sie so gut, so freundlich zu mir gewesen sind. Seien Sie versichert, daß ich Ihnen eines Tages Ihre große Güte mir gegenüber entgelten werde – und bis dahin bitte ich Sie ehrerbietigst, nicht zornig auf mich zu sein, weil ich auch jetzt nicht in der Lage bin zurückzuzahlen. Eines Tages werde ich meinen Namen mit Ihrem verknüpfen und ihn erheben – davon bin ich unerschütterlich überzeugt. Bis dahin: Geduld. Lieber Zahl, wenn Sie jetzt nur keinen Groll gegen mich fassen wollen, dann werde ich um so fleißiger arbeiten.
– Ich grüble nun über einem neuen Buch, und in diesem werde ich mich vor Bjørnsons Stil hüten. Ich hätte gleichwohl mehr Sprachunterricht haben sollen, doch ich weiß nicht, wie das angehen könnte. Aber Gott wird mir wohl auch jetzt helfen! – Sie sprachen davon, daß Sie dieses Frühjahr nach Holland reisen würden – wenn Sie hier vorbeikommen, so werde ich Sie aufsuchen. Vielleicht könnte ich Sie als Dometscher und dienstbarer Geist begleiten – ich spreche etwas Englisch. Bis dahin aber leben Sie

wohl! Geben Sie Ihre Freundlichkeit mir gegenüber noch nicht auf, und seien Sie mir nicht böse.
Ihr
Knut Hamsunn

Er fügt noch eine Anmerkung bei, dergestalt, daß sich Zahl wegen der Lebensversicherung keine Sorgen zu machen brauche, irgendwie wolle er schon regelmäßig seine Prämien zahlen. Doch Hamsunn, wie er sich nun schreibt, steckt ganz schön in der Klemme. Das Leben will einfach nicht die Kunst nachahmen, und es sieht immer mehr danach aus, als wäre der Gang der Handlung des *Rätselhaften* ganz und gar unmöglich. Ganz egal, wie er sich nennt, Rolf Andersen/Pedersen wird einfach nicht Knud Sonnenfeld. Trotz der ständigen Veränderungen des Namens gelingt es nicht, dessen magische Kräfte zu erwecken, und der Bauernjunge bleibt unerbittlich ein Bauernjunge.
Hamsun unternahm einen letzten großen Versuch, das Märchen zu retten. Der schwedische König Oskar II. weilte zu einem Staatsbesuch in Norwegen, und Hamsun begab sich zum Schloß in der Karl Johan Gate, um ihn zu sehen. Im letzten bekannten Bericht an seinen Gönner schildert Hamsun diesen Besuch und läßt Zahl gleichzeitig die bisher betrüblichste Nachricht zukommen:

Straßenbau Undliden – Böverbro über Gjövik, den 31. Mai 1880
Hr. K. Zahl,
Kjærringö [sic], Salten.
Ich betrachte es als meine Pflicht, Ihnen mitzuteilen, daß ich mich genötigt gesehen habe, aus Kristiania wegzuziehen. Ich habe mich dort während des kürzlichen Besuches des Königs an den Kanzler Seiner Königl. Majestät gewandt. Er versprach, als ich mein Ersuchen vorbrachte, mir eine Arbeit zu verschaffen, und die habe ich dann auch bekommen; doch stellen Sie sich vor – beim Straßenbau (siehe Absender). – Jetzt habe ich 1 Stunde frei, und diese Stunde will ich nutzen, Ihnen zu schreiben.

Wenn Sie es nämlich hätten einrichten wollen, mich im Falle Ihres Besuches in Kristiania ins »Royal« zu bestellen, möchte ich Sie nicht zu vergeblichem Warten verleiten.
Meine Handschrift ist so, wie sie von einem Straßenarbeiter erwartet werden kann. Meine Arme sind angeschwollen, und meine Hand zittert; es ist daher eine Schande, diesen Brief abzuschicken, doch Sie sind allzeit der Freundliche und Nachsichtige gewesen, da vergeben Sie wohl auch jetzt.
Sosehr ich also wünschte, ja ersehnte, Sie, Hr. Zahl, im »Royal« persönlich zu sprechen, muß ich dies also absagen. Dessen bin ich ganz gewiß, hätte ich bis zu Ihrem Eintreffen in Kristiania bleiben können, und Sie hätten Ihren Einfluß zu meinem Vorteil geltend gemacht, dann hätte ich die eine oder andere passendere Anstellung gefunden; nun muß ich also *in Gottes Namen* zurechtkommen, so gut ich kann.
Doch gleichzeitig will ich Sie durch die Mitteilung erfreuen, daß der König ein Interesse für mich nährt. Der Sachverhalt war, daß ich dem Kanzler mein Gesuch um seinen Namen und Einfluß *schriftlich* überbrachte. Dieser Brief, dessen Abfassung die Arbeit eines ganzen Tages gewesen ist, wurde der Majestät vorgelesen, die sich ziemlich lobend über meine Geistesgaben äußerte. (Man zog natürlich gebührend in Betracht, daß ich 21 Jahre jung und Autodidakt bin.) Mein letztes Buch, *Frida*, das ich leider nicht verlegt bekommen habe, hat der Kanzler persönlich gelesen; dessen Verfasser habe unzweifelhaft eine dichterische Begabung, hatte er gesagt; doch da ich es à la Bjørnson geschrieben habe, ist doch ein Kanzler des Königs soweit konservativ und monarchistisch gesonnen, daß er den Republikaner Bjørnson natürlich nicht mag!
Während meiner Arbeit hier oben werde ich nach Kräften versuchen, eine Generalüberholung meines Buches vorzunehmen, so daß es möglicherweise im Laufe des Sommers herauskommen kann (wenn ich nicht wieder Pech haben sollte).

Bis dahin – möge Gott Gesundheit und frohen Mut geben!
– Falls Sie reisen, Hr. Zahl, so wünsche ich Ihnen Glück und – eine gute Heimkehr!
Leben Sie wohl!
Ihr verbundener
Knut Hamsunn

So endete Hamsuns erster Anlauf, zu literarischer Berühmtheit zu gelangen. Die erstaunliche Behauptung, König Oskar II. habe ein »persönliches Interesse« an ihm gezeigt, ist nie bestätigt worden, obgleich der junge Hamsun wahrscheinlich genügend Dreistigkeit besessen hätte, um eine Audienz bei einem König zu ersuchen, wenn er darin eine Hilfe für sich gesehen hätte, Schriftsteller zu werden. Eine Begebenheit in *Hunger* nimmt auf ironische Weise Bezug auf diese Geschichte. Der Ich-Erzähler des Romans wohnt, genau wie Hamsun, in der Tomtegate 11, wo er mietfrei im Wohnzimmer auf dem Fußboden schläft. Tagsüber versucht er, ein visionäres Versdrama zu schreiben, und führt einen verzweifelten Kampf, sich angesichts überwältigender Schwierigkeiten eine gewisse Selbstachtung zu bewahren. Eines Tages foppt ihn das Dienstmädchen des Hauses, indem sie sagt, sie hätte ihn aus dem Schloß kommen sehen, und fragt: »Waren Sie dort zum Mittagessen?« Der Erzähler, der fürchterliche Angst hat, ganz auf die Straße gesetzt zu werden, erwidert nichts, sondern denkt nur mißmutig über seine Ohnmacht nach. »Und wenn ich aus dem Schloß gekommen wäre, was dann?« fragt er sich. »Würde ihr das etwas schaden?« Die Frage des Besuchs beim König kam 1909 wieder auf, in einem Interview in dem norwegisch-amerikanischen Einwanderermagazin *Eidsvold* mit R. B. Anderson, Professor für nordische Literatur an der Universität in Madison, dem Hamsun in Amerika kurz begegnet war. Anderson erzählte der Zeitschrift, Hamsun sei »vor König Oskar erschienen und (habe) ihm seine Gedichte gezeigt. Natürlich haben sie dem König gefallen, oder er hat sich zumindest verpflichtet gefühlt, das zu sagen. Als kleinen Trost hat er Pedersen zwanzig Kronen geschenkt.« Hamsun widersprach

Andersons Darstellung und sagte, er habe nie mit dem König gesprochen: »Ich habe mich um eine Audienz bemüht, bin aber nie weiter als bis zum Kanzler vorgedrungen.« Was die Behauptung anbelangt, er habe durch die Fürsprache eines Königs den Job als Straßenarbeiter bei Gjøvik bekommen, so ist die Version, es sei durch den Einfluß Bjørnsons gewesen, wahrscheinlicher. In Kristiania hatte Hamsun im Winter 1879/80 gelegentlich bei einem Apotheker namens Thaulow ausgeholfen. Dieser hatte ihn dem Straßenbaudirektor Krag vorgestellt, und der war ein Freund Bjørnsons, und vermutlich war Hamsun dadurch zu der Arbeit in Gjøvik gelangt. Durch wen oder durch was es so gekommen war, eines ist gewiß – mit Märchen hatte das nichts mehr zu tun.

Hamsun hatte Zahl mitgeteilt, daß er *Frida* für eine Veröffentlichung im Sommer 1880 umschreiben wollte, doch das ist das letzte, was wir über dieses Manuskript erfahren. Vermutlich wurde es vollständig vernichtet. Nach den Äußerungen zu urteilen, die Hamsun in seinen Briefen über das Buch macht, ist anzunehmen, daß es sich dabei wiederum einfach nur um eine Bauerngeschichte im Stil der Frühwerke Bjørnsons gehandelt hat, und von daher ist es nicht schwierig zu erkennen, warum es keinen Verleger gefunden hat, auch wenn es ein völlig adäquates Beispiel seines Genres gewesen sein mag. Daß er es überhaupt geschrieben hat, zeigt schon, wie wenig er in bezug auf die herrschende literarische Mode auf dem laufenden war. Diese Bauerngeschichten, Idealisierungen des Lebens auf dem Lande, waren bereits aus der Mode, als er im Bücherschrank des Lensherrn Nordahl im entlegenen Bø auf sie stieß. Die bedeutendsten norwegischen Schriftsteller hatten inzwischen zu einem kritischen Realismus gefunden.
Der dänische Literaturkritiker Georg Brandes hatte 1871 mit der Veröffentlichung seines fünfbändigen Werkes über die Hauptströmungen der europäischen Literatur des neunzehnten Jahrhunderts begonnen, in dem er den Wert der Literatur folgendermaßen definierte: »Der Beweis dafür, daß eine Literatur lebendig ist, liegt in der Tatsache, daß sie be-

reit ist, sich mit umstrittenen Fragen auseinanderzusetzen.« Diese Ansicht war in Norwegen vorher schon von dem Historiker Ernst Sars vertreten worden, sie kam aber erst in Mode, als sie Brandes, die dänische Autorität in Sachen Kultur, aufgenommen hatte. Die sogenannten »vier Großen« der norwegischen Literatur, Ibsen, Bjørnson, Lie und Kielland, brachten allesamt bald Werke hervor, in denen sie sich mit der Problematik der persönlichen Freiheit und Verantwortlichkeit innerhalb der Gesellschaft auseinandersetzten. 1875 war Bjørnson aus Rom zurückgekehrt und auf seinen Hof Aulestad gezogen und schrieb noch im gleichen Jahr zwei Stücke, *Der Redakteur* und *Ein Fallissement*, die Strindberg später wegen ihrer Angriffe auf moralische, religiöse und bürokratische Scheinheiligkeit als »Leuchtsignale« für eine neue literarische Richtung bezeichnete. 1878 folgte *Das neue System*, ein Drama, das mit seiner Diskussion der Schwierigkeiten, in einer kleinen Gemeinde die Wahrheit zu sagen, bereits Ibsens *Ein Volksfeind* vorwegnimmt. Ibsens *Stützen der Gesellschaft* erschien 1877 und erzielte sofort allgemeinen Erfolg, und im Jahre 1879 kam *Nora oder Ein Puppenheim* heraus und machte ihn international bekannt. Diese Dramen bestimmten die literarische Stimmung sowohl in Kopenhagen als auch in Kristiania, und wie Hamsun selbst herausfand, konnte ein Buch wie *Frida*, konzipiert und geschrieben in der kulturellen Isolation von Nordland und Hardanger, kaum noch jemanden interessieren, weder intellektuell noch als rentables Geschäft.

Hamsun arbeitete zwei Jahre lang im Straßenbau in der Gegend von Toten, und trotz seines Entsetzens, mit der er Zahl von dieser Veränderung schrieb, hat er es vermutlich doch als Erleichterung empfunden, zeitweilig von den Lasten seines ehrgeizigen Strebens befreit zu sein. Hier konnte er sich erholen und wieder ein gewöhnlicher Mensch sein, am gesellschaftlichen Leben teilnehmen und einer unter vielen sein. Natürlich war er immer noch arm – ein Brief, den er im Juni 1880 an seinen Vetter Knudsen in Kristiania, der

Schuhmacher war, geschrieben hat, beinhaltet eine dringende Bitte, ihm doch ein Paar billige Schuhe auf Kredit zu schicken –, aber das war nicht diese neurotische, isolierte Armut in der Stadt, wie in *Hunger* beschrieben. Er arbeitete schwer, erhielt seinen Lohn und aß regelmäßig. Er logierte bei Torger Kyseth und seiner Frau Torger-Maria in einem der alten Arbeitshäuser in Raufoss, das aus einem Zimmer und der Küche bestand, in der Torger-Maria tagsüber ein Eßlokal für die Arbeiter im Ort betrieb.[8] Hamsun schlief auf einem Bett in der Küche, nachdem das Lokal geschlossen war, und Torger-Maria kümmerte sich um ihn. Wie sie erzählte, besaß er, als er nach Toten kam, fünf Hemden, die er alle auf einmal trug, und sie habe ihn dazu gebracht, immer nur eines anzuziehen und sie jeden Samstag zu wechseln. Er war »unheimlich gebildet«, erinnerte sie sich. Seine Intelligenz und Verläßlichkeit trugen ihm bald die Beförderung vom Straßenarbeiter zum »Kiesaufseher« ein, wobei seine Aufgabe darin bestand, alle Fuhren Kies zu notieren, die zur Straßenbaustelle gingen. Das war ein recht ruhiger Posten, bei dem ihm viel Zeit zum Lesen blieb. In der Bibliothek von Ost-Toten lieh er sich eine Menge Bücher unterschiedlichster Art und Güte aus. So las er hier zum Beispiel Eugène Sues *Geheimnisse von Paris*.

Zweifelsohne genoß Hamsun seine Zeit in Toten. In den Erzählungen eines *Wanderers* von 1906 und 1909 begibt sich der Erzähler, des Ruhmes, der Zivilisation und des unnatürlichen Stadtlebens müde, das er so lange geführt hat, auf eine Reise zurück zu den Stätten seiner Jugend. Er wandert über Land, übernimmt hier und da Gelegenheitsarbeiten und versucht dabei herauszufinden, was er verloren hat.* Eines Tages begegnet er einem ehemaligen Kameraden vom Straßenbau in Skreia:

> Ich gehe zu ihm hin, gebe mich zu erkennen und schwätze mit ihm.

---

* Der Name des Erzählers ist Knud Pedersen, Hamsuns eigener, richtiger Name.

Viele, viele Jahre ist es her, seit wir, Grindhusen und ich, Wegarbeiter waren, es war in unserer grünen Jugend; in den kläglichsten Schuhen tanzten wir die Wege entlang und verschlangen, was uns unterkam, wenn wir überhaupt Geld hatten! Blieb uns aber außerdem noch etwas übrig, dann gab es die ganze Samstagnacht hindurch Tanz für die Mädchen, ein großer Schwarm unserer Arbeitsgenossen beim Wegbau hängte sich an uns, und die Frau im Haus verkaufte Kaffee, daß sie reich davon wurde. Dann arbeiteten wir wieder die ganze Woche hindurch mit Lust und Liebe und sehnten uns nach dem Samstag.
Konnte er sich der Tage in Skreia erinnern?
Er sieht mich an und betrachtet mich und ist zurückhaltend, es dauert eine kleine Weile, bis er sich mit mir an unsere Erlebnisse erinnern will.
Doch, er erinnert sich an Skreia.
Und weißt du noch: Anders Fila und die Spirale? Und erinnerst du dich an Petra?
Welche von Ihnen?
Petra, die deine Liebste war.
Ja, an die erinnere ich mich noch. Ich blieb schließlich an ihr hängen.

Am nächsten Tag ruft Grindhusen ihm etwas zu, während er draußen fischt. Grindhusens Ruf tönt über das Wasser. »Ein warmer Strahl durchzuckte mich, es war, als riefe mich etwas aus der Jugend, aus Skreia, ein Menschenalter zurückliegend.«
Die Eigenschaften, die der ältere Hamsun am Alter höchst abstoßend fand und die er bei sich selbst so lange bekämpfte – das Haushalten mit dem Leben, mit Reserven, mit Zeit und Geld, den Glauben, daß Alter auch gleichzeitig Weisheit bedeutet –, galten in diesen Tagen herzlich wenig. Das Geld von Zahl war innerhalb von sechs Monaten ausgegeben. Selbst wenn man die Ausgaben für die weiten Reisen, den Kneifer, die guten Kleidungsstücke, den Sprachunterricht in Betracht zieht, bleibt es ein Geheimnis, was damit geschehen ist. Vielleicht hat Hamsun viel verspielt. Sein

ganzes Leben lang war er den Karten hold, und er war ein sehr leichtsinniger Spieler. Munter verlor er bisweilen an einem einzigen Abend einen ganzen Wochenlohn. Er spielte um das Spielens willen. Wie er erklärte, lag für ihn der Reiz des Spiels nicht im Gewinnen oder Verlieren, sondern im Kitzel des Risikos.

Hamsun war beliebt bei seinen Kollegen und gab unter ihnen den Ton an. Als es unter den Straßenarbeitern einmal Streit gab zwischen den Fahrenden und den Einheimischen, wurde er zum Sprecher der Wanderarbeiter gewählt und sorgte für die Beilegung des Streites. Seine besonderen Freunde waren sein Vermieter, Torger Kyseth, Per Saugstad und ein Abenteurer mit Namen Ernst Sengebusch. Sengebusch arbeitete in der Zündholzfabrik in Raufoss, die ein anderer Freund, Nils Frøsland, leitete. Die Freundschaft mit letzterem begann, als er Hamsun ein Stück mit seinem Wagen mitnahm. Nach dieser ersten Begegnung war Hamsun ein häufiger Gast im Hause Frøslands, und in seiner Freizeit half er ihm oft bei Schreibarbeiten. Bemerkenswert an diesen Freundschaften war, daß sie die soziale Leiter umspannten; Hamsun fiel es nicht schwer, sich zwischen der Eßküche Torger-Marias und dem Salon einer gesellschaftlich hochstehenden Familie wie den Frøslands hin und her zu bewegen. Diese Mobilität gereichte ihm sehr zum Vorteil.

Die einzige Veröffentlichung Hamsuns aus dieser Zeit, von der man weiß, ist ein Zeitungsartikel, »Aus Vardal«, der am 6. Juli 1880 im *Gjøviks Blad* unter der Signatur »Ego« erschien. Dieser Artikel war genauso ungebührlich wie jener, der in Øystese soviel Aufruhr verursacht hatte. Ziel seines Angriffs war diesmal ein ältlicher Laienprediger, Hans Pedersen Lingjerde, den Hamsun sprechen gehört und über den er sich aufgeregt hatte, sowohl in bezug auf die Predigt als auch die Unfähigkeit, mit der sie gehalten worden war. Da er sich an den persönlichen Charakter des Widerspruchs, den jener Artikel erregt hatte, noch erinnerte, begann Hamsun seinen Angriff diesmal mit ein paar verführerischen Verschleierungen des Inhalts: Dies seien nur die Gedanken

eines einfachen Arbeiters über Lingjerde, ein bißchen Straßengrabenphilosophie. Einerseits attackierte er die provinzielle Engstirnigkeit von Langjerdes Theologie, einen Höllenfeuerpuritanismus, der ihn unangenehm an seinen Onkel Hans erinnert haben mag und an die sonnigen Nachmittage, die er mit dem Vorlesen aus dem *Bibelboten* hatte zubringen müssen. Und zum anderen fühlte er sich durch dessen Stil zu predigen, den er als uneben und holprig bezeichnete, ästhetisch beleidigt, wie auch durch dessen Sprachgebrauch, »wobei er es nicht versäumt, seine Zitate aus der Bibel mit Konstruktionen und Formeln anzureichern, die von ihm selbst stammen«.
Trotz seiner entwaffnenden Einleitung hinterläßt Hamsuns Artikel den Eindruck, es handle sich um einen unangemessenen Angriff – er kritisiert Lingjerde, weil er alt sei, eine piepsige Stimme habe und sich einer derben, lächerlichen Sprache bediene –, und weckte vermutlich sogar Mitgefühl für den Prediger als Objekt einer unfairen, persönlichen Attacke. Auf den ersten Blick mag das als bloßer taktischer Fehler seitens des jungen Autors erscheinen. In Wirklichkeit war es, wie Hamsuns spätere lange Laufbahn als Journalist zeigt, gerade seine Absicht, seine Aggression und seinen Verdruß zum Ausdruck zu bringen, ohne Rücksichtnahme darauf, was die Leute von ihm oder seinem Fall halten mochten. Dieser Tatsache kommt eine entscheidende Bedeutung zu, wenn man bedenkt, daß das weitverbreitete Bild von Hamsun als Sympathisant der Nazis beinahe ausschließlich auf seiner journalistischen Tätigkeit in den dreißiger Jahren und während des Krieges basiert. Die Arbeit an einem Kunstwerk wie einem Roman scheint an sich schon ein zivilisierender Faktor zu sein, und Hamsun zeigte sein Leben lang eine tiefe Ambivalenz in der Frage, ob er überhaupt zivilisiert sein wollte oder nicht. Der Journalismus – kurz, flüchtig und stark vereinfachend – bot ihm ein wichtiges Ventil für die unzivilisierte Seite seiner Persönlichkeit.

Wie sehr Hamsun in Toten auch das gesunde Leben im Freien genießen mochte, die Mädchen und das Kartenspiel, das

Trinken und das Tanzen und die Spaziergänge in der herrlichen, dichtbewaldeten Landschaft um Vardal, er wußte ganz genau, daß das nicht sein Leben war und er sich früher oder später wieder würde losreißen und die Risiken auf sich nehmen müssen, die zählten.

Seitdem sein ältester Bruder Peter in der ersten großen skandinavischen Auswanderungswelle Mitte der sechziger Jahre nach Amerika gegangen war, existierte vermutlich in Hamsun der Gedanke, ebenfalls sein Glück da drüben zu versuchen. Noch stärker wurde dieser Gedanke wahrscheinlich durch die Unterhaltung mit seinem Freund Ernst Sengebusch, der selbst schon drüben gewesen war. Dazu kamen ständige Ermutigungen für potentielle Emigranten in Form von Briefen und Artikeln zufriedener Siedler in den norwegischen Zeitungen. Am 12. Dezember erschien im *Gjøviks Blad* ein Artikel, der ganz besonders Hamsuns Aufmerksamkeit erregt haben mochte. In ihm war von einem Bedarf an muttersprachlichen Autoren und Lektoren die Rede, zur kulturellen Betreuung der norwegischen Gemeinden im Mittleren Westen.

Im Winter 1880/81 war Bjørnson zu einer Vortragsreise dort gewesen, und seine enthusiastischen Berichte nach Hause wurden in den Zeitungen groß aufgemacht. Kristofer Janson, der unitarische Prediger und Autor, der zusammen mit Bjørnson als erster Hamsun stilistisch beeinflußt hat, sprach in Gjøvik, nicht weit von Toten, kurz bevor er nach Minneapolis auswanderte, und im August und November 1881 sprach Bjørnson selbst auf öffentlichen Veranstaltungen in Valheim und Augelands Brücke, von denen Hamsun zumindest eine besucht zu haben scheint. Seine Ambitionen und Hoffnungen entflammten auch bald seinen Freund Nils Frøsland, und bereits im September 1881 hatte Frøsland an den allgegenwärtigen Bjørnson, einen Freund der Familie, geschrieben und ihn um Mithilfe gebeten, Hamsun nach Amerika zu bringen. Am 29. September[9] schrieb er an seine Mutter und bat sie eindringlich, daß die Familie Hamsuns Überfahrt bezahle, und Hamsuns Vorarbeiter beim Straßenbau, Kapitän Moestue, schrieb ebenfalls einen Brief an Bjørnson und bat ihn, seinen Einfluß aufzubieten, um Hamsun in Amerika zu helfen. Alle diese Bemühungen zahlten sich aus, als Bjørnson am 29. November zurückschrieb und versprach, den jungen Mann seinem guten Freund Professor R. B. Anderson in Madison, Wisconsin, zu empfehlen.

Anderson war ein interessanter Charakter. Er kam, wie Hamsun, aus einem nicht gerade sehr erfolgversprechenden Milieu, hatte aber im Alter von dreißig Jahren an der Universität von Wisconsin einen Lehrstuhl für Skandinavistik gegründet und besetzt. Bjørnson schrieb an Moestue, daß nur wenige so befähigt waren wie Anderson, einem vielversprechenden Menschen zu helfen, fügte aber gleich als Warnung hinzu, »wenn es diesem Burschen (Hamsun) gelingt, ihn für sich einzunehmen. Und das ist ein sehr großes ›Wenn‹, zumal in Amerika, wo der persönliche Eindruck ganz besonders maßgeblich ist.« Am 12. Dezember konnte Nils Frøsland seiner Mutter berichten, daß Bjørnson an Anderson geschrieben und ihm empfohlen hatte, aus Hamsun »einen Professor oder etwas ähnlich Großes zu machen. Bjørnson hält es für großartig von Dir und mir, ihm zu helfen, arm und talentiert, wie er ist. Eines Tages mag er weltberühmt sein. Wir verlassen uns darauf, daß Du ihm das Geld für die Überfahrt leihen kannst; wenn ja, dann übernehme ich die Bürgschaft für ihn, so daß Du dabei nichts verlieren kannst. Ich komme zu Weihnachten nach Hause und bringe Pedersen mit. Sobald er das Geld hat, begibt er sich auf die Reise. Armer Knut Pedersen! Noch nie hat mir jemand meines Alters so leid getan.«

Weihnachten im Hause der Frau Frøsland in Torpa war in jeder Beziehung ein großer Erfolg. Frau Frøsland fand Gefallen an Hamsun, und sein Vortrag von Ibsens dramatischer Ballade *Terje Vigen,* zu dem er auf einen Schemel gestiegen war, soll so manche der anwesenden Damen zu Tränen gerührt haben. Frau Frøsland unternahm, vielleicht aus ihrer Begeisterung für Kristofer Jansons Unitarierbewegung heraus, einen kurzen Versuch, ihn dazu zu bringen, Priester zu werden, und versprach, ihm auf jeden Fall die Überfahrt nach

Amerika zu bezahlen. Zu den 400 Kronen von ihr bekam er noch 50 von Kapitän Moestue dazu sowie ein weiteres Empfehlungsschreiben an Professor Anderson in Amerika, das auf die Rückseite von Bjørnsons Brief geschrieben war. Hamsun »packt zu, was es auch sein mag«, hatte der Kapitän geschrieben. »Er ist an schwere Arbeit gewöhnt und hat über eineinhalb Jahre bei mir im Straßenbau gearbeitet.« Weder Protegé noch Promoter hatten eine Ahnung davon, daß der akademische Erfolg aus Anderson einen ziemlichen Snob gemacht hatte, der diese Art Anpassungsfähigkeit für einen angehenden Schriftsteller nicht unbedingt für passend hielt.

Im Januar 1882 kleidete sich Hamsun neu ein und reiste dann nach Hamburg, wo er den Dampfer »Oder« nach New York nahm. Vor der Abfahrt erschien er im Büro der Schifffahrtslinie, des Norddeutschen Lloyd, und schlug vor, man solle ihm freie Überfahrt einräumen, dafür verpflichte er sich, über diese Reise in der Presse zu berichten. Für damalige Emigranten war das nichts gänzlich Neues, aber dennoch war er erfreut, als sein Vorschlag angenommen wurde, und damit nicht genug, er erhielt auch noch eine Anweisung auf eine Eisenbahnfahrkarte bis nach Elroy, wo sein Bruder wohnte. Zweiundzwanzig Jahre war Hamsun alt, als er diese erste Amerikareise antrat.

3

1882–1884: Die amerikanische Erfahrung I

Hamsuns erste Eindrücke von Amerika unterschieden sich nicht von denen der 29.000 anderen Norweger, die in dem Rekordjahr 1882 auswanderten. Er war überwältigt:

> Sie, Torger, hätten mit in New York sein sollen und all die Herrlichkeiten dort sehen müssen. Die Eisenbahn geht hinauf in die Luft und über die Dächer der Häuser hinweg, und Telegrafen- und Telefondrähte spannen sich zu Tausenden von einem Haus zum anderen; die Brücke von New York nach Brooklyn ist ungefähr acht Kilometer lang; dort führt die Eisenbahn entlang; und darüber sind feine Stahldrähte zu einem Netz gespannt, auf dem die Fußgänger gehen. Diese Brücke ist die größte Ingenieurleistung der Welt und liegt so hoch, daß man in eine andere Luftschicht kommt, wenn man darüber geht; und ein furchtbarer Wind bläst dort. Und die Häuser müßten Sie sehen! Ich sah in New York unter der Erde dreizehn Etagen, von denen zwei Stockwerke unter der Erde lagen. Eines Tages ging ich mit einem Brief zum »New York Post Office« (das ist das Postamt). Dort wurde ich in einer schaukelnden Vorrichtung in die vierte Etage befördert; abwärts beschloß ich, die Treppen zu gehen, aber die wollten kein Ende nehmen.[1]

Chicago beeindruckte ihn ebenso. Er und seine Reisegefährten waren höchst erstaunt über das neue Rathaus, »das *schönste* Gebäude, das ich je gesehen habe«, der Granit war so blank, daß man sich darin spiegeln konnte. Hamsun reichte zwei Gedichte bei der Zeitschrift *Norden* ein, die auch sofort zur Veröffentlichung angenommen wurden;[2] und als er, mit seinen Empfehlungsschreiben in der Tasche,

zu Professor Andersons Haus in der North Carroll Street in Madison weiterreiste, muß er das Gefühl gehabt haben, das große Abenteuer hätte einen recht vielversprechenden Start genommen.
In der Knüpfung und Aufrechterhaltung kultureller Bindungen zwischen der Alten Welt und der Neuen hatte sich Anderson eine wichtige Aufgabe gestellt, eine Aufgabe, die er mit einem sicherlich notwendigen Maß aggressiven Pioniergeists erfüllte. Er war ein unermüdlicher Propagandist, nicht nur für sich selbst, sondern für alle kulturellen Leistungen Skandinaviens, indem er nordische Sagen übersetzte, über altnordische Mythologie schrieb und darauf beharrte, daß die Wikinger Amerika entdeckt hatten. Er übersetzte Bjørnson und Andreas Munch, und trotz seiner persönlichen Ablehnung des »neuen« Dramas war in der Hauptsache er es, der die Amerikaner erstmalig auf Ibsen aufmerksam gemacht hat.* Für norwegische Schriftsteller war Amerika rasch zu einem lukrativen Markt geworden, wo man gutes Geld verdienen konnte – Bjørnsons Vortragsreise im Winter 1880/81 brachte ihm 10.000 Dollar ein –, und viele von denen, die sich dies zunutze machen wollten, standen in ständigem Briefwechsel mit Anderson. Hamsun war wegen seiner Herkunft ein ungewöhnlicher Kandidat für Andersons Hilfe. Ihre Begegnung schilderte Anderson mehrere Male und aus unterschiedlicher Erzähllaune heraus, am ausführlichsten jedoch in seiner *Life Story of Rasmus B. Anderson,* 1915 veröffentlicht:

> Eines Tages im Sommer 1882, ich saß, glaube ich, mit meiner Familie gerade beim Mittagstisch, da klingelte es an der Tür. Das Mädchen war gerade in der Küche beschäftigt, so öffnete ich selber. Vor mir stand ein hochgewachsener, schlanker junger Mann mit einem glatten Gesicht und einem gewaltigen, wirren Haarschopf. Man konnte ihn nicht ansehen, ohne sogleich an Bjørnstjerne

* »Ich sehe in ihnen nichts als sinnloses Geschwätz, und den ganzen Symbolismus, der in ihnen stecken soll, halte ich nur für die Ansicht seiner Leser und bewundernden Kritiker«, schrieb er in seiner Autobiographie.

Bjørnson in seinen unbeschwertesten Tagen zu denken. Dieser junge Mann hielt seinen Hut in der einen Hand und überreichte mir mit der anderen einen Brief, nachdem er mich gefragt hatte, ob ich Professor Anderson sei. Ich öffnete den Brief und fand zu meiner Überraschung, daß er von keinem Geringeren denn Bjørnstjerne Bjørnson selbst war... Ich führte Knud Pederson herein, und als ich erfuhr, daß er noch nicht zu Mittag gegessen hatte, bat ich ihn, sich doch mit zu Tisch zu setzen. Am Mittagstisch stellte ich Knud Pederson nach einiger Konversation die Frage:

»Nun, junger Mann, was gedenken Sie hier im Land zu tun?«

Er erwiderte sofort: »Ich bin hier, um für die Norweger in Amerika Gedichte zu schreiben. Bjørnson erzählte mir, daß seine Landsleute hier einen Dichter brauchten, und ich bin gekommen, um diesem Mangel abzuhelfen.«

Diesem Bericht zufolge erzählte Hamsun Anderson dann etwas über seine Vergangenheit, »und die Tatsache, daß er nur ein wenig in die Volksschule gegangen war, erregte mein Interesse, denn ich wußte aus eigener Erfahrung, was es heißt, ein Autodidakt zu sein«. Dann habe sich die Diskussion der Frage von Namen zugewandt, denn Anderson führte gerade eine Kampagne, die die Norweger dazu bewegen sollte, all ihre »Olsons, Larsons, Johnsons, Petersons, überhaupt die ganze Sammlung von ›sons‹ (Söhne) aufzugeben« und statt dessen den Namen des Hofes in Norwegen anzunehmen, von dem man, beziehungsweise seine Familie, stammte. In diesem Zusammenhang habe er vorgeschlagen, »Pederson« solle seinen Namen in »Hamsund« umwandeln, ein Vorschlag, der Hamsun offenbar so sehr gefiel, daß er sich auf der Stelle so nannte. Die Begegnung zwischen Promoter und Protegé habe damit geendet, daß Anderson Hamsun mit dem üblichen Empfehlungsschreiben zu einem Bekannten von ihm schickte, einem norwegischen Kaufmann in Elroy, der einen Angestellten im Büro benötigte.

In diesem Textauszug aus dem Jahre 1915 gab sich Anderson

als offenherziger, geduldiger und hilfsbereiter Mensch. Seine frühere Darstellung, 1909 in der Zeitschrift *Eidsvold*, strotzte nur so von Arroganz und unversöhnlichem Widerwillen gegen Hamsun: Er sprach von »diesem Bauernburschen aus Norwegen«, »diesem Straßenbahnschaffner« (einer späteren Tätigkeit), »diesem Grünschnabel«. Gegenüber zwei Besuchern in seinem Hause machte er sich lustig über »einen jungen Mann, der mit der Absicht in dieses Land gekommen ist, Präsident der Vereinigten Staaten zu werden«. Alles nur unwichtige Einzelheiten, gewiß, doch Hamsun konnte fanatisch werden in bezug auf Einzelheiten und hat verschiedentlich darauf reagiert und jede Behauptung Andersons Punkt für Punkt widerlegt: Er habe keinen Brief Bjørnsons an Anderson bei sich gehabt, sondern Bjørnsons Brief vom 29. November 1881 an Moestue, seit dem er versprochen hatte, bezüglich Hamsun an Anderson zu schreiben; er sei nicht zum Essen ins Haus gebeten, sondern im Gegenteil in eine Herberge in der Stadt gewiesen worden; und sein älterer Bruder Peter habe schon jahrelang den Namen Hamsund geführt, so daß Andersons Empfehlung also nicht von so ausschlaggebender Bedeutung gewesen sein konnte, wie er behauptet hatte. (Hamsun mag auch darauf hingewiesen haben, daß er selbst diesen Namen schon gelegentlich benutzt hatte, zumindest seit 1879, seit seinem ersten Brief an Zahl.) Kurz nach dieser Begegnung schrieb Hamsun an seinen Freund Ernst Sengebusch in Toten:

> Prof. Anderson war nicht der richtige Mann, falls man sich auf Leben und Tod auf ihn verlassen wollte. Er wies mich gleich ab und sagte, ich müßte mir selber helfen. »In Amerika müssen sich alle Leute selber helfen.«[3]

Er bestätigte damit, was Bjørnson in jenem Brief an Moestue geschrieben hatte – daß Andersons unvergleichliches Vermögen, jemandem zu helfen, davon abhing, ob er ihn mochte, »besonders in Amerika, wo der persönliche Eindruck entscheidend ist«.

Nach der einen Nacht in der Herberge in Madison fuhr Hamsun mit der Eisenbahn weiter bis zu seinem Bruder nach Elroy. Das war Mitte Februar. Peter Pedersen Hamsund, sieben Jahre älter als Knut, war 1868, im Alter von sechzehn Jahren, nach Amerika ausgewandert und hatte mit zwanzig – ebenso wie sein Vater – eine Frau aus einer höheren sozialen Schicht geheiratet. Auch im Beruf folgte er seinem Vater nach und wurde Schneider. Kurz vor Knuts Auswanderung war er mit seiner Familie nach Elroy gezogen, und seine Briefe an die Eltern hatten den Eindruck erweckt, ihm ginge es gut. Den Umständen ihrer Kindheit zufolge waren sie einander im Grunde fremd, und dennoch muß Hamsun gehofft haben, daß der Kontakt für ihn nützlich sein könnte.
Nach seiner Ankunft arbeitete er einige Zeit für einen norwegischen Kaufmann in einem Städtchen namens Moe, und abends schrieb er, wie mit dem Norddeutschen Lloyd vereinbart, an seinem Bericht über die Überfahrt. In dem bereits erwähnten Brief an seinen Freund und ehemaligen Vermieter in Raufoss, Torger Kyseth, gab er ihm – neben seiner Schwärmerei für die Errungenschaften der amerikanischen Stadtbewohner – den Rat, auf einen Artikel im *Gjøviks Blad* zu achten, machte ihn aber darauf aufmerksam, daß es noch eine Weile dauern würde. In Wirklichkeit erschien der Artikel überhaupt nicht. Hamsuns schwedischer Biograph, John Landquist, erwähnt noch andere Artikel, die an deutsche Zeitungen geschickt wurden, aber auch diese wurden nicht gedruckt. Es ist anzunehmen, daß den Redakteuren die Berichte der in Deutsch schreibenden Auswanderer genügten.
Wenn für Hamsun die Gleichgültigkeit Andersons schon eine Enttäuschung war, so war die Begegnung mit seinem Bruder noch etwas ganz anderes. Hamsun kam bald dahinter, daß doch nicht alles so gut verlief, wie es in den Briefen den Anschein gehabt hatte. Peter Pedersen war nicht nur ein Schneider, der nicht viel Lust zum Arbeiten hatte, sondern auch noch ein Musiker, der gern trank – zwei Eigenschaften, die er schwer miteinander in Einklang bringen konnte. Er

war vom gleichen Schlag wie ihr Onkel Vetltræin und hatte es nicht vermocht, es zu einem angesehenen Mitglied der Gemeinde von Elroy zu bringen. Diese Familienbande waren für Knut keine große Hilfe. Da er nie ein Mann gewesen war, der in einer wenig erfolgversprechenden Situation lange abwartete, zog er im April weiter und arbeitete auf einer Farm außerhalb von Elroy, einem winzigen Anwesen, auf dem es nur zwei Pferde und vier Kühe gab und das von einem Ehepaar namens Loveland geführt wurde, das kaum wohlhabender war als Knut. Die Arbeit war schwer, aber Knut betrachtete das nur als Übergang. Und er behielt recht: Die Lovelands mußten ihn bald wieder entlassen, sie konnten ihn nicht bezahlen. Nach seinem Bericht in *Auf überwachsenen Pfaden*, über sechzig Jahre später geschrieben, arbeitete er dann für deutsche Einwanderer namens Spear, nach einer zufälligen Begegnung in der Stadt. An seinem ersten Tag auf der Farm gab Spear ihm einen Spaten und beauftragte ihn, am Waldrand ein Loch zu graben, und als das getan war, brachte er einen winzigen Sarg und legte ihn hinein. Kein Wort wurde an dem Sarg gesprochen; es gab überhaupt keine Zeremonie.
Die Spears führten ihre Farm besser als die Lovelands. Spear selbst versah die Tiere, während »Nut« auf den Feldern arbeitete. Er fand das Paar eigenartig, mochte es aber ganz gern. Eines Tages wollten sie ihn mit einer alten Waage wiegen und freuten sich, als er sich als so schwer erwies, daß die Waage kaputtging und er den Waagebalken auf den Kopf bekam. Frau Spear lachte viel und brachte ihm englische Wörter bei. Doch das Wort »Heimweh« hatte er bereits von Frau Loveland gelernt. Hamsun, stets ein recht empfindsamer Mensch, litt sehr und weinte viel.
Als er von dort weiterzog, wurden ihm die verschiedensten Tätigkeiten angeboten, wobei er höllisch auf der Hut sein mußte vor Betrügern, die darauf aus waren, den einfältigen »Schweden« übers Ohr zu hauen. (Wie er sehr bald erkennen mußte, wurden alle skandinavischen Einwanderer als »Schweden« angesehen, und es war sinnlos, sich dagegen zu verwahren.) So lehnte Hamsun das Angebot ab, eine Farm

zu pachten, wie auch den Vorschlag, sich ein Pferdegespann und einen Wagen auf Kredit zu mieten und ein Fuhrunternehmen aufzumachen. Diese dubiosen Angebote, die ihn in Schulden stürzen sollten, mögen bei anderen verfangen haben, die sich in einer ähnlichen Lage wie Hamsun befanden und wie er dem Anschein nach hilflos und abgebrannt waren, Heimweh hatten und die Sprache nicht beherrschten; doch trotz seines impulsiven und extravaganten Wesens war Hamsun auch vorsichtig, und er machte einen deutlichen Unterschied zwischen zweckdienlicher und irrelevanter Hast.

Seine Freunde zu Hause hielt er über seine Liebesbeziehungen auf dem laufenden, und so schrieb er am Ostersonntag 1882 an Ernst Sengebusch, er sei »in den letzten 2 Monaten nur dreimal verliebt gewesen«. Im Moment gebe es keine große Leidenschaft, »sie haben zu schwarze Zähne, zu schmale Schultern!«[4] Prinzessinnen gab es offenbar keine in Amerika.

Unmittelbar nachdem er bei den Lovelands entlassen worden war, hätte er sich beinahe von einem Mädchen einfangen lassen. In *Auf überwachsenen Pfaden* nennt er sie Bridget. Sie war die Tochter einer Witwe aus der Nachbarschaft. Als er eines Tages in die Stadt unterwegs war, paßte sie ihn ab und überredete ihn, sie nach Hause zurück zu begleiten, in der klaren Hoffnung, er würde dableiben und für sie und ihre Mutter die Farm führen. Er hatte aber keine Ahnung, wie man das macht, und beschränkte sich darauf, Mist zu fahren und einen großen Haufen Holz zu hacken, und war vermutlich sehr erleichtert, als sich die Witwe, die wohl selbst gesehen hatte, daß sie sich eine bessere Hilfe suchen mußte, eines Tages in die Stadt begab und mit einem Finnen zurückkam, einem geeigneteren Mann, der die Leitung der Farm übernahm. Damit hatten auch Bridgets Annäherungsversuche ein Ende. In der Erzählung *Vagabundentage* aus dem Jahr 1904 findet sich eine Episode, der die gleiche Begebenheit zugrunde liegt. Hier wird »Nut« von einem Mädchen namens Alice Rodgers zugunsten des deutschen Charmeurs Fred ignoriert.

Nach einer Saison in der Landwirtschaft kehrte Hamsun im Herbst 1882 wieder in die Stadt zurück. Der Besitzer des größten Ladens in Elroy, der englische Kaufmann Hart, hatte gerade mit einem Erweiterungsbau begonnen und stellte Hamsun als Handlanger ein. Wegen seiner Höhenangst bereitete ihm die Arbeit immer größere Schwierigkeiten, je höher das Gebäude wuchs, und einmal bemerkte Hart, wie er mit seinem Mörteltrog auf dem Rücken die Leiter hinauftaumelte und sich schließlich festklammerte, wobei sein Kneifer völlig unpassend an einem goldenen Kettchen herabbaumelte. Auf der Stelle gab er ihm eine Arbeit am Boden, als Laufbursche, und nachdem er ihn etwas besser kennengelernt hatte, stellte er ihn hinter den Ladentisch. Nun konnte Hamsun glänzen, indem er seine Erfahrungen nutzte, die er im Laden seines Patenonkels in Lom und bei Walsøe in Tranøy gesammelt hatte.
Ihm gefiel es, daß er bei dieser Arbeit mit vielen Leuten zusammenkam, und er sollte auch recht bald sein besonderes Verkaufstalent unter Beweis stellen: Als Hart eines Tages verreist war, kaufte Hamsun nach eigenem Gutdünken von einem Handelsvertreter eine ganze Kollektion Damenmanschetten recht ungewöhnlicher Form. Als Hart zurückkehrte und die Manschetten sah, war er überzeugt, daß er darauf sitzenbleiben würde. Doch ganz im Gegenteil ließ sich kurz darauf eine der tonangebenden Damen der Stadt von Hamsun dazu überreden, den ganzen Bestand zu kaufen. Und sein Englisch, das ihn gegenüber »Bridget« so in Verlegenheit gebracht hatte, machte ebenfalls Fortschritte, als er zu W. T. Ager zog, einem Schullehrer, und bei dessen Kollege Henry M. Johnston Unterricht nahm.[5]
Ager, mit dem er sich im obersten Stock des Northwestern Railways Hotel in Elroy ein Zimmer teilte, verehrte ihn. Dies geht aus einem Artikel – »Episoden aus den jüngeren Jahren Knut Hamsuns« – hervor, den er im Januar 1916 schrieb und in der *Kvartalskrift* veröffentlichte, und wir erhalten auf diese Weise ein interessantes und amüsantes Bild vom Leben dieser beiden im Herbst 1882. Hamsun war:

> ... groß und kräftig, doch geschmeidig wie ein Panther und stark wie ein Pferd. Das lange helle Haar reichte ihm bis auf die Schultern und verlieh den klaren klassischen Zügen etwas von einer löwenhaften Erscheinung ...

Die Decke von Zimmer 15 war so niedrig, daß Hamsun sie bemalen konnte, und er bedeckte ein Viertel ihrer Fläche mit einer Bleistiftzeichnung des Engels der Nacht, der den Schleier der Finsternis über die Welt breitet. Voller Stolz pflegte ihn der Hotelbesitzer George Hopper neuen Gästen vorzuführen. Eine andere Zeichnung Hamsuns zeigte einen Mann in Lebensgröße, ein Loch im Putz war der Mund. Eines Tages steckte er einen Zigarrenstummel hinein, um das Zimmermädchen zu erschrecken. Und unter ein Selbstporträt schrieb er auf englisch:

> My life is a peaceless flight through all the land. My religion is the Moral of the wildest Naturalism, but my world is the Aesthetical literature. (Mein Leben ist eine ruhelose Flucht durchs ganze Land. Meine Religion ist die Moral des krassesten Naturalismus, meine Welt aber ist die ästhetische Literatur.)

Dieses Credo besaß für ihn einen besonderen Reiz, und er schrieb es zu Weihnachten Harts Sohn Harry ins Poesiealbum und zeichnete noch einen Schoner dazu. Hamsuns Humor konnte bisweilen recht melancholisch sein, und es machte ihm Spaß, seine Freunde zu beunruhigen. Wenn Ager nach Hause kam, fand er Hamsun mitunter schlafend vor und für sich, säuberlich hingelegt, eine Zigarre und ein Messer und ein paar Zeilen dazu, in denen er ihn bat, freundlicherweise die Zigarre zu rauchen und ihm das Messer ins Herz zu stechen. Im PS fügte er vorsorglich hinzu: »Diese Notiz wird dich vor Gericht entlasten.« Er selbst rauchte Pfeife und setzte einmal sein Bett in Brand, als er mit der Pfeife im Mund eingeschlafen war. Um eine Wiederholung zu vermeiden, versah er seine Pfeife mit einem sehr langen Stiel und klemmte den Pfeifenkopf zwischen zwei Steine auf dem Fußboden.

Mit einem solchen Verhalten baute er bei seinen Freunden ein beeindruckendes Bild von sich selbst auf. Er war in der Tat eine recht ungewöhnliche Persönlichkeit; doch man wird den Verdacht nicht los, daß er sich von seinen Jugendjahren an der Wirkung seines exzentrischen Verhaltens auf andere sehr wohl bewußt war und es wohl auch häufig absichtlich kultiviert hat, um sowohl an sich selbst als auch bei seinen Freunden die Folgen zu beobachten. Seine natürliche Exotik ergänzte und verstärkte er noch mit phantasievollen Geschichten über seine Vergangenheit. In seinen Erinnerungen an ihre gemeinsame Zeit schrieb W. T. Ager:

> Er erzählte mir, daß er im Alter von 18 Jahren ein Buch veröffentlichen konnte, nachdem er das Manuskript dem großen Bjørnson vorgelegt und der sich bereit erklärt hatte, ein Vorwort schreiben. Er war zwei Wochen lang in Aulestad Gast des Dichters, und die Ratschläge und Hinweise, die er dort erhielt, hatten einen großen Einfluß auf ihn.
>
> Bjørnson riet ihm, die Feder beiseite zu legen, bis er 30 sei, und lieber alle Länder zu bereisen, um sich, soweit es ging, mit allen Lebensumständen vertraut zu machen. Er sollte sich mit den Eigentümlichkeiten aller möglichen Menschen vertraut machen, ihre Sprache und ihre Lebensart kennenlernen. Eine riesige Aufgabe für einen Achtzehnjährigen ohne Vermögen, reiche Verwandte oder einflußreiche Freunde. Er folgte jedoch Bjørnsons Rat, und nach langen Reisen durch Deutschland und Frankreich, wo er berühmte Kunstgalerien besuchte, landete er schließlich in Amerika.[6]

Auf diese Weise wurde aus dem kurzen Abstecher von Gjøvik nach Hamburg eine »ausgedehnte Reise durch Deutschland«. Die Katastrophe mit *Frida* und Bjørnsons Gleichgültigkeit hatten sich in einen Triumph gewandelt, und aus der kurzen Begegnung war ein zweiwöchiger Aufenthalt in Aulestad geworden. Es wäre durchaus denkbar, daß Ager die Einzelheiten, die Hamsun ihm über seine Vergangenheit erzählt hatte, durcheinandergebracht hat, doch dazu sind sie im Grunde zu ausführlich beschrieben. Um es gelinde auszudrücken, Hamsun hat ihn wohl mit Lügen vollgestopft.

Trotz seiner Fortschritte im Englischen, die sein Umgang mit Ager mit sich brachte, war Hamsun nie sehr glücklich darüber, eine fremde Sprache zu sprechen. Wie Ager berichtet, erlernte er sie mehr aus Pflichtgefühl denn aus Vergnügen. Vielleicht führte ihm die große Aufmerksamkeit, die er auf die Worte in seiner Muttersprache üblicherweise verwendete, die schrecklichen Ungenauigkeiten zu stark vor Augen, die man in einer Fremdsprache, selbst wenn man sehr vertraut mit ihr ist, immer wieder begeht.

Die Frustration dieser Situation hat Hamsun in seiner Kurzgeschichte *Auf den Bänken bei Neufundland* aus dem Jahre 1891 sehr gut dargestellt. Die offizielle Sprache auf dem Schiff ist Englisch, und wenn abends das Seemannsgarn gesponnen wird, erzählt der Holländer Van Tatzel immer dasselbe, eine Geschichte über eine feine Dame, die ihm eines Nachts, als er aus einer Bierhalle kommt, nach Hause folgt. Immer an derselben Stelle seiner Erzählung, der interessantesten, aufregendsten und sprachlich am meisten fordernden Stelle verläßt ihn sein mickriges Englisch, er beginnt zu stammeln und zu stottern und fällt vor lauter Verzweiflung in seine Muttersprache zurück, um seine Geschichte in einem Schwall wunderlicher Worte enden zu lassen, »die nicht ein einziger von uns verstehen kann, ausgenommen sein Landsmann, der in einer anderen Koje liegt und schnarcht«. Dieses aus sprachlicher Ohnmacht geborene »Zurückfallen« hat Ager bei Hamsun öfter als nur einmal erlebt. Auch seine gewohnheitsmäßige genaue Sprachuntersuchung half Hamsun nicht weiter. So hat er sich zum Beispiel lange damit beschäftigt, herauszufinden, welche mögliche Bedeutung hinter der Wendung »How do you do?« stecken könnte, und Ager schildert einen herrlichen Vorfall, bei dem einige Verwirrung über die korrekte Benennung der Jungfrau Maria entstand:

Eines Abends erzählte er plötzlich von seiner Schwester in Norwegen. Er schilderte sie als ein sehr hübsches Mädchen, das er hingebungsvoll liebte. Ich fragte ihn nach ihrem Namen, und er erwiderte, sie hieße Marie. Mehrere Male wiederholte er den Namen, Marie, Marie, so als wäre er sich seiner englischen Aussprache nicht sicher, und fragte mich dann, wie man den Namen der Mutter von Jesus aussprechen würde. Ich erwiderte: Mary. Also, sagte er, das ist dasselbe, dann würdet ihr sie Mary nennen. Nach einer kleinen Weile fragte er, ob es richtig wäre, Miss Mary zu sagen. Da ich annahm, daß er seine Schwester meinte, bejahte ich. Ein Hauch der Empörung huschte ihm übers Gesicht, und er rief aus: »Nein, Ager, das kann nicht sein! Ich weiß, daß ihr manche Ungeschminktheit in eurer Sprache habt, aber sicherlich bezeichnet ihr Jesus' Mutter nicht als Miss Mary.«
Ich beeilte mich, ihm zu sagen, daß wir sie in unserer Sprache »The Virgin Mary« (die Jungfrau Maria) nennen, und fragte ihn, wie sie in seiner Muttersprache heiße. Sein empörter Blick wandelte sich zu einem Lächeln, und er antwortete gemächlich: »Wenn wir so eine (– –) Sprache hätten wie ihr, dann würden wir sie wahrscheinlich Mrs. Josefson nennen.«

Seinem alten Zimmerkameraden und Lehrer Ager schickte Hamsun später seinen einzigen bekanntgewordenen Versuch, eine Erzählung in einer Fremdsprache zu schreiben, eine »Liebesgeschichte in gebrochenem und dürftigem Englisch«, deren Handlung Ager nur mühsam folgen konnte. Sie trug den Titel *A Vignette Picture,* und Ager sollte sie redigieren und anständige Prosa daraus machen, eine Aufgabe, die dieser zurückwies mit der Begründung, daß dazu ein Herkules nötig wäre, er aber nur ein Liliputaner sei.
Die Freundschaft und die Achtung, die ihm Ager, Johnston, die Familie Hart und andere entgegenbrachten, ermutigten Hamsun, wieder ernsthaft ans Schreiben zu denken. Seine Karriere als Redner begann schließlich im Oktober 1882 mit einem Vortrag über Bjørnson in der Schule von Elroy. In der

lokalen Presse wurde er mit Begeisterung aufgenommen. Hamsun wurde ob seiner Sachkenntnis gelobt, und auch sein Rezitiertalent wurde erwähnt. Er hatte den Abend mit einem Vortrag von Ibsens *Terje Vigen* abgerundet, so wie er es die Weihnachten zuvor im Haus von Mutter Frøsland getan hatte. Alle Skandinavier, die in der Umgebung wohnten, wurden dazu aufgerufen, sich Hamsun nicht entgehen zu lassen, wenn er wieder auftreten sollte, und das um so mehr, schloß der Kritiker munter, da der Eintritt frei sei. Eine unnötige Bemerkung wie diese mag Hamsun vielleicht ein wenig geärgert haben, von der Kritik aber war er natürlich begeistert. Kurz nach Weihnachten machte er Rasmus Anderson in einem Brief darauf aufmerksam und bat ihn um Rat und die Ermunterung, mit seinen Vorträgen fortzufahren. Im April sprach er im nahe gelegenen Stoughton, wiederum über Bjørnson, aber diesmal mit wenig Erfolg. Nicht einmal zwanzig Leute waren gekommen, wie er in einem Brief vom 21. April verbittert berichtete:

> ... die Geschichte von Stoughton ist schnell erzählt. Wegen des scheußlichen Wetters blieben die Leute auf dem Lande am Samstagnachmittag zu Hause, und von den Städtern selbst kann man nicht eben viele dazu bringen, einem Vortrag zuzuhören; das einzige, was sie können, ist trinken. Stoughton ist der übelste Schweinestall, den ich bisher gesehen habe. An den schlimmsten Orten in Norwegen ist es noch besser als in Stoughton.[7]

Etwas später fuhr Hamsun mit Ager zu einem kurzen Urlaub zu dessen Eltern am Lake Mason in Adams County. Dort hielt er seinen dritten Vortrag über Bjørnson. Ager, der kein Norwegisch verstand, besuchte diesen Vortrag. Es stellt einen Beweis für Hamsuns rednerisches Talent dar, daß Ager zwei Stunden lang dasitzen konnte, ohne etwas zu verstehen, und fasziniert war vom Auftritt seines Freundes, »eine seltene Verschmelzung von Anmut und Überzeugungskraft, Sensibilität und Leidenschaft«. Außerdem be-

merkte Ager, daß Hamsuns »Gestik und Mimik das ganze weite Spektrum der menschlichen Gefühle umfaßte«.
Nach diesem Urlaub nahm Hamsun seine Arbeit in dem Laden in Elroy wieder auf und erlebte dort eines Tages etwas Beängstigendes. Beim Umladen eines Fasses Salz von einem Güterwagen auf einen Pferdewagen spürte er etwas wie ein Reißen in der Brust, was zu einem Bluten in der Lunge führte. Er enthielt sich vorübergehend schwerer Arbeit und erholte sich wieder. Das war jedoch ein bedrohliches Zeichen gewesen.
Um ihn herum gingen Veränderungen vor sich. Harts Laden wurde von der Familie Wightman übernommen, obgleich Harry Hart weiterhin darin arbeitete und ihn tatsächlich auch weiter führte. Sein Freund Henry Johnston war im Sommer weggezogen und hatte in der Präriestadt Madelia eine Holzhandlung aufgemacht, und Ager hatte sich in den Kopf gesetzt, nach Nebraska zu gehen, was er im Frühjahr 1884 auch tat. Außerdem bereitete ihm ein Verhältnis mit einem Mädchen namens Anna Johnson Unbehagen. Er war an einem Projekt beteiligt, in der Stadt eine öffentliche Bibliothek einzurichten, doch Elroy bot nicht das geistige Umfeld, das er für seine Entwicklung benötigte. Einen Feind hatte er sich außerdem noch gemacht – einen gewissen Pastor Ruh, der die Leute davor warnte, seine Vorträge zu besuchen, wegen der leichten Ketzerei, die damals, im Gefolge von Bjørnsons Angriff auf das Christentum und die etablierte Kirche, jeglicher Verteidigung Bjørnsons anhaftete. Hamsun jedoch gab sich die größte Mühe, seinen Geist frisch zu halten, und drängte seinen Freunden Debatten und Diskussionen auf, indem er sie mit seinen kühnen und originellen Anregungen herausforderte. Am 12. Dezember 1883 schrieb er einen provokativen Brief an seinen Freund Sven Tveraas, einen Farmer:

> ... was das »Gehen auf dem Wasser« anbelangt. Ist das Deinem Glauben zufolge nicht wider das Gesetz der Schwerkraft, wider die Wissenschaft? Oder widerspricht es Deinem Glauben? Glaubst Du vielleicht, daß es einmal

einen gegeben hat, der auf der Wasseroberfläche gehen konnte? Irgend etwas an Deinem Glauben ist nur halb, und das macht mir Sorgen, Sven.[8]

Der ganze Zweck des Briefes bestand darin, Sven zu ermahnen, seinen Glauben zu analysieren und zu prüfen und zu versuchen, den wirklichen Grund dafür herauszufinden, daß er den strengen Glauben aufgegeben hatte: War es die Suche nach der Wahrheit oder nur das Verlangen zu widersprechen? Diese Frage spielte eine seltsam zentrale Rolle für Hamsun, und man kann sich vorstellen, daß er sein eigenes Verhalten häufig in ihrem Lichte untersucht hat.

Hamsun hatte nirgends Ruhe, und als er von Henry Johnston einen Brief erhielt, in dem dieser ihn fragte, ob er frei sei und Lust habe, nach Madelia zu kommen und bei ihm zu arbeiten, sagte er sofort zu. Er verließ Elroy wahrscheinlich gleich kurz nach Weihnachten und unternahm noch eine ausgedehnte Reise, ehe er bei den Johnstons eintraf. Eine Woche verbrachte er in einem Ort namens Red Wing und schrieb dort einen langen Artikel über den »Gott in den Büchern Mose«, den er in Madelia als Vortrag zu halten gedachte. Er hatte auch vor, in Red Wing zu sprechen, gab das aber aus ökonomischen Gründen wieder auf.

Hamsun bereute es nicht, von Elroy weggegangen zu sein. Er hatte ohnehin das Gefühl gehabt, schon zu lange dort gewesen und nicht vorwärtsgekommen zu sein. In Madelia begeisterte ihn die lebhafte Debatte zwischen dem unitarischen Kristofer Janson und den orthodoxen Lutheranern. Intensiv dachte er über die aufgeworfenen Probleme nach, wurde sich aber seiner ungenügenden Sachkenntnis bewußt. Jeglicher Glaube, zu dem ein blindes Akzeptieren gewisser überkommener »Wahrheiten« gehörte, war ihm unmöglich. Er war ein Suchender, der bald den Sinn in der Suche selbst sah, und hielt Offenbarungen, Entdeckungen und Synthesen für Behauptungen einer bequemen Feigheit.

Die 1897 veröffentlichte kleine Skizze *Angst* basiert auf Hamsuns dreimonatigem Aufenthalt in Madelia. Sie bietet eine anschauliche Darstellung eines erschreckenden Erlebnisses, das er eines Nachts hatte, als die Johnstons weg waren und er allein in deren Haus wohnte. Johnston war mit seiner Frau geschäftlich nach Osten gegangen und hatte ihm die Führung der Holzhandlung übertragen und ihm seinen Revolver überlassen. Zunächst ging alles gut. Hamsun zog aus seinem Zimmer ins Erdgeschoß, von wo aus er das ganze Haus besser im Auge behalten konnte. Er verkaufte Bretter und Planken, brachte das tagsüber eingenommene Geld jeden Abend zur Bank und erhielt seine Quittung dafür. Ein Topf Grütze, die er sich zum Abend hatte kochen wollen, drohte überzuquellen, und so goß er den Brei einfach auf den Tisch. Dort wurde er steif. Jeden Abend schnitt er sich ein Stück davon ab, kochte es mit Milch auf und aß es. Dann setzte er sich hin zum Schreiben. Das Haus stand allein, ein ganzes Stück außerhalb der Stadt, aber es kam ihm gar nicht in den Sinn, sich zu fürchten. Und als er zwei Abende hintereinander ein verdächtiges Geräusch am Schloß der Haustür zu hören meinte, nahm er eine Lampe und ging die Tür untersuchen – ohne den Revolver. An einem der nächsten Tage hatte er besonders lange zu tun gehabt, so daß es zu spät geworden war, die Einnahmen noch zur Bank zu bringen. Wie gewöhnlich schrieb er auch an diesem Abend bis spät in die Nacht. Plötzlich hörte er, so gegen zwei Uhr morgens, wieder dieses Geräusch. Und kurz darauf hörte er, wie die Haustür eingerannt wurde. Dann hörte er Stimmen vor der Wohnzimmertür flüstern. Außer sich vor Angst, lief er mit dem Geld ins Schlafzimmer und versteckte es unter der Matratze. Er nahm den Revolver, kehrte ins Wohnzimmer zurück und schrie – zuerst auf norwegisch, dann noch einmal auf englisch –, er werde jeden niederschießen, der eindringe. Er hörte, wie ihn jemand beschimpfte. Er ging an eins der Fenster, öffnete es und sah eine Gestalt, die sich gegen den Schnee abhob. Da zielte er und drückte ab. Klick. Nichts. Er drückte wieder ab. Klick. Er probierte die ganze Trommel durch, und schließlich löste sich doch noch ein Schuß. Zu seinem Glück erzeugte er einen solchen Knall, daß der eine Komplize, der sich noch versteckt gehalten hatte, auch davonrannte. Mit den ersten Lichtstrahlen stand Hamsun auf, ging in die Stadt und zahlte das Geld ein.

»Erinnern Sie sich, daß bei mir in Madelia eines Nachts eingebrochen worden war? Ich mache Ihnen keinen Vorwurf, selbst wenn Sie diesen Vorfall bezweifeln sollten ...« schrieb Hamsun später an Johnston. Er hat dieses Ereignis gewiß nicht wieder vergessen und auch nicht das Gefühl unkontrollierbarer Angst, die er hatte, als die Haustür barst und ihm das Herz bis in den Hals hämmerte, so daß er nicht mehr richtig atmen konnte. Wie viele seiner Erzählungen ist *Angst* eine autobiographische Skizze in der erzählerischen Tradition solcher Schriftsteller wie Mark Twain, W. W. Jacobs, Damon Runyan und Ambrose Bierce; Tatsache mit fiktiven Ausschmückungen. Im Fall von *Angst* erzählt Hamsun seinen norwegischen Lesern, daß sich dies in der Stadt Madelia zugetragen habe, in derselben Stadt, in der Jesse James, Amerikas »blutdürstigster, rauchgeschwärztester Räuber«, schließlich ergriffen und totgeschlagen wurde. In Wirklichkeit war es nicht James, der dort ergriffen und erschlagen wurde, sondern die Younger-Brüder.

Hamsuns größte Hoffnung bestand immer noch darin, sich mit Vorträgen über Literatur einen Namen zu machen und sich damit auch seinen Lebensunterhalt zu verdienen. In seinen Briefen an Sven Tveraas, einen norwegischen Einwanderer, der nicht weit von Elroy eine kleine Landwirtschaft betrieb, schrieb er häufig über ausgearbeitete und gehaltene Vorträge, über Reden, die er gerade im Begriff war zu halten, und solche, die nie gehalten wurden. Am 3. Februar hatte er in Madelia über »Die Juden von Abraham bis heute« gesprochen. Daß hundert Leute gekommen waren, brachte ihn schließlich auf den Gedanken, Eintritt zu nehmen, denn Geld war für ihn stets ein Problem. Er bat Sven, ihm fünfundzwanzig Dollar zu leihen, die er von den Einnahmen seines nächsten Vortrags in St. James zurückzahlen wollte. Doch darin wurde er enttäuscht. Es kamen nicht einmal so viele Leute, daß die Einnahmen für die Saalmiete gereicht hätte, und darum mußte er den Vortrag absagen. Das war zwar eine ganz andere Sache als Bjørnson und seine 10.000 Dollar, was jedoch die bittere Erfahrung der Enttäuschung betrifft, so war sie von unschätzbarem Wert für die Thematik und die Grundhaltung seines künftigen Werkes. Aber nun hatte er genug davon. Er schrieb Sven, er schwöre, daß nach der Absage des Vortrags ganz und gar Schluß damit wäre. Mit dem Besuch des Unitariergeistlichen und Schriftstellers Kristofer Janson in Madelia, der bald darauf erfolgen sollte, ergab sich eine neue Möglichkeit. Janson war der Verfasser der Bauernerzählung *Torgrim*, von der Hamsun bei seiner Arbeit an *Bjørger* stark beeinflußt gewesen war, und so brannte er darauf, ihm zu begegnen. Er hoffte auch, ihn dazu zu bewegen, sich eine Arbeit anzuschauen, an der er gerade schrieb, ein Buch mit dem geplanten Titel *Over Havet* (Über das Meer). Er versprach, zu schreiben und Sven das Ergebnis der Begegnung wissen zu lassen.

Als Schriftsteller ist Janson heute so gut wie vergessen, für seine Zeitgenossen aber war er eine nicht unbedeutende Persönlichkeit innerhalb der Literatur. Abgesehen von seinen Jahren als Geistlicher in Amerika, erhielt er vom norwegischen Parlament die »diktergasje«, eine Leibrente für verdiente Schriftsteller. Er war ein außergewöhnlicher Mensch – fleißig, redlich, offen und großmütig. Bjørnson nahm ihn als ein Symbol grenzenlosen Glaubens zum Vorbild für seinen Pastor Stang in seinem besten Stück *Over Ævne (I)* (Über unsere Kraft), und selbst ein Zyniker wie Rasmus Anderson konnte sagen, er »liebe ihn trotz all seiner Fehler«. Er war, auf Andersons Vorschlag, ein Jahr vor Hamsun nach Amerika gekommen und hatte in Minneapolis eine Unitariergemeinde gegründet, die er mit solchem Eifer und Ideenreichtum leitete, daß er bisweilen mit der dogmatischen Kirche in Konflikt geriet. Neben seiner Hauptgemeinde in Minneapolis kümmerte er sich auch noch um unitarische Gemeinden in Underwood, in St. Paul, in Hudson, Wisconsin, und in Brown County. In Madelia stieg Janson gewöhnlich um, wenn er nach Brown County fuhr, und dort lernte er Ende Februar 1884 Hamsun kennen. Es ist interessant zu lesen, wie Janson dieses Zusammentreffen in seinen Memoiren *Hvad jeg har oplevet* (Was ich erlebt habe) schildert:

> Ich begegnete ihm zufällig ... Mir fiel der hochgewachsene junge Mann mit goldenem Kneifer und einem aristokratischen, intelligenten Gesicht auf, der dort auf einem Holzplatz arbeitete und der norwegisch sprach. Wir kamen ins Gespräch. Es war Sonntag, und er hatte Zeit, mit mir einen Spaziergang in den Wald zu machen. Ich fragte ihn, ob es ihn befriedige, da zu arbeiten und Bretter zu hobeln:
> »Nein, das befriedigt mich natürlich nicht« – aber was sollte man tun, man mußte doch leben.
> »Würden Sie nicht eine geistige Arbeit vorziehen?«
> »Selbstverständlich« – aber woher nehmen?
> Ich sagte ihm, daß ich einen Sekretär brauche, der mir helfen konnte, Artikel für den *Sämann* zu übersetzen, und ab und zu einen Vortrag für mich hielt. Außerdem fragte ich ihn, ob er religiöse Interessen habe.
> »Nein«, antwortete er, er hinge keinerlei Glauben an.
> Ich erklärte ihm darauf, was Unitarismus ist, nämlich daß dieser gerade in Opposition zu vielen der Dogmen stehe, die ihm wohl unappetitlich und unmoralisch vorkämen.

Jansons Äußerung, Hamsun »zufällig« begegnet zu sein, ist recht interessant, wenn man bedenkt, wie sehr der junge Schriftsteller doch darauf gebrannt hatte, einem seiner großen Idole zu begegnen. Hamsun war ein ehrgeiziger Mensch, der eine Menge Charme entwickeln konnte, wenn er wollte, und er beherrschte die Kunst, es so einzurichten, daß man ihm begegnete, perfekt. Und obgleich er keineswegs religiös war, bot Janson ihm die Sekretärsstelle in Minneapolis an. In seiner Autobiographie gibt er zu, daß er gehofft hatte, religiöse Interessen in Hamsun zu wecken – doch in dieser Beziehung wurde er arg enttäuscht. »Er entwickelte eine immer größere Abneigung gegen alles, was mit Theologie zu tun hatte«, schrieb er betrübt.

Sie kamen überein, daß Hamsun bei Janson im Hause wohnen und 500 Dollar pro Jahr nebst Spesen bekommen sollte, und dann fuhr Janson nach Brown County weiter. Am

29. Februar teilte Hamsun Sven Tveraas in einem Brief die Neuigkeit mit. Er schrieb auch, daß ihm eine Arbeit als Schäfer in Nebraska angeboten worden sei, vermutlich durch den Einfluß seines Freundes W. T. Ager; doch trotz des höheren Verdienstes, freier Kost und Logis und ganz abgesehen von der Romantik dieser Tätigkeit, habe er dieses Angebot abgelehnt. Er brauche Kontakt, Anregung, Diskussion, Unterhaltung. Er brauche Leute um sich herum. Besonders freue er sich darauf, die Bibliothek Jansons durchstöbern zu können.

Kurz darauf fuhr Hamsun nach Minneapolis, zog in das Haus in der Nicollet Avenue und war Mitte April schon tief in die praktischen Aspekte von Jansons Mission mit einbezogen. Die Arbeit bestand in der Hauptsache in ständigen Aktivitäten zur Beschaffung von Geld, um die Mission am Leben zu erhalten, und da war Janson sehr erfinderisch. Er veranstaltete Basare, Auktionen, kleine Darbietungen, Komödien und Sketche, die er schrieb, und lebende Bilder, in denen seine Kinder »die siamesischen Zwillinge«, »den Leopardenmenschen« und »Hannah mit dem großen Fuß« spielten. Sie verlangten zehn Cent für den Anblick der »riesigen Wasserschlange«, die sich als ein zusammengerollter Schlauch in einer Kiste erwies, und wiederum zehn Cent für einen Blick auf die »Feinde der Menschheit« durch ein Stereoskop – einen Floh und eine Wanze. Bei alldem hat Hamsun mitgemacht. Er liebte Kinder und war gern mit ihnen zusammen, und seine Zuneigung zu den Kindern Jansons wurde von ihnen erwidert. Wenn sie für ihre Puppen buken oder kochten, bekam er stets einen Kuchen oder einen Pudding ab. Er nahm auch Jansons Frau Drude für sich ein. Rasmus Anderson zufolge, der die Familie gut kannte, soll sie einmal gesagt haben, es sei »sowohl geistig wie körperlich anregend und belebend« gewesen, »sich im gleichen Raum wie Knut Hamsun zu befinden«.

An der literarischen Front wurde Hamsun sehr bald aktiv, indem er seinen neuen Arbeitgeber in den Zeitungen gegen eine Reihe bitterer persönlicher Angriffe verteidigte. Das lutherische Establishment war bestürzt über Jansons unkonventionelle Methode, das Wort Gottes mit Hilfe von Spielszenen zu verkünden. Außer aus seinen eigenen Werken las er in der überfüllten Nazareth-Kirche auch aus den neuen Stücken von Bjørnson und Ibsen. Die orthodoxen Lutheraner warfen ihm das Bestreben vor, die Leute zur Abkehr von der Bibel zu bewegen und die Lehre von der Dreifaltigkeit und der Göttlichkeit Christi zu bestreiten.* Außerdem bezichtigten sie ihn der Irreführung, da er Paulus' Lehre von der Unterwürfigkeit der Frau predigte, und der Verunglimpfung des Priesterstandes, da er Schauspielerei und Gottesdienst vermengte. Eine Lesung seines Stückes *Helvedes Børn* (Kinder der Hölle) in der Nazareth-Kirche zog ein von fünf lutherischen Priestern unterzeichnetes Protestschreiben nach sich; und am 25. März erschien in dem Gemeindeblatt *Skandinaven* noch ein Angriff eines gewissen Dr. Julson. Und auf diesen reagierte Hamsun am 22. April in der gleichen Zeitung.

Außer den beiden Gedichten, die Hamsun gleich kurz nach seiner Ankunft in der Chicagoer Zeitschrift *Norden* veröffentlicht hatte, ist dies die einzige bekanntgewordene Publikation während seines ersten Aufenthalts in Amerika. Dieser Artikel war zur Verteidigung seines neuen Freundes und Dienstherrn geschrieben, und zwar in der gleichen Art wie die beiden bereits erwähnten – der gegen das Psalmensingen in Hardanger 1879, und der gegen die haugianische Theologie Hans Lingjerdes im *Gjøviks Blad* 1880. In etwas abgewandelter Form bedient er sich der gleichen aggressiven Technik wie damals und verkündet, Julson sei einfach nicht intelligent genug, um zu verstehen, was Janson sagen will noch was er zu tun versucht; Julson habe mit seinem langen Beitrag den »*Skandinaven* mit einer Sondernummer belästigt«; dem Doktor mangele es »selbst an den Anfangsgründen psychologischen Verständnisses ... und das sollten Sie zugeben, statt in ein solches Schlamassel zu geraten, nur weil Sie

* Diese Ablehnung der Lehre von der Trinität und der Göttlichkeit Christi zugunsten der Betonung der Einheit Gottes bildete den elementaren Glaubenssatz des Unitarismus. Die strenge Bibelgläubigkeit der Lutheraner ließ die beiden Splittergruppen zu erbitterten Gegnern werden.

nichts verstehen«. Ihm wird empfohlen, sich erklären zu lassen, was er nicht versteht, statt »Unfug!« zu schreien. Jansons *Helvedes Børn* werde demnächst in Buchform herauskommen, erklärt Hamsun und rät Julson, es noch einmal zu studieren und sich diesmal aber jemanden zu suchen, der es ihm erklärt. Der Stil ist aggressiv und höhnisch, im Vergleich zu den vorherigen Artikeln geradezu beleidigend.[9]
Wie vereinbart, hielt Hamsun für Janson auch Vorträge. Zweimal sprach er im Harrison-Gemeindehaus, und zwar über »Die Religion der alten Ägypter« und über »Die Geschichte des Unitarismus«, ehe Janson sich entschloß, dieses Gebäude nicht mehr zu nutzen. Die Eigentümer hatten es gleichzeitig als Kuriositätenmuseum vermietet, und wie Janson schrieb, war es weder angenehm noch inspirierend, vor einem Vorhang zu predigen, auf dem »die dickste Frau der Welt« dargestellt war oder ein Büffel, der auf eine Dampflok losging. Hamsun vermied strittige Themen, solange er für Janson tätig war, und wählte nur solche, bei denen er sich nicht als gläubiger Unitarier auszugeben brauchte. In Elroy hatte er schon einmal einen Vortrag über Paulus gehalten und sich dann trotz seiner Behauptung, der Vortrag sei lediglich als objektive Untersuchung der Säulen der konventionellen Kirche gedacht gewesen, von Sven Tveraas Heuchelei vorwerfen lassen müssen. Jedenfalls war die Heftigkeit, mit der die Auseinandersetzung zwischen den Liberalen im unitarischen Lager und den starrgläubigen Lutheranern geführt wurde, vermutlich gleichermaßen gesellschaftlich wie religiös bedingt; Janson war der Ansicht, die lutherische Kirche unternähme alles, was in ihren Kräften stehe, um die norwegischen Gemeinden im Mittleren Westen gegen den amerikanischen Einfluß abzuschirmen, und die Lutheraner sähen den Unitarismus als korrumpierende amerikanische Irrlehre an, die den norwegischen Charakter dieser Gemeinden mit der Zeit zerstören würde. Hamsuns Sympathien waren klar auf der liberalen Seite, seine Einstellung zum Unitarismus blieb jedoch stets auf Sympathie beschränkt und entwickelte sich nicht zum Engagement. Als Janson auf drei Wochen in den Westen reisen mußte, übernahm

Hamsun die gottesdienstlichen Pflichten. Seine Einstellung dazu machte er in einem Brief an Tveraas deutlich:

> ... da ich im Grunde kein gläubiger Unitarier bin, werde ich nur kulturell-religiöse Vorträge über verschiedene Länder halten und auf diese Weise die Frage des Glaubens umgehen.

Mit dieser Praxis stieß er niemanden vor den Kopf. Ein Artikel seines Freundes Krøger Johansen vom 16. Januar 1891 im *Dagbladet* verdeutlicht, daß der zeitgenössische amerikanische Priester in seiner Predigt über alles sprechen konnte, über »Eisenbahnerstreiks, die Reformierung des Kongresses, die Regierung, die Schulen, das Steuersystem, über Fragen jeglicher Art«.

In Minneapolis verschlang Hamsun die Bücher nur so. Janson und seine Frau waren höchst kultivierte, bildungsbeflissene Menschen, und ihre umfangreiche Bibliothek enthielt alles, von den großen russischen Romanciers bis zu den Denkern Indiens und des alten China, wie auch eine große Auswahl amerikanischer Gegenwartsliteratur. Stundenlang konnte Hamsun vor den Bücherregalen stehen. Janson fiel auf, wie er das eine oder andere Buch herausnahm, ein paar Minuten darin blätterte und hier und da ein wenig las, es dann aber wieder ins Regal stellte und sich ein anderes nahm, und auf der Grundlage von späteren Gesprächen mit Hamsun schlußfolgerte er, er habe wie Bjørnson das Talent, das Wesentliche eines Buches schon bei diesem flüchtigen Durchsehen zu erfassen. Die beiden Männer führten sehr viele Gespräche miteinander, sie diskutierten theologische und philosophische Fragen, sie fachsimpelten aber auch als Schriftsteller und analysierten, wie mittels ungewöhnlicher Adjektive bestimmte Effekte erzielt werden könnten. Hamsun sollte bald erkennen, daß er ein weitaus begabterer Schriftsteller war als sein ehemaliger Mentor. Dennoch bewahrte er sich eine gewisse Hochachtung vor Jansons Talent, und zwar nicht bloß als Ausdruck der Dankbarkeit, die

er für dessen Hilfe und Ermutigung in diesen frühen Jahren empfand.
Auch Drude Janson hat ihn immer wieder bestärkt. Sie schrieb selbst ein wenig und scheint ein vielschichtigerer und feinfühligerer Mensch gewesen zu sein als ihr Mann. Hamsun zeigte ihr, was er geschrieben hatte, und sie lobte es, riet ihm aber stets, noch zu warten, ehe er versuchte, es veröffentlichen oder ins Englische übersetzen zu lassen. Sie scheint von Hamsuns Lage tief berührt gewesen zu sein und sich von ihm angezogen gefühlt zu haben; von ihm, der so ernsthaft war, doch mit einem kindlichen Sinn für Humor, so begierig darauf zu lernen, stolz darauf, was er bereits erreicht hatte, sich dennoch schmerzlich seiner Wissenslücken bewußt. Ihre Unterhaltungen rührten sie mitunter zu Tränen. Hamsun bewahrte sich für sie auch ein starkes Gefühl von Treue und liebevoller Dankbarkeit. An der dramatischen Wendung, die sein Leben jetzt nahm, war Drude in einer Weise beteiligt, die die intime Vertraulichkeit erkennen läßt, die zwischen den beiden herrschte.*

Der Vorfall in Elroy, als er beim Hochheben eines Salzfasses etwas wie »ein Reißen« in der Brust gespürt hatte, war in der Tat ein Warnsignal gewesen: Während eines Kirchenbasars, bei dem er als Auktionator tätig war, hustete er plötzlich Blut. Der norwegische Arzt, der in das Haus in der Nicollet Avenue gerufen wurde, erklärte nach der Untersuchung, Hamsun hätte die galoppierende Schwindsucht, und gab ihm noch drei Monate zu leben. Eine schwache Hoffnung auf Besserung stellte er nur unter der Bedingung in

---

* Daß die beiden ein Verhältnis miteinander hatten, kann wohl ausgeschlossen werden. Später ließen sich die Jansons jedoch scheiden, Kristofer, um eine Spiritistin zu heiraten, und Drude, um einen Schlüsselroman mit dem Titel *Mira* zu schreiben, der großes Aufsehen erregte, als bekannt wurde, daß die Autorin »Judith Keller« in Wirklichkeit Drude war. Hamsun fand das böswillige Getuschel über seine alten Freunde und Gönner geschmacklos und gab sich in einem Brief an das *Dagbladet* vom 10. Februar 1898 große Mühe, darauf hinzuweisen, daß sich »Judiths« Gebrauch des Wortes Untreue in ihrer Schilderung der Ehe auf etwas rein Platonisches bezog.

Aussicht, daß Hamsun wieder soweit zu Kräften kam, um aus dem Klima Minnesotas woandershin reisen zu können. In den Wochen, die nun folgten, pflegte Drude Janson Hamsun, während er versuchte, sich mit dem Tod abzufinden. Seinen Geisteszustand schilderte er 1888 in einem Brief an den dänischen Romancier Erik Skram:

> Ja, ich verspürte eine geradezu desperate Lust, ins Bordell in der Stadt zu gehen und zu sündigen. Haben Sie je so etwas Verrücktes gehört? Wo ich doch sterben sollte! Sie können mich totschlagen – ich wollte sündigen, großartig sündigen, in Sünde sterben, hurra flüstern und verscheiden. Es ist eine Schande, das zu erzählen.
> Aber ich war so maßlos feurig. Mein ganzes Leben war ich streng gegen mich gewesen – was hatte ich nun davon, wenn ich doch sterben sollte? Ich war rein rasend.
> Ich sagte Frau Janson geradeheraus, wie es in mir gärte, und Frau Janson muß einmal auch Mensch gewesen sein, sie erwiderte, daß sie das sehr gut verstehen könne. Stellen Sie sich vor, das entgegnete sie mir. Aber das lag vielleicht daran, daß sie damals so nachsichtig mit mir war, mehr als ich es verdiente, unangenehm nachsichtig.
> Ich verkaufte meine Uhr, um mir diesen Schritt leisten zu können, ließ in aller Heimlichkeit einen Wagen bestellen, weil ich zu krank war, um zu gehen, und war bereit, auszureißen. Da stellt es sich heraus, daß die Dame es desungeachtet doch nicht »verstehen konnte«; sie bekam Wind von der Affäre und bestellte den Wagen ab.
> So unterblieb es. Und ich bereue es nicht – nun nicht mehr. Ich bin überzeugt, daß ich auf der Stelle tot liegengeblieben wäre.
> Aber können Sie verstehen, daß ein junger Mensch, der zum Tode verurteilt ist, so verrückt werden kann! Ich kümmerte mich nicht im geringsten um die Folgen »jenseits der Grenze«, hatte keinen Gedanken dafür, obgleich ich damals halb und halb an Folgen glaubte. In jener Zeit besuchte mich ein Theologieprofessor, ein liebenswürdiger Mann, der mich von Kind auf kannte – ich glaube, ich

war unverschämt zu ihm und kränkte ihn, ohne es zu wollen.

Ich war äußerst erregt. Es verging ein Nachmittag, eine Nacht und ein Vormittag. Da bietet sich, frei herausgesagt, eine Gelegenheit zum Sündigen in ebendem Haus, wo ich wohnte; die Gelegenheit wurde mir mit eindeutigen Worten *angeboten.*

Doch das wollte ich nicht.

Können Sie das verstehen? Das ist etwas, was mich immer verfolgt hat. Einmal ist mir ein Hausschlüssel angeboten worden – ein rotes Schleifchen an der Gardine, eine bestimmte Stunde, *ein* Schlag an der Tür –, doch da hatte ich keine Lust. Hätte ich um den Schlüssel *bitten* müssen, wollte ich nichts beschwören. So eine Kleinigkeit kann so viel für mich bedeuten. Gibt es mehr solcher Menschen, oder bin um alles in der Welt nur ich so ein Idiot?[10]

Derartig frustriert, verging ihm das sexuelle Verlangen, und als nächstes schilderte er, wie er eine erotische Leidenschaft für Licht entwickelt hatte – für Sonnenschein, Fackeln, Flammen und sogar schwaches Tageslicht. Drude Janson glaubte, er sei wahnsinnig geworden. Sie war entsetzt, als sie eines Tages sein Zimmer betrat und sehen mußte, daß er die Gardinen angezündet hatte und zusah, wie sie brannten. Der Anblick der Flammen bescherte ihm eine intensive erotische Befriedigung. Skram gegenüber erklärte er, daß er zum erstenmal Neros Vergnügen, Rom brennen zu sehen, habe verstehen können. Dieser Vorfall und der erwähnte Brief werfen ein interessantes Licht auf Hamsuns sexuelle Persönlichkeit als junger Mann, insbesondere die Bemerkung, daß er sein ganzes Leben lang so »streng« zu sich selbst gewesen sei. Trotz seiner Frühreife und seinem wilden Leben in der Jugend scheint er glühend über seine Unschuld gewacht zu haben. An anderer Stelle behauptet er zum Beispiel, bis zu seinem dreißigsten Lebensjahr keinen Whisky angerührt zu haben.

Im Laufe des Sommers besserte sich sein Zustand zwar, stabilisierte sich aber nicht. Die Jansons führten eine Sammlung durch, um das Geld für seine Heimreise nach Norwegen aufzubringen, in der Hoffnung, daß er sich durch die Luftveränderung wieder erholen würde. Ihm ging es gerade gut genug, daß er ohne Begleitung reisen konnte, und er war so entschlossen, wieder gesund zu werden, daß er während seiner drei Tage dauernden Fahrt von Minnesota nach New York mehrmals für längere Zeit auf das Dach des Zuges kletterte und den kalten Luftstrom durch die Lungen ziehen ließ. Weiter reiste er dann vermutlich auf der normalen Route über den Atlantik nach Belfast, dann nach Liverpool und mit der Eisenbahn quer durch England nach Hull und von dort weiter nach Norwegen. Aus einem Brief an Sven Tveraas, den er am 23. September 1884 in Aurdal geschrieben hatte, geht hervor, daß er zumindest so lange in Kristiania bleiben wollte, bis er die Büros der Zeitungen *Aftenposten* und *Verdens Gang* und den Redakteur Lars Holst vom *Dagbladet* aufgesucht hatte, dem er einen Brief von Kristofer Janson überbringen wollte in der Hoffnung, bei ihm ein paar Artikel unterzubringen, die er aus Amerika mitgebracht hatte. Außerdem hatte er mit dem Buchhändler und Verleger Albert Cammermeyer vereinbart, neue Bücher von ihm geschickt zu bekommen,[11] die er für die *Aftenposten* besprechen wollte. Doch er war sich immer noch nicht sicher, ob er weiterleben oder bald sterben würde, und manchmal schien es ihm, daß es so oder so nicht viel ausmachen würde. An Sven schrieb er:

> ... ich bin nun vorläufig hierher nach Valdres gefahren, um zu sehen, ob mich die Luft hier nicht wieder gesund machen kann. Seit ich über den Atlantik zurückgekommen bin, habe ich erst einmal Blut gespuckt, und ich hoffe, daß ich es für immer los bin. Aber das ist nicht sehr wahrscheinlich. Die Ärzte in Kristiania glaubten nicht, daß ich diesen Winter sterben würde; aber für das Frühjahr hatten sie große Befürchtungen. Jetzt, da ich getan habe, was ich kann, um am Leben zu bleiben, kann ich eben nicht mehr tun, und so lasse ich die Sache eben laufen, wie sie mag.

Ich beklage mich nicht. Natürlich würde ich lieber noch einige Zeit leben, aber wenn ich es nicht durchstehe, dann ist es auch egal, das ärgerlichste ist, daß ich Dir Geld schulde. So hatte ich Dir eigentlich Deine Freundschaft nicht vergelten wollen, daß Du durch mich Einbußen hast; doch im Moment sehe ich keine Möglichkeit, unsere offenstehende Rechnung zu begleichen. Nun etwas zur Erklärung:
Ich habe mich hier in Aurdal eingemietet, doch obwohl ich in 14 Tagen 40 Kr. bezahlen muß, weiß ich nicht, woher ich sie nehmen soll. Denn ich kann nämlich nicht arbeiten. Ich bin zu krank und mager geworden ...

Hamsun fühlte sich elend, allein und ohne Freunde, und so schweiften seine Gedanken zurück nach Elroy. Nun schien es ihm eine goldene Zeit gewesen zu sein, als er ständig Geld und Freunde gehabt und sich in guter Gesellschaft befunden hatte. Er fragte nach A... (vermutlich Anna Johnson) und allen seinen alten Freunden:

Jetzt habe ich nichts. Wenn ich alles bedenke, dann will ich lieber sterben als leben. Ich habe jetzt die paar Dinge, die ich besaß, verkauft, um zu leben und für die Arzt- und Apothekerrechnungen. Der Arzt in Kristiania (Chefarzt Bull, der beste in Norwegen) sagte, wenn ich das erste Frühjahr überstehen würde, könnte ich sogar wieder nach Amerika fahren. Und ich denke, daß ich wieder hinüber gehe, wenn ich am Leben bleibe. Aber dann werde ich mir eine Stelle suchen, wo ich vermeiden kann, allzu schwer zu arbeiten, und dann werde ich jeden Cent sparen ...

Und wenn er es jemals bedauerte, sich einst entschlossen zu haben, Schriftsteller zu werden, so wußte er, daß es viel zu spät war, noch etwas dagegen zu unternehmen:

Wenn ich es vermeiden könnte, mich beim Denken und Schreiben zu sehr anzustrengen, dann ginge es mir besser. Aber ich muß doch versuchen, für den Lebensunterhalt zu schreiben, daher bin ich dazu gezwungen.

4

1884–1886: Genesung und Valdres

Das Tal Valdres, in dem Hamsun nun lebte, ist eine der schönsten Gegenden im Osten Norwegens, weit und flach, mit zahllosen Seen, die von Inseln übersät und von Kiefernwäldern umgeben sind. Die Tallehnen sind steil und grün und wurden zu Hamsuns Zeit bis zu den Höhen hinauf landwirtschaftlich genutzt. Im Westen erstreckt sich das Haupttal an den Siedlungen bei Vang vorbei bis zur Wasserscheide bei Filefjeld, die den Osten Norwegens vom Westen trennt, und im Norden an Østre Slidre vorbei bis zu dem See bei Bygdin, 1060 Meter hoch über dem Meeresspiegel. In jenen Tagen verliefen die wichtigsten Straßen, die Ost- und Westnorwegen miteinander verbanden, direkt durch dieses Tal, so daß, besonders im Sommer, in den Hotels und Siedlungen am Wege sehr viel los war.* Zunächst nahm Hamsun im Süden des Tales Quartier, bei der Witwe Dahle in Østre Sørum. Das war nicht mehr als etwa achtzig Kilometer von Gjøvik entfernt, wo er, bevor er ausgewandert war, beim Straßenbau gearbeitet hatte. Dort hatte er Freunde, die ihn erlösen hätten können von der Einsamkeit, über die er sich bei Sven Tveraas beklagte, doch im Grunde scheint er die Isolation selbst gewählt zu haben, und zwar um zu schreiben. Die Ungewißheit darüber, ob er nun wieder gesund werden würde oder nicht, verlieh seinen Bemühungen eine fieberhafte Dringlichkeit, als er sich daranmachte, einen Roman zu schreiben, der im Milieu der Kristiania-Boheme spielt. Zum Thema haben sollte er, wie er sich gegenüber einem Freund äußerte, »die Tragödie der Menschen, die vor die Hunde gehen«. Einmal, schrieb er, was er nie vergaß, an

* Durch die Entwicklung der Eisenbahnen, insbesondere durch den Bau der Linie Kristiania-Bergen in den 1890er Jahren, verlor das Tal seine Vorrangstellung.

einem Tag und einer Nacht fünfzig Seiten in einem Zug, wobei er im Zustand einer als Halluzination wahrgenommenen Synästhesie arbeitete, in der er »Töne, Klänge, Rhythmen nicht weit von mir in der Luft schweben« sah, »wie Reihen von Licht, die ich hören kann«. Doch die weitere Arbeit an dem Roman verlief stockend, frustrierend und wurde durch die ständige Notwendigkeit, Geld zu verdienen, behindert.

Wie mit Albert Cammermeyer vereinbart, las und besprach er in der *Aftenposten* Bücher, die ihm geschickt wurden, obgleich das Honorar dafür kaum für Kost und Logis reichte. Mehr Hoffnung setzte er auf drei Zeitungsartikel, die er aus Amerika mitgebracht und bei der *Aftenposten* eingereicht hatte. Sie wurden angenommen und erschienen im Januar und Februar 1885 unter dem Pseudonym »Ego«, das er zum erstenmal 1880 bei seinem *Gjøvik*-Artikel verwendet hatte. Diese drei Artikel zusammen bildeten eine weitschweifige, nicht ganz formlose Serie von Amerika-Eindrücken, ein Thema, das sich im Laufe der nächsten Jahre, solange der Emigrationsrausch in Norwegen anhielt, für Hamsun geradezu anbot als gutes Geschäft. Mit forsch-fröhlicher Selbstsicherheit schreibt er über amerikanische Frauen, amerikanische Industrie, amerikanische Sitten, Sprache und Literatur, wobei seine Einstellung dazu zwischen kindlicher Unschuld und behutsamem Zynismus schwankt. Im großen und ganzen war er damals um einiges toleranter als drei Jahre später in seinem bissigen und despektierlichen Buch *Vom Geistesleben des modernen Amerika*, das er nach seinem Aufenthalt dort geschrieben hat. Diese Artikel lassen auch schon flüchtig den zukünftigen Romancier bei der Arbeit erkennen: An einer Stelle schildert Hamsun seine Begegnung mit dem Erfinder eines elektrischen Psalmenbuches, eine der vielen ungewöhnlichen, ruhmheischenden Behauptungen des seltsamen Johan Arendt Happolati in *Hunger*.

Zwangsläufig befaßte sich Hamsun auch mit seiner eigenen gespannten Lage in literarischer Form und schrieb kurz nach seiner Rückkehr die Erzählung *Ein Lebensfragment*. Sie ist romantisch mit den Worten »Von einem jungen, unbekannten Verfasser« signiert und besteht aus einem Abschiedsbrief eines jungen Mannes an eine Schauspielerin, für die er eine hoffnungslose und unerwiderte Liebe empfindet. Wie Hamsun ist dem Schreiber des Briefes von seinen Ärzten – in diesem Falle sind es zwei, die sich über Ursache und Entwicklungsstadium der Krankheit auch noch uneinig sind – gesagt worden, daß er nicht mehr lange zu leben hätte. Für eine kurze Zeit versucht er sich einzureden, es könnte möglich sein, die Krankheit durch einen Willensakt zu besiegen, gibt aber schließlich die Hoffnung auf. Der Schreiber schließt seinen Brief mit der Nachricht, er habe beschlossen, mit dem Schiff nach Amerika zu fahren, und vergißt auch nicht, dem Mädchen mitzuteilen, daß er mit Sicherheit nicht lebend dort ankommen wird. Dieser Text enthält viele verblüffende und genaue Beobachtungen und überraschende, erschütternde Momente der Selbsteinsicht, die schon den reifen Schriftsteller erkennen lassen, aber er enthält noch zuviel Sentimentalität, was darauf deutet, daß immer noch etwas vom Verfasser von *Bjørger* und *Frida* in ihm steckt.* Lars Holst, der Redakteur des *Dagbladet,* kaufte ihm die Geschichte ab und veröffentlichte sie am 12. Dezember 1884 in dieser Zeitung. In einem Brief schrieb er Hamsun, sie lasse »großes Talent« erkennen. Dadurch ermutigt, schickte ihm Hamsun etwas, das er für eine noch viel bessere Arbeit hielt.[1] Das nahm ihm Holst aber leider nicht ab. Er teilte Hamsun mit, es sei »zu stark« für eine Tageszeitung.

In Aurdal lernte Hamsun Erik Frydenlund kennen und schloß mit ihm Freundschaft. Etwas weiter das Tal hinauf führte Erik mit seiner Mutter das Hotel Frydenlund, und Hamsun zog bald zu ihnen und half auch aus. Im Obergeschoß des Hotels teilte er sich mit Erik das Zimmer Nummer 14. Inzwischen hatte Hamsun auch herausgefunden, daß er nicht an »galoppierender Schwindsucht« sterben

* »Ja, weint denn der Junge noch immer!« hatte Hamsun Bjørnson murmeln hören, als der das *Frida*-Manuskript durchblätterte.

würde – wie sich herausstellte, hatte er in Wirklichkeit eine schwere Bronchitis gehabt –, und somit begann jetzt eine der glücklichsten Phasen seines Lebens.
Das Hotel stand an der Hauptverbindungsstraße zwischen Kristiania und Bergen und wurde in einem Standard geführt, der den anspruchsvollen Forderungen reicher norwegischer und deutscher Touristen entsprach und auch von den Engländern, die den größten Teil der Gäste ausmachten, als akzeptabel angesehen wurde. Die Beobachtungen, die Hamsun an den Engländern machte, wie steif und unnahbar sie in ihren leichten Einspännern vorfuhren und wie gebieterisch sie gegenüber den Einheimischen auftraten, vermochten kaum den unangenehmen Eindruck zu korrigieren, der sich ihm durch das, was er in der Kindheit bei seinem Onkel Hans gelesen, eingeprägt hatte. In dem sozialen Kreis, in dem er sich hier befand, waren sie jedoch nur Randfiguren.
Aufgrund des Reiseverkehrs wurde Frydenlund zum bevorzugten Wohnort der Oberschicht von Valdres. Hier wohnten alle Geschäftsleute und Verwaltungsbeamten des Tales, und zu dem Hotel selbst gehörte ein Anbau, die Poststelle. Erik führte sie – womit er ein bedeutender Mann in der Gemeinde war –, und Hamsun, mit seinen Kenntnissen im Postwesen, die er von Hamarøy her besaß, wurde sein Gehilfe. Durch Erik erhielt er auch Zugang zu einem Freundeskreis, dessen bereitwilliges Entgegenkommen ihm sehr viel bedeutete. Einer dieser Freunde war der Bezirksarzt Andreas Aabel, der direkt neben dem Hotel wohnte. Er hatte eine herrliche Singstimme und war die führende Kraft des örtlichen Chores, dem beizutreten Hamsun überredet wurde. Außerdem war der Arzt ein Sonntagsdichter, wie auch zwei andere Mitglieder des Freundeskreises, Jul Haganes und Ola Olsen. Olsen war Schuhmacher, und Hamsun entwickelte die Gewohnheit, immer mal zu einem Schwätzchen bei ihm vorbeizuschauen und ihm bei der Arbeit zu helfen, wodurch er sich ein Handwerk bewahrte, das er mit sechzehn Jahren in Bodø erlernt hatte. Olsen war auch ein Meister auf der Hardanger-Fiedel, einem Volksinstrument mit vier Melodie- und vier Baßsaiten, das einen Klang von eindringlicher

Schönheit hervorbringt. Doch der wirkliche Musiker unter ihnen war ein Mann, der »Ulrik vom Jens« genannt wurde und den Hamsun vermutlich bei dem Tierarzt Bolleng kennenlernte, dem ersten Veterinär im Tal und einem Mann, dem es zu einem großen Teil gelungen war, die Feindseligkeit der dortigen Bauern gegenüber seinem Berufsstand zu überwinden. Bolleng war ein großer Demokrat und ausgezeichneter Geschichtenerzähler. Er hatte zwei Zimmer in der Gaststätte Beim Jens, und die Freunde trafen sich häufig in dem Lokal. Bolleng besaß einen besonderen Krug, den sie »Goldgrube« nannten und der bei solchen Zusammenkünften mit Whisky gefüllt und herumgereicht wurde. Der Krug sollte magische Kräfte besitzen, die Melancholie und Traurigkeit zu heilen vermochten. Wer aus ihm trank, den überkam augenblicklich der Wunsch, eine Geschichte oder einen Witz zu erzählen. Ulrik spielte für sie zum Tanz auf. Dabei mischte er zwischen die einheimischen Melodien ein paar exotische Stücke, die Bolleng von seiner Studentenzeit in Stockholm mitgebracht hatte – Rheinland-Polkas, Mazurkas, den Figaro und den Walzer. Hamsun führte die Tänze vor, die er in Amerika gelernt hatte, und die Jigs und Reels, die ihm Iren beigebracht hatten, denen er dort begegnet war. Die Freunde spielten oft Karten und unternahmen Wanderungen in die Berge. Hamsun war auch dem »schwarzen Schaf« des Ortes zugetan, einem respektlosen, stark trinkenden Bergmann und Steinklopfer namens Asgjer-Timann. Die beiden gingen einmal für zehn Tage zusammen in die Berge und machten da oben für einen Bauern Heu.[2]

Mitte 1885 wurde Erik Frydenlund zum Wehrdienst einberufen, und Hamsun übernahm die Poststelle.[3] Sofort gab es Ärger mit der Hauptpost in Kristiania. Hamsuns Brief vom 10. Juni an Erik mit einer Erläuterung dazu vermittelt uns gleichzeitig ein hervorragendes Bild über seine Zeiteinteilung in Aurdal. Er besorgte die Poststelle – gerade so – und mühte sich, angesichts der ungeheuren Gleichgültigkeit, weiterhin ab, ein bedeutender Vortragsredner zu werden. Er fügt die Abschrift seiner langen, gequälten Erwiderung auf die Beschwerden vom Hauptpostamt über ein paar Einschreibebriefe hinzu, die in der Postsendung lose aufgetaucht waren, und dann berichtet er Erik das Neueste aus Aurdal:

Sieh nun – dies als Kostprobe des Laufzettel studierenden norwegischen Postministeriums. Wenn es mehr will, dann muß es bloß noch einmal schreiben. Aber, ach Gott, was ist dieser Jonsrud, wenn er wirklich Geschäfte machen *will!* Mehr will ich darüber nicht sagen.
Bei meinem letzten Vortrag über Bjørnson mußte ich mittendrin den Gentleman Herrn Halvorsen in die Schranken weisen. Er war nämlich als einziger Vertreter der Konservativen erschienen, ohne also etwas von meinen Darlegungen beim ersten Vortrag zu wissen, und räusperte sich, hustete, flüsterte laut, kurz gesagt, zeigte einen so lebhaften Drang, »sich zu äußern« (wie Du sagst), daß ich ihm einen Wink geben mußte, indem ich ihn beim Namen nannte. Daraufhin wurde es still – ich weiß nicht, ob aus Ärger, aus Angst, aus Intelligenz. Ich weiß nur, daß ich dieses eine Mal wütend wurde. Und das war auch gut, denn danach ging es so flott, daß es nur so rauchte – ganz ohne Notizen, vielleicht sogar etwas außerhalb der vorgezeichneten Linie, jedenfalls ging es heiß her. Einmal ertappte ich mich dabei, daß ich beinahe noch »Hol mich der Teufel!« hinausgeschmettert hätte. Du weißt ja, daß ich es manchmal mit einem solchen Kraftstil habe. – Das nächste Mal ist Henrik Ibsen dran; doch das wird wohl gelinde vor sich gehen. Bei Bjørnson war es etwas anderes – Kjørstad zufolge habe ich in meinem letzten Vortrag über ihn »alle Brücken hinter mir abgebrochen«. Doch herrje, es ist so lächerlich, sich von einem Mann wie Halvorsen Kritik über Rhetorik und Ästhetik anhören zu müssen. Ich habe immerhin schon früher vor Publikum gesprochen, oh, so manches liebe Mal. Mist! –
Bist Du mein Freund, Erik? Ich mag Dich. Und Deine Mutter – ach, ich mag sie so sehr! Ich mag eigentlich alle; alle sind gut zu mir – jeder einzelne. Und dabei bin ich ein

Mensch, der sich in die Wildnis verirrt hat. Pfui, ich »spüre das heftigste Verlangen« zu sagen – pah ! –
Geht's Dir gut, »dort unten«, d. h. entsprechend den Umständen? Und Heyerdahl? Grüße ihn von mir! Dieser Mann hat mir gefallen. In seinen Äußerungen gab es keine Zurückhaltung, nur offene Ehrlichkeit. So sollte es sein. – In mir hat sich etwas aufgestaut, worüber ich hätte schreiben sollen – eine Erzählung also außer dem Roman. Vielleicht bin ich so. Und hast Du jemals einen herrlicheren Menschen gesehen als Lina Tandberg? Na gut, ich vermutlich schon, aber äußerst wenige – ich will Dir was sagen: Die Rasse ist ausgestorben. Wir müssen wohl wieder unten bei der Natur beginnen, um wirklich schöne Menschen zu finden. Schau Dir doch die oberen Schichten an; die sind ganz und gar nicht schön. Überzivilisation, mein Junge, kulturelles Dynamit. So ist das.[4]

Hamsun war sich augenscheinlich wohl bewußt, daß seinen Vorträgen auch etwas Komisches anhaftete; ein Brief an seinen Freund Ola Aaberg über eine andere kleine Serie literarischer Vorträge bestätigt dies:

Vortrag (unter Vorbehalt) in Storengen (wenn ich einen Raum finde) am Freitag (wenn es die Gesundheit erlaubt) und Sonnabend (desgleichen) um achtzehn Uhr (wenn das nicht zu spät ist) über Kielland (den Halunken) und Strindberg (das Schwein).[5]

Er schrieb auch eine Reihe von Artikeln. Von besonderem Interesse ist ein zweiteiliger, den die *Aftenposten* Anfang Mai 1885 abdruckte und der einen Besuch Hamsuns mit einem Freund, einem Schullehrer – vermutlich W. T. Ager –, in einem Indianerlager bei Briggsville schildert. Dort war er einem Mann namens Louis Remman begegnet, dem Sohn einer Indianerin, die von einem Weißen vergewaltigt worden war. Später erhoben die Weißen Anspruch auf Remman als einen der Ihren, holten ihn weg, erzogen und zivilisierten ihn. Was Hamsun faszinierte, war, daß Remman dann

die Welt der Weißen mit ihrem Maßsystem und ihrer Algebra, ihrem Zeremoniell, ihrem Schema und ihrer Liturgie bewußt abgelehnt hatte und zu den Indianern zurückgekehrt war, um ein Leben zu führen, das dem natürlichen Diktat der Bedürfnisse folgte. Das Problem der Spannungen zwischen Natur und Kultur, ein Thema, das später in *Pan* abgehandelt wurde, nahm eindeutig bereits damals einen wichtigen Platz in seinem Denken ein.
Ein Artikel, der im März des gleichen Jahres in der *Ny illustreret Tidende* erschien, war aus einem anderen Grunde recht bedeutungsvoll. Die in Klammern eingeflochtenen Bemerkungen in dem Brief an Ola Aaberg lassen erkennen, daß Hamsun bereits in hohem Maße zur Selbstironie fähig war. Das war eine lebenswichtige Begabung für einen jungen Mann mit seinen Ambitionen, einen Mann, der gewillt war, seinen Ansichten zur zeitgenössischen Literatur einen so offensichtlich übergroßen Wert beizumessen – um so wichtiger, da ihm die üblichen Qualifikationen fehlten, solche Ansprüche zu stellen. Einen der wichtigsten Einflüsse auf ihn in dieser Hinsicht stellt die Entdeckung Mark Twains dar, der Gegenstand des besagten Artikels. Twain war der einzige amerikanische Schriftsteller, den Hamsun wirklich verehrte, ja sogar liebte. Mit einem für einen Einwanderer mit begrenzten Englischkenntnissen ungeheuren Scharfsinn hatte er es fertiggebracht, das »volkstümliche« Äußere von Twains Stil zu durchdringen und zu entdecken, daß er in Wirklichkeit ein literarischer Meister von großer Subtilität ist:

> Um ein guter humoristischer Schriftsteller zu sein, bedarf es mehr als der Fähigkeit, sich kolossaler und grotesker Übertreibungen in seiner Sprache zu bedienen, und beträchtlich mehr als der simplen Fähigkeit, die wildesten Schilderungen vom Leben in den Minengebieten schreiben zu können.

Er pries die Originalität und den Reichtum der Sprache in *Durch Dick und Dünn* und hatte Gefallen an Twains Einsatz jener Technik, in der er später selbst ein Meister werden sollte – dem Talent, eine kleine, persönliche, oftmals idyllische Reminiszenz plötzlich, aber an passender Stelle, in eine Erzählpassage einzuflechten, die sich gerade mit einer ganz anderen Zeit, einem anderen Ort und einer anderen Stimmung beschäftigte. Bei Twain spürte er die Verwandtschaft des Autodidakten:

> Das, was er persönlich erlebt und seinen Erfahrungen einverleibt hat, ermöglicht es ihm nicht nur, künstlerisch zuverlässig, sondern auch in seinen Urteilen gerecht zu sein ...[6]

Twains Setzen auf persönliche Erfahrung, sein Mut, sich von seinem Mangel an Gelehrsamkeit nicht einschüchtern zu lassen, bedeuteten einen großen Ansporn für Hamsun, dem es selbst nie ganz gelang, ein tiefes Unbehagen über seine mangelnde Schulbildung abzuschütteln. Das Resümee, das Hamsun dann von Twains *Die Arglosen im Ausland* gibt, klingt wie eine Beschreibung jener Art von Buch, wie er nur ein paar Jahre später selbst eines über Amerika schreiben sollte – leidenschaftlich subjektiv, ungeschminkt, respektlos, witzig und äußerst voreingenommen –, und verdeutlicht, daß Twain in Hamsuns literarischen Lehrjahren von entscheidendem Einfluß gewesen war. Vor allem hat man das Gefühl, daß Twain mit seinen häufigen Selbstdarstellungen als lächerliche, angeberische und etwas tölpelhafte Gestalt dem übersensiblen jungen Hamsun eine wichtige Lektion in der Kunst des literarischen Selbstporträts erteilte: daß es möglich ist, (mit Bedacht) über sich selbst zu lachen, ohne Schaden zu nehmen. Hamsun reichte diesen Artikel bei der *Ny illustreret Tidende* unter dem Namen Hamsund ein. Aus Versehen wurde das »d« nicht mitgesetzt, so daß der Name in der heute geläufigen Form erschien – Hamsun. Wenn er sich dieser Schreibweise auch gelegentlich schon bedient hatte, so kam ihm der Druckfehler hier wie eine glückliche Vorbedeutung vor, und er hielt für den Rest seines Lebens an dieser Form fest. Von nun an sind Humor und eine gewisse Selbstverspottung so sehr ein Teil von Hamsuns literarischer Persönlichkeit, daß es nur angemessen scheint, daß die Suche nach einer Identität, die sich in dem langen Experimentieren mit den verschiedensten Formen seines Namens geäußert hat, im Zusammenhang mit einem Artikel über einen der hervorragendsten Selbstentlarver von allen endlich aufhören sollte.

Hamsuns Gesundheit war inzwischen völlig wiederhergestellt. Lokale Berichte über seinen ersten Aufenthalt in Valdres schildern ihn als einen ausgelassenen, umgänglichen Menschen, der gern sang, tanzte und scherzte, sich gern mit Leuten unterhielt und sie besuchte und lange Wanderungen in die Berge unternahm. Er genoß seine Fitneß nach den trostlosen Monaten der Krankheit und entwickelte einen mystischen Glauben an die Heilkräfte der Luft von Valdres. Dieses Tal sollte auch weiterhin von Bedeutung für ihn bleiben. Obgleich ein überzeugter Wandervogel, fand er in Aurdal vorübergehend ein Heim und eine Familie. Die Freundschaft, die er mit Erik Frydenlund schloß, war eine der innigsten und dauerhaftesten seines ganzen Lebens. Doch die Zufriedenheit und Zuneigung, die er dort fand, reichten nicht, um die Verbitterung auszulöschen, die er wegen seines Dilemmas bisweilen empfand. In einem Brief an Nikolai Frøsland, einem Bruder seines Gjøviker Freundes Nils, beschreibt er sein Leben als eine Kletterpartie, einen Prozeß, bei dem es nur Stufe um Stufe aufwärtsging, und beneidete Nikolai um seine Mutter, indem er sagte, daß mit einer Mutter wie ihr »alle jene Talente, die bei meiner Erziehung unterdrückt wurden, gefördert worden wären, und ich wäre inzwischen jemand«.[7] Das Bedürfnis, die Fesseln seiner Geburt abzustreifen und sich selbst völlig neu zu erschaffen, blieb weiterhin die treibende Kraft in ihm. Gegen Ende des Jahres 1885 ging er ganz plötzlich wieder nach Kristiania.
Wiederum, genau wie 1880, mußte er Erfahrungen machen, die dann den Stoff für *Hunger* bildeten. »Ich suchte Arbeit«, schrieb er, »aber vergeblich. Ich war sehr arm. Hin und wie-

der verdiente ich mit einem Zeitungsartikel ein paar Kronen.«[8] Er unternahm auch den ernsthaften Versuch, sich mit Vorträgen zu literarischen Themen einen Namen zu machen, zweifellos mit dem Gefühl, seine Lehrzeit dazu sowohl in Amerika als auch in den Dörfern von Valdres abgeleistet zu haben. Im Winter und im Frühling 1885/86 bereitete er Vorträge vor und plante eine Vortragsreise durch die größeren norwegischen Städte. Im April kehrte er kurz nach Valdres zurück und begann am 8. Mai in Gjøvik ernsthaft mit einem Vortrag über Strindberg. Vielleicht hatte er Gjøvik in der Hoffnung gewählt, daß ehemalige Arbeitskollegen und Bekannte sich bemüßigt fühlten, ihren alten Freund und Kameraden zu unterstützen und der Tour somit zu einem zündenden Start zu verhelfen. Doch allem Anschein nach erinnerte sich dort niemand an den ehemaligen Straßenarbeiter Knut Pederson, oder wenn doch, dann war es ihnen wirklich gleichgültig, was er über Strindberg zu sagen hatte – fünf Mann kamen. Zwei Tage später versuchte er es noch einmal, und diesmal zog er sieben Leute an. Zweifellos hatte er das *Dagbladet* dazu bringen können, in der Ausgabe vom 14. Mai seine geplante Tour zu erwähnen. Nach der Meldung dort wollte er mit den Städten am Kristiania-Fjord beginnen, mit den größeren Städten an der Westküste – Kristiansand, Stavanger, Bergen – fortfahren und die Tour in seinem Heimatbezirk Nordland beschließen. In der Zeitung wurde er Herr Homsum genannt.[9] Der Schriftsteller Alexander Kielland war damals in Norwegen gerade der Gegenstand hitziger politischer Debatten. Sein künstlerischer Rang entsprach dem von Ibsen, Bjørnson und Jonas Lie, aber der Vorschlag an die Regierung – unterstützt von seinen großen Zeitgenossen –, ihm eines der begehrten jährlichen Stipendien für etablierte Schriftsteller zuzuerkennen, wurde jedesmal abgewiesen. Gewisse reaktionäre Abgeordnete, unter ihnen Lars Oftedal, der Schrecken von Hamsuns Kindheit, billigten seine »Einstellung« zum Leben nicht. In der Hoffnung, aus dem Fall Kapital zu schlagen, sprach Hamsun am Nationalfeiertag, dem 17. Mai, in Horten über Kielland, reiste dann weiter südwärts nach Tønsberg zu einem Vortrag am 21. und am 23. weiter nach Sandefjord, wo er zwei Vorträge am gleichen Tag hielt, einen über Kielland und einen über Strindberg. Von Tønsberg schrieb er an Erik Frydenlund und erstattete ihm Bericht:

> Es geht nur kümmerlich, Erik – ja wirklich. Am 17. Mai in Horten gesprochen, spreche heute hier und am Sonntag im erstkl. Sandefjord. Leute kommen nicht. Die wenigen, die kommen, sind begeistert, aber es sind so wenige.
> Ich weiß nicht, was zum Teufel ich tun soll. Ja, ich muß nun sehen, wie es in den großen Städten an der Westküste ist, z. B. in Stavanger, Kristiansand und Bergen. Geht es auch dort nicht besser, so sehe ich keinen Grund, diesen »Feldzug« fortzusetzen.[10]

Sein Stolz war verletzt. Er gestand Erik, daß er keine Briefe schreiben mochte, solange er nicht ein wenig Geld verdiente – und er hatte Schulden gemacht, die er, wie er jetzt erkannte, nur unter Schwierigkeiten würde zurückzahlen können. Besonders besorgt war Hamsun über die große Summe von 200 Kronen, die er Eriks Onkel, Nils Frydenlund, schuldete, und die Besserung, die er sich erhofft hatte, trat nicht ein. So kehrte er tief entmutigt nach Kristiania zurück und versuchte, etwas Neues zu unternehmen. In seinem Brief an Erik hatte er erwähnt, eine Zeitung in Kristiania habe ihm eine feste Stellung angeboten, und gemeint, er könne darauf zurückgreifen, wenn alle Stricke rissen. Doch jetzt, da alle Stricke gerissen waren, entschied er, daß nichts damit zu gewinnen war. Statt dessen setzte er sich hin und verwandelte den Mißerfolg in Kunst, indem er über die herzzerreißende Farce eine Skizze schrieb.
In *Auf Tournee*[11] fand Hamsun zum erstenmal seinen eigenen Stil. Es ist die Beschreibung einer Reise, die er mit der Bahn von Kristiania nach Drammen unternimmt, um einen Vortrag über moderne Literatur zu halten. Er reist dritter Klasse, liest großkotzig Daudet und pafft eine Zigarre, sein Gepäck besteht aus einer Tasche schmutziger Wäsche und

fünfhundert Visitenkarten, auf denen sein Name falsch gedruckt war. In Drammen muß er erkennen, daß der bedeutendste Saal bereits an einen antispiritistischen Zauberkünstler vermietet ist, der bei seiner Vorstellung auch noch eine Truppe Affen zeigt. Das einzige andere Lokal, das noch zur Verfügung steht, ist der Parkpavillon, und Hamsun macht sich zu Fuß auf den Weg zu Carlsen, den Mann von der Direktion, der den Pavillon vermieten kann. »... eine Bagatelle von Strecke«, behauptet er, »die ich in wenigen Stunden zurücklegte.« Er tut Carlsen leid, und der versucht, ihm von dem Vortrag abzuraten, weil die Konkurrenz durch den antispiritistischen Zauberer zu groß sei. Er macht ihn darauf aufmerksam, daß schon einmal ein schwedischer Student versucht habe, in Form eines Vortrages Kultur nach Drammen zu bringen, und er habe dabei nur Geld zugesetzt. Hamsun will nichts davon hören und weist den Hinweis, er werde dabei Geld verlieren, als absurd zurück. Dann bringt Carlsen ihn noch mehr aus der Fassung, indem er sagt, er müsse die Sache zur Entscheidung erst vor die Direktionsversammlung bringen, und das würde einige Tage dauern. Das führt zu einer ärgerlichen und spöttischen Nebenbemerkung Hamsuns, in der er seine Meinung über solche Versammlungen darlegt, die ständig darüber debattieren müssen, ob die Bäume im Park einen halben Zentimeter zurückgeschnitten werden sollen oder ob es nicht ratsam sei, Kinder in ihren Alltagsschuhen in den Pavillon zu lassen, oder ob bei der Anschaffung eines langstieligen Besens zum Fegen des Pavillons Geld eingespart werden könne. Seiner Meinung nach sollten sie sich mit höheren Dingen beschäftigen und zum Beispiel gelehrte Debatten darüber führen, ob Petöfi braune oder graue Socken getragen habe und ob man dichterisches Talent erben könne oder nicht. In dieser Stätte solle ein noblerer Ton herrschen und die Flagge auf halbmast gesetzt werden, wenn Parnell Bauchschmerzen hat oder ein Mitglied der Französischen Akademie stirbt. Er lehnt es hochmütig ab, zwei Tage zu warten, bis die Versammlung abstimmt, ob es schicklich wäre, daß er in ihren Räumlichkeiten einen Vortrag halte, und kehrt nach

Kristiania zurück, frierend, müde und niedergeschlagen, eine seiner faulig riechenden Fünf-Öre-Zigarren rauchend. Die Wirklichkeit ist allerdings, daß er nicht das Geld für einen Aufenthalt von weiteren zwei Tagen hatte.
Die ganze Geschichte hält eine herrliche Distanz zwischen den Bestrebungen des Erzählers, anderen weiszumachen, daß er etwas mehr darstellt, als er ist, und der sichtlichen Gleichgültigkeit anderer gegenüber diesen Bemühungen. Er verschwendet lieber kostbares Geld an den Hotelboy, der ihm die Tasche vom Bahnhof zum Hotel trägt, als daß er bei ihm den Gedanken aufkommen läßt, er könne sich das nicht leisten. Schrecklich ängstlich, durchschaut zu werden, ist er sich ulkigerweise gleichzeitig bewußt, daß er mühelos zu durchschauen ist. *Auf Tournee* ist ein herrliches Selbstporträt als »lächerlicher Mensch« und der Erzähler eng verwandt mit dem strebsamen jungen Anfänger von *Hunger* und seinen absurd-ehrgeizigen Projekten, umfassende Widerlegungen Kants und visionäre, ins Mittelalter versetzte Versdramen zu schreiben. Die Skizze ist eine geistreiche Satire auf seine eigene Anonymität, ein humorvoller Sieg über seinen Eigendünkel, der seinen wirklichen Charakter erkennen läßt, und außerdem eine gelungene und wohlverdiente Eigenreklame:

> Ich bin ein junges Genie mit einem so unbekannten Namen, daß noch kein Anzeigenredakteur ihn bisher hat richtig buchstabieren können. Überhaupt ist es ein Name, von dem keiner sich erinnert, ihn je gelesen zu haben. Um mit ihm berühmt zu werden, einer der übelsten Namen in der Welt. Hamsun! Ich brauche ganze fünf Minuten, um diese verdammten paar Buchstaben zu schreiben, um den Leuten doch zu zeigen, daß es weder Hansen noch Hansum noch Hammersund heißt, sondern ganz einfach Hamsun.[12]

Das Leben in Kristiania wurde für Hamsun immer schwieriger. Ihm wurde klar, daß die Anerkennung, die er sich so sehr wünschte, einen beinahe diabolischen Preis von ihm forderte. Zwei weitere Geschichten, die er etwa zur gleichen Zeit geschrieben hat, geben einen Einblick in das Ausmaß seiner Verzweiflung, während sie gleichzeitig seinen Entschluß bestätigen, weiterzumachen. Eine trägt den Titel *Sünde.* Sie schrieb er ausdrücklich, um zu zeigen, »daß Diebstahl unter bestimmten Bedingungen, daß Diebstahl aus Not keine Sünde ist«. Er meinte damit die grundlegenden Bedürfnisse – das Bedürfnis nach Schuhen, nach Wärme, nach Nahrung. Die Erzählung *Ein Lügner* verfolgte eine noch ungewöhnlichere Absicht, nämlich zu zeigen, daß »das Lügen keine Sünde ist, sondern ein Talent«, ein perfektes Credo vielleicht für einen Schriftsteller, aber dennoch kein Gedanke, bei dem einem immer gänzlich wohl sein kann. Hamsun war stolz auf alle drei Geschichten, und das mit Recht. Doch steckt auch eine Spur von Unbehagen oder Rechtfertigung in den Worten, die er den besagten Behauptungen in seinem Brief an Erik Frydenlund folgen läßt: »Weißt du, Erik, in Kristiania wurde ich ganz bis zum Äußersten getrieben.«[13]

Wie groß muß seine Verzweiflung dann gewesen sein, als das *Dagbladet* die Skizze *Auf Tournee* nicht annahm. Es war zweifellos eine Katastrophe für ihn, als etwas zurückgewiesen wurde, wovon er genau wußte, daß es nicht nur das Beste war, was er selbst je geschrieben hatte, sondern auch in so vielfältiger Weise etwas völlig Neues in der norwegischen Literatur, nicht zuletzt aufgrund seiner sprachlichen Experimente. Während einer ähnlichen Krise sechs Jahre zuvor hatte er mit seinem *Frida*-Manuskript Bjørnson aufgesucht und ihn nach seiner Meinung dazu befragt. Nun wandte er sich mit seinem erschütterten Selbstvertrauen wiederum an einen Schriftsteller.

Diesmal wählte er ihn sich gut aus. Arne Garborg, acht Jahre älter als Hamsun, war bereits in der literarischen Szene etabliert. Er unterstützte junge Autoren und hatte in diesem Jahr, 1886, öffentlich gegen das Verbot der Bücher von Hans Jæger und Christian Krohg – wegen angeblicher Obszönität – protestiert. Dieser Einsatz hatte ihn seine Stellung im Finanzministerium gekostet. Auch an der Debatte um das Stipendium für Alexander Kielland hatte er sich beteiligt. Diesen tapferen Mann von Prinzipien suchte Hamsun am 12. Juni auf, doch die Begegnung verlief nicht erfolgreich. In einem Brief, den Hamsun am Tag darauf geschrieben hat, erklärt er, wieso:

> Ich möchte Sie bitten, mir wegen gestern nicht böse zu sein. Wenn ich zögerte, als Sie freundlicherweise versprachen, mein Manuskript bis zum Pfingsttage zu lesen, so lag das daran, daß Pfingsten »gleich« bedeutete.
> Fast fünf Jahre lang ist mir dieses »in ein paar Tagen noch einmal wieder kommen« nämlich immer wieder entgegengehalten worden – fünf Jahre lang. Deshalb war ich dessen gestern so müde. Und ich weiß, ich brauche Ihnen das nur zu sagen, so werden Sie es verstehen. Außerdem hat man auch darunter gelitten, von diesen »ein paar Tagen« zu leben – nun, ich hungere nicht; ich habe noch fast zwei ganze Brote. Mit dem Appetit ist es ein Problem.
> Ich will es Ihnen sagen: Ich kam zu Ihnen, um nun *endlich* Bescheid zu erhalten. Und den wollen Sie mir geben. Ich sehe ein, daß es gefährlich ist, dieser Arbeit nachzugehen, man hat eine Leidenschaft dafür und erwartet nichts anderes als Vergnügen. Sagen Sie, daß ich jetzt Schluß machen müsse, so mache ich Schluß. Ich bin nur ärgerlich darüber, daß ich Ihnen meine *letzte* Arbeit brachte; ich hätte gewiß eine bessere finden können. Und nun möchte ich Sie fragen, wie es kommt, daß der Redakteur gerade die Worte und sprachlichen Wendungen, mit denen ich mir die meiste Mühe gegeben, die laut- oder farbenbezeichnenden Ausdrücke, die ich an Stelle der alten und abgegriffenen benutzt habe, mit Bleistift unterstrichen und mit einem Fragezeichen versehen hat. Das wunderte und verletzte mich. Zum Beispiel das: »der *schmutzige* Wind zum Schiebefenster herein« (erste Seite des Manuskripts). Redakteur Pettersen hat das »schmutzige« unterstrichen. Ich glaubte, jeder, der einmal im Zug gefahren ist, würde diese Beschreibung verstehen. Und nun möchte ich gern wissen, was Sie davon halten!

Fünf Jahre – und warum habe ich nicht früher Schluß gemacht? Ich habe so fest an meine Mission als Schriftsteller geglaubt. Und bisweilen hat man mir soviel Hoffnung gemacht. Bjørnson zum Beispiel, Janson und Frau Janson. Ich bin nämlich lange bei Janson gewesen, und wir haben wirklich über diese Sache *verhandelt*. Aber um ein Beispiel zu geben, wie es mir ergeht: Ich schrieb während des Winters ein Feuilleton* im *Dagbladet*, etwas Verzweifeltes, etwas über einen faulenden Rücken und so weiter. Gut, Holst schickt mir eine Karte, eine Ermunterung nach Valdres hinauf, wo ich wohnte, in der er im Zusammenhang mit meiner Novellette sogar den Ausdruck »großes Talent« benutzt. Das machte mich froh, und ich schrieb eine neue, die, wie *ich* glaubte, viel besser war – doch die ließ sich nicht verwenden. Die sei so frech, sagte Holst, daß sie sich besser für die *Nyt Tidsskr.* (Die neue Zeitschrift) eigne. Ich ging damit zu Skavlan. Habe bis jetzt keine Antwort erhalten – habe seit dem Winter 1885 keine Antwort erhalten; doch da sie nicht abgedruckt worden ist, sehe ich ein, daß meine Novellette sich nicht verwenden ließ. So geht es immer – immer. Ich gehe von einem zum andern: Entweder soll ich wieder kommen, »kommen Sie in ein paar Tagen wieder«, oder: Es ist nicht zu gebrauchen.
Jetzt möchte ich hören, was Sie meinen. Und ich bitte Sie, so aufrichtig wie möglich zu sagen, was Sie von meiner Feder halten. Ich bedaure nur, daß ich Ihnen *diese* Arbeit gab. Aber nun ist es einmal geschehen.
Ich danke Ihnen herzlich, daß Sie so gut sein wollen, mir dabei zu helfen. Ich weiß, es ist langweilig, so etwas zu lesen. Entschuldigen Sie diese Bitte.[14]

Diese eindringliche Bitte an Garborg hatte Erfolg. Er war ein persönlicher Freund des Redakteurs Holst, und so erschien *Auf Tournee* am 4. und 5. Juli im *Dagbladet*. Holst erwarb auch *Sünde* und *Ein Lügner* sowie einige Artikel über ame-

---

* *Ein Lebensfragment.*

rikanische Literatur und lieferte Hamsun damit die Bestätigung – so er sie noch nötig hatte –, daß auch der Literaturbetrieb nicht frei war von Korruption.

Dieser Erfolg kam aber wohl ein bißchen zu spät für ihn. Und für jemanden mit so hohen Ambitionen hatte die Veröffentlichung einer Erzählung in einer Zeitung längst nicht mehr den Reiz wie einst, egal, wie gut oder schlecht sie war. Vier Jahre lang hatte er nun mit mehr oder weniger Erfolg Zeitungen und Zeitschriften in Norwegen und in Amerika beliefert und muß inzwischen gewußt haben, daß sein wirkliches Problem darin bestand, daß er immer noch kein echtes, eigenständiges Buch geschrieben hatte. Nichts war aus seinem Roman über die Boheme in Kristiania und die Leute, die vor die Hunde gehen, geworden. Das Problem lag nicht in seinem Willen zu arbeiten – den hatte Hamsun mehr als genug –, sondern in seinem Vermögen, den Roman unter Kontrolle zu halten, ihn sich folgerichtig entwickeln zu lassen. Ihn verwirrte und frustrierte der rasche Wandel seiner eigenen Beziehung zum Text. Es gab Zeiten, schrieb er an Nikolai Frøsland, da spüre er, daß er die Hand am Puls des Buches habe, und sehe ohne Mühe den ganzen Roman bis zum Ende vor sich, um am nächsten Tag erkennen zu müssen, daß die Vision wieder weg war. Nur ein Gefühl der Hoffnungslosigkeit bleibe zurück und der Gedanke, das Ganze sei nichts als Zeitverschwendung. Die Tatsache, daß er sich auch die ganze Zeit dazu zwingen mußte, ans Geldverdienen zu denken, brachte ihn auf. Auch sein Hang zum Perfektionismus behinderte ihn; mit dem Stil nahm er es ungeheuer genau und beklagte sich bei Nikolai jämmerlich darüber, wieviel von seinem Buch er wieder ausgestrichen hatte:

> Es war meine Hoffnung, meine gleichsam fixe Idee, daß mein Buch die Dinge eine Kleinigkeit zum Besseren wandeln würde, sowohl für mich wie auch für andere; aber dann kriege ich es nie fertig.[15]

Dann war da noch das Fiasko der Vortragsreise, die sich türmenden Schulden, für die er keine Möglichkeit der Tilgung sah, und die Demütigung durch die Redakteure, die seine Bemühungen, etwas Neues mit der Sprache anzufangen, in Frage stellten. Hamsun war derartig in die Klemme geraten, daß ihn nur noch ein mächtiger Ruck wieder befreien konnte. Er nahm all seinen Mut zusammen und sprang. Von unterwegs schickte er Erik Frydenlund ein erklärendes Telegramm:

> Lieber Freund!
> Ich reise wieder nach New York. Hier in der Heimat ist es unmöglich.
> Schreibe Dir aus N. Y.
> Bitte Deine Mutter, mir nicht böse zu sein. Bitte Deinen Onkel, nicht zu zweifeln.
> Sind wir noch Freunde?
> Grüße alle!
> Dein Knut H.
>
> An Bord der »Geisir« vor Kristiansand, 20. Aug. 86.[16]

Er hatte sowohl das *Dagbladet* als auch Olga Thommesen vom *Verdens Gang* überredet, ihm Presseausweise als Auslandskorrespondent auszustellen, und Lars Holst und ein Freund von ihm, der Kaufmann Dobloug, gaben ihm das Geld für die Überfahrt. Die Skizze, die Hamsun geschrieben hatte, um zu zeigen, daß »Lügen keine Sünde ist, sondern ein Talent«, wurde nicht veröffentlicht. Vielleicht ging sie Holst – wie auch die Forsetzung zum *Lebensfragment* – zu weit, als daß er sie in einer Tageszeitung hätte bringen können. *Sünde,* die Sache, die er geschrieben hatte, um nachzuweisen, »daß Diebstahl unter bestimmten Bedingungen, daß Diebstahl aus Not keine Sünde ist«, erschien, während Hamsun sich noch auf See befand, ein Vorbote explosiverer und auf geheimnisvolle Weise provokativerer Dinge. Einer, der nicht erwartete, jemals wieder von ihm zu hören, war der Verfasser von Halvorsens Lexikon norwegischer Schriftsteller. Er schloß den Eintrag über »Knud Pedersen Hamsund« mit der knappen Bemerkung: »1886 nach Amerika ausgewandert.« Aber natürlich befand sich nicht »Knud Pedersen Hamsund« an Bord der »Geisir«, sondern Knut Hamsun. *Auf Tournee* war die Stimme, nach der er gesucht hatte.

5

1886–1888: Die amerikanische Erfahrung II

Die »Geisir« legte am 3. September spätnachmittags in New York an, nach einer, wie Hamsun sich ausdrückte, »Schweinereise«. Er blieb nur über Nacht und fuhr gleich am nächsten Tag nach Chicago weiter, mit der Absicht, so schnell wie möglich in den Westen zu kommen. Vielleicht hatte er sich sogar vorgenommen, es so richtig auszunutzen, daß er als Korrespondent der beiden in Amerika bekanntesten norwegischen Zeitungen galt und als solcher auf den amerikanischen Eisenbahnen für den halben Fahrpreis reisen konnte.[1] Sobald er jedoch in Chicago ankam, änderte er seine Meinung und sah sich nach einer festen Arbeit um. Zwei Wochen lang schrieb er auf Stellenangebote in der *Chicago Tribune* und durchstreifte die Stadt auf der Suche nach Arbeit. Vielleicht hatte er anfangs gehofft, dem Schicksal eines armen skandinavischen Einwanderers – einem mit schwerer körperlicher Arbeit und niedrigem Lohn verbundenen Aushilfsjob – zu entgehen und etwas zu finden, das seinen Fähigkeiten entsprach, irgendeine Büroarbeit. Doch schließlich hatte er die Sucherei satt und schickte sich in das Unvermeidliche. Er bewarb sich bei der Straßenbahn und begann als Gleisarbeiter mitten in der Stadt. Erik Frydenlund berichtete er darüber:

> Wir sind fünf- bis sechshundert Mann, der Lohn beträgt 1,75 täglich, aber es ist anstrengende Arbeit. Man hat mir eine glänzende Stelle als Kondukteur auf einer Kabelbahn versprochen, eine Stelle mit Zukunft. Laß Dir erzählen, was das ist. Hier hat man Straßenbahnen, die von selber fahren, ohne Pferde, ohne Dampf, man sieht nur diese Reihen von Wagen einem entgegenkommen, und keiner kann sehen, was sie eigentlich vorwärts treibt. Die Sache

ist die, unten in der Erde ist eine Anlage, die die Wagen antreibt, ein Kabel in der Länge von mehreren engl. Meilen, und mitten zwischen den Gleisen der Bahn ist ein Spalt von der Breite eines halben Zolls, in dem das Gestänge läuft, das die Bahn mit dem eingegrabenen Kabel verbindet. Auf einer solchen Straßenbahn werde ich in einem Monat angestellt. Zunächst werde ich nur als Reserve eingestellt, und da erhalte ich etwa 50–60 Dollar im Monat, wenn ich aber im Frühling eine feste Linie bekomme, kann ich den Lohn bis zu hundert Dollar im Monat hinauftreiben. Es ist wie gesagt eine Stelle mit Zukunft. Wenn ich jetzt nur gesund bleibe, damit ich auch wirklich diese Stelle ausfüllen kann. Ich hoffe es. Hier gibt es Hunderte von Bewerbern um Stellen dieser Art, aber nun habe ich bereits das Wort des Superintendanten selber, daß ich eingestellt werde, und er hat sich meinen Namen aufgeschrieben, damit er es nicht vergißt. Huih!
Deswegen bin ich auch zur Streckenarbeit auf der Straße gegangen, denn ich fand, es dauerte zu lange, ohne Arbeit zu sein. Gott helfe mir, das ist eine grausame Arbeit. Farmarbeit ist, verglichen mit dem, gar nichts. Drei Mann tragen zum Beispiel einen »Kloben« Eisen, 1200 Pfund, ein Mann »hantiert« mit einem Faß Zement, 400 Pf., oder mit einem Lägel Schrauben, 450 Pf. Der Zement ist am schlimmsten, er geht mir auf die Augen. Und dann die Hitze! Wir hatten bis zu 100 Grad im Schatten. Wir gehen fast nackt ...[2]

Das Haar hatte er sich »auf amerikanisch« schneiden lassen, kurz bis auf die Haut, und er hatte angefangen, sich einen Schnurrbart stehen zu lassen, von dem der Friseur ihm versprochen hatte, daß er ganz ansehnlich werden würde. Wie immer lassen Hamsuns Faszination für Neues und das enthusiastische Interesse, mit dem er in diesen Tagen das Leben betrachtete, die zeitweiligen durch die Arbeit verursachten körperlichen Beschwerden verblassen. Ebenso scheint er die erst unmittelbar zurückliegenden Erlebnisse in Kristiania mit besonderen Augen zu sehen. In dem langen

Brief an Erik kommt er auf sie zurück und schildert die Einzelheiten mit einer Art schaurigem Erstaunen, so, als ob das alles in Wirklichkeit jemand anderem widerfahren wäre. Ein Mann, der Bjørnson begegnet war und mit Kristofer Janson vor dessen Bücherregalen über Literatur gesprochen hatte – konnte ein solcher Mann wirklich gehungert und als Obdachloser mehrere Nächte hindurch in einer verlassenen Klempnerwerkstatt in der Møllergate gelegen haben? So wie ihm Elroy, von jenseits des Atlantiks gesehen, in den ersten Wochen, die er 1884 wieder in Norwegen war, als heimeliger Ort voller Freunde vorgekommen war, wo er auch genügend Geld hatte, so ist jetzt Valdres der Ort, der ihm als ein verlorenes Zuhause erscheint. Nur daß die Empfindung für Valdres stärker ist. Er bittet Erik, er möge Anne, Olea und Anton – alle grüßen und ihm mitteilen, ob es in Valdres jemanden gebe, der ihm böse sei. Ein seltsamer Refrain, der durch all die Briefe aus den Jahren seines Kampfes klingt, sind diese Besorgnisse um die Meinung anderer und die Bitten um Vergebung nicht näher bezeichneter Vergehen – eingebildete Kränkungen, Versäumnisse und Prahlereien, Sünden, die er bei der besessenen Verfolgung seiner Bestimmung beging. Die Schulden gegenüber Nils Frydenlund lasten ihm auf dem Gewissen. Hamsun hatte schreckliche Angst, Nils würde beginnen, seine wertvolle Büchersammlung zu verkaufen, um zu seinem Geld zu kommen, und bat Erik eindringlich, ihn davon zu überzeugen, daß er seine Schulden begleichen würde, wenn Nils nur noch etwas wartete. Er wußte ganz genau, daß er eines Tages in der Lage sein würde, ihm sein Geld zurückzuzahlen. »Ich gebe nämlich meinen Traum nicht auf, mein Buch eines Tages fertig zu schreiben.«

Das nächste Jahr in Chicago ist einer der weißen Flecken in Hamsuns Lebensgeschichte. Wir wissen, daß er eine Zeitlang in der Langley Avenue 3737 bei Leuten namens Nelson logiert und auch Kontakt zu Verwandten aufgenommen hat; ein altes Foto, so mitgenommen und vergilbt, daß Hamsuns linkes Bein kaum noch und der Fuß gar nicht mehr zu er-

kennen ist, zeigt ihn mit seiner Cousine Marie Andersen in einem Fotoatelier. Auf einem anderen Foto posiert er als Straßenbahnschaffner. Der Schnurrbart ist inzwischen gewachsen, und das Haar ist seit dem Sommerschnitt vom September auch wieder länger geworden. Er sieht zurückhaltend, beherrscht und nicht sehr glücklich aus. Später schrieb er eine Erzählung über seine Zeit bei den Chicagoer Straßenbahnen, eine schauerliche Geschichte über einen Mann unter einer der Kabelbahnen, dessen Kopf von der Gabel der Maschine erfaßt und mitgerissen wird, während die Bahn über ihn hinwegfährt. *Frauensieg* enthält auch einige interessante Details über Hamsuns Tätigkeit als Schaffner.
Zuerst war er auf der Halstead-Linie angestellt, die noch von Pferden gezogen wurde und zwischen Stadtzentrum und Viehmarkt verkehrte. Diese Linie galt als ziemlich verrufen, besonders was den Nachtdienst betraf. In einer Weihnachtsnacht 1886 stiegen etliche betrunkene Iren, die auf dem Viehmarkt arbeiteten, in den Wagen und weigerten sich zu zahlen. Sie hätten das ganze Jahr lang ihr Fahrgeld bezahlt, sagten sie, und nun sei Weihnachten und da solle die Gesellschaft sie einmal umsonst fahren lassen. Trotz seiner Furcht vor Spionen der Gesellschaft war er klug genug, ihnen nicht zu widersprechen.
Nach einiger Zeit kam er dann auf die Cottage-Linie, wo er viel vornehmere Fahrgäste hatte, Villenbewohner, von denen er seine fünf Cents in Handschuhen einkassieren mußte. Bald jedoch vermißte er das Aufregende der Halstead-Linie und fand die neue Strecke samt ihren Passagieren langweilig. Die Hoffnung, seinen Lohn bis auf etwa 100 Dollar pro Monat hochtreiben zu können, mußte er beträchtlich nach unten korrigieren – er konnte sich in jenem Winter nicht einmal genügend warme Kleidung leisten. Als Schutz vor dem schneidenden Wind, der durch die Straßen fegte, stopfte er sich nach Art der Tramps Zeitungspapier unter die Kleider. Seine Kollegen machten sich einen Spaß daraus, ihn immer wieder anzutippen, weil es so schön raschelte. Die wenigen Anekdoten aus dieser Zeit, die zumeist von Hamsun selbst stammen, lassen erkennen, daß er ziemlich

exzentrisch gewirkt haben muß, vor allem mit seiner Angewohnheit, zwischen den einzelnen Haltestellen Aristoteles und Euripides zu lesen. Diese Angewohnheit und sein schwaches Augenlicht erschwerten es ihm, die Orientierung zu behalten, besonders nachts. Hamsun war nicht der Mann, der es gern zugab, wenn er mal nicht weiterwußte (zumindest niemandem außer seinen Lesern gegenüber), und so rief er, auch wenn er die Orientierung verloren hatte, die Haltestellen mit löblichem Optimismus in der korrekten Reihenfolge aus und setzte damit die Fahrgäste völlig in Verwirrung.

In dem Winter schrieb er einen Bericht über seine Überfahrt auf der »Geisir«, die im November in zwei Teilen im *Dagbladet* abgedruckt wurde.[3] In seinen subjektiven, romanhaften Übertreibungen – von denen die Behauptung, er habe alle seine Notizen zu dem Artikel in einem heftigen Sturm vor den Bänken bei Neufundland eingebüßt, die unglaubwürdigste ist – entwickelt er ein überzeugendes Bild von den Bedingungen, die diese hoffnungsvollen Auswanderer auf der Reise zu ertragen hatten. Es herrschte militärische Disziplin. Zu einer festgesetzten Zeit mußten alle Passagiere zu Bett, und als ein paar jüngere Leute die vorgegebene Stunde einmal nicht einhielten, bewaffnete der Kapitän seine Mannschaft, versammelte sie an Deck und hielt eine scharfe Rede zur Warnung. Das war starker Journalismus im »Interesse der Menschlichkeit«, bisweilen witzig und aufschlußreich, mitunter aber zu sehr auf Effekthascherei aus. Die Schilderung ist auch zu lang, wahrscheinlich aber nur aus dem Grund, damit er für zwei Artikel Honorar bekam statt nur für einen.

Hamsun war neun Monate bei der Straßenbahngesellschaft. Für einen Menschen, der fest entschlossen war, Schriftsteller zu werden, muß ihm die Zeit als Schaffner lange vorgekommen sein, und er mag gespürt haben, daß es Zeit war, wieder in Schwung zu kommen. Er beschloß, Chicago zu verlassen, und hatte wie gewöhnlich kein Geld, um wegzufahren. Für ihn ergab sich keine so einfache Lösung des Problems wie für den Straßenbahnfahrer Pat in *Frauensieg* – ein bezahlter Mord – und auch bei weitem keine so lukrative, aber dafür eine für ihn äußerst charakteristische. Hamsun berichtete darüber in einem Artikel, den er 1928 für die amerikanische Zeitung *St. Louis Post-Dispatch* geschrieben hat:

> Ich schrieb einem bekannten Amerikaner einen kurzen Brief und *bat* um – 25 Dollar, die ich nicht zurückzuzahlen versprechen konnte. Den Brief besorgte ich selber. Es war ein weiter Weg, bis ganz hinaus zu den Schlachthäusern, ich fragte mich durch, bis ich das Büro dieses Mannes fand. Es war ein riesiger Raum, häßlich anzusehen, fast wie ein Schuppen, aber es wimmelte darin von Büroangestellten. Am Eingang stand ein junger Mann als Türhüter, er bekam meinen Brief und ging damit fort. Ich sah ihn auf die Mitte des Raumes zusteuern, wo ein Mann auf einer Erhöhung saß und mit Schriftstücken beschäftigt war. Es war Armour (Philip Armour, der Fleischmillionär). Von dem Augenblick an wagte ich nicht mehr aufzublicken, ich fühlte wohl etwas Scham, fürchtete auch die wahrscheinliche Absage. Der Türhüter kam rasch zurück, und ehe ich mich's recht versah, drückte er mir 25 Dollar in die Hand. Es dauerte eine Weile, bis ich mich wieder gefaßt hatte, dann fragte ich idiotisch: Hab' ich sie bekommen? – Ja! Der Mann lächelte. – Was hat er gesagt? fragte ich. – Er sagte: »Ihr Brief war es wert.«[4]

Hamsun schrieb weiter, der Brief sei sicherlich in dem schlimmsten Englisch geschrieben gewesen, das Armour jemals zu lesen bekommen habe, und die Bemerkung, er wäre die fünfundzwanzig Dollar »wert« gewesen, sei sicher ironisch gemeint gewesen. Ironie oder nicht – darüber machte sich Hamsun damals, im Alter von siebenundzwanzig Jahren und abgebrannt, jedoch keine Gedanken. Die Großzügigkeit Armours war Hamsun eine wichtige Bestätigung seines Glaubens an den Patriarchen, der sich auf Zahl in Kjerringøy gründete. Mit Hilfe des Geldes konnte er Chicago verlassen und nach Minneapolis zurückkehren, wo er 1884 so glücklich gewesen war. Obschon er nur wenig sichtbare Spuren in Hamsuns literarischem Werk hinterließ, blieb der Aufenthalt in Chicago, mit der Zeit bei der Straßenbahn, bei ihm in eigentümlich guter Erinnerung. Diese Tätigkeit war eine der wenigen, die er ausdrücklich erwähnte, wann immer er nach biographischen Einzelheiten befragt wurde – nachdem er jenen Höhepunkt des Ruhms erreicht hatte, bei dem sich eine ungebärdige, chaotische Vergangenheit ein für allemal in eine angenehm verdichtete Form fügt: symbolisch, anführbar und handlich.

In Minneapolis kam er wieder mit Kristofer Janson zusammen. Ja, er konnte Janson mitteilen, daß er das Schreiben noch immer nicht aufgegeben hatte – um die Wahrheit zu sagen, habe er gerade unlängst erst einen Roman zerrissen ... Ob das stimmt, läßt sich nicht nachprüfen. Janson bot Hamsun jedenfalls mietfrei ein Zimmer in seinem Haus in der Nicollet Avenue an, so daß er, ohne sich Sorgen darüber machen zu müssen, woher das Geld für seinen Unterhalt kam, schreiben konnte. Nach seinem Winterschlaf in Chicago schien er, ähnlich wie nach jenem ersten Winter in Valdres, sogar förmlich in den Frühling des Lebens hineinzuexplodieren und schrieb nur wenig. Er schloß sich einer Gruppe junger norwegisch-amerikanischer Christen an, die eine kleine Abstinenzlerzeitung mit dem Titel *The Password* herausgaben und trotz ihres Argwohns gegenüber Alkohol – oder, wer weiß, vielleicht gerade deswegen – aufgeweckte junge Männer waren, die gerne lachten und Hamsuns Vorliebe für despektierlichen Humor teilten. John O. Hansen und Hallvard Askeland waren Journalisten und Yngvar Laws ihr Freund und Sympathisant; Laws war Inhaber eines Drugstores, in dem er auch eine kleine Auswahl norwegischer Bücher führte. Auf ihre Einladung hin stieg Hamsun am 17. Mai wieder aufs Podium, anläßlich eines von der Norwegischen Liga für Abstinenz organisierten Abends mit patriotischen »Reden, Gesprächen, Musik, Gesang und Erfrischungen«. Zwischen einem Klaviersolo von Miss Gelmeyden und »O du herrlicher Monat Mai«, vom Chor gesungen, hielt er eine typisch kontroverse Rede über das Illusorische der persönlichen Freiheit in der amerikanischen Gesellschaft.[5] Obwohl er selbst immer ein idealistischer Schwärmer war, protestierte er gegen Askelands und Hansens Forderung, alle Trinkstuben zu schließen. Er hielt das für einen Schlag gegen die Freiheit, war aber willens, sie und ihre Ansichten zu akzeptieren, wenn sich sich revanchierten. Hamsun schrieb sogar für *The Password,* vermied es aber, die Prohibition zu vertreten, ja sogar sie zu erwähnen. Das erinnert an seine Bereitschaft, während seines vorherigen Aufenthalts in Minneapolis während Kristofer Jansons Abwesenheit zu dessen Unitariergemeinden zu sprechen, dabei aber Themen zu vermeiden, bei denen er hätte heucheln müssen. Er beteiligte sich auch kurz an einer Debatte, die in der Minneapoliser Zeitschrift *Budstikken* geführt wurde.

Mit leidenschaftlicher Intensität verfolgten die meisten norwegischen Einwanderer die kulturellen und politischen Entwicklungen, die sich zu Hause in Norwegen abspielten, und so hallte auch der Aufruhr über das Verbot von Büchern von Hans Jæger und Christian Krohg in der literarischen Welt Kristianias im Jahre 1886 laut in Minneapolis wider. Ein Mr. Kallum hatte eine Reihe von Lesungen aus Krohgs *Albertine* gehalten, und einer seiner Zuhörer hatte sich unter dem Pseudonym »Dixi« in der Zeitschrift *Budstikken* kritisch dazu geäußert. Sowohl Kallum als auch »Dixi« nahm sich Hamsun am 18. Mai in einem heiteren, amüsant herablassenden Brief an die Zeitschrift vor. Er kritisierte »Dixi«, weil der das Buch als »trocken, langatmig und unglaubhaft« bezeichnete, während Fachleute wie Brandes, Janson und Garborg es als bedeutendes und wichtiges Werk priesen. An Mr. Kallum bemängelte er, die Sprach- und Dialektformen, deren Krohg sich in seinem Buch bedient hatte, nicht erkannt und in seinen Lesungen auf der Bühne nicht differenziert genug wiedergegeben zu haben. Vor allem kritisierte er ihn ob seiner Angewohnheit, in einem fort das Lesepult geschüttelt und darauf geschlagen zu haben. Mr. Kallum irre sich, wenn er meine, das Buch sei durchgehend

im Vika-Dialekt (ein Dialekt der Arbeiterklasse von Kristiania) geschrieben, erklärte Hamsun und fügte hinzu, es sei in *phonetischem* Norwegisch geschrieben.
Die wichtigsten Punkte in diesem Brief sind jedoch das Lob für Mr. Kallum wegen seiner Initiative und die Bitte an »Dixi«, mehr Toleranz walten zu lassen:

> Wir sind hier nicht so reich, als daß wir nicht jeder Versorgung mit geistigen Genüssen bedürften, die wir bekommen können, und besonders als Norweger sollten wir uns überlegen, ob wir uns die Gelegenheit entgehen lassen, öffentlich aus einem norwegischen Buch lesen zu hören, das in drei Ländern einen solchen Streit verursacht hat und das man nicht mehr auftreiben kann ...[6]

Daß Hamsun im großen und ganzen auch in dieser Zeit nur wenig geschrieben hat, verstärkt den Eindruck, er habe in seinem vorherigen Übereifer inzwischen vielleicht die Gefahr erkannt, sich zu verzetteln. Kristofer Janson hatte gerade damit begonnen, sein Unitarierorgan *Saamanden* herauszugeben, und von Hamsun wurde erwartet, dergestalt zu seinem Unterhalt beizutragen, daß er für diese Zeitschrift Artikel vom Norwegischen ins Englische übersetzte. Aber Janson mußte sehr bald erkennen, daß Hamsun die englische Sprache so unzulänglich beherrschte, daß er die Übersetzungen überarbeiten mußte. Später sollte sich Hamsuns schriftliches Englisch, dessen er sich in seiner Korrespondenz mit Deutschen, Russen, Polen und anderen bedienen mußte, zwar zu einem Instrument von beträchtlichem Charme entwickeln, aber von der Grammatik her blieb es immer chaotisch.

Das hervorstechendste Bild, das wir von Hamsun in jenem Sommer 1887 haben, ist das eines Freundes. Die meisten seiner Kameraden aus dieser Zeit haben, nachdem er berühmt geworden war, Erinnerungen an ihn niedergeschrieben, und alle loben sie seine Großmut, Ehrlichkeit und Tapferkeit und lassen bisweilen ihrer abgöttischen Verehrung freien Lauf. Ein weiterer Freund aus dieser Zeit war ein junger schwedischer Journalist mit Namen Victor Nilsson, ein Redaktionsassistent von der *Svenska Folkets Tidning.* Er traf Hamsun oft in Jansons Haus und unterhielt sich mit ihm über Bücher. Hamsun sprach enthusiastisch von Balzac, Strindberg und dem Dänen J. P. Jacobsen. Dessen Roman *Niels Lyhne* aus dem Jahr 1880 schien es ihm ganz besonders angetan zu haben. Dieses Porträt eines jungen Mannes, der seinen Glauben an die Vergangenheit verloren hat, alle überkommenen Formen von Gelehrsamkeit ablehnt, aber doch unfähig ist, etwas zu finden, mit dem er das Vakuum auffüllen könnte, das die Desillusion hinterlassen hat, mag Hamsun wie eine Beschreibung seiner eigenen Situation vorgekommen sein.

Nilsson und Hamsun sprachen auch über die großen Russen, die alle in Jansons Bücherregalen vertreten waren, und der Schwede erinnerte sich, Hamsun ein Exemplar von Dostojewskis *Schuld und Sühne* geliehen zu haben, wußte aber nicht, ob Hamsun es auch gelesen hat. Das Ausmaß von Hamsuns Vertrautheit mit Dostojewski, wann und wo er ihn zum erstenmal gelesen hat, sollte 1892 in einer unangenehmen kleinen Episode Berühmtheit erlangen, als nämlich der Vorwurf des Plagiats gegen ihn erhoben wurde.

Nilsson war ein ernsthafter Mensch. Er sah deutlich die Schattenseite von Hamsuns verzweifeltem Ehrgeiz und machte die scharfsinnige und ungewöhnliche Beobachtung, daß er »ein einsamer Mensch« war, »der sich nicht groß um die Menschen und Landschaften, auf die er überall in der Welt traf, gekümmert hat«. Er schrieb, Hamsun habe »aufgrund seiner Überspanntheiten viele abgestoßen. Natürlich konnte Hamsun äußerst kultiviert und rücksichtsvoll sein, wenn er wollte, doch sein Auftreten erweckte, wie gesagt, oft Verärgerung.«[7]

Hamsuns Angewohnheit, in Jansons Haus bisweilen barfuß herumzulaufen, konnte die konservativeren Besucher schon aufregen, insbesondere wenn er als einzige Erklärung hervorbrachte, die Schuhe seien ihm »lästig«. Und vermutlich mußte man ein guter Freund sein wie John Hansen, um Verständnis für eine Situation zu haben, in die Hamsun ihn eines Tages völlig unvermutet versetzte. Sie besuchten eine einflußreiche und wohlhabende Frau, die künstlerische Ambitionen hatte. Während sie hinausgegangen war, um Kaffee zu holen, betrachteten die beiden jungen Männer einige ihrer Arbeiten, die an der Wand hingen. Eines dieser Gemälde, behauptete Hamsun, stellte einen Hund dar. Als die Künstlerin mit dem Kaffee kam, nahm Hamsun einen Schluck und wies mit einem Nicken auf das Gemälde:

> Was diesen Löwen betrifft – es ist doch ein Löwe, nicht wahr?
> Was – ja, natürlich ist das ein Löwe ...
> Ja, fuhr er fort, ich habe gleich gedacht, daß das ein Löwe ist, aber Hansen hier versuchte mir einzureden, das sei ein *Hund* ...[8]

Trotz all der Kultiviertheit, deren er nun fähig war, wußte er – und konnte es auch nie vergessen –, daß er ein Bauer war. Bei Zusammenkünften wie den Soireen in Jansons Haus donnerstags abends muß Hamsun eine seltsame Figur abgegeben haben, so groß und kräftig gebaut, mit seiner kastanienbraunen Haarmähne und dem Kneifer, seinen leicht über den Onkel gehenden Füßen und den riesigen Händen, die durch ein zu enges und zu kurzes Jackett so richtig zur Geltung gebracht wurden. Auf diesen Soireen sprach Janson über Literatur und Kunst und sang Lieder von Schubert, Kjerulf und Grieg, wobei ihn seine Frau auf dem Klavier begleitete,[9] und Hamsun stand da und beobachtete Leute, die wiederum beobachteten, wie er Leute beobachtete. Gegenüber Askeland spielte er den Spießer und erzählte ihm, die einzige Musik, für die er Zeit habe, sei Leierkastenmusik. Janson rechtfertigte ihn vor interessierten Besuchern, indem er ihn als Schriftsteller darstellte. Er erzählte ihnen, Hamsun schreibe seine Sätze wieder und immer wieder neu, wie ein Mädchen, das auf dem Klavier die Tonleitern übt, auf der Suche nach der perfekten Ausdrucksform.

Im Juli schlossen die Jansons ihr Haus in der Nicollet Avenue und begaben sich auf ihre alljährliche Sommerreise nach Brown County, und Hamsun hatte sich zu entscheiden, ob er in Minneapolis bleiben oder auf der Suche nach neuen Abenteuern weiterziehen wollte. Kurz spielte er mit dem Gedanken, sich sein Geld durch Haareschneiden zu verdienen, eine Fertigkeit, die er sich erworben hatte, als er in Bodø Schuhmacherlehrling war, änderte aber schnell seine Meinung und entschloß sich, Saisonarbeit in der Landwirtschaft zu suchen. Von Casselton aus schrieb er am 16. Juli an Janson:

> Wir haben von Minneapolis aus hier draußen als Eisenbahnarbeiter angeheuert. Gegen Morgen hat man uns mitten in der Prärie abgesetzt. Drei Zelte standen in der Nähe; das war alles, was wir sahen. Pah – da wollten wir nicht bleiben! Wir schulterten also unsere Bündel und marschierten bis zur nächsten Stadt. Von dort aus mit einem Zug zu einer anderen Stadt, um Farmarbeit zu finden. Fanden keine. Weiter nach Fargo, wo wir über Nacht in einem leeren Güterwagen schliefen, der allein auf den Schienen stand. Am Morgen rasierte ich mich unter einer Brücke, die nach Moorhead rüber führt, beobachtet und angelacht von einer alten Frau, die in dem Fluß Wäsche wusch. Auch in Fargo haben wir keine Arbeit gefunden. Dann sind wir hierherüber nach Casselton in Dakota gereist, wo wir wieder in einem leeren Güterwagen geschlafen haben. Dann kam der 4. Juli. Wir – drei von uns – feierten, so gut es mit einer Flasche Bier und einem Kanten Roggenbrot ging. Am 5. brachen wir auf, trotteten 6 Meilen landeinwärts, fanden Arbeit auf einer sogenannten »Bonanza-Farm«, von wo wir jedoch nach zwei Tagen fortgejagt wurden, weil wir uns den barschen Ton nicht gefallen ließen. So wieder runter nach Casselton, noch mal 6 Meilen in eine andere Richtung, wo wir wieder Arbeit gefunden haben und wo wir jetzt noch sind.[10]

In einem am 10. November im *Verdens Gang* erschienenen Artikel malte Hamsun ein anschauliches Bild des Lebens

auf diesen riesigen »Bonanza-Farmen«, wo er eine Zeitlang gearbeitet hatte.
Oliver Dalrymples Farm im Red River Valley war ein riesiges Unternehmen mit 1200 bis 1400 Arbeitskräften, einem eigenen Kaufladen, Schmied, Stellmacher, eigenen Malern und Zimmerleuten. Die Arbeiter, zumeist Skandinavier, Iren und Deutsche, wurden um 3.30 Uhr zum Frühstück geweckt und hatten dann einen fünfzehnstündigen Arbeitstag. Es gab keinen Schatten zum Schutz vor der sengenden Sonne, und die heiße Erde verbrannte ihnen die Füße. An einem besonders heißen Tag erlitt ein Maultier einen Sonnenstich. Das Tier wurde einfach dort liegengelassen, wo es zusammengebrochen war, und ein anderes geholt. Ein paar Minuten später brach auch dieses zusammen. Erst dann gab der Vorarbeiter Anweisung, daß alle zu arbeiten aufhören und im Schatten der Wagen Schutz suchen sollten, bis das Schlimmste vorüber war. Die Männer, die für Weizenkönige wie Dalrymple Arbeitskräfte rekrutierten, nahmen besonders gern Skandinavier und am liebsten neuangekommene Einwanderer, weil sie in dem Ruf standen, arbeitswillig zu sein und das mörderische Regime ohne zu murren zu ertragen. Und darum warnt Hamsun in seinem Artikel Leute, die vorhaben, nach Amerika zu gehen, ausdrücklich und eindringlich, solche Farmen unter allen Umständen zu meiden. Die Forderung der Fabrikarbeiter im Osten nach dem Achtstundentag sei noch nicht bis in den Westen vorgedrungen, fügt er ironisch noch hinzu. Es ist typisch für ihn, daß er in dieser Hölle ein kurzes Aufleuchten des Himmels erblickt, die alles übersteigende Verzückung eines Augenblicks, und das ist das letzte Bild, mit dem er seine Leser entläßt:

> ... der schlimmste Anblick in Dakota ist die Behandlung der Maultiere und die tiefen Wunden, die ihnen die scheuernden Ringe um den Hals beifügen. Der schönste Anblick, der herrlichste in der Welt, ist der Sonnenuntergang, wenn der Horizont in Blut und Gold getaucht ist.

Bezeichnenderweise ist es das Elend der Maultiere, was Hamsun bewegt, nicht das der Menschen, und seine Reaktion auf die Zustände, die er beschreibt, ist nicht die, Reformen zu fordern, sondern einfach, den Leuten zu raten, diese Arbeit zu meiden. Seine außergewöhnlichen und mannigfaltigen Lebenserfahrungen scheinen bereits einen tiefen Fatalismus in ihm bewirkt zu haben, ein Akzeptieren der Unmenschlichkeit des Menschen gegenüber dem Menschen als etwas völlig Natürliches. Drei viel später geschriebene Erzählungen, denen die Ereignisse und Erlebnisse dieses Sommers thematisch zugrunde liegen, bestätigen diesen strengen, leidenschaftlichen Stoizismus und die Unvermeidlichkeit, ja sogar Unantastbarkeit naturgegebener Gerechtigkeit.

In *Zachäus* entzündet sich zwischen Polly, dem Koch, und der Titelgestalt der Erzählung ein lächerlicher Streit über eine entliehene Zeitung. Bei einem Arbeitsunfall verliert Zachäus später einen Finger. Der Koch stiehlt ihm den Finger, und um Rache zu nehmen, gibt er ihm den Finger zu essen. Alle anderen Arbeiter finden Zachäus' Entrüstung belustigend, als er aber kurz darauf seinen Peiniger erschießt und verscharrt, ist man sich einig, daß die Gerechtigkeit ihren Lauf genommen habe.

Auf der Prärie und *Vagabundentage* schildern in ähnlicher Weise Menschen, die in einer rauhen, primitiven Gesellschaft leben, wo Vorstellungen von einem geschriebenen Gesetz und geregelten Maßnahmen, dem Gesetz Geltung zu verschaffen, völlig irrelevant sind. Hamsuns Darstellungen dieser Gemeinschaften, die er von innen heraus und bisweilen als aktiver Teilnehmer an den Streitigkeiten geschrieben hat, geben nie ein Werturteil ab. Statt dessen entwickelt er eine Zuneigung für die Tramps und Wanderarbeiter, denen er während seiner Jahre in Amerika begegnet ist. Als »aus der Bahn geworfene Existenzen« hat er sie bezeichnet und wußte, daß das einzige, was ihn von ihnen unterschied, sein literarisches Talent war. Auch daran ließ er sie teilhaben, indem er ihnen Geschichten erzählte und ihnen an den Abenden half, Briefe zu lesen und zu schreiben.

Hamsuns größte Sympathie gebührte der Figur des Lebenskünstlers. *Auf der Prärie* schildert einen Iren, Evans, der ihn faszinierte wegen seiner würdevollen Haltung, seinen ausgeblichenen Seidenhemden und seiner entschiedenen Weigerung, darüber zu reden, was für »Verhältnisse« ihn auf diese Bahn gebracht hatten. Auf dem großen Trinkgelage, zu dem es kommt, nachdem die Ernte eingebracht ist und der Trupp Abschied feiert, verspielt Evans, leicht betrunken, sein ganzes Geld, das er sich den Sommer über im Schweiße seines Angesichts verdient hat. Ein Landsmann von ihm, O'Brien, weigert sich, ihm Geld zu leihen, indem er vorgibt, selbst nicht genug zu haben. Evans wendet sich an Hamsun, versteht aber dessen Angebot, ihm Geld nur für die Reise zu leihen, falsch, nimmt den gesamten Inhalt der Brieftasche und spielt damit. Das Blatt wendet sich, und er hat eine herrliche Glückssträhne. In der Zwischenzeit ist der vorsichtige und auf sich bedachte O'Brien bei dem Versuch, auf einen Güterzug aufzuspringen, unter die Räder gekommen und getötet worden. Evans gibt Hamsun sein Geld zurück, und als er am nächsten Tag seinen Gewinn bei dem Bankhalter abholen will, muß er feststellen, daß der inzwischen aus der Stadt verschwunden ist. »Auch dies nahm Evans mit derselben Gemütsruhe hin wie alles andere«, schreibt Hamsun, »es schien ihm ganz gleichgültig zu sein.« Seine Bewunderung für Evans' orientalische Gelassenheit ist ganz offensichtlich. Persönlich war er jedoch zu sehr vom Ehrgeiz erfaßt, um die Abgeklärtheit eines Evans erreichen zu können, und während der Ire in seinen seidenen Hemden weiterzog, um den Winter in der mystischen Abgeschiedenheit der Wälder von Wisconsin mit Holzfällen zu verbringen, begab sich Hamsun auf den Weg zurück in die Stadt, von der Natur zur Kultur, und nahm sein Streben nach Vervollkommnung und nach den sichtbaren Erfolgen des Ruhms wieder auf. Diese Tramps gingen ihm jedoch nicht mehr aus dem Sinn, und es war vermutlich Evans oder jemand Ähnliches, an den er dachte, als er sich in späteren Jahren mit solcher Geringschätzung als »Schriftsteller« bezeichnete und sich und andere zu überzeugen versuchte, daß er sich dieser Betätigung schämte.

Im Spätherbst kehrte Hamsun nach Minneapolis zurück und brachte außer Erfahrungen auch noch andere Andenken mit. Hallvard Askeland war eines Morgens gerade auf dem Weg zum Büro von *The Password* in der Cedar Avenue 430, als er Hamsun auf sich zukommen sah. Er kam gerade vom Zug und trug noch seine Reisetasche. Askeland ging ihm entgegen, um ihn zu begrüßen, doch Hamsun gab ihm ein Zeichen, zurückzubleiben. Er sei voller Flöhe, erklärte er.

Vermutlich hätte er sein altes Zimmer bei den Jansons in der Nicollet Avenue wieder bekommen können, wenn er gewollt hätte, doch diesmal mietete er sich ein eigenes Zimmer in der North Street 4. Vielleicht wollte er unabhängig sein und frei von jeglicher Beschränkung, die die Rolle eines Aspiranten im Hause seines Mentors mit sich brachte. Er glaubte jetzt auch – wie er sich einem anderen Freund, dem radikalen Journalisten Krøger Johansen, gegenüber äußerte –, daß er von Literatur mehr verstünde als sonst jemand in Dakota.[11]

Um das sich und seinen Freunden zu beweisen – und in der Hoffnung, etwas Geld zu verdienen –, bereitete er im Spätherbst eine Serie von Vorträgen über verschiedene Schriftsteller und literarische Themen vor. Insgesamt waren es elf, die er an aufeinanderfolgenden Sonntagen in der Kleinen Dänenhalle hielt, beginnend am 11. Dezember bis zum 12. Februar 1888, einschließlich Vorträgen am ersten Weihnachtsfeiertag und zu Neujahr. Victor Nilsson brachte in der *Svenska Folkets Tidning* von allen Besprechungen oder Zusammenfassungen heraus, und andere Freunde unterstützten Hamsun mit ihrer Anwesenheit. Kristofer Janson stand ihm mit seiner Familie jeden Sonntag treu zur Seite, und die Vorträge, die Hamsun im allgemeinen zwischen 16 und 17 Uhr hielt, scheinen allerhand Anklang gefunden zu haben – wie sie es ja wohl auch haben mußten, mit dem taktvoll niedrig angesetzten Eintrittspreis von zehn Cent pro Person. In seiner Elroyer Zeit, 1883, hatte Hamsun in Adams County am Lake Mason einen Vortrag über Bjørnson gehalten, den sein amerikanischer Freund W. T. Ager besucht hatte. »Bisher habe ich ihn bewundert«, schrieb Ager,

»jetzt verehre ich ihn.« Und Askeland schrieb, daß Hamsun nach diesen Vorträgen in Minnesota dort mit einem Schlag ein großer Mann war und gefeiert wurde, wohin er auch kam. Zweifellos waren diese anerkennenden Worte ernst gemeint, in beiden Fällen jedoch wurden sie zurückschauend ausgesprochen, durch den unweigerlich den Blick verklärenden Schleier des Ruhms, der sich in späteren Jahren mit dem Namen Hamsun verband, ehe er dann wieder von der durch seine Haltung gegenüber Nazi-Deutschland in den dreißiger und vierziger Jahren verursachten heftigen moralischen Erregung getrübt wurde.
So viele dieser persönlichen Erinnerungen an Hamsun vor seinem Durchbruch teilen diese Heldenverehrung, daß es recht erfrischend ist, auf das Zeugnis von Mr. G. E. Loftfield zu stoßen. Er war kein Vertrauter Hamsuns (niemand war wirklich ein *Vertrauter* Hamsuns, nicht einmal Kristofer Janson), und seine Schilderung des Schriftstellers von 1887/88 scheint haltbar und ehrlich zu sein. Sein Hamsun trug dicke graue Wollsocken, die Hosen waren ihm zu kurz und verschlissen und das Jackett ebenso zu kurz. Er hatte es immer fest zugeknöpft. Sein Haar war wieder lang, und den Kneifer hatte er an einem ellenlangen Seidenband befestigt. Loftfields Beschreibung seines Stils und seiner Vortragsweise ist schlagend:

> Er schien eine Menge zu sagen zu haben, hatte aber Schwierigkeiten, sich auszudrücken; biß sich häufig auf die Lippen, stutzte, und dann konnte er plötzlich eine Salve leidenschaftlicher Ausdrücke herausschleudern, die förmlich im Halse brannten.[12]

Hamsun begann mit Vorträgen über Balzac, Flaubert und Zola, kam seiner Heimat und vermutlich auch seinen skandinavischen Zuhörern näher mit Bjørnson, Ibsen, Kielland, Lie und Janson, sprach wiederum über August Strindberg und schloß mit zwei Vorträgen über den Impressionismus und den Kritizismus. An Victor Nilssons kurzen Berichten in der *Svenska Folkets Tidning* (die der Herausgeber nur unter der Bedingung gestattete, daß sie »so knapp wie möglich« waren) sieht man, daß sich Hamsun trotz seiner Belesenheit und seines umfassenden Verständnisses von Literatur noch nicht traute, das literarische Establishment offen anzugreifen, und es gibt kaum einen Beweis für das leidenschaftliche Mißfallen, das er auf seiner sensationellen Vortragsreise durch Norwegen drei Jahre später gegenüber den »vier Großen« zum Ausdruck gebracht hat.

Hamsuns Einstellung zu Strindberg in dieser Zeit ist besonders interessant. Nach Nilsson soll er in seinem Vortrag gesagt haben, Strindberg sei »kein Gelehrter, kein großer Denker, aber ein großes Originalgenie« gewesen. Die Unterscheidungen waren wichtig und ermutigend für Hamsun. Strindbergs *Sohn einer Magd* war gerade erschienen, und ganz abgesehen von seiner Sympathie für Strindberg als Denker (»der Wille ist das Rückgrat der Seele«), muß Hamsun in Strindbergs verzweifeltem Bemühen, sich trotz seines Gefühls sozialer Minderwertigkeit in der Welt zu behaupten, auch positiven Antrieb gefunden haben.

Eigentlich fühlte sich Hamsun am Rednerpult nie sehr glücklich. Er muß sich zu diesen Vorträgen richtig gezwungen haben. Man wird das Gefühl nicht los, er habe mit Vorstellungen dieser Art eine ungeheure Anstrengung unternommen, selbstsicher zu erscheinen, während man die ganze Zeit weiß, daß die Wurzeln einer gesunden Selbstsicherheit in ihm gar nicht zu finden sein konnten, entweder weil er eben so geboren war oder weil sie in seiner Kindheit nicht hatten wachsen können. Die allgemeine Verwirrung, mit der diejenigen, die nicht zu seinem näheren Umgang gehörten, Hamsuns Unternehmungen betrachteten, brachte ein unvoreingenommener Zuhörer in dieser Zeit zum Ausdruck, als er zu Loftfield sagte: »Dieser große Kerl ist entweder jemand ganz Besonderes oder bloß ein verdammter Narr.«

Hamsuns Unzufriedenheit mit allem nahm immer mehr zu: Unzufriedenheit mit seiner Armut, mit seiner Unfähigkeit, etwas ganz Neues, Interessantes und Ungewöhnliches hervorzubringen, und mit Amerika. Oft sprach er mit Janson und anderen Freunden über ein ganz bestimmtes Buch, das er schreiben wollte. Er beschrieb es als eine »Autobiographie«, und nun, da die Vorträge hinter ihm lagen, meinte er, er müsse sich wieder daran setzen. Aber es fiel ihm immer noch nichts oder nichts Rechtes ein. Krøger Johansen schrieb, er habe sich krank gemacht, indem er nächtelang aufblieb, sich keine Ruhe gönnte; er sei so sehr darauf ausgewesen, eine Form zu schaffen, die sich von der jedes anderen unterschied, er habe nichts dulden wollen, das dem Werk eines anderen ähnelte, und habe sein Verlangen nach Originalität bis zum Äußersten getrieben. Hallvard Askeland schilderte, wie er, auf Hamsuns Verlangen, ihn einmal in seinem Büro eingeschlossen habe und auf drei Stunden weggegangen sei. Als er wiederkam, um seinen Freund herauszulassen, stellte er fest, daß dieser ganze vierundfünfzig Zeilen geschrieben hatte, von denen fünfzig wieder durchgestrichen waren.

Schließlich entschloß sich Hamsun, wieder nach Hause zurückzukehren. Er gedachte, noch einen Abschiedsvortrag zu halten, mit dem er hoffte, das Geld für die Reise nach Norwegen aufbringen zu können. Am 18. März schrieb er an Victor Nilsson und lud ihn ein:

> Der Vortrag wird zwei Stunden dauern, und ich glaube nicht, daß er langweilig sein wird. Ich würde Dich gern sehen. Setz Dich direkt vor das Podium, da ich kurzsichtig bin. Wie ich zu meiner Freude höre, ist die Halle ausverkauft. Zum Thema nehme ich mir das Leben hier in Minneapolis, und ich werde mir kein Blatt vor den Mund nehmen.

Was Hamsun mit »kein Blatt vor den Mund nehmen« meinte, damit befassen wir uns ausführlich im nächsten Kapitel. Seine Ansichten waren in der Tat so extrem, geistreich, schockierend und so äußerst subjektiv, daß er sich entschloß, sie zu einem Buch weiterzuentwickeln. 1889 erschien *Vom Geistesleben des modernen Amerika.*

Hamsuns Vorträge brachten keineswegs soviel Geld ein,

wie er sich erhofft hatte, und so ging er nach dem Vortrag vom 28. März wieder weg aus Minneapolis und arbeitete ein paar Wochen als Schweinehirt, um Geld zu verdienen, und kehrte dann rechtzeitig in die Stadt zurück, um am 17. Mai anläßlich der Feierlichkeiten zum norwegischen Nationalfeiertag sprechen zu können. Man kann annehmen, daß er in seiner Rede wiederum antiamerikanische Ansichten äußerte: Er trug immer noch das schwarze Band, das er sich zusammen mit Krøger Johansen als Zeichen der Sympathie für die Anarchisten ins Knopfloch gesteckt hatte, die nach dem berüchtigten Bombenanschlag auf den Heumarkt in Chicago in einem eindeutigen Scheinprozeß 1887 zum Tode verurteilt worden waren. Von Amerika war er desillusioniert und hielt die vielgepriesene »Freiheit« des Landes für einen Mythos.
Als die Zeit für seine Rückkehr nach Europa näher kam, diskutierte er mit Victor Nilsson eine Veröffentlichungsstrategie. Nilsson, der sich sehr für die skandinavische Literatur interessierte, hatte die neuesten Literaturzeitschriften von Stockholm, Kopenhagen und Kristiania abonniert. Ein paar Jahre später widmete er sich seinem Hang zu Büchern ganz ernsthaft und wurde Bibliothekar. Er riet Hamsun von der bequemeren Lösung ab, es mit Verlegern in Kristiania zu versuchen, und ermunterte ihn, wieder nach Kopenhagen zu gehen.
Kopenhagen war noch immer die kulturelle Hauptstadt Skandinaviens; Georg Brandes befand sich dort, und die Literatur wurde sowohl von den Autoren als auch den Verlegern, die dort lebten, ernst genommen. Gegenwärtig war es auch gerade in Mode, als norwegischer Schriftsteller in Kopenhagen zu sein – beinahe so wie London regelmäßig für Liverpooler, irische und weibliche Autoren Mode ist –, so daß es taktisch klug war, dahin zu gehen. Nilsson zeigte Hamsun die ersten Ausgaben einer neuen Zeitschrift, die er abonniert hatte und die *Ny Jord* hieß. Sie wurde von Gustav Philipsen geleitet und von Carl Behrens herausgegeben. Die Liste der Autoren sollte Hamsun begeistern: die Brüder Georg und Edvard Brandes, August Strindberg und Strindbergs

Freund Ola Hansson. Außerdem enthielt diese Zeitschrift die ersten übersetzten Auszüge von Nietzsche, die Nilsson aufgetrieben hatte.
Wie üblich hatte es Hamsun nicht geschafft, genügend Geld für die Heimfahrt beiseite zu legen, und wie gewöhnlich nahmen sich Freunde und Bekannte seiner an und halfen ihm aus. Askeland verschaffte ihm von einem Freund, der bei der Eisenbahn beschäftigt war, einen Freifahrtschein. Zusammen mit John Hansen fuhr er dann nach Chicago zurück. Dort brachte er einen Artikel über Strindberg, den Laws ihm ins Englische übersetzt hatte, in der Zeitschrift *America* unter und erhielt fünfzehn Dollar dafür. Hansen ging dann mit ihm zu der Schiffahrtsgesellschaft und verschaffte ihm eine freie Überfahrt nach Kopenhagen. Die beiden verbrachten ein paar Tage zusammen in Chicago. Mit Hamsuns Presseausweis kamen sie einmal umsonst ins Theater. Ehe Hamsun nach New York weiterreiste, suchte er noch einen gewissen Professor N. C. Frederiksen auf, der ihm ebenfalls Geld lieh. Die größeren Summen, die er von bessergestellten Leuten erhielt, hat Hamsun allem Anschein nach als Geschenk angesehen, vermutlich mit der Ansicht, daß sie es sich leisten konnten, großzügig zu sein; die kleineren Summen jedoch, die er von Freunden erhielt, behielt er immer im Auge, er war nie die Art »Künstler«, die gebieterisch verlangte, von »gewöhnlicheren« Sterblichen ausgehalten zu werden, und war immer bemüht, seine Schulden zurückzuzahlen. Auch Frederiksen sollte wieder von ihm hören.
Hamsun kehrte auf der »Thingvalla« nach Hause zurück, dem ältesten Schiff auf der dänischen Amerikalinie. Er reiste dritter Klasse. Auf demselben Schiff erster Klasse reiste sein alter Bekannter aus Madison, Professor R. B. Anderson. Anderson, der schon im vierten Jahr als Legationssekretär an der amerikanischen Botschaft in Kopenhagen tätig war, kehrte mit seiner Frau gerade von einem kurzen Urlaub in Amerika zurück. Eines Tages begleitete er den Kapitän der »Thingvalla« auf seinem Inspektionsrundgang durch das Schiff, und auf dem untersten Deck stießen sie auf vier jun-

ge Männer, die ziemlich abgerissen und schmutzig waren und um Geld Karten spielten. Einer von ihnen sah auf, grüßte ihn mit seinem Namen, und zu seinem Erstaunen erkannte Anderson Knut Hamsun. Sie unterhielten sich kurz. Hamsun hatte ein dickes, schmuddeliges Manuskript bei sich und zeigte es Anderson, der es flüchtig durchsah, nicht viel davon hielt und es wieder zurückgab. Er bemerkte das schwarze Band an Hamsuns Jackett und fragte teilnehmend, ob er in Trauer sei. Nein, erwiderte Hamsun und erzählte ihm, daß er das Band zu Ehren der hingerichteten Anarchisten von Chicago und des unschuldigen Idealisten John Parsons trug. Daraufhin trennten sie sich. Als die »Thingvalla« in Kopenhagen anlegte, ging Anderson geradenwegs zur Polizei und meldete die Anwesenheit eines gefährlichen Anarchisten in der Stadt. Daraufhin wurde Hamsun, ohne sein Wissen, Tag und Nacht von Sicherheitskräften beschattet. Als er die amerikanische Botschaft als Nachsendeadresse für wichtige Post, die er aus Amerika erwartete, benutzen wollte, verweigerte es Anderson ihm und ließ es ihm durch ein Dienstmädchen mitteilen. Außerdem warnte er den Konsul Ryder davor, sich in irgendeiner Weise mit Hamsun abzugeben.

Dies war Rasmus Andersons Version der Ereignisse, wie er sie erstmalig 1908 in einem Zeitschrifteninterview darstellte und hinterher, für seine Autobiographie, die 1915 erschien, noch etwas verfeinerte. Bereits damals lautete Hamsuns Credo »Wahrheit ist Subjektivität«, aber allem Anschein nach ging ihm Andersons Interpretation dieses Grundsatzes selbst für seinen Geschmack zu weit. Seine eigene, etwas prosaischere Darstellung der Ereignisse war am Neujahrstag 1909 im *Dagbladet* zu lesen:

> In Wirklichkeit reiste ich zweiter Klasse nach Hause, und ich konnte wohl kaum Karten gespielt haben, als Anderson »erschien«, denn er hat während der gesamten Überfahrt keinen Fuß in die zweite Klasse gesetzt. Immerhin war er Legationssekretär ... Allerdings machte eines Tages Frau Anderson mit noch einer Dame einen Rundgang: Zu

der Zeit war außer mir jedoch nur noch ein dänischer Passagier auf dem Vorderschiff, und wir haben auch nicht Karten gespielt. Ich hatte auch nicht das »Manuskript eines umfangreichen, fertigen Buches« bei mir, noch habe ich Anderson auf dem Schiff eine einzige geschriebene Zeile gezeigt. Wenn er dann erzählt, wie er »ein entsetzlich schmutziges und schludriges Manuskript durchgeblättert« hätte, das es in Wirklichkeit gar nicht gab, dann ist es schon wahrscheinlich, daß er »nicht viel davon hielt«.

Hamsun zufolge begegneten sich die beiden Männer zufällig auf dem Deck. Er räumt zwar ein, daß sie auf das schwarze Band zu sprechen gekommen seien, weist aber die Behauptung, er sei nach der Ankunft in Kopenhagen Tag und Nacht observiert worden, als lächerlich zurück. Die Botschaft, darin stimmt er zu, war ihm verschlossen. Die Erklärung dafür und für alle anderen zahlreichen Bemühungen Andersons, Hamsun herabzuwürdigen, ist wohl darin zu finden, daß er fürchterlich eifersüchtig auf ihn war und bitter neidisch auf seinen Erfolg. Er haßte ihn als Mensch und als Autor. »Seine Bücher enthalten Passagen«, schrieb er in seiner Autobiographie, »die zu derb und unanständig sind, um laut gelesen zu werden, selbst wenn nur Männer anwesend sind. Solche Schriftsteller wie Hamsun sind eine Schande für das Land, das sie toleriert.« Andersons Reaktion auf Hamsun liefert einen wertvollen Beweis für die starke Persönlichkeit Hamsuns. Die Leute reagierten meist heftig auf ihn, sie schwärmten für ihn, oder sie waren von ihm abgestoßen. Nur wenige von denen, die ihn kannten, konnten neutral bleiben.

Nachdem er an Land gegangen war, versetzte er seinen Regenmantel und mietete sich mit den sechs Kronen das billigste Zimmer, das er finden konnte, eine Dachkammer im Arbeiterviertel von Kopenhagen, zwischen Nørrebro und Østerbro, in der St. Hans Gate 18, und begann sofort zu schreiben. Man kann sich vorstellen, daß er sich ein wenig unwohl fühlte. Es war nur noch ein knappes Jahr, bis er

dreißig wurde. Als Zwanzigjähriger hatte er Hegel im Gyldendal Verlag aufgesucht, als ein recht aufbrausender junger Bursche, der sich auf sensationelle Weise gerade erst an einer hitzigen, in der Zeitung ausgetragenen Debatte über das Psalmensingen in einer Kleinstadt an der Westküste Norwegens beteiligt hatte. Hegel hatte sich nicht beeindrucken lassen, weder von seinem Kneifer noch von seinem Manuskript *Frida,* und ihn wieder weggeschickt. Fast zehn Jahre später war er nun wieder hier, und es hatte sich bei ihm kaum etwas verändert. So hatte es nach außen zumindest den Anschein. Er hatte immer noch kein Zuhause, keine Familie, keine Arbeitsstelle, keinen Namen, kein Geld. Er hatte keine Ahnung, ob diese erbärmliche, gefährliche und lächerliche Armut eine Stärke oder eine Schwäche war. Seinen Freunden bei *The Password* in Amerika schickte er fröhliche Grüße, aber in Wirklichkeit waren seine Ungewißheiten und materiellen Schwierigkeiten nie größer gewesen.
Victor Nilssons Rat befolgend, setzte er sich mit Carl Behrens von der *Ny Jord* in Verbindung und verkaufte ihm den Artikel über Kristofer Janson, was ihm ein paar Kronen einbrachte. Der eigentliche Stoff aber knisterte und sprühte jetzt die ganze Zeit in seinem Kopf, blitzte und tönte ihm schrill durch die Nerven. Er wollte über den Geruch seiner Kleidung schreiben, darüber, wie er seinen Atem auf den Händen spürte, wie ihm ein Streichholz beim Entzünden über das Gehör kratzte. Um die unerträglichen und unlösbaren Probleme und Ängste des wirklichen, täglichen Lebens nicht aufkommen zu lassen, schrieb er unaufhörlich – über die unerträglichen und unlösbaren Probleme und Ängste des wirklichen, täglichen Lebens. Es schien, als wäre er plötzlich stehengeblieben, hätte sich umgedreht und dem wie auch immer gearteten Dämon Versagen und Perfektionismus, der ihn all die Jahre hindurch verfolgt und behindert hatte, das Kreuz der Kunst entgegengestreckt, den inneren und äußeren Kräften, die sich so unverfroren wirksam zusammengetan und ihn davon abgehalten hatten, sein Ziel zu erreichen – das Buch seiner selbst, den einen Akt außerordentlicher Selbstenthüllung, zu dem, das wußte er, nur er fähig war.

In einer Art Fieber schrieb er ungefähr dreißig Seiten von etwas gänzlich Neuem und ging damit zu Edvard Brandes, dem Redakteur der Zeitung *Politiken* und Bruder Georgs. Der versprach Hamsun, das Manuskript durchzusehen, und sagte ihm, er solle in vierundzwanzig Stunden wiederkommen und sich Bescheid holen. Als Hamsun ihm dankte und sich verabschiedete, muß Brandes von seinem schäbigen Äußeren und der Intensität, die hinter diesem schäbigen Äußeren brannte, ergriffen gewesen sein: Spontan nahm er fünf Kronen aus der Tasche und gab sie ihm.[13] In verdeckter Form taucht diese Begebenheit in der vollständigen Fassung von *Hunger* auf. Brandes las die Geschichte, die Hamsun ihm gegeben hatte – im wesentlichen der zweite Teil von *Hunger* –, war ungeheuer beeindruckt davon und konnte ihm, als er am nächsten Tag wieder kam, sagen, daß sie für die *Politiken* zwar zu lang sei, er aber Carl Behrens dazu bringen würde, sie in der Zeitschrift *Ny Jord* zu veröffentlichen.
Diese Novemberausgabe der *Ny Jord* erregte großes Aufsehen in den literarischen Kreisen von Kopenhagen und Kristiania und war innerhalb von drei Tagen vergriffen. Jedermann sprach von dieser Erzählung. Doch das Außergewöhnliche daran ist, daß Hamsun – der vom Ruhm und dem Wunsch, der Welt seinen Namen ins Gedächtnis zu prägen, besessen war – darauf bestanden hatte, daß die Erzählung anonym abgedruckt wurde. Niemand wußte daher, wer der Autor war.

6

1888–1890: Der Durchbruch: *Hunger*

Die Frage der Anonymität und Hamsuns lebenslange heftige Ambivalenz gegenüber der Vorstellung und den Konsequenzen von persönlicher Berühmtheit bringt uns sogleich auf einen der zentralen Widersprüche dieses eigenartigen Mannes. Bis jetzt sind wir einem Hamsun begegnet, der ein unermüdlicher Promoter seiner selbst als Persönlichkeit und Schriftsteller war, indem er in Zeitungsdebatten leidenschaftlich und lautstark seine Ansichten äußerte oder Redakteure und Schriftsteller sowie berühmte und einflußreiche Fremde durch persönliche Briefe auf sich aufmerksam machte. Der norwegische Memoirenschreiber Peter Egge schrieb, daß er von Hamsun zum erstenmal durch einen Journalistenkollegen, Arne Dybfest, gehört hatte, der ihm erzählte, er sei, als er in Amerika war, in einem Redaktionsbüro einem Mann begegnet, »der sich unaufhörlich selbst anpries und der ein vollendeter Bluffer war, sowohl in dem, was er sagte, als auch in dem, was er schrieb«. Diejenigen, die Hamsuns Persönlichkeit abstieß, fanden in seinem Entschluß, das *Hunger*-Fragment anonym zu veröffentlichen, ein weiteres Beispiel für seine kalkulierte Koketterie, auf der sein ganzes Verhalten dem Leser gegenüber basierte.

Jahrelang war Hamsun mit der Form und der Idee seines Namens beschäftigt. Er wandelte ihn von Knud Pedersen über Knut Pederson und Knut Pederson Hamsund zu Knut Hamsund und schließlich zu Knut Hamsun. Diese Beschäftigung, seinen Namen berühmt zu machen, benutzte er in seiner Erzählung *Auf Tournee* als Gegenstand der Selbstironie. Bei seiner Erzählung *Ein Lebensfragment* experimentierte er mit dem Anonymbleiben des Autors als Formelement. Die rührselige Erzählung aus dem Jahre 1884 trug die romantische Zuschreibung »Von einem jungen, unbekannten Verfasser«. Als er jetzt im Winter 1888 eine kurze Reise nach Schweden unternahm und von dort eine Besprechung von Julius Krons Gemälde *Die Königin von Saba* an das *Dagbladet* schickte, unterschrieb er sie mit »Von einem norwegischen Verfasser«. Für die Verfechter der Koketterie-Theorie war der Grund für die Anonymität natürlich klar, wie schon beim *Hunger*-Fragment; es stecke lediglich der simple Zweck dahinter, entsprechend viel Neugier über die Identität des Verfassers zu entfachen, damit aus der Enthüllung schließlich eine gute Story für die Presse wurde. Sicher reagierten die Zeitungen von Kristiania, als sei es so beabsichtigt gewesen: Zwischen dem 19. und dem 30. November veröffentlichte der *Verdens Gang* fünf Artikel, die sich enthusiastisch mit dem *Hunger*-Fragment beschäftigten und über die Identität seines Verfassers spekulierten. Im letzten dieser Artikel war man schließlich in der Lage zu enthüllen, daß es sich um Knut Hamsun handelte, »der gegenwärtig in Amerika lebt, von wo aus er, wie unsere Leser sich erinnern werden, uns schon zu verschiedenen Gelegenheiten Artikel geschickt hat«.

Hamsuns ganzes Getue als Autor, sein Beharren auf Mehrdeutigkeiten, seine Ablehnung von Gewißheit, sein Jonglieren mit Lügen, die sich dann als wahr herausstellen, und mit Wahrheiten, die sich als Lügen erweisen, seine Anerkennung und Nachgestaltung des berechnenden Wesens der Stimme des Verstandes – all das hat gewisse Leser stets abgestoßen und in ihnen ein Mißtrauen gegenüber Hamsun, sowohl dem Menschen als auch dem Schriftsteller, erzeugt. Seine verbittert vergnügte Darstellung des Zwecks seiner unveröffentlichten Erzählung *Ein Lügner* aus dem Jahr 1886 – darzulegen, daß Lügen kein Vergehen sei, sondern ein Talent – zeigt deutlich genug, wie schnell man mit dem Phänomen Hamsun, der mißtrauische Mensch, konfrontiert werden kann. Wir werden noch sehen, in den 1890er Jahren, wie heftig seine Einstellung zur Wahrheit seine Zeitgenossen bewegte. In dem speziellen Fall von *Hunger* deutet die Tatsache, daß der *Verdens Gang* geschrieben hat, er lebe »gegenwärtig in Amerika«, darauf hin, daß Hamsun in keiner Weise mit dem Durchsickernlassen seiner »Geschichte« an die Presse etwas zu tun hatte. Was aber noch wichtiger ist, in sowohl das Fragment als auch die komplette Version von *Hunger* betreffenden Briefen an Freunde und Bekannte sind deutliche Formulierungen enthalten, die eine echte Ambivalenz erkennen lassen, und zwar nicht nur in bezug darauf, berühmt zu sein, sondern berühmt zu sein als der schreckliche, schockierende Autor Knut Hamsun. Seine Korrespondenz mit dem verehrten und getreuen Freund Frydenlund nach der Unterbrechung während seiner zweiten Amerikareise wiederaufnehmend, entschuldigt sich Hamsun, »aber hör mich an, man wird ja ein wenig wund in sich selber, wenn es einem dreckig geht, und deswegen schreibt man nicht«. Dann fährt er fort und berichtet, daß er endlich etwas Erfolg gehabt hat:

> Das, was in der *Ny Jord* stand, war nämlich nur ein Bruchstück, das ich aus Not hatte drucken lassen müssen. Das Ganze wird aus einer Reihe von Analysen bestehen, die im Herbst als Buch erscheinen sollen. Habe bereits einen Verleger. Es soll jedoch anonym herauskommen. Du darfst also nicht darüber sprechen. Nicht um viel Geld wollte ich mich verraten damals, als der Auszug herauskam. Aber es waren doch gleich so ein paar verdammte schwedische Zeitungen da, die es ausschwatzen mußten, und das war's dann. Aber niemals werde ich öffentlich eingestehen, daß ich es geschrieben habe. Es ist ja so eine Sache, sich selber so zu entblößen, wie ich es getan habe. In den kommenden Teilen wird es noch schlimmer. Aber ich bilde mir ein, daß es, wenn es herauskommt, ein kleines heidnisches Spektakel geben wird.[1]

Diese Verwirrung der Gefühle ist charakteristisch: Tief am Boden, wußte Hamsun nicht, ob er sich schämen oder stolz sein sollte auf das, was er getan hatte. Die Spannungen, die diese Ungewißheit erzeugte, sollten viel zu der Ungewöhnlichkeit und genialen Disharmonie des kompletten Romans beitragen und außerordentlich wichtige Elemente von Hamsuns literarischer Persönlichkeit bleiben.

Als es sich herumgesprochen hatte, daß Hamsun der Verfasser des Artikels in der *Ny Jord* war, ging es Schlag auf Schlag. Er wurde in die literarische Welt der Cafés und der Gesellschaften von Erik Skram und seiner Frau, der norwegischen Schriftstellerin Amalie Skram, eingeführt. Der Däne Erik verteidigte sehr aktiv junge norwegische Autoren, insbesondere in dieser Zeit, in der viele seiner Landsleute begannen, den Spleen für norwegische Kunst und Künstler abzulehnen, der in den achtziger Jahren in Kopenhagen geherrscht hatte. Dabei hatte es sich in gewissem Grade um einen Kult mit den Norwegern als arme, unverdorbene Mitglieder der skandinavischen Völkerfamilie gehandelt, der durch den europäischen Erfolg von Ibsen und Bjørnson noch weitere Impulse erhalten hatte. Auch wenn er in den frühen neunziger Jahren wieder im Schwinden begriffen war, so haben doch auch jüngere norwegische Schriftsteller wie Hamsun und sein Zeitgenosse Gabriel Finne davon profitiert.[2]
Hamsun besuchte nun auch häufig die Künstlerkreise, die im Café Bernina zusammenkamen, in dem zuvor Exilanten wie Kielland und Thaulow, Garborg und Hans Jæger Künstler und Schriftsteller um sich geschart hatten. Er wurde gefeiert und zu Gesellschaften eingeladen. Weihnachten verbrachte er bei den Skrams und wurde auf Neujahr von der berühmten Familie Winkel-Horn eingeladen, lehnte aber ab, da er bereits das Gefühl hatte, der zu starke gesellschaftliche Verkehr, der zweifellos notwendig war für seine Entwicklung, würde ihn von der Arbeit abhalten. Der ganze Rummel kam ihm schon etwas lächerlich vor; er war sich sicher, schrieb er an Skram, er verdiene die Ehre nicht, zu den Winkel-Horns eingeladen zu sein, und mit einer Anspielung auf die gegenwärtige Hysterie über Fridtjof Nansens Leistung fügte er noch hinzu, daß man es viel besser verstehen könne, wenn er wenigstens jemand wäre, der gerade erst über das Inlandeis gegangen ist.[3]
Das neue Leben kostete Geld, und trotz der Tatsache, daß er mit einem Mal etablierte Schriftsteller wie die Skrams als Gleichgestellte behandelte, lebte er materiell immer noch das Leben der Hauptfigur von *Hunger*, in einer Dachkam-

mer »neun Ellen vom Mond«. Der Verleger Philipsen hatte Hamsun auf Anraten von Edward Brandes 100 Kronen Vorschuß auf die vollständige Version von *Hunger* gezahlt. Das meiste davon war jedoch für einen kurzen Herbsturlaub in Schweden draufgegangen, und im Dezember war er wieder völlig abgebrannt. Er setzte sich hin und schrieb einen langen Brief an Johan Sørensen, dessen Ambition es war, zur Bildung der Massen billige Ausgaben bedeutender Bücher herauszubringen. Er stellte sich ihm vor als Verfasser von *Hunger* und bat ihn um praktische Hilfe. Sørensen antwortete innerhalb einer Woche und legte 200 Kronen bei. Wiederum war Hamsuns Glaube an den Patriarchen belohnt worden. In drei weiteren Briefen, alle noch im Dezember geschrieben, dankte er seinem Gönner und schilderte, wie in den Briefen an Zahl etwa zehn Jahre zuvor, anschaulich und überzeugend seinen Glauben an sich selbst und seine Hoffnungen auf die Zukunft. In diesen Briefen hob Hamsun seine Entschlossenheit hervor, sich selbst treu zu bleiben:

> Ich glaube aber nicht, daß Philipsen hinsichtlich der Geistesart meiner zukünftigen Produktion im Ernst versuchen wird, einen Druck auf mich auszuüben – womit ich mich auch keinesfalls abfinden würde. Hindert er mich, zu schreiben, wie ich glaube schreiben zu müssen, so löst er mich ja *moralisch* selber von sich los – nicht wahr?[4]

Philipsen hatte Hamsun in der Tat den wohlmeinenden Rat gegeben, in seiner Arbeit »die Menge« nicht ganz zu übersehen, und ihm erklärt, daß sie es ja schließlich sei, die die Käufer der Bücher darstellte, ohne deren Interesse ein Schriftsteller nicht leben könne. Hamsun jedoch widerstrebte es, für »die Menge« zu schreiben. Er war besessen von dem Bestreben, die psychologische Form von Literatur weiterzuführen, die er mit *Hunger* begonnen hatte. Es war die innere Welt, die ihn faszinierte, die Tiefen und die Finsternisse, die hellen Orte, die Städte und Berge, die fernen Welten und kleinen Blumen in seiner Vorstellung.
Doch im Dezember 1888 lagen vor dem fertigen Roman

noch achtzehn Monate und eine ganze Menge belangloser Zeitungsartikel. Immer wieder bricht sich jedoch eine Stimmung des Buches plötzlich Bahn und ergießt sich in persönlichen Briefen, was beweist, mit welcher Beständigkeit er sich damit beschäftigte. Ein Detail aus einem Brief an Sørensen floß direkt in das Buch ein: die Beobachtung, »in den letzten sechs Wochen habe ich ein Tuch um meine linke Hand binden müssen, während ich schrieb, weil ich meinen eigenen Atem darauf nicht ertragen konnte«. Er schildert auch, wie er Streichhölzer nur unter dem Tisch habe anzünden können, weil er es nicht ertragen konnte, die Flamme zu sehen. Er spürte selbst, daß das reine Nervosität war, absurd und lächerlich; dennoch war diese Reizempfindlichkeit real und ein äußerst wichtiger Teil der wimmelnden Masse von Kleinigkeiten, die das Mosaik der Wirklichkeit ergaben, die darzustellen er fest entschlossen war.

Eine zweite größere Summe, im Dezember von Sørensen kühn erbeten, setzte Hamsun in die Lage, den symbolischen Schritt zu tun, weg aus den Slums in der St. Hans Gate zu der neuen Adresse Nordvestvej 25, und sich anständig zu kleiden. Besonders war er froh darüber, sich ordentliche Kleidung zu kaufen: Studenten der Universität Kopenhagen hatten die neue Sensation eingeladen, einen Vortrag zu halten. »Da sind ja nur intelligente Menschen dabei«, schrieb er an Sørensen, mit einem rührenden Glauben an die Intelligenz von Studenten, »und ich bin froh, daß ich mich nicht wegen des Anzugs zu schämen brauche.«

Er hielt zwei Vorträge, den ersten am 15. Dezember und den zweiten am 12. Januar 1889. Ursprünglich war er eingeladen worden, um über den amerikanischen Philosophen Henry George zu sprechen, sah jedoch die Chance, diese Gelegenheit zu seinem Vorteil auszunutzen, und schlug statt dessen vor, seine Ansichten über Amerika darzulegen, basierend auf seinen persönlichen Erfahrungen dort. Diese standen jedoch in schärfstem Kontrast zu den optimistischen Meinungen über Amerika, wie sie sonst der skandinavischen Öffentlichkeit präsentiert wurden, sowohl von einem Schriftsteller wie Ibsen (in *Die Stützen der Gesellschaft*), als auch von Bjørnson, der zu Vortragsreisen drüben gewesen war und seine positiven Eindrücke von der Neuen Welt ausführlich in der Presse dargelegt hatte. Ibsen war selbst nie in Amerika gewesen, es war für ihn nur ein Symbol der Neuheit und Frische; und Bjørnsons Amerika war ein Ort öffentlicher Empfänge, Blumensträuße und Blaskapellen auf Bahnhöfen kleiner Städte, für die seine Ankunft ein bedeutendes Ereignis darstellte. Hamsuns Amerikaerlebnis jedoch war das eines arbeitenden Menschen, das Land ein rauher Ort, wo Anonymität, Unsicherheit, Entwurzelung und Armut das allgemeine Schicksal darstellten. Es war das Land der Enttäuschung und Desillusionierung, das seinen Bruder Peter verschlungen hatte, und er betrachtete diese Gesellschaft der Zukunft sehr zynisch. In hohem Maße spürte er auch die arrogante Mißachtung der Alten Welt für die kulturellen Ambitionen der Neuen, eine antidemokratische Haltung, die sehr gut ankam in einem Kopenhagen, das immer noch widerhallte von Georg Brandes' folgenschweren Vorträgen über Nietzsche im Mai. Die Reaktion auf Hamsuns ersten Vortrag war gewaltig. Der Verleger Philipsen erkannte sofort, daß er einen Polemiker von Rang an der Hand hatte, und beauftragte Hamsun, ohne den zweiten Vortrag abzuwarten, ein Buch über Amerika zu schreiben.

Mit halsbrecherischem Tempo arbeitete Hamsun den ganzen Winter an dem Auftrag und schob dafür die Arbeit an *Hunger* für eine Weile auf. Zwei ganze Teile hatte er noch zu schreiben, da ging der Anfang schon in Satz. Schließlich wurde er aber doch noch fertig, so daß der 3. März 1889 als Erscheinungstermin gehalten werden konnte. Das Tempo, in dem er dieses Buch schreibt, verdeutlicht drei Dinge: erstens, daß es auf Material und Positionen basierte, die ihm von seinen beiden Vorträgen in Kopenhagen und seinem Abschiedsvortrag in Minneapolis im März 1888 her vertraut waren; zweitens, daß er das meiste davon schreiben mußte oder zu schreiben vorzog, ohne die Nachschlagewerke zu bemühen; und drittens, daß er es eigentlich gar nicht so recht schreiben wollte. Über Amerika zu schreiben und den

Kulturhistoriker zu spielen, langweilte ihn und hielt ihn von seiner eigentlichen Arbeit ab. Doch nachdem er sich einmal vertraglich verpflichtet hatte, das Buch für Geld zu schreiben, sah er zu, daß er es so schnell wie möglich vom Tisch bekam. Er gab ihm den Titel *Vom Geistesleben des modernen Amerika* und stellte ihm ein Motto voran – »Wahrhaftigkeit ist weder Zweiseitigkeit noch Objektivität; Wahrhaftigkeit ist gerade uneigennützige Subjektivität« –, das gleichzeitig sowohl Rechtfertigung als auch Entschuldigung für das ist, was dann kommt. Denn genausogut, wie es ein Buch über Amerika ist, ist es auch ein unterhaltsames Buch über Hamsun, in dem es von unvernünftigen Vorurteilen wimmelt, urkomischen und weniger lustigen. Amerika gefällt ihm nicht. Weder seine Politik noch seine Sprache, seine Frauen, seine sensationshungrige Presse, sein krasser Materialismus, sein Analphabetentum, seine Literatur, seine Malerei, nicht einmal sein Theater.
Wie man sich von den Umständen seines Entstehens her vorstellen kann, enthält *Vom Geistesleben des modernen Amerika* manches herrliche Beispiel von Geschwafel wie zum Beispiel über den berühmten Schauspieler Edwin Booth: »Man kann ihn berauscht in den schwersten Rollen sehen, aber er spielt ausgezeichnet, solange er sich nicht gehenläßt.« Es enthält auch verblüffende Beobachtungen. Über amerikanische Malerei schreibt er: »Dort, wo die amerikanische Literatur durch Streicheln spricht, spricht die amerikanische Malerei durch Kostüme.« Scharfsinnig sieht er einige der Absurditäten und Mißverhältnisse in der amerikanischen Version von persönlicher Freiheit; einem Einwanderer wird beim Zoll sein Messer zum Schneiden von Tabak weggenommen, merkt er an, aber seine beiden Revolver darf er gern behalten, wenn er möchte, »weil der Revolver das nationale Mordwerkzeug ist«. Er verachtet, was er als »despotische« Freiheit in der Demokratie ansieht, ihre Tendenz, auf ein immer tieferes Niveau zu sinken, wo der Pöbel regiert. Zu einer Angelegenheit zurückkehrend, in der er sich persönlich engagiert hatte, diskutiert er den anarchistischen Bombenanschlag von 1886 auf den Heumarkt von

Chicago. Er verachtet das undifferenzierte Geschrei des Mobs nach Rache, wenn »nicht einer von hundert, nicht einer von tausend« wußte, was Anarchismus überhaupt war. Die anschließenden Prozesse würden nur allzu deutlich zeigen, wovor sich der Amerikaner am meisten fürchtet – vor den »Verbrechen, die nicht jeden Tag vorkommen, die der Haufe zu begreifen außerstande ist, die *idealen* Verbrechen«. Doch, so fragt er sich, was kann man von einem Land schon anderes erwarten, in dem das Geld den höchsten Moralbegriff verkörpert, wo die Bedeutung eines Kunstwerks auf seinen Geldwert reduziert wird, wo die Frau bestimmt, was gespielt wird, und wo sie weiter nichts zu erledigen hat, als »am Vormittag ihre Nerven zu pflegen, bis vierzehn Uhr Kunstwerke zu malen, bis achtzehn Uhr *Onkel Toms Hütte* zu lesen und bis zwanzig Uhr spazierenzugehen«? Es gibt praktisch nichts an diesem Land, was ihm gefallen kann, und wenn es etwas gegeben hätte, dann hätte er es auslassen müssen, denn der Zweck des Buches besteht ja eindeutig darin zu provozieren. Als Hamsun über die amerikanische Literatur schreibt, vermeidet er es, sich zu einem bestimmten Schriftsteller ausführlicher zu äußern, den er bewunderte und von dem er viel gelernt hatte – Mark Twain –, und konzentriert sich statt dessen auf eine langatmige Attacke auf Walt Whitman (»Eher ein reicher Mensch als ein talentierter Dichter. Er kann nicht schreiben. Aber fühlen kann er.«) und eine Abhandlung über Ralph Waldo Emerson, die im wesentlichen eine Kritik von Emersons unitarischer Philosophie darstellt.*
Als er sich mit der bunt zusammengewürfelten amerikanischen Gesellschaft auseinandersetzt, schreibt er: »Man wurde zum Zusammenleben mit diesen Schwarzen gezwungen. Die Unmenschlichkeit hatte diese in Afrika geraubt, wo sie zu Haus waren.« Eine Äußerung, die selbst Marcus Garvey gefallen hätte. Er nennt auch den Krieg gegen die Sklaverei in Wirklichkeit einen Krieg gegen die Aristokratie und lenkt die Aufmerksamkeit auf die Heuchelei von Kapitalisten in

* Von 1829 bis 1832 war Emerson in Boston Unitarierpriester gewesen.

den Nordstaaten, die riesige Ländereien im Süden unterhielten – was für eine Moral war das für einen Demokraten? Doch von solchen diskussionswürdigen Sachverhalten wendet er sich plötzlich wieder ab und kommt zu dem Schluß: »Statt eine geistige Elite heranzubilden, hat man in Amerika ein Mulattengestüt gegründet.«

Das Buch enthält gewisse Passagen, insbesondere den ganzen letzten Abschnitt, mit dem Titel *Schwarzer Himmel,* in denen das Geschriebene Höhen von visionärer Intensität und die Art halluzinogenen Surrealismus erreicht, die einen an Céline und Henry Miller denken läßt; doch im großen und ganzen sinkt es zu oft auf bloße Grobheiten eines Jugendlichen ab, mit, wie er hofft, schockierenden Spötteleien über »schwarze Halbaffen«, um jeden Grad wohlwollender Aufmerksamkeit eines modernen Lesers zu erhalten.

Mit der Bemerkung, es sei »kindisch«, rückte Hamsun in späteren Jahren von dem Buch ab.[5] Er nahm es auch nicht in seine *Gesammelten Werke* auf, und solange er lebte, hat er es nie wieder auflegen lassen.* Er wußte nur zu genau, daß er in ihm immer noch bewußt die Rolle des *enfant terrible* spielte, des gewitzten Bengels, der durch die Kleider des Kaisers hindurchsah, des klugen Kindes, das, ebenso wie Betrunkene, stets die Wahrheit sagt. Und das war eine Rolle, deren er mit der Zeit müde wurde.

Dennoch nutzte er jede Gelegenheit, für das Buch zu werben, er verschickte so manches Exemplar davon an Kritiker im In- und Ausland und bat sie, es zu besprechen. Er wünschte sich, daß es einen ebensolchen Skandal auslösen würde wie den, der sich 1885 so förderlich auf Christian Krohgs Roman *Albertine* ausgewirkt hatte. In Briefen an Freunde schwelgte er in der Illusion, Bjørnson würde das Signal zum Großangriff auf ihn geben, indem er das Buch verriß, und Georg Brandes und Arne Garborg würden zu seiner Verteidigung einspringen, und dann entstünde eine rie-

---

* Obgleich er 1899 anbot, es für Gyldendal gründlich zu überarbeiten, und sagte: »*Vom Geistesleben des modernen Amerika* ist ein lebendiges Buch, das gelesen werden kann wie ein Roman.«

sige Debatte.[6] Doch Bjørnson schwieg, und auch Garborg gab nichts von sich.
Brandes, der Hamsuns zweiten Vortrag im Januar gehört und das Buch in der Korrekturfahne gesehen und überschwenglich gelobt hatte, besprach es am 9. Mai im *Verdens Gang.* Sein ursprünglicher Enthusiasmus hatte sich gelegt, und nun sprach er mehr vom potentiellen Talent des Autors als vom aktuellen. Hamsun hoffte auf eine zweite Auflage des Buches und darauf, daß es ins Deutsche übersetzt würde, doch seine wirkliche Meinung darüber blieb stets, daß es unter seiner Würde war. Er betrachtete es nicht als »echtes« literarisches Werk und beklagte sich gegenüber Philipsen, daß er ständig die Inspiration zügeln mußte, wenn er sie in sich aufkommen spürte. Im Grunde genommen war er so gut wie fertig mit seiner Auftragsarbeit über Amerika, und nach zwei weiteren Artikeln 1890 und 1891 ließ er dieses Thema für die nächsten zwanzig Jahre fallen. Was ihm an dem Buch natürlich am meisten behagte, war das Geld. Er bekam 960 Kronen, die für ihn bis dahin weitaus größte Summe auf einmal und, wie er stolz Victor Nilsson schrieb, derselbe Vorschuß, wie ihn sowohl Ibsen als auch Bjørnson erhielten.
Einer der Bewunderer des Buches – es hatte tatsächlich welche und nicht nur für kurze Zeit – war August Strindberg. Hamsun war zu dieser Zeit geradezu besessen von Strindberg. Seine Briefe an den Schweden Nilsson in Amerika sind voller Klatsch über ihn, verwunderten Geschichten über seine unbeständige Persönlichkeit, seine ständige Furcht, verrückt zu werden, seine außerordentliche Produktivität (»daß er selbst Balzac zu einem Zwerg macht«). Er hatte Strindberg bereits einen Artikel über ihn geschickt, den er noch in Amerika geschrieben hatte und der am 20. Dezember 1888 in Englisch in der Zeitschrift *America* erschienen war, aber in einer so scheußlich zurechtgestutzten Form, daß er schon fast mit einem bösen Brief von Strindberg rechnete. Als Strindberg dann auf *Vom Geistesleben des modernen Amerika* stieß, war er beeindruckt. Er war genau so einer wie Hamsun, ein Mann, gewillt, zu allem unter der Son-

ne – und in seinem Falle, zu den meisten Dingen darüber hinaus – seine Meinung zu äußern; ihn begeisterte die leidenschaftliche Subjektivität des Buches. Im April 1890 schrieb er an Brandes, »all die Anschauungen, für die ich mich die letzten fünf Jahre halb zu Tode gelitten habe« stünden »frank und frei« in Hamsuns Buch.[7]
Hamsun war sich der Tatsache und der Art seiner wachsenden Berühmtheit bereits sehr bewußt. Er wünschte sich, den Schriftstellern, die er bewunderte, zu begegnen, und hatte an Arne Garborg geschrieben und ihn gebeten, ihn mit Strindbergs Freund und Verbündetem in Sachen Nietzsche, Ola Hansson, zusammenzubringen. Er brannte auch darauf, Strindberg persönlich zu begegnen – aber jetzt noch nicht. An Victor Nilsson schrieb er im Januar 1889:

> Obwohl ich mich darauf freue, Strindberg einmal zu begegnen, lehnte ich eine Einladung zu einer Abendgesellschaft ab, zu der er auch kommen sollte – auf meine Weise bin ich nun eben ein bißchen stolz.[8]

Hamsun erkannte, daß *Hunger* der Schlüssel zu seiner ganzen Zukunft sein würde. Er wünschte sich Ruhm und Achtung solcher Leute wie Strindberg und Ola Hansson, aber nur den verdienten Ruhm, die gerechtfertigte Achtung, die ein außergewöhnlicher Roman mit sich bringen würde. Sein Wunsch, berühmt zu sein, war, obschon er geradezu an Besessenheit grenzte, doch kein Verlangen nach Ruhm um jeden Preis, und er ließ sich von der heftigen Bewunderung, die in Kopenhagen und Kristiania auf seinen Artikeln in Zeitungen und Zeitschriften und dem hastig zu Papier gebrachten Naserümpfen über die amerikanische Zivilisation beruhte, nicht dazu verleiten zu glauben, daß er jetzt Strindbergs Aufmerksamkeit wert sei.*
Im Frühjahr 1889 kehrte Hamsun nach Norwegen zurück. Johan Sørensen hatte ihm ein Zimmer in seinem Haus in

* Als ihre Begegnung dann schließlich stattfand, etwa fünf Jahre später in Paris, war sie von Unstimmigkeiten beherrscht. Strindberg befand sich auf der Höhe seiner Infernokrise, und Hamsun tat sein Bestes, ihm zu helfen.

Fagerstrand eingerichtet, wo er ungestört schreiben konnte, und seinen Gehilfen Olaf Huseby geschickt, um Hamsun am Karfreitag auf dem Bahnhof Kristiania vom Kopenhagener Zug abzuholen. Sørensen nahm seine Pflichten als Gönner sehr ernst, und als Hamsun eintraf, konnte er ihm mitteilen, daß er eine Hausparty arrangiert und dazu den Historiker Ernst Sars und die Zeitungsleute Lars Holst und Ola Thommessen eingeladen hatte, drei der einflußreichsten Namen im damaligen kulturellen Leben Norwegens. Einige Zeit unterhielten sich Hamsun und Sørensen allein, und plötzlich befanden sie sich mitten in einer heftigen Auseinandersetzung: Hamsun hatte es gewagt, über Sørensens Hausgötter, Bjørnson und einen Sprachreformer namens Knud Knudsen, seine Meinung zu äußern. Hamsun verehrte und bewunderte Bjørnson, machte sich aber nie der Vergötterung schuldig, die so viele seiner Landsleute ihm entgegenbrachten; es war typisch für Hamsuns Courage und sein beinahe fanatisches Bestehen auf Unabhängigkeit, daß er, statt den Rückzug anzutreten, als er sah, daß er seinem Wohltäter auf die Füße gestiegen war, nur noch fester drauftrat. Sørensen war nicht daran gewöhnt, daß man ihm widersprach, und die beiden debattierten noch lange in die Nacht hinein, und schließlich verließ Hamsun das Haus lieber, als dort zu übernachten. Am nächsten Tag kam er zurück, um seinen Koffer zu holen. Das war das Ende der Verbindung mit Sørensen.[9]

Am 4. Juni bezog er eine Wohnung im vierten Stock in der Torvgate Nummer 18, gerade um die Ecke vom Grand in der Karl Johan Gate, dem Bernina der norwegischen Hauptstadt, wo sich berühmte Künstler und solche, die es gern gewesen wären, trafen, um zu zechen und sich zu unterhalten. *Hunger* hatte er immer noch nicht fertig. Die Verlockung zum Meinungsstreit erwies sich als zu groß für ihn, und so produzierte er in den folgenden Monaten eine Reihe von Zeitungsartikeln, die meisten davon zu nichtliterarischen Themen, die die unbestreitbar nützliche Funktion erfüllten, seinen Namen besser bekannt zu machen und ihn mit einem kleinen unabhängigen Einkommen zu versorgen.

Der erste dieser Artikel war für das *Dagbladet*, und zwar über Fridtjof Nansen, dessen Durchquerung Grönlands von Ost nach West ihn zum Nationalhelden Norwegens gemacht hatte. Nansens Popularität drang nie durch bis zur Schickeria von Kristiania; für sie bewies seine Angewohnheit, ostentativ in seinem »berühmten Expeditionsanzug« durch die Straßen der Hauptstadt zu gehen, einfach schlechten Geschmack. Hamsun begegnete der, wie er sich ausdrückte, »Hysterie« um Nansen ebenfalls mit äußerster Mißbilligung. Für ihn waren die Schriftsteller die Aristokraten der Gesellschaft, die naturgegebenen Empfänger ihrer höchsten Formen von Bewunderung, gesellschaftlicher Stellung und Aufmerksamkeit. Nicht daß er ihm seinen Ruhm mißgönnte, er fand ihn nur unverständlich und ein wenig lächerlich. Auch von dem Ruhm von Sportlern hielt er nichts. Er nannte die ganze Sache »Humbug«, ein Wort, das die nächsten Jahre wie ein Bumerang in seinem Kopf herumschwirrte.
Sein nächstes Angriffsziel war Ibsen. Im August 1889 besprach Hamsun August Lindbergs Inszenierung der *Gespenster* im Nationaltheater von Kristiania für das *Dagbladet*. Der Artikel erschien auf der ersten Seite – wie in dem Jahr seines Durchbruchs in Norwegen überhaupt alles, was er schrieb, auf der ersten Seite erschien. Hier brachte er zum erstenmal – zumindest öffentlich – seine ästhetischen und künstlerischen Zweifel an Ibsen zum Ausdruck und führte sie dann auf seiner sensationellen Vortragsreise von 1891 noch weiter aus. Dieser erste Angriff auf einen Mann, der wie Bjørnson von seinen Landsleuten bereits für einen Halbgott gehalten wurde, hielt sich noch in Grenzen. Er lobte einiges an der Darstellung, schüttelte den Kopf über Frau Alvings unermüdliches Talent und stellte Ibsens Dialoge zum Teil in Frage:

> Im letzten Akt gibt es einige Repliken, die etwas über meinen Verstand gehen, die aber bei den Aufführungen in England und Deutschland sehr gut angekommen sein sollen; ich erwähne hier nur die von Oswald: »Mutter, gib

mir die Sonne!« Ich weiß nicht, wie alt ein Mann namens Oswald werden muß, bevor er die häßliche Unart ablegen kann, seine Mutter um solches Spielzeug wie die Sonne zu bitten. Aber er sollte doch wohl, lange bevor er das letzte Mal nach Paris fuhr, solchen Kindereien entwachsen gewesen sein. –
Dies ist nicht die Replik Oswalds, sondern Ibsens. Sie »kommt wieder« – natürlich – in einer anderen Form in *Die Frau vom Meer.*[10]

Hamsun war ironisch: Er verstand die Zeilen nur allzu gut. Er fand Ibsen simpel und plump und wunderte sich über seinen Ruf als schwieriger Autor. Er war der Ansicht, Ibsen hätte sein Talent verraten, indem er von den Versdramen seiner frühen Schaffensperiode, wie *Brand* und *Peer Gynt*, zu dem zähen prosaischen Realismus von Stücken wie *Gespenster* übergegangen war. Ähnliche Gedanken äußert Ibsen selbst in seinem letzten Stück – *Wenn wir Toten erwachen.* *
Der nächste: Lars Oftedal. Oftedal war ein pietistischer Politiker, Redakteur und Moralprediger, einer der gefürchtetsten Männer in der norwegischen Politik. Mit ihm hatte Hamsun eine alte Rechnung zu begleichen: Er war derjenige gewesen, dessen Lehren damals, in den sechziger Jahren, die dunkle Phantasie seines Onkels Hans Olsen in Hamarøy beherrscht hatten. Jetzt, da sich Neuwahlen zum norwegischen Parlament abzeichneten, schrieb Hamsun für das *Dagbladet* eine Serie von Artikeln, mit denen er hoffte, Oftedals Chancen zunichte zu machen. »Wie ich den Oftedal herunterputzen werde!« schrieb er hämisch an Erik Frydenlund.

---

* Charakteristisch dafür, wie Hamsun seine Gegnerschaft zum Ausdruck brachte und dabei sogar noch zu literarischem Ansehen gelangte, war die Hervorhebung Bjørnsons auf Kosten Ibsens. »Wie erfrischend, wieder einmal Bjørnson zu lesen«, schrieb er 1890. »Wir sind genug mit der äußerst rätselhaften Dichterei gesegnet, die mit der *Wildente* begann und unlängst im höheren Wahnsinn kulminierte, der *Frau vom Meer* heißt.«[11]

Die elf Artikel[12] erschienen alle im Oktober 1889, und sie gaben Hamsun eine Kostprobe von etwas, das er in dem folgenden Jahrzehnt selten haben sollte – weitverbreitete Popularität. Er erwartete voll und ganz, erhoffte es vielleicht sogar, daß Oftedal ihn verklagte, denn sein Stil war wie immer sehr persönlich und unverhohlen subjektiv. Oftedal tat das jedoch nicht. Statt dessen fanden die Artikel Zustimmung, und Hamsuns Name wurde in Kreisen erwähnt, die sich sonst nicht um einen Schriftsteller geschert hätten. Das war auch eines der wenigen Male in seinem Leben, daß er öffentlich und unmißverständlich links gestanden hatte. Die beträchtliche Aufmerksamkeit, die die Artikel auf sich gezogen hatten, veranlaßte einen Kleinverlag in Bergen, Mons Litleré, sie in Buchform herauszugeben. Das geschah im Dezember. Hamsun erhielt noch einmal 250 Kronen dafür. Die Zahl der Veröffentlichungen vor der vollständigen Version von *Hunger* stieg damit auf fünf. *Lars Oftedal* blieb noch eine Zeitlang von Bedeutung in Skandinavien. Der dänische Schriftsteller Jeppe Aakjær berichtete,[13] es habe um 1890 wie ein Stein in die Fensterscheiben der Missionshäuser eingeschlagen, und als er 1897 sein eigenes antipietistisches Buch *Missionen og dens Høvding* schrieb, bediente er sich Hamsuns Schrift als Vorlage.*
Im September verbrachte Hamsun einen kurzen Urlaub in Valdres. Er warnte Erik, er würde ein paar ganz verrückte Geschenke mitbringen – Hüte, »wie du sie noch nie gesehen hast – für jeden von uns einen. Individuell entworfen, gemäß der einzigartigen Architektur unserer Köpfe, nach meinen ausdrücklichen Angaben.« Ihm muß es dort sehr gefallen haben – er brachte es fertig, eine Erzählung über »ein äußerst ungewöhnliches Pferd« zu verlieren, die er in der Kutsche nach Valdres geschrieben hatte.[14] Sie tauchte noch

---

* Oftedal stürzte 1891 tatsächlich, aber nicht aufgrund von Hamsuns Buch. Er war in einen Skandal verwickelt, an dem auch einige junge Frauen beteiligt waren, und das ruinierte ihm seinen Ruf als Mann der Kirche. Doch trotz allem gab es auch Gemeinden, die sich einfach weigerten, die Geschichten zu glauben, und weiter zu ihm hielten, und so konnte er seine Karriere als Politiker fortsetzen.

rechtzeitig wieder auf, um in der Heiligabendausgabe des *Dagbladet* zu erscheinen, eine herrlich komische Skizze über ein Pferd, das einen Menschen zum Narren hält.

Wieder in der Hauptstadt, zog er im November erneut um, diesmal in eine Wohnung im vierten Stock in der Waldemar Thranes Gate 3. Die Wohnung kostete ihn 40 Kronen pro Monat und war ein ganzes Stück vom Stadtzentrum und den Zerstreuungen im Grand Café entfernt; er war jetzt fest entschlossen, *Hunger* abzuschließen. Bjørnson hatte ihm angeboten, ein Jahr lang bei freier Kost und Logis in seinem Haus in Aulestad zu wohnen, doch das lehnte er ab, wohl wissend, daß er mit einem menschlichen Wirbelwind wie Bjørnson um sich herum wohl nie zum Schreiben käme. Wiederholt wurde ihm auch der Posten des Direktors vom Bergener Nationaltheater angeboten, der nach dem Nationaltheater von Kristiania bedeutendsten Bühne in Norwegen. Diesen Posten hatten auch schon Ibsen und Bjørnson innegehabt, und die Verlockung muß groß gewesen sein. Noch dazu bei einem Gehalt von 4000 Kronen im Jahr, einer enormen Summe. Dennoch hat er, ohne lange zu überlegen, das Angebot ausgeschlagen. Seinen Freunden gegenüber erklärte er, er verstünde sich nicht genügend auf das Theater, um diesen Posten annehmen zu können. Ein weiterer Grund mag gewesen sein, daß er Angst hatte, *Hunger* wiederum verschieben zu müssen.

Den ganzen Winter hindurch arbeitete Hamsun angestrengt und fügte die Skizzen und Notizen zu seinem Roman, die er seit dem Herbst 1888 geschrieben hatte, zusammen. Angesichts der absehbaren Fertigstellung des Buches zog er im Frühjahr 1890 wieder nach Kopenhagen und schrieb, wie das schon bei *Vom Geistesleben des modernen Amerika* der Fall gewesen war, noch die letzten Abschnitte, während die ersten schon gesetzt wurden. Vollständig erschien *Hunger* schließlich am 5. Juni 1890.

Hunger ist einer der bedeutendsten Romane der Entfremdung des Menschen von der Stadt, vergleichbar mit Kafkas *Schloß*, Dostojewskis *Aufzeichnungen aus dem Unter-*

grund und Rilkes *Aufzeichnungen des Malte Laurids Brigge;* und was ihm noch besonderes Gewicht verleiht, ist die Tatsache, daß er in vielerlei Hinsicht Hamsuns eigene Geschichte wiedergibt. Er schrieb ihn, gestützt auf seine Erlebnisse und Erfahrungen aus seinen zwei schlimmsten Zeitabschnitten in Kristiania während der Winter 1880/81 und 1885/86 und vermutlich auch auf die aus dem Winter 1886/87 in Chicago. Die vielen kleinen Übereinstimmungen zwischen Wirklichkeit und Dichtung – der Besuch des Erzählers im Schloß zum Beispiel oder seine Adresse: Tomtegate 11 – wie auch die autobiographischen Einzelheiten, die in den Briefen an Erik Frydenlund und Johan Sørensen auftauchen, lassen darauf schließen, daß das Buch ein literarisches Selbstporträt Hamsuns ist. Aus Amerika schrieb Victor Nilsson und fragte ihn, ob die in *Hunger* dargestellten Ereignisse ihm tatsächlich widerfahren seien. »Ja, alle und noch viel mehr, genau hier zu Hause«, erwiderte Hamsun.

Der Roman schildert den Zeitraum von einigen Monaten im Leben eines jungen Fremden, der in Kristiania lebt und versucht, sich als Schriftsteller einen Namen zu machen. Die absurd ambitiöse Natur der Themen, über die er schreibt – Würdigungen Corregios, Verdammungen Kants, ein ins Mittelalter versetztes Versdrama –, hat zur Folge, daß er bei den Zeitungsredakteuren, denen er seine Sachen zu verkaufen versucht, selten Erfolg hat. Den größten Teil seiner Zeit verbringt er mit dem Bemühen, Leib und Seele zusammenzuhalten. Ständig hungrig und oft ohne Obdach, treibt er sich auf den Straßen von Kristiania herum, ein ausgezehrtes menschliches Bewußtsein in Lumpen, das Arbeit sucht, um etwas zu essen bettelt und absurde Begegnungen mit Polizisten, Landstreichern und Prostituierten hat, seltsamen Geschöpfen, die jedoch nicht halb so seltsam sind wie er. Wie der Held in *Auf Tournee* ist er rührend und unsinnigerweise darauf erpicht, vor seiner Umgebung, die er stets als feindselig ansieht, das verheerende Ausmaß der Kluft zwischen den Ansprüchen und den Wirklichkeiten seines Lebens zu verbergen. Das ist ein grausiges Thema, doch der große Triumph des Romans besteht darin, daß es in Hamsuns sorgsamen Händen ganz und gar nicht trostlos erscheint. Während die schrecklichen Qualen des Helden andauern, beginnen wir allmählich, etwas zu vermuten, was Hamsun zweifellos beabsichtigte: daß das, was zunächst wie eine hartnäckige *Unfähigkeit* aussieht, etwas gegen sein Elend zu unternehmen, in Wirklichkeit ein beharrliches *Weigern* ist zu handeln. In Wirklichkeit wünscht er sich gar keine Erlösung und genießt auf irgendwie perverse Weise sogar sein Dilemma, indem er die mit Obdachlosigkeit, Hunger und Unsicherheit und den damit verbundenen Formen sozialer, kultureller, sexueller und wirtschaftlicher Isolation verknüpften Empfindungen voll auskostet. Wir können uns des seltsamen Gefühls nicht erwehren, die ganze Geschichte sei gewollt; ein Spiel, das der Held spielt, um zu sehen, wie weit er gehen kann, wie weit er es gehen lassen kann, wie tief er sinken kann und wie lange er zu leiden vermag. Es ist ein ausgedehntes Spiel mit dem Tod und dem Wahnsinn, dem sich der Erzähler nur hingeben kann, weil er weiß, daß er die Kraft besitzt, das Spiel abzubrechen, ehe es ihn beherrscht. Der Roman besitzt keine Handlung – die Handlung ist ersetzt durch diese Spannung, die durch den Kampf zwischen dem starken Willen des Erzählers und den verlockenden Kräften völliger persönlicher Vernichtung erzeugt wird. Nur wenige Dinge sind besser geeignet, das Wesen eines Menschen aufzudecken und wiederzugeben als das dauerhafte Bedürfnis der primitivsten Art – das Bedürfnis nach Liebe, Geld, Wärme, Nahrung, nach einem Platz für sich allein –, und der ständig erzielte heimliche Sieg des Erzählers besteht darin, daß er auch während der schlimmsten Entbehrungen und Erniedrigungen, die ihm widerfahren, doch immer er selbst bleibt. Wenn er sich auf den letzten Seiten auf ein Schiff nach England begibt und mit ihm sowohl aus dem Roman als auch aus der Stadt davonfährt, mit der er so verzweifelt gerungen hat, dann ist das ganz eindeutig kein Aufgeben, sondern nur ein zeitweiliges Sichzurückziehen.

Hamsun war stolz auf das Buch. Fünfzehn Jahre später bezeichnete er es mit ironischer Begeisterung als »Mein erstes Buch, geschrieben in den Tagen, da mir der Beruf des Schriftstellers als der ehrenwerteste der Welt erschien«.[15] Doch selbst schon beim Erscheinen des Buches war er sich dessen bewußt, daß es Fehler enthielt, »oder eher Mängel« – acht Stück, wie er mehr als einmal angibt,[16] wobei man sich des eigentümlichen Eindrucks nicht erwehren kann, er habe nach einer Art Liste seelische Zustände geschildert. Denselben Eindruck erhalten wir aus einem Brief an Georg Brandes, der wiederum verdeutlicht, wie sehr Hamsuns Verhältnis zur Literatur vom Konkurrenzdenken geprägt war. »Wenn man nachzählte, würde man z. B. in *Raskolnikow** wahrscheinlich kaum mehr Stellen seelischer Bewegung finden als in meinem Buch. In *Germinie Lacerteux* auch nicht.«[17] Mehrfach wies er energisch darauf hin, *Hunger* sei »kein Roman« und sollte auch nicht als solcher angesehen werden. »Das Buch schlägt nur eine Saite an«, betonte er, »versucht aber, ihr Hunderte von Tönen zu entlocken. Das ist wohl abwechselnd gelungen und mißlungen. Natürlich!«[18]

Die Berühmtheit des Buches und seine Stellung als einer der zentralen Texte der modernen europäischen und amerikanischen Literatur ist Bestätigung dafür, daß Hamsun mit ihm in der Tat durchweg enormen Erfolg erzielt hatte. Abgesehen von solchen Äußerlichkeiten wie dem Vorhandensein von Pferdekutschen auf den Straßen, bleibt *Hunger* auf unheimliche und packende Weise zeitlos. Hamsun ging es immerhin um die Tätigkeit seines Geistes, und mit *Hunger* hatte er vielleicht den ersten Roman geschrieben, in dem der Bewußtseinszustand selbst der Held ist. Und damit kündigte er die Hinwendung zur Introspektion an, die in unserem Jahrhundert, über Kafka, Joyce und Virginia Woolf, ihren Höhepunkt mit dem Werk Samuel Becketts erreicht hat.**

Diese Leistung war im wesentlichen das Ergebnis seines

* Unter diesem Titel ist der Roman *Schuld und Sühne* in Norwegen bekannt.

** Becketts Erzählung *Das Ende* enthält verblüffende Parallelen zu *Hunger*.

Talents und Genies; doch ein Blick auf den literarischen Hintergrund, vor dem Hamsun seinen Roman schrieb, läßt erkennen, daß er unverkennbar auch ein Kind seiner Zeit war. Die Sensation, die *Hunger* mit seinem Erscheinen verursachte – und seine enthusiastisch-kritische Aufnahme, mehr jedoch von den Schriftstellern als von den Kritikern –, spiegelt eine literarische Welt in einem Prozeß dramatischer Veränderung wider, die alle kulturellen Hauptstädte Europas erfaßte, und Georg Brandes war die zentrale Gestalt dieses Prozesses der Veränderung und Entwicklung. Brandes, Däne und zugleich Europäer, machte es sich zur Aufgabe, die bedeutendsten europäischen Denker in Skandinavien bekannt zu machen. In seinem Werk *Hovedstrømninger i det nittende Aarhundredes europeiske Literatur* (Die Hauptströmungen der europäischen Literatur des 19. Jahrhunderts), veröffentlicht in den 1870er Jahren, hatte er über Taine, Renan und John Stuart Mill geschrieben und zu einer utilitaristischen Auseinandersetzung mit der Literatur und der Gesellschaft aufgerufen. Der Aufstieg Ibsens und Bjørnsons war eng verknüpft mit seinem Engagement für sie und ganz besonders mit dem Bekanntmachen ihres Namens und ihrer Werke im Norden Europas. Um 1880 begegnete Brandes Nietzsche. Die beiden nahmen einen Briefwechsel auf, und rasch war Brandes von Nietzsches Genie überzeugt. Die Vortragsreihe, die er im Mai 1888 in Kopenhagen über ihn hielt, markierte den »Durchbruch« Nietzsches als wesentlicher philosophischer und literarischer Einfluß auf die jüngeren Schriftsteller Europas. In gewissem Sinne trugen diese Vorträge dazu bei, für die Literatur eine Menge große und kleine Hinweise zu bündeln, die seit der Mitte des Jahrhunderts in literarischen Kreisen Europas verstreut existierten. Es war das Gefühl, daß irgendwo und irgendwie irgend etwas zerbrochen war. Darwin und Nietzsche hatten mit Gott und

---

Ein Stadtstreicher irrt ziellos in der Stadt umher, abwechselnd tröstet und quält ihn seine innere Stimme. Er hat denselben flüchtigen und etwas lächerlichen Kontakt zu den Leuten wie der Ich-Erzähler in *Hunger*, und die Erzählung endet damit, daß er sich genau wie Hamsuns gepeinigter Held auf ein Schiff begibt.

den alten Gewißheiten Schluß gemacht. Diese »Zerrissenheit« der Seele reflektiert auf seltsame Weise die Spaltung des Atoms durch die Physiker, und Strindberg war einer der ersten, der versuchte, diese neuen Erkenntnisse zu übernehmen, widerzuspiegeln und auszuleben. Sein Vorwort zur 1888 gedruckten Fassung seines Stücks *Fräulein Julie* klang wie der Leitgedanke dieser neuen Sicht. Darin schrieb er von »modernen Charakteren, die in einer Übergangszeit leben, die auf jeden Fall nachdrücklicher hysterisch ist als die Zeit davor«, und behauptete, als Reaktion darauf Charaktere in seinem Drama geschaffen zu haben, die »gespalten und unentschlossen« seien. Er beschrieb die menschliche Seele als etwas »Zusammengeflicktes«. Dieser Aufsatz übte einen besonders starken Einfluß auf Hamsun aus, dessen eigene theoretische Rechtfertigungen für seine Schriftstellerei oftmals Gesichtspunkte anführen, die den hier geäußerten ähnlich sind, vor allem in der Aversion gegen die Vorstellung von »Charakteren«, egal ob auf der Bühne oder im Roman, die in Wirklichkeit weiter nichts als Klischees sind, die Taines »dominantes Charakteristikum« an den Tag legen und in regelmäßigen Intervallen kurze Schlagworte beziehungsweise Ausrufe wiederholen, an denen die Zuschauer oder Leser sie leicht wiedererkennen können.

»Aristokratischer Radikalismus« war Brandes' Begriff für die neue Einstellung, ein Begriff, den Nietzsche selbst sich zu eigen machte. Damit fand Brandes sofort Anklang bei seinen Zuhörern, den jungen Dichtern und Schriftstellern, die von der schwülstigen Literatur des Naturalismus und Sozialutilitarismus genug hatten und eine Dekade selbstbewußt-individualistischer und trotzig »sinnloser« Dichtung einleiteten. Hamsun kam zu spät aus Amerika zurück, um Brandes' Vorträge vom Mai 1888 noch hören zu können, aber Nietzsche war sowohl im Bernina in Kopenhagen als auch im Grand in Kristiania ständig im Gespräch. Er hing sozusagen ständig »in der Luft«, wie Dostojewski auch, und Hamsun konnte gar nicht umhin, seine Gedanken aufzuschnappen. Angesichts seiner Sympathien für faschistische Regime in den 1930er Jahren und während des Zweiten

Weltkriegs ist es nur natürlich, sich zu fragen, in welchem Ausmaß er in seiner Jugend von Nietzsche beeinflußt worden und wie entscheidend dieser Einfluß gewesen war. Sicherlich muß ihn die Auffassung eines »aristokratischen Radikalismus« angesprochen haben; da ihm aufgrund seiner sozialen Herkunft die Befriedigung abging, ein »echter« Aristokrat zu sein, schienen seine außergewöhnliche Persönlichkeitsstruktur und nicht zuletzt seine Leistung, ein Meisterwerk wie *Hunger* geschrieben zu haben, eine gewisse Erklärung zu fordern. Die Probleme, denen sich Hamsun nur damit ausgesetzt sah, Hamsun zu sein, waren vermutlich ungewöhnlich: körperlich kräftig, mutig, gutaussehend, klug und sehr schnell im Denken – solche Eigenschaften zu besitzen kann einem Menschen schon zu schaffen machen. Wo man stets mühelos überlegen ist, läßt der Spaß bald nach; man verliert überhaupt das Interesse, sich zu messen, und sonnt sich statt dessen in dem sicheren Wissen um die eigene Überlegenheit. Diese Probleme mit der lässigen Überheblichkeit waren etwas, das Hamsun erfolgreich überwunden hatte. In dem Bestreben, seinen Charakter und seinen Erfolg zu verstehen, muß ihm darum der Gedanke des »geborenen« oder »natürlichen« Aristokraten, der Nietzsches Philosophie innewohnt, die Auffassung von einer »geistigen Aristokratie« also, eine ideale Erklärung geboten haben. Oder noch genauer, eine ideale intellektuelle Rechtfertigung für etwas, das er instinktiv schon die ganze Zeit gewußt hatte – daß er, hinsichtlich der Hetzjagd des Lebens, des ständigen Konkurrenzkampfes, als etwas »Besseres« als andere geboren worden war. Immerhin gab es nur wenige, die den Weg von einem lausigen kleinen Bauernhof in Hamarøy zum Hörsaal der Studentenvereinigung in Kopenhagen geschafft hatten, und das im wesentlichen ohne fremde Hilfe. Nietzsche war zwar von Bedeutung für ihn, aber er lernte von ihm kaum etwas, das er nicht schon wußte.

Als der Roman veröffentlicht war, machte sich Hamsun daran, ihn energisch zu verteidigen und für ihn zu werben. Die Rezensionen von Irgens Hansen in Bergen und Carl Ewald und Edvard Brandes in Kopenhagen gefielen ihm, und sein

Freund Erik Skram schrieb in der Bergener Zeitschrift *Samtiden* und der dänischen *Tilskueren* enthusiastische Kritiken. Doch die eine Einschätzung, an der ihm sehr viel gelegen hätte – die von Georg Brandes –, bekam er nicht. Er schickte Brandes ein Exemplar und drängte ihn vermutlich zu einer Antwort. – »Sie können gestern abend nicht genug von dem Buch gelesen haben und vor allem nicht im Zusammenhang«, entgegnete er, als Brandes das Buch als »monoton« bezeichnet hatte. Der lange Verteidigungsbrief, der auf diese Kritik abzielt, verrät uns viel darüber, was Hamsuns schriftstellerische Absicht war:

> Ich denke gerade darüber nach, was Sie über mein Buch sagten. Von *Ihnen* hatte ich nicht das Urteil erwartet, daß es monoton sei. Zum ersten spielt es nur in wenigen Monaten, und in einer so kurzen Zeitspanne geschieht wohl selten mehr, als ich beschrieben habe; zum andern habe ich absichtlich auf die übliche Dichterei mit Selbstmordreflexionen, auf Hochzeit, Landpartien und Bälle beim Großkaufmann verzichtet – das ist mir zu billig. Was mich interessiert, ist die unendliche Beweglichkeit in meinem bißchen Seele, und ich meine, daß ich in *Hunger* Stimmungen geschildert hätte, deren absolute Fremdartigkeit in keinem Fall durch Monotonie ermüden könnte ...
>
> Mein Buch darf nicht als Roman betrachtet werden. Es gibt genug Leute, die Romane schreiben, wenn sie Hunger darstellen wollen – von Zola bis Kielland tun es alle. Ist es also das Fehlen des Romanhaften, was mein Buch vielleicht monoton macht, so ist das eine Empfehlung, da ich mich ja entschlossen hatte, *keinen* Roman zu schreiben.[19]

In den Diskussionen über das Buch mit Literaten wie Brandes war Hamsun mit seiner Theorie deutlich vorsichtiger und schien – im Gegensatz zu seiner Haltung gegenüber Freunden wie Frydenlund und Nilsson – sehr darauf bedacht, das autobiographische Element herunterzuspielen. In Briefen an den schwedischen Kritiker Gustaf af Geijerstam distanzierte er sich entschieden von dem »Mann in dem Buch« und dem »Ich des Buches«. Die allgemeine Reaktion bestürzter Erregung, die *Hunger* unter dem Lesepublikum daheim in Norwegen hervorgerufen hatte, muß ihn in seinem Glauben bestärkt haben, daß er zumindest mit seiner Absicht, in der Literatur etwas völlig Neues und Ungewöhnliches hervorzubringen, Erfolg gehabt hat. Formal hatte er das durch die geschickte Vermischung von zwei Genres, der Autobiographie und dem Roman, erreicht. In weiteren Experimenten mit der neuen literarischen Form im Laufe der folgenden zehn Jahre sollte er herausfinden, daß das Publikum diese absichtliche Vermischung von Wahrheit und Fiktion albern fand, ziemlich verwirrend, bisweilen geradezu empörend, stets aber – zu seinem Glück – faszinierend.

Nach dem anstrengenden Endspurt zu *Hunger* war er nervös und abgearbeitet, und dadurch, daß mit der harten Arbeit auch eine Art Betäubungsmittel von ihm genommen war, fühlte er seine Einsamkeit um so mehr. Halb im Scherz bat er Erik Frydenlund, sich nach einer Frau für ihn umzusehen. Er klagte, er sei des Umherfahrens ohne einen einzigen Menschen, an den er sich halten könne, müde, ohne Heim oder festen Wohnsitz, von einem Hotel ins andere und von einem Land ins andere. Er wußte, daß er sich etwas Ruhe gönnen sollte, glaubte aber, er könne es sich nicht leisten. Für *Hunger* hatte er 2100 Kronen bekommen, aber er gab auch Geld aus »wie ein Schwein«. Als er sich seine Möglichkeiten für den Sommer durch den Kopf gehen läßt, taucht zum erstenmal der Gedanke an eine Reise in den Nahen Osten auf; er wollte eine Reise nach Konstantinopel unternehmen, eine zweimonatige Schiffsreise über Antwerpen, Tunis, Piräus, Saloniki und Odessa.[20] Dies ist der erste direkte Ausdruck eines mehr als flüchtigen Interesses am Orient – womit damals der Nahe Osten gemeint war –, eines Interesses, das vermutlich durch seine Lektüre von Konfuzius und gewisser buddhistischer Schriften genährt worden war, auf die er in Kristofer Jansons Bibliothek gestoßen war.

Hamsun schreibt über diese Reise, als hätte er sie im Kopf schon fest geplant und wäre nur durch gewisse Umstände gezwungen, sie um, wie er schreibt, »zumindest ein paar Monate« zu verschieben. In Wirklichkeit sollten noch einmal zehn Jahre vergehen, ehe er sie tatsächlich antrat. Er lebte damals in ständiger Bewegung, laufend änderte er seine Adresse, entwickelte und verwarf Pläne mit einer verblüffenden, launenhaften Schnelligkeit, in der wir wiederum den Charakter erkennen, der in *Hunger* porträtiert ist.
Er sah sich nach einem kleinen Ort um, in dem er sich für ein paar Monate unerkannt niederlassen und arbeiten konnte; eine Sammlung »kurioser Erzählungen« wollte er vervollständigen und noch rechtzeitig zum weihnachtlichen Buchgeschäft in Kristiania veröffentlichen. Im Juni bezog er ein Hotelzimmer in der kleinen Stadt Lillesand[21] an der norwegischen Südküste zwischen Kristiansand und Grimstad. Hier setzte er seine Bemühungen, für *Hunger* zu werben, fort; die erste Auflage von 2000 Exemplaren verkaufte sich schlecht, nachdem die erste Aufregung sich gelegt hatte, und der Verleger Philipsen war nur »einigermaßen zufrieden«. Den Gedanken an einen Band Erzählungen gab Hamsun rasch wieder auf und konzentrierte sich wieder auf einen Roman. »Ich werde ein neues Buch schreiben, das heiter werden kann für die vier Propheten hier zu Hause, so wahr mir Gott helfe, das werde ich!« schrieb er an Erik Skram in Dänemark.[22] Es war der Wettbewerbsgedanke, der Hamsun in seinen frühen Jahren am meisten bewegte und anspornte, der Gedanke, Könige umzubringen und Festungen zu erobern. Ihm genügte es nicht, zu schreiben und veröffentlicht zu werden – nichts außer einem vollständigen Sieg über alle anderen Schriftsteller, besiegelt durch eine Art Krönungszeremonie, sollte ihm genügen.
Sein Zimmer hatte einen großen Balkon mit Blick aufs Meer und den Leuchtturm von Saltholmen,[23] von vielen Blumentöpfen und Kletterpflanzen geschmückt, und Hamsun ging stundenlang darauf hin und her und überlegte sich das neue Buch. Ein Nachbar, den er als »blöden Musiker« bezeichnete, störte ihn mit seinem Violinspiel in seiner Kon-

zentration. Hamsun erkannte sehr bald, daß er die Stadt nicht mochte. »Fillesand« – Lumpenstadt – nannte er sie wortspielerisch und klagte, sie sei ein jämmerliches Nest, in dem es lediglich zwei Menschen gebe, einen Priester und einen lahmen Schneider. Der Friedhof, auf dem er in der Zeit bei seinem Onkel Hans soviel Trost gefunden hatte und der ihn in seinen schlimmsten Tagen in Kristiania getröstet hat,* übte hier in Lillesand wieder seine alte Anziehungskraft aus, und so unternahm er häufig Spaziergänge zur Vestre-Moland-Kirche, wo er sich damit »unterhielt«, daß er die verschiedenen Inschriften auf den Grabsteinen las, sie zählte und nach ihren Sprüchen sortierte.

Eine Zerstreuung anderer Art war der Besuch einer jungen Engländerin namens Mary Dunne, die selbst Schriftstellerin war und bereits im Alter von neunundzwanzig eine reiche Witwe. Sie war in einer Buchhandlung auf Hamsuns *Hunger* gestoßen, hatte sich in ihn vernarrt und ihm einen Brief geschrieben, in dem sie vorschlug, das Buch ins Englische zu übersetzen. Von der Korrespondenz, die die beiden geführt haben, ist nichts überliefert, doch aus Anspielungen Hamsuns auf Mary Dunne in Briefen an Freunde und aus Mary Dunnes Erzählung *New Spring Has Gone***, in der sie ihre Beziehung leicht verändert wiedergibt, geht hervor, daß sie sich, als sie ihn besuchte, um mit ihm über die Übersetzung zu sprechen, in ihn verliebt hatte. Hamsun fühlte sich ein wenig geschmeichelt, war ein wenig amüsiert und – abgesehen von der Möglichkeit, ins Englische übersetzt zu werden – entschieden nicht interessiert. Anfang September besuchte sie ihn in Arendal und schenkte ihm ein Foto von sich, das er sorgsam in ein Taschentuch hüllte und ganz unten in seinem gelben Lederkoffer verstaute.[24] Hamsun zufolge hat sie ihm allen Ernstes einen Heiratsantrag gemacht,[25] eine Behauptung, der der Ton ihrer Erzählung Glaubwürdigkeit

---

* Der Erzähler von *Hunger* ist häufig auf dem Friedhof der Erlöserkirche auf einer Bank anzutreffen.

** Aus dem Band *Keynotes*, erschienen 1894 in London unter dem Pseudonym George Egerton, das sie auch bei ihrer Übersetzung von *Hunger* benutzte. Der Band enthält eine Widmung für Knut Hamsun.

verleiht. Ganz klar wünschte er sich, daß *Hunger* in Englisch erschien, und er erlaubte sich gelegentlich auch, von den Reichtümern zu träumen, die ein Erscheinen in der, wie er sich ausdrückte, »beef-language« mit sich gebracht hätte; doch Mary Dunne hatte Schwierigkeiten, einen Verleger für ihre Arbeit zu finden, und so ließ sein Interesse an dem Projekt rasch nach.

Unfähig, mit seinem Roman voranzukommen, tat Hamsun schließlich das nächstbeste und schrieb eine Abhandlung, in der er seine Absichten darlegte, mit dem Titel *Vom unbewußten Seelenleben* für die in Bergen erscheinende Literaturzeitschrift *Samtiden.* Sie stellt eine interessante Anmerkung nicht nur für *Hunger* dar, sondern für alles, was er in den neunziger Jahren schreiben sollte:

> Es gibt ein altes Wort, das sagt: Vieles ist in der Natur verborgen. Für die nervösen, forschenden und aufmerkenden Menschen unserer Zeit bleiben weniger und weniger Geheimnisse der Natur verborgen, eines nach dem anderen ziehen sie zur Beobachtung oder Entdeckung ans Tageslicht. Bei mehr und mehr Leuten, die ein angestrengtes Gedankenleben führen und dazu empfindlich von Gemüt sind, äußern sich oft seelische Funktionen der wunderlichsten Art. Es können ganz unerklärliche Gemütszustände sein: eine stumme grundlose Entzückung; ein Stich psychischen Schmerzes; ein Gefühl, aus der Ferne angerufen zu werden, aus der Luft, aus dem Meer her; eine grausam feine Hellhörigkeit, die einen noch am Sausen geahnter Atome leiden läßt; ein jähes unnatürliches Starren in verschlossene Reiche, die sich auftun; die Ahnung einer kommenden Gefahr mitten in einer sorglosen Stunde ...

Es war diese Vision der unerforschten Komplexität des menschlichen Geistes – oder zumindest ihre ungenügende Darstellung in der Literatur –, was Hamsun interessierte. Er wünschte sich eine Literatur, die Normalität und Abnormität neu definierte, die im Grunde das bekannte Gebiet

des Bewußtseins erweiterte und ein anschaulicheres und genaueres Bild dessen böte, was es wirklich bedeutet, ein menschliches Wesen zu sein.
Hamsun war stolz auf seinen Artikel. An einen Freund schrieb er, er sei »so weit gegangen, wie ein vernünftiger Mensch gehen kann, die Russen ausgenommen, die noch mal so weit gehen können«.[26] Wenn wir jedoch für einen Augenblick die Munterkeit außer acht lassen, dann werden wir entdecken, daß dieser Artikel ein interessantes und vielleicht unbeabsichtigtes Licht auf die damalige Situation seines Verfassers wirft und seine grundlegende Einsamkeit, sein Gefühl der Isolation und sogar seine leichte Paranoia bestätigt. Den Heimweg eines Tages von der Vestre-Moland-Kirche nach Hause schildernd, schreibt er, er »begegnete einer ganzen Anzahl von Spaziergängern aus der Stadt ... Es weckte nämlich mein Interesse, daß mich alle diese braven Leute, die ich traf, so entrüstet anstarrten, mir förmlich aus dem Wege gingen, als ob die bloße Tatsache, daß ich auch da ging, der Gipfel der Unverschämtheit wäre. Ich kannte bereits die Blicke und Mienen dieser Leute dort, ich erkannte sie also gut wieder.«[27] Er erwähnt auch, wie er eine alte Zeitung durchgesehen hat, in dem Bemühen, ein Bild zu finden, das in seinen Träumen auftauchte; als er es hatte, stellte er fest, daß er es beim vormaligen Lesen der Zeitung nicht bewußt aufgenommen hatte, weil er bei dieser Gelegenheit nach etwas anderem gesucht hatte, nämlich nach einem Angriff auf ihn, den er in dem Blatt vermutet hatte. Anscheinend erhielt er aus Amerika regelmäßig die Exemplare von Zeitungen, die Angriffe auf ihn wegen seines Buches *Vom Geistesleben des modernen Amerika* enthielten. Er erwähnt auch, im Zusammenhang mit diesem Buch fünf anonyme Drohbriefe aus Amerika erhalten zu haben.
Im Laufe des Jahres ging es mit seinem neuen Buch etwas voran. Trotzdem war er sich im klaren darüber, daß es ein umfangreiches Buch würde und daß er noch lange kein Geld dafür erwarten konnte. Er mußte einfach einen Weg finden, zu Geld zu kommen. Eines der wichtigsten Ergebnisse der Veröffentlichung von *Hunger* im Juni war, wie schnell das

Buch in Deutschland aufgenommen wurde. Innerhalb eines Monats nach seinem Erscheinen in Norwegen wurde es für den Berliner Verlag S. Fischer ins Deutsche übertragen. Obgleich damit seine unmittelbaren finanziellen Probleme nicht gelöst waren, kann die Bedeutung dessen für Hamsuns Karriere als Schriftsteller, für seine finanzielle Zukunft und für seine zukünftige Haltung gegenüber Deutschland nicht hoch genug eingeschätzt werden. Ohne die Übersetzung hätte es Hamsun ebenso ergehen können wie so vielen anderen Autoren, die einer kleinen Sprachgemeinschaft angehörten und schlicht und einfach mit ihren Werken in Vergessenheit geraten sind. Und das gilt nicht nur für Schriftsteller, sondern für alle Künstler. Es fällt einem kaum ein norwegischer Künstler aus dieser Zeit – und sogar auch späterer Epochen – ein, der nicht durch deutsche Begeisterung in Europa bekannt geworden wäre. Die bekanntesten Beispiele dafür sind Ibsen, Grieg, Edvard Munch und natürlich Hamsun.

Die traditionellen Bindungen zwischen diesen Ländern waren stark: Von Deutschland hatte Dänemark-Norwegen seine Religion, seine Könige, seinen Adel, sein Militär, sein Schulsystem. Und so wie in Kopenhagen ein intellektueller Kult mit allem Norwegischen getrieben wurde, der mit dazu führte, daß *Hunger* bei den Kritikern so gut ankam, so wurde um das Jahr 1890 herum in Deutschland mit allem Skandinavischen ein Kult getrieben, was dazu beitrug, daß das Buch so rasche Aufmerksamkeit fand und so schnell übersetzt wurde. Ibsen und Bjørnson waren die Begründer dieses Skandinavien-Kultes, als jedoch der Einfluß Nietzsches und Dostojewskis unter den jüngeren Schriftstellern um sich griff, rückten Namen wie Strindberg und Hamsun in den Vordergrund. Der Kult erreichte seinen Gipfel in Berlin, wo eine Gruppe, die von dem polnischen Schriftsteller und Musiker Stanislaw Przybyszewski und seiner norwegischen Frau Dagny Juel, Ola Hansson und Strindberg geführt wurde und der Edvard Munch und die Schriftsteller Arne Garborg und Andreas Aubert angehörten, ein unglaublich intellektuelles und soziales Tempo anschlug, dem nur die

hingebungsvollsten Schwärmer folgen konnten. Hamsun gehörte dieser Gruppe nie an – er besuchte Deutschland in seinen jüngeren Jahren nur einmal, und zwar kurz –, doch er profitierte davon, daß es sie gab. Ola Hansson schrieb eine kritische Studie über ihn in Deutsch, und Harald Hansen besprach *Hunger* in der einflußreichen Zeitschrift *Freie Bühne.* Diese Zeitschrift brachte auch einen Vorabdruck von *Hunger.* Die Buchausgabe erschien dann 1891. Hamsun war natürlich entzückt von dem Echo, den sein im Grunde genommen erster Roman erzielte. Darüber hinaus konnte er Erik Skram mitteilen, daß bei ihm auch aus dem polnischen Posen, aus Marienbad, aus Wien sowie aus England Gesuche um die Übersetzungsrechte eingegangen waren.
Zum größten Teil war diese eindrucksvolle Liste jedoch eher eine Angelegenheit des Ansehens als des Geldes. Während seines Aufenthalts in Lillesand führte Hamsun einen regen Briefwechsel mit einer deutschen Übersetzerin namens Marie Herzfeld. Er schickte ihr sowohl Erzählungen als auch seine Abhandlung *Vom unbewußten Seelenleben.* Er redete ihr zu, eine angekündigte deutsche Übersetzung seines Amerikabuches von einem gewissen Dr. Hans Kurella (sie ist nie erschienen) zu lesen, und erkundigte sich nach der Qualität der Übersetzung von *Hunger,* die ihre Kollegin Maria von Borch für die *Freie Bühne* angefertigt hatte. Er war besonders zufrieden mit der Heftigkeit des Ausbruchs von Blasphemie, der sich im letzten Teil des Romans ereignet, und als die Fischer-Ausgabe erschien, schrieb er besorgt an Marie Herzfeld und bat sie, zu überprüfen, ob diese Stelle enthalten war. Er schickte ihr auch eine Erzählung mit dem Titel *Hazard,* die er im Sommer 1889 geschrieben hatte, die in Norwegen aber erst zu Weihnachten erschienen war. Anscheinend hatte sie Probleme, ihre deutsche Übersetzung davon unterzubringen. Am 26. November 1890 schrieb er ihr:

> Es tut mir leid, daß Sie mit *Hazard* solche Probleme haben; es war falsch von mir, sie Ihnen zu schicken. Das nächste Mal müssen Sie mich einfach abweisen, wenn ich

solch minderwertiges Zeug schicke. Ich schreibe sowieso nicht mehr so; es interessiert mich nicht.

Dennoch gelang es ihr 1891 schließlich, die *Freie Bühne* dazu zu bewegen, die Erzählung anzunehmen. Es war nur ein geringer Erfolg und einer, den Hamsun vielleicht später – angesichts des Sturmes, der 1892 über die Erzählung ausbrach – am liebsten ungeschehen gemacht hätte.

Mit dem Geld, das ihm *Hunger* eingebracht hatte, war Hamsun nun in der Lage, mit der Rückzahlung seiner Schulden zu beginnen, die sich im Laufe der Jahre angehäuft hatten. Besonders froh war er darüber, Nils Frydenlund die seit 1886 ausstehenden 200 Kronen zurückzuzahlen, plus Zinsen. Doch typisch für ihn, kaum hatte er seine Schulden bezahlt, begann er schon wieder zu borgen. Ein Mann aus seiner Heimat, dem Nordland, hatte ihm einen Brief geschrieben und darin dargelegt, wie schlecht es ihm ging, welche Not er hatte, seine Frau und seine fünf Kinder zu ernähren. Hamsun kannte das Paar – er war selbst einst in das Mädchen verliebt gewesen –, doch dieser Mann hatte ihn bei ihr ausgestochen. Nun stellte er fest, daß er ihm geschrieben und für Oktober 100 Kronen versprochen hatte, Geld, das er gar nicht mehr besaß, nachdem er gerade erst einem Lehrer in Lillesand 100 Kronen geliehen hatte. Dieses Geld, so wurde ihm zugetragen, würde er wohl nicht wiedersehen. In seiner Verlegenheit schrieb er an Erik Frydenlund und erklärte ihm das Problem, und wie gewöhnlich ließ Frydenlund ihn nicht im Stich.[28]

Geld, der neue Roman und wie sich vergewissern, daß die neue »psychologische« Literatur auch weiterhin Erfolg hatte und nicht im Schatten der alternden »großen Männer« Norwegens – Ibsen, Bjørnson, Kielland und Lie – verkümmerte: Das waren die drei größten Probleme, die Hamsun während seines sechsmonatigen Aufenthalts in Lillesand durch den Kopf gingen. Und dann kam ihm ein Gedanke, der für alle drei eine vorläufige Lösung zu bieten schien: eine Vortragsreise durch die wichtigsten Städte Norwegens, auf der er der neuen Literatur das Wort reden und die alte verdammen konnte. Der Meinungsstreit würde den finanziellen Erfolg des Unternehmens garantieren, und zwischen den einzelnen Vorträgen konnte er die Arbeit an seinem neuen Buch fortsetzen. Bis September 1890 hatte er sich bereits völlig diesem Gedanken zugewendet und die Arbeit an seinem Roman eingestellt, um seine Vorträge vorzubereiten. Im Dezember kehrte er nach Kristiania zurück, um sie fertigzustellen, und im Februar 1891 reiste er nach Bergen und begann eines der kontroversesten Jahre seines langen kontroversen Lebens.

7

1890–1893: Kontroversen: *Mysterien,* die Vortragsreise und die »Arbeiterkampf«-Bücher

Hamsun begann seine Vortragsreise in Bergen, vom Haus einer befreundeten Dame aus, der Journalistin Bolette Pavels Larsen. Es war ein geschickter Schachzug, dort zu beginnen, wo er sich einen Kreis freundschaftlicher Kontakte geschaffen hatte, unter anderem zu den Schriftstellern Gerhard Gran und Just Cato Frøchen, dem jungen Verleger Mons Litleré, der seine Artikel über Lars Oftedal herausgebracht hatte, und dem Redakteur der führenden Zeitung der Stadt, Olav Lofthus. Der Einfluß dieser Leute verhalf der Tour zu einem vielverheißenden Start.

Die drei Vorträge, die er vorbereitet hatte, waren über norwegische Literatur, psychologische Literatur und Kultliteratur; er hielt sie an verschiedenen Abenden und nahm eine Krone Eintritt für jeden Vortrag beziehungsweise zwei Kronen für alle drei. Sie stellen eine umfassende Weiterführung der in *Vom unbewußten Seelenleben* geäußerten Gedanken dar und wurden 1960 zum erstenmal veröffentlicht. In seiner Einleitung warnt er die Zuhörer, er werde »an diesem Abend so aggressiv und destruktiv sein wie nur möglich, aber ich werde auch den Versuch unternehmen, etwas aufzubauen«. Er bittet sie, nicht beleidigt zu sein wegen seiner Abbruch- und Aufräumungsarbeit, sein Bestreben sei nur, Raum zu schaffen für etwas, wofür bisher noch kein Platz sei – psychologische Literatur. Während seiner drei langen Vorträge, von denen der zweite der beachtenswerteste ist, kommt er immer wieder auf diesen Punkt zurück. Im wesentlichen stellen die Vorträge ein Plädoyer für Toleranz in der Literatur dar, eine Warnung vor der abstumpfenden Wirkung sogenannter Schreibschulen, eine Warnung vor dem Klischee, dem Schriftsteller so schnell verfallen können.

Seine heftigste Kritik richtet sich auf die Art klischeehafter Charakterpsychologie, die zu praktizieren er allen seinen Zeitgenossen, älteren wie jüngeren, vorwirft. Niemand wird in diesen Vorträgen gepriesen – genau wie in seinem Buch über Amerika. Lob war nicht sein Fall. Nicht einmal der früher so bewunderte Zola entging der fanatischen Eskalation von Selbstsicherheit, die diesen Vorträgen anhaftet. Hamsun sprach darüber, wie Literatur *sein sollte.* Alle Helden der Antike, der klassischen wie der modernen, wurden verabschiedet, einschließlich Shakespeare, Plato und Dante, denn Hamsun behauptete, daß das, was diese Autoren geschaffen hatten, den Bereich der Literatur verlassen habe und im Grunde genommen keine Bücher mehr seien, sondern Symbole, und die Autoren selbst keine Schriftsteller mehr, sondern Autoritäten. Je länger die Rundreise dauerte und mündliche Berichte diese Ketzereien unter den Etablierten der norwegischen Literaturszene verbreiteten, desto zahlreicher wurden die ablehnenden Reaktionen. Noch unverschämter als die Attacken auf tote Schriftsteller waren die auf lebende, insbesondere die auf Ibsen. Nach Hamsuns Worten hatte sich kein anderer Schriftsteller gründlicher der Schaffung von »Typen« hingegeben als er, Charakteren mit einer simplen, statischen Psychologie, Wesen, die völlig erklärbar waren mit Taines Theorie vom »dominanten Charakterzug«, der in jedem Menschen zu finden sei. Er betrachtete Ibsen als einen Schöpfer von Entwürfen, die Konzepte und Ideen verkörperten, aber keine wirklichen Menschen darstellten. Er verabscheute auch Ibsens Selbstüberhebung, die er genauso lächerlich fand wie seinen Ruf, »schwierig« und »rätselhaft« zu sein.

Auch Ibsens große Zeitgenossen wurden kritisiert, einschließlich Bjørnson, und alle wurden für unzulänglich befunden; erstarrte alte Männer, die nur noch ausgetretene Pfade gingen und sich ständig wiederholten. Ihre Behauptung, Kunst solle demokratisch sein und sich sozialen Problemen widmen, wies er völlig zurück. Er widersprach auch der Ansicht, Schriftsteller seien moralische Ärzte der Gesellschaft, und predigte das Evangelium der totalen Individualität,

nach dem sich Autoren der Schaffung von Werken widmen sollten, die – wenn überhaupt – nur einer winzigen Minderheit der Bevölkerung verständlich sein würden. Ein Autor war für ihn ein durch und durch subjektives Wesen, ein Paar Augen, ein Herz, das aus Leidenschaft heraus seine Werke schuf, und kein pseudorationaler Pseudowissenschaftler, der nach den neuesten wissenschaftlichen Theorien von der menschlichen Persönlichkeit seine Charaktere schuf. »Ich werde meinen Helden lachen lassen, wenn rationale Menschen meinen, er müsse weinen«, verkündete er, »und warum? Weil mein Held kein Charakter ist, kein ›Typ‹, der nach den Theorien irgendeiner Schule lacht und weint, sondern ein komplexes, modernes Wesen.«
Das alles war natürlich eine leidenschaftliche Rechtfertigung seines eigenen Werkes: Wenn *Hunger* »kein Roman« war, dann mußte der Begriff des Romans zertrümmert und neu definiert werden, und zwar so, daß er auf *Hunger* paßte. In einer Passage, die den Schlüssel zu Hamsuns subjektivem und instinktgesteuertem Schaffen der neunziger Jahre bietet, erklärte er:

> Ich wünsche daher, daß man »Widersprüche« im Innern des Menschen als eine ganz natürliche Erscheinung betrachtet, und ich träume von einer Literatur mit Charakteren, in der deren Mangel an Beständigkeit ihre grundlegende Eigenschaft ist – nicht die einzige, nicht die dominierende Eigenschaft, sondern die zentrale, ausschlaggebende.

Das also war der Kern dieser Vorträge. Im ganzen gesehen, sind sie ausgewogen und vernünftig, und jedes Urteil wird gut und geistreich verteidigt.
Hamsun unterstrich, daß er nicht hoffe, einen wie auch immer gearteten Triumph der neuen Literatur auf Kosten der alten zu erleben, sondern er hoffe auf eine Literatur, in der für jede Art zu schreiben Platz sei; selbst die künstlerisch wertlosen Schriften sexuell anstößiger Schriftsteller wie Hans Jæger und Christian Krohg sollten ihren Platz haben.

»Weil im Leben alles einen Platz hat«, schloß er, »sollte auch in der Literatur alles einen Platz haben.«
In der Zeitspanne von Februar bis Mai 1891 war er mit seinen Vorträgen in Haugesund, Stavanger, Kristiansand, Sandefjord, Drammen und Fredrikstad, alles Küstenstädte, die er mit dem Dampfer erreichte – eine Form des Reisens, die er noch fürchten sollte, da er ungemein leicht seekrank wurde. Nachrichten über die Art seiner Ansichten eilten ihm voraus und weckten sehr viel Interesse. Die Leute kamen »das exotische Wesen anstarren«, ein Phänomen, das er schon als »verrückter« Held von *Hunger* kennengelernt hatte. Er unterstützte diese Ansicht auch noch, denn er hatte in Amerika gelernt, welche Bedeutung Propagandarummel besitzt. Ein einfaches Beispiel waren die zahlreichen irrelevanten Seitenhiebe in seinen Vorträgen auf die sich mächtig entfaltende Frauenbewegung Norwegens. Die bekannte feministische Journalistin Aasta Hansteen attackierte ihn schon im März 1891 in einem Artikel im *Dagbladet:* Er sei so arrogant, daß er sehr bald die Fesseln der Schwerkraft durchbrechen und in den Orbit davonschweben würde. Ungeachtet gegenteiliger Erscheinungen, stand er doch mit beiden Füßen fest auf dem Boden. Wenngleich aufrichtig in seiner Hoffnung auf den Sieg der neuen Literatur – und er meinte zumindest das meiste, was er sagte –, sah er den ganzen Zirkus doch mit einigem Humor an: Von Stavanger aus schrieb er an Bolette Larsen einen kurzen Brief, in dem er verkündete, er wäre »gerade im Begriff, heute zum zweitenmal den Clown zu spielen«.
Hamsuns energische Ansichten und die provokative Art, in der er sie vertrat, spalteten die Leute in verschiedene Lager: Die Feministinnen witterten von Anfang an einen Todfeind – und doch waren bei Hamsuns Vorträgen über die Hälfte der Zuhörer Frauen. Als Mann besaß er eine enorme Anziehungskraft. Arne Garborg, der sich bald gegen ihn wendete, beschrieb ihn folgendermaßen: »ein gutaussehender Mann, der für alle Frauen eine Gefahr darstellt«, und als er in einem Brief Bolette Larsen in Bergen fragte, wie viele Eroberungen Hamsun dort gemacht hätte, antwortete sie:

»Mein Gott, er hat sie alle erobert, sämtliche Frauen lagen ihm zu Füßen.« Ein nicht geringer Faktor seiner Anziehungskraft wurde im Vortragssaal offenkundig: eine Stimme von großer männlicher Schönheit, welche alle, die ihn hörten, Männer und Frauen gleichermaßen, erwähnten. Aber die wichtigste Spaltung des Publikums war vermutlich die in »Alte« und »Junge«, in »Berühmte« und »Unbekannte«. Mit sehr viel Mut ging Hamsun das ganze Establishment der alten, angesehenen Männer an. Selbst kleinere Lichter, lokale Größen mittleren Alters wie Amalie Skram, Christian Krohg und Hans Jæger, die für wertvolle moralische Unterstützung hätten sorgen können, hat er durch solche Bemerkungen wie »keine richtigen Schriftsteller« vor den Kopf gestoßen. Diejenigen, denen es wirklich gefiel, was Hamsun tat, waren in der Hauptsache die ohnmächtigen, unbekannten Schriftsteller, die noch wesentlich jünger waren als er, wie zum Beispiel Peter Egge und Arne Dybfest. Aber diejenigen, denen es ein Vergnügen gewesen war, einen interessanten, autodidaktischen Bauernjungen zu fördern, hielten die atemberaubende Arroganz und Frechheit ihres Protegés für eine gänzlich unakzeptable Entgleisung und dachten bereits daran, ihre Konsequenzen zu ziehen.

Im Sommer legte Hamsun eine Pause ein und zog sich auf drei Monate in ein Hotel in Sarpsborg zurück, wo er angestrengt an seinem Roman arbeitete. Dann bereitete er sich gründlich auf den Höhepunkt seiner Tour in Kristiania vor, wo er schließlich am 7., 9. und 12. Oktober sprach, und zwar in dem berühmten Saal der Brüder Hals. Mit einer ungeheuren Dreistigkeit hatte er sogar Ibsen eine persönliche Einladung geschickt; und Ibsen, der zweifellos gespannt war, zu erfahren, was es mit dem ganzen Rummel auf sich hatte, kam zu allen drei Vorträgen und setzte sich zusammen mit Edvard und Nina Grieg deutlich sichtbar und gebieterisch in die erste Reihe.* Auch Fridtjof Nansen war da.

* Der einzige belegte persönliche Kontakt zwischen den beiden Dichtern ist die Anwesenheit Ibsens bei Hamsuns Vorträgen 1891 in Kristiania. Zu

An allen drei Abenden war der Saal brechend voll; die Vorträge waren zu einem gesellschaftlichen »Muß« geworden, und Hamsun, der zwar sichtlich nervös war, lieferte dieselbe unversöhnliche Mischung von Ketzerei, Widersinn und Leidenschaft, wie er es im Laufe des Jahres schon so oft getan hatte.
Doch das Establishment war jetzt bereit für ihn, und die Presse von Kristiania stürzte sich auf den neuen Helden. Ola Thommessen reagierte mit seinem Artikel im *Verdens Gang* am feindseligsten. In einem Angriff, den Hamsun ihm weder vergeben noch vergessen konnte, bezeichnete er die Vorträge als einen »dreistündigen Kursus in Unwissenheit, Oberflächlichkeit und Frechheit«. Hamsun habe »die größten Dichter Europas in der gleichen Weise vernichtet, wie er vor einigen Jahren die Vereinigten Staaten von Amerika in Grund und Boden bohrte – von denen er auch nichts weiter wußte, als daß sie auch ohne Herrn Hamsun einigermaßen auskommen konnten. Amerika steht bis auf den heutigen Tag – ebenso unsere Dichter«.[1]
Ola Thommessen war das Vorbild für den »Kommandeur« in *Hunger* gewesen, den Zeitungsredakteur, dessen Geduld und Güte gegenüber dem verzweifelten jungen Schriftsteller eine solche Ermutigung sind. Hamsun fühlte sich schwer verraten und sollte sich noch rächen, auf seine besondere Weise.
Hamsuns naiver Mut hatte ihn sehr schnell von den ausgetretenen Pfaden in die Wildnis geführt. Er wählte nicht den leichten Weg nach oben. Eigentlich konnte er das gar nicht, denn er kannte den leichten Weg nicht. Wenn jedoch das Establishment glaubte, daß ein paar hinter die Ohren ihn wieder zurechtrücken könnten, dann mußte es noch viel lernen. Ein junger Schriftstellerkollege, Hans Aanrud, lernte ihn um diese Zeit in Kristiania kennen und war sofort von

---

einem Begleiter, der seine Verwunderung darüber zum Ausdruck brachte, daß er darauf bestand, alle drei Vorträge zu besuchen, soll Ibsen geantwortet haben: »Sie wissen doch, daß wir hingehen müssen, um zu lernen, wie man schreibt.« Ragnar Brovik in Ibsens Stück *Baumeister Solneß* wird bisweilen für eine Erwiderung Ibsens auf Hamsuns Vorträge gehalten.

seiner Streitlust begeistert. Als sie eines späten Abends zusammen durch die Straßen der Stadt spazierten, sprach Hamsun sehr viel über seine bisherige Entwicklung, darüber, wie einflußreiche liberale Leute ihn nach *Hunger* gefördert und versucht hätten, ihn zu hätscheln und ihm gute Ratschläge zu erteilen. Und nun, da er zu verstehen gegeben hatte, daß er nicht gehätschelt werden und keine gutgemeinten Ratschläge annehmen wollte, wandten sich dieselben Leute gegen ihn. »Sie glauben, sie können mich brechen«, sagte er zu Aanrud, »aber wenn ich mit dem fertig bin, was ich gerade mache, wird es ihnen jedenfalls nicht gelingen, mich mehr denn auf die Knie zu zwingen.«[2]
»Was ich gerade mache« war *Mysterien,* das zweite eines Quartetts von Meisterwerken, das Hamsun in den neunziger Jahren schrieb: Ein unveröffentlichtes Manuskript aus dem Jahre 1894 in Hamsuns Handschrift, das sich in der Bibliothek der Universität Oslo befindet, enthält seine eigene Beschreibung von *Mysterien.* Der objektive Ton läßt vermuten, daß es zu Werbezwecken geschrieben worden ist, vielleicht für den Katalog seines deutschen Verlegers Albert Langen:

> Der Held in *Mysterien* ist ein Scharlatan, ein pathologisches Phänomen, halb auf der Grenze zwischen Genie und Wahnsinn, über 516 Seiten verfolgt, nie aus dem Blick verloren. Jede Stunde seines Tages wird dargestellt. Herr Hamsun hatte sowohl mündlich als auch schriftlich die »Charakter«-psychologie attackiert – – – Er präsentiert Nagel darum als gespaltene Persönlichkeit, voller Inkonsequenzen, voller Widersprüche – – – Es gibt im Buch 20 Figuren, aber die neunzehn sind nur da, um Licht auf den Scharlatan Nagel zu werfen.
> Das Hauptmoment in *Mysterien* ist Nagels Liebesverhältnis zu Dagny, der Tochter eines Pastors, einer vornehmen, gebildeten Kokotte,die ihn durch ihre Schönheit in ihrem Netz fängt. Enttäuscht in seiner Liebe zu dieser Frau, zerrissen von seinem Gefühl der allgemeinen Nichtigkeit des Lebens, wird er verrückt, er hat Visionen, er verliert

> allen Kontakt zum Leben und stürzt sich kopfüber ins Meer.
>
> Auf jeder einzelnen Seite dieses dicken Buches hat Hamsun versucht, Inhalt anzuhäufen. Doch kann man das Buch nicht referieren; es besteht aus Nuancen.

Das Buch besteht in der Tat aus Nuancen und kann nur schwer inhaltlich wiedergegeben werden. Um das Bild jedoch etwas abzurunden, sei gesagt, das Buch beginnt mit der Ankunft eines Fremden, eines gewissen Johan Nagel, in einer kleinen norwegischen Küstenstadt, in der er sich für ein paar Wochen niederläßt. Aufgrund seiner eigentümlichen Person und seines ungewöhnlichen Verhaltens schlägt ihm sogleich die Aufmerksamkeit der Leute entgegen, und er erhält Zugang zu den höheren gesellschaftlichen Kreisen der Stadt. Doch erweist er sich als unbequemer Gast; er ist provozierend und unberechenbar in seinen Ansichten und abwechselnd charmant und abstoßend in seinen Äußerungen. Insbesondere entwickeln sich drei Beziehungen. Die erste ist seine zwanghafte Leidenschaft für Dagny Kielland, die Tochter des Pastors. Sie ist bereits mit einem anderen verlobt und bringt es – gerade noch – fertig, Nagels verzweifelten Versuchen, sie zu verführen, zu widerstehen. Dann wendet Nagel seine Aufmerksamkeit der schon älteren Jungfer Martha Gude zu; trotz ihres bescheidenen Wesens und ihres alltäglichen Äußeren hat er doch die starke Erotik in ihr gespürt. Er bedient sich Marthas teils, um sich über Dagnys Abweisung hinwegzutrösten, und teils, um Dagny eifersüchtig zu machen. Der geheimnisvolle Beobachter all dessen ist der groteske, verkrüppelte Minute, der Stadttrottel, für den Nagel von Anfang an ein außergewöhnliches Interesse an den Tag legt. In seiner Reaktion auf die Schikanen und Demütigungen, die er sich von den Leuten gefallen lassen muß, scheint Minute die Verkörperung aller christlichen Tugenden zu sein. Recht bald befällt Nagel eine zweite zwanghafte Leidenschaft: Minute zu demaskieren und ihn als Betrüger, als Schauspieler hinzustellen. Er erreicht jedoch keines seiner Ziele und ertränkt sich im Meer. In einem kurzen Schlußteil gehen Dagny und Martha ein paar Monate später durch die Stadt und erinnern sich an Nagel. Es hat den Anschein, als hätte er in bezug auf Minute recht gehabt. Wie Dagny erwähnt, hat der Krüppel ein schlimmes Ende gefunden, und wie sie andeutet, hatte er Martha etwas – eindeutig Schreckliches – angetan. Doch was genau das war, bleibt eines der vielen Geheimnisse des Buches. Es ist jedoch anzunehmen, daß er sie vergewaltigt hat.

In seiner eigenen Kurzdarstellung von *Mysterien* hebt Hamsun hervor, daß es sich hierbei um eine Liebesgeschichte handle. Angesichts dessen ist es interessant, über etwas nachzudenken, das er in dem Versuch geschrieben hat, zu erklären, was er für einen Mangel an dem Buch ansah – daß er an ihm gearbeitet hat »in Sarpsborg, in Kristiania, in Kopenhagen, während Umzügen, während Verliebtheiten, während Zeiten der Armut – daher das Unzusammenhängende der Szenen«.[3] Und es gibt auch einige Hinweise, daß er, während er an dem Buch schrieb, zwei schwere Enttäuschungen in der Liebe hinnehmen mußte.

Die erste betraf ein Mädchen mit Namen Caroline. Hamsun hatte sie während seines Sommerurlaubs 1891 in Sarpsborg kennengelernt. Sie arbeitete als Zimmermädchen in Kristiansens Hotel, in dem Hamsun abgestiegen war. Sein Verhalten in dieser Affäre war ziemlich ungewöhnlich. Er folgte Caroline, wohin sie auch ging. Er begleitete sie zur Kirche und wartete draußen, bis sie wieder herauskam. Wenn sie zur Glomma ging, um Wäsche zu waschen, ging er mit und sah ihr bei der Arbeit zu. Seine Wirtin versuchte, ihm klarzumachen, daß diese Beziehung keine Zukunft hatte, doch er beharrte darauf, in sie verliebt zu sein. Angesichts all dieser Aufmerksamkeit wurde Caroline recht unerträglich und weigerte sich schließlich zu arbeiten und verlangte, selbst bedient zu werden. Schließlich wurde sie entlassen, ungeachtet der Proteste Hamsuns.[4]

Die Reaktionen der Einwohner von Sarpsborg auf Hamsuns Verhalten in dieser Affäre waren in der gleichen Weise geteilt wie die der Einwohner der »kleinen norwegischen Küstenstadt« auf Nagels Verhalten. Einige hielten ihn für verrückt, andere glaubten, daß er an dem Mädchen irgendwelche Studien betrieb, und wieder andere meinten, daß er sie aus obskuren Gründen zum Narren hielt. Niemand scheint geglaubt zu haben, daß er sie ernsthaft liebte. Der einzige sichere Hinweis dafür, daß er es tatsächlich tat und daß das Scheitern dieser Beziehung eine Enttäuschung für ihn war, stammt aus einer ungewöhnlichen Quelle, die mit Vorsicht zu genießen ist. Ein paar Jahre später, 1898, schrieb eine Autorin namens Anna Munch an Hamsuns erste Frau Bergljot, kurz nachdem diese sich mit Hamsun verlobt hatte: »So glauben Sie nun, recht gehandelt zu haben? Nun, vor einigen Jahren wollte Ihr Geliebter in Sarpsborg ein Zimmermädchen mit Namen Caroline heiraten. Aber das Mädchen war vernünftig genug, ihn abzuweisen, und Ihr Schriftsteller war zutiefst bekümmert darüber.« Wieso Anna Munchs Zeugnis mit Vorsicht zu genießen ist, wird sich später noch zeigen. An dieser Stelle soll es genügen, darauf hinzuweisen, daß die Information in diesem Brief über eine unklare Periode von Hamsuns Leben so außergewöhnlich genau ist, daß man annehmen könnte, er selbst sei ihre Quelle gewesen.

Die andere Möglichkeit, auf die sich Hamsun bezogen haben könnte, als er erklärte, *Mysterien* »während Verliebtheiten« geschrieben zu haben, war sein Verhältnis mit einer Frau namens Lulli Lous. Nach dem Finale seiner Vortragsreise in Kristiania ließ Hamsun sich in dem Städtchen Kristiansund an der Westküste nieder und setzte seine Arbeit an dem Buch fort. Hier schloß er Freundschaft mit Hans Neeraas und dessen Schwester Kalla, und durch sie lernte er deren Freundin Lulli kennen. Wie alle damaligen Freunde Hamsuns waren auch die Neeraas' gutsituierte Leute, die auf der sozialen Leiter ziemlich weit oben standen. Hamsun und Lulli Lous waren sehr voneinander gefesselt, aber die gewaltigen Gegensätze zwischen der konventionell und streng erzogenen jungen Dame und dem radikalen literarischen Unruhestifter bildeten ein allzu großes Hindernis für eine engere Beziehung, und als Hamsun im Frühjahr von Kristiansund wieder wegzog, um letzte Hand an *Mysterien* zu legen und sich um die Veröffentlichung zu kümmern, wollte er gleichzeitig auch etwas Abstand zwischen sich und eine weitere Enttäuschung in der Liebe bringen. Seine Entschlossenheit, das alles zu vergessen und sich davon zu befreien, wird in einem Brief aus Kopenhagen an Kalla Neeraas vom Sommer 1892 deutlich:

> Weshalb sagt Fräulein Lous, es sei eine traurige Geschichte gewesen? Was ist denn so besonders traurig daran? Sie hat doch erreicht, was sie wollte. Daß ich sie gern mochte, ist doch keine Schande, das macht sie doch nicht fürs ganze Leben unmöglich. Ich habe auch früher schon einmal Mädchen gern gehabt, ohne daß es dabei gleich ums Leben ging. Aber es ist schon gut! Ich habe es überstanden. Nur »traurig« finde ich daran nichts.
> Doch tu mir um Gottes willen den Gefallen, nie wieder mit ihr über mich zu sprechen, dann vergißt sie am ehesten diese ganze »traurige Geschichte« und daß ich überhaupt in Kristiansund war. Und noch etwas: Wie ich Dich schon früher gebeten habe – *schreibe mir niemals etwas über sie!* Ich brauche Ruhe.[5]

Lulli Lous ist bisweilen als Vorbild für Dagny Kielland angesehen worden. Gewiß, der Argwohn, den Hamsun in bezug auf ihre Motive hegte, indem er sagte: »Sie hat doch erreicht, was sie wollte«, korrespondiert mit seiner Haltung gegenüber der Figur Dagny als einer »vornehmen, gebildeten Kokotte, die ihn (Nagel) ... in ihrem Netz fängt«. Man mag der Meinung sein, sie trat zu spät in Hamsuns Leben, um noch als Vorbild für die weibliche Hauptfigur des Buches zu dienen; doch immerhin hat er es »während Umzügen« geschrieben, und das Unzusammenhängende der Szenen, das ihm selbst aufgefallen ist, verstärkt den Verdacht, daß *Mysterien* in vieler Hinsicht ein genialer Akt literarischer Inspiration war, in den Hamsun Ereignisse seines eigenen Lebens hineinflocht, sobald sie sich zutrugen.*

---

* Im Zusammenhang mit einer Rechtssache suchte Hamsuns Anwältin 1935 Lulli Lous auf. Sie hatte nie geheiratet und bestätigte vor Frau Stray

Wie dem auch sei, als er aus Kopenhagen schrieb, hatte er die Sache bereits überwunden. In einem anderen Brief aus der Bredegate 17 in Kopenhagen an Kalla Neeraas erwähnt er, daß seine Wirtin zwei Töchter hat, »von denen die eine überaus hübsch ist und Briefmarken sammelt (aus diesem Grunde habe ich ihr meine Sammlung als Andenken geschenkt!), und die andere geht auf die Ballettschule des Königlichen Theaters«.[7]

Mysterien war natürlich seine wirkliche Liebe und sein Heilmittel. In verschiedenen Briefen nannte er das Buch »sie«. »Sie« brachte ihn völlig durcheinander, und bisweilen hatte er das Gefühl, er verstand »sie« ganz und gar nicht. Dann wieder schrieb er so, als wäre er schwanger und *Mysterien* das Kind, das er erwartete. Immer wieder arbeitete er, bis er vor Erschöpfung nahezu in Trance fiel.

> Ich schrieb in einem Zuge von fünf Uhr abends bis heute morgen um drei, ich saß die ganze Zeit, vergaß das Abendessen, brannte meine Lampe aus und war dennoch nicht leer im Kopf. Du lieber Gott, wie ist das herrlich, wenn es so geht! Ich schrieb fast ein ganzes Kapitel, mindestens zehn Druckseiten. Später im Buch wirst Du es merken – es ist Kapitel XIX – eines der desperatesten im ganzen Buch.[8]

Dann kam die Reaktion:

> Stell Dir einen Korb Fischköpfe vor, klaffende Mäuler, unsäglich tote Augen, Köpfe, die einfach alle Denktätigkeit eingestellt haben, reine Dummköpfe – dann hast Du meinen Kopf![9]

Wenn das eintrat, ließ er für gewöhnlich die Arbeit liegen und ging in die Stadt, setzte sich in ein Theater oder ging in eine obskure Bar etwas trinken.

– einer alten Freundin –, daß der Bruch mit Hamsun die »Tragödie ihres Lebens« gewesen sei. Als Hamsun das erfuhr, war er überrascht und sagte, er hätte nie wirklich geglaubt, daß sie ihn liebte.[6]

Mysterien kam am 16. September heraus, und Hamsun stürzte sich erleichtert und mit Hingabe in den geselligen Teil des Geschäfts. »Ich bin so übernächtig von den vielen Zirkus- und Tivolitouren und Gesellschaften bei meinem Verleger und einigen bücherschmierenden Frauen, daß meine Hände zittern wie die Sünde!« schrieb er an Kalla Neeraas[10] und beklagte das viele Geld, das er verschwendet habe. Auch war er sich noch nicht sicher, wie das Buch aufgenommen werden würde:

> Und wie kann ich mir dann einbilden, die Menschen würden mein neues Buch verstehen! Nun, das habe ich mir übrigens keineswegs eingebildet, im Gegenteil, ich bin stets überzeugt gewesen, daß die Menschen mir *nicht* für 2 Schilling Ehre gönnen werden.[11]

Doch ihm war zumindest klar, daß das Buch, in das er relativ plump viele der ketzerischen Ansichten, die er schon in seinen Vorträgen geäußert, eingefügt hatte, allerhand Empörung auslösen würde. An Marie Herzfeld, die gerade mit der deutschen Übersetzung von Erzählungen beschäftigt war, die er ihr geschickt hatte, schrieb er:

> Ich äußere mich über genannte Norweger und andere große Europäer auf derbe Art. In Norwegen ist jetzt nur noch *Ibsen,* nur Ibsen. Ich habe ihn schon in meinem Vortrag etwas angekratzt, aber im Buch kommt es schlimmer.[12]

»Schlimmer« war es in der Tat. Außer einem persönlichen Angriff auf Ibsen verunglimpft Nagel ihn auch noch beruflich als Lieferanten von »übertriebenem Schund«. Hamsun befürchtete sogar – oder hoffte womöglich –, daß Ibsen ihn verklagte.

Wie er erwartet hatte, wurde das Buch recht kühl aufgenommen. Kritiker der Zeitungen von Kristiania bedienten sich ihrer Rezensionen, um Hamsun dafür zu schelten, daß er Hamsun war, und um es ihm nach den Vorträgen mal wieder so richtig zu zeigen. Und das fiel ihnen gar nicht schwer, denn sie waren von dem Buch richtiggehend verwirrt. Determinismus und das Gesetz von Ursache und Wirkung übten damals einen sehr großen Einfluß aus. Die Kritiker waren bestürzt: Sie hatten es hier wiederum – und diesmal sogar auf noch perversere Art – mit der widernatürlichen Denkweise zu tun, die im ersten Roman noch so befriedigend mit dem Zustand des Hungers hatte »erklärt« werden können. Doch diesmal schien sich keine plausible Entschuldigung oder Erklärung finden zu lassen.* Die interessanteste Kritik, in *Aftenposten,* sah eine Verbindung des Romans mit einer Gemäldeausstellung, die damals in Skandinavien eine Sensation darstellte und auf der Edvard Munch und der Däne J. F. Willumsen zusammen ausstellten. »Von den beiden«, schrieb der Rezensent, »ist der letztere der amüsantere und fähigere.« Was Munch betraf, so wurde er mit Hamsun zusammen auf eine Stufe gestellt als Begründer eines neuen Kults der Perversität und des Mystizismus: »Man kann hier nicht länger von Natur sprechen, sondern nur noch von verrenkter Phantasie, delirierenden Stimmungen, fieberkranken Halluzinationen.«

Die Parallele zu Munch ist auffallend. Etwa zur gleichen Zeit, da Hamsun seine Apologie *Vom unbewußten Seelenleben* schrieb, formulierte der vier Jahre jüngere Munch sein »Manifest von Saint-Cloud«, in dem er verkündete, man werde keine »lesenden Männer oder strickenden Frauen« mehr malen. »Es müssen lebendige Wesen sein, die atmen, fühlen, leiden und lieben.« Munchs *Abend auf Karl-Johan-Straße,* auf dem eine makabre Menschenmenge auf einem Bürgersteig dahergestapft kommt, während eine einzelne Gestalt auf der rechten Bildseite allein in die entgegenge-

---

*Hamsun hatte gemerkt, daß das Verhalten des Erzählers in *Hunger* mit seinem Hunger erklärt wurde, aber er wußte, daß das nicht die richtige Erklärung war. »Nicht einen Menschen gibt es, der so wahnwitzige Gemütsstimmungen erlebt wie ich. Einige davon habe ich in *Hunger* eingeschmuggelt, aber nun glauben alle, daß die verrückten Streiche, die ›Andreas Tangen‹ dort begeht, ihren Grund in seinem Hunger haben. Aber das ist nicht wahr. Leider!« Er bestätigte, daß die wirkliche Erklärung in seiner bizarren Persönlichkeit zu suchen war.[13]

setzte Richtung geht, ist eine ausgezeichnete visuelle Darstellung der Stimmung Hamsuns in *Hunger* und des Kampfs, den beide Künstler durchzustehen hatten, um in ihrem Heimatland anerkannt zu werden.
Der Rezensent der *Aftenposten* bezeichnete Nagel als »eine phantastische Personifizierung der Gedanken, Visionen und Träume des Autors« und beschrieb Hamsun als bis zum »Fanatismus oppositionell, mit krankhaftem Selbstbehauptungsdrang und einer Lust zum Widerspruch, die ihn häufig in die wildesten Paradoxien treibt. Was er haßt, ist Autorität in jeglicher Form – die anerkannte Wahrheit, die spießbürgerliche Schicklichkeit, den akademischen Doktrinarismus und das Urteil der Masse«.[14] Edvard Brandes, der sich gewissermaßen als Entdecker Hamsuns bezeichnen konnte, schüttelte in *Politiken* den Kopf über seinen eigensinnigen Schützling und beklagte nicht so sehr die fehlende Spannung in dem Buch als vielmehr die perverse Form, die die Spannung annahm. Er attackierte Hamsun an einem der Punkte, in denen sein Einfluß auf die Erzähltechniken der Schriftsteller des zwanzigsten Jahrhunderts von entscheidender Bedeutung war, indem er bemängelte, daß sich »die Spannung darauf beschränkt, daß der Autor keine richtige Auskunft über die Figuren gibt, nicht die angemessenen Auskünfte, die man von ihm erwarten darf«.[15] Mit einem Wort: daß der Autor bei der Gestaltung seiner Erzählung seine subjektive vor der objektiven Wahrheit bevorzugt.
Mysterien ist ein außergewöhnlicher Roman. Mehr als jedes vergleichbare Werk der letzten hundert Jahre, mehr vielleicht noch als Joyces *Ulysses*, vermittelt es einem den Eindruck, einem anderen Bewußtseinszustand wirklich nahe zu sein, so nahe, um es surren und ticken zu hören, plötzliche Explosionen von Licht in ihm zu registrieren und verzehrende Wogen von Finsternis und Obskurität. Der Roman ist von einer starken Natürlichkeit, einer rasenden Unvermeidbarkeit, von gewaltiger technischer und psychologischer Subtilität, und außerdem vermittelt er das Gefühl, die ganze Sache sei in Wirklichkeit ein blendender, halbbewußter Akt literarischer Improvisation. In der Literatur gibt es

kein echtes Äquivalent zur naiven Malerei, doch in der Kraft, mit der Hamsun schreibt, in der unheimlich erfolgreichen Unbeholfenheit, mit der er sich der dritten Person in einer Geschichte bedient, die eigentlich die erste verlangt, wird man bisweilen an einen großen naiven Maler wie Rousseau erinnert, der seine Sicht der Welt unter Mißachtung aller Gesetze der Technik, rein aus der göttlichen Überzeugung heraus, daß *es ist, wie es ist,* darstellt. Was Hamsun an der Kritik am meisten aufregte, war, daß die Kritiker die einfache Gleichung Nagel=Hamsun aufstellten und die seltsamen Albernheiten, geistigen Spielereien und doppelten Bluffs einfach als Angeberei hinnahmen. Sein außergewöhnlicher Ehrgeiz, das Bewußtsein selbst zum Helden des Romans zu machen, und die aufregenden Ergebnisse entgingen ihnen vollständig. Die einfache Gleichung plus eine offensichtliche Übereinstimmung der Ansichten von Romanfigur und Autor trübte die wirkliche Leistung. Hamsun blieb nichts anderes übrig, als sich mit der Tatsache abzufinden, daß das Buch erledigt war. Mit ironischer Verachtung für die Kritik schrieb er an Erik Skram:

> Aber es versteht sich von selbst, daß man in einem Roman die Dinge nicht methodisch vorgelegt erhält; man muß zu sehr sprühen. Doch im übrigen will ich nicht die Verantwortung für alle Ansichten Nagels tragen, die Frage ist nur, ob er zusammenhält, ob er mit seinem andern Ich, Minute, zusammenhängt und so hinlänglich frei mit sich selber zusammenhängt, daß er fast auseinanderfällt.* [16]

Und in einem Postskriptum zu diesem Brief enthüllt er, in welchem Ausmaß er sich beim Schreiben des Buches ständig über seine Rolle als Künstler im klaren war:

> Nagel setzt mit seinen Ansichten eine Kleinstadt in Er-

* Eine flüchtige Anspielung auf Nagel als »unsympathischer Zwerg« in Hamsuns nächstem Roman, *Redakteur Lynge,* bestätigt, daß Nagel und Minute als zwei verschiedene Seiten ein und derselben Person konzipiert gewesen waren.

staunen, und in dieser Kleinstadt *ist* er mit seinen Ansichten erstaunlich. Ihr meint wohl, daß *ich* es sei, der Euch mit *meinen* Ansichten in Erstaunen setzen und sich damit wichtig machen wolle. Doch das ist ein Irrtum. In der Kleinstadt, in der Nagel auftritt, muß er notwendigerweise Erstaunen erregen. Aber ich konnte ihn doch nicht erwidern lassen: »In Kopenhagen hätte ich niemand in Erstaunen gesetzt!«[17]

Bevor wir *Mysterien* verlassen, sollte man noch erwähnen, daß das Buch, genau wie *Hunger*, einem heutigen Leser nicht vorkommt, als sei es hundert Jahre alt. Das ist wiederum hauptsächlich der Intensität von Hamsuns psychologischer Kenntnis, sowohl seiner selbst als Nagels als auch der Leute um ihn herum, zu verdanken. Hamsuns Sorge, die er in seinem Roman als Nagels Gefühl, das Leben sei »bedeutungslos und banal« darstellt, wird von den Existentialisten des zwanzigsten Jahrhunderts geteilt. Seine Erzähltechniken sind bemerkenswert zeitlos: In einer Reihe von Monologen, die uns Zugang zu Nagels Gedanken vermitteln, bedient er sich der freien Assoziation sowie der Techniken des *stream of consciousness*, mindestens zwanzig Jahre bevor englische Schriftsteller sie entwickelten. Er geht auch in der Technik der »Charakterisierung durch den Namen« ein interessantes Stück weiter als seine Zeitgenossen: Das äußerst Widersprüchliche an der Person Nagels wird dadurch angedeutet, daß sein Name das Anagramm »en gal« (Verrückter) im Norwegischen und »angel« (Engel) im Englischen enthält.

Als die wesentlichsten Einflüsse auf sein jüngeres Selbst bezeichnete Hamsun in späteren Jahren Nietzsche, Strindberg und Dostojewski. Nagel ist sogar als »Kleinstadt-Zarathustra« bezeichnet worden, aber diese Figur ist wirklich zu subtil, um auf diese Beschreibung zu passen. Trotz all seiner Bewunderung für die Ideen des geborenen Führes und des geistigen Aristokraten – eine Bewunderung, die er mit Nagel teilte – besaß Hamsun zuviel Selbstironie; und ihn einen

Nietzscheaner zu nennen läßt letzten Endes mehr aus, als es beisteuert. Außerdem verstärkte sich im selben Maße, wie sein Selbstvertrauen als Künstler zunahm – und das tat es trotz aller Angriffe in der Presse in der Tat –, seine antiakademische Haltung wie auch sein leidenschaftlicher Glaube an die Überlegenheit des Wissens aus Erfahrung gegenüber dem Wissen aus Büchern. Nietzsche, mit fünfundzwanzig Jahren bereits Universitätsprofessor, war ein Mann mit sehr begrenzter praktischer Lebenserfahrung und daher wirklich nicht der Stoff, aus dem Hamsuns Helden gemacht waren.

Was Strindberg betrifft, hat man immer das Gefühl, daß es der starre Blick und der struppige Schnurrbart waren, was Hamsun an ihm am meisten bewunderte. Er mochte Strindberg ob seiner Selbstgefälligkeit, der furchtlosen Leidenschaftlichkeit seiner subjektiven Äußerungen und seines Antifeminismus.

Er hielt viel von Strindbergs Theorien von der Beschaffenheit des zeitgenössischen Bewußtseins und von der Unzulänglichkeit der althergebrachten Kunstformen, dies auszudrücken; aber er muß sehr bald gemerkt haben, daß er ihn als Schriftsteller, als Techniker und als Künstler überragte.

Von diesen drei Heroen scheint allein Dostojewski mit unverminderter Helligkeit für Hamsun geleuchtet zu haben. Irgendwann in den späten achtziger Jahren hatte er begonnen, ihn zu lesen, und pries ihn bei mehreren Gelegenheiten in seinem Leben ohne Vorbehalt. In Dostojewskis Büchern fand er eines der größten Vergnügen, die das Lesen von Romanen zu bieten hat – die plötzliche Erkenntnis seiner selbst. In einem Brief an Marie Herzfeld schrieb er 1892:

> Er hat gefühlt wie ich – das erfahre ich jetzt –, zum Teil auch so gedacht wie ich, nur unendlich viel feiner und größer und reicher, weil er der große Dichter ist. Aber es ist doch sonderbar, daß Dostojewski, noch bevor er mich etwas lehrte, ja bevor ich, wie man sagen könnte, den Namen des Mannes überhaupt kannte, schon Einfluß auf mich ausgeübt hat.[18]

Außer der große Dichter war Dostojewski für Hamsun auch der große Psychologe, der Erforscher des Irrationalen, der Erklärer der Psychologie des einmaligen Individuums, der neue, lebenswichtige Einblicke in die Literatur brachte. Sechzig Jahre später war ihm Dostojewskis Bedeutung immer noch klar:

> Die sogenannte naturalistische Periode, Zola und seine Zeit, schrieb über Leute mit vorherrschenden Charaktereigenschaften. Sie hatten keine Verwendung für eine nuancierte Psychologie, die Leute besaßen eine »dominante Charaktereigenschaft«, die ihr ganzes Verhalten steuerte. Dostojewski und andere lehrten uns alle etwas anderes über die Menschen.[19]

Bis zum Jahre 1892 hatte er das meiste von Dostojewski, das in norwegischer Übersetzung vorlag, gelesen, einschließlich *Die Brüder Karamasow* und *Schuld und Sühne.* Selbst das Lesen der weniger bekannten Werke nahm ihn so mit, daß er die Wirkung körperlich spürte. In einem undatierten Brief an Bolette Larsen teilte er ihr mit, daß er *Erniedrigte und Beleidigte* gelesen habe, »das hat mich fast umgebracht. Ich unternahm anschließend einen Spaziergang und kam, am ganzen Körper zitternd, zurück«.

Wie beunruhigend es für ihn dann gewesen sein muß, als er im Juni 1892, gerade als er an den letzten Seiten von *Mysterien* arbeitete, aus Deutschland einen Zeitschriftenartikel zugeschickt bekam, in dem er beschuldigt wurde, mit seiner Erzählung *Hazard,* die er im Sommer 1889 geschrieben hatte und die noch im gleichen Jahr in der Weihnachtsausgabe vom *Verdens Gang* erschienen war, Dostojewskis Roman *Der Spieler* plagiiert zu haben. Das war ebenjene Geschichte, die Marie Herzfeld 1890 solche Schwierigkeiten gehabt hatte unterzubringen, was ihr aber dann doch noch bei der *Freien Bühne* gelungen war. Und dort erschien nun auch Felix Holländers Angriff. Hamsun antwortete auf die Beschuldigungen in einem langen privaten Brief an seine Übersetzerin.

Der Spieler war in Norwegen erstmals 1889 erschienen, und sobald Hamsun ihn las, bemerkte er die Ähnlichkeit zwischen den beiden Werken und versuchte daher, seine Erzählung vom *Verdens Gang* zurückzubekommen. Doch es war zu spät: Sie befand sich bereits im Satz. Unter anderem erklärte er Marie Herzfeld, daß zwei Geschichten über das sehr spezielle Milieu des Roulettes zwangsläufig eine gewisse Ähnlichkeit aufweisen müßten. Er räumte ein, daß ihm wohl schon jemand etwas von dem Roman erzählt haben mochte und daß möglicherweise unbewußt einiges davon in sein eigenes Werk eingeflossen sein könnte. Das jedenfalls würde er aufs tiefste bedauern, schuldig fühlte er sich darum jedoch keineswegs. Seine Erwiderung auf die Anschuldigung verrät sehr viel über seinen damaligen Charakter: Er bestand darauf, daß diese lange private Erklärung für Marie Herzfeld auf keinen Fall veröffentlicht würde:

> Sie sagen, ich sollte mich verteidigen. – Nein, ich lasse es lieber. Ich antworte niemals auf derartige Angriffe, weshalb sollte ich es dann jetzt tun?[20]

Diese Haltung, diese Entschlossenheit, sich keinem Angriff zu beugen, ist Ausdruck eines ungeheuren Stolzes. Immerhin bedeutete diese Anschuldigung einen ziemlichen Schlag für sein im Aufkommen begriffenes Ansehen in Deutschland. Die *Freie Bühne* war eine einflußreiche neue Zeitschrift, die sich zur Aufgabe gestellt hatte, junge Schriftsteller und neue Literatur zu fördern, und sie war ein wichtiges Podium in Berlin, auf dem norwegische Schriftsteller, die um ihren Durchbruch in einer der bedeutendsten europäischen Sprachen rangen, ihr Talent zeigen konnten. *Hunger* war in ihr im gleichen Jahr in Fortsetzungen abgedruckt worden, in dem das Buch in Norwegen erschienen war; und als der Berliner Verlag von *Hunger*, S. Fischer, das Angebot zurückzog, *Mysterien* herauszubringen, führte Hamsun das privat direkt auf den Schlag zurück, den sein Ansehen durch Holländer erlitten hatte.

Er war völlig überzeugt, daß der Artikel auf Betreiben – und mit direkter Unterstützung – der Clique norwegischer Schriftsteller geschrieben worden war, die damals in Berlin lebten, und zwar aus Rache für seine Angriffe, die er in seinen Vorträgen auf sie unternommen hatte. Insbesondere hatte er Arne Garborg in Verdacht, den Mann, an den er sich 1886 nach der Abweisung seiner Erzählung *Auf Tournee* um Hilfe gewandt hatte. In Rezensionen zu *Mysterien* war Garborg als Stock benutzt worden, mit dem der Emporkömmling Hamsun geschlagen werden sollte. *Mysterien* wurde im Vergleich mit Garborgs Roman *Trætte Mænd* (Müde Seelen) aus dem Jahre 1890 abgelehnt, was Hamsun düster vorhergesehen hatte, da Nagel am Ende nicht wie Garborgs Held zu einem Priester geht. Garborg wurde als »anständige« Alternative Hamsun gegenüber der Vorzug gegeben, und er wurde, im Gegensatz zu dem oberflächlichen Nagel/Hamsun, als ernsthafter Denker bejubelt. Garborg war in der Tat ein grundanständiger Typ, der es nicht für richtig hielt, daß Hamsun seine Schriftstellerkollegen kritisierte; aber ob er mit Holländers Artikel etwas zu tun hatte oder nicht, kann nicht mit Bestimmtheit gesagt werden. Zweierlei Dinge waren es vermutlich, die Hamsun zu dem Schluß kommen ließen, daß er darin verwickelt war. Erstens ließen Holländers Verweise auf seine Vorträge erkennen, daß er von ihnen durch jemand gehört hatte, der sie heftig mißbilligte; und zweitens enthielt der Artikel im Grunde eine zweifache Beschuldigung des Plagiats, indem die rein äußerliche thematische Ähnlichkeit zwischen Hamsuns *Hunger* und Garborgs Roman *Bondestudentar* (Bauernstudenten)* erwähnt wurde. Beide Romane Hamsuns lassen sein verschlossenes Wesen erkennen; wie der Erzähler von *Hunger* und wie Nagel neigte auch er dazu, immer wieder über alles mögliche nachzudenken, nach verborgenen Bedeutungen zu forschen und

* Der Roman, der 1883 erschien und ursprünglich für Garborgs Meisterwerk gehalten wurde, ist eine naturalistische Studie über die Korruption und den Verfall eines Bauernburschen, der in die Stadt kommt, um zu studieren. Hamsun kannte diesen Roman: 1885 schenkte er ein mit einer Widmung versehenes Exemplar davon einem Freund in Valdres zu Weihnachten.

Geheimnisse zu ergründen. Der Verdacht, seine Zeitgenossen und Schriftstellerkollegen wie auch die Presse hätten es sich zum Ziel gesetzt, ihn zu vernichten, verdeutlicht vielleicht den wirklichen Beginn eines Geisteszustandes, der nicht mehr weit von Paranoia entfernt ist und der sich in den folgenden Jahren immer wieder zeigte. Hamsun ließ sich vollkommen von dem Gedanken beherrschen, er habe sich ganz allein gegenüber einer allgemeinen Feindseligkeit zu behaupten. Das verlieh ihm fanatische Kräfte, ließ den festen Entschluß in ihm reifen, über die eingebildete Übermacht im stratosphärischen Sinn zu triumphieren und die Etablierten allein durch die Ausübung seines Talents dazu zu zwingen, ihn als großen Schriftsteller zu feiern, ob sie es wollten oder nicht. »Der Artikel in der *Freien Bühne* muß eben stehenbleiben«, schrieb er an Marie Herzfeld, »ich kann nur versuchen, im Lauf der Zeit darauf zu antworten durch Buch um Buch.« *

Nach der Veröffentlichung von *Mysterien* und nachdem Hamsun das meiste von den 3000 Kronen, die er für das Buch bekommen hatte, in Cafés wie dem Bernina, dem Achen und dem A Porta ausgegeben hatte, verschwand er plötzlich von der Bildfläche, ohne jemandem zu sagen, wohin er ging, und ließ sich auf der Insel Samsø im dänischen Kattegat nieder. Hier begann er mit der Arbeit nicht an einem, sondern an zweien der Bücher, die er sich und der Welt versprochen hatte.

Es wurde behauptet, daß *Mysterien* als eine Art Entschuldigung für den Wirbel geschrieben worden sei, den die Vorträge 1891 erregt hatten; daß Hamsun, indem er die Figur Nagel schuf, im wesentlichen zugab, daß an den Beschuldigungen, er sei ein Bluffer, ein Scharlatan, ein intellektueller Schwindler und literarischer Akrobat, etwas dran sei; und daß er, indem er die Bezeichnung Scharlatan *zum Teil* auf sich selbst bezog, im Grunde genommen jenen die Hand zur Versöhnung hinstreckte, die er beleidigt hatte. Wenn der

* Später hat Hamsun *Hazard* wesentlich umgeschrieben und unter dem Titel *Vater und Sohn* in seine Sammlung *Gestrüpp* (1903) aufgenommen.

Fall so lag, dann war keiner an seinem Friedensangebot interessiert, und so muß er besonders verletzt gewesen sein, als er nach Samsø reiste.

Der Winter 1892/93 war rauh und kalt auf Samsø – einmal war die Insel durch Eis sogar völlig vom dänischen Festland abgeschnitten, und es kam elf Tage lang keine Post –, aber die Arbeit an den Romanen ging zügig voran. Bald nahm das eine von beiden seine ganze Aufmerksamkeit in Anspruch, und das andere wurde auf später beiseite getan. Dasjenige, das ihn am meisten drängte, war *Redakteur Lynge,* ein Buch, das, wie er Bolette Larsen mitteilte, »so scharf wie Haß« sein würde. Es war in der Tat ein höchst persönlicher, ernsthafter Akt der Rache an dem Redakteur vom *Verdens Gang,* Ola Thommessen, für seinen Artikel über Hamsuns Vorträge. Verständlicherweise geht Hamsun in seiner eigenen Darstellung des Buches für Albert Langens Verlags-Katalog von 1894 auf diesen Aspekt nicht ein:

> Eine im Ton politische Polemik, leidenschaftlich als literarisches Werk, verschieden von allen Ansichten Hamsuns. Man hat Hamsun vorgeworfen, keine Romane wie andere Schriftsteller zu schreiben, Romane mit Anfang und Ende, mit festumrissenen Figuren, man behauptete, er sei nicht fähig dazu. Dann gibt Herr Hamsun *Redakteur Lynge* heraus – in diesem Buch kann man, sogar in erhöhtem Grade, das Geforderte finden. Herr Hamsun wird vermutlich kein weiteres Buch in diesem Stil schreiben, diesmal aber hat er zeigen wollen, daß er es könne.

Ola Thomessen, das Urbild für Hamsuns *Redakteur Lynge,** hatte 1878 die Kristianiaer Zeitung *Verdens Gang* übernommen und sie zu einem führenden Organ radikaler Gesinnung in der Hauptstadt gemacht. Gegen Ende des vorigen

* Das war das zweite Mal, daß er als Modell diente – zuvor war er schon in *Hunger* der nette »Kommandeur« gewesen.

Jahrhunderts entwickelte sich die Einstellung zu der Frage, ob Norwegen sich von der schwedischen Krone lossagen und ein unabhängiger Staat werden sollte, zu einer zentralen Angelegenheit in der politischen Auseinandersetzung und zu einem Prüfstein der politischen Ansichten einer Zeitung. Und als radikale Zeitung trat der *Verdens Gang* ursprünglich unmißverständlich für die Unabhängigkeit ein. Hamsun, der die strittigsten Fragen seiner Zeit mit leidenschaftlicher Anteilnahme verfolgte, hegte nicht als einziger den Verdacht, daß es Thommessen im Laufe der neunziger Jahre seinem Blatt immer mehr an Konsequenz mangeln ließ und daß sein Standpunkt zu speziellen Fragen, einschließlich der Unabhängigkeit, immer mehr von finanziellen Erwägungen, sozialem Prestige und sogar sexuellen Belangen geprägt wurde als von Prinzipien. Diese Seite seines Angriffs auf Thommessen hob Hamsun immer wieder hervor, indem er erklärte, *Redakteur Lynge* geschrieben zu haben, »um dem Redakteur einer der führenden Zeitungen von Kristiania entgegenzutreten«, und daß das Buch »mit diesem politischen Renegaten« voller Zorn abrechnen würde. In einem nicht ganz überzeugenden Versuch, das Unvoreingenommene seines Angriffs hervorzuheben, streitet er eine bestimmte politische Zugehörigkeit ab und bezeichnet sich selbst als: »ein Radikaler, der keiner Partei angehört, sondern im höchsten Grade ein Einzelwesen ist«.

Er reiste zu Weihnachten nach Kopenhagen und arbeitete die ganzen Feiertage hindurch. Da er keine Freunde hatte und sich allein fühlte und wußte, daß das Buch, das er gerade schrieb, noch mehr Skandal und Opposition hervorrufen würde, suchte er Trost bei seinen amerikanischen Freunden. Er schrieb an Halvard Askeland und bedankte sich für dessen Loyalität. Er scherzte, daß er offenbar die skandinavischen Zeitungen in Amerika nicht lese, sonst würde er sich ebenfalls von ihm abwenden. Er klagte mißmutig, daß er neben all seinem anderen Ärger auch noch an Bartflechte litt und »schrecklich aussätzig« aussehe.

Im März 1893 kehrte Hamsun nach Kopenhagen zurück und übergab Philipsen sein fertiges Manuskript. Während es gedruckt wurde, hielt er wiederum einen Vortrag vor dem Studentenbund, der sich ebenfalls reuelos kritisch mit älteren und jüngeren zeitgenössischen Schriftstellern auseinandersetzte. Den Studenten gefiel das natürlich, aber es war ein beruflich selbstmörderisches Unterfangen, auf das sich Hamsun da einließ. Zu Hause in Kristiania reagierte Garborg auf diesen Vortrag mit einem sarkastischen Artikel unter dem Titel »Ein Pfundskerl«. Zweifellos nahm Garborg Anstoß an Hamsuns mangelndem Berufsethos; er mag auch das Gefühl gehabt haben, daß Hamsun seinen norwegischen Kollegen in Kopenhagen, wo die literarische Mode immer noch allem Norwegischen den Vorzug gab, »die Tour vermasselte«. Garborg und Hamsun hatten sich, hauptsächlich durch Briefe an Dritte, seit dem Erscheinen von *Hunger* eine unsichere gegenseitige Bewunderung bewahrt, und Hamsun behielt seine Achtung und Bewunderung für Garborg bei. Doch nach der Veröffentlichung von *Redakteur Lynge* war Garborg schließlich überzeugt davon, daß Hamsun ein verlorener Fall sei. Der *Verdens Gang* beauftragte ihn, den Roman zu verreißen, und in seiner Rezension vom 22. April tat er das auch. Er bezeichnete das Buch als »eine Schmähschrift« und schloß mit dem verdammenden Vorwurf, das sei ein Buch »für die Massen«.

»Für die Massen« war es in der Tat. *Redakteur Lynge* verkaufte sich sensationell gut, nach einem Monat kam schon die zweite Auflage heraus. Angesichts der Begrenztheit des Themas ist das Buch verständlicherweise eines der am wenigsten übersetzten großen Werke Hamsuns, und es ist auch der schwächste seiner Romane, und das wegen der Einfachheit seiner Psychologie und der erkennbaren Verachtung für die herkömmliche Form, in der er geschrieben wurde, einfach, weil Hamsun beweisen wollte, daß er solches Zeug jederzeit aus dem Ärmel schütteln konnte, wenn es das war, was »die Massen« wirklich wollten.

Für den Roman hatte Philipsen Hamsun eine beträchtliche Summe gezahlt – 2100 Kronen; doch indem er ihn überhaupt geschrieben hatte, verscherzte sich Hamsun den letzten Rest von Wohlwollen, den die Etablierten ihm als dem talentierten provinziellen Schriftsteller aus der Arbeiterklasse und als Autor von *Hunger* noch entgegengebracht hatten. Die meisten Besprechungen in den Zeitungen befanden sich im Einklang mit Garborgs Zeilen, obgleich das Buch nicht ausschließlich aus moralischen Gründen verdammt wurde; der Rezensent in der *Norske Intelligenssedler* stellte unumwunden fest, daß Hamsuns Polemik »auf Kosten der Kunst und der Psychologie« realisiert werde.[21] Und in gegenseitigen persönlichen Briefen wetteiferten entrüstete Säulen der norwegischen Literatur um das Ausmaß ihrer Mißbilligung Hamsuns. Bjørnson, der auf die Vorträge Hamsuns damit reagiert hatte, daß er ihn als »Ignoranten« und »engstirnig« bezeichnete, war durch den Roman noch mehr aufgebracht. In einem Brief an Amalie Skram räumte er ein, »talentiert predigt er Ehrlichkeit und Verantwortlichkeit«, und bezeichnete ihn dann als »das unehrlichste und unverantwortlichste Buch in der norwegischen Literatur«. Frau Skram, die zusammen mit ihrem Mann Erik 1888 zu Hamsuns ersten Befürwortern in Kopenhagen gehört hatte, schrieb an Bjørnson zurück, daß sie Hamsun zu Anfang sehr gemocht hätte, »doch seit ich herausgefunden habe, wie lässig er mit der Wahrheit umgeht, bringe ich es nicht mehr fertig, mit ihm zu reden«. Sein Buch, erklärte sie, sei »abscheulich«.[22] Hamsun selbst hegte bereits den Verdacht, daß seine Schriftstellerkollegen so reagierten. Im Mai 1892 hatte er die Skrams getroffen und Amalie ihm gegenüber »sehr kühl« gefunden, und in einem Brief an Bolette Larsen hatte er gemutmaßt, der Grund dafür sei, daß er sie 1891 in seinen Vorträgen als Beispiel für, wie er es nannte, »Altsaa«-Literatur angeführt hatte – die Literatur der Charakterisierung durch Schlagworte.[23]

Die ganze Aufregung konnte Hamsun nicht davon abhalten, mit seinen Kopenhagener Freunden im April die Veröffentlichung seines Romans zu feiern. In den Jahren von 1888 bis 1892, in denen er häufig in der Stadt war, begründete er seinen Ruf als Zecher und Haudegen von legendärem Durchhaltevermögen. Aage Welblund krönt ihn in seinem Buch über die Kopenhagener literarischen Cafés zum unbestrittenen König der Lebenskünstler und Trinkfesten. Der Kodex unbeirrbaren Gleichmuts, die Fähigkeit, die Zähne zusammenzubeißen und durchzuhalten, die er im Hause seines Onkels Hans erworben hatte, und sein stark ausgeprägtes Konkurrenzdenken machten ihn zu einem Zecher, dem es sein Ehrgefühl gebot, jeden, der ihn herausforderte, unter den Tisch zu trinken.

In einem Brief an Bolette Larsen aus dem Jahre 1890 schilderte er ihr sein, wie er es nannte, »ehrgeiziges Streben«, das darin bestand, plötzlich irgendwo auf der Bildfläche zu erscheinen, dadurch Erstaunen zu erregen und genauso plötzlich wieder zu verschwinden, wie er gekommen war.[24] Und das Schriftstellerleben, wie er es führte, war besonders gut geeignet für das Erreichen eines solchen »Strebens« – mit den langen Perioden der Zurückgezogenheit von der Welt, seiner abrupten Rückkehr, wenn das Werk fertig war, und des ebenso raschen Wiederverschwindens, wenn sich ein neues Projekt ankündigte. Die Trinkgelage und sonstigen Eskapaden in Cafés wie dem Bernina stellten keinen verzweifelten Ersatz für Arbeit und Inspiration dar wie vielleicht bei weniger begnadeten Künstlern, sondern gewaltige Akte des In-sich-Aufnehmens der Gesellschaft; nebenbei fungierten sie als kalkuliertes »Auftauchen«, und er erregte in der Tat Aufsehen. Diese Zechgelage nutzte er sogar bewußt als Mittel, um alle ungenutzten Überbleibsel eines fertigen Werkes in seinem Kopf zu vernichten und Platz zu schaffen für das nächste. Nachdem *Redakteur Lynge* in Druck gegangen war, schickte Hamsun dem Redakteur von *Samtiden* eine Erzählung und drängte ihn, sie so bald wie möglich zu bringen, »so lange mein Roman im Gespräch ist – denn es wird sich sicher eine Welle des Protests dagegen erheben«; das kurze Begleitschreiben zu der Erzählung erhielt auch die Information, er sei »vollkommen fertig, ein nervöses Wrack, halbtot. Die letzten fünf Wochen jeden Tag betrunken zu Bett. Jetzt höre ich auf.«[25]

Nun, er hörte tatsächlich auf und plante sein nächstes Verschwinden; ein halbfertiger Roman wartete auf ihn. Der unmittelbare Verkaufserfolg von *Redakteur Lynge* hatte ihm

die Taschen mit so viel Geld gefüllt, daß sogar nach dem fünfwöchigen Gelage noch welches übrig war und er zum erstenmal reisen konnte, wohin er wollte.
Trotz der ausgesprochenen Kühnheit seiner heftigen Hiebe gegen die Etablierten, obwohl er stolz darauf sein konnte, es als Autodidakt aus dem Nichts bis zu dem am heftigsten diskutierten jungen Schriftsteller seines Landes gebracht zu haben, wurde Hamsun doch das Gefühl intellektueller und sozialer Unsicherheit nicht los. Daraus erklären sich auch jene plötzlichen Entgleisungen in »rüpelhaftes Betragen«, über die sich Victor Nilsson in Amerika äußerte – seine Angewohnheit zum Beispiel, im Hause der Jansons barfuß zu gehen. Viele Leute sollten sich noch zu ähnlich plötzlichen und häufig aggressiven Demonstrationen schlechter Manieren Hamsuns äußern. Doch solches Verhalten gehörte notgedrungen zu einem Mann, der den Traum des Anarchisten auslebte, ein Leben totaler Subjektivität, in dem er sich seine eigenen Gesetze machte und nur sich selbst gegenüber verantwortlich war.
So hatte es zumindest den Anschein; in Wirklichkeit hielt unter der Pose rücksichtsloser Primitivität wohl ein Teil von ihm an der Hoffnung fest, daß die Verwandlung, von der er vor so vielen Jahren im *Rätselhaften* geträumt hatte, immer noch stattfinden könnte und der Frosch zu einem Prinzen wurde. Sooft er öffentlich seine Gleichgültigkeit gegenüber Vornehmheit und Kultur zur Schau stellte, sehnte er sich heimlich danach, diese Künste zu beherrschen. Und es war auch sein Streben nach Vornehmheit und Kultur, das ihn schließlich dazu brachte, am 13. April 1893 nach Frankreich zu reisen,[26] in Begleitung des dänischen Dramatikers Sven Lange. Französisch war die Sprache eines kultivierten Menschen, und Hamsun ging nach Paris, um Französisch zu lernen und ein kultivierter Mensch zu werden.

8

1893–1895: Paris, *Pan* und Strindberg

Paris war in den 1890er Jahren für die meisten europäischen Künstler immer noch *der* kulturelle Mittelpunkt, und Hamsun, der von Antwerpen aus mit dem Zug nach Paris kam, schloß sich einer bereits recht umfangreichen Kolonie von Skandinaviern, die dort lebten, an. Jonas Lie und seine Familie bildeten den Mittelpunkt der norwegischen Gemeinde, der in diesen Jahren auch Bjørnson, Alexander Kielland, Edvard Munch, der Bildhauer Gustav Vigeland, die Komponisten Edvard Grieg und Christian Sinding und die literarisch interessierten Brüder Krag jeweils einige Zeit angehörten sowie Dutzende junger Studenten der Musik und der Malerei. Doch waren sie eine besonders isolierte Gruppe,[1] und nur Grieg, Munch und Sinding tauchen in den berühmten Künstlerkreisen jener Zeit, zum Beispiel um Paul Gauguin und William Molard, als Mitglieder auf. Die meisten Norweger blieben unter sich, sie kamen in ihren Wohnungen rund um den Jardin du Luxembourg zusammen oder an Treffpunkten wie dem Café de la Régence.

Sven Lange war schon vorher in Paris gewesen und besaß nützliche Kontakte. Er stellte Hamsun dem dänischen Maler Willy Gretor vor, der ihn unentgeltlich in dem Zimmer unter seinem Atelier (Place Malesherbes 112)[2] wohnen ließ, bis er etwas Eigenes fand. Gretor sollte einer von Hamsuns Gefährten werden; sein seltsamer, amoralischer Charakter faszinierte den Menschenkenner in Hamsun. Neben eigenen Arbeiten fertigte Gretor auch Kopien nach Werken großer Meister wie Rembrandt, Frans Hals, Teniers und van Gogh, die er guten Glaubens für enorme Summen an seine reichen Freunde verkaufte. Er war auch in den Selbstmord eines jungen Malers verwickelt, der sein Mitarbeiter und homosexueller Liebespartner gewesen war, womöglich hatte er ihn sogar umgebracht; der Fall ist nie gelöst worden. Er hatte Zugang zu jedem bedeutenden Haus und Salon in Paris, war fähig zu außerordentlichem Charme in der Öffentlichkeit und ungeheurer Grausamkeit in der Privatsphäre. Über ihn herrschten die unterschiedlichsten Ansichten unter denjenigen, die mit ihm zusammentrafen. Der Dramatiker Frank Wedekind bezeichnete ihn als den faszinierendsten Menschen, dem er je begegnet war, bejubelte ihn als Genie und widmete ihm sein Stück *Erdgeist*. Für Strindberg jedoch war er ein »Schurke«, wohingegen Hamsun sein Leben als »menschlich und inspirierend, ein Roman« beschrieb.

Was alles Gretor auch sonst gewesen sein mag, für Knut Hamsun war er beruflich von vitaler Bedeutung. Er war es, der ihn auf den Weg zu internationalem Erfolg brachte, indem er ihn einem jungen Playboy, dem Millionär Albert Langen aus München, vorstellte, der den berühmten Verlag Langen gründen sollte. Langen war in der Hoffnung nach Paris gekommen, Maler zu werden oder Schriftsteller, und hatte mit Gretor ein stilles Übereinkommen getroffen – der Däne würde ihn mit allen interessanten und wichtigen Leuten in der Welt der Kunst bekannt machen, und er würde die Rechnung für das alles begleichen. Langen stellte sehr bald fest, daß er selbst kein Künstler war; doch er war auch nicht dumm, und er liebte die Literatur, und mit dreiundzwanzig Jahren suchte er nach der Bestimmung seines Lebens. Gretor und Hamsun zeigten sie ihm.

Hunger hatte sich in der deutschen Übersetzung nicht gut verkauft, und S. Fischer zeigte kein Interesse, *Mysterien* übersetzen zu lassen und zu verlegen. Zweifellos hatte die Beschuldigung des Plagiats in der *Freien Bühne* zu diesem Mangel an Interesse beigetragen. Langen und der zehn Jahre ältere Hamsun verstanden sich sofort sehr gut, was zu dem Ergebnis führte, daß Langen das Geld für eine deutsche Publikation des Buches bereitstellte. Gretor und er gründeten den Albert Langen Buch- und Kunst-Verlag eigens zu dem Zweck, den Roman *Mysterien* in Deutsch herauszubringen, der dann auch 1894 in Maria von Borchs Übersetzung erschien.

Dieses Ereignis markiert den definitiven Beginn der lebenslangen gegenseitigen Liebesbeziehung zwischen Hamsun und den deutschen Lesern. Nach dem Fehlstart mit *Hunger* und dem Problem mit der *Freien Bühne* war dies nun endlich der echte und unwiderrufliche Eintritt Hamsuns in die europäische Sphäre, und damit auch der Zugang zu einem Wohlstand, den ihm ein literarisch gebildetes und interessiertes Volk wie die Deutschen verschaffen konnte. Langen starb 1909, doch das Risiko, das er für Hamsun auf sich nahm, zahlte sich für beide aus. Sein Verlag florierte, während Hamsun bei der Finanzierung seines Lebensstils die nächsten fünfundzwanzig Jahre weitgehend auf seine Tantiemen vom deutschen Markt angewiesen bleiben sollte. Nachdem Hamsun ein paar Wochen bei Gretor gewohnt hatte, zog er in ein billiges Hotel in der Rue de Vaugirard 8, einer der ältesten und längsten Straßen im Zentrum von Paris, gleich um die Ecke des Jardin du Luxembourg und nahe beim Hôtel des Americains, einer weiteren von Skandinaviern bevorzugten Unterkunft. Hamsun nahm sich zwei Zimmer im ersten Stock; eins nach vorn, zur Straße hin, mit einem Balkon und ein winziges Schlafzimmer nach hinten. Er war, wie er einer Zeitung[3] gegenüber erklärte, nach Paris gekommen, um Französisch zu lernen, und um nicht in der Langeweile von Grammatikbüchern steckenzubleiben, pflegte er den Umgang mit Brede Kristensen, einem jungen Französischstudenten, ging mit ihm essen und spazieren und hoffte, durch bloßes Zuhören die Sprache so leicht wie nur möglich zu erlernen. Doch leider funktionierte das nicht, und nach einem geduldigen Jahr gab er den Versuch auf, sich das Mittel zur Kultivierung, für das er die französische Sprache hielt, anzueignen. Hamsuns Aussprache der paar Wörter, die er kannte, war hervorragend, aber er hatte nicht einmal genügend Kenntnisse erworben, um französische Zeitungen lesen zu können. Doch läßt sich das weniger mit einem mangelnden Sprachtalent als vielmehr mit der außerordentlichen Belastung erklären, der er ausgesetzt war, indem er Tag und Nacht intensiv in der einen Sprache dachte und schrieb und dann, müde und aller

Worte überdrüssig, ausging und wiederum versuchte, alle seine Kräfte aufzubieten, um eine einfache Konversation in der anderen zustande zu bringen. Das war ein weiterer Aspekt des gleichen Problems, an dem in Amerika seine Bemühungen, Englisch zu lernen, gescheitert waren. Außerdem arbeitete er – natürlich – bereits wieder intensiv an einem Roman, der halbfertigen Arbeit, die er in Samsø beiseite gelegt hatte, um erst einmal *Redakteur Lynge* fertig zu schreiben.

Durch seine intensive Arbeit lebte er sehr zurückgezogen, und die Zirkel, in denen er Entspannung hätte finden können, waren ihm verschlossen, beziehungsweise er war dort nicht sehr gern gesehen, und zwar aufgrund der Tatsache, daß ihre führenden Köpfe Jonas Lie und der Maler Fritz Thaulow waren. Lie hatte keinen besonderen Grund, Hamsun willkommen zu heißen, nachdem dieser sich 1891 in seinen Vorträgen mit ihm beschäftigt hatte, und Lies Freund Thaulow, ein äußerst derber Mensch, der keine Zeit übrig hatte für die neue »neurotische« Kunst, brachte Hamsun sehr viel Argwohn entgegen. Er mußte sich außerhalb der wichtigsten Gruppen seinen Umgang suchen, wo das Stigma, das seinem Namen anhaftete, irrelevant war. Darum war er häufig mit Dänen, wie Gretor und Lange oder dem homosexuellen Herman Bang, zusammen. Er hatte Mitleid mit Bang und half ihm mit Geld aus, bis er dahinterkam, daß sein ständiges Gejammer fest zu seinem Charakter gehörte und seine Freunde und Helfer dessen längst überdrüssig waren. Er half auch noch anderen Schriftstellern, wie den Schweden Ola Hansson und Adolf Paul. Paul zum Beispiel machte er mit Mons Litleré bekannt, dem Bergener Verleger seiner Schrift *Lars Oftedal*, riet Litleré aber, in Verbindung mit Pauls Buch seinen Namen nicht zu erwähnen, weil damit womöglich dessen Chancen zunichte gemacht würden.[4] Er versuchte auch alles mögliche, um einem Mann zu helfen, den er kaum kannte, Frank Wedekind, und arrangierte eine Übersetzung ins Dänische, nachdem, wie er glaubte, Edvard Brandes enthusiastisches Interesse bekundet hatte, nur um erkennen zu müssen, daß Brandes sich kühl von dem Projekt distanzierte, nachdem das Werk druckfertig war.[5]

In Erlebnissen wie diesem sah Hamsun zwangsläufig den Beweis für eine großangelegte Verschwörung des norwegischen literarischen Establishments gegen ihn. Was er auch tat, es schien die Sache nur zu verschlimmern. Für die Pariser *Revue des Revues* schrieb er einen Artikel über Trends in der modernen norwegischen Literatur, der die Experten zu Hause verärgerte. Sie waren der Meinung, daß das Fehlen längerer Auseinandersetzungen mit »Star«-Namen wie Garborg, Amalie Skram und Gunnar Heiberg einer absichtlichen Beleidigung dieser Schriftsteller gleichkam. Er protestierte vergeblich, daß er über die Bewegung habe schreiben wollen und nicht über einzelne, und beklagte sich bei Bolette Larsen, daß Bjørnson, als er in seiner Jugend in Not war, mindestens eine Zeitung gefunden hatte, die ihn unterstützte, wohingegen er sich als Angriffsziel für alle vorkam.[6] Er bekam es von allen Seiten zu spüren. An Victor Nilsson schrieb er, er habe, seit er in Paris sei, »kein Wort sagen oder schreiben können, ohne daß ein Hagel von Flüchen aus Norwegen, Dänemark und Schweden auf mich herniederprasselte«.[7] Gegenüber einem anderen Adressaten behauptete er, er könne seinen Mund nicht aufmachen, ohne daß Leute wie Edvard Brandes, Arne Garborg und eine ganze Anzahl anderer ihn bezichtigten, ein billiger Selfpromoter zu sein, der nie müde wurde, die Leute daran zu erinnern, daß er in Amerika gewesen war. Er fand, Brandes habe seine ursprüngliche Begeisterung für *Hunger* revidiert[8] und bezeichne es jetzt als unehrliches Buch, das nur geschrieben worden sei, um seinen Autor ins Gespräch zu bringen. Als von Octave Mirbeau ein Artikel erschien, der *Hunger* leidenschaftlich lobte, glaubte Hamsun, man hege den Verdacht, er könnte den Auftrag für diesen Artikel gegeben haben, und dementierte das öffentlich. »Der Haß auf mich muß sehr stark sein«, schrieb er an Langen, »Thaulow hat es mir nicht geglaubt und sich an Mirbeau gewandt.«[9]

Es ist schwer zu sagen, wieviel von dieser feindseligen Atmosphäre Wirklichkeit war und wieviel sich Hamsun nur einbildete. Er beklagte sich, daß er im Gefolge der Skandale um seine Vortragsreise und *Mysterien* von der Presse ausgeschlossen worden sei, doch Ende 1892 behauptete er: »... jene Zeitungen, die mir das Leben am schwersten gemacht hatten, kamen am Tag darauf zu mir und boten mir gutes Geld, damit ich für sie schreibe. Die ganze Sache ist doch bloß Humbug.«[10] Und die konservative Zeitung *Morgenbladet*, die er als »mein größter Feind« bezeichnete, lobte einen Artikel, den er anläßlich des Attentats auf den französischen Präsidenten Carnot im Sommer 1894 für den *Social Democrat* geschrieben hatte.* Wichtig an der ganzen Geschichte ist, daß er *glaubte*, er sei das Opfer einer Verschwörung mit dem Ziel, ihn in seiner Karriere zu behindern, ob das nun stimmte oder nicht. Es scheint für ihn notwendig gewesen zu sein, sich sein Leben als Krieg vorzustellen, in dem er allein gegen eine Menge skrupelloser Feinde kämpfte, eine Vorstellung, die für sein erfolgreiches Funktionieren als Literat zu einer unbedingten Notwendigkeit wurde. Dieser Geisteszustand, der in seiner tatsächlichen Unbeliebtheit, die er seit 1891 erfahren mußte, seinen Ursprung hatte, kam Ende Oktober 1893 richtig zum Ausbruch, als er in einer Buchbesprechung im *Morgenbladet* einen äußerst kritischen Hinweis auf sich fand. In einem langen Brief an Bolette Larsen schüttete er sein Herz aus:

> Mir sei gestattet, mit Ihnen beiden heute abend zu reden; ich bin nicht nur betrübt, sondern ich bin völlig verzweifelt. Teils mag es daran liegen, daß ich völlig überarbeitet bin, ich bin nicht geistig, sondern körperlich völlig ausgelaugt, nun habe ich den ganzen Nachmittag mit dem Gesicht nach unten hier auf meinem Sofa gelegen und gezittert. Ich verstehe dies alles nicht; ich habe heute den 26. Korrekturbogen gelesen, doch leider, es sind noch mehr. Und wenn das Buch jetzt kommt, werden die Wohl-

* In diesem Artikel kritisierte Hamsun die norwegischen Zeitungen, einschließlich *Morgenbladet*, dafür, aus Carnot einen bedeutenden Mann zu machen, einfach nur, weil er ermordet worden war.

wollendsten sagen, daß ich jetzt meine Bücher mit größter Leichtigkeit herunterrassele; doch habe ich in vielen Herrgottsnächten bis morgens um 8 oder 9 durchgearbeitet und mittags schon wieder weitergemacht. Und ohne einen einzigen Tag zu vergeuden, bin ich drangeblieben.
Nun ja, es ist ja gar nicht das, womit ich Sie behelligen wollte, ich wollte Sie nur bitten, mir eine ehrliche Antwort auf eine Frage zu geben, denn ich verstehe nämlich nicht mehr, es fängt an, mir über den Kopf zu wachsen. Doch wie Sie sogar an meiner Handschrift erkennen können, bin ich jetzt ganz ruhig, und ich werde auch so ruhig schreiben, wie man nur kann.
Die Sache ist: Ich spazierte heute hinüber ins Café de la Régence und las das folgende im *Morgenbladet:*
»Der Apostel des Humbugs in der norwegischen Literatur, der Taschenspieler der ›neuen Kunst‹, Knut Hamsun, wird hierin treffend beschrieben als ›lebendige Verkörperung‹ der Ungereimtheiten und gewisser Hohlheiten der norwegischen Civilisation.« *
Das stand in einer Besprechung von *Junge Norweger* und war mit – 8 – signiert, was Nils Vogt bedeutet.
Seht, das wird auf die Dauer unmöglich, mir wird alle Ehre, alles Talent, aller Anstand abgesprochen, ich verstehe das nicht mehr. Das ist doch wohl noch nie vorgekommen, daß man so, sich über alle Grenzen hinwegsetzend, gegen einen Autor schreibt, es ist beinahe so, als wäre ich kein Mensch mehr. Und genau das ist es, wonach ich Sie fragen möchte: Es *muß* etwas an mir und meiner Art zu schreiben sein, was die Leute dazu bringt, mich so zu behandeln, etwas, das ich selbst nicht bemerke, das aber andere sehen? Es kann nicht bloß sein, daß ich Thommessen in einem meiner Bücher als Vorbild benutzt habe, es muß außerdem noch etwas Leichtfertiges, Sonderbares,

* Diese Bezeichnung »Taschenspieler der ›neuen Kunst‹« grub sich sehr tief in Hamsuns Gedächtnis ein. Im Verlauf der psychiatrischen Untersuchung über fünfzig Jahre später konnte er den Inhalt dieses Abschnitts noch beinahe Wort für Wort wiedergeben.

Falsches in allem sein, was ich tue, denn wie könnte man mich sonst einen Humbugmacher und Taschenspieler nennen? Ich verstehe das nicht, ich lege all mein Herzblut in jedes Kapitel, ich habe den ganzen Sommer über so manche Nacht hier gesessen und mit meinen Figuren geweint und gelitten, und genauso war es mit *Mysterien* und *Lynge* ... Es *muß* etwas anderes sein. Es kann nicht mehr davon die Rede sein, daß nur ein Mensch, eine Zeitung, eine Gruppe mich verdammt, es sind einfach *alle*, alle sind darin einig. Das Geringfügigste, was ich tue, wird bloß als weiteres Stück meines allgemeinen Humbugs angesehen. Und dabei ist es doch genau der Humbug, den ich selbst attackiere und mit jeder meiner Nerven zu hassen glaube!
Ich verstehe das nicht, wenn ich es selbst erkennen würde, daß ich mich in diesem oder jenem Fall unehrlich, unehrenhaft benommen habe, ohne mit jedem Blutstropfen in meinen Adern daran zu glauben, was ich geschrieben habe, dann würde ich es Ihnen beiden jetzt sagen. Ja, ich würde es sagen. Doch nun müssen Sie mir dafür sagen, was es ist, das alle gleichermaßen dazu bringt, mich für so schlimm zu halten. Meine Liebe, sagen Sie es mir bitte, wenn Sie es herausfinden können oder wenn Sie es schon lange wissen und mir nur nicht haben sagen wollen. Hier lag ich heute und dachte, daß vielleicht eine ungeheure Lüge über mich in Kristiania in die Welt gesetzt wurde, die alle glauben, die eine oder andere Lüge, etwas Geheimnisvolles von monströsen Ausmaßen. Auch daran habe ich gedacht, aber ich weiß nichts Konkretes. Vielleicht haben Sie etwas gehört?
Wenn Sie also so freundlich wären, mir ehrlich zu antworten ... Ich habe keine Menschenseele, an die ich mich wenden könnte. Bitte fassen Sie es nicht so auf, als ob ich jetzt jammerte, ich winsle nicht, aber ich bin wirklich verzweifelt, und ich beginne den Glauben zu verlieren, daß bei mir alles richtig ist. Vielleicht hätte ich die Prärie nie verlassen sollen.[11]

Es ist typisch, eine Woche später, als er sich wieder etwas stärker fühlte, schrieb er wieder an die Larsens und bedauerte diesen Brief aufs bitterste, »und ich habe mir immer wieder gewünscht, ich hätte ihn nicht abgeschickt«. Er teilte ihnen mit, daß er nicht mehr ins Régence ging, »weil ich mich, ganz offen gesagt, fürchte, jemandem zu begegnen«.
Bolette Larsen konnte ihm nicht viel helfen. Sie konnte keinen geheimen Grund für eine Antipathie erkennen, und insgeheim mag sie sich darüber gewundert haben, wie ein Mann wie Hamsun, für den Aggressivität etwas so Natürliches war, so wenig Verständnis für die Aggressivität anderer haben konnte. Was sie herausfinden konnte, war, daß die Leute, die ihn angriffen, das gewöhnlich deshalb taten, weil sie ihn für »unkultiviert« hielten. Gewiß waren seine Angriffe von 1891 auf Shakespeare, Goethe, Schiller, Ibsen und Hugo in gewissen Kreisen nicht nur als wenig bedacht interpretiert worden, sondern als wirklich schockierende Akte von Kulturketzerei. Das ist nun mal das Wesen der Kultur; selbst in unseren Tagen wird von Rezensenten, die über Aufführungen von Shakespeares Stücken schreiben, erwartet, sich auf Kommentare zu den Besonderheiten der Inszenierung zu beschränken und nicht auf den Inhalt oder Gehalt der Stücke einzugehen. Alles, was Hamsun getan hatte, war, Shakespeare als das zu behandeln, was er war – ein Schriftsteller. Er wußte nicht, daß man, um mit Ibsens Richter Brack zu sprechen, das nicht *tut*.
Bei den Larsens ging Hamsun einfach hinweg über die unmögliche Ungerechtigkeit einer Haltung, die ihn als »unkultiviert« kritisierte:

> ... daß ich kein Gelehrter bin, darin hat man wohl recht, jedenfalls teilweise; ganz ungelehrt bin ich aber nicht, doch da ich Autodidakt bin, mangelt es meinem Wissen an Geschlossenheit. Wie dem auch sei, ich kann es jetzt nicht ändern.[12]

Nils Vogts Angriff im *Morgenbladet* erreichte Hamsun gerade einen Monat vor der Veröffentlichung des neuen Romans, an dem er so hart gearbeitet hatte. *Neue Erde* kam am 30. November bei Philipsen in Kopenhagen heraus und zog lautstarkes Mißfallen der Kritiker nach sich, vielleicht sogar noch mehr als *Redakteur Lynge.*

Nachdem es sich Hamsun bereits bei dem älteren Establishment verscherzt hatte, fiel er in diesem Roman nun über das jüngere her. Wie *Lynge* ist er ein Schlüsselroman, eine vernichtende Kritik an den geistlos-arroganten und unbegabten Künstlern, die den größten Teil ihrer Zeit mit Zecherei und Angeberei in Cafés zubringen und die meisten ihrer Worte dazu aufwenden, ihre Verachtung für »Geschäftsleute« zum Ausdruck zu bringen. Er hatte das Buch als Korrektiv zu all der Dekadenz beabsichtigt, die er um sich herum sah. Formal ist es wiederum ein »echtes« Buch wie *Lynge,* literarisch gesehen jedoch ein weitaus besser gelungenes. Er sagte, es sei »über die norwegische Jugend«, und gab zu, daß es »voller Symbolik« war, »aber so wenig ibsenisch, daß es, wie ich hoffe, zu verstehen ist«.[13]

Der Roman stellt den Lebensstil einer Gruppe von Künstlern, die als arrogante Tunichtgute gezeichnet sind,* dem von zwei fleißigen jungen Geschäftsleuten gegenüber, deren Hilfe und Unterstützung sie spöttelnd annehmen. In jeder Hinsicht gewinnen die Geschäftsleute: in bezug auf harte Arbeit, kühne Unternehmungen, gleichmütige Hinnahme von Rückschlägen, persönliche Loyalität und Generosität. Wie auch bei *Lynge* hält eine Liebesgeschichte das Buch zusammen. Hanka Tidemand, die Frau eines der Kaufleute, ist eine befreite, moderne Frau jenes Typs, den Hamsun nicht ausstehen konnte. Nachdem sie auf ihrem Recht bestanden hatte, sie selbst zu sein und ihre Freiheit zum Ausdruck zu bringen, wußte sie nichts Besseres damit anzufangen, als sich dem zynischen Dichter und Frauenverführer Irgens in die Arme zu werfen. Irgens wird ihrer bald überdrüssig und

* Das Thema des Romans und die Tatsache, daß Hamsun ihn schon im Dezember 1892 als »bereits halb fertig« bezeichnen konnte, legt den Gedanken nahe, daß er dazu möglicherweise Material des im Künstlermilieu spielenden Romans über »die Tragödie von Menschen, die vor die Hunde gehen« benutzte, den er 1886 aufgegeben hatte.

findet in der Person der Aagot Lynum ein neues Ziel seiner Begierde; sie ist ein liebenswertes, unschuldiges Mädchen vom Lande, das der andere der beiden Kaufleute, Ole Henriksen, nach Kristiania gebracht hatte und zu heiraten hoffte. Irgens trägt den Sieg davon und führt Aagot in den korrupten und zynischen Haufen ein, der sich im Grand Café trifft. Irgens' Verhalten öffnet Hanka Tidemand die Augen. Sie überprüft nochmals ihre Wertvorstellungen und kommt zu der Erkenntnis, daß ihr stolzer, tüchtig arbeitender Mann, der Vater ihrer Kinder, ein weitaus wertvollerer Mensch ist als der aufregende, aber oberflächliche Künstler. Ihre Scheidung steht unmittelbar bevor, ihr winkt die Freiheit; doch der Anblick und der Gedanke an ihre Kinder erweckt auch die Liebe zu ihrem Mann aufs neue, und mit gebührendem Stolz und reuiger Zurückhaltung bittet sie ihn, sie wieder aufzunehmen. Für die beiden geht es zumindest gut aus.

Den Namen Ibsen und die Schlußszene von *Ein Puppenheim* ins Feld zu führen ist hier nicht weit hergeholt. Sowohl *Redakteur Lynge* als auch *Neue Erde* sind Bücher »gesellschaftsverbessernder« Art, Neubelebungen der Art von Literatur, die Georg Brandes prophezeite und Ibsen und Bjørnson in den siebziger und achtziger Jahren praktizierten. Hamsun verabscheute die Frauenrechtsbewegung und hielt Ibsens Drama für opportunistisches Heulen mit den Wölfen. Und mit *Neue Erde* schrieb er, was er vermutlich als den »korrekten« Schluß des Stückes bezeichnet hätte.

Solch ein Buch zu solcher Zeit zu schreiben bedeutete natürlich, sich selbst das Messer noch tiefer in den Rücken zu stoßen. Wie im Falle seines anderen »Geballte-Faust-Buches«[14] lobten die Rezensenten sein Talent, verabscheuten aber, wie er es benutzte. Die bissigsten Bemerkungen von allen erschienen in *Politiken,* wo Hamsun bezichtigt wurde, sich beim Kaufmannsstand einzuschleimen und das Buch einzig um Geld geschrieben zu haben. Der Rezensent, Peter Nansen, stellte kategorisch fest, Hamsun besäße keinerlei Talent und wäre ganz und gar kein Künstler.

Warum tat er das? Wiederum kann man nur vermuten, er

tat es wegen seines inneren Zwanges, allein zu stehen, »bis zum Fanatismus oppositionell« zu sein, wie es *Aftenpostens* Rezensent von *Mysterien* genannt hatte.
Peter Egge, ein junger Schriftsteller, dem Hamsun 1891 geholfen hatte, einen Verleger zu finden, lebte eine Zeitlang im gleichen Hotel wie Hamsun und befand sich auch häufig in seiner Gesellschaft. Er stellte fest, was immer er auch sagte, welche Meinung er auch vertrat, sein Freund gab sich erst zufrieden, wenn er sich umgesehen, genau die gegenteilige Meinung gefunden hatte und dann diesen Standpunkt diskutieren konnte. Hamsun mochte es nicht, wenn man mit ihm einer Meinung war. Egge war Sozialist, Hamsun verachtenswert antidemokratisch, und darum mochte er Egges Gesellschaft sehr. Hamsun war ein Herausforderer, ein Meister des Rätsels und des Paradoxen: Der Gedanke, selbst ein Schriftsteller zu sein, einer bewunderten, ja sogar angebeteten Elite anzugehören und ein Buch geschrieben zu haben, in dem er seine Verachtung für ebendiese Elite zum Ausdruck bringt, muß diese paradoxe Seite an ihm enorm angesprochen haben. Er meinte es auch ernst: Sein Jugendtraum von der Literatur als einer noblen Berufung war längst zerstört. »Warten Sie, bis Sie mein Buch gelesen haben«,* schrieb er 1892 an Victor Nilsson, »dann werden Sie sehen, daß ich eine sehr niedrige Meinung vom Schreiben habe. Es ist nichts als Humbug.« Er schrieb auch, wenn er eine feste Arbeit hätte, dann würde er bestimmt nicht mehr schreiben, ist aber dann so ehrlich, zu bezweifeln, daß er es wirklich aufgeben könnte. »Es steckt vermutlich im Blut«, verkündete er.
Egal, was er vom Schreiben hielt, die Bücher, die er schrieb, gingen gut. Die Leute kauften sie, lasen sie und sprachen darüber.

Betrübnisse und Sorgen schien Hamsun für seine Briefpartner aufzusparen. Mit seinen Kümmernissen, echten oder eingebildeten, behelligte er niemals diejenigen, denen er

---

* *Mysterien.*

täglich begegnete. Peter Egge hat ein strahlendes Bild Hamsuns aus jener Zeit überliefert, das veranschaulicht, wie gut dieser seine Gefühle verbergen konnte:

> Er war stets ein starrsinniger und unverwechselbarer Mensch, stolz und hart, aber vor allem immer ehrlich, im großen wie im kleinen, seinem Wort treu, rechtschaffen bis zur Pedanterie. Darüber hinaus uneigennützig gut und hilfsbereit. Und außerdem ein Mensch mit einem hohen Übermaß an Humor, guter Laune und Witz, ein ausgelassener und fröhlicher Wilder, voller barocker Einfälle und äußerst charmant. In seiner Glanzzeit war er auch ein ungewöhnlich gut aussehender Mann, geradezu eine männliche Schönheit, aber doch nicht *zu* hübsch. Nachmittags gingen wir oft zusammen ins Régence, um skandinavische Zeitungen zu lesen. Dabei fiel mir auf, wie die Leute, denen wir begegneten, ihn anschauten, die Plötzlichkeit, mit der sie seiner gewahr wurden. Er trug einen hübschen, dicken Pelzmantel; denn der Winter in dem Jahr war sehr streng, der kälteste seit dem Kriegswinter siebzig-einundsiebzig ... Im Café sahen ihn die Frauen lange an, und der Kellner beeilte sich, die Zeitungen zu bringen, von denen er wußte, daß Hamsun sie las.
> In unserem Hotel wohnte auch der dänische Autor Sven Lange, der seit vielen Jahren der scharfsinnige Theaterkritiker für *Politiken* war. Häufig aßen wir vier Skandinavier in einem kleinen Restaurant nicht weit von unserem Hotel gemeinsam zu Abend. Dabei zwang uns Hamsun mit seinen urkomischen Bemerkungen über die Speisekarte, das Essen und die Bedienung (es waren die reinsten Kindereien), mit vor Lachen aufgerissenem Mund zu essen, oder wir bekamen das Essen in den falschen Hals. Der stille, blasse und melancholische Sven Lange setzte sich gegen das Spektakel zur Wehr. Einmal fiel ihm bei einem unfreiwilligen Lachanfall sein Kneifer herunter. Zum Glück war er an einer Schnur befestigt. Lange flehte inständig: »Hamsun, bitte hör jetzt auf!«
> An manchen Abenden spielten Hamsun, Castberg und ich

zu dritt Whist bei uns im Hotel. Ich bin mit meinem trägen Hirn immer ein miserabler Kartenspieler gewesen und habe mich auch nie sehr für Karten begeistern können. Hamsun war das ganze Gegenteil. Er war ein hervorragender Kartenspieler und wurde fuchsteufelswild, wenn ich einen Fehler machte, und schimpfte mich aus, als ob ich zehn Jahre alt wäre und er zwölf.[15]

Nachdem *Neue Erde* herausgebracht war, machte sich Hamsun wiederum mit einem kurzen, heftigen Zechgelage den Kopf frei und begann in der ersten Januarwoche 1894 mit der Arbeit an *Pan.* Er hatte sich schon in seinem langen Brief an die Larsens vom 30. Oktober darauf gefreut: »Es wird so wunderbar, und es wird in Nordland spielen, eine stille, glühende Liebesgeschichte. Es wird keine Polemik darin geben, nur Menschen unter einem fremden Himmel.« Eigentlich hatte er das Buch schon im Kopf gehabt, ehe er nach Frankreich reiste. Die Erzählung, die er im April an *Samtiden* geschickt hatte mit dem Begleitbrief, der davon sprach, daß er fünf Wochen lang jeden Abend betrunken ins Bett gegangen war, trug den Titel *Glahns Tod* und bildet, abgesehen von einer kurzen Rahmenhandlung, das letzte Kapitel des Romans. Dessen überdrüssig, sich mit Aggressionen abzugeben, seinen eigenen und denen anderer, des Gefühls überdrüssig, daß er schon drei Jahre lang mit geballten Fäusten atmete, aß, schlief, schrieb und dachte, war er nun soweit, das Buch zu schreiben. Vielleicht war es nur die Erfahrung, in einem wirklich fremden Land zu leben, und das heftige Heimweh (von dem er den Larsens schrieb), was in ihm die tiefe Sehnsucht weckte, die das Buch durchzieht und ihn dazu brachte, über Orte zu schreiben, die er, seit er fünfzehn Jahre zuvor, 1879, aus seinem Nordland fortgegangen war, nicht wiedergesehen hatte. Und die Abgeschiedenheit, verursacht durch die unerschütterliche Treue zur Echtheit seiner eigenen Instinkte, trug ihren unerläßlichen Teil zu der Stimmung bei, in der er das Buch begann, diesem leidenschaftlichen Gefühl der Sehnsucht, das in der schlichten Wiederholung in der ersten Zeile eingefangen ist: »In den letzten Tagen dachte und dachte ich an des Nordlandsommers ewigen Tag.«

Seine Korrespondenz mit Albert Langen,[16] geführt in kräftigem, eigenwilligem Englisch, gibt Aufschluß über den Fortgang der Arbeit an dem Buch, von seinem Beginn Anfang Januar bis zur Vollendung Ende Oktober. Auch die Larsens wurden ständig auf dem laufenden gehalten. Am 21. Februar schrieb er von Schwierigkeiten, die sich eingestellt hatten. Er teilte ihnen mit, daß er die letzten fünf Wochen an anderthalb Seiten gesessen hatte. »Und heute sprudelt es nur so hervor.«

An Langen schrieb er im März:

> Work, work and work bad, slowly, night and day, and getting nervous, angry and »gejl« for the spring. Hard time! (Arbeite, arbeite und arbeite schwer, langsam, Tag und Nacht, und werde nervös, wütend und »geil« auf den Frühling. Schwere Zeit!)

Im April ging er eine Woche nach Ville d'Avray, einem kleinen Dorf vor den Toren von Paris, wo die reicheren Künstler ihre Refugien hatten. Delius, der mit sehr vielen norwegischen Künstlern befreundet war, besaß dort ein Haus; und Erik Lie, Sohn von Jonas Lie, den Hamsun kennengelernt hatte und mochte, hielt sich, während er an einem Buch über Balzac arbeitete, auch in Ville d'Avray auf. Vermutlich wohnte Hamsun bei Lie, ging fischen, trank und schrieb, ehe er aus diesem »Paradies« wieder in die Rue de Vaugirard 8 zurückkehrte.

Langen unterstützte ihn das Jahr über, in dem er *Pan* schrieb. Ständig gingen kürzere und längere Schreiben übers Geld zwischen den beiden hin und her. Das kürzeste war gewiß das vom 26. April:

> Lieber Langen,
> – wie wäre es mit 100 Franc?
> – Sagen Sie es um Himmels willen, wenn Sie es nicht können!
> Ihr Knut Hamsun

Während das durchtrieben-entzückendste ein Schreiben vom 21. März ist, in dem er sich bei Langen für 300 Franc bedankt, die er sich geborgt hatte, um seinem Freund, dem Soldaten und Künstler Segelcke, zu helfen, und mit einer kühnen Verachtung für die Ähnlichkeit der beiden Sätze fügt er noch hinzu: »Gestern abend war ich betrunken, andernfalls hätte ich dies schon lange geschrieben. Heute bin ich krank, habe natürlich ein schlechtes Gewissen. Vielen Dank!«

Im Laufe dieses Jahres fiel Hamsun tief in Langens Schuld, doch sein Vertrauen auf seine eigenen Verdienstaussichten war groß, und so zögerte er nie, um etwas zu bitten, wenn er es brauchte. In einem Brief ging er auf die Häufigkeit seiner Borgerei ein und fügte mit umwerfender Direktheit hinzu: »Aber Langen, Sie sind ja ein reicher Mann.« Wie gewöhnlich führte er genau Buch über seine Schulden, wohl wissend, daß er eines Tages das Geld zurückzahlen würde.

Im Juni überkamen ihn wieder Heimweh und Ruhelosigkeit, und er kehrte kurz entschlossen nach Norwegen zurück. Seinen Roman nahm er mit. Er wollte einfach mal wieder in Norwegen sein und die norwegische Sprache um sich herum hören. Für die nächsten fünf Monate ließ er sich in Kristiansand an der Südküste nieder. Diese Wahl wurde von Seekrankheit bestimmt – er ging einfach an Land, als er es nicht mehr aushalten konnte.[17]

Er arbeitete gut hier. Das fertige Produkt läßt sich in einem Brief an Langen vom 22. Juli deutlich wiedererkennen:

> Ich schreibe, komme langsam voran, aber ich hoffe, gut. Es ist schwer, den Titel zu erklären. Denke an Nordland in Norwegen, das Gebiet der Lappen, die Mysterien, die großen Aberglauben, die Mitternachtssonne, denke an J. J. Rousseau in diesen Regionen, der die Bekanntschaft eines Nordlandmädchens macht – das ist mein Buch. Ich versuche, etwas Einfühlungsvermögen in die Naturreligion zu vermitteln. Übernervosität in einer Rousseauschen Seele. Warten Sie, bis ich die Korrekturen schicke; ich hoffe, in

einem Monat, oder ein wenig mehr, soweit zu sein. Das Buch, glaube ich, wird Neues berühren.

Er war ziemlich überzeugt davon, daß das Buch, an dem er arbeitete, etwas Einzigartiges war: »Oh, ich werde diesmal ein seltsames Buch liefern, unerwartet, unbekannt. Punktum!« Und einen Monat später war er zufrieden damit:

> Verzeihen Sie, daß ich nicht eher geschrieben habe; ich arbeite jetzt hart und gut. Danke für das Geld, vielen Dank! Jetzt habe ich meinen Anzug, und nun bin ich ein schmucker Bursche. Guter Gott, ich schulde Ihnen jetzt viel zuviel Geld. Doch nun werden wir sehen, ich glaube, ich kann mir darüber ein Urteil erlauben, und wenn das Buch, das ich jetzt schreibe, nicht mein bestes wird, dann verstehe ich die Literatur überhaupt nicht mehr. Ich schreibe ein kleines Kapitel pro Tag. Die Kapitel sind sehr klein, aber ich denke, gewichtig an Gedanken und Phantasie. Ich war noch nie so zufrieden.

Er fing an, sich über den Titel Gedanken zu machen.

> Das Mädchen in meinem Buch ist neu, ihr Name ist Edvarda; doch für den Titel mag ich ihren Namen nicht. Ich muß etwas anderes finden.

Im September änderte er seine Meinung:

> »Edvarda« ist an sich ein guter Titel, auch im Norwegischen, doch ich weiß nicht so recht, ob er auch den Kern des Buches trifft. »Mittnachtssonne«, wie wäre es damit? Mittnachts – was?

Doch in demselben Brief hatte Hamsun, ohne es selbst zu bemerken, den Titel gefunden:

> Der Grund, warum mein Buch noch nicht fertig ist, liegt darin, daß jedes Kapitel ein Gedicht ist, an jeder Zeile

> habe ich hart gerungen. Es gibt keine Dialoge und nur ganz wenige Repliken. Wenn ich sage, daß ich an jedem Kapitel eine Woche gearbeitet habe, dann ist das nicht gelogen, obgleich die Kapitel so kurz sind. Das Buch steckt voller Visionen, Abenteuer, Symbolik. Ich werde zufrieden sein, wenn ich in diesem Monat fertig bin.
> »Pan segne Sie, Ihr«
> Knut Hamsun

Langen drängte ihn weiterhin, sich einen Titel zu überlegen, denn eine deutsche Ausgabe war geplant, sobald Philipsens Ausgabe in Kopenhagen gedruckt war. Doch am 1. Oktober hatte er sich immer noch nicht entschieden:

> Ich habe Ihr Telegramm erhalten und »Ja« geantwortet, ich werde das Buch *Edvarda* nennen, doch trotzdem kann ich jetzt einschätzen, daß es in der norwegischen Ausgabe nicht *Edvarda* heißen wird, weil es nicht in allem über Edvarda (die Heldin) geht. Im Gegenteil, es ist weniger über Edvarda als über den Helden.

Und irgendwann in der darauffolgenden Woche entschied er, es sollte *Pan* genannt werden, weil, wie er den Larsens mitteilte, »so seltsame Dinge darin sind«.

Die Handlung von *Pan* ist schnell erzählt. Der Held, Leutnant Glahn, lebt als Fremder in einer kleinen Fischergemeinde im fernen Norden Norwegens. Er bewohnt eine Hütte am Rande des Waldes und geht nur in die Siedlung, um sich notwendige Vorräte und Pulver für seine Flinte zu kaufen. Er liebt die Freiheit seiner Abgeschiedenheit. Nachts liegt er allein, unterhält sich mit seinem Hund oder lauscht den Gesängen und Rufen der Vögel im Wald. Dann und wann wallt ein Anfall natürlicher Verzückung in ihm hoch und ruft in ihm Stimmungen tiefgründiger pantheistischer Identifikation mit der Natur um ihn herum hervor. Eines Tages begegnet er einem Mädchen aus der Siedlung, Edvarda, der Tochter des großen Handelsherrn Mack. Die beiden erleben das spontane Gefühl körperlicher Anziehung. Glahn besucht sie bisweilen zu Hause, und sie kommt nachts zu ihm in seine Hütte. Eine kurze Zeit – nicht länger als drei, vier Wochen – ist ihr Glück überschwenglich und unkompliziert. Dann beginnt der Verstand sich einzumischen; Stolz, Berechnung und Machterwägungen. Die Beziehung zwischen ihnen entwickelt sich zu einem psychologischen Machtkampf, keiner von ihnen ist in der Lage oder willens, die erforderlichen Akte der Unterwerfung zu vollziehen, die die heftige romantische Erotik in eine stabile, praktische Liebesbeziehung verwandeln könnten. Ihr Spiel miteinander erreicht phantastische, groteske Höhen: Glahn, der glaubt, daß ein lahmer Doktor sein Rivale ist, schießt sich verzweifelt durch den Fuß, so daß er in Edvardas Augen dem Doktor ebenbürtig ist. Sie flirtet und verlobt sich schließlich mit einem finnischen Aristokraten, einem feinfühligen, asexuellen Akademiker, den sie gar nicht liebt.

Die Liebesgeschichte durchläuft alle Stadien des Jahreskreises der Natur: den kurzen, erregenden Frühling; den langen, gleichförmigen Sommer; den unwiderruflichen Verfall des Herbstes, und sie endet mit dem Herannahen des Winters. Glahn schickt sich an, die Siedlung zu verlassen. Edvarda bittet ihn, ihr seinen Hund zu schenken, damit sie etwas hat, das sie an ihn erinnert; und ehe der Dampfer ablegt, geht er noch einmal zu seiner Hütte, erschießt den Hund und läßt den Kadaver Edvarda bringen. Glahn begibt sich nach Indien, und Edvarda heiratet den Baron. Sie drängt sich immer wieder in Glahns Gedanken, indem sie ihm Briefe schreibt, während er sich dem Trinken und sexuellen Ausschweifungen hingibt in dem Bemühen, sie zu vergessen. Schließlich fordert er seinen Tod durch die Hand eines Jagdgefährten heraus, indem er eine junge Eingeborene verführt, die dieser liebt, und ihn dann so lange herausfordert und peinigt, bis dieser ihn niederschießt.

Pan ist einer der schönsten kurzen Romane, die je geschrieben wurden, eher ein Erlebnis als ein Buch, in so knapper, exakter strenger Prosa geschrieben, daß er auch durch die

Übersetzung nicht verliert. Hamsuns Prosa hat hier beinahe hypnotische Wirkung, eine Wirkung, die noch durch die Form der Kapitel verstärkt wird, die häufig schwebend, undefinierbar, traumhaft beginnen. Hier ist nicht ein einziges Wort zuviel oder zuwenig; das ist perfekte Kunst, in der sich die absolute Beherrschung des Ungesagten offenbart, die unendlich und gewaltig ist in den Implikationen ihrer Stille und ganze Ozeane und Wälder von Gefühlen im Blitzlicht einer einzigen Zeile erhellt. Wie Hamsuns vorherige Meisterwerke *Hunger* und *Mysterien* ist auch das wieder ein Buch, das in seiner Subjektivität und Zerrissenheit die Seele und die Literatur des zwanzigsten Jahrhunderts verkörpert.

Da er immer noch eine heftige Opposition gegen sich und seine Werke spürte, geriet Hamsun kurz vor dem Erscheinungsdatum, dem 6. Dezember 1894, ein wenig in Panik und versuchte, Philipsen zu überreden, *Pan* anonym zu veröffentlichen. Langen wollte in der deutschen Ausgabe, mit der Frau von Borch emsig beschäftigt war, sogar ein Foto von ihm abdrucken, doch Hamsun bat ihn inständig, das nicht zu tun. »Das wird man in der skandinavischen Presse gegen mich verwenden, man wird sagen, ich bediente mich aller möglichen Mittel, um Reklame zu machen – das weiß ich genau.«
Zunächst sah es so aus, als sollte er recht haben. Der *Verdens Gang* schrieb: »Das neue Buch ist durch denselben billigen Schwindel gekennzeichnet, durch den so vieles verdorben wurde, was Hamsun geschrieben hat.« Widerwillig lobte der Rezensent nur ein paar Naturschilderungen in dem Buch. Das *Morgenbladet* lehnte es nicht nur ab, das neue Buch des »Taschenspielers der ›neuen Kunst‹« zu besprechen, sondern nahm es auch nicht in seine monatliche Liste der Neuerscheinungen auf. Alle Ängste Hamsuns, daß er ein ständiges Opfer des norwegischen Literatur-Establishments geworden sei, schienen gerechtfertigt. Wie er Bolette Larsen mitteilte, hatte er das Gefühl, das sei die »Rache für *Neue Erde*«.

In Wirklichkeit stellte sich heraus, daß er sich geirrt hatte. Hamsuns wirkliches Talent als Schriftsteller und der außerordentliche melancholische Charme seines Romans ließen den größten Teil der Feindseligkeiten gegen ihn abebben. Christofer Brinchmann war, im *Dagbladet*, der erste, der uneingeschränkte Bewunderung für das Buch zum Ausdruck brachte, gefolgt von Carl Nærup in dem Literaturmagazin *Kringsjaa*. Von da an wird Hamsuns literarischer Aufstieg, der bisher häufig eher wie ein Absturz ausgesehen hat, zu einer festen Tatsache; und die Gegner, mit denen er es von da an zu tun hat, kommen nur aus Schichten, die sich entweder über die Werte der Literatur erhaben sehen – die Kirche – oder unter ihnen stehen: diejenigen, die ihm persönliche Rache geschworen hatten. Doch vor allem bleibt Hamsun selbst sein schlimmster Feind, der leidenschaftliche Störer seines eigenen Friedens und stets das Schlachtfeld für die immer schärfer geführte Auseinandersetzung zwischen Natur und Kultur, in der Leutnant Glahn, völlig unfähig, sich zu entscheiden, schließlich sein Leben verliert.

Über zehn Jahre lang war Hamsun nun schon fasziniert von August Strindberg. Mehrfach hatte er Vorträge über ihn gehalten, sowohl in Norwegen als auch in Amerika Artikel über ihn geschrieben und auch einen Beitrag zu einem Buch über ihn verfaßt, das der junge schwedische Schriftsteller Birger Mörner 1894 herausgab. Darin schrieb er: »Für mich ist er die bemerkenswerteste Schriftstellergestalt seines Landes, vielleicht seiner Zeit: ein überlegenes Talent, ein Gehirn zu Pferde, das seine eigenen Wege reitet und die meisten andern weit hinter sich zurückläßt.«[18] Strindberg war in seinen Augen ein Riese. An die Larsens schrieb er einmal: »Verglichen mit Strindberg sind der kleine Hamsun, Heidenstam und Garborg nichts als winzige Puppen.«[19] Er sah in ihm nicht nur den großen theoretischen Apologeten der neuen psychologischen, persönlichkeitsorientierten Literatur, sondern auch das ganze Gegenteil zu dem langweiligen Ibsen. In seinen besten Jahren war Strindberg auch in der

Mode tonangebend. Zusammen mit tausend anderen ließ sich Hamsun in Paris den wilden strindbergschen Schnurrbart wachsen, plattgedrückt und struppig sollte er dem Gesicht das Aussehen einer Urwaldkatze verleihen.
Strindberg seinerseits war schon recht zeitig auf Hamsun aufmerksam geworden. Über *Vom Geistesleben des modernen Amerika* schrieb er bewundernd an Georg Brandes und muß auch das erregte Raunen bemerkt haben, das sich in den neunziger Jahren um Hamsuns Namen und Person rankte. Von Birger Mörner erhielt er seine Adresse und schrieb ihm im August nach Kristiansand und bat ihn um eine Begegnung.
Strindberg hatte Hamsun in der Tat, neben Rousseau, zu *Pan* angeregt. »Er nennt sich selber ein Tier, das sich zum Wald zurücksehnt«, schrieb Hamsun über ihn. »Zivilisation oder Überzivilisation – Strindberg hat Jahr für Jahr dieselbe Lehre gepredigt: Der Mensch hat sich der Natur entfremdet und dadurch die Grundbedingung für eine organische, ganzheitliche Lebensweise in sich zerstört.«[20]
Die kurze, verhängnisvolle Beziehung zwischen diesen beiden wurde bei einer Begegnung kurz nach Hamsuns Rückkehr aus Norwegen nach Paris im November 1894 eingeleitet. Er schrieb an Langen, Strindberg sei »kindisch und genial, ein bemerkenswerter Schriftsteller, ein eigenartiger Mensch«. Strindberg, der sich dem Höhepunkt seiner Infernokrise* näherte, mag etwa dasselbe von Hamsun gedacht haben. Sie versuchten, eine Freundschaft einzugehen. Der junge norwegische Schriftsteller Johan Bojer, Autor von *Der letzte Wiking*, war ein aufmerksamer Beobachter. Eines Abends war er mit Hamsun zusammen im Régence, als Strindberg eintrat:

* Zwischen 1894 und 1896 hatte Strindberg eine ganze Reihe von Erlebnissen, bisweilen paranoider und bisweilen mystischer Art, nach denen er Anhänger des schwedischen Visionärs Emanuel Swedenborg wurde. Er schrieb und veröffentlichte 1897 seine eigene Darstellung dieser Krise unter dem Titel *Inferno*.

Er und Hamsun sind Freunde, und er setzt sich zu uns an den Tisch. Und sieh nur die Verwandlung in meinem Begleiter, die Zurückhaltung ist dahin, ein liebenswerter Holmgang mit Wortspielereien findet zwischen den beiden statt.[21]

Doch es war gar nicht so freundschaftlich, wie der leicht zu beeindruckende Bojer glaubte. Hamsun akzeptierte trotz seiner starken Persönlichkeit und seinem gewaltigen Selbstgefühl gewöhnlich auch das gewaltige Selbstgefühl anderer und erkannte auch offen und ungezwungen das Talent anderer Künstler an, wenn er glaubte, daß sie welches besaßen. Strindberg war da viel weniger tolerant und empfand Hamsun als unbequem starke Persönlichkeit.[22] Und selbst noch im Alter von sechsunddreißig hatte Hamsun etwas von einem jungen Hitzkopf an sich und forderte seinen Helden vermutlich in einer Weise heraus, die Strindberg nicht vertragen konnte.
Die Beziehung währte den ganzen Winter. Die beiden unternahmen oft lange Spaziergänge. Manchmal redete Strindberg ununterbrochen. Dann wieder sagte er nicht ein einziges Wort. An einem dieser eher erholsamen Abende schmiedeten sie den Plan, bis nach Schweden als Straßenmusikanten durch Europa zu ziehen. Strindberg sollte Gitarre spielen und Hamsun singen.[23] Strindbergs Armut ging Hamsun nahe. Er hielt es für ungerecht, daß der größte Schriftsteller Europas in Lumpen einhergehen und sich Geld borgen mußte, um seine Getränke zu bezahlen. Er überredete Sven Lange, zu Jonas Lie zu gehen und Lies Unterstützung für eine öffentliche Geldsammlung für Strindberg zu erlangen, und zu gegebener Zeit erschien in den führenden Blättern Skandinaviens ein von Hamsun verfaßter und von Lie, Lange, Hamsun und noch drei anderen unterzeichneter Aufruf. Der Wortlaut dieses Schreibens war großmütig und unmißverständlich: Es ging um Geld zur Unterstützung eines großen Genies. Doch in seinem angeschlagenen Geisteszustand reagierte Strindberg wütend auf die dargebotene Hilfe und wandte sich von Hamsun ab. Er hatte vermutlich das Ge-

fühl, von jemandem gönnerhaft behandelt zu werden, dessen Gönnerhaftigkeit er keinesfalls ausgesetzt sein wollte. Doch Hamsun hatte gewiß aufrichtige Absichten: Wenn es etwas gab, worüber er Bescheid wußte, dann war es die Bedeutung von Geld und wie vernichtend sich sein Nichtvorhandensein auf den Geist auswirkt.

Strindberg wollte jedenfalls nichts von der ganzen Sache wissen. Wütend schrieb er an die Zeitungen und behauptete, die Kampagne sei ohne sein Wissen gestartet worden, und am 26. März suchte er Hamsun auf und teilte ihm mit, daß er Anweisung gegeben habe, alles gesammelte Geld nicht ihm zu schicken, sondern direkt an seine Kinder in Finnland weiterzuleiten. Hamsun fand außerdem heraus, daß Strindbergs Lage gar nicht so verzweifelt war, wie er die Leute hatte glauben machen, und daß er bereits recht gut durch private Spenden unterstützt wurde. Er war enttäuscht von der für ihn augenscheinlichen Heuchelei Strindbergs und erklärte, Strindberg habe sehr wohl gewußt, daß eine Sammlung geplant war, und habe sich sogar persönlich bei den Initiatoren bedankt. Das alles mußte er, einigermaßen verlegen, dem ehrwürdigen Jonas Lie erklären und seufzte: »Ich selber habe Strindberg erst im Winter getroffen, doch die Leute erzählen mir, er sei jetzt noch sonderbarer als früher.«[24]

Es wurde noch schlimmer. Anfang April ging er selbst zu Strindberg, um Geld abzuliefern, und erfuhr, daß dieser gerade nicht da war. Er hinterließ eine Karte mit einer Nachricht und erhielt seinerseits eine Karte, auf die Strindberg geschrieben hatte: »Behalten Sie die dreißig Silberlinge, und lassen Sie uns fürs ganze Leben miteinander fertig sein.« Aufgebracht schrieb Hamsun zurück, »wenn er nicht binnen zwei Tagen wegen seines Geldes zu mir käme, schickte ich es den Spendern zurück. Außerdem – so sagte ich – müsse ein Mann, der mir nichts, dir nichts zu einem Kerl wird, der grimmig dreißig Silberlinge preisgeben könne, erst einmal seine Schulden bezahlen. Und ich erinnerte ihn daran, daß er sich von einem so armen Mann wie mir Geld geliehen hatte.«

Am 17. April ging er noch einmal zu ihm hin mit der Absicht, ihm Geld zu bringen. Er hatte sich dazu zwingen müssen, ein hartnäckiger Zug gesunden Menschenverstandes hatte ihn davon überzeugt, daß Strindberg Geld brauchen *müsse*, wenn nicht für sich, dann doch für seine Kinder. Strindberg, der völlig in seine Experimente mit Schwefel versunken war, weigerte sich, ihn zu empfangen. Es ist Hamsun hoch anzurechnen, daß er weiterhin versuchte, ihm behilflich zu sein, das nächstemal bei Strindbergs ausdrücklichem Wunsch, nach Schweden zurückzukehren; er schlug Lie vor, daß einer der schwedischen Künstler, die den ursprünglichen Aufruf mit unterzeichnet hatten, Albert Edelfelt oder Anders Zorn, die Handhabung der schwierigen Angelegenheit übernehmen sollte. Doch am folgenden Tag verließ Strindberg Paris, wie Hamsun mit einiger Erleichterung auf englisch an Langen schrieb:

> Strindberg has left Paris, it is reported to me. I can have no transactions with him more, he has broke definitely with me and without cause. Oh he is mad, crazy. As soon as he got some money (on the application in the papers) he got mad of proudness and would not speak to me anymore. (Strindberg hat Paris verlassen, ist mir berichtet worden. Ich kann keine Transaktionen mehr mit ihm unternehmen, er hat mit mir jede Verbindung abgebrochen, ohne ersichtlichen Grund. Oh, er ist verrückt, irrsinnig. Sobald er etwas Geld bekam – aufgrund des Appells in der Presse –, wurde er verrückt vor Stolz und wollte nicht mehr mit mir reden.)[25]

Hamsun begegnete in dieser Zeit auch noch anderen berühmten Leuten – Verlaine, den er oft in Procopes Keller im Quartier Latin Absinth trinken sah und den er den Larsens als »einen alten Säufer, der schon über fünfundzwanzig Jahre lang Gedichte schreibt und immer noch am Leben ist«,[26] schildert; und Gauguin, der von seiner ersten Tahitireise wieder in Paris zurück war. Während seines Aufenthalts in Kristiania im Oktober 1894 trank er sich die Überreste von *Pan* aus dem Kopf, und zwar in Gesellschaft seines Freundes, des Weinhändlers Heinrich Martens, Stanislaw Przybyzewskis, dessen norwegischer Frau Dagny Juel und Edvard Munchs,[27] dem Kern der Gruppe, der sich in den frühen neunziger Jahren im Schwarzen Ferkel in Berlin traf. Ein kleines biographisches Rätsel rankt sich um die Möglichkeit, daß Hamsun in Paris auch den Komponisten Frederick Delius kennengelernt hat. Delius erwähnte später gegenüber seiner Frau Jelka, er und Hamsun und ein Geiger Namens Halfdan Jebe hätten in den neunziger Jahren einmal zusammen eine kleine Informations- und Konzertreise mit Trinktour durch mehrere Städte im norwegischen Gudbrandsdal unternommen; mir ist es jedoch nicht gelungen, eine Bestätigung zu finden, daß diese Tour tatsächlich unternommen worden ist. Die meisten von Delius' Freunden in Paris waren Norweger, und er beherrschte die Sprache sowohl mündlich als auch schriftlich. Daher ist es wohl kaum möglich, daß die beiden sich nicht begegnet sind.*

Doch das Wichtigste an diesen Jahren ist die Arbeit, unermüdliche Arbeit. Dazu unterzog er sich einer äußerst strengen Disziplin, die bei denjenigen, die ihn kannten, größte Bewunderung erweckte. Die Kunde davon drang sogar bis nach Norwegen. Bjørnson schrieb einem jungen Kollegen, den er zurechtweisen wollte, weil er ein wildes Leben in Paris führte und die Arbeit vernachlässigte, er solle sich an der Selbstbeherrschung seines Konkurrenten Knut Hamsun ein Beispiel nehmen. Sogar während seiner Mühen, das belastende Verhältnis zu Strindberg zu meistern, hielt er daran fest und verfaßte von Januar bis April 1895 sein erstes Drama, *An des Reiches Pforten*, das erste der *Kareno*-Trilogie, so genannt nach dem Haupthelden. Das Stück war das Ergebnis eines fanatischen Tagesablaufs: Zwischen sechs und sieben Uhr abends nahm er sein Hauptmahl ein, dann ging

---

* Hamsuns Freund, der Dichter Vilhelm Krag, traf in derselben Woche in Paris ein wie Hamsun und hatte ein Empfehlungsschreiben des Komponisten Christian Sinding an Delius bei sich.

er aus, suchte das Café de la Régence auf, wo er bis um neun die Zeitungen las; dann kehrte er in sein Zimmer in der Rue de Vaugirard zurück, schlief bis um elf, stand wieder auf und arbeitete die Nacht durch bis sechs, sieben oder acht Uhr morgens; dann schlief er bis zwei Uhr nachmittags, stand auf, frühstückte, ging bis sechs, sieben Uhr spazieren und dachte über seine Arbeit nach, aß seine Hauptmahlzeit, und damit begann der Kreislauf wieder von vorn.[28]

Seit seinem Durchbruch mit *Hunger* 1890 hatte Hamsun in fünf Jahren fünf Romane und ein Theaterstück geschrieben. Das waren fünf Jahre beständiger, schwieriger Arbeit, in denen er auch noch Erzählungen und, in den ersten Jahren, einen beträchtlichen Teil an journalistischen Schriften hervorgebracht hatte. In dieser Zeit besaß er weder ein Zuhause noch die Geborgenheit einer Familie. In Briefen an seine Freunde hatte er sich immer wieder über Probleme mit seinen »Nerven« beklagt, und zwar über eine schreckliche Überempfindlichkeit der Art, wie sie den Helden in *Hunger* dazu zwingt, sich beim Schreiben ein Tuch um die Hand zu wickeln, weil er seinen eigenen Atem auf der Haut nicht ertragen kann.[29] Man kann sich mitunter des Eindrucks nicht erwehren, daß so schreckliche Überempfindlichkeit aus Überarbeitung herrührte und nicht das Produkt von Hunger oder Ausdruck bloßen Temperaments war, und es sieht ganz danach aus, als habe ihn das zwanghafte Herauspressen des Dramas im Winter und Frühjahr 1895 schließlich dicht an den Rand des Zusammenbruchs gebracht. Am 4. April, genau zwei Wochen bevor er mit dem Stück fertig war, schrieb Hamsun an Langen, er sei »schwer krank«, könne nicht arbeiten und würde, nachdem er eine halbe Stunde geschrieben habe, anfangen zu schwitzen, so daß er ins Bett gehen müsse:

> It seems to be the end of me. I have worked too hard and weared myself out. My humeur is awful, triste as the triste days in Paris, I don't speak to people.
> (Es scheint mein Ende zu sein. Ich habe zu sehr gearbeitet

und mich kaputtgemacht. Meine Stimmung ist schrecklich, trist wie die tristen Tage in Paris. Ich rede mit niemandem.)

Das Drama war fertig und mit ihm, jedenfalls für eine gewisse Zeit, auch Hamsun. Im Frühsommer kehrte er nach Norwegen zurück und fuhr direkt nach Lillehammer, am südlichen Zipfel des Gudbrandsdal, und stieg in einem Hotel kurz vor der Stadt, in dem Ort Fåberg, ab. Hier gedachte er seine Gesundheit wiederherzustellen und vertraute wieder einmal der Landluft, die ihn schon in Valdres hatte zu Kräften kommen lassen, nachdem er 1884 in ähnlich schlechtem gesundheitlichem Zustand aus Amerika zurückgekehrt war.
Wenn er in Fåberg einmal ein paar Minuten über sich und das, was er vollbracht hatte, nachgedacht haben sollte, dann hätte er recht zufrieden sein können. Jetzt war er zu Ansehen gelangt und wurde als führender Schriftsteller seiner Generation angesehen. Nachdem er bewiesen hatte, daß er »richtige« Bücher schreiben konnte, hatte er jetzt mit *Pan* bewiesen, daß er auch nach seinen eigenen Begriffen von Literatur Respekt gebieten konnte.
Der Roman war nicht nur bei den Kritikern ein Erfolg, sondern auch beim Publikum. Die erste Auflage von 2000 Exemplaren war rasch vergriffen, und Philipsen ließ für das Weihnachtsgeschäft 1894 fünfhundert weitere Exemplare drucken. Diese bescheidenen Zahlen waren für einen jungen norwegischen Schriftsteller damals ein äußerst gutes Verkaufsergebnis. Und wie es so oft geschieht, die Anerkennung galt nun schnell auch rückwirkend: Binnen zwölf Monaten bezeichnete Bjørnson – in seinem gleichzeitig in New York, Kristiania, Kopenhagen, Holland und Berlin veröffentlichten Artikel »Die moderne norwegische Literatur« – die vorher verspotteten *Mysterien* als »eines der großen Bücher der Literatur – ein Schneesturm von unbändiger Kraft«. Und die Naturschilderungen in *Pan* waren für ihn »das Höchste, das Großartigste in der norwegischen Literatur«. Ein langer Weg, in der Tat, von den erbärmlichen Tagen von 1880, als

Hamsun Bjørnson aufsuchte, um ihm *Frida* zu zeigen, und dieser ihm riet, das Schreiben seinzulassen und statt dessen Schauspieler zu werden.

Er genoß nun europaweites und immer noch zunehmendes Ansehen. *Hunger, Mysterien, Neue Erde, Pan, An des Reiches Pforten* waren alle in Deutsch erschienen. *Hunger* erschien 1895 in Französisch, und im gleichen Jahr veröffentlichte Octave Mirbeau einen Artikel, in dem er das Buch und seinen Autor uneingeschränkt lobte. Auch die Russen hatten begonnen, sich für ihn zu interessieren, und brachten 1892 einen Raubdruck von *Hunger* heraus – sie gehörten nicht zu den Unterzeichnern der Berner Konvention. Das war ein Interesse, das nach der Jahrhundertwende dramatische Formen annehmen sollte.* England hinkte leicht hinterher: »George Egerton« versuchte, trotz ihrer enttäuschten Liebe zu Hamsun – oder vielleicht sollte man besser Vernarrtheit sagen –, immer noch, einen Verleger für ihre Übersetzung von *Hunger* in die »beef-language« zu finden. Ihre Version erschien schließlich 1899 und ging spurlos unter. Englisches Interesse kam bis zur Verleihung des Nobelpreises im Jahre 1920 nicht wieder auf, und auch da nur sehr schwach.

Alles in allem konnte Hamsun sehr zufrieden sein. Er blühte auf in Fåberg und ging viel unter die Leute. Lillehammer, heute eine Touristenstadt, war damals ein Zentrum für Künstler aller Art. Bjørnsons Gut Aulestad war nicht weit und wirkte wie ein Magnet auf Schriftsteller und reiche Kosmopoliten. Das Erholungsheim im nahen Gausdal zog ebenfalls künstlerische Typen an, die wie Hamsun bemüht waren, ihre Gesundheit wiederherzustellen, während diejenigen mit ernsteren Problemen, oft durch Alkoholismus hervorgerufene geistige Probleme, den Nervenarzt Torp in seiner Klinik in Suttestad aufsuchten. Hamsun war oft mit

---

* Eine Übersetzung von *Neue Erde* ins Russische war von der russischen Zensur verboten worden. Wie der Übersetzer Hamsun wissen ließ, war das aufgrund der Reden Coldevins an die Jugend in dem Buch geschehen. Eine andere Vermutung ging dahin, daß es für die Regierung kompromittierende Informationen über das Verbot des Exports von Weizen enthielt.

dem schwindsüchtigen Schriftsteller Henrik Jæger zusammen, der im gleichen Hotel wohnte, und den beiden schien es dort sehr gut zu gefallen. Hamsun schrieb an einen Freund, er solle doch auch kommen.

> Wir haben hier dreißig Frauen, zwischen zwölf und siebenundfünfzig, alle Typen, alle Nationen (von Skandinavien). Frøken Lund will für sie singen, und, bei Gott, ich werde für sie rezitieren. Und am Abend werden wir auf den Putz hauen – denn ich nehme doch an, daß Du Portwein und Sherry mitbringst. Woraufhin ich wiederhole, daß Du unbedingt kommen mußt. Auf der Stelle!

Auf einem Foto von diesem Sommer, das Hamsun, Fräulein Lund und ein paar andere Freunde zeigt, sieht er, trotz einiger besonders verrückt verbrachter Abende, ganz gut aus. Paris hatte ihm eine ziemlich schwere Zeit beschert und, außer in einigen Erzählungen, wenig sichtbare Spuren in seinem Werk hinterlassen. Doch hatte er gute Arbeit geleistet, und man muß diese Jahre als Jahre des Triumphes ansehen. Mit den feinen Manieren, die er sich dort hatte aneignen wollen, hatte es jedoch nicht so recht geklappt. Der Erfolg hatte sich dafür zu spät eingestellt und zuviel gekostet. Der schwedische Dichter Gustav Frøding, der sich in Dr. Torps Klinik aufhielt, um von Halluzinationen befreit zu werden, hat ihn treffend beobachtet:

> Jedenfalls mag ich Hamsun, er hat etwas von einem Teufelskerl, das zum Teil nur gekünstelt ist, aber selbst dieses Gekünstelte hat an ihm etwas seltsam Angenehmes. Innerlich muß man über seine Impertinenz und seine beeindruckenden Attitüden lachen – er ist auf eine teils unbeholfene, teils graziöse Weise fesch.[30]

Dieses Stilgemisch, die Spannung zwischen dem Vergangenen und dem Gegenwärtigen, dem Landstreicher und dem Prinzen, machte dem schöpferischen Genius in ihm weiterhin zu schaffen, deprimierte, amüsierte und beflügelte ihn.

Sie miteinander in Einklang zu bringen, was seiner Seele Frieden und Versöhnung gebracht und das Feuer in ihm gelöscht hätte, sollte jedoch nie gelingen.

9

1895–1898: Verfolgung und Heirat: *Victoria*

Nach seiner Genesung in Lillehammer kehrte Hamsun in die Hauptstadt zurück und nahm sich zu Beginn des Winters 1895 ein Zimmer in Fräulein Hammers Pension in Ljan. Seine ersten Eindrücke von diesem Ort waren urkomisch. Unter den weiteren Gästen befanden sich zwei Lehrerinnen, die fülligsten Damen, die er je gesehen hatte. Bolettes Ehemann, Ole Larsen, schlug er vor, sich eine von ihnen auszuwählen, sollte er je nach Ljan zu Besuch kommen. Außerdem wohnten da eine ältere Feministin, die ihn bedrängte, für ein neues Magazin, das sie gründen wollte, einen Beitrag zu schreiben, und noch ein paar alte Jungfern, Witwen und unverheiratete Frauen. Unter den Gästen war auch Henrik Jæger, der mit ihm in Lillehammer gewesen war. Der arme Jæger starb um Weihnachten an seiner Schwindsucht.

Etwa zu der Zeit, als Hamsun nach Ljan zog, erfuhr er, daß das Nationaltheater *An des Reiches Pforten* zur Aufführung angenommen hatte. Es muß eine große Ermutigung für ihn gewesen sein, als er sich anschickte, eine Fortsetzung zu dem Stück zu schreiben unter dem Titel *Spiel des Lebens.* Er hatte sogar von Anfang an beschlossen, eine Trilogie über dieselbe Figur zu schreiben – Ivar Kareno: als junger Mann, im mittleren Alter und als alter Mann.

Es gab zahlreiche Gründe für Hamsun, sich als Bühnenautor zu versuchen, nicht zuletzt ökonomische. Ibsen, Bjørnson und Strindberg, die drei Skandinavier, deren Werk in Paris und Berlin als Bestandteil der immer noch anhaltenden Mode in Europa für skandinavische Dichtung ausgiebig diskutiert und gelobt wurde, waren alle in erster Linie Bühnenautoren. Hamsun muß selbst bemerkt haben, daß zum Beispiel 1893, seinem ersten Jahr in Paris, dort nicht weniger als elf Stücke von skandinavischen Autoren ihre Premiere hatten. Und trotz des Erfolgs seiner Romane bei der Kritik war er noch keineswegs wohlhabend. Bis 1897 waren von den 2100 Exemplaren der von Philipsen 1890 in Kopenhagen gedruckten Auflage von *Hunger* 517 immer noch nicht verkauft. Im ganzen Jahr 1896 waren nur 44 abgesetzt worden. Dank Albert Langen hatten sich ihm nun die ausländischen Märkte geöffnet, doch er hatte immer noch keinen durchschlagenden Erfolg und lebte über seine Verhältnisse. In den Ruf eines erfolgreichen neuen Dramatikers zu kommen mag ihm als eine Abkürzung auf dem Weg zum Reichtum erschienen sein. Ein weiterer Grund mag gewesen sein, daß sein wachsendes Vertrauen in seine literarischen Fähigkeiten ihn bewogen hat, sich mit dem verhaßten Ibsen auf dessen Terrain zu messen. 1894 hatte er *Klein Eyolf* gelesen und fand es erwartungsgemäß »schwach und langweilig«; es war tragisch in Hamsuns Augen, einen Menschen so enden zu sehen wie Ibsen.[1]

Die sogenannte *Kareno*-Trilogie, 1898 mit *Abendröte* vollendet, war sein umfangreichster Versuch, diese neue Form zu meistern. Er, der sich selbst den Vierzigern näherte, wandte sich jetzt dem Thema des Alterns zu, den Veränderungen, die in einem Menschen vor sich gehen, und seinem Nachlassen in allem, wenn die rücksichtslose, prinzipientreue Leidenschaft der Jugend dem Kompromiß und den Verlockungen der Bequemlichkeit nachgibt.

Der Held, Ivar Kareno, ist ein junger Philosoph mit stark antidemokratischen Ansichten, die er ziemlich unmißverständlich äußert: »Ich glaube an den geborenen Herrn, den Despoten von Natur, den Machtmenschen, der keineswegs gewählt wird, sondern sich selber zum Anführer der Horde auf dieser Erde aufwirft. Ich glaube und hoffe eins: und das ist die Wiederkunft des großen Terroristen, des eigentlichen Menschen, des Cäsars ...!« Er hat ein Buch geschrieben, in dem er seine Gedanken darlegt, ein Werk, von dem er dermaßen besessen ist, daß er nicht einmal merkt, daß seine Frau Elina aus lauter Verzweiflung, seine Aufmerksamkeit zu erlangen, mit einem Bekannten flirtet. Das Paar hat schwere finanzielle Sorgen, stündlich rechnen sie mit dem

Erscheinen des Gerichtsvollziehers und leben in der ständigen Hoffnung, daß sein großes Werk zur Veröffentlichung angenommen wird. Das Angebot dazu kommt, aber nur unter der Bedingung, daß Kareno gewisse Veränderungen in dem Manuskript vornimmt, Veränderungen, über die überhaupt nachzudenken sein Stolz verbietet. Ein Freund und Kollege, Jerven, der mit einem Verleger genau diesen Handel eingegangen ist, kommt jetzt zu Kareno, in der Hoffnung, sein Gewissen beruhigen zu können, indem er ihm genügend Geld gibt, seine Schulden zu bezahlen; doch nachdem Kareno Jervens Buch gelesen hat, verurteilt er ihn als Verräter und gibt ihm sein Geld zurück. Seine Frau Elina ist inzwischen, seiner Prinzipien müde, mit ihrem Geliebten, dem zynischen Journalisten Endre Bondesen, davongelaufen. Das Stück endet mit dem Erscheinen des Gerichtsvollziehers, der Karenos Möbel pfändet.

Das zweite Stück, *Spiel des Lebens,* handelt zehn Jahre später. Kareno, vierzig Jahre alt, ist Hauslehrer der Söhne eines reichen Mannes. Er ist immer noch der hingebungsvolle Philosoph, der mit leidenschaftlichem Interesse nach der Wahrheit sucht, was auf die Tochter seines Dienstherrn, Teresita Oterman, eine magnetische Anziehungskraft ausübt.

Das letzte der drei Schauspiele, *Abendröte,* führt uns in abgewandelter Form zum Ort der Handlung und den Figuren des ersten Stücks zurück. Kareno, jetzt fünfzig, ist Held und Hoffnung einer jungen Generation von Philosophen; seine Frau ist zu ihm zurückgekehrt, und zwar mit einem Kind, das eindeutig die Tochter von Endre Bondesen ist. Bondesen, jetzt Redakteur einer großen Zeitung und ein einflußreicher Mann der Gesellschaft, tut alles in seiner Kraft Stehende, Kareno von seinen Prinzipien abzubringen, und bietet ihm die Chance, im norwegischen Parlament einen Sitz zu bekommen, wenn er sich öffentlich von den Leuten und den Grundsätzen distanziert, für die er sich so lange und so engagiert eingesetzt hat. Mit seinem Aufstieg verbunden ist auch der Fall des »Verräters« Jerven aus dem ersten Stück. Karenos Zurückweisung Jervens hatte dazu geführt, daß Jervens Braut die Verlobung mit ihm löste. Wo immer es ihm möglich war, hat Jerven daraufhin seinen Einfluß geltend gemacht, um an Kareno Rache zu nehmen und ihn zu behindern. Kareno geht jetzt den Schritt, den er mit neunundzwanzig nie gegangen wäre, und passiert »des Reiches Pforten«. Sein Geist badet sich im warmen Licht der Abendsonne, er schließt sich Bondesen an, bricht mit der Jugend und klettert schließlich über den Körper von Jerven nach oben. Das Stück endet damit, daß er seine Stieftochter Sara auf den Schoß nimmt und ihr ein Märchen vorliest, das mit den Worten beginnt: »Es war einmal ein Mann, der niemals nachgab.«

Die drei Theaterstücke werfen ein interessantes Licht auf Hamsun als Menschen und erhellen seine Ängste, mit den Jahren nachzulassen und sich von den Idealen seiner Jugend zu entfernen. Es war immerhin ein langer Kampf für ihn gewesen, zu Ruhm zu gelangen; nun, da er schließlich den Sieg errungen hatte, mag er sich Sorgen darum gemacht haben, was aus seinem Kampfgeist wohl werden würde. Doch abgesehen von diesen biographischen Einsichten und abgesehen von der offensichtlichen Relevanz von Karenos Prophezeiung des »großen Terroristen« aus dem Jahre 1895, haben diese Dramen für diejenigen, die Hamsuns Begeisterung für Hitler in den 1930er und 40er Jahren zu ergründen versuchen, kaum etwas zu bieten. Hamsun produzierte sie mit einer Leichtigkeit, die er selbst verachtete; sein außergewöhnlicher Sinn für Dialoge verführte ihn zu rasch dazu, Dramen zu schreiben, die im ganzen zu oberflächlich waren und keinerlei Tiefgang besaßen. Die Grundidee der Trilogie, daß der Verrat der Jugendideale verdammenswert, aber unvermeidlich ist, bildet nicht den organischen Kern der Stücke, der sie sein sollte, und Karenos Ringen mit seinen Prinzipien geht nur aus den Worten und nicht aus der Handlung hervor. Den Dramen mangelt es an Konflikt und Spannung, und es werden eine ganze Anzahl ziemlich plumper Symbole verwendet; Morgenrock, Spazierstock und Teekanne zum Beispiel, die in *Abendröte* die »Gebrechlichkeit« des fünfzigjährigen Kareno symbolisieren.

Alles, was Hamsun in dieser Zeit tat, erregte jedoch Interesse, und die ersten beiden Stücke der Trilogie wurden nacheinander im Theater von Kristiania aufgeführt. *An des Reiches Pforten* einundzwanzigmal und *Spiel des Lebens* sechzehnmal. Das dritte Stück, *Abendröte,* brachte es im Oktober 1898 dort auf elf Vorstellungen. Die Aufnahme durch die Kritik war eher freundlich denn enthusiastisch, und den Stücken war in Hamsuns Heimat Norwegen nur ein kurzes Bühnenleben beschieden. Sie werden dort jetzt noch lediglich als literarische Fußnoten zu seiner Karriere als Romancier angesehen.

Im Ausland hatte Hamsun mit den Dramen mehr Erfolg, vornehmlich in Rußland und Deutschland. *An des Reiches Pforten* und *Spiel des Lebens* wurden beide im Moskauer Künstlertheater aufgeführt, wobei Stanislawski insbesonderes vom *Spiel des Lebens* begeistert war. In seiner Autobiographie *My Life in Art* (Mein Leben mit der Kunst) widmet er dem Stück ein ganzes Kapitel[2] und beschreibt seine Aufführung im Jahre 1905 als einen »historischen Wendepunkt in meinem künstlerischen Leben«. Seltsamerweise wurde der schockierende Erfolg, den das Stück dort hatte, von Befürwortern mit Rufen wie »Lang leben die Linken!« bejubelt, während die Rechten ihren Unwillen gegenüber der Aufführung mit Rufen wie »Nieder mit den Dekadenten! Lang lebe das alte Theater!« kundtaten und damit eine ironische Bestätigung eines der hauptsächlichsten Einwände Hamsuns gegen die Form des Dramas bekundeten: daß es einem Dramatiker nicht möglich ist, psychologisch eindeutige Figuren zu schaffen, die sowohl vor dem Schauspiel als auch vor dem Regisseur bestehen.

Hamsun erkannte sehr bald, daß er mit dem Stückeschreiben kein Vermögen verdienen konnte, dennoch hat er noch mehrere Male für die Bühne geschrieben, bis er es 1910 gänzlich aufgab. Er fand dieses Geschäft sowohl in ästhetischer als auch ökonomischer Hinsicht wenig einträglich. Die Beschäftigung mit dem Drama bedeutete, wie er Bolette Larsen erklärte, daß man es unterließ, etwas Gutes zu schreiben.[3] Das war das Geheimnis. Er bezeichnete es als grobe Arbeit, Dockarbeit.[4] Das schien aber auch ein Teil seiner allgemeinen Unzufriedenheit mit den literarischen Formen zu sein, die ihn jetzt plagte, nachdem er fünf Romane in ebenso vielen Jahren geschaffen hatte. An einen Freund schrieb er:

> O Gott, wie mich die Schreiberei jetzt anekelt. Den Roman habe ich satt, und das Drama habe ich immer gehaßt; jetzt habe ich begonnen, Gedichte zu schreiben, die einzige Form der Literatur, die nicht sowohl prätentiös als auch leer ist, sondern einfach leer.[5]

Und gegenüber Bolette in Bergen wiederholte er seine allgemeine Unzufriedenheit:

> Literatur bereitet keine Freude (nein, bereitet *wirklich* keine Freude) mehr. Die Literatur, das sind bloß Bücher.[6]

Als die Studenten der Universität von Kristiania ihn einluden, einen Vortrag zu halten, warnte er sie vor der »Überbewertung von Dichtern und Dichtung«. Schonungslos sprach er über den Kult, der mit Schriftstellern getrieben würde, und wandte sich gegen den Gedanken, der Schriftsteller sei ein weiser Mensch, ein Denker. Das würde bedeuten, sie mit Philosophen zu verwechseln. Er hielt an der romantischen Vorstellung vom Dichter als wirrem und leidenschaftlichem Versager fest, wie Villon und Verlaine. Dichter, so sagte er den Studenten, seien ihrem Ursprung nach keine seßhaften Menschen, die Steuern zahlten; sie hätten die Seele von Vagabunden, seien geistig den Leierkastenmännern verwandt. Und dann versetzte er Ibsen seinen alljährlichen Hieb, der zu seinem tiefen Ärger immer noch alle zwei Jahre ein Buch veröffentlichte, seiner Ansicht nach Bücher eines alten Mannes, die dieser in einem leidenschaftslosen Vakuum zusammenkritzelte. Sein ganzes weiteres Leben lang hielt er sich Ibsen als Abbild dessen vor Augen, was er selbst niemals sein wollte – ein alter Mann, der vorgibt zu wissen, wovon er spricht.

Unter den Verlegern stieg Hamsun allmählich im Kurs. Sein Freund Sven Lange unterbreitete ihm brieflich ein geheimes Angebot von Gyldendal, mit dem er Philipsen abspenstig gemacht werden sollte. Gyldendal war der Verlag, der 1880 *Frida* abgelehnt hatte, und darum muß Hamsun das jetzige Angebot sehr verlockend vorgekommen sein, doch es dauerte noch einige Zeit, bis dann die lebenslange erfolgreiche Partnerschaft zustande kam. Lange, der aus München schrieb, gehörte zu der Gruppe, die Langen um ein neues verlegerisches Unternehmen aufbaute, die radikale satirische Zeitschrift *Simplicissimus.* Langen hatte seine engen Bindungen zu Skandinavien noch dadurch verstärkt, daß er Bjørnsons Tochter Dagny heiratete, und nun besuchte Bjørnson seinen neuen Schwiegersohn. Sie waren beide fest entschlossen, die Zeitschrift mit einem kräftigen Start beginnen zu lassen. Jakob Wassermann und Frank Wedekind waren von Anfang an dabei. Auch Thomas und Heinrich Mann gehörten zu der Münchener Gruppe, und die ersten Illustratoren der Zeitschrift waren Thomas Th. Heine und der junge Norweger Olaf Gulbransson, den Langen auf Empfehlung Bjørnsons nach München eingeladen hatte. Und jetzt lud Bjørnson, durch Lange, auch Hamsun ein, sich ihnen in München anzuschließen. Vielleicht hoffte er, Hamsun an einer Stellung in der Redaktion zu interessieren.

Hamsun kam im April nach München und blieb bis Juni. Er wohnte solange in Langens Haus in der Kaulbachstraße 51 a. Bjørnsons herzliche, bisweilen sogar beschämend herzliche öffentliche Respektsbekundungen waren ein weiterer Beweis dafür, daß Hamsun das literarische Establishment durchbrochen hatte. In München schrieb er die Erzählungen *Stimme des Lebens* und *Sklaven der Liebe* und erregte großes Interesse unter den jüngeren deutschen Schriftstellern, für die er als Autor von *Hunger* schon lange ein Held gewesen war. Erheblich daran beteiligt war die schmeichlerische Aufmerksamkeit, die seine starke Persönlichkeit und sein Bedürfnis, diese auch öffentlich zu zeigen, von da an stets hervorriefen. Der Journalist Arthur Holitscher schrieb in seinen Memoiren, Hamsun sei das Idol und die Sensation gewesen, wo immer er auch auftauchte, erwähnte aber auch, daß Wedekind, dem Hamsun in Paris geholfen hatte, sich dieser allgemeinen Heldenverehrung enthielt. In München wie in Kopenhagen und Kristiania zog seine Reise eine ganze Reihe verworrener Anekdoten nach sich. Ein Ereignis in Langens Büro, das Holitscher selbst miterlebt haben will, taucht auch in Kafkas Tagebuchaufzeichnungen vom September 1911 auf. In Kafkas Version ist es der Zeichner und Schriftsteller Kubin, der dabeigewesen sein soll, als Hamsun mitten in einem Gespräch zur Schere griff, den Fuß aufs Knie hob und rundherum die Fransen seiner Hose abschnitt.[7]

Wieder in Norwegen, folgte er einem Plan, den er sich schon in München zurechtgelegt hatte, und kehrte ins Gudbrandsdal zurück. Von dem Sanatorium in Tonsåsen aus bereiste er die ganze Gegend und besuchte alte Freunde wie Erik Frydenlund und die Familie Mjøen im nahe gelegenen Gjøvik, wo er sechzehn Jahre zuvor im Straßenbau gearbeitet hatte. Diese Reise hatte Symbolcharakter und bewegte ihn tief. Deutlich mußte der Wanderer erkennen, was ihn die zügellose Freiheit seines Lebens gekostet hatte, als er seinen alten Freunden wiederbegegnete und sah, daß deren Kinder bereits erwachsene Männer und Frauen waren. Der Gedanke, jetzt werde er alt, ging ihm nicht mehr aus dem Kopf.

In den beiden bis dahin vollendeten Dramen der *Kareno*-Trilogie hatte er vermutlich versucht, seine eigene Entwicklung aufzuzeichnen: In Verfolgung seiner Leidenschaft für die Literatur hatte er schließlich die persönlichen Freuden eines normalen Lebens eingebüßt, den Halt einer Liebesbeziehung, die Freuden einer vertrauten Umgebung, vertrauter Gesichter, die Freuden mit Kindern. Obgleich er erst siebenunddreißig war – und sich, aus Gründen, zu denen wir später noch kommenm werden, für sechsunddreißig ausgab –, hatte er das Gefühl, die Jahre vergingen wie im Fluge. Schon Anfang der neunziger Jahre machte er, als er mit seinen Briefpartnern Fotos austauschte, wie es damals eine recht nette Sitte war, witzige Bemerkungen über die Falten in seinem Gesicht. Was zunächst eine exzentrische Eigenart zu sein scheint, enthüllt sich immer mehr als etwas Krankhaftes: Glahn ist erst dreißig in *Pan*, klingt aber wie ein Mann, der eine viel schwerere Bürde von Jahren zu tragen hat. Coldevin, eine relativ nebensächliche Figur in *Neue Erde*, die jedoch deutlich mehr von Hamsuns wirklichen Interessen und Sympathien verkörpert als die offenkundigen Hauptgestalten, wird als »alt« bezeichnet und ist in Wirklichkeit knapp über vierzig. In *Stimme des Lebens* ist der »alte« Ehemann, dessen Tod es seiner jungen Witwe ermöglicht, den Erzähler zu verführen, gerade erst dreiundfünfzig. Die ungewöhnlich beschleunigte Gebrechlichkeit der Kareno-Figur, weißhaarig mit fünfzig, ist das deutlichste Beispiel für diese herbe und ungewöhnliche Ansicht darüber, wann man von einem Menschen sagen könne, daß er fertig sei.

Das alles gab ihm sehr zu denken, als er nach Weihnachten in Fräulein Hammers Pension zurückkehrte. Der Gedanke, seßhaft zu werden, mag wohl mit dazu beigetragen haben, seine bereits vorhandenen starken Gefühle für einen anderen Gast zu konzentrieren. Dieser andere Gast hieß Bergljot Goepfert. Auf Verlangen Hamsuns hatte ein gemeinsamer Freund eines Tages die beiden miteinander bekannt gemacht.[8] Nach Bergljots Worten war es Liebe auf den ersten Blick. Hamsuns Reaktion auf diese Begegnung war *Fiebergesichte*, ein Liebesgedicht von beinahe erschreckender erotischer Intensität.

Bergljot war zweiundzwanzig Jahre alt, als sie und Hamsun sich zum erstenmal begegneten. Sie war in Trondheim, im Norden Norwegens, geboren und eine reiche Frau, dank des Erfolgs ihres Vaters als Berater bei der Konstruktion von Dampfschiffen und des Geldes, das sie von ihrer kürzlich verstorbenen Mutter geerbt hatte. 1893 heiratete sie in Wien den österreichischen Geschäftsmann Eduard Goepfert und brachte im Jahr darauf eine Tochter, Maria, zur Welt. Die Ehe war jedoch kein Erfolg. Goepfert war ein Schürzenjäger. So kam es, daß Hamsun und Bergljot sehr bald von Scheidung und ihrer eigenen Heirat sprachen.

Als das Verhältnis ernster wurde, zog Hamsun aus der Pension in Ljan weg in eine Wohnung nahe des Stadtzentrums, in der Welhavens Gate 3, während Bergljot wieder ins Haus ihrer Familie in der Arbins Gate zog. Hamsuns Freund Hans Aanrud betätigte sich als ihr Briefträger und Mittelsmann. Sie wollten vermutlich jeglichen Skandal vermeiden, doch leider war das alles umsonst.

Die Geschichte von der Liebesaffäre eines Schriftstellers sollte idealerweise die Geschichte von Briefen sein, die zwischen den Liebenden hin und her gehen. In Hamsuns Fall ist jedoch keiner von ihnen erhalten geblieben. Statt dessen sehen wir uns Briefen ganz anderer Art gegenüber. Eine Frau namens Anna Munch hatte es sich zur Aufgabe gestellt, diese Liebesbeziehung zu zerstören und Hamsun selbst gleich mit, indem sie das Paar mit anonymen Briefen überschwemmte. Es war ein grotesker und bedauernswerter Fall von hoffnungsloser Liebe und eingebildeter Verachtung.

Hamsun war sich schon jahrelang der Existenz von Anna Munch bewußt gewesen. Sie war selbst Schriftstellerin, eine mitleiderregende, geisteskranke Frau. Seit sie Hamsun 1891 bei seinem Vortrag in Trondheim gesehen hatte, war sie erotisch besessen von ihm. Sie folgte ihm überallhin, stieg in denselben Hotels und Pensionen ab wie er und folgte ihm sogar nach Paris. Sie redete sich ein, daß Hamsun sie ebenfalls liebte, und schrieb ihm lange Briefe, in denen sie ihm vorschlug, sie sollten doch zusammenleben. Sie schrieb sogar einen Roman, *To mennesker* (Zwei Menschen), in dem die Hauptgestalten eindeutig auf sie selbst und Hamsun und seine Verfolgung durch sie zurückgehen.

Lange Zeit nahm Hamsun Anna Munch als natürliches Phänomen in einem Universum hin, in dem ihm Seltsamkeit, Intrige, Argwohn und Mißgunst als etwas ganz Normales vorkamen. Außerdem erhielt er im Laufe seines umstrittenen Aufstiegs zum Ruhm keineswegs nur von ihr allein bizarre Briefe. Der Beginn seiner Beziehung zu Bergljot schien jedoch in Anna Munch etwas ausgelöst zu haben – sie hatte sich, nicht sehr zu seiner Überraschung, auch in Fräulein Hammers Pension einquartiert, kurz nachdem er dort abgestiegen war –, und um Weihnachten 1895 herum begann sie ernsthaft damit, ihn und seine Liebesbeziehung zu vernichten. Beinahe achtzehn Monate ließ sich Hamsun das gefallen, ehe er sich schließlich an die Polizei wandte. Am 23. April 1897 schrieb er an den Polizeichef:

> Hiermit erlaube ich mir, Sie ergebenst zu ersuchen, mich polizeilich vor dem Verfolgungswahn der Anna Munch (Schriftstellerin) zu schützen. Seit über einem Jahr schickt sie jetzt anonyme Briefe an eine Anzahl von Damen meiner Bekanntschaft, schreibt an deren Väter und – im Falle verheirateter Damen – an deren Ehemänner; allesamt warnend, Ratschläge erteilend, drohend, mich als Verführer und Betrüger hinstellend, mit dem man jeden Kontakt abbrechen müsse. Für dieses Verhalten, das, abgesehen von der persönlichen Kränkung, die ich zu erleiden habe, auf jeden Fall bei vielen Leuten, in vielen Häusern Verwirrung und Unbehagen hervorruft, verlange ich, daß Anna Munch in Gewahrsam genommen, angeklagt und bestraft und vor allem, daß ihr Geisteszustand untersucht wird.
>
> Schon seit Jahren habe ich mich mit der Tatsache abfinden müssen, daß diese Frau mich nicht in Ruhe lassen kann, ich habe ihre endlosen Briefe und Telegramme ertragen und es auch hingenommen, daß sie mir ins Ausland gefolgt und auch in verschiedene Orte innerhalb Norwegens nachgereist ist. Ich habe es auch schlucken müssen, daß sie sich hier in Kristiania im selben Hotel eingenistet hat wie ich und mir, wenn ich um 1 Uhr nachts heimkomme, vor meinem Zimmer auflauert. Ich habe sie immer wieder gewarnt und angefleht, mich in Ruhe zu lassen, doch völlig vergebens. In den letzten Wochen hat ihre Aktivität als Schreiberin anonymer Briefe derartige Ausmaße angenommen, daß ich mich, um der Empfänger dieser Briefe willen, gedrängt sehe, die Polizei um Hilfe zu bitten.
>
> Ich möchte noch hinzufügen, daß es nie eine sexuelle Beziehung zwischen Frau Munch und mir gegeben hat und

daß ich mich ihr während unserer sechsjährigen Bekanntschaft nie in dieser Richtung genähert habe.[9]

Über die gleiche Sache schrieb er auch, weniger förmlich, an Bolette Larsen:

> Liebe Bolette!
> Frau M. verfolgt mich schon seit sechs Jahren mit Briefen, das letzte anderthalb Jahr mit anonymen, die über die ganze Stadt verteilt sind. Sie ist geisteskrank. Ich habe sie bei der Polizei angezeigt, aber noch ohne Ergebnis. Sie soll seit Ostern in Kopenhagen sein, schickt aber unermüdlich anonyme Briefe an ihre Helfershelfer hier, die sie dann weiterleiten. Es vergeht kaum ein Tag, an dem nicht die eine oder andere Frau einen anonymen Brief über mich bekommt. Niemals, nicht einmal im Traum habe ich Frau M. begehrt. Sie lügt diesbezüglich in ihrem Buch. In jener Nacht mußte ich sie durch Täuschung aus meinem Zimmer *lotsen,* in das sie hineingelangt war, um mich um 1 Uhr nachts, als ich nach Hause kam, abzupassen; sie war auf Strümpfen. Ach, was ich wegen dieses liederlichen Frauenzimmers schon alles habe durchmachen müssen. Ich habe niemals, niemals etwas mit ihr anzufangen versucht, Bolette – so vonnöten habe ich es nicht gehabt, sie sieht aus wie ein rotes, fettes Nilpferd.[10]

An Anna Munchs Briefen, ohne Zeichensetzung und in einer wirren, an Hieroglyphen erinnernden Handschrift verfaßt, stand, daß Bergljot schwanger sei und Hamsun außer ihr noch andere verheiratete Frauen zu Geliebten habe, von denen er sich aushalten lasse, und zwar mit Geld, das diese von ihren Männern bekamen. Diese Briefe wurden an die Ehemänner und die Familien der betreffenden Frauen geschickt. Einige hatten die Form geheimer Mitteilungen, die angeblich von Hamsun stammten und den Frauen ein Rendezvous vorschlugen, zu denen sie unbedingt Geld für die Getränke des Abends mitbringen sollten. Viele wurden an Bergljots Vater, Kapitän Bech, geschickt, in denen dieser angefleht wurde, seine Tochter aus den Klauen des teuflischen Verführers Hamsun zu erretten, »ehe es zu spät ist«. Auch Bergljots Ehemann, Goepfert, erhielt solche Briefe, ebenso Politiker, Theater, die Cafés, in denen Hamsun verkehrte, Buchläden, Zeitungsredaktionen, Verleger und Bibliotheken. Sie schilderten Hamsun als faulen Menschen, der niemals arbeitete, und behaupteten, er wäre gar nicht der Autor der Bücher, die unter seinem Namen erschienen waren. Auch Bergljot erhielt viele Briefe, in denen ihr höhnisch häufiger Partnerwechsel vorgeworfen und ihr erklärt wurde, sie passe darin sehr gut zu Hamsun.*

Hamsun wußte ganz genau, wer diese Briefe verfaßte – in seinem Schreiben an die Polizei vom 23. April nannte er sie beim Namen. Die Polizei jedoch komplizierte die Sache über alle Maßen. Sie schaltete ihren Schriftsachverständigen, einen Hauptmann Schmelk, ein. Der studierte die Briefe und kam am Heiligen Abend 1897 zu dem überraschenden Schluß, Hamsun hätte sie selbst geschrieben. Keine Erklärung wurde dazu abgegeben, warum er das getan haben sollte; gewiß jedoch glaubte Kapitän Bech diese Version. Da er entschieden gegen die Beziehung zwischen Hamsun und seiner Tochter war, glaubte er, Hamsun hätte das zunächst getan, um Bergljot zu zwingen, sich scheiden zu lassen, und dann, um die Heirat zu verhindern, denn er glaubte, er hätte seine Meinung geändert und wollte Bergljot gar nicht mehr heiraten.

Erstaunliche Entwicklungen wie diese zeigen die vernichtende Kraft von Anna Munchs Feldzug: Denn Hamsun, ein in hohem Maße beeinflußbarer Mensch, begann jetzt selbst

* Die Information über den Namen eines Zimmermädchens, mit dem Hamsun 1891 in Sarpsborg ein Verhältnis hatte, und die Behauptung, daß er sie habe heiraten wollen, aber abgewiesen worden sei, stammt aus einem dieser Briefe. Die Gefahren, sich einer solchen Quelle zu bedienen, liegen klar auf der Hand; dennoch habe ich mich entschlossen, diese Information zu bringen. Über sechzig dieser Briefe werden im Reichsarchiv in Oslo aufbewahrt. Der Brief mit der betreffenden Information klingt eigenartig vernünftig, und die Tatsache, daß ein solches Verhältnis mit einem Mädchen in Sarpsborg bestanden hat, wird auch in einer anderen Quelle bestätigt.

daran zu zweifeln, daß sie die Peinigerin war. Er wußte ganz genau, daß sie verantwortlich war – der Inhalt dieser Briefe wie auch die unterschriebenen Briefe an ihn, das Vorhandensein ihres Romans und seine lange Erfahrung mit ihr machten es mehr als klar. Doch nun sah er, daß seine subjektive Gewißheit gegen eine Mauer offizieller Objektivität anrennen mußte, die ziemlich atemberaubend war in ihrer schonungslosen Standhaftigkeit. Die Polizei hatte natürlich Anna Munch bezüglich der Sache befragt, doch sie hatte die Beschuldigungen entschieden zurückgewiesen. Sie verwarf kurzerhand die Möglichkeit, daß ihr Buch einen Beweis gegen sie darstellen könnte. Im Gegenteil, beschied sie die Polizei, »persönlich sehe ich in meinem Buch, in dem ich ihn entlaste und mich selbst als Peiniger darstelle, einen eindeutigen Beweis meiner Unschuld«.

Mit der aktiven Unterstützung Bergljots ging Hamsuns Phantasie nun mit ihm durch. Überall sah das Paar Verfolger, kleine Jungen, erwachsene Männer, die zu zweien gingen, ganze Menschenmengen, so viele, daß Hamsun zu der Überlegung kam, einer allein könnte gar nicht so viele Beschatter bezahlen, und der Polizei mitteilte, daß die Kampagne nun von irgendeiner Organisation geführt wurde, vielleicht von der Theosophischen Gesellschaft, die er in den Zeitungen angegriffen hatte. Verwandte von Anna Munch waren Theosophen, fügte Hamsun noch hinzu, als er der Polizei diese Möglichkeit andeutete, immer noch nicht gewillt, sich von deren Entlastung überzeugen zu lassen.

Jede Freude, die eine Liebesbeziehung bereiten könnte, ging in dem höllischen Bemühen, den Urheber der Verschwörung ausfindig zu machen, nahezu unter. Hamsun trug von allen seinen Briefpartnern Schriftproben zusammen und übergab sie der Polizei, mit der Versicherung, daß er nicht ihr Urheber sei. Nun kam es zu einigen grotesk-komischen Bemühungen der Polizei, die »Beobachter« zu identifizieren. Hauptmann Waldemar Hansen zum Beispiel fuhr mit seinem Fahrrad langsam die Kirkeveien auf und ab, und Wachtmeister Vyborg stand, als Arbeiter verkleidet und mit einer Schaufel in der Hand, in einer Grube in der Straße,

während Hamsun und Bergljot auf einer Bank saßen und sich unterhielten. Einmal wurde sogar beobachtet, wie ein Mann hinter einem Busch hervorsprang und davonrannte. Der skeptische Hauptmann Hansen traf Hamsun eines Tages vor einem Briefkasten auf der Karl Johans Gate an. Hamsun war »äußerst aufgeregt« und bat Hansen, ihm behilflich zu sein, einen Brief aus dem Kasten wieder herauszuholen, den er gerade jemanden hatte einwerfen sehen. In seinem Bericht an seine Vorgesetzten hob Hansen den bewegten Zustand hervor, in dem sich Hamsun befand, was deutlich das Gefühl unter der Polizei von Kristiania verrät, dieser seltsame Mensch sei wohl selbst der Initiator der Kampagne, deren Ziel es war, ihn zu vernichten. Die schreckliche Ironie dieser Sache ist natürlich, daß eine solche Kampagne nicht unvorstellbar fern war von dem Verhalten eines Nagel, der sich selbst Telegramme schickte und sie dann offen in seinem Hotelzimmer liegenließ, so daß die Informationen in der ganzen Stadt verbreitet wurden.
1898 war Hamsun der ganzen Sache überdrüssig und bat die Polizei in einem sehr beherrschten Brief, ihre Nachforschungen einzustellen. Der Verdacht war inzwischen von ihm auf Bergljot übergegangen, und Kriminalbeamte hatten sich heimlich von ihrem Vater Proben ihrer Handschrift geben lassen. Er konnte es nicht riskieren, sich zu fragen, wohin das mit ihnen noch führen würde, wenn sie die Sache jetzt nicht abbrachen.
1897 hätte ein gutes Jahr für Hamsun werden sollen. Doch statt dessen erwies es sich als eines der schlimmsten seines Lebens. Außer ihren anderen Projekten hatte es sich Anna Munch zu ihrer Aufgabe gemacht, seine Bewerbung um ein staatliches Stipendium zu hintertreiben. Daß er es tatsächlich nicht bekam, hatte vermutlich nur sehr wenig mit ihren Bemühungen zu tun, doch in dem verworrenen, geplagten Verlauf dieses Jahres schien es ihm, als wäre sein anonymer Peiniger für alles Schlimme, das ihm widerfuhr, verantwortlich.[11] Die Gründe dafür waren jedoch viel prosaischer.
Hamsuns Auseinandersetzungen mit der alten Garde in den

frühen neunziger Jahren hatten beinahe im Alleingang eine Bresche geschlagen, die seither mancher junge Schriftsteller dankbar passiert hatte. Inzwischen hatte er viele Freunde und Anhänger unter dem aufstrebenden literarischen Establishment. Auf Betreiben von Erik Lie hatten 1893 viele der führenden Schriftsteller des Landes eine Autorenvereinigung zum Schutz und zur Förderung der Rechte und Interessen von Autoren gegründet. Hamsun hatte dem Projekt seinen vorsichtigen Segen erteilt; als er dann im Juni 1894 direkt angesprochen wurde, lehnte er seinen Beitritt jedoch ab mit der Begründung, daß zu viele seiner Kollegen seiner Mitgliedschaft feindselig gegenüberstünden. Er versprach jedoch, sich an einer Pensionskasse zu beteiligen, sobald *Pan* veröffentlicht wäre. Eines der ersten Ziele der Vereinigung war es, darauf zu achten, daß nur den besten Autoren das staatliche Stipendium für Schriftsteller zuerkannt wurde, das das Ministerium für Kirche und Erziehung vergab, in dem man aber nicht gerade eine verläßliche Spürnase für literarisches Talent besaß. Darum wurde ein aus Schriftstellern bestehendes Komitee gebildet, das über die Anträge zur Verleihung befand und schließlich dem Ministerium seine Empfehlungen übermittelte. Es war klar, daß diese Empfehlungen nicht bindend waren, dennoch hatten sie erhebliches Gewicht. Hamsun galt als der führende junge Schriftsteller des Landes, und als er nun ein Stipendium anstrebte, mit dessen Hilfe er seine *Kareno*-Trilogie zu vollenden gedachte, setzte das Komitee seinen Namen auch an die Spitze der Empfehlungsliste an das Ministerium. Er hatte sich noch nie zuvor um eine öffentliche Unterstützung bemüht, und so stand die Vergabe des Stipendiums an ihn von vornherein fest. Dennoch geschah das Seltsame, daß der Kultusminister, ein ehemaliger Pfarrer namens Jakob Sverdrup, Hamsun überging und das Stipendium von 1200 Kronen Vetle Vislie* zusprach, einem Schriftsteller von bloß regionaler Bedeutung, der damals nur wenig gelesen wurde und heute

* Vislie war auch einer derjenigen, wie Arne Dybfest, Peter Egge und Hans Aanrud, denen Hamsun 1890/91 wertvolle Ermutigung und praktische Unterstützung hatte angedeihen lassen.

gar nicht mehr, dessen Name aber an zweiter Stelle auf der Liste stand.
Der Grund dafür, daß das Ministerium Hamsun übergangen hatte, geht auf dessen Besuch 1896 in München zurück. Albert Langen hatte ihn um einen Beitrag für den *Simplicissimus* gebeten, und Hamsun hatte ihm die Novelle *Stimme des Lebens* geliefert. Darin schildert der Ich-Erzähler folgendes Erlebnis: Eines Abends geht er ziellos durch die Straßen, in der Hoffnung, irgendwo ein Abenteuer zu finden. Er begegnet einer jungen Frau, die ihn mit nach Hause nimmt. Sie verbringen die Nacht zusammen, und beim Verlassen ihrer Wohnung am nächsten Morgen sieht er zufällig durch eine offene Tür die Leiche eines alten Mannes aufgebahrt daliegen. Der Frau gegenüber erwähnt er nichts davon, findet die Erklärung aber später in den Todesanzeigen der Zeitung: Seine mysteriöse Liebhaberin war die Witwe des Toten, den er gesehen hatte. Der Erzähler beendet seine Geschichte folgendermaßen:

> Ich sitze lange da und denke über all das nach. Ein Mann hat eine Frau, sie ist dreißig Jahre jünger als er. Er zieht sich eine langwierige Krankheit zu und stirbt dann eines Tages.
> Und die junge Witwe atmet auf.

Das war eine von Hamsuns typisch provokativen Darlegungen von Moral. In Deutschland mag ihm das unbemerkt durchgegangen sein; Langen hegte aber auch große Hoffnung für die dänische Ausgabe des Blattes, die *Basta* hieß und praktisch ein Duplikat des *Simplicissimus* war, und dementsprechend erschien die Novelle auch in der Kopenhagener Zeitschrift, wo sie ein norwegischer Politiker namens John Lund aufstöberte. Lund schlug Alarm und versuchte auch, *Basta* wegen der Novelle verbieten zu lassen. Nach der Aufführung von Hamsuns Stück *Spiel des Lebens* im gleichen Jahr im Nationaltheater unterzeichneten sechsundzwanzig Leute einen Brief und schickten ihn an eine Kristianiaer Zeitung. Sie beschwerten sich darüber, daß Te-

resita eine unmoralische Gestalt sei. Die beiden voneinander unabhängigen Vorfälle waren für Sverdrup Skandal genug, Hamsun zugunsten von Vislie zu übergehen.
Das Ergebnis war eine heftige literarische Debatte zwischen Moralisten und Schriftstellern in den Zeitungen der Hauptstadt. Der Schriftstellerverein schickte der Regierung ein Protestschreiben, das unter anderen auch von Bjørnson und Garborg unterzeichnet war – wohingegen die Namen Ibsen, Kielland und Lie durch ihre Abwesenheit auffielen. Wer aber unterzeichnete, war Anna Munch. Auch die Larsens in Bergen unterzeichneten, und Hamsun bedankte sich bei ihnen recht herzlich dafür, daß sie sich offen mit »schlüpfriger« Literatur identifizierten, als welche die Kritiker Hamsuns Werke bezeichneten. Doch die Proteste hatten keine große Wirkung.

Es ist schwer, sich Hamsuns geistige Verfassung von 1897 vorzustellen. Er war verliebt, erhielt aber nicht etwa Liebesbriefe, sondern haßerfüllte Schreiben. Er veröffentlichte nichts von Bedeutung, nur eine Sammlung von Novellen, die er *Siesta* nannte; es war, wie er später sagte, »eine fruchtlose Siesta von einem Jahr«.[12] Abgesehen von den konkurrierenden Anforderungen an seine Aufmerksamkeit, die eine Liebesaffäre und, was man so nennen könnte, eine Haßaffäre mit sich brachten, war er auch noch tief im ungewissen darüber, ob das Schreiben überhaupt einen Sinn hatte. Es war schon zum Witz geworden, daß er in Briefen an Freunde immer wieder drohte, Schmied zu werden oder zu heiraten und sich auf einen kleinen Bauernhof zurückzuziehen, Rinder zu züchten und Kinder großzuziehen. Um dem Ganzen die Krone aufzusetzen, war es auch noch mit seiner Gesundheit nicht sehr gut bestellt; im Winter 1896/97 litt er an Ischias[13] und fuhr viele Monate lang jeden Tag nach Kristiania zur Elektrotherapie und Massage. Es gab Zeiten, in denen er fast der Verzweiflung nachgegeben hätte. »Das beste wäre es übrigens wohl, sich zu erschießen«,[14] schrieb er an eine Freundin. »Aber sehen Sie, dazu gehört Mut, und davon habe ich nicht viel.« An die Larsens schrieb er im November:

Sehen Sie, im Frühjahr und im Sommer habe ich sehr viel Whisky getrunken, in drei Monaten habe ich 60 Flaschen getrunken, mutterseelenallein, des Nachts. Ich war so zerstört, daß ich mich damit aufrecht halten mußte ... Nein, dann wurde es wieder etwas leichter für mich, und da habe ich wieder aufgehört. Und jetzt komme ich besser *ohne* zurecht als damals *mit.*[15]

Es sah in der Tat so aus, als sollte es für ihn in mancher Hinsicht etwas besser werden. Da Hamsun von der Regierung brüskiert worden war, entschloß sich die Autorenvereinigung, zu einer Sammlung für ihn aufzurufen und möglichst eine gleich große Summe aufzubringen. Sein alter Freund Peter Egge wurde mit der Leitung der Sammlung beauftragt, doch trotz all seiner Anstrengungen brachte er nur 600 Kronen zusammen, die Hälfte der betreffenden Summe. Die Vereinigung hatte geholfen, mit dem Erlös vom Verkauf eines Kalenders im Weihnachtsgeschäft noch den Ausgleich zu erzielen.[16]
Die Deutschen jedoch kamen Hamsun zu Hilfe. Langen, dem seine Schwierigkeiten zu Ohren gekommen waren, hatte im *Simplicissimus* einen Aufruf abgedruckt, aufgrund dessen bis zur Schließung des Fonds im Sommer 1898 die enorme Summe von 1606,55 Mark[17] aufgebracht wurde. Das war mehr als dreimal soviel wie das Stipendium, das ihm versagt worden war, ein Beweis für Hamsuns rasch zunehmende Popularität in Deutschland.
Trotz Goepferts Widerstand war Bergljots Scheidung schließlich auch durchgekommen. Auf königlichen Erlaß vom 13. November 1897 wurde sie ihr zugestanden, und zwar aufgrund erwiesenen Ehebruchs ihres Mannes. Durch einen zweiten königlichen Erlaß vom 19. März 1898 wurde ihr die Erlaubnis erteilt, sich wieder zu verheiraten. Die Trauung fand in der Johanneskirche statt, wo Hans Aanrud und der Buchhändler Christian Dybwad Trauzeugen waren. Hamsuns Hochzeitsgeschenk war ein gebundenes, handgeschriebenes Gedicht an seine Frau in fünf langen Abschnitten: *Für Bergljot.*[18] Ein bemerkenswerter Aspekt darin ist die

aggressive Art und Weise, in der Hamsun über ihren Exgatten schreibt, den »österreichischen Hund«, der versucht hatte, ihr im Wege zu stehen. Andere Verse stellen die Ehe auf einen höchst romantischen Sockel, wobei er sich selbst als Bauernburschen bezeichnet und Bergljot als die feine Dame, die ihn haben will, trotz der Tatsache, daß er kein Schloß besitzt und seine Kleider Lumpen sind.

Nach der Zeremonie gab das Paar in Frau Byes Pension in der Egertorvet einen Empfang. Zu dieser Zeit schien Hamsun einen solchen Status erreicht zu haben, wie ihn heute ein Popstar hat: Eine Menschenmasse stand wartend vor dem Hotel und jubelte, als das Paar auf dem Balkon erschien. Ein Augenzeuge berichtete, der Schriftsteller »sah verlegen aus«.

Anschließend reisten sie in die Flitterwochen in Frau Florelius' Sanatorium in Oppegård. Sie mieteten eine Villa am Ufer eines Sees, abseits vom Hauptgebäude, badeten an sonnigen Tagen nackt. Um der Aufmerksamkeit zu entgehen, ruderten sie oft über den See nach Ski, wo sie ungestört spazieren konnten. Sie hatten sich ihren eigenen Wein und Sekt aus Kristiania mitgebracht, den sie nun aus Bergljots schönen, geschliffenen Gläsern tranken. Sie war immerhin eine äußerst wohlhabende Frau.[19]

Von dort zog das Paar nach Valdres. Die Heirat und besonders das Geld aus Deutschland verliehen Hamsun erheblichen Auftrieb. In überschwenglicher Stimmung schrieb er Langen, um sich für die Sammlung des *Simplicissimus* zu bedanken – es sei weitaus mehr, als er je erhofft hatte, führte er aus und fügte hinzu: »Das zeigt, daß Deutschland ein großartiges Land ist; hier bekomme ich so gut wie nichts.« Die lange geplante Reise nach dem Osten, erstmalig 1890 erörtert und immer wieder erwähnt als eine Art erträumte Flucht vor allen seinen Ärgernissen, scheint ihm in dieser Zeit wieder in den Sinn gekommen zu sein. Langen berichtete er, daß er jetzt *nicht* in die Türkei reisen könne, weil er gerade geheiratet habe. »Ho, ho«, schrieb er vergnügt, »ich bin gesund, ich bin jung, ich bin reich! Und jetzt ist Sommer.«[20]

Reich, jung, gesund, mit seiner wohlhabenden, dunkelhaarigen Schönheit Bergljot verheiratet und ohne die Flut anonymer Briefe (die so gut wie versiegt war) – in der heiteren Umgebung von Valdres fand Hamsun auch seinen Geschmack für den Roman wieder. *Victoria*, der letzte seiner vier großen Romane aus den neunziger Jahren, war rasch geschrieben und Ende September so weit, daß er veröffentlicht werden konnte. Noch Ende Juli war er sich über die endgültige Form, die das Buch annehmen sollte, nicht im klaren, und doch schrieb er Langen, das Buch, an dem er gerade arbeite, bestehe »aus zwei oder vielleicht drei kleinen Romanen, und ich hoffe, es wird gut«.[21] Er bezeichnete es als »ein Pendant zu *Pan*, aber nicht so umfangreich«, und meinte, während das ältere Buch »dunkellila« sei, würde das neue »hellrot«. Diese Bücher, so erklärte er, seien »zwei verschiedene Bilder«.[22]

Das Schreiben selbst war kein besonderes Vergnügen. Es regnete viel zu oft, und zu viele englische und amerikanische Touristen rollten in einem Wagen nach dem anderen vorbei, um sich die Jotunheim-Gipfel anzusehen.[23] Auch bedrückte ihn der Inhalt seines Buches.

Mitte September wollte er letzte Hand an das Buch legen und schickte Bergljot deshalb nach Kristiania zurück. Die Arbeit an den letzten Seiten versetzte ihn in eine seltsame Stimmung. An Bolette Larsen schrieb er:

> ... es ist unglaublich anstrengend, dazusitzen und Sonnenschein und Duft eines Gartens zu beschreiben, wenn das Gemüt verfinstert ist.[24]

Denn *Victoria*, sein Flitterwochenroman, ist kein Hochgesang auf die Freuden der Liebe. Es ist eher ein Requiem auf den Tod der Liebe.

Johannes, der Sohn des Müllers, liebt Victoria, die Tochter des Gutsbesitzers. Sie liebt ihn auch und ist fasziniert von seiner Phantasie und den Geschichten, die er ihr erzählt. Solange sie in der verborgenen Welt der Kinder verharren, kön-

nen sie sich nahezu als Gleichgestellte begegnen, doch mit dem allmählichen Erwachsenwerden werden auch die Klassenschranken zwischen ihnen immer stärker. Johannes geht hinaus in die Welt und nimmt sich vor, Schriftsteller zu werden. Hin und wieder kommt er nach Hause zurück. Als er bei einem dieser Besuche an einem seiner Lieblingsplätze aus der Kindheit umherwandert, entdeckt er, daß sich auch Victoria zu diesem Ort hingezogen fühlt. Trotz des zufälligen Zusammentreffens bemerken die beiden den Klassenunterschied zwischen sich und verhalten sich recht förmlich zueinander. In der Stadt ereignet sich später noch eine zufällige Begegnung. Diesmal verhält sich Victoria ihm gegenüber ungezwungen und küßt ihn. Johannes ist überaus glücklich, doch bei einer dritten Begegnung findet er sie erneut ausgesprochen kühl und förmlich. Verwirrt und verletzt weicht er zurück.
Den abrupten Wandel in Victorias Verhalten hat ihre Verlobung mit einem reichen jungen Mann namens Otto mit sich gebracht – ihr Vater steht vor dem wirtschaftlichen Ruin, und ganz die pflichtbewußte Tochter, hat sie in eine lieblose Heirat eingewilligt, um ihn zu retten. Victoria und Otto geben ein großes Verlobungsfest auf dem Herrenhof, zu dem auch Johannes eingeladen ist. Sein Instinkt rät ihm, die Einladung auszuschlagen, aber er geht trotzdem, und Victoria macht ihn mit Camilla bekannt, einer hübschen jungen Frau, die Johannes einmal vor dem Ertrinken errettet hat, als sie noch ein Baby war. Victorias Absicht ist eindeutig, die beiden zusammenzubringen, ungeachtet ihrer eigenen Empfindungen für Johannes. Ihre Situation bringt sie dazu, sich auf der Feier seltsam zu verhalten – zur Irritation ihres Bräutigams spricht sie andauernd von Johannes, und um ihre Gefühle zu verbergen, ist sie vor anderen Gästen unhöflich zu Johannes.
Camilla zeigt Interesse an Johannes. Schüchtern läuft sie ihm nach, und mit einer fatalistischen Bereitwilligkeit macht er ihr schließlich einen Heiratsantrag, den sie annimmt. Am gleichen Tag wird Otto bei einem Jagdunfall getötet. Victorias Vater, der erkennt, daß das für ihn den

Ruin bedeutet, schickt alle aus dem Haus, steckt es ritualistisch in Brand und begeht in den Flammen Selbstmord. Mit einem Mal ist Victoria aller Verpflichtungen, an die sie gebunden war, ledig. Sofort begibt sie sich zu Johannes und gesteht ihm offen und umfassend ihre Liebe. Johannes kann nichts mehr ändern – Camilla hat bereits seinen Heiratsantrag angenommen.

Die Zeit vergeht, und Johannes, jetzt ein berühmter Schriftsteller, macht keine Anstalten, einen Termin für die Hochzeit festzusetzen. Ein Gefühl der Indifferenz und Ohnmacht hat ihn überkommen. Nach einiger Zeit lernt Camilla einen Mann ihres Alters kennen, einen Engländer namens Richmond, und verliebt sich in ihn. Von Schuld- und unentschlossenen Treuegefühlen geplagt, bringt sie es fertig, Johannes dies zu gestehen, und findet ihn seltsam ungerührt. Er erteilt den beiden seinen onkelhaften Segen. Obgleich er nun frei ist und Victoria heiraten könnte, ist es zu spät. Sie hat Tuberkulose und ist bereits tot, als ihr alter Hauslehrer Johannes den Abschiedsbrief übergibt, den sie ihm geschrieben hat, eine wunderschöne, bewegende, uneingeschränkte Liebeserklärung.

Victoria ist weitgehend eine reife Neufassung des Kurzromans *Bjørger,* den Hamsun als Achtzehnjähriger im Nordland schrieb, die Liebesgeschichte zwischen dem Bauernjungen Bjørger und der Tochter des reichen Kaufmanns Moe. In beiden Romanen nähern und entfernen sich die Liebenden abwechselnd voneinander, scheinbar von Kräften abhängig, die nicht ihrer Kontrolle unterliegen; und in beiden Fällen wird die unmögliche Situation durch den Tod des Mädchens gelöst.

Diese Vorstellung von der Liebe als etwas Schönem, doch Hoffnungslosem faszinierte Hamsun. Und in gewisser Hinsicht kann man schon sagen, daß er nie darüber hinausgekommen ist, daß das für ihn die Definition all dessen blieb, was menschliche Liebe darstellt, all dessen, was sie erstrebt, und ihres unvermeidlichen Schicksals. Der Gedanke, daß die erste Liebe die einzig wahre ist und daß sie von Natur aus zur Enttäuschung verdammt ist, wird am deutlichsten von dem alten Hauslehrer zum Ausdruck gebracht, der Johannes Victorias Brief überbringt:

> Übrigens stelle ich Ihnen noch eine klare Frage: Haben Sie jemals, jemals gesehen, daß ein Mann die bekommen hat, die er bekommen wollte? Ich nicht. Es geht die Sage von einem Mann, den Gott erhörte, er bekam seine erste und einzige Liebe. Aber das führte zu keiner weiteren Herrlichkeit für ihn. Weshalb nicht? werden Sie wiederum fragen, und sehen Sie, ich antworte Ihnen: Aus der kleinen Ursache, daß sie gleich danach starb – *gleich* danach, hören Sie, haha, augenblicklich danach. So ist es immer. Natürlich bekommt man nicht die Frau, die man haben will; kommt es aber aus rein verfluchtem Recht und billiger Gerechtigkeit ein einziges Mal vor, dann stirbt sie also gleich danach. Alles Spiegelfechterei. Da ist also der Mann darauf angewiesen, sich eine andere Liebe, eine der bestmöglichen Art, zu verschaffen, und er braucht um dieser Veränderung willen nicht zu sterben.

Vielleicht lag dieser Einstellung eine besondere persönliche Erfahrung zugrunde, oder vielleicht war sie nur ein allgemeiner Ausdruck der Desillusionierung, die mit dem Übergang von der Jugend zum Erwachsensein unweigerlich verbunden ist. Laura Walsøe, die Tochter des »enevoldskongen« Walsøe in Tranøy, bei dem Hamsun als Vierzehnjähriger arbeitete, wurde 1860 geboren, gerade ein Jahr nach Hamsun. Bjørgers Angebetete hieß ebenfalls Laura; und Laura Walsøe starb, genau wie die fiktive Victoria, jung und unvermählt an Tuberkulose. Die Übereinstimmungen sind vielsagend, nicht mehr. Und ob *Victoria* rein auf Wahrheit basiert oder freie Improvisation von Wahrheit darstellt, ist unerheblich. Was zählt, ist, daß Hamsun seinen Lesern mit diesem Roman wieder eine Darstellung, in Form von Kunst, eines Abschnitts seiner Reise durchs Leben präsentierte und daß er, wie in seinen früheren »Berichten« – *Hunger, Pan, Mysterien* –, zu denselben Schlußfolgerungen kam: Liebe ist nicht weit entfernt von Mißerfolg, Verlust und Niederlage.

Victoria, Hamsuns erstes von einem norwegischen Verleger (Cammermeyer) herausgebrachtes Buch, erweist sich bis heute als sein größter kommerzieller Erfolg. Durch den außergewöhnlichen, märchenartigen Reiz der Geschichte gewann es sowohl die Gunst der Leser als auch die der Kritiker. Die am 29. Oktober erschienene erste Ausgabe von 6000 Exemplaren verkaufte sich so gut, daß noch vor Weihnachten die zweite Auflage gedruckt wurde.
Die wichtigste gegenteilige Stimme war die seines »alten Feindes« Nils Vogt im *Morgenbladet.* Das *Morgenbladet* war eine Zeitung für Leser aus den oberen Schichten, und Nils Vogt schrieb eine Rezension des Buches, die zeigte, daß zumindest gewisse Kreise der Gesellschaft immer noch nicht bereit waren, den Emporkömmling Hamsun zu akzeptieren. Er bezeichnete das Buch als Mißerfolg, und zwar mit der Begründung, daß Hamsun einfach nicht genügend Erfahrung mit Frauen der oberen Klasse hätte, um sie überzeugend darstellen zu können. Ähnliches hatte er in bezug auf Elina in dem Stück *Abendröte* geschrieben. Bergljot fühlte sich durch die Rezension persönlich beleidigt, und im Gefolge all dessen kamen Hamsuns tiefgreifende persönliche Unsicherheiten an die Oberfläche; in einem langen Brief an seinen alten Mentor Georg Brandes verteidigte er sein Buch und versuchte, seine Persönlichkeit und die Schwierigkeiten darzustellen, die ihm seine unvorteilhafte Herkunft eingebracht hatte:

> Es wird heutzutage viel von Kultur gesprochen, das ist seit einigen Jahren ganz allgemein geworden, selbst die Zeitungen zu Haus in Norwegen verlegen sich oft auf Kultur. Und Kultur ist dann zuallererst, soundso viele Reisen gemacht, soundso viele Gemälde gesehen, soundso viele Bücher gelesen zu haben, überhaupt viel mit dem Gedächtnis zu leisten. Deshalb ist es kein Mangel an Kultur, respektlos über John Stuart Mill zu sprechen – das tat nämlich auch Nietzsche, den Sie nennen, und der hatte ein wenig Kultur –, aber Mangel an Kultur ist es, Eltern gehabt zu haben, die einen nicht zum Studenten oder zum

Doktor oder zu so etwas gemacht haben, Mangel an Kultur ist es, nach Amerika hinübergetrieben zu werden, körperlich auf der Prärie arbeiten zu müssen und deshalb trotz ehrlichsten und eifrigsten Bemühungen darum außerstande zu sein, sich die Ansichten der meisten gebildeten Menschen über all das anerkannt Große anzueignen. Ich weiß nicht, ob ich verstehe, was Kultur ist, ich könnte mir denken, es sei etwas in Richtung der *Herzens*bildung. Zu Haus in Norwegen begegnete ich bisweilen Leuten, besonders Zeitungsleuten, mit einem leichtfertigen und unzuverlässigen Charakter, mit weniger Lebenserfahrung, als ich sie habe, mit schäbiger Gesinnung und mangelnder Wahrheitsliebe. Diese Leute konnten mit angeborener und gewohnter Überlegenheit die Nase über den rümpfen, der keine »Kultur« hatte. Und da meinte ich, wenn ich eine gewisse zusammenhängende Lebensanschauung gewönne und daraus versuchte, in meinen Büchern die Irrtümer anzugreifen, vor denen die Bildung bisher Respekt hatte, dann dürfte ich es nicht bedauern, nicht genug positives Wissen zu besitzen, um einen obligaten Grad zu erhalten. Aber man weiß nun einmal von mir, daß ich als Bauer aufgewachsen bin, daß ich kein Examen darin habe, etwas zu können, und daß ich nicht die Mittel hatte, vom 15. bis zum 18. Jahr Philosophie zu lesen; und das zu wissen, ist eine bedeutende Hilfe, wenn es darum geht, mein Kulturniveau zu beurteilen.[25]

In seiner Länge und Leidenschaft war dieser Brief Hamsuns an Brandes ein einzigartiges Bekenntnis der Unsicherheiten, die ihm sein Mangel an Schulbildung brachte. Er wirft ein beachtenswertes Licht auf seinen Charakter und erklärt zum Beispiel, wie leicht er sich in den frühen neunziger Jahren als Opfer einer wohlüberlegten Verschwörung von seiten eines klassenorientierten literarischen Establishments fühlen konnte. Er erklärt auch vieles von der merkwürdigen Vehemenz seiner Attacken auf die Berühmten und Mächtigen. Vogt stand mit seinem niederträchtigen Angriff so ziemlich allein, und dennoch geriet Hamsun darüber ganz außer Fassung.

In dem Jahr, in dem *Victoria* erschien, wurde Hamsun das Künstlerstipendium von 1200 Kronen zugesprochen, das ihm im Jahr zuvor vom Kultusministerium versagt worden war. An die Verleihung war die Bedingung geknüpft, ein Jahr im Ausland zu verbringen, und so reiste Hamsun im Winter 1898 nach Finnland. Freunde waren der Meinung, daß er in Bergljot seine Victoria mitnahm. Auch er selbst mag davon überzeugt gewesen sein – davon, daß er trotz der Böswilligkeit der Vogts dieser Welt schließlich seine Prinzessin gefunden habe. Nach einem Jahr, das er Langen als »das schrecklichste Jahr, das ich in meinem siebenunddreißigjährigen Leben durchgemacht habe«, beschrieb, trotz der Belastungen und Skandale um Anna Munchs Verfolgungskampagne, trotz der seltsam düsteren Stimmung, die ihn beim Schreiben von *Victoria* überkommen hatte – nach diesem Jahr würde er vielleicht, so hoffte er, in der Ehe mit Bergljot dort Erfolg haben, wo alle seine fiktiven Alter egos versagt hatten, und Glück in der Liebe finden.

10

1898–1906: Rastloses mittleres Alter, Depression und Ehescheidung

Hamsun reiste mit seiner Frau nach Helsinki. Dort stiegen sie erst einmal im Hotel Kleineh ab, sahen sich aber nach einem passenden Haus um. Auf der Insel Råholmen fanden sie rasch einen ziemlich heruntergewirtschafteten Besitz, und Hamsun kaufte sich einen Werkzeugkasten und half den Zimmerleuten, das Haus wieder herzurichten. Mitte Dezember konnten sie einziehen.

Hamsun arbeitete, Bergljot führte den Haushalt und machte Übersetzungen, und an den Abenden trafen sie sich mit Künstlern und Schriftstellern aus Helsinki. Hier erneuerte Hamsun Kontakte mit Freunden aus der Pariser Zeit, wie den Malern Axel Gallén und Albert Edelfeldt. Er traf auch Birger Mörner wieder, dessen Drama er ins Norwegische übersetzt hatte. Jean Sibelius gehörte zu der Gruppe, und Hamsun lernte auch den schwedischen Karikaturisten und Humoristen Albert Engström kennen, einen Mann, der einer seiner wenigen Freunde auf Lebenszeit werden sollte. Sie alle mochten Bergljot und nannten sie Alvilde, das war die Frau, der Hamsuns grimmige *Fiebergesichte* gewidmet sind. Doch die dort ansässigen konservativeren Leute waren von ihr ziemlich schockiert: Ärmellose Kleider waren in dieser Gegend gewagt. Trotz ihrer Zuneigung zu dem Paar konnten die Freunde jedoch nicht umhin zu erkennen, daß das Verhältnis zwischen den Neuvermählten nicht gut war.[1] Bergljot gab sich die größte Mühe, war aber äußerst unglücklich. Nichts stimmte. Der Winter war bitter kalt und ihre Insel von Eis umgeben. Zum Einkaufen nach Fölisön mußten sie übers Eis gehen, und die Preise waren in Finnland viel höher, als sie erwartet hatten. Sie war eine vornehme Dame aus der Stadt, und jetzt mußte sie in einem ins Eis gehackten Loch ihre Wäsche waschen. Ihrer Schwester Alette schüttete sie ihr Herz aus:

> Knut und ich fühlen uns hier so unwohl, daß wir noch verrückt werden. Hier ist richtig Winter, immer noch. Gott, wie fürchterlich es hier ist, dieser unglaublich abscheuliche Winter hat uns beide ganz gemütskrank gemacht – Krankheit und Elend.[2]

Ein paar Zeilen von Hamsun an einen Freund, den Journalisten Alexander Slotte, die mit charakteristischer Unvermitteltheit Lyrik und Unbehagen nebeneinanderstellen, enthalten eine versteckte Bestätigung des Gefühls, daß etwas nicht ganz stimmte:

> Es ist 3 Uhr morgens, und ich gehe im Zimmer auf und ab, rauche Zigarren und blicke auf die Sonne am gegenüberliegenden Ufer. Wie herrlich das ist! Doch es ist neuerdings so elend mit meinem Schlaf.[3]

Das Paar schickte Hans Aanrud Briefe, in denen es ihn verzweifelt zu überreden versuchte, sie besuchen zu kommen, und bot ihm sogar an, das Fahrgeld zu bezahlen. Einem dieser Briefe fügte Bergljot ein inbrünstiges Postskriptum hinzu: »Bitte sagen Sie ja, damit wird wenigstens etwas haben, worauf wir uns diesen Winter freuen können!« Aanrud sagte zu, aber nicht schnell genug. Das Geld, das Hamsun für die Fahrkarte beiseite gelegt hatte, war inzwischen draufgegangen. Aanrud, der immerhin gebeten worden war, mitten im Dezember seinen Sommerurlaub zu organisieren, kam erst Anfang Februar dazu, Hamsun Bescheid zu geben; doch anstatt sich dafür zu entschuldigen, daß er das Angebot zurückziehen mußte, schalt ihn Hamsun lang und breit, nicht »sofort« geantwortet zu haben.[4] Er beklagte sich, daß er und Bergljot stundenlang darüber nachgedacht hätten, wie sie ihn wohl verletzt haben könnten. Nein, es war nicht einfach, Hamsuns Freund zu sein.

Ende Mai zogen sie in die Stadt, in die Kasärngata 23, in eine kleine, ruhige Wohnung, die auf einen Hinterhof hinaus lag. Kurz danach fuhr Bergljot allein nach Wien, vielleicht, um einige Zeit mit ihrer Tochter bei Eduard Goepfert zu verbringen. Das war die erste der zahlreichen Trennungen, die so charakteristisch für ihre Ehe werden sollten.[5] Nach ihrer Rückkehr machten sie sich an die Planung einer Reise nach Rußland im Herbst. Hamsun freute sich auf seinen Besuch im Heimatland Dostojewskis, und er freute sich auch darauf, Birger Mörners Meisterleistung nachzueifern und mit den Kosaken Tee zu trinken. Beide hofften sie vermutlich, die Reise würde sie die schlechten Erinnerungen an den Winter vergessen lassen.

Anfang September verließen sie Helsinki.[6] Hamsuns Begeisterung wurde vermutlich jedoch etwas gedämpft durch ein leichtes Gefühl des Unbehagens. Der russische Zar hatte erst unlängst einen neuen Generalgouverneur in die finnische Hauptstadt entsandt, um die Russifizierung der zivilen und militärischen Institutionen dort voranzutreiben. Die meisten von Hamsuns literarischen Freunden beteiligten sich an einer Widerstandsbewegung, und als Geste der Solidarität mit ihnen hielt er am 10. Mai einen Vortrag, dessen Einnahmen einem Fonds zugute kamen, den der Führer des Widerstands, Baron Mannerheim, eingerichtet hatte. Hamsun war ein wenig besorgt, daß die Nachricht von diesem Vortrag – nichts Politisches, nur eine etwas bearbeitete Version desselben Vortrags, den er im Februar 1897 vor Studenten der Universität von Kristiania gehalten hatte: »Von der Überbewertung der Dichter und der Dichtung« – ihm an der Grenze Probleme bereiten könnte, und gestattete daher nicht, daß der Vortrag in den finnischen Zeitungen abgedruckt wurde. Sie passierten die Grenze nach Rußland jedoch ohne Zwischenfall und begannen ihre Reise.

Hamsun machte diese Reise durch Rußland zum Gegenstand seines Versuchs in einem anderen Genre neben Roman, Gedicht, Erzählung und Drama, in denen er sich bisher versucht hatte. *Im Märchenland. Erlebtes und Geträumtes aus Kaukasien* erschien im März 1903 in

Kopenhagen und ist vermutlich eines der subjektivsten Reisebücher, die je geschrieben wurden. Genauso wie Hamsuns früheres Buch *Vom Geistesleben des modernen Amerika* ist der eigentliche Gegenstand des Buches nicht das offensichtliche Thema – Rußland, Amerika –, sondern die ungewöhnliche Persönlichkeit des Autors.

Ihr Abenteuer begann mit einer fünfzehnstündigen Bahnfahrt von Sankt Petersburg nach Moskau, auf der Bergljot die ganze Zeit schlief. »Meine Frau vergaß nichts weiter als ihren Mantel«, bemerkt er. Dann spricht er von ihr nur noch als von »mein Reisekamerad«, bei den seltenen Gelegenheiten, wo sie überhaupt erwähnt wird. Mit dem Zug ging es weiter bis Wladikawkas, von da mit einer Equipage nach Tiflis und schließlich zum Ziel ihrer Reise, Baku am Kaspischen Meer. Es kommen die obligatorischen Beschreibungen der Architektur und ungewöhnlicher Kirchen, doch das wirkliche Vergnügen an dem Buch besteht darin, daß Hamsun es weidlich auskostet, ein Fremder in einem fremden Land zu sein, vollkommen unfähig, die Sprache zu sprechen oder irgend etwas zu verstehen, das man ihm sagt, und doch überall kleine Abenteuer erlebt. Eine der großartigsten Passagen ist die Schilderung der dreitägigen Wagenfahrt von Wladikawkas nach Tiflis. Unruhig und unfähig zu schlafen, wandert er eines Nachts in dem Ort umher, in dem sie gerade angekommen sind und Station machen. In einiger Entfernung des Dorfes stößt er auf eine Gruppe von Männern, die um ein Feuer herumstehen, über dem sie Pferdefleisch kochen und irgendein alkoholisches Gebräu fabrizieren. Sie bieten ihm Fleisch zum Kosten an, aber er lehnt ab mit der Erklärung, er habe Fieber. Irgendwie bringen sie es fertig, ihn zu verstehen, und versichern ihm, Pferdefleisch sei gerade das richtige, wenn er das Fieber loswerden wolle. Er nimmt ein Stück und kaut darauf herum, und er trinkt ein paar kräftige Schlucke von dem unbekannten Gebräu, das man ihm reicht. Dann schlendert er weiter. Später am Abend stiehlt er, da er immer noch nicht schlafen kann, ein Pferd und reitet in die Berge. Als er zu einer entlegenen Wohnstätte, ein paar kleinen Hütten, kommt, entwaffnet er einen mißtrauischen Hirten mit seiner üblichen Geste der Freundschaft – er bietet ihm eine Zigarette an –, und augenblicklich wird ihm das ganze Haus gezeigt. Verrückte Gedanken gehen ihm durch den Kopf. Er stellt sich vor, er wäre ein sehr ernsthafter Wissenschaftler, der gekommen sei, eine ernsthafte Untersuchung des Hauses vorzunehmen. Ihn überkommt ein großes Verlangen, das Dach zu untersuchen und festzustellen, welcher Art es in solchen Häusern ist; doch der Anblick zweier Frauen, die unter dem Dach schlafen, lenkt ihn ab, und er beginnt, über sie zu phantasieren. Eine von ihnen mochte wohl die Lieblingsfrau des Schafhirten sein, eine schöne und verführerische Frau. In seiner Vorstellung beschließt er, sie dem Hirten zu rauben, doch sie weigert sich, mit ihm zu gehen. Sie sagt, er sei nicht ihr Typ. Er rächt sich, indem er sich über die Mütze ihres Mannes lustig macht und sie als das unglaublichste Monstrum bezeichnet, das er je gesehen habe. Mitten in dieser Phantasie führt ihn der Hirte in eine andere Hütte, in der zwei junge Bären in einem Nest aus Farn zusammengerollt liegen, und bietet ihm einen zum Kauf an. »Aus Neugier über kaukasische Bärenpreise« läßt sich Hamsun in eine Art Handel ein. Als letztes Angebot ritzt der Hirte mit seinem Messer fünfzehn Striche in den Boden. »Fünfzehn Striche für ein Bärenküken, nimmermehr!« schreit Hamsun und beschließt empört dieses Erlebnis.

Eines der Vergnügen des Buches besteht darin, daß Hamsun sich absolut weigert, sich als »Reiseschriftsteller« ernst zu nehmen. Eine herrlich komische Passage beschreibt seinen Besuch in Alfred Nobels Ölraffinerie in Baku. Hamsun wurde gesagt, daß es ihm aus Gründen der betrieblichen Sicherheit nicht erlaubt sei, sich Notizen zu machen. Darum hielt er das Notizbuch auf dem Rücken und schrieb so, mit dem Ergebnis, daß er später zu Hause feststellen mußte, daß alles durcheinander war, daß die Zeilen kreuz und quer liefen und er sie nicht mehr recht zu entziffern vermochte. »261 Dampfkessel«, schreibt er – »aber man entschuldige, ich weiß weder, wo sie stehen, noch wozu sie gebraucht werden, noch zu welchem Zwecke sie ununterbrochen geheizt werden. Nobel war ein reicher Mann, natürlicherweise konnte er sich eine passende Anzahl Dampfkessel anschaffen. Er liebte Dampfkessel und sah es gern, daß sie gefeuert wurden.« Eine andere verwirrte Notiz bezieht sich auf »dreizehn Sorten Indigofarbe in Gläsern«: Eine besonders erstaunliche Erkenntnis – die Anzahl der verschiedenen Ölsorten, die aus Naphtha raffiniert werden können – hatte ihn beim Schreiben eine Zeile überspringen lassen und die Anmerkung fälschlicherweise in eine Zeile gebracht, in der es um die Herstellung von Indigo ging.

In die Selbstironie und den Spott mischen sich aber auch düstere Momente. Auf einem Großteil der Reise verspürt Hamsun eine nahezu an Verfolgungswahn grenzende Angst, er könnte von einem mysteriösen und korrupten Polizeioffizier, der ihm von Ort zu Ort zu folgen scheint, für ein unbekanntes Vergehen eingesperrt werden. Dieser gemeine Kerl ist ein Jude, und seine Erscheinung wird in dieser beiläufigen Art von Antisemitismus geschildert, die damals bedauerlicherweise so in Mode war. »Sein Gesicht ist unsympathisch, jüdisch«, schreibt Hamsun, und »seine Judenschnauze ist unausstehlich«. Das Buch ist in der Tat eine Art Fundgrube für Vorurteile, kleine und große. An einer Stelle wendet er sich an einen Engländer, der zufällig gerade in der Nähe ist, und verspottet und demütigt ihn, einfach nur wegen seiner Nationalität. Hier zeigt sich Hamsuns Anglophobie zum erstenmal ernsthaft und öffentlich.

Es sind jedoch nicht alle Abschweifungen düster. Einer der Genüsse des Buches ist die Technik, übernommen von Mark Twain und geschickt angewandt, plötzlich, mitten in einer Beschreibung oder einem Gedankengang einen Sprung in eine andere Welt seiner Erfahrung zu tun. Ein heftiger Regen erinnert ihn an schwere Regengüsse in der amerikanischen Prärie, und der Anblick der Weite der russischen Steppen und der Gedanke an die Leute, die dort leben, veranlassen ihn zu folgenden Gedanken:

> Nichts, nichts in der Welt ist mit diesem Gefühl zu vergleichen: abseits von allem zu sein, denke ich weiter. Das

weiß ich noch aus meiner Kindheit, als ich daheim die Herde hütete. Bei gutem Wetter lag ich auf dem Rücken im Heidekraut und schrieb mit dem Zeigefinger über den ganzen Himmel weg und hatte glückliche Tage. Und die Tiere ließ ich gehen, wohin sie wollten, stundenlang, und wenn ich sie wiederfinden wollte, stieg ich nur auf einen Hügel oder einen hohen Baum und lauschte mit offenem Munde ...

Es war ein herrliches Leben ... Ich habe später versucht, etwas darüber zu schreiben, aber es ist mir nicht gelungen. Ich wollte versuchen, es etwas in Stil zu bringen, um verstanden zu werden, aber da zerrann es mir.

Beim Hüten ging ich in Holzpantoffeln, und im Regenwetter bekam ich natürlich nasse Füße im nassen Feld. Aber der Genuß, die gute warme Holzsohle unter den Füßen zu fühlen, trotzdem ich bis auf die Haut durchnäßt war, übertraf zehn andere Genüsse aus meinen späteren Jahren. Es war wohl, weil ich damals nichts Besseres kannte.

Ein weiterer Exkurs in dem Buch ist über russische Literatur. Hier wird Dostojewski für seinen Fanatismus und seine Bereitschaft gelobt, in seinen Werken die größten Themen anzugehen, während Ibsen und Tolstoi für das Pseudophilosophische ihrer Werke getadelt werden. Er macht die »englische Philosophie mit ihrem praktischen Nutz- und Glücksbestreben« verantwortlich für den Qualitätsverlust der Literatur und die Produktion von langweiligen, nützlichen Kunstwerken. Genau das habe eine Schule von Schriftstellern hervorgebracht, die sich aufgerufen fühlen, zu allen gesellschaftlichen und wissenschaftlichen Tagesfragen eine Meinung zu haben – einen Zola und selbst einen Strindberg –, und Hamsun beklagt die Art und Weise, in der die Öffentlichkeit sie zu Halbgöttern macht. Noch mehr bedauert er die Art und Weise, in der solche Schriftsteller, ohne sich zu schämen, den sehr hohen Platz einnehmen, »ohne Widerspruch, ohne ein Lächeln«.

Der beste Witz des Buches kommt so ziemlich am Schluß.

Während einer unruhigen, schlaflosen Nacht bemerkt er, daß seine Frau ein Buch liest. Er kann sich nicht vorstellen, was es ist. Die ganze Zeit, die sie in Rußland schon unterwegs sind, ist das einzige, was sie zum Lesen haben, eine alte Ausgabe einer finnischen Zeitschrift, die sie mitgenommen hatten. Inzwischen liest er darin schon die Börsennotierungen. Als sie am nächsten Morgen aufstehen, fragt ihn Bergljot:

> Du, was ist denn das für ein Polizeibeamter, den du unterwegs getroffen hast?
> Polizeibeamter? Ach so, mein Tagebuch war also die nächtliche Lektüre gewesen! Ich hatte nichts von dem Polizeibeamten erzählt, bewahre, ich hatte alle andern damit verschont und das Geheimnis in meiner Brust bewahrt; verdiente das etwa keine Anerkennung?
> Das geht doch wirklich nicht an, so toll zu lügen, höre ich weiter von der Wand her. Und an deinen Ritt in die Berge bei Kobi glaube ich auch nicht.
> Von diesem Ritt hatte ich auch nichts erzählt. Ich hatte den Ritt im Interesse der Wissenschaft unternommen, hatte freudig den Schlaf einer Nacht geopfert, um der geographischen Gesellschaft einen Dienst zu leisten, hatte alle Strapazen mit stummem Herzen getragen – so benimmt sich der wahre Entdeckungsreisende.
> Übrigens, sagt mein Reisekamerad, übrigens finde ich, du schreibst viel zuviel Kleinigkeiten auf.

Das ist Hamsun zuviel. Das letzte, was er mag, ist jemand, der ihn an seiner Fähigkeit zweifeln läßt, ein gutes Reisetagebuch zu führen. Eingeschnappt verläßt er das Zimmer und überläßt es dem Leser, sich darüber Gedanken zu machen, wieviel von alldem wohl wirklich stattgefunden haben mag. In dem plötzlichen, gleichgültigen Umstürzen sorgfältig aufgebauter Illusionen von der Wahrheit ist dies ein erzählerischer Akt, der Nagels selbst würdig gewesen wäre. Er demonstriert, sofern eine Demonstration überhaupt nötig war, wie schwierig es ist, zu wissen, woran man mit einem

Menschen ist, der zufällig Schriftsteller und dessen Interesse an der Wahrheit seiner Fiktion weitaus größer ist als sein Interesse an der langweilig logischen Verbreitung derselben Wahrheit durch eine Unmenge Fakten.
Dieses Buch und sein Anhängsel (die Beschreibung der anschließenden Reise durch die Türkei mit dem Titel *Unter dem Halbmond*) sind zwar nicht von großem literarischem Wert, aber dennoch interessante Selbstporträts Hamsuns zu dieser Zeit. Was hier besonders deutlich wird, sind die reaktionären Tendenzen, die, während er ins mittlere Lebensalter kommt und es überschreitet, immer stärker seine öffentlichen Äußerungen charakterisieren. Er verachtet die technologische, von Amerika inspirierte Hölle der Ölstadt Baku, und bei seinem mitternächtlichen Besuch in dem Gebirgsbauernhof von Kobi ist er enttäuscht über den Anblick einer modernen Petroleumlampe, die dort brennt. Doch je weiter er sich nach Osten begibt, desto mehr findet er zu bewundern:

> Die alten Völkerschaften haben das Stadium des Schwatzens und Lachens überwunden, sie schweigen und lächeln. Und das ist auch vielleicht das Beste. Der Koran hat eine Lebensauffassung geschaffen, über die man keine Versammlungen halten, über die man nicht debattieren kann, deren Sinn aber ist: Das Leben ertragen, das heißt Glück, später kommt es besser. Fatalismus.

Immer wieder bringt Hamsun diese Sehnsucht nach Gewißheit, die der Fatalismus bietet, zum Ausdruck, »erprobt und bewährt, einfach wie Eisen«. Und eine andere Änderung der gleichen Sehnsucht, der nach Freiheit von persönlicher Verantwortung und der Last individuellen Bewußtseins, entschlüpft ihm bei einem der zahlreichen Begeisterungsausbrüche für das russische Volk: »Man gehorcht einem Mann, der kommandieren kann. Man gehorchte Napoleon mit einer Art Ekstase, denn Gehorsam ist Freude. Und der Russe weiß noch zu gehorchen.« Wie wenig er wirklich von dem Land und dem Volk gesehen und wie wenig er aufgrund seiner rassistischen Einstellung verstanden hatte, wird an der Tatsache deutlich, daß er weder den Aufschwung der militanten Arbeiterbewegung zu dieser Zeit in Rußland erwähnt noch die zahlreichen Aufstände, die es für Ausländer so gefährlich machten, durch die Industriegebiete um Moskau und Wladimir zu reisen.

Ende September waren sie wieder in Kopenhagen – die Reise in den Nahen Osten hatte nicht länger als einen Monat gedauert[7] –, und nach Weihnachten kehrten sie nach Kristiania zurück. Und dann, im April 1900, reiste Hamsun ganz plötzlich ins Nordland, seine Heimat. Bergljot blieb in ihrem Elternhaus zurück. Er fuhr nach Hamarøy und sah zum erstenmal seit fünfundzwanzig Jahren seine Eltern wieder. Man fragt sich, was sie wohl über diesen Sohn gedacht haben mögen, diesen berühmten Fremden mit seinem aristokratischen Schnurrbart und der feinen Kleidung. Es ging das Gerücht – welches Hamsun entschieden zurückwies –, er habe seinen Vater davon abhalten müssen, ihn mit »Sie« anzureden. Die vornehme Tünche war dick, aber es war immerhin nur Tünche.

Die Reise war ein weiterer Schritt in Hamsuns Bemühungen, sich darüber Klarheit zu verschaffen, wer er wirklich war; elf Jahre später, als er glaubte, es zu wissen, sollte er nach Hamarøy zurückkehren, um sich dort niederzulassen. Etwa einen Monat wohnte er nun zu Hause bei seinen Eltern und half ihnen, einen Anbau zu ihrem Haus zu errichten.[8] Er war jedoch auch zum Arbeiten gekommen und machte sich an ein Vorhaben, mit dem er schon seit der Fertigstellung von *Victoria* gespielt hatte. Auf der Suche nach einer neuen, ihn befriedigenden literarischen Form versuchte er sich nun an einem Versdrama, einer der anspruchsvollsten aller Formen, die schon fast veraltet war. Es steckte eine gewisse Logik in dieser Entscheidung: Er hatte immerzu behauptet, Ibsens beste Arbeiten seien seine frühen Versdramen gewesen, und die realistischen Prosastücke, mit denen er Weltruhm erlangte, stellten einen Niedergang seines Talents dar.

Als Hamsun sich wirklich ernsthaft an die neue Arbeit machen wollte, mußte er zu Hause ausziehen und sich einen Platz suchen, wo er die notwendige Ruhe und den Frieden dazu fand. Mit offensichtlichem Vergnügen beschrieb er dem siebenjährigen Sohn seines Freundes Alexander Slotte in Helsinki sein neues Quartier:

> Lieber Xavier!
> Heute endlich kann ich Dir eine Photographie schicken, als Dankeschön für Deine, die Du mir letzten Winter geschickt hast. Du mußt Anna Lise von mir grüßen und ihr sagen, daß sie in den nächsten Tagen eine Photographie von Tante Bergljot erhält. – Nun, Xavier, Du wirst kaum glauben, wie seltsam ich jetzt wohne. Ich wohne in einer Torfhütte. Es gibt nur ein Zimmer, drei der vier Wände sind in einen Erdhügel gegraben, während die vierte sowohl Tür als auch Fenster hat. Ich wohne hier, weil es hier so still ist, hier ist ein guter Ort zum Arbeiten, ich bin weit weg von anderen Leuten. Vor ein paar Jahren ist hier ein großer Brocken von dem hohen Berg hinter den Häusern herabgestürzt und hätte sie beinahe zermalmt; das hat die Leute in Angst und Schrecken versetzt; und sie haben diese Erdhütte hier gegraben, um darin wohnen zu können, wenn es wieder einmal gefährlich aussieht. Auch dieses Jahr hat es viele Schneelawinen gegeben, und wenn wir zufällig draußen stehen und sie sehen, spüren wir den Luftdruck der Schneemassen, so daß wir fast umgeworfen werden. Tante Bergljot ist in Kristiania, so daß ich hier ganz allein bin ...[9]

Außer daß er an seinem Stück *Munken Vendt* arbeitete, versuchte Hamsun auch, seine immer noch chaotischen finanziellen Verhältnisse mit Langen zu ordnen, ein kompliziertes und ziemlich gefährliches Geschäft, das nicht vor Dezember des Jahres zu beiderseitiger Zufriedenheit gelöst war.

Gegen Ende des Jahres 1900 kehrte Hamsun in die Zivilisation zurück. Es war eine lange Zeit vergangen seit dem Erfolg von *Victoria,* und das Stipendium und das Geld vom

Simplicissimus waren längst aufgebraucht. Hamsun fühlte sich sehr unwohl, weil er auf Kosten Bergljots lebte, und so fuhr er 1901 nach Belgien, wo er hoffte, im Spielkasino seine finanziellen Probleme zu lösen. Er stieg im Hotel D'Harscamp in Namur ab und blieb etwa drei Wochen dort, wobei er seine Zeit zwischen dem Kasino am Ort und einem anderen in Ostende teilte. Er spielte in großem Umfang und verlor in großem Umfang, und das wiederholt. Diese Erfahrung brachte den *Hunger*-Helden in ihm zum Vorschein, und in seinen Briefen an Bergljot erging er sich in blasphemischen Schmähungen:

> Ich bin zu dieser verdammten Angelegenheit nicht etwa aus Leichtfertigkeit gereist, sondern einfach in der ehrlichen Hoffnung, ein bißchen gewinnen und auf das Bankkonto etwas von dem, was wir aufgebraucht hatten, zurückzahlen zu können. Doch das ist ganz und gar mißlungen – durch die Gnade meines himmlischen Vaters. Der hervorragende himmlische Vater hat mich gemäß seiner allseits bekannten Gnade in das tiefste Elend gestürzt, und jetzt ist er wohl dabei, sich gnädig die Hände zu reiben, weil er ganze Arbeit geleistet hat. Ich wandte mich an ihn, nicht nur einmal, sondern einen Monat, vielleicht fünf Wochen lang auf den Knien mitten in der Nacht auf den Straßen von Ostende. Und er hörte mich so, wie er in der Regel jeden hört. Jetzt spucke ich ihm für den Rest meines Lebens ins Gesicht. Er selbst gab mir diese Gesinnung ein, und er selbst trägt dafür die Verantwortung. Ich hätte mich nie über diese rohe, hündische himmlische Verfolgung gewundert, wenn ich Geld für ein Leben in Saus und Braus und Eitelkeit hätte verdienen wollen. Ich in Saus und Braus! Ich trage jetzt 4 Hemden, weil ich nicht die Mittel hatte, mir einen Überzieher zu kaufen, ich gehe bis auf den heutigen Tag in der grauen Sommerjacke, und hier ist es morgens und abends kalt wie im Winter. Ich habe nicht einmal die Mittel gehabt, mir ein Paar Schuhe zu kaufen, und jetzt sind die Sohlen vollständig weg, und hier regnet es so ziemlich jeden Tag, daher

bin ich tropfnaß. Ich berichte dies nicht, um dich zu verstimmen, mir macht es nicht das geringste aus, weil ich dabei nichts fühle. Aber ich habe mich selber strafen und dem rohen himmlischen Laban zeigen wollen, daß es um nichts anderes ging, als daß ich Geld für dein oder mein Bankkonto haben wollte und nicht für Genuß und Freuden. Alles ist fruchtlos gewesen.

Bergljot mußte ihrem Mann am Ende aus der Patsche helfen und schickte ihm Geld, damit er nach Hause kommen konnte.[10]
Die langen Trennungen hielten an. Hamsun erkannte deutlich, daß die Heirat ein schrecklicher Irrtum gewesen war, und obwohl das Paar nun eine eigene Wohnung hatte, in der Thereses Gate 49 in Kristiania, lebten sie von dieser Zeit an größtenteils getrennt. In einem Brief an die Larsens vom Dezember 1900, geschrieben fünf Uhr morgens, deutete er Probleme an und bat sie, ihm zu vergeben, daß er so lange nichts von sich hatte hören lassen:

> Geben Sie mir noch ein Jahr, und alles kommt vielleicht von selbst in Ordnung. Ich versuche hier nicht, ungewöhnlich oder »interessant« zu erscheinen: In den letzten zwei, drei Jahren habe ich eine Krise gehabt. Aber jetzt habe ich das Gefühl, darüber hinwegzukommen. Bergljot ist zu Besuch bei ihrem Vater zu Hause in Kristiania.*

Er teilte ihnen mit, wie sehr er die Freiheiten des Alleinseins genoß, zum Beispiel, die ganze Nacht aufzubleiben und Kaffee zu trinken, sich dicke Scheiben Brot abzuschneiden und nicht zu öffnen, wenn es an der Tür schellte. Außerdem trank er stark.

---

* Das war fast das letztemal, daß er sich an Bolette wenden konnte. Sie starb 1904 an einem Herzinfarkt, und mit ihrem Tod verlor er einen der sehr wenigen Menschen, denen er absolut vertraute, was sich anhand der Ungezwungenheit einschätzen läßt, mit der er ihr schrieb (es war wirklich *sie*, der er schrieb, obgleich er seine Briefe immer an beide, Mann und Frau, adressierte).

Munken Vendt war im Juni 1902 fertig. Heute ist es eines der unbekanntesten Werke Hamsuns. Beabsichtigt war es als erster Teil einer Trilogie, die die drei Stadien des Verhältnisses eines Menschen zu Gott darstellen sollte – Rebellion, Resignation und lebendiger Glaube. Seine acht Akte, mit Gedichten und Liedern dazwischen, stellen eher einen Triumph für Hamsuns Willen dar als einen Erfolg seiner Suche nach einer neuen Form. Das Stück erlangte zwar die ehrfürchtige Bewunderung der Kritiker von Kristiania, es war aber viel zu lang, um auf der Bühne gespielt werden zu können. Das konkreteste Ergebnis seiner Arbeit an den barocken Feinheiten der gebundenen Form bestand in den Gedichten und Liedern, die von Sven Herlufsen, einer der Figuren, gesungen werden; Hamsun nahm sie in seinen Gedichtband *Der wilde Chor* auf, den er 1904 veröffentlichte.

Die körperliche Beziehung in Hamsuns Ehe bestand noch, und zu Beginn des Jahres 1902 wurde Bergljot schwanger. Sie hofften vermutlich beide, daß das die Ehe retten könnte und daß ein Kind in der Familie Hamsun zu der Stabilität und Verantwortlichkeit zwingen würde, die er immer noch so verzweifelt floh. Doch selbst Bergljots Schwangerschaft konnte ihn im Grunde nicht von seinen Jugendgewohnheiten abbringen, und nachdem *Munken Vendt* fertig war, sah man ihn wieder in den Cafés von Kristiania, wo er mit seinen Kumpanen zechte und zahlreiche Legenden um sich rankte, die in die literarische Mythologie Norwegens eingingen.
Aus dieser bewegten Periode seines Lebens existieren zahlreiche Anekdoten über sein Verhalten. Wenn er im Grand oder im Theatercafé, im Café Oppland oder im Eck, an der Ecke Stortings Gate und Rosencrantz Gate, trank, setzte er die verrücktesten Einfälle, die ihm in den Sinn kamen, in die Tat um. Als er eines Tages einen Bauern mit einem Fuder Heu vorbeifahren sah, rannte er hinaus, kaufte den Wagen mitsamt der Ladung und begab sich damit auf eine Kneipentour. Für den Bauern war es ein hervorragendes Geschäft: Nachdem Hamsun ein paar Stunden später von dem

Spaß genug hatte, schenkte er ihm die ganze Fuhre wieder. Eine andere Geschichte erzählt, wie er eine Kuh kaufte, die gerade am Fenster des Grand vorbeigeführt wurde, dann einer jungen Dame, die sich im ersten Stock aufhielt, einen Brief schrieb und diesen, zwischen den Hörnern des Tiers befestigt, überbringen ließ. Viele dieser Geschichten deuten auf sein erstaunliches Durchhaltevermögen hin, wochenlang Tag und Nacht zu trinken. Häufig fand er sich allein inmitten dieser Gelage und schrieb dann Nachrichten an Freunde wie Aanrud, in denen er sie bat, ihm doch im Grand Gesellschaft zu leisten. Sie kamen auch so gut wie immer, denn sie empfanden für ihn eine starke und etwas ehrfurchtsvolle Zuneigung. Und wenn sie nicht kamen oder auf der Strecke blieben, trank er mit jedem weiter, der sich noch aufrecht halten konnte. Der dänische Schauspieler Olaf Fønss erzählt, wie er ein paar Tage lang mit ihm Schritt hielt, ihn aber dann eines Tages in den frühen Morgenstunden einem fetten Kutscher übergeben mußte, den sie irgendwo aufgetrieben hatten. Er sah ihnen von seinem Fenster aus nach. Hamsun saß kerzengerade auf dem Bock, während der Kutscher neben ihm schwankte, als sie davonfuhren.[11] Plötzlich tauchte von irgendwo das Gerücht auf, er habe Selbstmord begangen. Die Zeitungen stürzten sich auf die sensationelle Meldung, und er mußte die Presseagentur Ritzau bitten, ein offizielles Dementi zu verbreiten.[12] Es war eine verrückte Zeit für Hamsun.

Die Schulden, die er nach seiner Spieleskapade von 1901 bei Bergljot hatte, beschämten ihn sehr und trugen mit dazu bei, daß er 1903 drei Bücher veröffentlichte: *Im Märchenland,* an dem er im Spätsommer 1902 in Ås gearbeitet hatte, das Drama *Königin Tamara,* dessen Stoff er von seiner Rußlandreise mitgebracht hatte, und *Gestrüpp. Novellen und Skizzen,* ein zweiter Sammelband Erzählungen.

Königin Tamara hatte er weitgehend auf der Insel Samsø geschrieben, einem Refugium, in das er sich zum erstenmal zurückgezogen hatte, als er *Redakteur Lynge* schrieb. Bjørnsons Sohn Bjørn war Direktor am Nationaltheater, als das

Stück im Januar 1904 aufgeführt wurde. Er bestärkte Hamsun in der Hoffnung, es würde der breite Erfolg, den er sich wünschte. Obwohl es kurz war, mit prächtigster Ausstattung und Schaueffekten versehen und die Musik von Johan Halvorsen eigens dafür komponiert war, kam es nur auf enttäuschende zwölf Vorstellungen.

Gestrüpp war, wie der frühere Band *Siesta,* ein Gemisch von Altem und Neuem. Wie *Victoria* demonstriert, besaß Hamsun die nützliche Gabe, Stoffe über Jahre hinweg schöpferisch lebendig zu halten. So sind vier Geschichten in dieser Sammlung, zu denen *Auf der Tournee* und *Ein Erzschelm* (ursprünglich *Sünde*) aus dem Jahre 1886 gehören, vollständige Neufassungen alten Materials. Eine weitere ist eine neue Version der Erzählung *Hazard* (jetzt *Vater und Sohn*) aus dem Jahre 1889, die ihm 1892 die Beschuldigung des Plagiats eingebracht hatte. Außerdem finden sich hier drei Geschichten, die in Amerika handeln, und die umstrittene Erzählung *Die Stimme des Lebens,* die 1896 soviel Aufruhr verursacht hatte. *Eine Straßenrevolution* ist ein lakonischer Bericht über Straßenkrawalle, in die Hamsun während seines Aufenthalts in Paris hineingeriet, und *Ein Gespenst* ist der *locus classicus* der Geschichte von Hamsuns schwerer Kindheit im Hause seines Onkels Hans Olsen.

1904 kam die Gedichtsammlung *Der wilde Chor* heraus, von denen das früheste vermutlich das bereits erwähnte *Fiebergesichte* von 1895 ist, eines der Handvoll Gedichte, die für die Sammlung symbolisch wurden. Ein anderes ist das zur Ehre Bjørnsons anläßlich dessen siebzigsten Geburtstages im Jahre 1902 verfaßte Gedicht, ein weiterer Schritt Hamsuns zum Thron des »nationalen Barden«, der mit dem Tod Bjørnsons vakant werden würde. Hamsun hatte Bjørnson inzwischen ganz für sich gewonnen, und kaum hatte dieser das Gedicht erhalten, da eilte er auch schon, Hamsun im Krankenhaus zu besuchen, der sich dort einer leichten Operation, der Entfernung von Hämorrhoiden, unterzogen hatte.

Ein weiteres bekanntes Gedicht ist das philosophische, fatalistische *In hundert Jahren ist alles vergessen,* während das berüchtigtste der *Brief an Byron im Himmel* ist, in dem der Dichter Lord Byron inständig bittet, zurückzukehren und eine degenerierte Gesellschaft zu reformieren, eine Gesellschaft, die verseucht ist vom leeren Gerede über Freiheit und dem Geschrei der Frauenemanzipationsbewegung und die versessen einen zerstörerischen Kurs steuert, nun, da der »Arbeiterabschaum« die Kontrolle übernommen hat. Das populärste Gedicht ist *Schäreninsel,* ein schönes, mystisches, pantheistisches Gedicht in vier Strophen. Die sehr große menschliche Distanz zwischen diesen letzten beiden Gedichten veranschaulicht deutlich die starke Gegensätzlichkeit in Hamsuns Persönlichkeit; das Brutale und das Ordinäre, das Sanfte und das Philosophische, Kräfte, die immer energisch in die entgegengesetzte Richtung ziehen und nie auch nur ein bißchen in die Richtung von Harmonie und Kompromiß.

Die sanftere Seite Hamsuns ist nicht nur die angenehmere, sie ist auch ohne Frage die künstlerisch bedeutendere. Typisch für die Ungeschicklichkeit der meisten seiner »grimmigen« Äußerungen ist die Tatsache, daß er scheinbar nicht gewußt hat, daß der »Lord Byron«, an den er seine inständigen Bitten nach Wiederherstellung der aristokratischen Werte richtet, in Wirklichkeit ein Verfechter gerade jener politischen Freiheiten war, die er in seinem Gedicht so beklagt. Vielleicht war es ihm einfach unvorstellbar, daß ein gebürtiger Aristokrat Kampflieder für revolutionäre Arbeiter schreiben konnte. Niemand scheint diesen Schnitzer bemerkt zu haben, bis Nordahl Grieg 1936 darauf hinwies.[13]

Man sollte vielleicht erwähnen, daß Hamsun unter seinen Zeitgenossen keineswegs der einzige war, der das Gefühl hatte, die Zeit sei aus den Fugen geraten und ohne ihre Kutscher würden die Pferde bald herausfinden, daß es einfacher ist, etwas den Berg hinunter zu ziehen als hinauf. Strindberg, eine Zeitlang Garborg, dänische Zeitgenossen wie Helge Rode, Harald Bergstedt, Valdemar Rørdam und Johannes V. Jensen, damals einer der engsten Freunde Hamsuns, waren alle ähnlicher Überzeugung.

Inzwischen war Hamsun endgültig zu Gyldendal als seinem skandinavischen Verleger übergewechselt, und 1903 unternahm der literarische Leiter des Hauses, Peter Nansen, den ungewöhnlichen Schritt, bei ihm einen Roman direkt in Auftrag zu geben. Er sollte in eine populäre Reihe mit dem Titel »Nordische Bibliothek« aufgenommen werden, die auf einen großen Markt abzielte. Das Auftragswerk sollte kurz sein und kontroversen Inhalt vermeiden. Außerdem sollte es gut bezahlt werden. 1903 und 1904 erhielt Hamsun das Houens-Reisestipendium und benutzte es, um zwischen Drøbak, einer Kleinstadt an dem Fjord südlich von Kristiania, die bei Künstlern und Geschäftsleuten aus der Stadt sehr beliebt war, und Hornbeck, einer winzigen Stadt auf der nördlichen Spitze von Sjælland, hin und her zu pendeln, während er an den *Schwärmern* arbeitete. Dieses dünne Bändchen, am 1. Juni in Drøbak abgeschlossen und am 12. Dezember 1904, noch rechtzeitig zum Weihnachtsgeschäft, auf den Markt gebracht, stellt einen wichtigen Übergang in Hamsuns Schaffen dar.
Erzähltechniken und Stoffe einsetzend, mit denen er schon in früheren Erzählungen, wie *Schiffer Reiersen vom »Südstern«* und *Kleinstadtleben*, experimentiert hatte, brachte er mit *Schwärmer* einen Roman heraus, in dem der Held zum erstenmal kein mysteriöser Wanderer ohne Vergangenheit ist (wie in den großen Romanen der neunziger Jahre) und in dem der Ort der Handlung – eine kleine nördliche Siedlung ähnlich wie Sirilund in *Pan* – gleichermaßen das Objekt des Interesses und der Aufmerksamkeit des Autors ist. Hier gibt es Dutzende von Figuren und eine Handlung mit genügend Kniffen und Verschränkungen und plötzlichen Überraschungen, um auch den Ansprüchen der am entschiedensten der Tradition verhafteten Literaturkonsumenten gerecht zu werden.
Eine der deutlichsten Abweichungen vom alten Stil ist die des totalen Stimmungswechsels. Verschwunden ist die Atmosphäre angespannter, brütender Melancholie, verschwunden die bizarren Ausbrüche verklemmter Leidenschaften und verschwunden das Einsamkeitsgefühl und der

mystische Pantheismus, in dem der Wanderer-Held seinen Trost und seine Verzückung fand. An ihre Stelle tritt eine volkstümliche, ironische Fröhlichkeit, irgendwie an die Atmosphäre erinnernd, die Mark Twain in seinen Schilderungen des Kleinstadtlebens schuf.

Es sind jedoch auch noch Elemente des lyrischen Stils seiner früheren Bücher erkennbar. Der Held, der Telegraphist Rolandsen, ist verliebt in die stolze Tochter des Großhändlers auf Rosenlund, einem Bruder Ferdinand Macks von Sirilund, Glahns großem Feind in *Pan,* und sein Kampf, ihrer würdig zu sein und sie für sich zu gewinnen, macht den größten Teil des Buches aus. Er wird ihrer würdig, genauso wie der Müllersohn Johannes in *Victoria* der Titelgestalt würdig wird, doch während sich Johannes einen Namen macht und ein Vermögen schafft, indem er Schriftsteller wird, kommt Ove Rolandsen dadurch zu Vermögen, daß er sich ein neues Verfahren, aus Fisch Leim herzustellen, patentieren läßt; und in diesem unsanften Realismus liegt der ganze Unterschied zwischen der Früh- und der Spätphase Hamsuns. Von gelegentlichen Rückfällen in den alten Stil und die alte Stimmung abgesehen, ist das von nun an die Richtung von Hamsuns Epik.

Seine dritte und letzte Sammlung von Erzählungen, *Kämpfende Kräfte,* veröffentlicht im Mai 1905, war ein symbolisches Gemisch beider Stile. Einige, wie *Auf der Blaamandsinsel* und *Alexander und Leonarda,* beschäftigen sich mit den Leidenschaften der Jugend und handeln von Liebe, Mord und Selbstmord. Andere, wie die lange und eindrucksvolle Erzählung *Vagabundentage* und auch *Frauensieg,* spielen in Amerika. Besonders interessant ist die Aufnahme von *Sommerwonne,* eine Schilderung belanglosen Intrigenspiels in einem Gebirgssanatorium, die direkt auf künftige Romane hinweist, wie *Die letzte Freude* von 1912 und *Das letzte Kapitel* von 1923.

Hamsun war nicht gerade erschüttert von den *Schwärmern,* aber er war sichtlich stolz darauf als technische Leistung. Er erkannte nun, daß er jederzeit zur Form des Romans zurückkehren konnte, ohne notwendigerweise dazu verdammt zu sein, ein alter Mann zu werden, der am Stil, an den Themen und Visionen eines jungen Mannes klebte. Zu einem Dichterkollegen wie Hans Aanrud konnte er sagen, daß er »von einer publikumswirksamen Erzählung faselte«,[14] und gegenüber Peter Nansen beklagte er sich, die Beschränkungen in der Länge hätten einen guten Roman verdorben, und bedauerte besonders, daß er seinen Plan, die Frau des Pfarrers in einem späteren Kapitel verführen zu lassen, hatte aufgeben müssen – er bat aber Nansen auch darum, die *Schwärmer* selbst zu lesen:

> Es ist ein fröhliches Buch, und ich glaube nicht, daß es Sie langweilen wird. Und nicht eine einzige Zeile davon ist ungeeignet für gemeinsames Lesen in der Familie ... Ich stelle fest, daß Budde zwei Bücher für die Reihe geschrieben hat – soll ich dann auch das nächste schreiben?[15]

Die Geburt der Tochter Victoria am 15. August 1902 erwies sich doch nicht als die Rettung der Ehe. Bergljot kümmerte sich zu Hause, in der Thereses Gate, um das Kind, während Hamsun arbeitete oder seiner Wege ging. Das Bernina, das A Porta, das Dagmar und das Industrikaféen waren seine Stammlokale in Kopenhagen und das Grand, das Tostrup und das Eck in Kristiania. Mit Freunden wie Sigurd Bødtker, Nils Kjær, Carl Nærup und Hans Aanrud betrank er sich häufig, und dann gingen sie noch spät in der Nacht zu Aanrud Karten spielen. Ein weiterer Zechbruder war Peter Egge, sein Freund und Protegé von den Tagen in Paris. Wenn sie zusammen waren, fiel Egge auf, daß er häufig von Victoria sprach, aber niemals von Bergljot. Nachdem Hamsun einmal bei Egge auf der Couch übernachtet hatte, bat er ihn am Morgen, mit zu ihm nach Hause zu kommen und seiner Frau zu sagen, wo er die Nacht verbracht hatte. Egge, der seinem Helden immer noch treu ergeben war, stimmte zu. Bergljot saß aufrecht im Bett und hörte sich mit vollkommen ausdruckslosem Gesicht Egges Erklärung an. Hamsun stand in der anderen Ecke des Zimmers, über Victorias Bett gebeugt, während Bergljot absolut nichts sagte und Egge einfach nur anstarrte, der seine Geschichte hervorstammelte. Ihren Gesichtsausdruck beschrieb er später als einen der Resignation und der Gleichgültigkeit. Als er fertig war,[16] geleitete ihn Hamsun zur Tür und schüttelte ihm die Hand.

Einige seiner Exzesse schockierten sogar Hamsun selbst. Von Hornbeck schrieb er 1904 an Hans Aanrud und drückte sein Bedauern aus über ein Gelage, das sieben Wochen lang gedauert hatte, und schwor, er würde das nie wieder tun. »Ich mache nur ein Schwein aus mir und tue so viele falsche Dinge. Von nun an will ich mich auf ein paar Tage beschränken, so daß es hinterher noch möglich ist, sich aufzurichten. Ich habe genug von der Sauferei!«

Daß die Ehe in die Brüche ging, war in den literarischen Kreisen von Kristiania ein offenes Geheimnis. Hamsun gab sich wenig Mühe, seine Gleichgültigkeit zu verbergen. Als Albert Langen ihm schrieb, um ein paar biographische Daten zu erfahren, erwiderte Hamsun: »Ich kann mich nicht einmal erinnern, in welchem Jahr ich geheiratet habe, aber ich könnte jederzeit meine Frau danach fragen.« Und im Frühjahr 1903 erhielt der Bildhauer Gustav Vigeland, der eine Büste Hamsuns anfertigte, überraschend direkten Einblick in den Zustand der Ehe. Seine Geliebte, Inger Sivertsen, die bei ihm als Haushälterin und Buchhalterin angefangen hatte, erzählt die Geschichte in einer kurzen Notiz neben der Übersicht über Hamsuns Sitzungen in ihrem Terminkalender:

> Als Hamsun am 15. April nicht kam, wurde Vigeland wütend. Er schickte mich mit einem Brief zu seinem Haus in der Thereses Gate, wo seine erste Frau wohnte. Sie antwortete mir, sie hätte ihren Mann schon mehrere Tage nicht zu Gesicht bekommen! Als er am 16. ins Atelier kam, erwähnte Vigeland das ihm gegenüber. Hamsun erklärte ihm, daß er gewöhnlich einen Boten zu sich nach Hause schickte, um frische Hemden zu holen, und daß er dann im WC von Tostrups Keller Hemd und Krawatte wechselte! – Er war ein äußerst schwieriges Modell. Jeden

Tag einen Kater. Manchmal sichtlich betrunken! Es ist ein Wunder, daß überhaupt eine Büste zustande kam!

Und einmal im Jahr 1904, als er gerade mittels seines Houens-Stipendiums in Dänemark weilte, beging er Ehebruch. In einem einzigen Hinweis auf diese Episode, in einem 1909 geschriebenen Brief, bekannte er, dieses Erlebnis habe ihn bedrückt und beschämt. Er nennt die Frau nicht beim Namen und sagt nur: »Ich betrog niemanden dabei – nur mich selbst. Es ist das ärmlichste und kümmerlichste, was man tut. Keine Liebe, keine Süße, nur Absturz.«[17]

Die Ehe quälte sich so dahin. Im Frühling 1905 kaufte Hamsun Land in Drøbak und ließ sich nach seinen eigenen Entwürfen ein Haus bauen. Er wohnte an Ort und Stelle im Hotel Petersen, so daß er die Arbeiten verfolgen konnte. »Wir sind so schrecklich allein gewesen, Bergljot«, hatte er ihr einmal geschrieben, »so sinnlos, furchtbar allein.«[18] Und sie blieben weiterhin allein. Während er in Drøbak war, blieb Bergljot in Kristiania und ließ sich zur Hebamme ausbilden in einem einjährigen Kurs an einer, wie Hamsun sich ausdrückte, Hebammen-Universität. Er scherzte, »dann ist wenigstens einer von uns Akademiker«. Victoria war in Lillestrøm bei einer von Bergljots Tanten.

Aus der Zeit, in der er selbst körperlich gearbeitet hatte, besaß Hamsun nicht viel Vertrauen in die Ehrlichkeit und den Eifer des durchschnittlichen Arbeiters, und so beobachtete er seine Handwerker die ganze Zeit, kontrollierte die Länge der Pausen und verlangte Rechenschaft über jeden ausgegebenen Pfennig – kaum überraschend angesichts der enormen Summe, die er sich nun borgte, sowohl von Langen als auch von Gyldendal, um den Bau zu finanzieren. Am 7. Dezember 1905 zahlte er seinen letzten Arbeiter aus, und das Haus »Maurbakken« (Ameisenhügel) wurde für bewohnbar befunden. Vielleicht war es genau diese Bewohnbarkeit, das speziell angefertigte Heim, das schließlich und endlich eine definitive Stellungnahme zu ihrer Verpflichtung, als Familie zu leben, forderte und damit die unleugbare Hoffnungslosigkeit ihrer Ehe feste Form annehmen ließ.

Bergljot war krank, Victoria litt an Bronchitis, und das Dienstmädchen hatte etwas am Fuß und konnte nicht gehen. »Heirate nie, Aanrud!« sagte Hamsun im Dezember 1905. Am 10. Februar 1906 schrieb er seinem Trauzeugen wiederum, lobte ausführlich ein neues Buch von ihm und schloß dann: »Was mich betrifft, läuft alles so gut wie erwartet. Nur zu wahr, ›Ich habe bekommen, was ich verdiene‹. Ich hätte gern mit Dir gesprochen, aber leider.« Und am 2. März war er wieder im Grand in Kristiania, und die Ehe war vorbei. Er schickte Langen eine Erzählung zur Begutachtung und fügte hinzu:

> Nun habe ich mein hübsches Haus gebaut. Doch genau als es fertig war, brachen mein Heim und meine Familie entzwei. Wie traurig doch alles ist in dieser Welt!

In einem am 20. April 1906 unterzeichneten Scheidungsvertrag einigte sich das Paar, daß Bergljot Victoria für weitere vier Jahre bekäme, in denen das Kind die Sommermonate bei seinem Vater verbringen würde. 1910 sollte dann Hamsun die Verantwortung für seine Tochter übernehmen. In dem Fall, daß einer von beiden wieder heiratete, sollte der andere das Recht haben, auf dem Kind zu bestehen. Hamsun behielt das Haus in Drøbak und übernahm alle noch ausstehenden Schulden. Außerdem versprach er, Bergljot und Victoria pro Monat 130 Kronen für Unterhalt und Miete zu zahlen, solange Bergljot nicht wieder heiratete.[19]

Warum scheiterte die Ehe? In späteren Jahren sagte Hamsun, er hätte noch vor der Hochzeit festgestellt, daß er Bergljot nicht wirklich liebte, und hätte sie gebeten, noch einmal über alles nachzudenken, bevor es zu spät wäre. Doch Bergljot wollte das nicht. Sie habe gesagt, soweit es sie betreffe, gäbe es nichts mehr zu überdenken.

> Und diese Antwort war so, daß ich nicht mehr zurücktreten konnte, ohne daß *das über* meinen »Charakter« herging. Deshalb wurde es Heirat. Und dann waren wir beide ohne Liebe, ich jedenfalls, ich war völlig ohne alles, und vier Jahre lang dauerte meine Depression.[20]

Das erklärte er gegenüber seiner zweiten Frau im Jahr 1909. Und er war in der Tat ein Mann mit einem ausgeprägten Sinn für persönliche Ehre. Bergljot hatte sich seinetwegen scheiden lassen, sie hatte mit ihm die furchtbare Zeit des Skandals und der anonymen Briefe durchlitten, und Hamsun heiratete sie und unternahm alles, auf seine Art, damit die Ehe lief, aus einer Art Verpflichtung heraus.

Bergljots Herz erobert zu haben, damals, im Jahr 1895, war vielleicht die letzte Etappe des wilden Sturms des jungen Hamsun auf die Bastionen der Klassengesellschaft. Einem Traum, einer Prinzessin hatte er den Hof gemacht und sie geheiratet. Er hatte ihr sogar die Villa Maurbakken gebaut. Doch innerlich hat er die ganze Zeit gewußt, daß es ganz und gar nicht eine Frau aus der oberen Schicht war, was er wollte. Schließlich fand er, vielleicht zu seiner eigenen Überraschung und nachdem er jahrelang Witze darüber gemacht hatte, was er wirklich wollte – eine Frau, die ihm half, den Weg zu seinen Ursprüngen zurück zu finden, eine Frau, bäuerlicher Abstammung wie er, die melken und den Haushalt führen und mit ihm, irgendwo weit weg von der korrupten Stadt, Kinder aufziehen konnte. Es war Bergljot wohl kaum vorzuwerfen, daß sie nicht diese Frau war.

11

1906–1911: Der Weise: Rückblick, Introspektion und Marie

Das Ende der Ehe war für Hamsun eine Erleichterung, obgleich ihm Victoria sehr fehlte. Um darüber hinwegzukommen, griff er zu seinem bewährten Mittel: Arbeit. Im ersten Jahr, das er wieder allein war, schrieb er nicht nur den atmosphärischen und bewegenden Roman *Unter Herbststernen,* sondern auch die Anfangskapitel von zwei weiteren Romanen – *Rosa,* vollendet 1908, und *Die letzte Freude,* 1912. Er wohnte in einer Pension in Nordstrand, einem netten, ruhigen Vorort von Kristiania, nicht weit entfernt von Ljan, wo er in den späten neunziger Jahren gewohnt hatte.

Unter Herbststernen ist ein Roman von großer melancholischer Schönheit und stellt eine zeitweilige Rückkehr zu dem Stil dar, dessen Hamsun sich in *Pan* bedient hatte, der bedächtigen, introspektiven und traumähnlichen Ich-Erzählung, in der es von plötzlichen Gefühlsausbrüchen nur so wimmelt und die sehr gut Hamsuns Fähigkeit demonstriert, im Kleinen, Alltäglichen, gern Übersehenen das Wunderbare zu finden. Wie auch in *Hunger* gibt es hier so gut wie keine Handlung, nur die Grübeleien und Tätigkeiten des wandernden Erzählers. Diesmal kam er dem Genre der Autobiographie sogar noch näher als in der Namenlosigkeit der Zentralfigur seines ersten Romans und benutzte seinen ursprünglichen eigenen Namen für den Erzähler: Knut Pedersen. Und der Roman bezieht sein Thema und seine Stimmung daraus, eine bedächtige und hoffnungslose Suche nach dem Mann, der er einst war, dem Bauern und Arbeiter, der er hätte sein können, hätte ihn nicht sein Ehrgeiz aus der Bahn geworfen und in die Stadt getrieben.

Durch eine Landschaft, die gleichzeitig ein symbolisches Bild seiner eigenen Vergangenheit und des zeitgenössischen

Norwegens darstellt, wandert er von einem Gehöft zum anderen, von einer Gelegenheitsarbeit zur anderen und versucht dabei, sein gebildetes Wesen zu verbergen, und verrät sich doch dauernd durch ein gelehrtes Wort oder durch unpassendes Rotwerden. Erinnerungen an seine eigene Vergangenheit als Straßenarbeiter bei Gjøvik fünfundzwanzig Jahre zuvor werden in ihm wieder wach. Er trifft sogar alte Gefährten wieder, wie Grindhusen – veränderte Männer, wie er er selbst. Mit sorgfältigem Vergnügen beschreibt er die Arbeiten, die er während seiner Wanderungen verrichtet – er legte eine Wasserleitung zu einem Gehöft und fällte Bäume im Wald des Kapitäns Falkenberg. Außerdem beschreibt er eine von ihm erfundene Säge, mit der man in aufrechter Haltung Bäume fällen kann, eine Säge, die Hamsun tatsächlich erfunden hat. »Ein Meister in verschiedenen Bereichen« nennt er sich selbst; doch er weiß, daß er nur ein Spiel spielt, und fügt ziemlich traurig hinzu: »In meinem wirklichen Beruf werden nur meine zweitbesten Träume wahr.« Zwischen ihm und der Frau des Kapitäns entspinnt sich eine heimliche Liebe, heraufbeschworen und aufrechterhalten durch Blicke, gelegentliche Berührungen und Worte und Handlungen mit versteckter Bedeutung. Als sie am Ende der Geschichte in die Stadt fährt, folgt er ihr und hofft gegen alle Hoffnung, daß er sie erobern kann, doch sie verläßt der Mut. Sie entwischt ihm in ihrem Hotel, und wie gewöhnlich steht der Hamsun-Held mit nichts da als seinen Erinnerungen.

Wie so viele von Hamsuns Romanen kann *Unter Herbststernen* gar nicht so richtig beschrieben werden. Er entgleitet einem förmlich zwischen den Worten, deren man sich bedient, um seinen Kern zu erfassen. Er ist weitschweifig, sein Mittelpunkt verzettelt über den gesamten Roman, der wirklich nur die Persönlichkeit des Erzählers selbst ist. Ihn zu lesen vermittelt bisweilen den sonderbaren Eindruck, etwas äußerst Privates mit anzuhören, als ob man beim Aufschlagen des Buches plötzlich einen Mann singen hört, um sich aufzuheitern, oder einen Jungen vor sich hin pfeifen, wenn er einen finsteren Weg geht.

1907 zog Hamsun nach Kongsberg, einer etwas westlich von Kristiania gelegenen Stadt, und wohnte dort im Hotel Brittania. In diesem Jahr veröffentlichte er nichts Erwähnenswertes, hielt jedoch im April vor den Studenten von Kristiania einen Vortrag mit dem Titel »Ehrt die Jungen«. Dieser verursachte einen Aufruhr in der Presse, wie er ihn seit dem Ärger über das staatliche Stipendium 1897 nicht wieder erlebt hatte. In dem Vortrag vertrat er die Ansicht, das vierte Gebot sei falsch und sollte auf den Kopf gestellt werden – Väter und Mütter sollten die Jungen ehren. Vertreter der Kirche und betroffene Mütter protestierten heftig gegen diese Ketzerei. Das war vermutlich der letzte *absichtliche* provokative Ausbruch Hamsuns – wenn auch keineswegs der letzte provokative überhaupt – und in der Hauptsache ein letzter, liebevoller Gruß von seiner eigenen, lange hinausgezogenen Jugend. Er war auch ein deutlicher Hinweis darauf, daß Hamsun entschlossen war, das Schicksal seiner fiktiven Gestalt Ivar Kareno, mit zunehmendem Alter sanfter und umgänglicher zu werden, nicht zu teilen.

In Kongsberg führte Hamsun den Prozeß der Reflexion und Introspektion fort. Er verrichtete Zimmermannsarbeiten und malte Bilder.[1] Er ging sehr viel spazieren und war besonders begeistert von der Brücke der Stadt. Dort stand er gern und starrte auf das Wasser hinab, das da toste, brodelte und schäumte, während es in die Tiefe stürzte. Er liebte dieses Geräusch, denn er hatte ein seltsames Faible für alles Rauschen und Brodeln und geriet in eine Art Verzückung, wenn er ihm lauschte. Er schlief in einem Zimmer mit dem Fenster zum Wasserfall und ließ das Fenster offen.

Immer noch war er sehr gesellig und spielte bisweilen Karten oder Domino mit anderen Gästen des Hotels. Daß er sich in einer Stimmung der Bestandsaufnahme befand, geht daraus hervor, daß er mit ihnen viel über seine Eltern sprach. Im März 1907 starb sein Vater, im Alter von zweiundachtzig Jahren, und obschon sie sich nie sehr nahegestanden hatten, stellte Hamsun fest, daß er die sittlichen Werte Arbeit und Ausdauer, nach denen sein Vater gelebt hatte, immer mehr zu schätzen lernte. Es fällt jedoch schwer zu glauben, daß er über dessen Tod sehr bekümmert gewesen wäre. Er hatte ihn ja so wenig gesehen in seinem Leben. Als Knabe war er zu seinem Onkel geschickt worden, und als junger Mann hatten ihn seine rastlose Unruhe und sein Ehrgeiz von zu Hause fortgetrieben. 1890 schrieb er Bolette, seine Eltern lebten im Nordland, und »ich weiß so wenig über sie«. Und gegenüber einem Hotelgast erklärte er, daß er nie an seinen Vater schrieb, weil er wußte, daß dieser die Zeitung *Norsk Intelligenssedler* abonniert hatte, die regelmäßig über den Aufenthaltsort und den Gesundheitszustand prominenter Leute des Landes berichtete.[2]

Gemäß der bei der Scheidung getroffenen Vereinbarung kam Victoria 1908 nach Kongsberg, um den Sommer bei ihrem Vater zu verbringen. Die beiden wurden ein vertrauter Anblick in der Stadt. Wenn Hamsun arbeitete, paßte ein Kindermädchen auf sie auf. Da er sich ärgerte, in dem Genre versagt zu haben, hatte er versucht, noch ein Drama zu schreiben, es aber verzweifelt wieder aufgegeben.[3] Nun begann er eine Fortsetzung von *Unter Herbststernen, Gedämpftes Saitenspiel,* legte aber auch sie wieder beiseite. Er war chronisch knapp bei Kasse und faßte eine kurze Vortragsreihe in Bergen ins Auge, aber auch daraus wurde nichts.[4]

Jetzt wurde Rußland zu einem immer wichtigeren Markt für Hamsun.[5] Seine Bücher begannen sich dort in riesigen Mengen zu verkaufen, und er entwickelte sich unter den jungen russischen Autoren zu einer Kultfigur; doch Rußland gehörte nicht zu den Unterzeichnern der Berner Konvention, und so erhielt er nichts für seine dort verkauften Bücher. Um sich vor weiteren Raubdrucken seiner Werke zu schützen, schloß er 1908 mit dem russischen Verlag Znanije ein Abkommen, das diesem die Exklusivrechte seiner Bücher für die Veröffentlichung in Russisch zusicherte. Maxim Gorki war der einflußreichste literarische Berater dieses Verlags und schon immer ein Bewunderer Hamsuns, und so mag es seiner Initiative zu verdanken gewesen sein, daß diese Übereinkunft zustande kam.[6] Znanije bestand darauf, die geschäftlichen Beziehungen mit einem vollkommen

neuen Roman zu begründen und nicht mit der Fortsetzung von *Unter Herbststernen*, und so schrieb Hamsun im Winter und Frühjahr 1907/1908 den Roman *Benoni.*[7]
Benoni und der mit ihm zusammengehörige Roman *Rosa*, der noch im gleichen Jahr geschrieben und veröffentlicht wurde, sind weitere Schritte zum konventionellen Roman hin, den Hamsun – in etwas anderer Form – zum erstenmal in den *Schwärmern* ausprobiert hatte. *Benoni* schildert den Aufstieg des Titelhelden zu lokalem Ansehen, vom Postboten zum Kaufmann. Dieses Thema der dramatischen Veränderung im Leben eines Menschen nahm Hamsun in seinen späteren Romanen wieder auf, und zwar noch ausgiebiger. Aus augenfälligen Gründen übte es eine mächtige Faszination auf ihn aus. *Benoni* ist ebenso wie die *Schwärmer* bezaubernd, volkstümlich und voller verstecktem Humor, spielt in ähnlichem nordnorwegischem Milieu und enthält jede Menge Nebenfiguren. Die Liebe als verhängnisvolle Krankheit ist aus Hamsuns Werken inzwischen völlig verschwunden, und statt tragischer Prinzen sind seine Liebhaber eher Clowns und absurde Gestalten, wenn auch immer noch großer Zärtlichkeit fähig.
Rosa ist die Prinzessin, die für Benoni zu gut war, ehe er in die Welt hinausging; doch in dem Roman *Rosa* ist sie froh, ihn zu bekommen, und Benoni ist froh, sie zu heiraten. *Rosa* wird von einem vor sich hin träumenden Hanswurst erzählt, dem Studenten Parelius, der die Heldin liebt, sie aber nicht gewinnen kann, weil er zu schüchtern ist; und als Parelius' Liebesgeschichte ist der Roman nicht so recht geglückt. Wie alles, was Hamsun schrieb, ist er voller interessanter Einfälle, aber Parelius ist als Person zu langweilig, um beim Leser viel Regung zu wecken. Er stellt ein eigenwilliges Experiment Hamsuns dar, einen Ich-Erzähler zu schaffen, der nicht den Extremen seiner eigenen Persönlichkeit unterworfen ist.*

* Ähnliche Versuche hatte er schon früher unternommen. Eine Erzählung aus dem Jahre 1895, *Sklaven der Liebe*, stammt mutmaßlich von einer Frau. Der Epilog zu *Pan* ist in einem Stil geschrieben, der sich kaum von dem Glahns unterscheidet, aber doch von seinem Mörder geschrieben

Diese beiden Romane sind für diejenigen besonders interessant, die gern das literarische Universum eines Schriftstellers erforschen, denn Hamsun blieb seiner Gewohnheit treu, Figuren aus früheren Werken in die neuen wieder mit aufzunehmen und ihr Schicksal außerhalb der Deckel des Buches zu beleuchten, in dem sie ursprünglich erschienen. Zum erstenmal hatte er das mit Figuren aus *Mysterien* versucht, die in *Redakteur Lynge* wieder auftauchen; und Figuren aus *Redakteur Lynge* kehren in den *Kareno*-Stücken wieder. In *Redakteur Lynge* erfahren wir, wie nahe Dagny Kielland aus *Mysterien* daran war, ihr Herz an den Selbstmörder Nagel zu verlieren, und in Rosa treffen wir Edvarda wieder, Glahns Geliebte aus *Pan*. Ihre Ehe mit dem finnischen Baron ist zu Ende, und sie lebt mit ihren beiden kleinen Töchtern wieder bei ihrem Vater auf Sirilund. Unglücklich und sexuell ruhelos, überkommt sie mitunter die Erinnerung an Glahn. Munken Vendt, ebenfalls eine rastlose Figur, die in *Victoria* wie auch in dem nach ihm benannten Stück aus dem Jahr 1902 auftaucht, ist einer ihrer vielen Liebhaber. Und Hamsun hat am Ende Mitleid mit ihr und arrangiert ihre Verlobung mit einem Adligen, einem Angehörigen der Oberschicht, auch wenn er zufällig Engländer ist.
Ein Brief, den Hamsun an seinen russischen Übersetzer in bezug auf *Rosa* schrieb, verdeutlicht die Mischung von göttlicher Macht und kindlicher Freude, die er verspürte, wenn er Menschen, Zeiten und Welten erfand. Der Übersetzer fragte ihn, ob Munken Vendt dieselbe Figur sei wie der Protagonist des dramatischen Gedichts.

> Ja, er ist dieselbe Figur. Ich hatte für sie Verwendung. Doch ich habe in meinen Büchern noch mehr solche Anachronismen begangen, sie wurden nicht moniert, nicht erwähnt. Was wir jedoch tun können, ist, am Anfang 1858

---

sein soll. Der Roman *Neue Erde* enthält Extrakte aus dem Werk des Dichters Øien, vermutlich, um sich darüber lustig zu machen – und doch sind sie nach Stil und Inhalt Hamsuns eigenen ziemlich ähnlich.

einfach durch 18 — zu ersetzen. Dann werde ich es in der norwegischen Ausgabe ebenfalls tun, damit sie mit der russischen übereinstimmt. Übrigens kann hier von solchen »Fehlern« nicht die Rede sein. Ich wußte ganz genau, was ich tat.[8]

Der Übersetzer war verwundert darüber, daß Munken Vendt zu der Zeit, da er in *Rosa* als Edvardas Liebhaber auftritt, schon über hundert Jahre alt wäre, wenn Hamsun in seinem fiktiven Universum der wirklichen Zeit folgt. Daß man ihn bezichtigte, einen »Fehler« gemacht zu haben, muß den Künstler in Hamsun sehr irritiert haben, denn er war doch immer sehr um Genauigkeit und Unanfechtbarkeit seiner Texte bemüht, was bis zur Festlegung von Zeilenlänge und Interpunktion in der endgültigen Drucklegung seiner Bücher reichte.

Als Hamsun an *Rosa* arbeitete, war er wieder in die Stadt gezogen, zurück nach Kristiania, und wohnte zunächst in der Keysers Gate 9, und kurz danach zog er in ein Zimmer im Obergeschoß von Dr. Hannos Haus in der St. Olavs Gate 7. Als er einmal die relative Schwerfälligkeit des Romans zu erklären hatte, sagte er, er habe es beim Schreiben nie fertiggebracht, ein »echtes Gefühl der Wärme« für Rosa zu entwickeln. Ein Grund dafür mag gewesen sein, daß er sich, gerade als er über sie zu schreiben begonnen hatte, äußerst leidenschaftlich in eine reale Frau verliebt hatte. Sie hieß Marie Andersen, war 1881 in Elverum geboren und die Tochter eines Holzhändlers. Es ist irgendwie typisch für das Paradoxe in Hamsuns Natur, daß er sich ausgerechnet in ein Mädchen verlieben sollte, das eine Kunst praktizierte und einem Milieu angehörte, denen gegenüber er lange Zeit eines seiner leidenschaftlichsten und verächtlichsten Vorurteile gehegt hatte: Sie war Schauspielerin. Und als ob das noch nicht genug wäre, war sie auch noch eine gebildete Frau, die drei Jahre Lehrerin gewesen war, ehe sie den Ruf der Bühne vernommen hatte.

Im Frühjahr 1908 gab es Pläne, Hamsuns Stück *An des Reiches Pforten* im Nationaltheater aufzuführen, dessen Leiter Vilhelm Krag geworden war. Marie Andersen, die mit einer Truppe unter der Leitung eines Dore Lavik auf Tournee gewesen war, ehe sie zum Nationaltheater kam, war gesagt worden, daß sie vielleicht die Rolle der Elina Kareno übernehmen könnte, und Krag hatte eine Begegnung zwischen der Schauspielerin und dem Autor arrangiert, damit sie von Hamsun noch etwas über die Figur erfahren könnte. Zur verabredeten Stunde wartete sie auf ihn und sah ihn schließlich die Treppe zum Theater heraufkommen, zur Pförtnerloge gehen und nach ihr fragen. Sie trat auf ihn zu und stellte sich ihm vor. Es waren viele Leute da, als er sich umdrehte und sich etwas zu ihr herabbeugte, und er war so überwältigt von ihr, daß er laut sagte: »Mein Gott, Kind, wie schön sind Sie doch!« Er ging mit ihr ins Theatercafé, einem großen, vornehmen Ort der Begegnung, direkt gegenüber vom Theater. Sosehr sie es auch versuchte, es gelang ihr nicht, ihn zu einer Diskussion der Rolle der Elina zu bewegen. Im Gegenteil, er gab sich Mühe, sie zu amüsieren, überhäufte sie mit persönlichen Fragen und verglich die Größe ihrer Hände mit der seiner. Am nächsten Tag schickte er ihr sechsundzwanzig Rosen ins Theater, für jedes ihrer Lebensjahre eine.[9] Innerhalb einer Woche waren die beiden hoffnungslos ineinander verliebt, und Hamsun hatte ihr das Versprechen abgerungen, ihn zu heiraten.

Zu dieser Zeit lebte Hamsun immer noch in Kongsberg. Seine Tochter Victoria war da, er hatte mit *Rosa* begonnen, und nach zwei Wochen in Kristiania, in denen er sich täglich mit Marie traf, kehrte er zu seinen Verpflichtungen ins Hotel Brittania zurück. Von hier schrieb er Marie täglich – äußerst lebhafte Briefe, in denen sich leidenschaftliche Liebesbekundungen mit Äußerungen krankhafter Eifersucht mischten, die von ihrem Altersunterschied genährt wurde und von Maries ungelöster Beziehung zu ihrem alten Chef, Dore Lavik. Sie hatte mit Lavik sechs Jahre zusammengewohnt und auch seinen Namen angenommen. Unter ihren Freunden im Theater war sie bekannt als Marie Lavik.

Das alles bekümmerte Hamsun sehr. In den kritischen ersten Tagen, in denen er um sie warb, war Lavik mit seiner Truppe auf Tournee gewesen, und obleich dieser wußte, was da vor sich ging, war er nicht in der Lage, etwas dagegen zu unternehmen. Wie Hamsun war auch er viel älter als Marie. Er liebte sie und wollte, daß ihr Verhältnis andauerte. Kurz nach jener ersten Begegnung im Theater wurde Marie ernsthaft krank. Sie lag mit einer Nierenentzündung im Bett, als sie am 15. Juni die schockierende Nachricht von Laviks Tod im Krankenhaus in Bergen erfuhr, wo er wegen heftiger Leibschmerzen operiert worden war. Sein plötzlicher Tod erweckte in Marie ein Gefühl der Schuld. »Er konnte nicht leben ohne meine Liebe«, weinte sie. Sie setzte eine Todesanzeige in die Zeitungen und unterschrieb sie mit Frau Marie Lavik. Davon war Hamsun nicht gerade begeistert. Er mokierte sich über ihre »Schauspielertrauer« und meinte, ihr erster Gedanke hätte sein müssen, daß Laviks Tod von der Vorsehung bestimmt gewesen war, ein Zeichen von oben, daß ihre Liebe für richtig befunden wurde. »Natürlich konnte er ohne Deine Liebe nicht leben«, spottete er, »und deshalb starb er an Darmverschlingung.« Maries Loyalität gegenüber dem Toten hatte seine Eitelkeit verletzt. Wie ein Detektiv schrieb er an einen Freund in Bergen und erkundigte sich, wer in den Todesanzeigen in den Zeitungen dort genannt wurde. Auf diese Weise wurde Marie sehr rasch mit den beiden Seiten des Mannes vertraut, den sie versprochen hatte zu heiraten; den ichbezogenen Zuchtmeister, der fanatisch in seinen eigenen Stolz verliebt war, und den sanften, großmütigen, zutiefst unsicheren und einsamen Menschen. Das Liebesverhältnis wurde von außergewöhnlichen Szenen begleitet. Bei einem ihrer Rendezvous in Kristiania öffnete Marie ihre Handtasche, um ein Taschentuch herauszunehmen, dabei fiel ein Brief heraus. Mit einer trügerisch sanften Stimme fragte Hamsun, von wem der Brief sei. Er war von einem von Maries jungen Bewunderern, und um zu zeigen, daß ihr die Aufmerksamkeit des jungen Burschen völlig gleichgültig war, zerriß sie den Brief vor Hamsuns Augen. Sofort stand er auf, zahlte und ging. Und noch am gleichen

Tag tauchte ein Bote im Theater auf und überbrachte Marie einen großen Umschlag, der sämtliche Briefe enthielt, die sie an Hamsun geschrieben hatte. Daraufhin schrieb sie ihm einen reumütigen Brief und bat um ein erneutes Zusammentreffen. Hamsun war einverstanden. Arm in Arm liefen sie durch die Straßen der Hauptstadt, und Hamsun sprach lang und breit über den schlechten Einfluß, den die Welt des Theaters auf sie ausgeübt hatte. Sie erkannte, daß er, von seiner schrecklichen Eifersucht getrieben, ihre ganze Vergangenheit erkundet hatte. Ein Jugendlicher fand ihre Unterhaltung recht amüsant und folgte ihnen dichtauf, so daß ihm nichts entging. Plötzlich drehte sich Hamsun um und versetzte ihm einen Schlag. Am folgenden Tag kehrte er nach Kongsberg zurück und schickte Marie einen leidenschaftlichen Reuebrief:

> Liebste, ich schreibe diese Zeilen stehend unter einem Gaslicht im Gang, damit der Brief sofort weggeht ... Ich fuhr heute von Dir weg in vollem Vertrauen zu Dir, vertrau Du mir nun auch! Weil Du Deine Kränkung vergessen hast und zu mir kamst, um uns Gutes zu tun fürs Leben, dafür liebe ich Dich und danke ich Dir, Marie. Während der Heimreise war ich wie in einem Rausch, ich dachte die ganze Zeit, ich habe so *viel,* wofür ich Dich um Vergebung bitten muß, und ich saß, schloß die Augen und bat Dich, mir zu verzeihen ... Ich danke Dir auf den Knien dafür, daß Du so groß und fein und reich im Herzen warst und zurückkamst und uns beiden an jenem Abend so wohl getan hast, das werde ich nie vergessen, solange ich lebe. Meine einzige Geliebte in dieser Welt! Gott bewahre, wie glücklich hast Du mich gemacht! Nur neben Dir sitzen, Deine Hand halten und Dich ansehen dürfen, das ist ein Glück, so groß, wie ich es nie zuvor empfunden habe. Was sind das nur für dumme, armselige Worte, vielleicht kann ich morgen etwas besser schreiben. Und doch werden es auch dann die gleichen armseligen Worte sein. Aber später, mit der Zeit wirst Du sehen, wie von Herzen ich Dein bin, jetzt und für immer. Dank, Dank, meine

> Marie, für all das Schöne, das Du in mein Leben gebracht hast! Denk daran – ich werde Dich nie als erster verlassen, glaube mir. Und erlaube mir, Dein zu sein, ich bitte Dich jetzt aus meinem tiefsten Herzen. Gute Nacht, Liebe![10]

Andere Briefe aus dem Jahr ihrer jungen Liebe – das sie warten mußten, bis Hamsuns Scheidung endgültig durch war – stellen einen unablässigen Angriff auf Maries Persönlichkeit dar, die Hamsun mehr nach seinem Herzenswunsch umzugestalten beabsichtigte. Er fragte sie höflich, ob es ihr sehr viel ausmachen würde, gewisse Leute – gewisse Schauspielerinnen und Schauspieler –, die er nicht mochte, nicht mehr zu grüßen. Er tadelte sie, über die Witze eines Mannes gelacht zu haben, den er nicht leiden konnte. Als sie ihm Fotos von sich schickte, bedankte er sich herzlich, riet ihr aber, auf Fotos nicht mehr zu lächeln – das wäre nichts weiter als eine Falschheit, die sich Komödianten und Fotografen hatten einfallen lassen. Von Anfang an machte er sie mit dem Horror, den er vor der Stadt und ihrer Kultur hatte, vertraut und mit seinem Verlangen, diesem allen zu entfliehen und ein Leben auf dem Lande, fern von allen Menschen, zu führen. Viele Male bat er sie, die Schauspielerei aufzugeben und mit ihm aufs Land zu ziehen, bat sie und drohte ihr, sie zu verlassen. Scheinbar war er davon überzeugt, in ihr Leben getreten zu sein, um sie vor sich selbst zu retten – sie war seiner Meinung nach noch jung genug, vor der Verderbtheit bewahrt zu werden, in die er durch das Stadtleben gestürzt worden war, trotz ihrer Jahre der Schauspielerei, in denen sie sich, wie er sich unter anderem ausdrückte, in der »Gesellschaft von Ratten« befunden hatte.
Doch zwischen all diesem unschönen Fanatismus findet sich in diesen Briefen stets auch jener andere Gesang: plötzliche überwältigende Eingeständnisse von Einsamkeit, Unsicherheit und Bedürftigkeit, reizende kleine Komplimente und riesige leidenschaftliche Komplimente, Träume und noch mehr Träume und Anflüge seines umwerfenden Humors. »Ich weiß, daß ich zum letztenmal liebe«, schrieb er, und er teilte ihr auch mit, daß er jedesmal Eifersucht ver-

spüre, wenn sie zusammen ausgingen und ein junger Mann sie ansah. Wie Knut Pedersen in den *Wanderer*-Büchern schilderte er sich ihr gegenüber als alt, weißhaarig – sogar verwelkt –, was alles absoluter Unsinn war. Sein Haar war gerade an den Schläfen etwas grau geworden, und er hörte ein bißchen schlechter, doch das waren die einzigen Anzeichen von Alter, die Marie an ihm wahrnahm. Als sie noch nicht verheiratet waren, gab es Zeiten, da sie die Hoffnung aufgab, sich mit seinen hysterischen Leidenschaften abzufinden; und in einem verzweifelten Versuch, ihrem Schicksal zu entfliehen, bewarb sie sich einmal sogar um die Stellung einer Gouvernante im entlegenen Norden Norwegens. Sie erhielt die Stellung und wollte sie auch antreten, doch einige wenige Augenblicke, Hamsuns Liebe und Charme ausgesetzt zu sein, reichten aus, um diesen Traum aufzulösen. Hamsuns eiserner Wille hatte verfügt, er und Marie müßten heiraten: Damit würde nun ein für allemal dem ungebundenen, umherirrenden Junggesellenleben ohne Verantwortung ein Ende gesetzt. Die beiden mußten aufs Land zurückkehren, von wo sie gekommen waren, wieder Bauern werden, das Land bestellen und eine Familie gründen, weit weg von der kranken Kultur der Zivilisation und des Fortschritts. Und, natürlich, Bücher schreiben.
Zu seiner eigenen Überraschung war Hamsun derjenige, der darauf drängte, ihre Beziehung zu legalisieren; Marie mit ihrer »Ratten«-Moral wäre glücklich gewesen, wenn sie bloß zusammengelebt hätten. Der Gedanke, Hamsun zu heiraten, muß sie beängstigt haben. Sie hatte ihre ganze Karriere für ihn aufgegeben – was sollte sie nun mit ihrem Ehrgeiz, ihrem Talent anfangen? Doch sie liebte ihn, und er drängte und drängte sie. Ein Kommentar über die Ehe in einem seiner Briefe wirft beiläufig ein helles Licht auf Figuren wie Glahn und Nagel, Johannes und Victoria und ihre weniger bekannten Brüder und Schwestern in einigen seiner Erzählungen:

> Übrigens heißt es doch die Dinge auf den Kopf stellen, wenn ich den Anwalt für die Ehe spielen soll, ich, der für

lange, lange Zeit die Theorie verfochten hat, in Wort und Schrift: daß die Ehe der Tod der Liebe ist.[11]

Marie umworben und geheiratet zu haben muß für Hamsun ein ungeheurer Sieg über sich selbst gewesen sein. In intimen Beziehungen war er ungeschickt und fürchtete sich sehr davor, sich zu verlieben. Wie Strindberg hatte er das tiefe Gefühl, daß das eine Position der Verteidigungslosigkeit sei, eine fatale Phase im Krieg zwischen Männern und Frauen, die nur eine ständig wachsame Dominanz davor bewahren konnte, in einem völligen Desaster zu enden. Olaf Fønss, ein Zechkumpan Hamsuns aus den wilden Tagen kurz vor dem Scheitern seiner ersten Ehe, schrieb, er sei »immerzu verliebt und, höchst seltsam, immerzu erfolglos«, und die Legenden von Hamsun als Herzensbrecher scheinen hauptsächlich auf einer Anzahl imposanter Gesten gegenüber Frauen in der Öffentlichkeit zu beruhen.
Im Grunde genommen war er nicht promiskuitiv und auch kein Mann, der die Liebe leichtnahm. Obgleich er sich stets davor fürchtete, zurückgewiesen zu werden und Marie zu verlieren, liebte und brauchte er sie so sehr, daß er losstürmte und alle seine Ängste beiseite schob, bis er sie bekommen hatte. Am 25. Juni 1909 heirateten sie im Standesamt von Kristiania. Beide hatten sie gehofft, kirchlich heiraten zu können, aber das wurde ihnen verwehrt, weil Hamsun geschieden war. Diese Entscheidung nahm er zum Anlaß, aus der Staatskirche auszutreten. Und was alle die Höhen und Tiefen ihrer Ehe anlangte, paßten die beiden sehr gut zueinander. Jeder war auf seine Weise ein Schauspieler.
Sie verlebten kurze Flitterwochen in Lier, bevor Hamsun Marie am 5. Juli zu einer Schwester nach Drammen schickte und selbst nach Sollien reiste, wo ihn, wie im Sommer zuvor, Victoria mit ihrem Kindermädchen erwartete. Hier teilte er seine Zeit zwischen seiner Tochter und der Weiterarbeit an der Fortsetzung von *Unter Herbststernen,* die er 1907 zugunsten von *Benoni* und *Rosa* beiseite gelegt hatte. *Gedämpftes Saitenspiel* war ein weiterer langer, gemächlicher Blick auf den Prozeß des Alterns. Hier besucht Peder-

sen nach sechs Jahren wieder den Schauplatz des früheren Romans. Er hat sich einen Bart stehen lassen, damit Kapitän Falkenberg und seine Frau, auf deren Hof er wieder arbeitet, ihn nicht erkennen, und er kämpft immer noch mit seinem vornehmen Wesen, vergißt immer mal wieder seine Rolle:

> Ich mußte zu leise gegangen sein, ich hatte vergessen, wie ein Pferd einherzustampfen, meine Schuhe waren zu leicht. Ich war von all den Feinheiten, die ich mir in vielen Jahren angewöhnt hatte, verdorben worden, mußte erst wieder zum Bauern zurückstudieren.

Marie Hamsun schrieb in ihrem Buch *Der Regenbogen,* sie sei immer überrascht gewesen, daß es keine augenscheinliche Korrespondenz gab zwischen den Büchern, die ihr Mann schrieb, und dem Menschen, der er war, oder dem Leben, das er führte, während er sie schrieb. Hier schreibt der leidenschaftliche und junge Fünfzigjährige, den sie gerade geheiratet hat, mit der geistigen Distanz eines uralten Weisen über seine tiefe Gleichgültigkeit gegenüber dem Leben, über seine Resignation vor einer Zukunft, die nur aus Erinnerungen besteht, und über seine Rolle als Zuschauer beim Lebensdrama anderer Leute, das gar nicht mehr so recht in die schummerige Einsamkeit seines eigenen Alters eindringt. Exzentrisch plaziert Hamsun, wie in den früheren *Kareno*-Stücken, den Beginn der emotionalen und intellektuellen Impotenz an das Alter von fünfzig. Vielleicht fand er diese Haltung für notwendig, um die zahlreichen klaren und hübsch »weisen« Beobachtungen, die das Buch enthält, vornehmen zu können:

> Soviel Theater steckt in jedem Menschen, man fühlt sich geschmeichelt, wenn man für mehr gehalten wird, als man ist.
>
> Es ist nicht leicht, sich auf die Menschen zu verstehen, zu erkennen, wer verrückt und wer klug ist! Gott bewahre uns alle davor, daß wir durchschaut werden!

Wenn man älter ist, lebt man das Leben nicht mehr mit, man nährt sich nur noch von Erinnerungen.

Pedersen ist immer noch in die Frau des Kapitäns Falkenberg verliebt. Im Grunde genommen liebt er auch noch den Kapitän selbst, ihre Art zu leben und alles, was sie repräsentieren, und ihr Niedergang, der nach seiner sechsjährigen Abwesenheit deutlich zu erkennen ist, schmerzt ihn. In ihrem schönen alten Haus halten sie wilde Orgien ab. Beide haben sie Liebhaber, und beide wünschen sich irgendwie, daß ihr Leben nicht so wäre, scheinen aber unfähig zu sein, etwas daran zu ändern. Frau Falkenberg hat sich einen jungen Liebhaber genommen, einen modernen Menschen, einen Technokraten und Ingenieur, dessen großes Hinterteil nur eines von vielen Anzeichen dafür ist, daß der Erzähler die Art und Weise verabscheut, mit der er sich der Frau des Hauses bedient. Den Falkenbergs gelingt es fast, ihre Ehe zu retten; doch als der Kapitän dahinterkommt, daß seine Frau von dem Ingenieur schwanger ist, findet er, daß er sie nicht wieder zu sich nehmen kann. Auch der junge Ingenieur will sie nicht, und sie geht ins Wasser. Hamsun läßt ganz deutlich erkennen, was für ihn der wirkliche Grund ist für das Scheitern der Ehe dieses Paares, das sich im Herzen immer noch liebt: ihr Unvermögen, Kinder zu haben.
In einer zweiten Hinsicht ist der Roman ein ausführlicher Kommentar zum Zustand einer norwegischen Sozial- und Wirtschaftsordnung, die nach Jahrhunderten der Stabilität unter dem unwiderstehlichen Druck der Industrialisierung zusammenbricht. Die alten Patriarchen, die Patrone und Arbeitgeber vom Schlag Kapitän Falkenbergs, befinden sich als Klasse in einem fortgeschrittenen Stadium des Verfalls. Die Fahnenstange auf dem Hof, die Gebäude selbst sind in einem schäbigen, heruntergekommenen, vernachlässigten Zustand. In dem Bemühen, den Kapitän wieder wachzurütteln, streicht Pedersen für ihn das Haus. Und zusammen mit dem Knecht Nils hält er den Hof in Schwung, agiert er wie eine Art guter Geist im verborgenen, um den Kapitän dazu zu bringen, sich wieder in den Griff zu bekommen, zu

erkennen, was vor sich geht, und die Kontrolle seines Besitzes wieder zu übernehmen.
Seit Norwegens Erklärung der Unabhängigkeit von Schweden im Jahr 1905 und seiner Geburt als unabhängige Nation hat Hamsun verstärkt »verantwortliches« Interesse am Fortschritt des Landes genommen. So vieles, was er sah, entsetzte ihn: die Industrialisierung, die Landflucht, der Aufstieg der Stadt, der Aufstieg der organisierten Arbeit und der Untergang des alten Meisters. Mit Beklommenheit verfolgte er das Engagement der stets fortschrittlichen Frauenbewegung im Lande für soziale Priviligien, die bisher den Männern vorbehalten waren, und zu Maries Bestürzung arbeitete er in dem Roman seine unverbesserliche Einstellung zu den Frauen heraus:

> Die Frau aber, sie ist, wie alle Weisen schon immer wußten: unendlich arm an Begabung, reich aber an Unverantwortlichkeit, an Eitelkeit, an Leichtfertigkeit. Sie hat viel vom Kinde, aber nichts von dessen Unschuld.

Doch Hamsun, in der Rolle von Knut Pedersen, Entfliehender der Stadt und altersschwacher fünfzigjähriger Weiser, der sich in die Rolle des Bauern hineinkämpft, gleichermaßen amüsiert von seinen Ansprüchen wie von seinem Unvermögen, ihnen selbst gerecht zu werden, wußte, daß seine Proteste hoffnungslos waren, und war es zufrieden, sich mit einer netten Dankesbotschaft an Gott als sein letztes Wort vom Leben zurückzuziehen:

> Es ist nicht recht von einem Kapitän, Gott zu bitten, er möge ihm vergeben – wie er selbst Gott vergeben habe. Das ist nur Theater. Ein Wanderer, der nicht jeden Tag Essen und Trinken hat und dem nicht Kleider und Schuhe, Haus und Hof für seinen Bedarf bereitstehen, empfindet nur ein leises Bedauern, wenn alle diese Herrlichkeiten ausbleiben. Geht das eine nicht, so geht das andere. Geht aber auch das andere nicht, dann vergibt man nicht Gott, man übernimmt selbst die Verantwortung. Man stemmt die Schulter gegen das Verhängnis, das heißt, man beugt

den Rücken. Dem Fleisch und Blut tut das ein wenig weh, das Haar wird grau; ein Wanderer aber dankt Gott für das Leben, es war lustig zu leben!

So könnte ich es ausdrücken.

Warum auch alle diese großen Forderungen? Was hat man erreicht? Alle Schachteln mit Süßigkeiten, die ein Leckermaul begehren kann? Gut! Aber hat man denn nicht jeden Tag die Welt gesehen und das Rauschen des Waldes gehört? Es gibt nichts Herrlicheres als das Rauschen des Waldes.

In einem Syringenwäldchen duftete es nach Jasmin, und ich kenne einen Menschen, den die Freude durchbebte, nicht über den Jasmin, sondern über alles, über ein erleuchtetes Fenster, über eine Erinnerung, über das ganze Leben. Als er dann aber von diesem Syringenwäldchen abberufen wurde, hatte er ja schon die Vorauszahlung für diese Unannehmlichkeit bekommen.

Und so ist es: Die bloße Gnade, daß man das Leben erhält, ist die reiche Vorauszahlung für alle Erbärmlichkeiten des Lebens, für jede einzelne.

Diese Seite Hamsuns, des lyrischen, melancholischen Mannes, des emotionalen Menschen, der immer noch willens ist, das Leben zu bejahen, trotz aller seiner Enttäuschungen – ja gerade *wegen* seiner Enttäuschungen –, ist die ansprechendste seiner vielen Seiten. Das sind in der Tat die Worte eines großen Meisters des Lebens, eines Weisen. Doch schien diese Art heiterer innerer Gelassenheit für Hamsun nur in der stillen Welt zwischen zwei Buchdeckeln möglich zu sein. Außerhalb davon, in der realen Welt, engagierte er sich immer mehr in dem Kampf, die Woge des Fortschritts aufzuhalten.

Gedämpftes Saitenspiel bietet uns einen ersten, angenehm verschwommenen Eindruck von Hamsuns katastrophaler Entwicklung als Patriot. Von nun an befördern alle seine Romane, wenn auch unterschiedlich stark ausgeprägt, eine politische Botschaft; namentlich das, was in der modernen Welt als »Fortschritt« angesehen wird, ist für ihn in Wirklichkeit ein fehlgeschlagenes, hochtrabendes Experiment, das die einfachen Leute korrumpiert, indem es sie ihren Wurzeln auf dem Lande entfremdet. Mitunter versucht er, wie in *Segen der Erde* aus dem Jahr 1917, ein ansprechendes, heroisches Bild vom einfachen, mit der Scholle verbundenen Leben zu malen; doch da er ein Mensch war, dem es riesige Freude bereitete, seinen Ärger auszuleben, schrieb er viel häufiger über die Irritationen, die dieser Fortschritt mit sich brachte. Wieso Hamsun dazu kam zu glauben, daß er seinen Lesern eine Botschaft übermitteln müsse, ist von Bedeutung für sein späteres Schicksal und kann bis zu einem gewissen Grade mit der politischen Situation in Norwegen um die Jahrhundertwende und dem eigentümlichen Status, den Schriftsteller zu dieser Zeit in dem Land erlangt hatten, erklärt werden.

Fast fünfhundert Jahre lang, bis 1814, war Norwegen ein abhängiger Partner in einer Union unter der dänischen Krone gewesen, verwaltet von Kopenhagen, in dänischem Interesse, von dänischen Beamten, in dänischer Sprache. Die nationale und kulturelle Identität Norwegens gingen unter. Eine Veränderung ergab sich 1814, als der König von Dänemark-Norwegen durch den Frieden von Kiel gezwungen wurde, Norwegen an Schweden abzutreten. Für diese neue Union, die fast hundert Jahre andauerte, war von Anfang an eine mächtige Wiederbelebung des Nationalismus in Norwegen charakteristisch. Die herausragende Figur dieses romantischen und leidenschaftlichen Nationalismus war der Schriftsteller Henrik Wergeland (1808–1845), der mit seiner Person zum Symbol für die Sehnsucht nach einem unabhängigen Norwegen wurde. Sein geistiger Erbe war Bjørnstjerne Bjørnson, Hamsuns erstes und größtes Idol. Bjørnsons Erzählungen über das ländliche Leben in Norwegen lieferten einen entscheidenden Beitrag zur Wiedererlangung von Würde und Autorität der norwegischen Sprache; außerdem war er eine geborene Persönlichkeit des öffentlichen Lebens, ein großer Redner mit einem unerschütterlichen Selbstbewußtsein. In Norwegen gab es keine einheimische Aristokratie – 1821 hatte die Nationalversammlung die Abschaffung des Adels durchgesetzt –, und das erklärt das ungewöhnliche Ansehen, das die Schriftsteller im neunzehnten Jahrhundert besaßen. In Wirklichkeit übernahmen sie in der immer intensiver erhobenen Forderung nach nationaler Unabhängigkeit die Funktion einer Aristokratie. Und zu der Zeit, in der Hamsun ein junger, für Eindrücke empfänglicher Mann war, in den siebziger, achtziger Jahren, waren Bjørnson, Kielland, Lie und Ibsen von Regierung und Volk gleichermaßen als eine Art kollektives Bewußtsein der Nation anerkannt.

In den neunziger Jahren kam es zu der politischen Krise, die den endgültigen Bruch mit Schweden mit sich brachte. Die Norweger behaupteten, ihre Interessen unterschieden sich nun so weit von denen Schwedens, daß sie ihren eigenen, norwegischen Außenminister haben müßten. Die Schweden waren anderer Meinung. Die Krise durchlief zahlreiche Stadien, zweimal kam es sogar beinahe zum Krieg, bis sie schließlich 1905 durch ein Abkommen beigelegt werden konnte, das Norwegen völlige nationale Souveränität zusicherte. Ein Volksentscheid am 13. August 1905 hatte bestätigt, daß das tatsächlich der Wunsch der Mehrheit des norwegischen Volkes war – 368.208 hatten dafür gestimmt und 184 dagegen. Unter den Wählern war nicht eine einzige Frau.

Hamsun spielte eine aktive Rolle im Kampf um die Unabhängigkeit. Von Anfang an unterstützte er die Vorstellung eigener unabhängiger Konsulate und darüber hinaus die völlige nationale Unabhängigkeit.* Sein »mit geballter Faust geschriebener« Roman *Redakteur Lynge* von 1893 war nach seinen Worten hauptsächlich deshalb entstanden, weil er

* »Ich möchte, daß wir einen eigenen Außenminister und einen eigenen König haben«, schrieb Hamsun 1893 an die Larsens. »Wir brauchen einen eigenen König, oder Norwegen wird bloß eine erbärmliche Republik, eine spartanische, knauserige Republik.« Dieser Brief enthält auch einige der wenigen positiven Bemerkungen über die Engländer; er lobt sie dafür – trotz ihres Liberalismus und ihres Radikalismus –, »Monarchisten vom Scheitel bis zur Sohle« zu sein. Und er fährt fort, es gäbe »nichts Schöneres als den Anblick des Prinzen von Wales, der durch die Straßen paradiert, während ihm die Massen zujubeln«.[12]

den Redakteur der radikalen Zeitung *Verdens Gang* dafür anprangern wollte, daß er in bezug auf die Frage völliger Unabhängigkeit einer selbstsüchtigen, unentschlossenen Linie folgte. Dem politischen Magazin *Strax,* das von seinen Freunden herausgegeben wurde, lieferte er patriotische Gedichte sowie eine Lobrede auf den norwegischen Militär Oberst Stang. Stang war Kommandeur der norwegischen Grenzfestung bei Oscarsborg, nicht weit von Drøbak, wo Hamsun damals wohnte und sein Haus Maurbakken baute. Hamsun hatte sich bei ihm als Freiwilliger gemeldet.

Hamsuns sichtlicher Patriotismus hat ihm in den Augen des gesellschaftlichen Establishments, das nie ganz seinen Argwohn gegen ihn abgelegt hatte, keineswegs geschadet. Und als nach einiger Zeit sein wiederholtes Lob auf Bjørnson von diesem allmählich erwidert wurde, begann man tatsächlich die Möglichkeit ins Auge zu fassen, in dem wilden, rebellischen Hamsun den nächsten Anwärter auf die Krone des literarischen Bewußtseins Norwegens zu sehen. Außer daß Bjørnson Hamsun 1896 öffentlich als Schriftsteller gelobt und sich 1897 in dem Skandal um das staatliche Stipendium für ihn eingesetzt hatte, brachte er seine besondere Bewunderung über Hamsuns Gedicht zum Ausdruck, das dieser ihm zu Ehren anläßlich seines siebzigsten Geburtstages 1902 geschrieben hatte. Doch im folgenden Jahr erfuhr dieser sanfte Fluß in Richtung Übergabe der Macht einen ernsthaften Schlag, als Bjørnson plötzlich zur Besonnenheit und zu Verhandlungen mit den Schweden in bezug auf die Union mahnte. Hamsun war nicht der einzige, der darin einen Zusammenhang mit der Verleihung des Nobelpreises für Literatur an Bjørnson im Jahr 1903 sah. Mit Entsetzen las er die Berichte, wie sein großer Held dem schwedischen König die Hand schüttelte und einen großen Scheck mit dem Preisgeld erhielt. In einem Brief an den Verleger Peter Nansen von Gyldendal schrieb er:

> Dieses Schwein ist in seinem 71. Lebensjahr zu den Schweden übergelaufen, und das für 140 Tausend Kronen. Ich hätte das tun können, oder seine Kinder hätten das

tun können, denn sie alle sind nur »Bjørnson-Bälger«; aber *er* nicht! Hätte es eben nicht tun sollen, er ist durch seine ganze, ganze Vergangenheit gebunden.[13]

Sein wütendes Gedicht *Brief an Byron im Himmel* war als direkte Provokation Bjørnsons beabsichtigt, und er hoffte auf eine Auseinandersetzung, falls Bjørnson ihn öffentlich kritisierte.[14] Er fuhr fort, ihn in bitteren Zeitungsartikeln von charakteristischer Heftigkeit anzugreifen. »Sie sind alt geworden, Meister, wollte Gott, Sie wären nicht alt geworden!« schrieb er verächtlich und beklagte sich: »Im Alter meint man, man würde immer weiser, aber in Wirklichkeit wird man im Alter immer dümmer.«[15]

Der Bruch war jedoch nur von kurzer Dauer. 1908 stand er wieder auf Bjørnsons Seite. Anläßlich des hundertsten Geburtstages Henrik Wergelands sprach er am 17. Juni von der Galerie des Nationaltheaters zu den Zuschauern und bejubelte Wergelands Nachfolger Bjørnson. Er nannte ihn einen Gewaltigen des geistigen Lebens Norwegens und verkündete, er sei die glorreiche Multiplikation aller seiner Vorgänger. Inzwischen bezeichnete Bjørnson, der vor einer Versammlung in Fredrikstad sprach, Hamsun als den größten lebenden norwegischen Dichter und einen alles in allem großartigen Burschen. Das geistige Triumvirat Wergeland-Bjørnson-Hamsun empfahl sich wieder einmal als ausgesprochene Möglichkeit im Nationalbewußtsein.

Hamsuns Journalismus wurde überdies immer verantwortungsbewußter. In »Die Bauernkultur«, einem langen Artikel aus dem Jahr 1908 in der Form eines offenen Briefes an seinen dänischen Freund Johannes V. Jensen, nahm er Jensens Behauptung, die ganze moderne Zivilisation von Newton und George Stephenson bis zu Darwin und Edison beruhe ganz auf der naturbestimmten Phantasie des Bauern, auf und diskutierte sie. Er setzte sich mit dem, was er als Jensens Romantizismus der Leistungen der Bauernkultur ansah, auseinander und hielt dagegen, seine eigenen kulturellen Leistungen seien eher darauf zurückzuführen, daß er das Land verließ und in die Stadt ging; in seiner Erwiderung auf

Jensen gab er jedoch keinen direkten Hinweis auf seine wachsende Überzeugung, daß die Früchte seiner Reise bitter gewesen waren. Das sollte erst später der Fall sein.[16]

In einem Zeitungsartikel aus dem Jahre 1910, »Der Theologe im Märchenland«, trat Hamsun als Verfechter des Nordens auf und ermutigte die Pfarrer, eine Versetzung in den Norden Norwegens nicht mit einer Verbannung nach Sibirien gleichzusetzen. Er schilderte ihnen die Schönheiten der Landschaft und versuchte, sie davon zu überzeugen, daß man in den rauhen Bergen und der mystischen Herrlichkeit der Nordlichter Gott sehen könne.[17]

Und noch im gleichen Jahr schrieb er »Ein Wort an uns«,[18] in dem er das gesamte norwegische Volk unmittelbar ansprach. Sein Anliegen war die zunehmende schädliche Auswirkung des Tourismus auf Norwegen:

> Wir haben unser Land in eine lächerliche, bedeutungslose Schweiz verwandelt. Wir haben das ganze Land zu einem einzigen großen Hotel für Ausländer eingerichtet.*

Bauern verkaufen ihre Höfe und eröffnen Hotels. Der Landwirt verläßt seine Felder, um als Fremdenführer für reiche Touristen sein Geld zu verdienen. Vater und Sohn rennen um die Wette, um diesen selben Touristen das Tor zu öffnen, und halten ihre Hände auf für den Schilling, den sie dann bekommen. Hamsun sah darin eine ungeheure Schande; die letzten Zeilen seines Appells waren unmißverständlich:

---

* Mit der Schweiz verband Hamsun auch so ein eigenartiges Vorurteil. In dreien seiner Romane, *Gedämpftes Saitenspiel, Die letzte Freude und Das letzte Kapitel,* finden sich abschätzige Bemerkungen über das Land und sein Volk. Bereits 1893 bezeichnete er das Land als »kulturell tot, wenn man von einem Held der Legende, einem religiösen Fanatiker und ein paar Uhrmachern absieht«; und noch 1922 vertrat er dieses Vorurteil in einem Zeitungsartikel. Höchst unfairerweise behauptete er, daß Arnold Böcklin, den er bewunderte, gar kein »echter« Schweizer sei. Die Schweiz mit ihrer enormen Tourismusindustrie verkörperte für Hamsun stets das schlimmste Schicksal, das einem kleinen Land widerfahren konnte, und er war aufs äußerste besorgt, daß Norwegen diesem Schicksal verfiel.

Ein Wort an uns:
Wir müssen die Hände aus den Taschen nehmen und uns wieder an die Arbeit machen. Auf diese Weise vermeiden wir es, ein ganzes Volk von Hoteliers und Kellnern zu werden.
Wir müssen die Sümpfe trockenlegen, Bäume pflanzen, das große Nordland besiedeln. Auf diese Weise können wir der Auswanderung Einhalt gebieten. Wir müssen Norwegens Boden kultivieren.
Und davon sollten wir in den Zeitungen schreiben. Alles übrige ist nicht ein einziges Telegramm wert. Es ist nur ein flüchtiges Rauschen von Tourismus und Amerikanismus. Und dann kann der Bauer wieder an die Arbeit gehen, und in den Tälern wird es wieder still.

In vielen Gegenden, wie in den westlichen Fjorden, wo die Möglichkeiten des Broterwerbs sehr begrenzt waren, bildete der Tourismus, wenn auch nur auf die Sommermonate beschränkt, eine willkommene Extraeinnahmequelle. Hamsuns Evangelium war, wenn auch wirklich aufrichtig gemeint, der reine Luxus. Dieser Artikel bedeutete auch ein erstes Ausbreiten seiner Schwingen als unbestrittenes Gewissen seines Volkes, gerade drei Monate nach dem Tode Bjørnsons am 26. April 1910 in Paris. Hamsun war tief erschüttert, als er die Nachricht erfuhr. »Ich weiß nicht ... wir sind doch recht allein ...« sagte er zu Marie.[19] Die Zeitungen kamen wegen des Nachrufs zu ihm, und das Gedicht, das er anläßlich des Todes Bjørnsons schrieb, ist ein klassisches Huldigungsgedicht von einer unschuldigen Würde, an die sich heute keiner mehr heranwagen würde. Tatsächlich hat er hiermit die Rolle des Poeta laureatus übernommen. Etwa drei Monate später, als die Zeitungen ausgiebig seinen fünfzigsten Geburtstag feierten, wurde ihm dieser Mantel offiziell verliehen. Manche mochten sagen, er wurde ihm gewaltsam umgehängt. In vielen dieser Huldigungsartikel wurde ihm der Titel »fører« (Führer) verliehen. In einem im *Verdens Gang* veröffentlichten Dankesschreiben verwies Hamsun auf die »47 Briefe und 114 Telegramme«, die er ne-

ben »Büchern, Gemälden, Blumen, Zeitungsausschnitten und einer goldenen Locke von einem Kind« bei dieser Gelegenheit erhalten hatte.[20] Gedichte wurden verfaßt, die ihn priesen. Ein Merkmal des Lobes waren die Hinweise auf seine rebellischen frühen Jahre: Alles war nun vergeben, alles wurde nun verstanden. Der patriotische Ton der Verherrlichung wurde am besten in einem Gedicht in einer Lokalzeitung eingefangen, in dem der Autor im Namen des immer noch um Bjørnson trauernden Volkes fragte: Wer wird sich nun um uns kümmern? Wer kann nun der Interpret Norwegens sein? Wer wird nun Norwegen seinen Geist offenbaren? Und in der fünften Strophe beantwortete er seine Fragen selbst: Nachdem diese Fragen über Berge und durch Täler reisten, seien sie nun mit der frohen Kunde zurückgekehrt, daß der Retter lebe, daß er das Volk zu den Höhen geistiger Herrlichkeit emporheben werde, daß das Vaterland wieder vor Stolz anschwellen werde, denn Norwegens Zukunft sei seine – Hamsuns – Zukunft.[21]
Nicht alle zeitgenössischen Journalisten begrüßten den neuen Führer mit gleichermaßen simpler Inbrunst. Ein scharfsinniger Schreiber prophezeite, daß Hamsun einen merkwürdigen Führer abgeben würde: »nicht nur, weil man sich nie ganz sicher sein könne, daß nicht eines schönen Tages der Schelm in ihm das Ganze zu Fall bringen wird«.[22]
Der norwegische König Håkon VII. wollte Hamsun durch seinen Ministerpräsidenten Konow zu Ehren seines halben Jahrhunderts zum Olafsritter schlagen lassen; doch als es soweit war, gab Hamsun zu verstehen, daß er diese Auszeichnung auf keinen Fall entgegennehmen würde. Gegenüber Marie erklärte er ziemlich fromm, das wäre »zu heuchlerisch« von ihm. Er mag wohl gedacht haben, daß eine Annahme seine wilde Unabhängigkeit, auf die er berechtigterweise so stolz war, kompromittieren könnte. Eine andere Möglichkeit mag die gewesen sein, daß es ihm ein bißchen peinlich war, denn in Wirklichkeit war er 1910 gar nicht fünfzig, sondern einundfünfzig. 1891 hatte er plötzlich beschlossen, ein Jahr von seinem Alter zu streichen, und erzählte von da an den Leuten, er sei 1860 geboren und

nicht 1859.[23] Vielleicht hatte er gedacht, wenn er sich schon einen neuen Namen zugelegt hatte, dann müsse auch ein neues Alter her, um die Sache komplett zu machen. Wenn es jedoch darauf ankam, wie zum Beispiel beim Eintragen seiner Personalien in das Kirchenbuch, als er 1898 Bergljot heiratete, dann erinnerte er sich korrekt an sein Geburtsdatum. Als er 1910 von einem Journalisten zu dieser Sache befragt wurde, gab er beschämt die Wahrheit zu:

> Ich weiß nicht, wie ich daraus wieder herauskomme. Ich habe von Frauen gehört, die sich ein paar Jahre jünger gelogen haben, doch erstens bin ich nun mal keine Frau, und zweitens nützt mir ein Jahr wenig – ich müßte schon wenigstens fünf Jahre haben, wenn es an meinem Alter etwas verschlagen sollte. Denn jetzt bin ich nämlich 51.[24]

Das ganze, gewissermaßen hysterische Suchen nach einem »großen Mann«, das die Reaktion der Presse auf Hamsuns Geburtstag erkennen ließ, war zum Teil eine panische Reaktion nicht allein auf den Tod Bjørnsons, sondern auf den Tod aller bedeutenden Männer Norwegens innerhalb von fünf Jahren: Ibsen und Kielland starben 1906, Edvard Grieg 1907, Jonas Lie 1908 und Bjørnson zwei Jahre später. Norwegen besaß zwar eine Repräsentationsfigur in dem neuen König Håkon VII., doch der war nach den Unabhängigkeitsvereinbarungen von 1905 aus der dänischen Königsfamilie gewählt worden und hatte in den fünf Jahren noch nicht viel Gelegenheit gehabt, sich seinem Volk besonders einzuprägen. Hamsuns Reaktion auf Bjørnsons Tod, das plötzliche Gefühl der Einsamkeit, wurde zweifellos vom größten Teil der Norweger geteilt – und indem sie sich nach einem neuen Mittelpunkt für ihren Patriotismus umsahen, wandten sie sich nicht dem König zu, sondern Hamsun. Immerhin hatte Bjørnson bei mehreren Gelegenheiten öffentlich darauf hingewiesen, daß Hamsun sein geistiger Erbe sei.

Hamsun war ein empfänglicher und trotz seiner großen psychologischen Komplexität in vieler Hinsicht ein seltsam einfacher Mensch. Er war auch äußerst eitel, und ungeachtet der Tatsache, daß sich der Ironiker in ihm heftig gegen den Prominentenrummel wehrte – über den er sich ja in den *Mysterien* so sehr mokiert hatte –, war das Schicksal, das nun als »Zukunft Norwegens« auf ihn zukam, etwas, dem zu widerstehen er sehr schwer fand. Der düstere autoritäre Journalismus der folgenden Jahrzehnte, seine politische Einstellung in den dreißiger Jahren und sein Verhalten während des Krieges mögen zurückzuführen sein auf die Etablierung eines quasi offiziellen Verhältnisses zwischen einem großen Dichter und seinem Publikum im Jahre 1910.

Hamsun verdiente inzwischen beträchtliche Summen mit seiner Arbeit, größtenteils dank seines Erfolges in Rußland und Deutschland. Zwischen 1907 und 1910 brachten drei verschiedene russische Verlage Ausgaben seiner *Gesammelten Werke* heraus.[25] In denselben Jahren erschien auch die erste vieler solcher Ausgaben beim Gyldendal Verlag, der inzwischen eine ausschließlich norwegische Zweigstelle seines Unternehmens in Kristiania eingerichtet hatte. Doch Hamsun hatte drei Familien zu unterhalten – Bergljot und Victoria, seine verwitwete Mutter in Hamarøy und sich und Marie – und spürte ständig den Druck des Geldes. Das war vermutlich einer der Hauptgründe dafür, daß er wieder ein Bühnenstück, sein letztes, schrieb: *Vom Teufel geholt.* Er vollendete es 1910 in Sollien, wo er mit Marie ein Haus gemietet hatte. Dort unterzogen sie sich auch der Mühe, zwei Kopien des Stücks herzustellen, damit es gleichzeitig ins Russische und ins Deutsche übersetzt werden konnte. Und um irgendwelcher Piraterie vorzubeugen, benutzte er für die russische Ausgabe das Pseudonym Menz Føyen.
Vom Teufel geholt sollte sich als das erfolgreichste seiner Schauspiele erweisen, künstlerisch wie finanziell. Die Premiere war am 16. November 1910 in Kristiania, und innerhalb von fünf Jahren erlebte es auch in Düsseldorf, München, Berlin und im Moskauer Künstlertheater erfolgreiche Aufführungen. In letzterem waren unter der Leitung von Stanislawski auch schon *Spiel des Lebens* und *An des Reiches Pforten* inszeniert worden. Das Moskauer Künstlertheater bewahrte sich seine Begeisterung für das Stück

und führte es 1932 wieder auf. Auch in Deutschland und Skandinavien wurde es in regelmäßigen Abständen immer wieder einmal mit Erfolg gespielt. Das Stück zeichnet den zwielichtigen Lebensweg der einstmals schönen, nun aber alternden Varietésängerin Juliane nach. Sie betrügt ihren reichen Gatten mit Alexander Blumenschön, einem widerlichen jungen Mann, der sich beruflich für Antiquitäten interessiert, verliert ihn dann aber an eine Jüngere. Ihr sozialer Sturzflug treibt sie gegen Ende des Stücks in die Arme des achtzehnjährigen farbigen Dieners Boy, was heute vielleicht keine so undenkbare Tragödie mehr ist, wie sie es 1910 war. Wie in den anderen Stücken Hamsuns auch liegt seine Stärke eher im Dialog und seine Schwäche in der Handlung. Außerdem enthält es zu viele Hauptgestalten, so daß das Theaterpublikum überfordert ist, und Hamsuns Festhalten an der psychologischen Wahrhaftigkeit seiner Figuren macht sie darüber hinaus allzu ungewöhnlich. Doch das Bemühen, dramatisch und visuell zu denken, wirkte sich auch auf seine Erzähltechnik als Romancier aus, und so enthalten viele seiner späteren Romane Dialoge, die beinahe in der Form eines Bühnentextes abgefaßt sind, mit dem Namen des Sprechers, Doppelpunkt und in Klammern stehenden Anweisungen, wie die folgenden Worte zu sprechen sind.

Außer in Sollien, wo *Vom Teufel geholt* entstand, lebten die Hamsuns kurze Zeit auch in Elverum und Koppang. Sie zogen in Erwägung, sich in Elverum niederzulassen, wo Marie als Kind gelebt hatte, mieteten sich dort ein Haus und schafften die ganzen herrlichen Regency-Möbel hinein, die sie sich seit ihrer Heirat angeschafft und in Kristiania untergestellt hatten. Doch seit einigen Jahren ließ Hamsun der Gedanke nicht los, wieder in seine eigene alte Heimat Hamarøy zu gehen und endgültig dort zu bleiben. Während seines Aufenthalts dort im Frühjahr 1900 hatte er versucht, den ehemaligen Hof des Vaters zurückzuerwerben, aber vergebens.[26] Und seit 1908 stand er wieder in brieflicher Verbindung mit seinem Jugendfreund Georg Olsen, der zu Hause geblieben und ein bedeutender Mann auf Hamarøy geworden war – Dampfschiffagent, Postmeister, Bauer und Besitzer einer kleinen Pension. Georg sollte ihn informieren, wenn etwas Geeignetes angeboten würde. Ende Februar schrieb er ihm, daß der Hof Skogheim zu verkaufen sei und er glaube, daß das genau das wäre, was Hamsun suchte. Sofort fuhr das Paar hin. Mit dem Zug nach Trondheim, mit der Fähre nach Bodø und dann mit dem Dampfer nach Presteid. Über Nacht blieben sie in Georg Olsens Pension in Skautnes und gingen sich am nächsten Tag mit ihm Skogheim ansehen.

Das war Anfang März. Es lag noch tiefer Schnee, der Fjord war zugefroren und die zerklüfteten Berge von Hamarøy den größten Teil von Nacht und Tag in arktische Finsternis gehüllt. Das Haus befand sich inmitten der Siedlung Opeide, gerade eine Stunde zu Fuß von dem abgelegenen Hof Hamsund, auf dem der Knabe Pedersen jene fünf glücklichen Jahre von 1863 bis 1868 verbracht hatte, nach dem Umzug aus dem Gudbransdal und bevor er zu seinem Onkel geschickt wurde. Der Fluß Glimma, der ihn ein paarmal mit der Aussicht auf ewige Erlösung von dem elenden Leben bei Hans Olsen in Versuchung geführt hatte, ergoß sich direkt zu Füßen Skogheims ins Meer. Zehn Minuten in Richtung Presteid lag der Friedhof, wo er als Junge »zwischen Kreuzen und Grabsteinen herum(wanderte), träumte, dachte und mich laut mit mir selber (unterhielt)«, wie er in seiner Erzählung *Ein Gespenst* schrieb. Was es ihm doch bedeutet haben muß, dahin zurückzukehren und alle seine alten Freunde und alle Leute, die sich an ihn erinnerten, in Erstaunen zu versetzen! Mit nichts als einem scharfen Verstand und in Verfolgung seines Traums von literarischem Erfolg im Alter von vierzehn Jahren von zu Hause weggegangen zu sein und nun als weltberühmter Schriftsteller, reich und mit einer hübschen, jungen Frau zurückzukehren und sich mitten im Dorf, unmittelbar an der Hauptstraße einen Hof zu kaufen!

Für die Leute hatte es vermutlich den Anschein, als habe er bewiesen, daß es wirklich möglich war. Jemand – irgend jemand – konnte in die Welt hinausgehen, einfach auf sich und auf Gott vertrauen und so tun, als fürchte er sich vor ganz und gar nichts. Zweimal nach Amerika gehen, beide Male als Versager zurückkehren und doch nicht geschlagen sein. Nach Frankreich und Deutschland gehen und nach Kopenhagen und Kristiania, mitten hinein ins Leben der Stadt, sich als Autodidakt Wissen aneignen und dann Bücher schreiben, die mehr zurückgeben, als er sich im Laufe von zehn solchen Leben hätte aneignen können. Und dann nach Hause zurückkehren, ungebrochen, unverdorben, nichts vergessen, mit einfachem, aufrichtigem Herzen wie immer. Hamsun hatte es geschafft. Er war ein König – so schrieben die Zeitungen. Er war diesen ganzen Weg gegangen und zurückgekehrt und hatte damit ein Märchen wahr gemacht. Sie kauften den Hof Skogheim noch am gleichen Tag, an dem sie ihn sich angesehen hatten. Für 6000 Kronen.

Eine Karikatur aus dem Jahr 1910 anläßlich Hamsuns fünfzigstem Geburtstag. In Wirklichkeit war er einundfünfzig. 1890 hatte er sich um ein Jahr jünger gemacht. Die Liliputaner, die ihm aufwarten, sind zeitgenössische norwegische Schriftsteller. Die Karikatur läßt deutlich erkennen, wie gewisse Teile der norwegischen Presse Hamsun vergötterten und ihn, mit letzten Endes verheerenden Folgen, drängten, die Funktion des nationalen Wortführers zu übernehmen, die durch den Tod Bjørnstjerne Bjørnsons unbesetzt war.

12

1911–1918:
Heirat und Rückkehr zu den Ursprüngen: Die *Segelfoß*-Bücher und *Segen der Erde*

Marie blieb in Elverum zurück und kümmerte sich ums Einpacken, während Hamsun schon vorausfuhr und das neuerworbene Haus renovierte, die Zimmer ausmaß und Teppiche und Tapeten und neue Balken für das Dach bestellte. Jeder sollte sein eigenes Schlafzimmer haben, eine Praxis, auf der Hamsun sein Leben lang bestand, denn er wachte oft mitten in der Nacht mit irgendwelchen Gedanken auf, die er dann auch immer gleich niederschreiben wollte. Brieflich fragte er bei seiner Frau an, welche Farbe sie für sein Zimmer am geeignetsten fände:

> Ich habe eine Tapete für das Wohnzimmer gefunden (wenn neun Rollen genug sind), fürs Eßzimmer, für mein Arbeitszimmer und Dein Schlafzimmer (ein schönes Rot); aber ich finde nichts für mein Schlafzimmer. Dazu braucht es nicht viel, denn ich will versuchen, Dein Zimmer auf Kosten des meinen etwas zu vergrößern; aber eine etwas vernünftigere Farbe müßte ich schon haben. Etwas gelblich zum Beispiel, was meinst Du dazu? Es soll sich von Deinem abheben, das rot ist. Grün haben wir sowohl im Eßzimmer wie in meinem Arbeitszimmer, also vielleicht etwas Gelbes oder Blaues?

Kurz darauf kam auch Marie und brachte die Uhren, das Klavier und die Gemälde mit. Sie richteten sich ein und wurden Bauern. Sie übernahmen die drei Kühe ihres Vorgängers und kauften sich noch eine von Hamsuns Bruder Ole dazu, der ebenfalls in dem Dorf lebte, verheiratet war, Kinder hatte und sich seinen Lebensunterhalt als Schuhmacher verdiente. Die Kühe waren miserable Milchlieferanten, doch die Hamsuns liebten sie. Sie hielten sich ein Schwein für den traditionellen norwegischen Weihnachtsbraten und bauten Rüben, Möhren und Kartoffeln an. Hamsun streckte auch die Fühler aus nach einem billigen, gebrauchten Auto – 1901 hatte er sich in Belgien eines gemietet und war begeistert gewesen –, doch die Angebote, die er vom Händler in Kristiania erhielt, waren alle zu teuer, und schließlich entschieden sie sich für ein Pferd. Freunde in Kristiania besorgten ihnen einen leichten Pferdewagen und schickten ihn per Schiff nach dem Norden.

In Hamsuns kindlichem Verlangen, als »bedeutender Mann« in seine ursprüngliche Heimat zu gehen, steckte etwas vom Wesen Benonis, doch das Hamarøy, zu dem er jetzt zurückkehrte, war längst nicht mehr dasselbe. Sein Vater war tot und die Mutter alt und fast völlig taub. Hans Olsen war 1890 gestorben, und sein Haus, das Haus, in dem Hamsun zum erstenmal erfahren hatte, wie rauh es in der Welt zugeht, wurde 1914 abgerissen.* Die meisten seiner Freunde aus der Kinderzeit waren entweder verstorben, in die Stadt gezogen oder nach Amerika ausgewandert. Georg Olsen war natürlich noch da, und er besuchte auch oft seinen Lieblingsbruder Ole, den Schuhmacher, der genügsam und gleichmütig war, fleißig arbeitete, vom Leben wenig verlangte und zufrieden war. Vielleicht fand er in seinem älteren Bruder jene Eigenschaften, die er durch seinen Vater schätzengelernt hatte, und sah darin einen angenehmen Kontrast zu seinem eigenen Ehrgeiz und seiner Ruhelosigkeit. Ole hatte aber auch stoisch sein müssen: Er und seine Frau Stine hatten alle ihre fünf Kinder durch Tuberkulose verloren.

Die Hamsuns hatten ihre wahre Freude daran, durch ihrer Hände Arbeit das ziemlich heruntergewirtschaftete Anwesen in einen Musterhof zu verwandeln. Ihr Land lag nach Süden und fiel zum Fluß hin leicht ab, so daß der Schnee bei ihnen rasch verschwand. Nun erst sahen sie, wie uneben

* Seltsamerweise hatte Hamsun es kaufen wollen. Sein Angebot wurde aber überboten, sehr zur Erleichterung Maries.

und voller Steine ihr Grund und Boden war. Doch mit Hilfe einiger Arbeitskräfte, die sie sich nahmen, gelang es ihnen, das Land zu ebnen. In der Gemeinde hatte man wohl zuerst das Gefühl gehabt, das Paar würde nichts Gescheites zustande bringen, doch ihr Fleiß und ihre Tüchtigkeit, mit denen sie ans Werk gingen, ließen die Zweifler bald verstummen.[1] Was die werktätige Bevölkerung am Ort betraf, so entwickelten die Hamsuns ein ziemlich prekäres Verhältnis zu ihr. Hamsun hatte vermutlich gehofft, in bescheidenerem Maße die Rolle des »Matadors« spielen zu können wie Zahl von Kjerringøy oder Walsøe von Tranøy, doch die Tagelöhner, die auf Skogheim für ihn arbeiteten, gehörten einer Generation an, die nicht gewillt war, in die Rolle von Leibeigenen unter einem Patriarchen zu schlüpfen. Hamsun begriff das sehr wohl und versuchte, mit seinen Arbeitern diplomatisch umzugehen; doch die Ablehnung der alten Lebensformen wurde ihm zur Quelle tiefen Bedauerns und lieferte ihm die Hauptthemen für sein literarisches Schaffen hier auf Hamarøy. Ein Einheimischer, mit dem er sehr gut auskam, war ein exzentrischer alter Holzfäller und Gelegenheitsarbeiter, Marcelius Mollehaugen. Stundenlang konnten die beiden zusammensitzen und sich unterhalten.

Für den Kauf und die Rettung Skogheims war das ganze Geld, das das Paar besaß, draufgegangen. Hamsun hatte sogar beträchtliche Schulden, gegenüber Gyldendal zum Beispiel 10.000 Kronen.[2] Vom Beginn seiner literarischen Karriere an hatte er zwar stets über seine Verhältnisse gelebt, doch immer in dem festen Vertrauen, daß er sich jederzeit aus seinen Schulden herausschreiben konnte und noch mehr. »Ein Mensch lebt *für* das, *wovon* er lebt«, hatte er 1893 in Schweden gesagt[3] und damit eine Bemerkung bekräftigt, die er zu Beginn seiner anstrengenden Vortragsreise von 1891 gemacht hatte, nämlich daß die einzige Möglichkeit zu leben darin bestehe, »sich sein Brot im Schweiße seines Angesichts zu verdienen«. Erfolg und Anerkennung hatten dieser harten und stolzen Haltung nichts anhaben können, und so setzte er sich nun hin und schrieb sich wieder zahlungsfähig.

Der Roman, an dem er jetzt arbeitete, war *Die letzte Freude,* der letzte Teil seiner *Wanderer*-Trilogie, zu der außerdem *Unter Herbststernen* von 1906 und *Gedämpftes Saitenspiel* von 1909 gehören. Wie in den beiden ersten Bänden ist Hamsun auch in *Die letzte Freude* mit dem Erzähler Pedersen nahezu völlig identisch, um so die Wirkung einer verstörenden Unmittelbarkeit und Intimität zu erreichen. Es bestehen aber auch gewaltige Unterschiede zwischen diesem und den beiden anderen Romanen.
Die ersten drei Kapitel des Romans waren in der Tat schon sechs Jahre früher, 1906, entstanden, im Jahr der Trennung Hamsuns von Bergljot. Die ersten Zeilen deuten darauf hin, daß es sich ursprünglich um den Versuch handelte, die Stimmung wieder zu treffen, die die beiden anderen *Wanderer*-Bücher schon erfolgreich eingefangen hatten – ein melancholisches Sichzurückziehen von der Welt, ein beinahe asiatischer Quietismus:

> Nun bin ich in die Wälder gegangen.
> Nicht daß mich etwas gekränkt oder die Bosheit der Menschen mich besonders verletzt hätte; aber wenn die Wälder nicht zu mir kommen, muß ich zu ihnen gehen. So ist es.
> Diesmal bin ich nicht als Knecht und Vagabund ausgezogen. Ich bin reich an Geld und überernährt, schlaff von Erfolg, von Glück, verstehst du? Ich verließ die Welt, wie ein Sultan üppiges Essen, Harem und Blumen verläßt und das härene Gewand umtut.
> Ich könnte vielleicht auch etwas mehr Wesens davon machen. Denn ich werde hier umherwandern und denken und große Eisen zum Glühen bringen. Nietzsche hätte sicher so gesprochen: Das letzte Wort, das ich zu den Menschen sagte, fand ihre Zustimmung, die Menschen nickten. Das aber war mein letztes Wort, ich ging in die Wälder. Denn da begriff ich, daß ich entweder etwas Unehrliches oder etwas Dummes gesagt hatte ...
> Ich sprach mich nicht in diesem Sinne aus, sondern ging nur in die Wälder.

Kurz darauf ändert sich der Ton, und der nichtsahnende Leser findet sich plötzlich direkt angesprochen:

Du hast dein Heim in der Stadt, jawohl, und du hast es mit Nippes und Bildern und Büchern ausgestattet; aber du hast Frau und Dienstmädchen und hundert Ausgaben. Und im Wachen und im Schlafen mußt du mit den Dingen um die Wette laufen und hast niemals Frieden. Ich habe Frieden. Behalte du deine geistigen Güter und die Bücher und Kunst und Zeitungen, behalte auch deine Caféhäuser und deinen Whisky, von dem mir nur jedesmal schlecht wird. Hier durchstreife ich die Wälder, und es geht mir gut. Stellst du mir geistige Fragen und willst mich in die Enge treiben, so antwortete ich etwa nur, daß Gott der Ursprung ist und daß die Menschen wahrlich nur Pünktchen und Fasern im Universum sind. Weiter bist du auch nicht gekommen. Gehst du aber so weit, mich zu fragen, was die Ewigkeit ist, so bin ich auch hierin an derselben Stelle angelangt wie du und antworte: Ewigkeit ist nur ungeschaffene Zeit, vollkommen ungeschaffene Zeit. Kleiner Freund, komm her, dann will ich einen Spiegel aus der Tasche nehmen und dir einen Sonnenfleck ins Gesicht setzen und dich beleuchten, kleiner Freund.

Die letzte Freude mag als Hamsuns erster umfangreicher Versuch angesehen werden, die Rolle des Gewissens der Nation zu übernehmen, als sein erstes größeres Werk als inoffizieller Poeta laureatus, als eine Art »Zustandsroman« geschrieben, wie er im Epilog zu erkennen gibt:

An dich, den neuen Geist in Norwegen! Ich habe dies während einer Pest um einer Pest willen geschrieben. Ich kann die Pest nicht aufhalten, nein, sie ist jetzt unüberwindlich, sie haust unter nationalem Schutz und unter Tararabomdeay. Aber einmal wird sie haltmachen. Inzwischen arbeite ich ihr entgegen, so gut ich kann, du tust das Gegenteil.

Der Ton humorloser Verachtung, den Hamsun anschlägt, zeigt, wie wenig geeignet er in Wirklichkeit war, das nationale Gewissen zu verkörpern. Im Verlaufe des Romans attackiert er praktisch jeden Aspekt des modernen Lebens in Norwegen: den Aufstieg von Karrieretheologen, die Zunahme des Fremdenverkehrs, die veränderte Stellung der Frauen, die Verbesserung der Schulbildung, während die Handlung selbst sich auf das Schicksal einer rastlosen jungen Frau bezieht, der siebenundzwanzigjährigen Ingeborg Torsen, die Lehrerin ist wie einst Marie Hamsun. Der Erzähler, ein alternder, wohlhabender Mann wie Hamsun, verliebt sich in sie; doch nun wird die Kluft, die sich in den früheren *Wanderer*-Büchern zwischen dem Erzähler und den Gestalten um ihn herum aufgetan hatte, unmöglich weit, und die Liebe ist ganz und gar platonisch. Im Grunde ist es die desinteressierte Liebe eines Autors für eine seiner Figuren. Er setzt Ingeborg verschiedenen Kümmernissen aus, wie zum Beispiel einem gescheiterten Verhältnis zu einem Schauspieler – so wie Marie Hamsun eines gehabt hatte –, bevor er sie zu ihrem Glück in die Arme des mannhaften Bauern Nikolai lenkt. Das Paar zieht in Nikolais Heimat im Norden Norwegens, läßt sich dort nieder, betreibt Landwirtschaft und zieht Kinder groß, wiederum genau wie Knut und Marie Hamsun. Als Fabel bietet das kaum mehr Substanz als die vage Entwicklung persönlicher Beziehungen, die die ersten beiden *Wanderer*-Bücher zusammenhält. Doch während in den früheren Romanen Hamsuns mächtiger erzählerischer Reiz und die umwerfende Art seines Jähzorns leicht das Gefühl wettmachen, daß in Wirklichkeit gar nicht viel passiert, besitzt *Die letzte Freude* nichts vom diesem Zauber, was zur Folge hat, daß dieses Buch – zusammen mit *Redakteur Lynge* – sein wohl schlechtestes ist.

Die letzte Freude war, zu Maries großer Erleichterung, Hamsuns letzter in Ich-Form geschriebener Roman. Schon solange sie zusammen waren, hatte sie sie gefürchtet. Sie konnte nicht verstehen, wieso er sich immer wieder literarisch auf schmerzliche Weise von seiner Vergangenheit verabschiedete, und das mitten in dem Glücksgefühl, in sie verliebt zu sein. Außerdem bekümmerte sie, daß Hamsuns Ich-Erzähler immer vollständig mit ihm identisch waren. Im ersten der beiden Memoirenbände, die sie über ihr Leben mit ihm schrieb, berichtete sie den folgenden Wortwechsel zwischen ihnen, der sich ergab, als sie ihm half, die Korrekturfahnen von *Gedämpftes Saitenspiel* zu lesen:

> »Und hier hast du nun plötzlich diese Ragnhild auf den Knien! Kannst du das nicht streichen?«
> »Wer hat sie auf den Knien, ich?« fragte er lachend.
> »Ja, natürlich du. Glaubst du denn nicht, daß jeder meint, du seist es, der hier von sich erzählt, wenn du in dieser Ichform schreibst?«
> Aber das nächste Mal, zwei Jahre später, ging es wieder um einen Roman in der Ichform. Und ich regte mich wieder auf. Er tröstete mich damit, daß es der letzte dieser Art sein sollte.[4]

Marie gelang es, Hamsun in bezug auf *Die letzte Freude* zu beeinflussen: Sie erhob Einspruch gegen das schwerere Schicksal, dem Ingeborg in einer früheren Fassung des Romans offenbar begegnet war, und erreichte, daß sie in der veröffentlichten Version ein etwas leichteres hatte. Einfluß auf das Buch nahm sie sogar damit, daß sie schwanger wurde und im März 1912 ihr erstes Kind, Tore, zur Welt brachte. Hamsun, der Erzähler, hatte die letzte Freude ursprünglich so beschrieben: »sich von der Welt zurückziehen und ganz allein im Wald zu sitzen, von einer Menge gütigem Dunkel umgeben«, doch gegen Ende des Buches war er zu einer ganz anderen Ansicht gekommen: »Kinder? Das reine Wunder! Und wenn das Alter kommt – die einzige Freude, die letzte Freude.«
Rasch hintereinander bekamen die Hamsuns noch drei Kinder: 1914 noch einen Sohn – Arild, 1915 eine Tochter – Ellinor, und 1917 noch eine Tochter – Cecilia. Die Vaterfreuden waren einige der wenigen vorbehaltlosen Freuden in Hamsuns Leben peinlich gleichmütiger Zufriedenheit. Dennoch

kam das Schreiben immer an erster Stelle, und in jedem der sechs Jahre, die die Familie Hamsun auf Hamarøy lebte, war er mindestens drei Monate von zu Hause weg, manchmal sogar noch länger, wenn er zum Beispiel mit einem neuen Roman begann. Die Prozedur war immer die gleiche: Wenn der Roman in seinem Kopf entstand, türmten sich die kleinen Papierstapel – für jede Figur einer – auf dem primitiven Schreibtisch in seinem Arbeitszimmer, der aus ein paar auf zwei Holzböcke genagelten Brettern bestand, sorgfältig mit Packpapier abgedeckt, damit er sich die Ärmel nicht zerriß. Vorbereitungen dieser Art waren einfach, die Probleme ergaben sich erst, wenn er tatsächlich mit dem Schreiben beginnen wollte. Er versuchte es in Skogheim, doch die Verlockungen der Landarbeit und die Versuchung, sich für die praktische Seite des Führens eines Bauernhofs zu interessieren, waren zu stark für ihn, und so packte er unweigerlich alle seine Notizen und Schreibutensilien in einen Koffer und fuhr davon, die Verantwortung für den Hof hinter sich lassend.

Er probierte verschiedene Orte aus. Für *Die letzte Freude* ging er nach Sortland auf einer der äußeren Lofot-Inseln und stieg in der Pension der Familie Ellingsen ab. Einmal kam Marie mit dem Fährschiff herüber, um ihm mitzuteilen, daß in dieser Pension sehr viele Frauen wohnten. Nun wendete sich das Blatt, jetzt wurde sie eifersüchtig. Darum ging er nach Saltdalen, einem entlegenen Bauernhof nicht weit von der schwedischen Grenze. Für die Arbeit an seinem Roman von 1913, *Kinder ihrer Zeit,* suchte er sich wiederum abgelegene Gehöfte aus und verbrachte zum Beispiel drei Monate in Bardu, wo er Temperaturen von bis zu minus 39 Grad Celsius trotzte und mit Konserven auskommen mußte – wie auch mit Fahrrädern, einem der typischen Objekte seines Hasses gegenüber dem modernen Leben und dem »Fortschritt«. Im gleichen Jahr ging er auch noch nach Kråkmo am Sagfjord und ins Grand Hotel in Bodø, der Stadt, in der seine ersten literarischen Werke mehr als dreißig Jahre zuvor entstanden waren.

Er fand, daß er in diesem Hotel gut arbeiten konnte, und benutzte es daher häufig. Das Problem, von Nachbarn gestört zu werden, löste er damit, daß er drei nebeneinanderliegende Zimmer im obersten Stock mietete, sich in das mittlere zur Arbeit setzte und die beiden anderen leer stehen ließ. Hier hatte er eine der zehnstündigen Sitzungen, deren Ergebnisse er sein ganzes Leben lang so sehr schätzte. Er liebte die Spontaneität und Leidenschaft dieser geistigen Ergüsse. Ein paar solche Sitzungen waren die Wochen wert, die er auf sie gewartet hatte. Nach Hause schrieb er:

> Nur einen kleinen Zettel an Dich, mein liebe Marie. Und verzeih mir, daß ich Dir bei unserem letzten Telephongespräch weh getan habe, als ich sagte, Du hättest so eine ersterbende Stimme. Du hast es freilich nicht leicht mit Deinem vollkommen hysterischen Mann. Aber ich liebe Dich und schreie nach Dir und nur nach Dir in der Welt. Bin heute früh erst um fünf Uhr eingeschlafen und fühle mich jetzt recht niedergeschlagen, ach, aber weißt Du, ich bin so froh, ich komme mir wie ein Held vor, denn ich habe gestern und heute mehr geschrieben als je in allen diesen Monaten. Gestern habe ich sicher an die zehn Stunden gearbeitet, und meine Hand zittert heute beträchtlich.[5]

Der junge Schriftsteller Johannes in *Victoria* schildert einen solchen Ausbruch göttlicher Inspiration, und Willatz Holmsen IV., der Komponist in Hamsuns Roman von 1915, *Die Stadt Segelfoß*, erfährt ebenfalls in solchen Rauschzuständen echte Inspiration für seine Oper.

Diese längeren Abwesenheiten von zu Hause waren für Hamsun notwendig. Er mußte sich frei fühlen von der Verantwortung für den Hof, und er mußte sich sicher sein, daß er von den Kindern nicht gestört würde – nicht so sehr, weil er deren Aufmerksamkeit nicht mochte, sondern weil er sie zu sehr liebte. Er war ein liebender und nachsichtiger Vater und konnte seine Kinder nicht schreien hören, ohne hinzugehen und sie auf den Arm zu nehmen. Aber unter seiner Abwesenheit wiederum litten sie alle, und er vermißte die

Kinder. Aus einer anderen Einsiedelei auf den Lofoten, von Harstad aus, schrieb er an Marie:

> Du mußt Tore ausrichten, daß ich ihn lieb habe und viel an ihn denke. Der arme Tore, es tut mir jetzt leid, daß ich nicht seine Bücher jedesmal anguckte, wenn er mich darum bat. Ich habe es schon oft getan, aber nicht jedesmal, wenn er mich bat. Ich wüßte gern, ob ihm das wehgetan hat. Jetzt hat er es sicher vergessen. Sag ihm, ich bringe ihm etwas mit, wenn ich komme. Aber ich kann noch nicht kommen. Papa muß jetzt schreiben und arbeiten und fleißig sein. Und Arild mußt Du streicheln von mir. Ich sehe ihn so deutlich vor mir auf dem Fell am Boden. Ja, ein runderes Kerlchen gibt es wohl nicht. Und so hübsch, wie Lulle ist. Und auch Tore. Und Du auch. Und Dich küsse ich und bin Dein.[6]

Bisweilen war Marie ob ihres unregelmäßigen Beisammenseins verzweifelt. Während eines seiner Aufenthalte in Bodø schrieb sie ihm:

> Ich möchte wissen, ob Du überhaupt Ruhe zum Schreiben findest dort in Bodø? Ach, wenn es hier zu Hause eine Möglichkeit für Dich gäbe! Falls es besser werden könnte, wenn ich mir eine Hand abhackte, dann würde ich das weiß Gott tun. Ich möchte nichts lieber auf der Welt, als Dich hier haben, und alles sollte gut sein, aber ich habe so oft versucht, Dir Deinen Willen zu tun, doch Du hast mich nie leiden können. Das ist von Anfang an so gewesen. Irgend etwas an mir war verkehrt, und dann habe ich versucht, mich zu ändern, und dann war wieder etwas anderes verkehrt ...
> Du mußt daran denken, Tore eine Karte oder einen Brief zu schreiben oder ihn am 6. März, seinem Geburtstag, anzurufen. Und leb wohl, mein Geliebter, den ich so sehr vermisse und nach dem ich mich immer sehne. Die Eifersucht plagt mich arg, weil Du immer fort bist und ich hier allein ...[7]

Als sie in einem ihrer Briefe schrieb: »Die Kleinen vermissen Dich übrigens nicht besonders«, betrübte ihn das zutiefst, und sie mußte es ausführlich begründen. Sie versuchten, das Problem zu lösen, indem sie im Sommer 1916 abseits vom Gehöft eine kleine Hütte bauten, in der Hamsun schreiben konnte, aber wie sich herausstellte, sollte er wenig Verwendung für sie haben.

Die zwei Bücher, an denen Hamsun in diesen Jahren ständig arbeitete, waren *Kinder ihrer Zeit* und die Fortsetzung davon, *Die Stadt Segelfoß*. Sie stellen den endgültigen Beginn der letzten langen Phase von Hamsuns Schriftstellerdasein dar, eine Periode, die dreiundzwanzig Jahre und neun Romane umfaßt. Alle diese Romane sind in der dritten Person abgefaßt, alle erhalten eine umfangreiche Zahl an Figuren, und alle sind sie mehr oder weniger didaktisch. Sie sind von herkömmlicher Form, man möchte fast sagen Dickensscher Art,* und gleichen in vieler Hinsicht jener Art von Romanen, die er in seinen Vorträgen von 1891 so heftig kritisiert hatte, indirekt auch in seiner Wahl der Form für *Hunger* und offen in den Ansichten der Hauptgestalt von *Mysterien*, Nagel.

Für diejenigen Leser, die unmittelbar von der Intensität und der ehrlichen, verwirrten Leidenschaft der großen Romane der 1890er Jahre zu den Werken, die Hamsun im reiferen Alter geschrieben hat, kommen, ist das ein beunruhigendes Erlebnis. Der Unterschied liegt nicht so sehr in Äußerlichkeiten des Stoffes – er schrieb schließlich immer noch über Menschen – als vielmehr in der geänderten Erzählhaltung. Der Autor, der leicht zu identifizierende junge Mann mit einer Manie für vorsichtige Bekenntnisse, Knut Hamsun unter dem Namen Andreas Tangen in *Hunger*, Johan Nagel in *Mysterien*, Thomas Glahn in *Pan*, Johannes in *Victoria*, scheint von der Bildfläche verschwunden und durch einen fernen, leicht ironischen Gott ersetzt worden zu sein, der

* Unter den Büchern, die er las, als er versuchte, mit *Kinder ihrer Zeit* zu beginnen, befand sich auch David Copperfield.

die Vorgänge auf einem fernen Planeten schildert, der an einem Nachmittag zufällig seine Aufmerksamkeit erregt hat. Es ist, als ob Mark Twains geheimnisvoller Fremder begonnen hätte, Romane zu schreiben, statt Spielzeugstädte aus Lehm zu bauen, die von lebenden menschlichen Puppen bewohnt sind. Doch das ist nicht durchweg der Fall. Der Mann Hamsun, dessen überspitzte Wiedergabe seiner ungewöhnlichen Persönlichkeit in vielfältiger Weise die Stärke seiner frühen Werke ausmacht, ist in diesen Romanen immer noch lebendig vorhanden, nicht als leicht zu identifizierendes Individuum, aber aufgeteilt auf hundert Gestalten. Zwischen sich formen sie das Bild eines Mannes in faszinierter und angeregter Debatte mit sich selbst über die Natur und den Sinn des Lebens, seine Tiefgründigkeiten und, ebenso wichtig, seine Trivialitäten. Bisweilen schreibt er, als wüßte er die Antworten, aber genausooft endet seine Diskussion in ehrlicher Verwirrung über alles.
Diese späteren Werke sind nach keiner echten Fabel aufgebaut. Wie erfolgreiche Fernsehserien rollen sie von Begebenheit zu Begebenheit mit einer mühelosen Natürlichkeit, die über die Qualen hinwegtäuscht, die sie Hamsun gekostet hat, unendlich einfallsreich, selten langweilig, oftmals lustig und erfüllt von jener geheimnisvollen Mischung scharfer menschlicher Intelligenz, sinnlicher Anmut und ungezwungener Naivität, die das Kennzeichen für Hamsuns literarische Individualität ist.
In diesen Romanen gibt es aber auch keine echten Helden, Helden im Sinne von »geschützter Spezies«. Alle werden sie von ihrem Schöpfer mindestens einmal niedergeschossen, manche mit mehr Bedauern als andere, aber niedergeschossen werden dennoch alle, und zwar alle mit der lebenden Munition menschlicher Gebrechlichkeit. Es sind leicht zugängliche Romane, die Hamsun vermutlich absichtlich so konzipiert hatte, denn einer der wichtigsten Gründe, aus denen er weiterhin schrieb, war, viel Geld zu verdienen. Mit der Veröffentlichung der *Segelfoß*-Bücher reihte er sich ein unter die Bestseller-Autoren wie sein Freund Gustav Frenssen in Deutschland und seine Bewunderer John Galsworthy

und H. G. Wells in England. Doch auch der Erfolg mit dem neuen Stil ließ intellektuell respektable Bewunderer nicht von ihm abfallen – Thomas Mann und Hermann Hesse lasen ihn weiterhin mit Begeisterung, Ernest Hemingway und Franz Kafka unterschieden nicht zu sehr zwischen dem frühen und dem späten Hamsun, und seine zahlreichen Bewunderer in Rußland, allen voran Maxim Gorki, bejubelten ihn weiterhin als Meister.

Den ersten *Segelfoß*-Roman, *Kinder ihrer Zeit*, bezeichnete Hamsun als einen Roman über »das Problem Aristokratie gegen Bauern oder umgekehrt ...«.[8] Segelfoß selbst war »oppkomlingby«, die Stadt der Emporkömmlinge. Der Roman verfolgt das Schicksal zweier reicher Männer. Einer ist der geborene Aristokrat, Willatz Holmsen, Herr auf Segelfoß, einem nordländischen Gut an der Küste irgendwo in der Nähe von Sirilund in *Benoni* und *Rosa*. Der andere ist ebenfalls von dort; geboren als armer Bauer, ist er in die Welt hinausgezogen und hat in Mexiko sein Glück gemacht. Zu Beginn des Romans kehrt er nun in seine alte Heimat zurück, eine sagenhafte, mysteriöse Gestalt, die nach Hause kommt und ihre Ursprünge wiederfindet. Hamsun liebte diese Geschichte – es war ja schließlich seine eigene –, und so ist seine Sympathie für Tobias Holmengraa unverkennbar. Doch der Aristokrat Willatz Holmsen hat in gleichem Maße nachweisbare Ähnlichkeiten mit Hamsun. Der Name enthält einen schwachen Widerhall seines eigenen, er ist mit einer viel jüngeren Frau verheiratet, ist stolz bis zum Clownhaften, ist pantheistisch, und wie Hamsun ist er dem Patiencelegen ergeben. Zu Beginn des Romans sonnt sich Segelfoß in der letzten Stunde des Sonnenuntergangs des späten Mittelalters. Holmsen ist der feudale Großgrundbesitzer, der ohne Mühe über die Leute gebietet und ohne Mühe respektiert wird. Er verkauft ein Stück Land an den heimgekehrten Holmengraa, und auf dieses Land baut Holmengraa eine große neue Mühle, so daß das Getreide am Ort gemahlen und auf die Zwischenhändler aus Bergen verzichtet werden kann. Daraus entwickelt sich sein Unternehmen. Er baut

eine Landungsbrücke, damit größere Schiffe anlegen und so seine Handelskontakte mit der Außenwelt erleichtert werden können. Und wie sich Segelfoß von einer feudalistischen in eine industrielle Gesellschaft wandelt, richtet es sich ein eigenes Postamt ein, einen Telegraphendienst und eine eigene Bäckerei. Holmengraas geschäftlicher Erfolg und die Tatsache, daß er nun der große Arbeitgeber des Ortes ist, macht ihn zu einer ökonomischen Macht in Segelfoß. Im Laufe der Zeit wird er ein Mann, der sich – beinahe – mit Holmsen messen kann. Doch er bewahrt sich sorgsam seinen Respekt für Holmsen, sogar als dieser auf sein Wohlwollen angewiesen ist, falls er weiter seinen aristokratischen Lebensstil führen und seine Verpflichtungen einhalten will. Sein Sohn Willatz IV. zum Beispiel erhält eine höhere Ausbildung in England und Deutschland. Der Aristokrat Holmsen produziert jedoch nichts. Nur durch den Verkauf seines Landes, seines Flusses und seines Holzes an Holmengraa kann er den Schein wahren.
Sein Sohn, zur Zeit Musikstudent in Deutschland, hat die ganze Großzügigkeit seines Vaters geerbt. Auf einer Versteigerung von Musikinstrumenten in Berlin kauft er einen Flügel für dessen Eigentümer zurück, den die Armut dazu gezwungen hatte, ihn zu versetzen, und bittet seinen Vater, ihm das Geld dazu zu schicken. Willatz wiederum muß zu Holmengraa gehen – doch auch der steckt in Schwierigkeiten, nachdem er sich bei einer Ladung Roggen verspekuliert hat, und so muß er Holmsen enttäuschen. Der alte Aristokrat erkennt schließlich, daß sein Familienbesitz in Wirklichkeit dem Kaufmann gehört. Von seiner Frau Adelheid, die vor einer Ehe geflohen war, die nichts weiter war als ein vertracktes Gespinst von Abgeschiedenheit und sexuellem Unbehagen, wird berichtet, sie sei bei einem Badeunfall in Deutschland ertrunken, wohin sie gereist war, um ihrem Sohn näher zu sein. Holmsen, wirtschaftlich am Ende und von den Leuten um ihn herum wegen des starren Klassensystems isoliert, beginnt allmählich, im Stil der Helden altisländischer Sagas, seine Angelegenheiten zu ordnen, ehe er stirbt. Um uns zu verstehen zu geben, daß Holmsen bald

stirbt, bedient sich Hamsun sogar einer Technik, die für diese altnordischen Heldenerzählungen typisch ist, indem er plötzlich ein abschließendes Bild von ihm vermittelt und bemerkt: »Er ahnte nicht, was seiner wartete.« Doch dann geschieht etwas Märchenhaftes. Bei Grabarbeiten im Garten findet Holmsen plötzlich einen großen Schatz, den sein Vater, Willatz II., vergraben hatte. Er reicht aus, um alle Schulden zu bezahlen und die Zukunft des Sohnes zu retten. Der Roman endet mit Holmsens Tod.

Seine Fortsetzung, *Die Stadt Segelfoß,* verfolgt das weitere soziale und ökonomische Schicksal der Bürger, ist aber ein düstereres und bittereres Buch als *Kinder ihrer Zeit* und spiegelt wohl Hamsuns Bedrücktheit über den Ausbruch des Krieges wider. Ihm geht es hauptsächlich darum, zu zeigen, wie sich die Macht in der Gesellschaft abwärtsbewegt. Von dem Autokraten Holmsen war sie auf den Diplomaten Holmengraa übergegangen; und nun geht sie auf den Demokraten Theodor paa Bua über, der den Laden des Ortes führt und die Leute mit allem möglichen modischen Unsinn – wie falschen Zähnen, Konserven und Konfektionsschuhen – versorgt, für den sie das bei Holmengraa verdiente Geld ausgeben können. Und Holmengraa seinerseits wird in diesem Roman von seiner Unfähigkeit geplagt, sich den nötigen Respekt bei seinen Arbeitern zu verschaffen, was für einen gebürtigen Aristokraten überhaupt keine Schwierigkeiten darstellt. Wie so viele von Hamsuns Figuren bekümmert ihn sehr, was die Leute von ihm denken. Zwei seiner Beschäftigten, Aslak und Konrad, pickt sich Hamsun heraus, um ein höchst unvorteilhaftes Porträt des »neuen Arbeiters«, des Industriearbeiters, des Tagelöhners, zu malen, der nur des Geldes wegen arbeitet und keinerlei persönliche Loyalität gegenüber seinem Arbeitgeber empfindet. Sie erniedrigen Holmengraa, indem sie offen über den Sinn seiner Anweisungen sprechen, ihn anzweifeln und ganz nach Lust oder Unlust ihre Arbeit verrichten. »So stolz auf ihr ungehobeltes Wesen«, sinniert Hamsun, »und doch nicht glücklich.« Mit verschiedenen Tricks versucht Holmengraa, die Arbeiter davon zu überzeugen, daß er geheime Reserven an Kraft und Autorität besitzt. So gibt er zum Beispiel vor, zu den Freimaurern gegangen zu sein, doch schließlich erkennt er, was seine wahre Bestimmung auf Erden gewesen ist. »Er war ja wahrhaftig nicht zum Herrn geboren, sondern dazu, zu kommen und zu gehen wie in einem Märchen.« Er ist sich deutlich des gesellschaftlichen Widerspruchs bewußt, den er repräsentiert, er weiß, daß er »ein Bauer und doch wieder kein Bauer« ist. Hamsun mag ihn, und geradeso, wie er Willatz Holmsen den von seinem Vater vergrabenen Schatz hat finden und damit alle Schulden begleichen lassen, ehe er starb, so gewährt er Holmengraa einen wunderbaren, mysteriösen Abgang. Auf einem großen Schiff, das der Kapitänssohn Felix von Südamerika nach Norwegen geführt hat, verläßt er Segelfoß. Holmengraas mexikanische Tochter Mariane ist einverstanden, Willatz Holmsens Sohn, der nach seiner Ausbildung in Deutschland jetzt ein berühmter Komponist ist, zu heiraten. Die Nachricht von der bevorstehenden Heirat trifft den Ladenbesitzer Theodor wie ein Schlag; wie der junge Hamsun war auch er von einer sozial höher stehenden Frau fasziniert und hatte verzweifelt versucht, Mariane für sich zu gewinnen.

Die zweite Hälfte des Romans konzentriert sich immer stärker auf Theodor, nach Hamsuns Theorie dem nächsten Inhaber der Macht auf ihrem Weg nach unten. Eigentlich sollte Hamsun ihn nicht mögen, doch je mehr er über ihn schreibt, desto mehr erwärmt er sich für ihn, trotz der im Grunde sinnlosen Weise, in der Theodor seinen Reichtum anhäuft. An der einen oder anderen Stelle im Roman berührt Hamsuns Menschlichkeit faktisch jede einzelne Figur, selbst die Arbeiter Aslak und Konrad, ja sogar die Vertreter der Klasse, die Hamsun am meisten verhaßt war, die höheren Berufsstände wie Ärzte und Rechtsanwälte, die von Holmengraas Unternehmen, aus Segelfoß eine moderne Stadt zu machen, angezogen worden waren. Seine Lieblingsgestalt ist allem Anschein nach jedoch der dem Alkohol verfallene Telegraphist Baardsen, der nicht trinkt, »um es besser zu bekommen, sondern um es auch weiter gut zu haben«. Er ist eine Art Künstler, der Cello spielt, wenn man ihn dazu überreden kann, und wie Gerüchte verkünden, soll er einst ein erfolgloser Stückeschreiber gewesen sein. Wie Geißler in *Segen der Erde* ist er eine Figur, die man irgendwie mit der Vorsehung gleichsetzen könnte, ein Mann, der aus dem Nichts heraus eine Party entstehen lassen konnte, indem er zur rechten Zeit eine Flasche Whisky zur Hand hatte. Er ist ein intelligenter und sensibler, stolzer und großmütiger Mensch. Mit seinem Tod beschließt Hamsun den Roman. Baardsen ist ein geistiger Aristokrat, der »eine angeborene Neigung zum Untergang« hat, die Art und Weise seines Sterbens setzt ihn mit dem gebürtigen Aristokraten Holmsen aus *Kinder ihrer Zeit* auf eine Stufe: All sein Geld gibt er dem bettelarmen alten Schuhmacher Nils, dem die neu entstandene Schuhindustrie das Geschäft verdorben hatte, und er schenkt ihm auch seine warmen Galoschen, ehe er fortgeht, um allein und unbemerkt zu sterben. Schon lange hatte er nicht mehr richtig gegessen und seinen Tod bereitwillig angenommen als unvermeidliche Konsequenz, in eine Gesellschaft und eine Zeit hineingeraten zu sein, die ihm ohne Bedeutung und Wert erschien.

Hamsun war fasziniert von solchen begabten, rätselhaften Versagern. Extremismus, Ungewöhnlichkeit eines Menschen jeglicher Art faszinierten ihn, und darum sind die sympathischsten Figuren in diesen beiden *Segelfoß*-Romanen diejenigen ganz oben und die ganz unten. Weniger interessant für ihn, aber immer noch reizvoll sind Gestalten, die sich im Umbruch befinden, wie Theodor. Am wenigsten interessant sind die in der Mitte, selbstzufriedene Angehörige der Intelligenz wie Doktor Muus und der Rechtsanwalt Rasch, die keinerlei Risiken eingehen und all ihr Streben darauf ausrichten, genau da zu bleiben, wo sie sind.

Nach begrenzten früheren Versuchen mit dem Genre wie *Schwärmer*, *Benoni* und *Rosa* zeigte Hamsun mit diesen zwei *Segelfoß*-Büchern, daß er mit der Epik und ihrer umfangreichen Zahl von Personen und ihren enormen Zeitspannen umgehen konnte wie ein Meister. Für einen Mann von über fünfzig war das eine beeindruckende Demonstration seines Bestrebens und seiner Fähigkeit, sich künstlerisch von einer neuen Seite zu zeigen. Gleichermaßen war es typisch für den im Grunde genommen widersprüchlichen Hamsun, daß die Sicht, die zu der Erneuerung führte, eine reaktionäre war.

Die journalistischen Beiträge, die Hamsun während seiner sechs Jahre auf Hamarøy produzierte, waren die wohl kontroversesten seiner gesamten journalistischen Laufbahn. Mit Ausbruch des Ersten Weltkrieges im Jahr 1914 geriet er, sehr zu seinem Verdruß und auf Kosten seiner Arbeit an *Die Stadt Segelfoß,* in eine ausgedehnte Pressedebatte mit einem norwegischen Akademiker, Professor Christen Collin. In der Debatte ging es hauptsächlich darum, daß Hamsun wünschte, Deutschland solle den Krieg gewinnen, und seine Opponenten für das Gegenteil eintraten. Hamsuns prodeutsche Einstellung sollte am Ende seines Lebens derart drastische Konsequenzen für ihn haben, daß an dieser Stelle vielleicht einmal versucht werden sollte, ihre Ursprünge aufzuzeigen wie auch die seiner gleichermaßen bedeutenden antienglischen Haltung.
Hamsuns Ruf als Nazi-Sympathisant beruht auf seinen Äußerungen und Verhaltensweisen während der dreißiger Jahre und der deutschen Okkupation Norwegens von 1940 bis 1945, doch sollte eine faire Beurteilung, mit welcher Leidenschaft er Nationalsozialist war, ebenfalls die Tatsache seiner schon lange bestehenden besonderen Einstellung zu Deutschland und England mit in Betracht ziehen.
Wie wir bereits gesehen haben, gelang Hamsun sein europäischer Durchbruch in Deutschland. Sofort war er als einer der bedeutendsten Schriftsteller Europas anerkannt, und bis zu seinem Erfolg in Skandinavien mit den *Segelfoß*-Büchern basierte seine finanzielle Sicherheit in erster Linie auf Tantiemen aus Deutschland. Das erste kritische Buch über ihn, Carl Morburgers Arbeit von 1910, war deutsch. Doch schon lange davor hatte er seine Bewunderung für die Deutschen zum Ausdruck gebracht. 1894, während Hamsun in Paris lebte, kam die Bezichtigung aus dem Jahre 1892, er habe mit einer Erzählung Dostojewski plagiiert, Langen

zu Gehör, und Hamsun war es leid, wiederum seinem neuen Geldgeber diese ganze Angelegenheit erklären zu müssen. Aus Verzweiflung über den, wie er meinte, neuerlichen Beweis für das Bestreben seiner Feinde unter den norwegischen Schriftstellerkollegen, seinen Ruf zu ruinieren, schrieb er:

> I wish I could leave Paris today and go to Germany and live there! I feel myself only as a Germanish soul, not as a Romanish, and these feelings are increasing the longer I remain here.
> (Ich wünschte, ich könnte noch heute Paris verlassen und nach Deutschland gehen und dort leben. Ich fühle mich nur als germanische Seele, nicht als romanische, und je länger ich hier bleibe, desto stärker wird dieses Gefühl.)[9]

Und wiederum, als die norwegische Regierung ihm 1898, unmittelbar vor seiner Heirat mit Bergljot, wegen der angeblich unmoralischen Erzählung *Stimme des Lebens* ein Reisestipendium nicht gewährt hatte, waren es Langen und die Deutschen, die ihm die finanzielle Sicherheit gaben, die er brauchte, um *Victoria* zu schreiben. Er schrieb an Langen und bedankte sich für den Aufruf im *Simplicissimus*, der ihn gerettet hatte:

> The Money was more than I hoped – far more; it shows that Germany is a great country; here I get almost nothing.
> (Das Geld war mehr, als ich erhofft hatte – weit mehr; das zeigt, daß Deutschland ein großartiges Land ist; hier erhalte ich so gut wie nichts.)[10]

Der Ausbruch des Krieges zwischen England und Deutschland 1914 brachte für alle Zeiten seine prodeutschen Gefühle zum Ausdruck. »Soweit ich mich erinnern kann«, schrieb er 1914 an den Verlag Langen,* »habe ich in all den Jahren, an die ich zurückdenken kann – lange vor dem

---

* Albert Langen starb 1909. Nach seinem Tod wurde der Verlag unter seinem Namen unter der Leitung von Korfitz Holm weitergeführt.

Krieg – deutschfreundlich geschrieben und geredet, denn ich bin Germane.«[11]
Andere Briefe an seinen deutschen Verleger enthalten zahlreiche Äußerungen der Unterstützung und Ermutigung. Und die Veröffentlichung eines dieser privaten Briefe im *Simplicissimus* war es, was Professor Collin veranlaßte, mit einem Artikel in der *Tidens Tegn* im November 1914 die Debatte in den norwegischen Zeitungen zu eröffnen. Collin war ein sehr belesener Literaturprofessor und bis zur Arroganz von sich und seiner Gelehrsamkeit überzeugt. Außerdem war er fähig, sich statistischen Materials mit verheerender Wirkung zu bedienen. Solche Leute schüchterten Hamsun immer wieder ein und ließen in ihm das Gefühl aufkommen, daß es seinem eigenen Wissen an Einheitlichkeit mangelte. Collin wollte wissen, was Hamsun gemeint habe, als er in seinem Brief schrieb, daß ein deutscher Sieg über England »eine natürliche Unvermeidlichkeit« sei. Hamsun erwiderte:

> Warum ist es nicht weniger als eine natürliche Unvermeidlichkeit, daß Deutschland eines Tages über England triumphieren wird? Die Deutschen, als das gesunde, blühende Volk, das sie sind, haben einen hohen Geburtenüberschuß, Deutschland braucht Kolonien.[12]

Im weiteren legte er dar, daß Deutschland nicht unbedingt bei dieser Gelegenheit den Krieg gewinnen müsse, versicherte aber, daß sein Sieg letztlich unvermeidlich wäre:

> Vielleicht nicht diesmal, nun da England von der halben Welt gegen Deutschland unterstützt wird, vielleicht noch lange nicht, es kommt darauf an; doch eines Tages wird Deutschland die Engländer zu Tode züchtigen, denn es ist eine Naturnotwendigkeit.
> Herr Professor Collin weiß das zweifellos besser. Doch ganz gleich, wieviel er oder ich darüber »wissen«, am Ende ist das eine Frage der Intuition und der Einsicht. Und wenn Herr Collin eine halbe Million Bücher mehr gelesen

hat als ich, hat hier meine Einsicht für mich einen größeren Wert als seine.

Die englische Entrüstung über das Schicksal der Belgier und die Zerstörung von Louvain wies Hamsun zurück, indem er sie als Scheinheiligkeit einer Nation bezeichnete, die 1882 die unverteidigte Stadt Alexandria bombardiert hatte. Voller Abscheu erwähnte er auch die Behandlung der Buren durch die Engländer und sagte, der einzige Grund, warum sie sich weigerten, Transvaal zu verlassen, sei der, daß es dort Gold- und Diamantenminen gab. Aus dem Gedächtnis zitierte er eine Zeile von Kipling über die Buren, die besagte, man solle »sie fertigmachen, diese Tiere«. Über den deutschen Militarismus zu reden sei Unsinn angesichts des englischen: »Der Brite hat nie auch nur einen Schritt ohne ihn getan.« Und was die Allianz zwischen den Engländern und den Russen betraf, einem Volk, das er sowohl wegen seiner Dichter als auch wegen seines persönlichen Kontaktes auf seinen Reisen im Jahre 1899 bewundert hatte, so sei das eine »unnatürliche Freundschaft«, die bald wieder enden würde. Doch trotz seiner starken Gefühle versuchte er, mit einer versöhnlichen Bemerkung zu schließen:

> In jedem Kriege hat man Sympathien und Antipathien, er hat seine, und ich habe meine. Lieber Gott, ich möchte mich doch nicht dümmer machen, als ich bin; ich bin England nicht nur für 1905 dankbar* und für ihre Verteidigung kleiner Nationen überhaupt, sondern auch für die tausend anderen Werte, die ohne England nie in den Besitz der Menschheit gelangt wären. Die zu erwähnen wäre überflüssig. Ich erwähne es auch nicht zum Nachteil für

* In Norwegen war man sich 1905 der Unterstützung durch England im Unabhängigkeitskampf dankbar bewußt gewesen, und man hatte auch das Gefühl gehabt, daß Edward VII. mit dazu beigetragen hatte, König Håkon auf den norwegischen Thron zu setzen. Londoner Banken hatten Norwegen auch einen Kredit von zwei Millionen Pfund zu sehr günstigen Bedingungen erteilt, was es der Regierung ermöglichte, in der schwierigen Phase zwischen Juni und Oktober 1905, in der der neue Status des Landes noch ungewiß war, ihre Geschäfte zu führen.

Deutschland, das meinem germanischen Kopf und Herzen näher ist und bleibt.

Das klingt vollkommen fair. Doch hinterläßt die Wendung »zu Tode züchtigen« (»tukte til døden«) einen nachhaltigen Eindruck. Genau dieselbe Wendung hatte Hamsun auch 1912 in seinem Roman *Die letzte Freude* verwendet.[13] Am Ende seiner Schilderung von zwei widerwärtigen englischen Touristen, denen er begegnet, bezeichnet er sie als Angehörige jener »Nation von Weltläufern, Wagenlenkern und Lastern ..., die das gesunde Schicksal aus Deutschland eines Tages zu Tode züchtigen wird«. Das war eine absichtlich häßliche und bösartige Bemerkung, ein klassisches Beispiel jener plötzlichen Verfehlungen des guten Geschmacks, deren Hamsun fähig war. Gerade auf diese Wendung reagierte Collin in seiner Erwiderung auf Hamsun, und er zitierte sie mehrere Male, untersuchte sie und machte sie zum Objekt seines Spottes, bevor er zu seiner Statistik zurückkehrte. Die setzte er ein, um Hamsuns Behauptungen, die Engländerinnen wären, wie Hamsun sich ausdrückte, »auf dem Vormarsch zur Sterilität«, woraus die sinkende Bevölkerungszahl Englands resultierte, ad absurdum zu führen. Im Gegenteil, versicherte ihm Collin, zeigten die Zahlen, daß die norwegischen Frauen sich auf demselben »Vormarsch« befänden. Darüber hinaus lasse der, wie er es nannte, »Neu-Malthusianismus« seine Auswirkungen auf alle Nationen erkennen, ohne Ausnahme Deutschlands – die Geburtenrate ginge auch dort zurück. Inzwischen hatte sich auch William Archer, Ibsens Übersetzer und Apologet in England, mit zwei Beiträgen eingeschaltet. Der erste von beiden war ein Modell an Höflichkeit und Zurückhaltung, das nach dem »unlesbaren« Collin Hamsuns ganze Bewunderung fand. Der zweite sank leider auf das Niveau der Hamsun-Collin-Wortwechsel herab, was seltsamerweise sogar Hamsun enttäuschte, der es als unnötig und »befremdlich unenglisch« bezeichnete. Hier gab Hamsun den Versuch auf, sich mit seinen Opponenten wissenschaftlich auseinanderzusetzen, und ließ den Fall mit einer klaren Darstellung der Subjektivität ihrer jeweiligen Standpunkte auf sich beruhen:

> Wie ich schon zu verstehen gab, bezweifle ich keineswegs, daß Herr Archer und ich in dieser Frage noch eine ganze Weile aufeinander antworten könnten, doch ohne irgendwie weiterzukommen. Hier stehen wir also, jeder hat seinen Standpunkt, der eine ist britisch, der andere deutsch. Wir befinden uns in verschiedenen Lagern.

Hamsun vertrat von Anfang an den oberflächlich rationalen Standpunkt, die Engländer hätten keine Probleme mit einer steigenden Bevölkerungszahl und brauchten daher keine weiteren Kolonien, ja nicht einmal alle, die sie bereits besaßen, wohingegen die Deutschen – ein Volk, das mit einer Bevölkerungsexplosion zu kämpfen hatte – mehr Land benötigten. Doch dahinter verbarg sich, was für Hamsun der wirkliche Grund war, das instinktive Gefühl, daß Deutschland einfach an der Reihe war, die beherrschende Weltmacht zu sein. Für ihn war Deutschland das kommende Land, das kommende Volk, die junge Kraft, die danach strebte, die stur von den alternden Engländern gehaltene Macht für sich zu beanspruchen, und man ist geneigt, in Hamsuns bereitwilliger Identifikation mit der Situation Deutschlands bei Ausbruch des Krieges eine Parallele zu seinen eigenen Erfahrungen in den neunziger Jahren zu sehen, als er sich selbst jung und stark fühlte, vor Vitalität und Talent berstend, und doch im literarischen Würgegriff der alten Löwen Ibsen, Bjørnson, Kielland und Lie nieder- und festgehalten wurde.

In seinen Beiträgen zu der Debatte ging Hamsun überzeugt, ironisch und häufig absichtlich herablassend vor, womit er verbergen wollte, daß er die Sache schrecklich ernst nahm. Der Aufforderung William Archers, die Quelle des angeblichen Gedichts von Kipling zu zitieren, konnte er nicht Folge leisten. Und so bestürmte er literarische Freunde in Norwegen mit Briefen, in der Hoffnung, sie würden ihm helfen können. Thom Vetlesen vom *Morgenbladet* bat er, zurückliegende Nummern dieser Zeitung durchzugehen[14] – »Es war gegen Ende des Burenkrieges. Auf der zweiten Seite muß es gestanden haben, ich glaube, in der letzten Spalte oder ziemlich in der letzten« –, und ließ durchblicken, wenn er die besagten Zeilen fände, würde er ihn zum »glücklichsten Menschen von ganz Nordland« machen. Vier verschiedene Briefe schrieb er wegen des Kipling-Gedichts an Vetlesen, getrieben von seinem teils aus Unsicherheit und teils aus Arroganz genährten Bedürfnis, immer recht zu haben. Wenn man bedenkt, welche Bedeutung er der ganzen Sache beigemessen zu haben schien, fällt es einem schwer, zu sagen, was man von einem Artikel halten soll, der nach seinem Tode zwischen seinen Papieren gefunden wurde und sich als beabsichtigter Beitrag zu der Debatte erwiesen hat, in seiner Handschrift, aber mit »BM« signiert. Hier stellt er, in einem von seinem eigenen ganz verschiedenen Ton, bescheiden und ruhig, einige von Professor Collins statistischen Argumenten in Frage und fügt listig hinzu: »... obgleich meine Sympathien den Engländern gehören und nicht den Deutschen, fällt es mir schwer, ihm zu folgen. Ich könnte mir vorstellen, am Ende mit dem Professor vollkommen übereinzustimmen, wenn er uns in weiteren Artikeln die Sache genau erklären würde.« Vielleicht war das als schmutziger Trick geplant gewesen oder als ein Versuch, Collin zu mehr Arbeit zu verlocken.

Bei dem Versuch, darzustellen, wieso Hamsun 1940 in den Armen der Deutschen landete, ist die Geschichte seines Hasses auf die Engländer genauso wichtig. Sie ist sogar die ältere von diesen beiden Gemütsbewegungen. Ihre Ursprünge liegen vermutlich in den beiden historischen Ereignissen, von denen er in seiner frühen Jugend gelesen hatte und die die Engländer in der Rolle von Tyrannen zeigten – der als »Bodø-Affäre« bekannt gewordene Schmuggelskandal und die Bombardierung Kopenhagens durch die britische Marine während der Napoleonischen Kriege. Ibsens Gedicht *Terje Vigen,* das Hamsun auswendig kannte und als junger Mann häufig öffentlich vorgetragen hatte, zeigt die Engländer ebenfalls in der Rolle von Schurken. Von Stockholm aus verbreitete der norwegische Schriftsteller Johan Borgen 1944 über Rundfunk das erstaunlich bezeichnende Gerücht, Hamsuns Anglophobie sei das Resultat einer Erniedrigung, die er während seiner Pubertät von seiten eines Engländers erfahren habe, als er bei Walsøe auf Tranøy im Laden gearbeitet hatte. Wenn das wirklich der Fall gewesen sein sollte, dann würde es in der Tat ein frühes Motiv für Hamsuns Gefühle liefern – Kleinigkeiten spielten in seinem Wertesystem ohnehin eine entscheidende Rolle.

Auch während seiner Zeit als Ausländer in amerikanischen Kleinstädten mag sich in Hamsun ein Groll gegen den höheren Status, den englische Einwanderer automatisch genossen, entwickelt haben. Nach seiner Rückkehr nach Norwegen und während seiner Genesungszeit bei Frydenlund in Valdres begegnete er wiederum herrischen Engländern – Touristen, die daherkamen und über Pferde, dienstbare Geister und Hotelbetten verfügten. Und was all diese Eindrücke scheinbar in echten Haß verwandelte, war ein Ereignis, das sich während seines Besuchs in München 1896 zutrug. In seinem Reisebuch *Im Märchenland* schildert er dieses Ereignis:

> In der Straßenbahn in München sah ich einmal einen Engländer, wahrscheinlich war er Künstler, Maler, er wollte nach der Schackgalerie. Wir kommen in voller Fahrt die Straße hinab, ein Kind, ein kleines Mädchen wird beinahe überfahren, sie fällt, sie kommt zwischen die Pferde, diese treten auf sie, verletzten sie; doch wir ziehen sie glücklich noch lebendig heraus. Während all dem steht der Brite da und raucht seine Pfeife. Als alles fertig ist, und der Kutscher noch einen Augenblick mit dem Abfahren zögert, sieht der Brite ärgerlich auf die Uhr. Wir werfen ihm einen Blick zu, jeder, aber wir sind Luft für ihn. Er verlangt mit seinem wundervollen Engländerdeutsch sein Geld zurück. Er will absteigen. Ein überfahrenes Kind geht ihn nichts an. Ein Passagier reicht ihm den ausgelegten Betrag zurück. Er wirft einen gleichgülti-

gen Blick auf den Passagier, zieht langsam und gleichgültig seine Augen zurück und nimmt das Geld nicht an. Er läßt sich nicht anfechten von der Indignation, die jetzt um ihn herum aufglimmt, und diese Standhaftigkeit würde ihm gewiß den Beifall seiner Landsleute eingetragen haben: recht so, immer standhaft, John! Er blieb auf dem Pferdebahnwagen stehen bis zu seinem Bestimmungsort. Dann stieg er ab.

Es ist ja oft ebenso gut, ja besser, daß bei einer Katastrophe nicht zu viele herbeiströmen. Aber es bleibt doch einem jeden unverwehrt, seine Pfeife zu vergessen, alle sehen doch auf, allen geht ein kleiner Ruck durch den Körper. Unverwehrt.

Wenn ich König von England wäre, würde ich meinem Volk einen kleinen Rat ins Ohr flüstern, und mein Volk sollte das prächtigste Volk der Welt werden ...

Im Märchenland erschien 1903. Schon vorher hatte Hamsun die englische Geisteslehre verspottet, sowohl in *Mysterien* als auch in seiner *Kareno*-Trilogie; aber der Angriff in diesen Büchern war ein Angriff auf Gedanken, ein abstrakter Angriff. Die obige Kritik, die eigentlich nur an eine lange und – zugegebenermaßen – komische Szene, in der er fortwährend einen Engländer belästigt, angefügt ist, um diese zu rechtfertigen, ist Hamsuns erster Angriff auf die Engländer, nur weil sie Engländer sind.

In den beiden Romanen aus dem Jahr 1908, *Benoni* und *Rosa*, spielt ein Engländer, Sir Hugh Trevelyan, eine Nebenfigur. In Wirklichkeit ist er eher eine Karikatur als eine Figur. Er ist außergewöhnlich reich und außergewöhnlich ungehobelt. Im Sommer reist er zum Fischen nach Sirilund, trinkt bis zur Bewußtlosigkeit – obgleich er sich nie schlecht benimmt – und macht Benoni zum Millionär, indem er ihm Land abkauft. Die Gestalt des Sir Hugh läßt sogar erkennen, daß Hamsuns Haltung gegenüber den Engländern damals, 1909, viel ambivalenter war als später. Wie der Mann, dem Hamsun in München begegnete, behandelt Sir Hugh die Menschen um sich herum, als wären sie gar nicht da. Er ist dargestellt als aufreizend und unerträglich unhöflich, und Hamsun macht auch klar, daß er so ist, einfach weil er Engländer ist. Ihm wird jedoch gestattet, Edvarda Mack zu gewinnen und nach England mitzunehmen.

Das große Verbrechen ist immer die Unerschütterlichkeit. Doch war es gerade diese Unerschütterlichkeit, die Hamsun an den Orientalen, denen er auf seinen Reisen im Nahen Osten begegnet war, am höchsten pries. Eigentlich bewunderte Hamsun so viele Eigenschaften, die man traditionsgemäß der britischen Oberschicht zuschrieb, und versuchte auch, sie an sich selbst zu entwickeln – das arrogante Auftreten, die gebieterische Art, die Gleichgültigkeit gegenüber Geld –, daß man sich bisweilen fragen möchte, ob da nicht ein Fünkchen Eifersucht dahintersteckte, ein Erkennen, daß da etwas war, dem er gern mit ganzem Herzen angehört hätte, es aber niemals würde können.* Hamsun liebte es, geliebt zu werden, und er liebte es, gehaßt zu werden. Völlig unerträglich war es ihm nur, ignoriert zu werden. Auf die Gefahr hin, die psychischen Parallelen zu sehr zu strapazieren, die ihn veranlaßten, sein persönliches Schicksal mit dem Schicksal Deutschlands gleichzusetzen, möchten wir an dieser Stelle auf die beinahe pathologische Abneigung gegen Ibsen hinweisen, dem er persönlich nie begegnet war, und auf die Tatsache, daß Ibsen Hamsuns Existenz in den Jahren, in denen er sich zum Ruhm emporwütete, bewußt völlig ignorierte, weder auf eine von Hamsuns Attacken auf ihn reagierte noch in irgendeiner Weise überhaupt seine Existenz zur Kenntnis nahm.

Was auch immer die Gründe für seine Einstellung gewesen sein mögen, Hamsun war ein zutiefst patriotischer Norweger, und es gehörte schon viel Mut dazu, in einem Land, das mit überwältigender Mehrheit die Entente unterstützte, seine eigenen Ansichten so offen zu verkünden. *Kinder ihrer Zeit* verkaufte sich sehr gut in Deutschland, so daß er im September 1915 an den Verlag Langen schrieb und seiner

* Eine Theorie, die erstmals der Schriftsteller Nordahl Grieg vertrat, im Oktober 1936 in seinem Essay *Knut Hamsun*.

Hoffnung Ausdruck verlieh, der Grund dafür möge sein, daß das Buch gut sei, und nichts anderes:

> Damit, daß ich nun während des Krieges deutschgesinnt bin, meine ich aus ganzer Seele meinem Land zu dienen, nicht mir persönlich.[15]

Und er schließt den Brief mit einem Satz von größter Bedeutung:

> Nichts auf der Welt befürchte ich für mein Land mehr, als daß es von England eine »Selbstregierung« erhält.

Die deutsche Niederlage überraschte ihn sehr. Doch sah er darin lediglich einen Aufschub für die Durchsetzung eines unwiderstehlichen Naturgesetzes, und er wartete mit ruhiger Gelassenheit darauf. Das war der einzige Trost, den er dem Sieg Englands abgewinnen konnte.

Hamsuns Verhältnis zu Amerika und den Amerikanern entwickelte sich in etwas anderen Bahnen. In seinem stürmischen Angriff auf die norwegische Tourismusindustrie, »Ein Wort an uns«, hatte er sie mit den Engländern in einen Topf geworfen und als »internationale Anglo-Sachsen« bezeichnet, deren alberne Jagd auf »Sehenswürdigkeiten« und ihr Wunsch, Einheimische gekünstelt in ihre »Nationaltracht« gekleidet zu sehen, Hauptgründe für die Korruption und Demütigung seien, die er so sehr für sein kleines Land befürchtete. In einer weiteren Kritik, die er in *Im Märchenland* gegen die Amerikaner richtete, hielt er ihnen vor, sie seien die kühnsten Verfechter eines sinnlosen, oberflächlichen Fortschritts, und infolgedessen hätten sie die Kunst, viel Lärm um nichts zu machen, zu neuer Meisterschaft geführt. Ganz am Anfang seiner Karriere, 1889, hatte ja sein wildes, übermütiges Buch *Vom Geistesleben des modernen Amerika* gestanden, in dem er im Grunde genommen leugnete, daß es dort überhaupt irgendwelches Geistesleben gab. Wie wir gesehen haben, hat er sich später von diesem Buch energisch distanziert und es als zu kindlich und nicht mehr mit seinen gegenwärtigen Ansichten übereinstimmend bezeichnet. Doch die amerikanische Intervention gegen Ende des Ersten Weltkrieges schien ihm für manches, was er beinahe dreißig Jahre zuvor über Amerika geschrieben hatte, eine Bestätigung zu liefern, wie ein Brief an den Langen Verlag im Jahre 1917 verdeutlicht:

> Und nun die Affäre mit Amerika. Hätte Amerika England und seine Verbündeten nicht die ganze Zeit mit Waffen und Munition versorgt, wäre dieser Krieg schon vor 1 1/2 Jahren zu Ende gewesen. Nun sieht Amerika diese seine Lieferungen durch deutsche U-Boote gestoppt und droht daher mit Krieg!
> Wieder und wieder erhalte ich in der Hauptsache recht bezüglich meines Jugendbuches über das materialistische Amerika.[16]

Doch der regelrechte Haß, den Hamsun gegenüber den Engländern empfand, beschlich nie seine Einstellung zu Amerika. Das literarische Amerika begann ohnehin, auf Hamsun zu reagieren. 1914 kam bei Scribner's Sons der Roman *Neue Erde* von 1893 heraus, allerdings in einer unbeholfenen, unidiomatischen Übersetzung von Carl Christian Hyllestad. Aus heutiger Sicht war das eine recht seltsame Wahl für eine Erstveröffentlichung, da dieser Roman völlig verschieden ist von den anderen aus dieser Schaffensperiode, auf denen Hamsuns Weltruhm beruht. Eine mögliche Erklärung wäre, daß Hamsun selbst einige Zeit eine außergewöhnlich hohe Meinung von ihm hatte. Gegenüber der Zeitschrift *Kringsjaa* sagte er 1904, er könne sich nicht mehr erinnern, wieso, aber »eine lange Zeit habe ich ihn für meinen besten Roman gehalten«. James L. Ford widmete dem Buch in der *New Yorker Herald* am 14. März 1914 eine ganze Seite – obwohl er an den Einzelheiten von Hamsuns Leben mehr interessiert war und ihn seinen Lesern sogar irreführend als »eine Art norwegischer Jack London« schilderte.
In beruflicher Hinsicht waren das gute Jahre für Hamsun. Die beiden *Segelfoß*-Bücher hatten den Durchbruch ge-

schafft und erreichten ein viel breiteres Lesepublikum in Norwegen als irgendein anderes Buch zuvor. Insbesondere der zweite Band verkaufte sich sehr gut, was Hamsun selbst zu verdanken war, denn auf seine ausdrückliche Anregung hin wurde es zu einem ungewöhnlich niedrigen Preis verkauft mit dem Ziel, neue Leser zu gewinnen. Gyldendal telegraphierte ihm im Dezember 1915, *Die Stadt Segelfoß* sei nur so »aus den Regalen gerissen« worden, worauf Hamsun lakonisch erwiderte: »Ja, dieses Jahr bin ich preiswert, ich bin im Sonderangebot.«[17]

In Wirklichkeit wußte er genau, was er mit diesen *Segelfoß*-Büchern tat. Sein neues Leben als Bauer und Vater erwies sich als viel teurer, als es sein extravagantes Leben als umherziehender Junggeselle je gewesen war, und er steckte tief in Schulden, sowohl gegenüber Gyldendal als auch gegenüber Privatpersonen. Doch hatte er im April 1913 an Peter Nansen von Gyldendal in Kopenhagen geschrieben: »Mit einigen Erfolgen sollte ich weit in der Begleichung meiner Schulden kommen. Und jetzt arbeite ich an einem Erfolgstitel.«[18]

Eine andere Gelegenheit, seine Finanzen zu verbessern, ergab sich 1914, als er, vermutlich im Zusammenhang mit der Veröffentlichung von *Neue Erde,* das Angebot erhielt, eine Vortragsreise durch Amerika zu unternehmen. Er schilderte dieses Angebot Alette Gross, einer Schwester Bergljots, mit der er noch Kontakt hielt, in einem Brief im November 1914:

> Vielleicht unternehme ich Anfang nächsten Jahres eine kurze Reise nach Amerika, man bietet mir freie Reise, freie Unterkunft und eine Menge Geld für eine Reise durch Amerika, Vorträge in 6 Städten und wieder ab nach Hause. Glaube ich, daß ich es schaffen kann, werde ich fahren. Aber ich habe all mein bißchen Englisch vergessen, und diesmal müßte es sogar gutes Englisch sein.[19]

Man hat das Gefühl, Hamsun war stolz und fühlte sich ein bißchen geschmeichelt von dem Angebot, hat aber nie

ernsthaft daran gedacht, die Reise zu unternehmen. Er war zu sehr mit dem Schreiben von *Die Stadt Segelfoß* beschäftigt und ließ überhaupt immer stärkere Anzeichen erkennen, sich von der Welt zurückzuziehen und sich auf das Schreiben, seine Familie und den Hof zu konzentrieren.
Er kümmerte sich jedoch aktiv und konstruktiv um alle Aspekte der Veröffentlichung seiner Bücher, und wo sich Meinungsverschiedenheiten mit seinen Verlegern zeigten, bezog er einen sehr festen Standpunkt. Gyldendal, der bereits 1907 die *Gesammelten Romane* herausgebracht hatte, veröffentlichte 1916 die *Gesammelten Werke* in neun Bänden und 1918 eine zweite Auflage in zehn Bänden. Der Vertrag, den man ihm für diese Ausgabe schickte, enthielt den Passus: »Der Verlag beabsichtigt, die Ausgabe bis Ende 1918 vollständig herauszubringen.« Hamsun schickte den Vertrag zurück mit folgender Änderung: »Der Verlag wird die Ausgabe bis Ende 1918 vollständig herausbringen.« Er beschränkte auch die Zahl der Freiexemplare, die der Verlag ihm zugestehen wollte, auf fünf. Beide Änderungen wurden in den Vertrag aufgenommen, der dann am 10. Oktober 1917 unterzeichnet wurde. Ebenso beanstandete er die Verkaufstaktik, die Gyldendal vorschlug, nämlich die letzten fünf oder sechs Bände alle auf einmal in die Läden zu bringen, und zwar nur drei Wochen vor Weihnachten.
Er interessierte sich auch für das Aussehen seiner Worte auf dem Papier. Ausdrücklich verwahrte er sich gegen Kursivdruck, denn »Kursivdruck ist ein französisch-amerikanischer Unsinn, bei dem die Wörter aussehen, als würden sie aus dem Text ausgeblendet«, und bestand darauf, daß das, was er im Manuskript unterstrichen hatte, um es hervorzuheben, gesperrt gedruckt wurde. Eine Notiz an den Drucker der ersten dreißig Kapitel von *Segen der Erde* vom Oktober 1917 enthält die Anweisungen: »... die Repliken in der Anfangszene sind fortlaufend zu setzen, nur mit Gedankenstrichen dazwischen. Und vorzugsweise Perlschrift statt kursiv. Kursivdruck ist ein Emporkömmling auf einer schönen Druckseite.«[20]
Gyldendal zahlte ihm 40.000 Kronen für diese *Gesammel-*

ten Werke, mehr als genug, um alle seine Schulden an ihn und noch weitere Schulden in Höhe von 300 Kronen an Privatpersonen zurückzuzahlen. 2000 Kronen davon, an Thorvald Meyer, standen schon seit 1905 aus. Die anderen 1000 gingen an den Geschäftsmann Olaf Schou, den Hamsun schließlich mittels Detektivarbeit in der Schweiz ausfindig machte. Sein Ehrgefühl in bezug auf Geldangelegenheiten, das seine Künstlerkollegen in Kopenhagen und Paris in den neunziger Jahren so in Erstaunen versetzt hatte, war noch immer intakt.

Auch die Deutschen hatten eine Ausgabe der *Gesammelten Werke* geplant. 1916 mußte der Langen Verlag Hamsun jedoch davon in Kenntnis setzen, daß es wegen des Krieges unmöglich war, wie geplant vorzugehen. Als erster Band erschienen 1917 *Hunger* und *Mysterien*, eine Gesamtausgabe in vierzehn Bänden lag aber erst 1928 komplett vor. In bezug auf diese deutsche Ausgabe hatte Hamsun darum gebeten, daß ihr die neuen, bei Gyldendal erschienenen Editionen zugrunde gelegt würden, weil er in drei Büchern – *Hunger, Redakteur Lynge* und *An des Reiches Pforten* – gewisse Änderungen und wesentliche Kürzungen vorgenommen hatte.[21] Bei Langen war man ziemlich froh, ihn noch zu haben: Sein Vertrag mit ihnen lief 1914 aus, und da Albert Langen selbst 1909 gestorben war, war Hamsuns Loyalitätsgefühl gegenüber diesem Verlag nicht mehr so stark wie vorher. Fischer, der mit *Hunger* 1891 der erste gewesen war, der Hamsun in Deutschland verlegt hatte, und dessen Ablehnung von *Mysterien* dazu geführt hatte, daß Hamsun zu Langen gegangen war, unternahm nun alles, um ihn zurückzugewinnen. Er machte ihm verlockende Angebote und führte sogar übers Hintertürchen Verhandlungen mit Peter Nansen von Gyldendal, doch am Ende führte Hamsuns Treuegefühl dazu, daß er seinen Vertrag mit Langen erneuerte.

Es hat den Anschein, als spürte Hamsun bereits 1913 einige der Nachteile seines selbstgewählten Exils in Nordnorwegen. Bei der Beantwortung eines Fragebogens im Juni dieses Jahres beschrieb er sein neues Leben als »sowohl nützlicher als auch reicher«, fügte jedoch hinzu, daß ihm die Gesellschaft seiner Freunde aus der Stadt fehle und er es vermisse, Neuigkeiten von ihnen zu erfahren. 1915, auf dem Höhepunkt seiner Zeitungsdebatte mit Collin und Archer und während er verzweifelt nach dem besagten Kipling-Zitat suchte, hatte er an Vetlesen vom *Morgenbladet* geschrieben und sich dafür entschuldigt, ihn behelligt zu haben, und eine recht pathetische Erklärung dafür gegeben: »... weil ich in der finsteren Provinz lebe und mich verdammt abgeschnitten fühle.« Man fragt sich, ob nicht dieses Gefühl der Isolation zu der äußerst provokativen Art seines Journalismus von Hamarøy geführt hatte, so als ob die größere räumliche Entfernung zwischen sich und seinen Opponenten so häßliche Formulierungen, wie England müsse »zu Tode gezüchtigt« werden, erforderlich machte, wenn sie Erfolg haben sollten. Sich dessen wohl bewußt, daß diese Aussage zwischen seinen durchdachten Argumenten für deutsche Bedürfnisse nach Kolonien wie ein Schlag unter die Gürtellinie wirkte, wiederholte er sie in seinen nachfolgenden Beiträgen, so als wolle er absichtlich zeigen, daß er sich wenig um den »guten Geschmack« scherte. Dieser Methode bediente er sich mit gleichermaßen aufsehenerregender Wirkung bei seinen Opponenten in einem anderen Pressestreit, gerade als der Debatte über den Krieg der Dampf auszugehen schien, einem Streit, der auf beiden Seiten viel Bitterkeit verursachte und an den man sich lange erinnerte und den man häufig anführte, wenn man Hamsun einen Mangel an elementarster Menschlichkeit nachzuweisen versuchte. Mit einem Artikel im *Morgenbladet* vom 16. Januar 1915 brachte er die Sache ins Rollen:

> Vor einigen Wochen stand im *Morgenbladet* etwas von einem jungen Mädchen, das sein Kind umgebracht hat und dafür zu 8 Monaten Gefängnis verurteilt wurde. Dort stand nicht 18 Jahre oder 8 Jahre, sondern 8 Monate. Waren ungewöhnliche Umstände gegeben, oder sind es jetzt 8 Monate für Mord an einem Kind? In dem Artikel stand nichts davon, daß das Mädchen vom Vater des Kindes ver-

lassen worden war. Das Mädchen war vielleicht selbst eine unglückliche Kreatur, mit ihr muß wohl auch etwas nicht in Ordnung gewesen sein, wie sonst könnte sie ein Kind umbringen, noch dazu ihr eigenes. Das Kind atmet, es ist gesund, unter dem Zugriff seiner Mutter schreit es schwächer und schwächer – bis es tot ist.

Dieses Mädchen, diese Mutter, ist zweifellos von der Art, daß Norwegen und das Leben durch ihren Verlust eher bereichert würden. Sie ist weniger wert als das Kind. Sie ist ohne Liebe, ohne Verantwortungsgefühl, ohne Berufung im Leben. Das Kind hingegen hätte es zu etwas bringen können. In dem Artikel wurde nicht erwähnt, ob es sich bei dem Kind um einen Jungen oder ein Mädchen gehandelt hatte, doch es hätte es zu etwas Großem bringen können; wir wissen es nicht. Es wäre jedenfalls viele lange Jahre von Hoffnung begleitet gewesen, während es aufwuchs – doch für die Mutter besteht keine Hoffnung.

Wir errichten Paläste für Blinde, für Verkrüppelte, für Alte – Kinderheime sind keine Paläste, unsere Kinderkrippen betteln sich Tag für Tag durch für Lumpen und Nahrung. Und wenn ein Mädchen ihr Kind umbringt, dann bekommt sie 8 Monate. Und dann kehrt sie zu uns zurück.

Für Mörderinnen sollten die Preise steigen. Wir sollten uns lebende gesunde Kinder leisten können ...

Doch nun bricht natürlich das ganze Geschrei los: die rückwärts gewandten Institutionen der Gesellschaft, Erbrecht der illegitimen Kinder, Mutterschutz, Kindesvater, der nicht belangt werden kann – das ganze Geschrei. Und wir strampeln und kommen nicht vom Fleck. Für eine solche Mutter und einen solchen Vater gibt es keine Hoffnung, hängt sie auf! Sie haben ein Kind gemordet, ein kleines Kind, das die Hoffnung vieler Jahre vor sich hatte, es hätte mehr erreichen können als wir. Und dann ist ein Kind außerdem schön, es ist schön, es hier in unserem Leben zu haben, es spielt mit seinen Händchen, und bisweilen blickt es auf. Es wundert sich maßlos, wenn es in ein anderes Zimmer kommt. Stellen Sie sich den Augenblick

vor, in dem die Mörderin über ihrem Kind steht und es zu würgen beginnt! Es gibt Mütter, die ein Kind nach dem anderen umgebracht haben, sie leben immer noch. Die Kinder sind tot.
Sind sie so ungeschützt, diese Mütter? Ist es unmöglich, einen verantwortungslosen Vater zu belangen? Hier stehen wir und strampeln. Hängt beide Eltern, rottet sie aus! Hängt das erste Hundert von ihnen auf, denn für sie gibt es keine Hoffnung. Das erste Hundert, das schafft Respekt, dann werden sich die fürchterlichen Zustände vielleicht bessern. Es muß etwas geschehen, die Kinder müssen Frieden vor solchen Würgern finden, vor all diesem Blut und all diesen Morden!

In liberalen Kreisen Norwegens entfesselte dieser Artikel einen Sturm des Protests und entfachte eine heftige Debatte in den bedeutendsten Zeitungen des Landes. Die Todesstrafe war 1905 in Norwegen abgeschafft worden, die letzte Hinrichtung hatte jedoch bereits 1876 stattgefunden, vierzig Jahre vor Hamsuns Artikel. Sosehr Hamsun auch die Wiedereinführung begrüßt hätte, ist es doch höchst unwahrscheinlich, daß er sie für möglich gehalten hat. Dennoch hielt er an seiner Position fest und verteidigte sie im Laufe des Jahres in sechs Artikeln gegen seine vielen Widersacher, unter ihnen die Schriftstellerin Sigrid Undset, ja, er verschärfte sie sogar noch. Mit einem höllischen Vergnügen und jener Bereitwilligkeit, die in dem beinahe schon pathologischen Bedürfnis, zu schockieren und seine vollkommene Gleichgültigkeit gegenüber der »kultivierten« Meinung zu zeigen, gipfelte, streute er in seine Beiträge stets den Refrain ein: »Hängt sie auf!« Er schrieb ohne Respekt für seine Gegner, die nach seinen eigenen Worten »in erster Linie die Kinderlosen« waren, »die Eltern unerwünschter Kinder, Ehepaare ohne den Wunsch, Vater und Mutter zu werden, Agitatoren und Agitatorinnen ohne Interesse an der Familie«. Selbst da, wo jemand versuchte, etwas Gutes darüber zu sagen, warum er die ganze Frage überhaupt aufgeworfen hatte, wies er die ihm unterstellte Menschlichkeit glatt zurück. Eine gewisse Ragnhild Wiesener lobte ihn dafür, daß er »jegliches Leben für die Gesellschaft erhalten« wollte, worauf er erwiderte, daß er im Gegenteil »Leben, die hoffnungslos sind, ausrotten und vernichten« wolle »zugunsten derjenigen Leben, die von Wert sein könnten«.

Es besteht kein Zweifel, daß Hamsun die mißliche Lage der Kinder sehr tief empfand und daß er unfähig war oder unwillens, die Probleme einer unverheirateten Mutter einzugestehen, die allein und in Schande vor der Gesellschaft lebte; doch war die aufbrausende, blutdürstige Art seiner Artikel ein hoffnungsloser, törichter Versuch, Sympathie für seinen Standpunkt zu gewinnen. In seinem Roman *Segen der Erde,* den er im Jahr darauf schrieb, kehrte er zu diesem Problem zurück. Zwei verschiedene Fälle von Kindesmord bestimmen die Handlung, und durch eine ziemlich primitive redaktionelle Einfügung, die an Nagels Zusammenfassung der 1891 von Hamsun selbst gehaltenen literarischen Vorträge in *Mysterien* erinnert, macht der Prozeß gegen Barbro, die ihr Kind, das sie von Axel Strøm bekommen hatte, umgebracht hat, einen großen Teil der zweiten Hälfte des Romans aus. Als Romanautor diskutiert Hamsun das Problem viel kultivierter und subtiler; und sein Sprachrohr Geißler beschränkt seine Reaktionen auf lautes und verächtliches Stöhnen während der vor Gericht gehaltenen Reden zur Verteidigung von Barbro. Große Teile zu diesen Reden hatte Hamsun den Beiträgen seiner Gegner von der Zeitungsdebatte entnommen.

Natürlich mag Hamsuns ganzes Herangehen an die Debatte in einer Situation, in der er von Anfang an wußte, daß seine Position hoffnungslos war, ein gewisses Maß extravaganter Provokation enthalten haben. »Und ich genieße es, rücksichtslos zu sein, so daß anständige Leute mich mit offenem Mund anstarren«, hatte er 1890 an Bolette Larsen geschrieben.[22] Die meiste Zeit seines Lebens scheint er eine gewisse Freude empfunden zu haben bei dem Gedanken, daß er für andere »dieser *schreckliche* Hamsun« war. Doch hat man mitunter auch das Gefühl, insbesondere je älter er wird, daß

er die Fähigkeit verlor, zwischen den Äußerungen, die schockieren und aufreizen sollten, und jenen, die seine wirklichen Ansichten zum Ausdruck brachten, zu unterscheiden.
Wie auch immer, diese ganze Sache ist wieder einmal eine der zahlreichen Gelegenheiten, bei denen man sich wünschte, Hamsun hätte Frieden gegeben. Ein geistreicher und menschlicher Journalist, der kurz danach einen Beitrag über Hamsun anläßlich seines Geburtstags schrieb, brachte die Situation sehr gut zum Ausdruck: »Wenn ein Wanderer die Fünfzig erreicht hat, spielt er auf gedämpften Saiten«, schrieb er und rief damit den Titel und die Stimmung von Hamsuns 1909 geschriebenem Roman in Erinnerung. »Und wenn er die Sechzig erreicht hat, schlägt die große Trommel.«

Die Probleme, die dieses Experiment des zurückgezogenen Lebens mit sich brachte, in das sich die Hamsuns da eingelassen hatten, wurden immer größer. Aus der Abgeschiedenheit von Hamarøy ergaben sich große persönliche und berufliche Schwierigkeiten. Zu den persönlichen gehörte zum Beispiel, daß es Hamsun, seit sie in Skogheim wohnten, nur einmal gelungen war, seine Tochter Victoria zu sehen, und das war, als sie im Sommer 1912, kurz nach der Geburt von Tore, zu Besuch gekommen war. Die Reise war zu lang für sie, und so sahen sich Vater und Tochter einige Jahre lang gar nicht. Und während der langen Perioden, in denen Hamsun von zu Hause weg war, um in Ruhe schreiben zu können, waren sie von dem ziemlich anfälligen Post- und Telefonnetz abhängig. Aus dem Nichts konnten sich plötzlich noch andere Hindernisse auftun. Während Hamsun in Sortland an *Die letzte Freude* arbeitete, im März 1912, führte, kurz nachdem Tore geboren worden war, ein Streik englischer Hafenarbeiter, die für das Bunkern von Kohle zuständig waren, zu drastischen Beschränkungen im nordnorwegischen Fährenbetrieb, von denen auch der Briefverkehr betroffen war. An manchen Orten, wie in Kråkmo, gab es ein Telefon, doch aufgrund seiner zunehmenden

Schwerhörigkeit war Hamsun nicht besonders glücklich mit diesem Apparat. Selbst während der Zeitabschnitte, die er nicht auf dem Hof war, machte er sich doch ständig Sorgen, ob Marie auch zurechtkäme: Ob sie wohl schon die Kartoffeln geerntet hat? Ist das Schwein eingesperrt für den Winter? Achte darauf, die beiden Steine wegzuräumen, an denen wir uns den Mähbalken kaputtgemacht hatten, ehe sie der Schnee zudeckt! Frißt das Pferd auch richtig? Hole den Schmied, damit er den Wohnzimmerofen in Ordnung bringt! Vergiß nicht, den Kartoffelkeller zu lüften! Im Grunde scheint sie während seiner Abwesenheit sehr gut mit allem fertig geworden zu sein, und sie schrieb ihm auch noch lange, beruhigende Briefe, die sowohl Neuigkeiten aus der Familie enthielten als auch von praktischen Angelegenheiten berichteten:

> ... Am Montag machten sie nur zwei Stunden blau, sonst nicht, seit Du abgefahren bist. Doch Lars will für heuer Schluß machen. Er sagt, er möchte wieder zu Aare. Er glaubt, es wird nur noch Regen geben und keine Arbeit mehr, und will lieber mit Häuten handeln gehen. Er ist jetzt hier im ganzen Dorf herum gewesen und reist erst heute nach Bodø. Aber die Jungs sagen, sie wollen allein weitermachen, sie glauben, sie haben soviel gelernt, daß sie es schaffen. Elverhøi hat ihnen für den Wald unterhalb des Küchengartens sieben Kronen per Ar geboten. – Wir ernteten im ganzen 60 Fässer Kartoffeln, davon 52 Fässer große. Doch die sind auch gleichmäßig klein, es hing so viel daran, das meiste aber war klein. Übrigens ist das das Zehnfache, da gibt es also nichts zu klagen. Die Rüben haben wir gestern eingefahren. 33 Fässer, die im Vorratskeller aufgestapelt sind. Denn der andere ist bis unter die Decke voll von Kartoffeln. – Heu bekommen wir von Dundas im Dezember ...
> Tore ist zur Zeit richtig großartig, lieb und brav. Jeden Tag bringt er etwas Neues, das Neueste ist ein hohes, schallendes Lachen, das das ganze Haus zum Lachen bringt. Hier geht es also munter zu, mit Herrn Tore vorneweg.

Und dann ist er ja auch nicht mehr so, daß er einen ständig braucht. Er sitzt schon ganz lange allein in seinem Wagen und spielt mit all den hübschen Sachen, von denen er eine große Auswahl hat, vom Eierbesen bis zu meinem großen Radiergummi ...[23]

Beide litten sie unter der Trennung, und Hamsun wurde wieder ruhelos. Bereits Anfang 1916 hatte Hamsun Skogheim für 12.000 Kronen zum Verkauf angeboten. Marie, die hauptsächlich an die Kinder dachte, protestierte, ein Umzug sei unpraktisch und unklug. Außerdem hatte sie diesen Ort liebgewonnen, und Hamsun gab anstandslos nach, doch nur für gewisse Zeit. Daß ein Umzug unvermeidlich war, stand für ihn fest. Sein Nachdenken über einen geeigneten neuen Ort, wo sie sich niederlassen könnten, führte dazu, daß er im April 1916 wieder Kontakt zu seinem alten Freund Erik Frydenlund in Valdres aufnahm und ihn über die Möglichkeiten ausfragte, die für ihn und seine Familie bestünden, dorthin zu ziehen:

Ich war in diesem Frühling drauf und dran, mein Grundstück hier zu verkaufen, aber meine Kinder sind noch so klein, daß meine Frau jetzt noch nicht mit ihnen umziehen will, und sie hat wohl recht. Doch hier bleibt für mich nichts mehr zu tun, alles ist trockengelegt und urbar gemacht. Natürlich könnte ich noch mehr drainieren und pflügen, aber das wäre Unsinn, Tand, Luxusbäuerei, und ich bin etwas zu praktisch veranlagt, um mich dafür zu begeistern. Ich werde also 1 1/2 Jahre warten, bis ich die übrige Wildnis urbar gemacht habe und mich an den großen Sumpf da mache. – Wenn es in Deiner Nähe ein nettes Stück Land gibt, dann will ich es kaufen kommen und für den Rest meines Lebens ein Valdreser sein. Es müßte Land sein, das ich kultivieren kann (was den allergrößten Spaß macht, den ich kenne), und es muß genügend Wald dasein, jedenfalls Brennholz.[24]

Ein anderer flüchtiger Gedanke an glückliche Tage in der Vergangenheit veranlaßte ihn, an die Neraas' in Kristiansund zu schreiben, wo er 1892 kurz gewohnt hatte, und sich nach den Aussichten zu erkundigen, dort ein Haus zu kaufen. Doch der Gedanke an Valdres war dauerhafter, und so schrieb er Silvester 1916 wiederum an Erik Frydenlund, um ihm mitzuteilen, daß er sich fest entschlossen habe und sie so schnell wie möglich umziehen müßten. Er könnte keine Verzögerung mehr ertragen. Er hatte sich zwar für Valdres entschieden, dachte nun aber eher an ein großes Haus als wieder an einen Bauernhof:

> So, nun vergiß bitte meine erste Frage und konzentriere dich auf diese. Mein Gott, wenn ich mich noch genauso fühlte wie vergangenes Jahr, dann würde ich wiederum Landwirtschaft betreiben, doch jetzt bin ich richtig kaputt. Das soll nicht heißen, daß ich bald sterben werde, aber meine Nerven sind so erbärmlich schwach. Ich war schon früher einmal in Aurdal gewesen und wieder zum Menschen geworden, jetzt erinnere ich mich wieder daran und bekomme Lust, es noch einmal zu versuchen. Ich habe auch an den Süden gedacht, Mandal oder so; doch Du bist nicht dort, noch all die alten Bekannten, und das ist seltsam: Soviel ich umhergeschweift bin, ich habe das Gefühl, auch ich hätte in Aurdal eine Art Heimat – viel mehr als hier.[25]

Trotz all dieser nostalgischen Sehnsüchte wußte Hamsun Besseres zu tun, als noch einen sorgfältig gehüteten Traum von einer fernen Vergangenheit zu zerstören, indem er sein Haus darin errichtete. Als er sich nach einer Lösung für sein Problem umsah, ließ er wieder sein altes Gespür für den richtigen Mann zur rechten Zeit erkennen und schrieb an einen befreundeten Journalisten mit Namen Christofersen in der Redaktion der *Aftenposten* und erklärte ihm, worin er das Haupthindernis für seinen Umzug sah – jemanden im Norden Norwegens zu finden, der es sich leisten konnte, die 20.000 Kronen zu bezahlen, auf die er den Hof jetzt schätzte.

Darüber hinaus fragte er Christofersen, ob dieser ihm irgendwie behilflich sein könnte. Die prompte Antwort auf seinen Brief läßt erkennen, wie sehr Hamsun von seinen Zeitgenossen geachtet und bewundert wurde. Christofersen empfahl ihm sofort die Gründung einer GmbH, die er dann zusammen mit vierzehn seiner Freunde vornahm, von denen jeder einen Anteil an Skrogheim von 1000 Kronen erwarb. Der Redakteur selbst gab die restlichen 6000 Kronen. Und so war der Hof verkauft. Ein Jahr später verkaufte die Gesellschaft den Hof an die Gemeinde von Hamarøy als Wohnsitz für den Arzt, wobei jeder der Anteilscheine für seinen Besitzer genau 18 Kronen Gewinn brachte. Hamsun war inzwischen im Süden Norwegens umhergereist, um nach einem Haus Ausschau zu halten, und hatte schließlich die Villa Solgløtt in Larvik gekauft. Larvik war einer von einer ganzen Reihe von Urlaubsorten der oberen Schichten an der Süd- und Südostküste von Norwegen, etwa 130 Kilometer südlich der Hauptstadt statt 1600 Kilometer nördlich wie Hamarøy. Sie packten ihre Sachen und verließen Nordland im April 1917.

Es gab noch andere Gründe, die Hamsun veranlaßten, Hamarøy zu verlassen: Die Tatsache, daß er mit seinem Hof zu einer Art »Muß« für Touristen geworden war, die den Norden Norwegens besuchten und ihn genauso »mitnahmen« wie die Berge und die Mitternachtssonne; außerdem hatte er Schwierigkeiten, die korrigierten Fahnen seiner Romane rechtzeitig zum Druck nach Kristiania oder Kopenhagen zu bringen (bisweilen konnte er Korrekturen nur telegraphisch durchgeben); und er war von dem Klatsch und Tratsch, der in so einer kleinen Gemeinde herrschte, enttäuscht.
Der dringlichste Grund aber war sicherlich, daß er im Sommer 1916 mit der Arbeit an *Segen der Erde* begonnen hatte, dem Roman, für den er später den Nobelpreis verliehen bekam. Dazu hatte er sich wieder an einen seiner entlegensten Zufluchtsorte zurückgezogen, auf den Hof Kråkmo am Sagfjord, wo er schon erfolgreich an *Kinder ihrer Zeit* gearbeitet hatte. In einem Tal hinter sieben großen Seen lag Johannes

Kråkmos Hof. Einen ganzen Tag hatte man zu rudern, um dahin zu gelangen. Als im Spätsommer die Arbeitshütte in Skogheim fertig war, versuchte er, dort weiterzuarbeiten; doch trotz der Tatsache, daß er den Stoff und die Handlung eines jeden Kapitels im wesentlichen im Kopf fertig hatte, waren bis zum Januar 1917 nicht mehr als vierzig Seiten des Romans geschrieben. Diesen unmöglichen Zustand schob er darauf, daß er die beiden Angelegenheiten Landwirtschaft und Schreiben nicht klar voneinander trennen konnte. Der Roman war aber für ihn von besonderer Bedeutung, weil er ihn als »eine Warnung an meine Generation« beabsichtigt hatte, wie er an Kønig vom Verlag Gyldendal schrieb; er fügte dann aber noch ironisch hinzu: »Ich weiß, daß die Welt ganz gut ohne mich zurechtkommt – doch wie dem auch sei ...«[26] Am Ende erwies er sich als so bedeutend, daß Hamsun bereit war, seinen Hof zu verkaufen, um ihn schreiben zu können.

Die *Segelfoß*-Romane knattern und klappern und pfeifen und poltern einher, so daß man sie beinahe als Industrieromane bezeichnen könnte. *Segen der Erde* ist ein viel ruhigeres Buch. Wenn er in den früheren Werken versucht hatte, die Gesellschaft so zu zeigen, wie sie wirklich war, indem er die Veränderungen darstellte, die in der zweiten Hälfte des neunzehnten und zu Beginn des zwanzigsten Jahrhunderts in Norwegen vor sich gingen, dann bemühte er sich in *Segen der Erde,* die Gesellschaft so zu zeigen, wie er sie sich wünschte: unveränderlich, stark und sicher, eine solide, auf der Landwirtschaft basierende Kultur, die nachfolgende Generationen ohne echte Fragen oder Zweifel übernahmen, eine Kultur, die ohne Anstrengungen den Herausforderungen durch die Stadt und die Industrie widerstand.

Der Eingangsabschnitt schlägt den mythischen Leitgedanken des Romans an:

> Der lange, lange Pfad über das Moor in den Wald hinein – wer hat ihn ausgetreten? Der Mann, der Mensch, der erste, der hier war. Für ihn war noch kein Pfad vorhanden. Später folgte dann das eine oder andere Tier der schwa-

chen Spur über Sümpfe und Moore und machte sie deutlicher, und wieder später schnupperte allmählich der oder jener Lappe den Pfad auf und benützte ihn, wenn er von Berg zu Berg wanderte, um nach seinen Rentieren zu sehen. So entstand der Weg durch die weite Allmende, die niemand gehörte, durch das herrenlose Land.
Der Mann kommt in nördlicher Richtung gegangen. Er trägt einen Sack, den Sack, der Mundvorrat und einiges Handwerkszeug enthält. Der Mann ist stark und derb, er hat einen rostigen Bart und kleine Narben im Gesicht und an den Händen – diese Wundenzeichen, hat er sie sich bei der Arbeit oder im Kampf geholt? Er kommt vielleicht aus dem Gefängnis und will sich verbergen, vielleicht ist er ein Philosoph und sucht Frieden, jedenfalls aber kommt er dahergewandert, ein Mensch mitten in dieser ungeheuren Einsamkeit.

Wir finden nie heraus, wer dieser Mann, Isak, war, noch woher er kam, was vielleicht die einzige Verbindung ist, die er mit den alten Hamsunschen Helden hat, dem Erzähler von *Hunger*, Nagel, Thomas Glahn. Hamsun vertritt hier den Standpunkt, daß Isaks persönliche Vergangenheit völlig unwichtig ist, denn was er seinen Lesern mit Isak zu geben vorhat, ist eher ein Symbol als ein Mensch.
Isak sucht sich eine Stelle in der Wildnis aus und läßt sich nieder, macht den Boden urbar, bestellt ihn und errichtet eine Hütte. Durch einen wandernden Lappen läßt er verkünden, daß er eine Frau sucht, die bereit ist, mit ihm zu leben und zu arbeiten, und augenblicklich kommt Inger über die Berge zu ihm. Sie ist etwas entstellt durch eine Hasenscharte, aber eine kräftige und arbeitsame Hausfrau und Helferin, und zusammen errichten sie das Heim mit Namen Sellanraa. Nun ist Hamsun – eher visionär als streng erzählerisch – darauf bedacht, diese Niederlassung zu stärken, den Viehbestand und den Acker zu vergrößern, Kinder aufzuziehen, die Umgebung mit anderen Ansiedlern zu bevölkern, die sich von Isaks Initiative inspirieren ließen – manche erfolgreich wie Axel Strøm, andere weniger wie Brede

Olsen –, und diese Menschen mit ihren Wertmaßstäben an den Jahreslauf gebunden zu halten, während er ihn, langsam und unerbittlich, über das Ende des Buches hinausrollen läßt in den Gewahrsam einer unantastbaren Ewigkeit.

Innerhalb dieser Vision sind die Hauptrollen, die Hamsun seine Figuren spielen läßt, symbolisch. Axel Strøm ist eine Variante von Isak, und Isaks Sohn Sivert ist das Ebenbild seines Vaters. Der andere Sohn, Eleseus, wird auf katastrophale Weise von der Stadt und ihrem Leben angesteckt, was ihn zu einer etwas lächerlichen und gleichzeitig traurigen Figur macht. Er ist weder Bauer noch Dandy, ein Außenseiter, dessen Verbrechen ist: Unzufriedenheit mit seinem Los, der innere Zwang, sich ändern zu wollen. Ein weiteres Opfer der Stadt ist Barbro, die Tochter des erfolglosen Siedlers Brede Olsen. Und noch ein von der Zivilisation verdorbener Mensch ist Isaks Frau Inger. Wegen Mordes an ihrer kleinen Tochter, die mit einer Hasenscharte auf die Welt kam, verurteilt, verbringt sie sieben Jahre im Gefängnis, wo sie ebenfalls von der Stadt und ihrem leeren Schein der Kultiviertheit angesteckt wird, den sie erst lange nach ihrer Rückkehr nach Sellanraa wieder verliert. Dann ist da noch ihre Schwester Oline, eine zähe alte Jungfer, die ein gesegnetes Alter erreicht, weil sie ein feines Ohr für zwischenmenschliche Reibereien sowie das Talent besitzt, in den kleinen Kriegen und Auseinandersetzungen im richtigen Augenblick die Seiten zu wechseln.

Die Erzählung präsentiert all diese Gestalten in dem Stil, den Hamsun zum erstenmal ausgiebig in den *Segelfoß*-Büchern ausprobiert hatte: Er kommentiert, sinniert und reagiert ständig, bricht in Freudengeschrei aus, murmelt mißbilligend, schüttelt den Kopf, hält plötzlich erstaunt inne. Es ist ein intensiv verbaler Stil, eine Stimme, die sämtliche Rollen spielt. Doch der Erzähler scheint weniger Hamsun, der Autor, zu sein als vielmehr die rätselhafte Gestalt Geißler. Manche Übereinstimmungen identifizieren ihn mit seinem Schöpfer, vor allem eine plötzliche Erinnerung, die ihm kommt, aus der Zeit, »wie ich anderthalb Jahre alt war: Da stand ich schwankend auf der Scheunenbrücke auf dem Hof Garmo in Lom und roch einen bestimmten Geruch«. Garmo war Hamsuns Geburtsort gewesen. Und Geißlers Auftreten vor Gericht in dem Verfahren gegen Barbro, die zwei ihrer Kinder umgebracht hat, spiegelt in etwas gemäßigter und ironischer Form Hamsuns eigene Beiträge zu der erwähnten Kindermorddebatte von 1915 wider.

Geißler ist die Weiterentwicklung einer Figur, die schon in anderen Werken Hamsuns vorgekommen ist: der Leuchtturmwärter Schøning in *Benoni* und der Telegraphist Baardsen in den *Segelfoß*-Romanen. Alle drei Gestalten umgibt ein leichter Schimmer des Geheimnisvollen, eine Identifizierung mit dem Schicksal. Und Geißler ist am wirkungsvollsten, wenn er ganz plötzlich irgendwo auftaucht, mit seinem Handeln die Entwicklung der betreffenden Situation entscheidend beeinflußt und dann wieder in sein Mysterium verschwindet. Von Hamsuns vielfältiger Heraufbeschwörung solcher Gestalten ist Geißler die eindeutig und bewußt wechselvollste. Als er als Vertreter des Staates für Isaks Kauf von Sellanraa zuständig ist, überläßt er es ihm für einen lächerlich niedrigen Preis. Später, nachdem er seine Stellung verloren hat, verdient er ein Vermögen damit, daß er schwedischen Ingenieuren eine Bergbaukonzession für Land verkauft, das er selbst von Isak erworben hat. Und er zwingt sie auch, Isak eine beträchtliche Summe zu zahlen. Bei einer anderen Gelegenheit, da Sellanraa von einer Dürre bedroht wird, lehrt er Isak und seinen Sohn Sivert in Theorie und Praxis das Prinzip der Bewässerung und rettet so deren Ernte für das betreffende Jahr. Er schenkt Isak einen mechanischen Heurechen, und Axel Strøm, auch ein bevorzugter Ansiedler, erhält eine Mähmaschine und eine Egge. Als Bezahlung bittet er nur darum, daß Isak und Axel und die übrigen Einwohner von Sellanraa das Land weiter bebauen und dieselben Werte beibehalten: Arbeitsamkeit, Toleranz, Bescheidenheit und Achtung der Natur.

Doch Geißler ist auch nur ein Mensch, und seine Kräfte, auf rätselhafte Weise Erstaunen und Freude zu verbreiten, sind nur möglich aufgrund seiner langen Abwesenheiten vom

Schauplatz seiner Aktivitäten. Es gibt immer wieder Hinweise, daß Geißler an einem Katzenjammer leidet. Er verliert seine Anstellung und wird von seiner Familie getrennt. Bisweilen ist er so abgebrannt, daß er nicht einmal seine Unterkunft in Sellanraa bezahlen kann, und doch hat er plötzlich wieder das Geld, teure Landmaschinen zu verschenken. Er und seine Ideen durchdringen das ganze Buch. Er bezeichnet sich selbst als »eine Art Nebel«, überall, doch körperlos, undefinierbar. In einer Welt inartikulierter Leute kann er sich klar ausdrücken, ist er schlagfertig und gebildet. Er ermutigt und erhebt diese Leute und ist ihr Apologet gegenüber dem Leser. Die einfache und instinktive Richtigkeit ihres Lebens ist etwas, das für ihn nicht mehr möglich ist, da er, wie er mit Bedauern selbst sagt, jemand ist, der weiß, wie man etwas macht, es aber nicht tut.

Geißler ist wie eine verblassende Spur am Firmament dieser Vision von Hamsuns Wandererfigur, ein Nagel mittleren Alters vielleicht. Wie Tobias Holmengraa am Ende von *Die Stadt Segelfoß* wird auch Geißler gestattet, den Roman zu verlassen, ohne sein Geheimnis gelüftet zu haben. Das Schicksal der offensichtlich sterblicheren Figuren ist im Kapitel sechs des zweiten Teiles des Buches mit mehr Gelassenheit skizziert, wobei häufig das historische Präsens benutzt wird, um die allgemeine Kontinuität zu unterstreichen, innerhalb der sie durch andere, ähnliche Figuren abgelöst werden. Während dieses Prozesses bestätigt Hamsun gewissenhaft, daß alle seine Gestalten menschliche Wesen sind, er akzeptiert und preist sie alle. Isaks Frau hat ein schweres Leben gehabt, und das hatte sie etwas »keck« gemacht. Ansonsten ist sie »von Natur aus gut«. Als sie Isak mit dem charmanten Wanderer Gustaf betrügt, geschieht das nur, weil sie »ein kraftstrotzendes Weib voller Schwachheit (ist), sie geht nur mit der Natur um sie her, sie ist voller Herbstglut«. Eleseus, der sich schließlich in der dünnen Luft des Einwanderertums von Amerika verliert, war »nicht stark, weder sein Körper noch sein Wille, doch er war trotz allem ein durch und durch guter Bursche«. Die alte Oline stirbt, ohne von jemandem direkt betrauert zu werden, aber akzeptiert und geachtet ob ihrer Bereitwilligkeit, sich anderer zu bedienen und sich ebenso von anderen benutzen zu lassen. Der gescheiterte Ansiedler Brede Olsen, ein für dieses harte Leben, das er spaßeshalber zu führen versucht hatte, zu sehr den Sinnenfreuden zugetaner Mensch, hat mit seiner Frau schließlich in der nächstgelegenen Stadt ein Kaffeehaus und eine Herberge eingerichtet. Dabei ist ihr fettgefütterter Hund eine lebende Werbung für die Qualität ihrer Verpflegung. Selbst Bredes Tochter Barbro, die der Journalist Hamsun zweimal hätte hängen lassen für die Morde an zweien ihrer Kinder, ist am Ende doch nicht durch und durch »roh und häßlich«. Der Romancier Hamsun versucht nicht, ihre Morde als Resultat eines unendlichen sozialen Druckes auf sie zu erklären oder zu rechtfertigen, sondern fegt sie in das allgemeine Netz von Menschlichkeit, das unter ihr hängt:

> Sie hat sich im Grunde niemals geschont, sie ist niemals träge gewesen, darum ist sie auch ein schönes und feines Geschöpf. Barbro hat eine leichte Auffassungsgabe, gebraucht sie jedoch oftmals zu ihrem eigenen Verderben. Was war auch anders zu erwarten? Sie hat gelernt, sich von einer Not in die andere zu retten, aber sie hat verschiedene gute Eigenschaften behalten; der Tod eines Kindes ist ihr nichts, aber ein lebendes Kind könnte es gut bei ihr haben. Außerdem hat sie ein sehr musikalisches Ohr, sie klimpert weich und richtig auf der Gitarre und singt mit etwas heiserer Stimme dazu, was angenehm und etwas wehmütig anzuhören ist. Sich selbst schonen? Ho, so wenig, daß sie sich selbst völlig weggeworfen und den Verlust nicht einmal empfunden hatte. Dann und wann weinte sie, und das Herz wollte ihr über dies und jenes in ihrem Leben fast brechen; das gehört dazu, das kommt von den rührenden Liedern, die sie singt, das ist die Poesie und die süße Wonne der Wehmut in ihr, sie hat häufig sich selbst und andere damit angeführt.

Und was Isak betrifft, so vergegenwärtigt das letzte Bild, das wir von ihm empfangen, ganz und gar das Mythische an ihm. Wir sehen ihn über seine Felder schreiten und säen, »er ist ein Mühlengeist von Gestalt, ein Klotz«. Wie der andere große Ansiedler Axel und wie sein Sohn und Erbe Sivert ist er ausdrücklich ein Mann des Friedens:

> Er ist Ödlandbauer bis in die Knochen und Landwirt vom Scheitel bis zur Sohle. Ein Wiedererstandener aus der Vorzeit, der in die Zukunft hinausdeutet, ein Mann aus der ersten Zeit des Ackerbaus, ein Landnamsmann, neunhundert Jahre alt und doch auch wieder der Mann des Tages.

Natürlich war die ganze Sache nur eine Vision, ein Traum, und zwar einer, der nur aufrechterhalten werden konnte, indem Isak von den Agonien eines gewöhnlichen menschlichen Bewußtseins sorgsam verschont wurde. Doch als Traum ist er bisweilen wunderschön; und wenn die Darstellung mitunter zu drängend, zu intim, zu naiv ist, dann ist der Roman reich an Hamsuns ekstatischem Pantheismus und enthält viele herrliche Beispiele für sein Talent, die Möglichkeiten darzustellen, die verklemmte Leute dennoch besitzen, einander ihre Liebe zu bekunden.
Und in einem Europa, das vom Krieg geschunden und erschöpft war, war ein Buch mit einer solch mächtigen Botschaft des Friedens und der Hoffnung vermutlich eine überraschende, ein bißchen an ein Wunder grenzende Sache.

Segen der Erde war gleich bei Erscheinen ein großer Erfolg in Norwegen. Am 1. Dezember 1917 erschien die erste Auflage von 18.000 Exemplaren auf dem Markt und war noch vor Weihnachten vergriffen. Innerhalb von zwei Jahren wurden 36.000 Exemplare verkauft, und bis 1927 waren es 55.000. Das waren bis dato nicht erreichte Verkaufszahlen in Skandinavien und kein schlechtes Ergebnis für einen Autor, der noch 1906 angesichts seines damals gerade erschienenen Romans *Unter Herbststernen* (dessen erste Auflage betrug 3000 Exemplare) resignierend gesagt hatte: »Mehr Bücher werde ich wohl nie verkaufen. Ich habe meine Stammleser.«

Segen der Erde war »eine Warnung an meine Generation«, wie er an Kønig geschrieben hatte. Tatsächlich war das Buch in künstlerischer Form ein Teil jener Botschaft, die Hamsun seinen Landsleuten schon seit einigen Jahren vermitteln wollte, in seinem gewissenhaften, doch zutiefst unbehaglichen Bemühen, der Rolle des Poeta laureatus gerecht zu werden. Die Botschaft war Reaktion, Rückkehr. Seine Gründe waren in erster Linie geistlicher, religiöser Natur: daß Menschen, die im seelenlosen Milieu der Stadt aufwuchsen und in der Fabrik arbeiteten, den Kontakt mit den Wurzeln des Lebens verloren. Die Porträts dieser neuen, arbeitenden Menschen in den *Segelfoß*-Büchern, Aslak und Konrad, verdeutlichen, daß er im industrialisierten Menschen ein ungehobeltes, selbstsüchtiges und respektloses Geschöpf sah, dessen einzige Hoffnung auf Rettung darin bestand, sich zu weigern, am Prozeß des »Fortschritts« teilzunehmen und zu einem ehrbaren, ehrlichen Leben auf dem Bauernhof zurückzukehren. Hamsun hatte auch das Gefühl, es gebe gesunde ökonomische Gründe, die dafür sprachen, daß sich die Norweger auf Kosten der Industrie auf die Landwirtschaft konzentrierten. Seine Theorie legte er in einem Brief vom 17. Mai 1918 an den Redakteur Christofersen von der *Aftenposten* dar:

> Ich bin überzeugt, daß unsere Zukunft nun in der Landwirtschaft liegt. Ob die Deutschen den Krieg »gewinnen« oder nicht, ihre Industrie wird nach dem Krieg von der übrigen Welt mehr oder weniger boykottiert werden – dann werden die Deutschen billig arbeiten, sogar noch billiger, mit ihnen können wir nicht konkurrieren, unsere Industrie wird unterliegen. Wir sollten schleunigst mit der Urbarmachung Norwegens beginnen. Haben Sie gesehen, daß die Versicherungsgesellschaften 6 Millionen für neue landwirtschaftliche Projekte zur Verfügung gestellt haben? Großartig! Mehr als alles, was es bisher bei

uns gibt! Die Gesellschaften hätten den Olafsorden verdient.

Für die Familie Hamsun jedoch war das, zumindest vorübergehend, ein Fall von »mach es, wie ich sage, nicht wie ich es mache«. Das Haus in Larvik, das sie von einem Zahnarzt gekauft hatten, konnte nicht sofort bezogen werden, und so nahm die ganze Familie erst einmal Quartier in einer Luxusunterkunft, die ihnen der Besitzer des Sanatoriums von Larvik zur Verfügung gestellt hatte. Dieser, ein reicher Herr der Gesellschaft, der eine elegante Schwedin zur Frau hatte, die allgemein »die Gräfin« genannt wurde, feierte Hamsun ausgelassen und gab jeden Tag Abendgesellschaften. Hamsun genoß diese Aufmerksamkeit sehr. Sie gab ihm Gelegenheit dazu, die eleganten Anzüge zu tragen, die er sich für seine Rückkehr in die Zivilisation das Jahr zuvor in Bodø hatte machen lassen.
Mit siebenundfünfzig war Hamsun immer noch ein äußerst attraktiver Mann, und Marie litt, obgleich dreiundzwanzig Jahre jünger, an Eifersucht, besonders wegen der »Gräfin«. Marie hatte innerhalb von fünf Jahren drei Kinder bekommen und war jetzt, als sie nach Larvik zogen , mit dem vierten hochschwanger. Viel mehr als ihr Mann hatte sie sich an das Leben auf dem Lande gewöhnt, und so deprimierte sie dieses überkultivierte gesellschaftliche Leben. Sie fühlte sich schäbig und provinziell, was doppelt beschämend war, da sie einst Schauspielerin am Nationaltheater in Kristiania gewesen war. Als sie endlich in ihr eigenes Haus ziehen konnte, muß es für sie eine große Erleichterung gewesen sein, selbst wenn sie es »teuer und banal« fand.
In Larvik hatten sie gerade ein Jahr gewohnt, Zeit genug, daß Hamsun mit seinem Roman fertig wurde und das vierte Kind auf die Welt kam. So sehr war Hamsun in seine Arbeit vertieft, daß er sich nicht einmal durch die Taufe des Kindes aus seinem Rhythmus bringen ließ. Er suchte den Namen aus – Cecilia – weil er, wie er sagte, wie Seide klang. Doch dann hatte er sich doch schon früh am Morgen fortbegeben und Marie einen Zettel mit einer Nachricht hinterlassen:

Liebe Cecilienmutti,
ich nehme Brot und Butter mit und bleibe weg, wenn die fünfzig Leute heute abend kommen. Ich hole die Post selbst. Sag' den Paten, wenn sie mich heute los sind, sollen sie mir später doch keineswegs aus dem Weg gehen. Und sag' ihnen, sie sollen es sich himmlisch gemütlich machen.[27]

Schon als *Segen der Erde* gerade im Druck war, häuften sich auf Hamsuns Schreibtisch bereits die Notizen für den nächsten Roman. Dieser sollte das ganze Gegenteil der Idylle des eben vollendeten werden: rauh, zynisch und ohne Illusionen. Wie gewöhnlich fand er keinen rechten Anfang, und so packte er Papier und Bleistift ein und unternahm eine seiner impulsiven, ziellosen Reisen von zu Hause weg. Er nahm eine Fähre und verschwand nach Kragerø, ein Stück südlicher an der Westküste. Diesmal funktionierte der Trick nicht, und er schrieb statt dessen ein Stück sozialen Journalismus, »Die Nachbarstadt«, wiederum eine Glorifizierung der Vergangenheit auf Kosten der Gegenwart. Selbst nach seiner Rückkehr aus Kragerø gelang es ihm nicht, den rechten Anfang für seinen neuen Roman zu finden, und er widmete einige Zeit dem Schreiben seines beachtenswerten Beitrags zu der Debatte um die Zukunft der norwegischen Sprache, die in Norwegen gerade im Gange war.
Diese Debatte war eine der problematischsten Begleiterscheinungen der Erlangung der völligen Unabhängigkeit im Jahre 1905. Noch heute ist diese Frage in Norwegen lebendig, wo zwei verwandte, aber doch verschiedene Sprachen, »nynorsk« und »riksmål«, um die Vorherrschaft kämpfen, die aller Wahrscheinlichkeit nach keine von beiden erzielen wird. Als äußere Form der Bekundung ihres Norwegertums gingen gewisse Schriftsteller wie Arne Garborg dazu über, ihre Werke in Nynorsk zu verfassen, einer im wesentlichen schriftlichen Form der von Dänizismen gereinigten Sprache, die vom einfachen Volk Norwegens gesprochen wurde und von dem Philologen Ivar Aasen in der Mitte des neunzehnten Jahrhunderts definiert und in ein System gebracht

worden war. Diese Sprache wurde für reineres Norwegisch und, etwas kategorisch, für schöner gehalten. Die Verbeugung vor der Tradition spielte bei Hamsuns Eintreten für die Vergangenheit keine große Rolle; überdies war die neue Form der Sprache für die anderen Skandinavier unverständlich, so daß sie für einen Schriftsteller, der sich ihrer bediente, eigentlich das zunichte machte, was er bezweckte – die Kommunikation –, und folglich auch wirtschaftliche Nachteile brachte.

Somit haben wir noch ein anderes Paradoxon in Hamsun zu betrachten: daß er sprachlich radikal und progressiv war, und es ist ausnahmsweise einmal ein Vergnügen, die Subjektivität des Journalisten Hamsun zu erleben, zu sehen, wie er mit den Professoren und Sprach-»Experten« abrechnet, die von der norwegischen Regierung den Auftrag haben, über empfehlenswerte Sprachreformen zu berichten:

> Es sind nicht die Philologen, denen wir für unsere Sprache zu danken haben. Shakespeares Werke sind hier und da ziemlich seltsam, aber Shakespeare hat mit seiner Sprache eine Welt erschaffen. Wenn es J. P. Jacobsen dienlich war, dann schrieb er die dänische Grammatik in Stücke, aber er hat seiner Sprache die größten Reichtümer beschert. Bjørnson war in seiner Schreibweise unsicher und inkonsequent, aber er hatte in günstigen Stunden das geniale Sprachgefühl.

Ihn schauderte bei dem Gedanken, Professoren als Autoritäten der Sprache anzuerkennen, denn nur »wenige von ihnen wissen überhaupt etwas über die *Sprache*, wenn sie auch alles über Wörter und Buchstaben wissen«, und dieses trockene, leidenschaftslose Herangehen brachte ihn am meisten auf:

> Das ganze Komitee denkt Sprache nur als Wörter. Aber die Sprache ist Geist. Die Schriftsprache ist das Leben der Seele in toten Dingen. Das Komitee hat keine innere Beziehung zu einer lebendigen Sprache.

Im Juni 1918 war der Artikel »Sprache in Gefahr«, zuerst in der *Aftenposten* erschienen, wurde aber im gleichen Jahr auch noch als Broschüre herausgegeben. 50.000 Exemplare wurden verkauft, woraus sich auf das Interesse an dem Thema schließen läßt. Hamsuns vernünftige und aufgeklärte Haltung, ganz abgesehen von der außergewöhnlichen Freiheit, mit der er sich der Sprache in seinen Romanen bediente, war ein wichtiger Beitrag zu der dauerhaften Gesundheit der norwegischen Sprache.

Wieder versuchte er, seinen Roman in Gang zu bringen. Marie mietete eine Hütte auf dem Lande, ein paar Kilometer von Larvik entfernt, und zog im Sommer 1918 mit den vier Kindern dorthin. Hamsun blieb zu Hause, um zu arbeiten. Doch nur wenige Tage später tauchte auch er bei den anderen auf und hatte sämtliche Notizen für das Buch mit. Aber er schrieb nicht eine einzige Zeile. Er öffnete nicht einmal den Koffer, in dem er die Notizen hatte, und spielte statt dessen die ganze Zeit mit den Kindern im Gras.

Der Umzug nach Larvik hatte seinen Zweck erfüllt. *Segen der Erde* war fertig. Nun fragten sich die Hamsuns, was sie eigentlich dort sollten, denn im Grunde hatten sie alle beide nichts für das gesellschaftliche Leben übrig. Wenn sie es sich recht überlegten, hatte ihnen das Leben auf dem Bauernhof auf Hamarøy doch viel mehr gefallen. Marie hat allem Anschein nach nie wirklich Zweifel gehabt, welches Leben ihr besser gefiel. Hamsun hatte vielleicht die Echtheit und Stärke seiner Liebe zum Leben auf dem Lande auf die Probe stellen wollen, indem er sich wieder einmal den Verlockungen der Zivilisation aussetzte. Gewiß, in Larvik mag er sich weniger als Narr vorgekommen sein als auf Hamarøy; und die Nähe zu Kristiania war ein Segen, den er bereits genossen hatte, als er zum erstenmal seit 1912 Victoria wiedersehen konnte.

Beinahe durch negative Auslese fand er dann heraus, was er wirklich wollte und was nicht. Das Haus in Larvik schrieb er zum Verkauf aus und begann eine Korrespondenz mit einem Freund aus alten Zeiten, dem Bankdirektor Birkenes aus Lillesand, den er 1890 kennengelernt hatte, als er an *Mysterien* arbeitete. Was er wollte, schrieb er Birkenes:

> Zunächst sollte es am Meer liegen, mit fließendem Wasser und Elektrizität, mit einem großen Haus und wenig Ackerland (zwischen 80 und 150 Mål), aber viel Wald und Weideland, nahe einer Schule, aber nicht unbedingt nahe einer Stadt. Ein alter, heruntergekommener »Herrensitz« würde passen, ich würde ihn schon wieder auf die Beine bekommen und den Acker bestellen.

Eine weitere unbedingte Auflage war, daß das Haus keine unmittelbaren Nachbarn haben sollte. Diesmal sollte alles stimmen, denn, so teilte er Birkenes mit: »Wenn ich diesmal kaufe, dann soll es für das ganze Leben sein, für mich und meine Kinder. Und darum möchte ich etwas Schönes haben.«

Birkenes konnte ihm versichern, daß es viele Plätze gab, die auf diese Beschreibung paßten, und schickte ihm Adressen und Fotos zum Anschauen. Einige Grundstücke inspizierte er auch selbst. Unglücklicherweise gab es immerzu etwas auszusetzen – entweder gab es Nachbarn zu dicht in der Nähe, oder das Haus war zu weit weg vom Meer, oder es kostete eine Million Kronen. Im Juli schließlich sah Hamsun, nachdem er schon drei Bezirke abgeklappert hatte, genau das, was er wollte: ein langes, großes, niedriges, weißes Gutshaus, erbaut von einem längst verschiedenen Mitglied der dänischen Aristokratie. Es stand allein ein gutes Stück entfernt von einer Kreuzung der südlichen Küstenstraße. Auf dem Grundstück gab es reichlich Wald und viel kultivierbares Land, aber es war so verwahrlost, daß Hamsun überzeugt war, es für einen Preis zu bekommen, den er sich leisten konnte. Der Besitzer, ein Mann namens Longum, hatte das Grundstück selbst erst wenige Monate zuvor erworben und schien kein besonderes Interesse zu haben, es so bald wieder zu verkaufen. Eigentlich stand es überhaupt nicht zum Verkauf. Hamsun bat Longum, seinen Preis zu nennen. Longum verlangte 200.000 Kronen, wohl eher, um den Käufer abzuschrecken, doch zu seiner Überraschung nahm Hamsun sofort an. Auf seine typisch kurz entschlossene Art hatte er wieder einen entscheidenden Schritt in seinem Leben getan. An einem regnerischen Tag im November 1918 zog die Familie nach Nørholm.

Während der Jahre im Nordland und der kurzen Zeit in Larvik waren in Hamsuns Leben viele Veränderungen vor sich gegangen. Als Privatmann hatte er auf vielfältige und reichhaltige Weise »die letzte Freude« – Vaterschaft – erfahren und in ihr eine Antwort gefunden auf die ziemlich existentielle Art von Depression, die ihn den größten Teil seines Leben geplagt hatte. Vor allem spürte er, daß er im Familienleben die Antwort gefunden hatte auf die Frage: Was bleibt, wenn man alle erreichbaren Ziele erreicht hat? Seine Ehe mit Marie war ungewöhnlich, allem Anschein nach aber glücklich. Der Versuch, zu seinen Ursprüngen zurückzukehren, war womöglich mißlungen, wenn man es vom rein geographischen Standpunkt aus betrachtet, doch in diesem Bemühen hatte er allgemeinere und weniger individuelle Ursprünge wiederentdeckt, die ihm das Gefühl, Landwirt zu sein, wiedergaben.
Von da an bezeichnete sich Hamsun in erster Linie stets als Bauer und erst dann als Schriftsteller. Indem er sich selbst als Bauer bezeichnete, verschaffte er sich die Möglichkeit, seinem Gefühl der Abscheu vor sich selbst, das der Gedanke, Schriftsteller zu sein, stets in ihm erregte, freien Lauf zu lassen. Der unheimliche Refrain, der nur ein wildes Schrillen der Widersprüche darstellte, die seine Persönlichkeit ausmachten, klang in einem Brief, den er um diese Zeit an eine Dänin schrieb, die ihm ihre letzte Veröffentlichung zum Lesen und zur Begutachtung geschickt hatte, noch entschlossener als je zuvor. Man kann sich vorstellen, daß sie von dieser Antwort sehr überrascht war:

> Sie und ich, wir sollten nicht vom Schreiben und von Leere leben, wir sollten als Menschen etwas bedeuten, heiraten und Kinder haben, ein Heim gründen und mit der Erde

verbunden leben. Denken Sie darüber nach. Ich bin alt und weiß das, ich habe vielleicht 30 Bücher geschrieben, ich erinnere mich nicht, aber ich habe auch 5 Kinder, das ist mein großer Segen. Was sollen die Leute mit den Büchern? Ohne meine Kinder hätte ich nicht einmal das Recht auf ein Grab.

13

1918–1927: Die ruhigen Jahre: Familienvater und Psychoanalyse

Als Marie Hamsun ihrem Mann die Neuigkeit überbrachte, daß man ihm den Nobelpreis für Literatur des Jahres 1920 verliehen hatte, war sie von seiner ersten Reaktion enttäuscht. In *Der Regenbogen* schildert sie diese Szene:

> Er schaute nicht von seinem Teller auf und sagte nur ganz ruhig: »Das verändert für uns jetzt gar nichts!«
> Fiel plötzlich ein Schatten auf sein Gemüt, waren es die Kindheitsjahre oder der Schrecken der Kirchhofsmauer von Hamarøy, oder erinnerte er sich in diesem Augenblick an die Tomtestraße in *Hunger*, an die seltenen Male, an denen er fünf Kronen in die Hand bekam?
> Ich sagte: »Aber denke doch an die *Ehre*, Knut!«
> Da blickte er auf, finster, und sagte kurz und bissig: »So, du findest wohl, daß man mir sonst nicht genug Ehre erweist?«
> Was sei nun das wieder mit der Ehre? Freilich, sie werde erst dem *alten* Mann zuteil. Dick und dumm käme sie zu dem alten Mann, der nur noch dasitze. Käme zum Alter, dem Häßlichsten, Überflüssigsten, Schauderhaftesten von allem, das schlimmer sei als der Tod.
> Da schlich ich mich hinter seinem Rücken wieder aus dem Zimmer.[1]

Doch diese erste, zurückhaltende Reaktion wich bald normaler Freude und dem Stolz auf die Verleihung. Als Patriot war er stolz, als erster Norweger nach seinem alten großen Vorbild Bjørnson diesen Preis zu erhalten; und dem Bauern, Vater von vier Kindern und nun Eigner eines großen, teuren und heruntergekommenen Gutes waren die 136.000 Kronen Preisgeld besonders willkommen.

Aufgrund seiner literarischen Leistungen und seines Ansehens hätte er den Nobelpreis wohl schon eher verdient gehabt, aber erst mit *Segen der Erde* hatte er ein Buch geschrieben, das man als idealistisch bezeichnen könnte, was eine Bedingung für die Preisverleihung war und damals noch sehr ernst genommen wurde. Seit dem Erscheinen dieses Romans wurde Hamsun immer wieder als Kandidat für den Nobelpreis genannt, und er hatte zwei Befürworter in Schweden, die sich energisch für seine Nominierung einsetzten: den Karikaturisten und Komödienschreiber Albert Engström, den er 1899 mit Bergljot in Finnland kennengelernt hatte, und den Sekretär der Akademie selbst, Erik Axel Karlfeldt. Nach einem knappen Mißerfolg im Jahr 1919, als der Preis statt dessen an den Schweizer Carl Spitteler ging, gelang es den beiden schließlich, ihn für ihren Mann zu sichern. Die Hamsuns jedoch erfuhren erst von der Sache, als ein Reporter der lokalen Presse von Grimstad auf Nørholm anrief und ihnen die Neuigkeit mitteilte.
Trotz des Stolzes war einer seiner ersten Gedanken jedoch, wie er es umgehen könnte, an der Zeremonie teilzunehmen. Er mochte es immer weniger, in der Öffentlichkeit aufzutreten, ja, er bekam eine echte Scheu davor. Und die Reise, die Feier selbst, die Verherrlichung, die Journalisten, die Verpflichtung, den Mittelpunkt der Aufmerksamkeit zu bilden, all das erschien ihm als schrecklicher Zirkus, dem er unter allen Umständen aus dem Weg gehen wollte. Er wandte sich an Engström und Karlfeldt, doch beide drängten ihn, den Preis persönlich entgegenzunehmen, und versprachen, ihn vor der Presse und anderen Leuten zu schützen, außerdem boten sie ihm an, ihm in Stockholm ein Zimmer zu besorgen. Hamsun beugte sich dem Unvermeidlichen, und dann trafen er und Marie ihre jeweiligen Vorbereitungen für die Feier. Hamsun schloß sich ein und versuchte, eine Rede auszuarbeiten, und Marie fuhr nach Kristiania, um sich ein neues Abendkleid zu kaufen. Als sie zurückkam und ihrem Mann zeigte, was sie gekauft hatte, äußerte er sofort Bedenken ob des tiefen Ausschnitts und ließ sich nicht davon abbringen, daß sie sich erkälten würde. Marie, für die die

glanzvollen Tage als Schauspielerin in der Hauptstadt nur noch eine schwache Erinnerung darstellten, seufzte gleichmütig, als Hamsun zu Schere und schwarzem Tüll griff, mit dem er das Kleid versah, damit es für sie »wärmer« wurde.
Die Reise nach Stockholm hatte gleich einen schlechten Start. Ihr Zug wurde angehalten und dann durch einen Eisenbahnerstreik sechzehn Tage an der Weiterfahrt gehindert, eine Sache, die nicht gerade dazu beitrug, Hamsuns schlechte Meinung über den Sozialismus und den Aufbau organisierter Gewerkschaften in Norwegen zu verbessern. Sie fuhren mit dem Taxi nach Charlottenberg, wo sie wieder einen Zug nach Stockholm nehmen konnten.
In der schwedischen Hauptstadt hatte ihnen Albert Engström im Grand Hotel Royal ein Zimmer gebucht und war mit seiner Frau ebenfalls dort abgestiegen, um Hamsun besser vor unliebsamen Aufmerksamkeiten abschirmen zu können. Engström war ein Exzentriker, der neben seinem Bett ein Skelett stehen hatte. Das war gerade die Art Humor, für die Hamsun zu haben war. Die erste Begegnung zwischen den beiden alten Freunden, die sich seit 1899 nicht mehr gesehen hatten, fing nicht gerade gut an, denn Engström begrüßte Hamsun herzlich mit den Worten: »Mein Gott, siehst du aber alt aus!« Doch dieser erste Schreck war bald vorbei. Engström und Hamsun bewahrten sich eine lebenslange Freundschaft, obgleich sie einander nur zweimal begegneten. Oder vielleicht gerade darum.
Die Preisverleihung selbst fand am 10. Dezember im großen Saal der Musikakademie statt, in Gegenwart der königlichen Familie Schwedens. Die Preisträger dieses Jahres waren der Schweizer Physiker Charles Guillaume, der deutsche Chemiker Walter Nernst und der dänische Physiologe August Krogh. Der Friedenspreis ging an den französischen Politiker Leon Bourgeois. Sie saßen auf einem Podium, wo sie auch ihre Reden hielten und wo die Preisverleihung durch Prinz Carl stattfand. Zum Festbankett setzten sie sich dann zu den Gästen hinunter. Hamsuns Tischnachbarin war die Schriftstellerin Selma Lagerlöf, die einige Jahre vorher ebenfalls den Literaturnobelpreis bekommen hatte. Ihre

Dichtung hatte Hamsun nie sonderlich bewundert, aber sie war eine aufgeweckte, intelligente Frau, und die beiden fanden offenbar gegenseitiges Gefallen an ihrer Gesellschaft. Marie hatte nicht soviel Glück. Ihr Nachbar war August Krogh, der Entdecker der Regulationsmechanismen für den Gasaustausch in den Kapillaren, der kläglich dasaß und immer wieder auf das Blatt Papier mit seiner Rede starrte, das er unter dem Tisch hielt, bis der schreckliche Augenblick kam, da er sie halten mußte.
Hamsun zeigte keinerlei Nervosität, und als er sich erhob und sprach, gewann er die Herzen der Zuhörer damit, daß seine Dankesrede kurz und persönlich war:

> Meine Damen und Herren!
> Nein, wie soll ich mich einer so von Herzen kommenden Liebenswürdigkeit gegenüber verhalten! Sie erheben mich sehr hoch, und ich verliere den Boden unter den Füßen, der Saal braust mit mir davon. Es ist nicht gut, jetzt ich zu sein, ich bin heute abend an Ehren und Reichtümern satt geworden, aber die letzte Huldigung war eine Welle, bei der ich ins Schwanken gerate.
> Es kommt mir da zugute, daß ich auch früher im Leben – in den Tagen meiner Jugend – Gelegenheit bekommen habe, ins Schwanken zu geraten. Ich fühle mich verleitet, zu sagen, daß einem alle Dinge des Lebens einmal zugute kommen.
> Aber ich werde mich hüten, vor einer so ausgewählten Versammlung über Weisheit zu sprechen – um so mehr, als hier die große Wissenschaft das Wort geführt hat. Ich habe der Akademie und Schweden im Namen meines Landes für die Ehre zu danken, die mir hier erwiesen wird, und persönlich muß ich meinen Kopf unter dem Gewicht einer großen Auszeichnung beugen. Ich bin stolz darauf, daß die Akademie meinem Nacken genügend Stärke zugetraut hat, sie zu tragen.
> Ich schreibe meine Bücher auf meine eigene kleine Weise, aber ich habe von allen gelernt, nicht zumindest von der schwedischen Lyrik des letzten Menschenalters. Und

wenn ich nun auf dem Gebiet der Literatur etwas beschlagener wäre, so würde ich dies im Anschluß an die letzte Rede ein wenig genauer ausführen. Aber das wäre ja von meiner Seite nur ein ganz äußerliches Gehabe und ein Geschwätz, dem jeder echte Brustton fehlte. Auch bin ich dazu nicht jung genug, ich vermag es nicht.

In dieser Stunde, in all diesem Licht und in dieser glänzenden Versammlung täte ich jedoch eines viel lieber – ich träte gern zu jedem einzelnen von Ihnen mit Blumen, mit Versen und Geschenken, wäre gern wieder jung und ritte auf der Woge dahin. Das ist es, was ich um eines so großen Anlasses, um eines letzten Males willen gern täte. Aber das wage ich nicht mehr, ich könnte das Bild nicht vor der Karikatur retten. Ich bin heute in Stockholm an Ehren und Reichtum satt geworden – jawohl, aber mir fehlt das Wichtigste, das Einzige, es fehlt mir die Jugend. Keiner von uns ist so alt, daß wir uns ihrer nicht mehr erinnerten. Es ziemt sich, daß wir Alten zurücktreten, aber daß wir es in Ehren tun.

Dessenungeachtet, was ich nun tun sollte – ich weiß es nicht –, dessenungeachtet, was sich am besten schickte – ich weiß es nicht –: ich leere mein Glas auf Schwedens Jugend, auf alle Jugend, auf alles Junge im Leben![2]

Diese unverhohlene, melancholische Romantik, verbunden mit Selbsteinsicht, war ganz und gar Hamsun. Wie Marie berichtete, war einer ihrer Tischnachbarn, der Akademiesekretär Karlfeldt, zu Tränen gerührt. Auch sie selbst war sehr bewegt bei dieser einzigen Gelegenheit in ihrem Leben, da sie ihren Mann öffentlich sprechen hörte. Als sie dann den Wortlaut der Rede in der Zeitung las, konnte sie den Unterschied zwischen den gedruckten Worten und dem Klang der gesprochenen nur mit jener Beziehung vergleichen, die zwischen einer gepreßten Blume in einer Vitrine und derselben, in hohem, von Tau bedecktem Gras blühenden Blume besteht. Wiederum wird man an die Beobachtung erinnert, die so viele gemacht haben, die Hamsun persönlich begegnet sind, Männer wie Frauen: Sowohl seine

physische Erscheinung als auch seine Stimme waren von ungeheurer männlicher Schönheit.
Als die Formalitäten vorüber waren, konnte man sich ernsthaft dem Trinken widmen. Hamsun übergab seine Brieftasche (sie enthielt sein und Maries ganzes Reisegeld sowie den Scheck, der mit dem Nobelpreis verbunden war) dem Kellner und befahl ihm, sich später herauszunehmen, was er zu bekommen hatte. Marie ging beizeiten. Er kam erst viel später nach, mit Unterstützung von Albert Engström, der erklärte, Hamsun sei »müde«. Marie versuchte, ihn auszuziehen, gab aber nach der Krawatte auf, und so schlief er in seinen Sachen auf dem Bett. Als er am Morgen erwachte, besah er sich von oben bis unten und schrie in gespielter Verzweiflung: »Liebling, habe ich die ganze Nacht ohne Krawatte geschlafen?«

Einige Wochen bevor Knut und Marie Hamsun zur Preisverleihung nach Stockholm gefahren waren, hatte Hamsun seinen sechzehnten Roman, *Die Weiber am Brunnen*, veröffentlicht. Geschrieben hatte er ihn größtenteils in Hotels in Lillesand und Arendal sowie in einem der beiden verlassenen Pächterhäuschen, die zum Anwesen Nørholm gehörten und fünfzehn Minuten vom Hauptgebäude entfernt waren. Er hatte die üblichen höllischen Probleme, den Anfang zu finden, und die Schwierigkeiten vergrößerten sich noch durch ein zunehmendes Zittern seiner rechten Hand, was er der Belastung durch das Schreiben mit dem Bleistift zuschrieb. Viele Male erklärte er Marie, daß dies sein letzter Roman sein würde. In Wirklichkeit sollten noch fünf folgen und alle in diesem Neo-Dickensschen Stil, alles dicke Bücher, drei- bis vierhundert Seiten lang.
Die Weiber am Brunnen bildet zu *Segen der Erde* einen gewaltigen Kontrast. Hätte ein reicher Industrieller mit einem versteckten Sinn für Humor einen Gegenpreis zu dem Nobels für »ein am wenigsten idealistisches literarisches Werk« gestiftet, dann hätte Hamsun 1920 wahrscheinlich tüchtig abgeräumt. Wenn wir den Roman als eine Art ungleichen Bruder von *Segen der Erde* ansehen, dann verdeut-

lichen die beiden zusammen sehr gut die Polarität in Hamsuns Persönlichkeit und verstärken das Gefühl für diese Pole, die nicht in Harmonie existierten, sondern in rasendem Wettstreit miteinander.

Eingehend schildert der Roman *Die Weiber am Brunnen* das Leben in einer kleinen norwegischen Küstenstadt. In vielfältiger Hinsicht stellt er eine bewußte Erweiterung der Erzählung *Kleinstadtleben* aus der 1903 veröffentlichten Sammlung *Gestrüpp* dar, die ihrerseits eine Neufassung der 1890 unter dem gleichen Titel in der *Bergens Tidende* abgedruckten und eher schwachen, von Twain inspirierten Geschichte war. Die Zentralfigur der Erzählung, Tønnes Olai, ein Tagedieb, der sich listig durchs Leben schlägt, kehrt in dem Roman unter dem Namen Oliver wieder. Durch einen Unfall auf See geht er seiner Männlichkeit verlustig, ist aber dennoch bereit, um seines Ansehens und wirtschaftlicher Vorteile willen, die fünf Kinder, die seine Frau im Laufe der Jahre zur Welt bringt, als seine eigenen anzuerkennen. Oliver ist ein Krüppel, ein Lügner, ein Selbstbetrüger, ein Dieb, ein Zuhälter und schließlich ein Mörder, und indem Hamsun ihn als seinen Helden präsentiert, scheint er eine energische Erklärung zugunsten des Lebens abgeben zu wollen, selbst in seiner häßlichsten und unidealistischsten Form.

Sein ganzes Leben lang ist der Schriftsteller Hamsun von Krüppeln fasziniert gewesen, von dem Nadler in *Hunger* über den Liliputaner in *Mysterien,* den Doktor in *Pan* bis zu den beiden altersschwachen Greisen Frederick Mensa und Mons in *Benoni.* In *Die Weiber am Brunnen* wird die Faszination so richtig ausgelebt. Außer Oliver gibt es hier noch einen Behinderten, den Trinker Olaus, dem die Explosion einer Ladung Dynamit das Gesicht verunstaltet hat und der kurz danach bei einem weiteren Unfall einen Arm verliert. Diese Krüppel sind zum größten Teil Objekte des Grauens in Hamsuns Galerie, aber dieses Grauen könnte viel eher aus Angst denn aus einem echten Mangel an Humanität geboren sein. Es ist sicher hilfreich, wenn man sich daran erinnert, mit wie vielen Behinderten es Hamsun in seiner Kindheit und Jugend zu tun gehabt hatte. Das herausragendste

Beispiel ist sicher sein Onkel Hans, der an Schüttellähmung litt. Es gab aber noch mehr Beispiele in seiner Verwandtschaft. Seine Schwester Marie hatte einen lahmen Fuß, und Sophie war hüftlahm und verbrachte den größten Teil ihres Lebens sitzend. Dann war da noch seine Mutter, die nur ein Auge hatte und schwerhörig war. Für eine arme Familie, die so weitab auf dem Lande lebte wie auf Hamsund, kam eine Behandlung, eine Operation überhaupt nicht in Betracht. Eine Behinderung konnte nur als unversöhnlicher Fingerzeig eines weitgehend gleichgültigen Gottes angesehen werden. Hamsuns Darstellung behinderter Menschen könnte wohlwollend als Herausforderung Gottes erklärt werden und war vielleicht der Ausdruck des primitiven Glaubens, daß wir abwehren, wovor wir uns fürchten, indem wir darüber spotten und es laut verhöhnen.

Die Weiber am Brunnen ist wieder einer von Hamsuns Romanen, die man als Romane der vielen Stimmen bezeichnen könnte. Eine solche Stimme sieht Oliver folgendermaßen:

> Und dort wandert auch der Krüppel heimwärts. Natürlich gibt es niemand, der sich nicht von ihm zurückgezogen hätte, der sich nicht vor ihm versteckt hätte, er ist ja so verstümmelt, so merkwürdig zugerichtet, er ist den Menschen widerlich. Kann er erwarten, irgend jemand werde ihn gutwillig ansehen? Sein wabbeliges Fett ist furchtbar, sein Wesen abstoßend, seine Sprünge auf der Straße unerträglich. Selbst als Tier, als Vierfüßler ist er unvollkommen, und er ist nur ein Krüppel, er ist ein ausgehöhlter Krüppel, ist leer. Einmal war er ein Mensch.

Doch dieser widerwärtige Kerl, der vorgibt, Familienvater zu sein, und sich nicht zu schade ist, einen der wirklichen Väter der Kinder zu erpressen, um für sich eine Anstellung herauszuschlagen, der bisweilen von gestohlenem oder einfach gefundenem Geld lebt, der seine Frau immer wieder an den Hauptgläubiger der Familie verschachert, diese jämmerliche Kreatur besitzt in hohem Maße die wichtigste aller

Fähigkeiten, die Fähigkeit zu überleben. Er beobachtet das Leben mit der beständigen Aufmerksamkeit eines wilden Tieres, stets bereit zu improvisieren, wo sich ihm eine Gelegenheit bietet. Bisweilen ergattert er sogar Großes: Einmal birgt er ein ganzes Schiff; ein andermal, als er zu den Eidernestern gerudert ist, um Daunenfedern zu stehlen, findet er enorme Mengen Papiergeld, das von einem Postraub stammt und das die Enten zum Polstern ihrer Nester verwendet haben. Wie Oline in *Segen der Erde* gibt auch er niemals auf. Er fügt sich in sein Schicksal, beklagt sich über nichts und fürchtet nichts, außer daß eines Tages jemand aufhören könnte, das Spiel mitzuspielen, und die Lügen, auf denen seine Selbstachtung und seine gesellschaftliche Stellung basieren, preisgeben wird. Als Olaus genau das tut und Oliver in jener unbarmherzigen, höhnischen Art, deren Hamsun ein solcher Meister war, fragt, wozu er denn eigentlich Kleider trage, ob es nicht einerlei wäre, wenn er nackt auf der Straße ginge, kostet es ihn das Leben.
Oliver steht in scharfem Kontrast zu den beiden Idealisten in der Stadt, dem gutmütigen und philosophischen Postmeister und dem Schmied Carlsen, einem praktizierenden Christen. Beiden zerstören Schicksalsschläge den Glauben an das Leben und lassen sie als gebrochene Männer zurück. Oliver, der keinen Glauben besitzt, kann durch bloßen Zufall nicht vernichtet werden:

> Der erfahrene Postmeister bekam eines Nachts einen Druck auf seine ungeprüften Menschengedanken und verblieb von diesem Augenblick an dumm und stumm. Der alte rechtschaffene Schmied Carlsen konnte keine Bosheit ertragen, er konnte es nicht ertragen, daß man ihn in Verdacht hatte, einen Sohn zu haben, der mit japanischen Tätowierungen auf dem Körper umherging, er wurde zu einem Kinde, weinte, verzog krampfhaft die Lippen, dankte Gott für Gutes und Böses und wartete auf den Tod. Oliver war von einer zäheren Art, weniger fein und empfindlich, sorgloser und deshalb als Mensch aus dem richtigen Stoff gemacht, er ertrug das Leben. Wer war tiefer her-

untergetaucht worden als er? Aber wieder ein kleiner Erfolg, eine geglückte Dieberei, ein wohlgelungener Spitzbubenstreich machte ihn aufs neue zu einem zufriedenen Manne. Trug er nun Palmen in den Händen? Oliver war in der Welt draußen gewesen, er hatte Palmen gesehen, aber was hatte er davon?

Wie in den *Segelfoß*-Romanen gliedern sich die Figuren in *Die Weiber am Brunnen* natürlich in kleine Gruppen. Es gibt eine obere Schicht der Konsuln, eine Mittelschicht mit einem Anwalt und einem Doktor und eine Arbeiterklasse, bestehend aus Fischern, Schmieden und Seeleuten. Das Buch enthält keine echte Handlung, und um die Dinge voranzutreiben, bedient sich Hamsun eines Mittels, das er bereits früher, nämlich 1892 in *Mysterien,* angewandt hatte: Er vermittelt dem Leser falsche oder irreführende Informationen über Figuren und Ereignisse. Das ist eine Erzähltechnik, die auf kuriose Weise derjenigen ähnelt, deren sich Schreiber von Soap operas fürs Fernsehen bedienen: An einem beliebigen Punkt, wo der Handlung die Ideen auszugehen scheinen, bleibt sie einfach stehen, wendet sich um, sucht ihre unmittelbare Vergangenheit nach einer entschieden behaupteten Tatsache oder einem Ereignis ab und legt jetzt noch entschiedener dar, daß es *nicht* so gewesen ist, dies *nicht* geschehen wird, und macht sich somit frei, eine andere feste Behauptung aufzustellen, die zu gewisser Zeit wiederum dementiert wird.
Lange Zeit wird der Leser in dem Glauben gelassen, Oliver habe seine Verstümmelung erlitten, als eine Trantonne auf ihn stürzte; und erst viel später kommt er dahinter, daß das eine Lüge ist, die sein Ansehen schützen soll, und daß er in Wirklichkeit aus der Takelage gestürzt ist und sich den Luvbaum zwischen die Schenkel gequetscht hat. Diese »Lüge« ist ein entscheidender Teil von Olivers Wesen und Bestandteil der Beteuerung des Romans, in der normalen menschlichen Gesellschaft spiele die Lebenslüge eine notwendige Rolle. Als sich später jedoch der Sturz des bedeutendsten der Konsuln, des Doppelkonsuls Johnson, durch den Unter-

gang seines größten und wertvollsten, voll beladenen und nicht versicherten Frachtschiffes abzeichnet und als wir noch später erfahren, daß der Sohn des Konsuls heimlich das Schiff doch versichert hatte und somit das Vermögen der Familie gerettet ist, da hat man eher den Eindruck, Hamsun habe sich das während des Schreibens einfach anders überlegt.

Der Roman lebt sehr stark von dieser Technik, doch am Ende scheint alles einfach ein Teil von Hamsuns seltsamem, unberechenbarem Charme als Romancier zu sein. Da er viel zu häufig die berühmte Wendung der Autoren von Generationsromanen »Und die Jahre vergingen« benutzt, fangen wir schließlich an, darüber nachzudenken, wie alt Olivers zwei Söhne inzwischen wohl sein mögen. Mitten in der Schilderung einer Liebesszene zwischen dem jüngeren Abel und Klein Lydia macht er sich mit entwaffnender Offenheit über dieselbe Frage Gedanken:

> Sie waren ja doch auch keine so sehr alten Menschen. Wenn er neunzehn Jahre alt war, war sie ungefähr siebzehn; oder wenn man die Wahrheit sagte, daß er nämlich erst sechzehn war, so war sie noch jünger. Das ist doch kein Alter! Und da standen sie also.

Diese Dreistigkeit macht unter anderem das Vergnügen an dem Erzähler Hamsun aus. Völlig ungezwungen bedient er sich einer Technik, die er in *Mysterien* zum erstenmal angewandt hatte und die später als *stream of consciousness* bezeichnet werden sollte: Plötzlich stürzt die Erzählung von ihrem Flug herab, fällt über eine Figur her, dringt in ihren Kopf ein und gibt direkt ihre Gedanken wieder. Hamsun bedient sich auch ausgiebig eines Mittels, das er offensichtlich der textlichen Gestaltung eines Dramas entlehnt hatte. Mitten in einem normalen Dialog findet sich diese typische Formulierung:

> Der Apotheker sagt (noch immer ausweichend, aber nervös und verdutzt): Wieder ein neues Exemplar? Ja, was soll man dazu sagen?

Der Roman ist gespickt mit Hamsuns eigener, spezieller Art von derbem, volkstümlichem Humor. Irgend jemand sagt, die Nase vom Schreiner Mattis sei so groß, daß er sich einen Stall für sie bauen sollte. Als Oliver ein Loblied auf Petras Sexualität singt, sagt er zu ihr: »Und bei Gott, du hast dein Geschlecht nicht erst entdecken müssen, das war bei dir von selbst da.« Und der rechtschaffene Schmied führt das folgende absurde Gespräch mit seiner Familie:

> Nachher spaßt er wohl behaglich und schnurrig mit seiner Tochter: Ja, wir zwei Männer haben heute wahrhaftig außerordentlich viel geleistet, aber was hast du getan? Ich seh' nichts davon, daß du dich hier gerührt hättest, die Stühle stehen noch ebenso heil wie vorher.
> Sie lachen beide, und die Tochter sagt: Aber ich habe leider heute zwei Teller zerbrochen.
> Ist das auch noch etwas? sagt der Vater. In der Zeit hätte ich ein Dutzend zerschlagen können!

Dieser sanfte Charme taucht immer in den verrücktesten Augenblicken auf, und so durchzieht das Buch, trotz seiner Härte und seiner Grausamkeiten, eine beständige Herzlichkeit. Eine der reizendsten Stellen findet sich wohl in der Darstellung von Abel, Olivers jüngerem Sohn. Abels älterer Bruder Frank ist von seiner Bildung korrumpiert und ein eingebildeter Philologe geworden, der unsinnig stolz darauf ist, wie viele Sprachen er spricht. Hamsun zufolge war Frank weit über seinen Stand hinaus gestiegen und sprach nun wie ein Wilder: »... er hat es im Kopf, es geht ihm zum Munde heraus, Laute, ein mühselig gelerntes Hirngespinst, das ihn Tag und Nacht beschäftigt, eine Vogelsprache, ein fürchterliches Durcheinander.« Abel jedoch steht mit den Füßen fest auf dem Boden. Er hat das Schmiedehandwerk gelernt und verdient sich seinen Lebensunterhalt auf ehrliche Weise. Seine angeborene Intelligenz wird gegenüber Franks erworbener Schlauheit als überlegen dargestellt. Er verspottet Frank auf so raffinierte Weise, daß der es nicht einmal merkt. Diese Beziehung enthält einen deutlichen Widerhall derjenigen zwischen dem gebildeten »Rasmus Berg« und seinem natürlich gebliebenen Bruder Jacob in Ludvig Holbergs Stück *Erasmus Montanus*. Abel ist eine liebenswerte Gestalt und hat vermutlich viel von Hamsuns eigener Kindheit in sich. Er besitzt sogar eine Uhrkette ohne Uhr, wie sie Hamsun als junger Bursche getragen hatte, als er in Walsøes Laden in Tranøy beschäftigt war.

In diesem Roman setzt Hamsun auch seinen Angriff auf die Engländer fort. Der Postraub, der so unerwartet zu Olivers Gunsten ausgeht, wird von Angehörigen der Mannschaft eines englischen Schiffes ausgeführt, das für kurze Zeit im Hafen liegt. Einer ist des Schmieds Sohn Adolf, der in England verheiratet ist, und der andere ist der Sohn des Postmeisters. Adolfs Degeneration ist von den Japanern noch verstärkt worden, die seinen Körper mit unanständigen Tätowierungen überzogen haben. Der Verrat durch den Sohn des Postmeisters ist besonders ergreifend. Mit seiner orientalischen Philosophie der inneren Befreiung und seinem Glauben an das Karma und die Seelenwanderung kommt der Postmeister Hamsuns Selbstporträt in den *Wanderer*-Romanen von 1907 und 1909 als Knut Pedersen sehr nahe. Zu seiner Philosophie der inneren Befreiung verhält er sich zwar auch seltsam widersprüchlich, aber mit Hamsuns wohlbekannten Ansichten darüber stimmt er vollkommen überein, ist leidenschaftlicher Englandgegner und hält lange Reden, in denen er den englischen Imperialismus kritisiert. Nach seinen Worten versklaven die Engländer »ein Volk nach dem anderen, rauben ihnen ihre Unabhängigkeit, kastrieren sie, machen sie fett, träge und selbstgerecht, und dann geben sie diesen Eunuchen etwas, das die Engländer Selbstverwaltung nennen«. Diese Reden des Postmeisters sind der bitterste Ausdruck von Anglophobie in Hamsuns gesamtem Werk, und da sie in seinem ersten Roman stehen, der nach dem Ende des Ersten Weltkriegs erschienen ist, lassen sie klar seine Enttäuschung über dessen Ausgang erkennen. Noch deutlicher lassen sie erkennen, daß die deutsche Niederlage und der englische Sieg seine große Sorge um den schließlichen Ausgang dieses Machtkampfes eher verstärkten als lösten.

Der größte Teil des Geldes aus dem Nobelpreis wurde dafür ausgegeben, den einstigen Glanz Nørholms einigermaßen wiederherzustellen. Longum, der vorherige Besitzer, hatte mit dem Gut spekuliert und in den wenigen Monaten, die es ihm gehörte, Holz im Wert von 120.000 Kronen geschlagen und verkauft. Der ganze Bauernhof, die Gebäude und das Land, war schlimm vernachlässigt worden, und die Hamsuns machten sich forsch ans Renovieren und Rekultivieren. Hamsun lud seinen Neffen Ottar aus Hamarøy ein, mit seiner Frau Hilda zu ihnen zu kommen und die Verwaltung des Hofes zu übernehmen. Für sie wurde ein neues Haus gebaut, das jedoch, wie auch das Hauptgebäude, bis 1921 ohne elektrischen Strom blieb.
Skogheim in Hamarøy war ein kleines Anwesen gewesen; Nørholm mit seinen 800 Morgen Land, seinen Wäldern und seiner Sammlung von Nebengebäuden, zu denen sogar zwei Häuslerhöfe gehörten, bot Hamsun die Möglichkeit, in großem Rahmen Isak von Sellanraa zu spielen. Auf dem Grundstück arbeiteten oft bis zu acht oder zehn Mann, legten Gräben und Wege an, bauten und gruben. Drei große Sümpfe wurden trockengelegt und mit Hafer eingesät; zwei Scheunen wurden gebaut, in die die Ernte eingefahren werden sollte. Ein enormes Wiederaufforstungsprogramm wurde in Angriff genommen, um den vom vorherigen Eigentümer angerichteten Schaden wieder zu beheben. Alte Wege und Pfade wurden in einen annehmbaren Zustand gebracht und neue Wege angelegt. Die Herde der Milchkühe wurde vergrößert und ein neues Melkhaus gebaut, in das sie alle hineinpaßten. Das gesamte Gut wurde eingezäunt und mit vier kräftigen Toren versehen, um Touristen und Neugierige fernzuhalten, und der Garten, der Maries besonderes Steckenpferd werden sollte – und bisweilen auch ihre Wohltat –, wurde völlig neu angelegt. Das ging sogar so weit, daß einem Bach, der vorbeifloß, ein neues Bett gegraben wurde. Sie bauten auch eine kleine Brücke über den Bach, die eines

Tages von einer außergewöhnlich hohen Flut weggespült wurde.
Hamsun hatte ungeheuren Spaß an allem und beteiligte sich an vielem auch aktiv. Seine soziale Herkunft und die reichen Erfahrungen seiner Wanderjahre als junger Mann hatten ihm die verschiedensten handwerklichen Fertigkeiten vermittelt, und in seinem neuen Leben als Herr auf Nørholm hatte er Gelegenheiten genug, sie aufs neue zu praktizieren. Ganz besonderen Spaß bereitete ihm der Wegebau, mit dem er zuletzt 1880 in Gjøvik zu tun gehabt hatte, nachdem sein erster Anlauf, Schriftsteller zu werden, gescheitert war. Doch die Landwirtschaft war in Wirklichkeit nicht mehr als ein riesiges Hobby, das er sich aufgrund seines Erfolgs als Schriftsteller leisten konnte. Egal , wie oft er sich in erster Linie als Bauer und erst in zweiter Hinsicht als Schriftsteller bezeichnete, wenn in seinem Kopf ein Buch entstand, dann ging stets das Schreiben vor. Sein Neffe Ottar kehrte im Frühjahr 1921 nach Hamarøy zurück, er litt wie alle seine Brüder und Schwestern schwer an Tuberkulose; und 1922 übertrug Hamsun die Führung des Hofes zwei Dänen, so daß er sich nicht mehr um die praktischen Belange zu kümmern brauchte, die ihm das Leben in Skogheim so schwer gemacht hatten.
Natürlich war er immer noch der Herr auf dem Hof, wenn ihm das Schreiben Zeit dazu ließ, und er bewahrte sich auch an verschiedenen Projekten ein besonderes Interesse. Er war, wie berichtet wird, ein guter, aber angenehm exzentrischer Landwirt. Eine Kuh, die einfach bloß gutmütig war, liebte er genauso wie eine, die viel Milch gab, und nach seiner Anweisung wurden die Tiere im Stall der Größe nach untergebracht. Wenn ein Unheil angerichtet wurde, ertrug er es gelassen – je größer, desto gelassener nahm er es. Immer leicht empfänglich, ließ er sich auch einmal von einem Luftikus beschwatzen, sich von ihm und seinen Freunden einen Weg über einen seiner urbar gemachten Sümpfe bauen zu lassen, was sie dann auch taten, und sogar in Rekordzeit. Sie empfingen ihren Lohn und verschwanden, auch in Rekordzeit. Und es dauerte gar nicht lange, da mußten die

Hamsuns mit ansehen, wie ihr Weg allmählich wieder im Schlamm versank. Der Gedanke an die verlorenen Kronen versetzte Marie in Wut, doch Hamsun bemerkte bloß, die Menschen seien nur so lange ehrlich, wie sie es sich leisten könnten. Und hatte der Mann nicht eine große Familie zu versorgen? Als nur wenige Monate später einem der Straßenbauer ein Kind starb, bezahlte Hamsun das Begräbnis.

Ähnlich gutgläubig verhielt er sich bei einer späteren Gelegenheit, als ein schwedischer Ingenieur, ein »Genie«, eine neue Methode entwickelt hatte, eine Scheune aus gestampfter Erde zu errichten, und zwar genau von dem Erdboden, auf dem sie stehen sollte. Hamsun lud ihn ein, nach Nørholm zu kommen und persönlich den Bau dieses wundersamen neuartigen Gebäudes zu beaufsichtigen. Das »Genie« erhielt ein eigenes Zimmer und verbrachte viel Zeit damit, seine Papiere zu studieren und in gedankenverlorener Stille Land zu vermessen. An dem Tag, an dem die revolutionäre Scheune schließlich errichtet wurde, holte man alle verfügbaren Leute zur Mithilfe herzu, doch es war alles umsonst. Als am Tag darauf die Verschalung weggenommen wurde, zerbröckelte das Gebäude wieder, und der Ingenieur war fort. In glänzender Laune hatte er früh am Morgen ein Auto auf der Straße angehalten, und der Fahrer hatte ihn nach Grimstad mitgenommen.

Hamsun, der Gegner »moderner Zeiten«, war nichtsdestotrotz gewillt, sich der Neuerungen in der Landtechnik zu bedienen. Er kaufte einen der ersten Traktoren in Norwegen und war der erste Bauer in seiner Gegend, der einen Silo baute. Im Lauf der zwanziger und dreißiger Jahre verwandelte er Nørholm in einen Musterbetrieb, allerdings auf Kosten seines Profits – der Hof wurde von der Literatur subventioniert.

Die zwanziger Jahre waren Hamsuns friedvollste Dekade. Natürlich hatte er Probleme; doch Nørholm war groß, und so konnte er ganz darin aufgehen, Projekte zu entwerfen und zu realisieren. »Glücklich« ist eigentlich kein Wort, das einem schnell einfällt, wenn man an Hamsun denkt, doch man hat das Gefühl, in diesen Jahren habe es Zeiten gegeben, da er dem Glücklichsein ziemlich nahe kam. Seine Kinder wuchsen heran und waren jetzt in einem Alter, in dem sie ihrem Vater gute Gefährten sein konnten. Er war ihnen ein guter Vater, streng, aber lieb, phantasievoll, exzentrisch und spaßig, und er verwöhnte sie ungeheuer. Sein ganzes Leben lang bewahrte er sich eine große Portion Kindlichkeit und konnte sich in alle eingebildeten und ernsthaften Freuden und Leiden hineinversetzen, die er seine Kinder durchmachen sah und die er selbst einst erfahren hatte. »Nun beginnt die Sklaverei«, sagte er zu Marie, als er seinen Sohn Tore sich zu seinem ersten Schultag auf den Weg machen sah. Und beim Essen ließ er die Kinder aufstehen, sobald sie fertig waren, denn er erinnerte sich noch wohl daran, was es ihm für eine Qual gewesen war, sitzen bleiben zu müssen, bis die Erwachsenen fertig waren. Als sie etwas älter waren, kaufte er für die Mädchen einen Hund und für die Jungen Boxhandschuhe. Die Mädchen erhielten außerdem noch ein Puppenhaus, natürlich mit elektrischem Licht, und später – ein seltener Luxus – ein Grammophon. Seinen Söhnen Arild und Tore gab er den väterlichen Rat: »Seid nett zu denen, die kleiner sind als ihr, und zu denen, die auch nett zu euch sind. Schlagt zurück – und zwar hart – bei denen, die euch nicht in Ruhe lassen. Auge um Auge, Zahn um Zahn«, und regte sie zu der Kunst der Selbstverteidigung an. Aber er tadelte Tore streng, als er erfuhr, daß er vor Zuschauern geboxt hatte, und gab ihm seinen Rat über Sport ganz allgemein:

> Ich höre, du bist zusammen mit Sigurd Hoel auf dem Künstlermarkt im Boxring aufgetreten, eine solche Belustigung darfst du nicht wiederholen. Es ist ganz in Ordnung, wenn man lernt, sich selbst verteidigen zu können, falls dies einmal in einer Klemme vonnöten sei, aber die ganze Prügelei ist und bleibt eine Roheit, und damit öffentlich aufzutreten, zur Belustigung eines Pöbels gaffender Zuschauer, muß allen anständigen Menschen zuwider sein.

Du solltest auch nicht glauben, daß dich der Sport überhaupt gesünder macht, das ist bloßer Aberglaube. Die Leute in den angelsächsischen Ländern leben nicht länger als andere, ganz im Gegenteil. Ich kenne keinen idiotischeren Gesichtsausdruck als den von Sportanhängern, wenn sie sich über die Tabellen in den Zeitungen stürzen ...!

Die Kinder wurden auch nicht verschont von Belehrungen über weitere Fehler von »Leuten in angelsächsischen Ländern«: »Schneidet den Käse ordentlich herunter, Kinder«, pflegte er ihnen zu sagen, »nur Engländer und Handelsreisende schneiden den Käse nicht ordentlich!« Tore warnte er davor, sich schamloser persönlicher Eitelkeit hinzugeben: »Nie möchte ich zu hören bekommen, daß sich ein Sohn von mir zu sehr für seine Kleidung interessiert!«
Was die Außenwelt betraf, so wurde sie auf Distanz gehalten. Die lebenslange Ambivalenz in bezug auf persönliche Publizität, das Sehnen nach dem Rampenlicht und die Aversion vor dem Rampenlicht, und die Selbstverachtung in beiderlei Hinsicht waren in dieser Einsiedelei noch stärker geworden. Das ganze Anwesen einzuzäunen wurde als antisozialer Akt angesehen, und in den Zeitungen begann man vom »Einsiedler von Nørholm« zu sprechen. Ein Erlebnis mit einem unsympathischen Journalisten, Anker Kirkeby, während seines Jahres in Larvik hatte in Hamsun eine krankhafte Verachtung für diesen Beruf erzeugt, von dem er, als »großer Mann« in einem kleinen Land, zweifellos nur die schlechteste Seite sah. Kirkeby bedrängte Hamsun unaufhörlich wegen eines Interviews, und als er es schließlich bekam, stellte er bewußt provozierende Fragen. So wollte er wissen, was Hamsun von dem Gerücht hielte, er wäre Bjørnsons Sohn – was Hamsun als Beleidigung seiner Mutter auffaßte –, und er versuchte, ihn zu weiteren »empörenden« Bemerkungen zu, wie er glaubte, Hamsuns »Lieblingsthema«, dem Kindesmord, anzustacheln. Außerdem ließ er Hamsun den Artikel nicht sehen, ehe er in *Politiken* abgedruckt war, obwohl er es versprochen hatte.[3] Hamsun

fand Reporter dummfrech; regelmäßig brachten Zeitungen lange Interviews mit Nachbarn von ihm, mit denen er gerade mal einen Gruß getauscht hatte, während er außerhalb seines Anwesens spazierengegangen war. Und je mehr er sich zurückzog, desto intensiver versuchte die Presse, in seine Privatsphäre einzudringen. Gewisse alte Freunde waren auf Nørholm zwar willkommen – Hans Aanrud, Vilhelm Krag, der nicht weit entfernt wohnte, Johannes V. Jensen, sein Verleger Christian Kønig –, doch es war in erster Linie das Schreiben, was Hamsuns Leben beherrschte.
Eines der Pächterhäuser, die auf dem Anwesen standen, ließ er abreißen und hinter dem Hauptgebäude, ein gutes Stück entfernt, aber noch in Sichtweite, wieder aufbauen und richtete es als Bibliothek und Arbeitszimmer ein. Hier durfte ihn niemand stören, nicht einmal die Kinder. Dennoch behielt er auch noch seine Gewohnheit bei, spontan wegzufahren und sich in einem abgelegenen Hotel oder einer Herberge niederzulassen, wenn er das Gefühl hatte, daß er in seiner Arbeit nicht weiterkam. Seine allgemeine Gesundheit war ausgezeichnet, aber er hatte höllische Probleme, die er auf seine »Nerven« zurückführte. Marie Hamsun schrieb, daß ihn eine anstrengende oder langweilige Unterhaltung, ein mißliebiger Aufenthalt in einem Hotel oder eine leidige Eisenbahnfahrt mit diesen »Nerven« drei Tage lang ans Bett fesseln konnte. Auch das Zittern seiner rechten Hand hielt an. Zu spät war er dazu übergegangen, die ersten Entwürfe zu seinen Romanen mit Tinte zu schreiben, nachdem er jahrelang nur Bleistifte benutzt und die Tinte für die endgültigen Fassungen reserviert hatte. Große Teile der fünf umfangreichen Romane, die er nach *Die Weiber am Brunnen* schuf, schrieb er mit beiden Händen. Die rechte hielt den Bleistift, und die linke hielt die rechte, damit sie auf dem Papier blieb. Inzwischen hörte er auch schwer. Er war deswegen zu zwei Spezialisten nach Kristiania gereist, mußte sich aber mit der Diagnose abfinden, daß da nichts zu machen sei. Seine Schwerhörigkeit bewahrte ihn jedoch nicht vor den Qualen, die ihm jegliche Art von unerwünschtem Lärm bereitete, wenn er in seinem »Dichterhaus« saß

und sich auf seine Arbeit konzentrierte. 1923, als er an *Das letzte Kapitel* arbeitete, wurde er durch das Gegacker einer Henne gestört, der es irgendwie gelungen war, aus ihrem Zwinger zu entweichen und zu dem Gras vor seiner Hütte zu kommen. Marie – die Hüterin der Ruhe auf Nørholm – hörte das entgeistert, ließ alles fallen und kam angerannt. Doch sie kam zu spät und konnte nur noch mit ansehen, wie ihr Mann mit einem Stock hinter dem Vogel herrannte, heftig nach ihm schlug, bis er ihn mit einem Hieb für immer zum Schweigen gebracht hatte. Wie Marie erzählte, war ihm das hinterher äußerst peinlich, und er konnte den ganzen Tag nichts mehr schreiben.

Wenn Hamsun zu Hause arbeitete, unternahm er häufig lange Spaziergänge um Nørholm und machte dabei stets seine Runde zu verschiedenen jungen Bäumen, die ihn besonders interessierten, um zu sehen, wie sie wuchsen. Bei diesen Spaziergängen hatte er immer Bindfaden einstecken, so daß er gleich eingreifen konnte, wenn Zweige unter der Last des Schnees gebrochen oder Wurzeln der jungen Bäumchen von Bodenfrost attackiert worden waren. Mitunter begleitete ihn Marie, und wenn das Schreiben gute Fortschritte machte, dann war er auch glücklich und gesprächig und machte lauter Unsinn; wenn er nicht so recht vorankam, dann fanden die Spaziergänge in eisiger Stille statt. Bei diesen Spaziergängen bemerkte sie seine seltsame Begeisterung über das Schreien von Möwen und machte sich Gedanken darüber, bis er eines Tages erwähnte, daß sie die einzigen Vögel wären, die er noch hören konnte.

Seine Kinder wuchsen heran, kräftig und gesund. Marie hatte ihren Garten, und sie hatte auch, von ihrem Mann dazu ermutigt, als Hobby zu schreiben begonnen. 1921 veröffentlichte sie eine Sammlung von Gedichten, und während der Jahre auf Nørholm schrieb sie eine Anzahl Kinderbücher, die sehr erfolgreich waren. Und was Hamsun betraf, er hatte den Nobelpreis bekommen und wurde allmählich als der bedeutendste lebende Schriftsteller der Welt angesehen. Er besaß ein hübsches Heim und betrieb einen Musterhof. Wenn man das alles berücksichtigt, dann müßte er ziemlich glücklich gewesen sein, hätte ihn, besonders in diesen Jahren, nicht der Gedanke an den Tod geplagt.

Das letzte Kapitel, erschienen am 27. Oktober 1923, ist das Ergebnis eines langen, beklemmenden Grübelns über dieses Thema, zu dem ihn wohl der Tod seiner Mutter im Januar 1919 gebracht hatte. Von allen seinen späten Romanen ist dieser zweifellos der interessanteste und nachdenklichste. Er setzt sich wiederum mit den grundlegenden Existenzproblemen auseinander, denen er das erstemal 1892 in *Mysterien* nachgegangen war. In der Tat schafft er in einer der drei Hauptpersonen des Romans, Leo Magnus, bekannt als der Selbstmörder, eine Figur, die, einzigartig unter seinen späteren Schöpfungen, fähig ist, auf der gleichen intellektuellen und metaphysischen Ebene nachzusinnen wie Johan Nilsen Nagel. Merkmale von Hamsuns späteren Werken sind auch reichlich vorhanden – die Geringschätzung der Schulerziehung, der Haß auf die Engländer, das Erheben des körperlichen über das geistige Leben –, doch die Anwesenheit des Selbstmörders schafft eine Atmosphäre und eine Stimmung, die von denen der *Segelfoß*-Romane, von *Segen der Erde* und *Die Weiber am Brunnen* verschieden sind.
Daniel, ein Kleinbauer, der allein auf einem Hof in den Bergen lebt, erhält eines Tages Besuch von zwei Geschäftsleuten aus der Stadt, die in dieser Gegend ein Sanatorium aufmachen wollen. Die Lage von Daniels Hof erscheint ihnen ganz ideal, und sie unterbreiten ihm ein Kaufangebot. Er lehnt ab. Doch es gelingt ihnen, ein benachbartes Grundstück zu erwerben, auf dem sie eine Reihe großer, geschmackloser Gebäude errichten, die bald von einer Galerie grotesker Kranker bevölkert sind. Der Roman konzentriert sich auf etwa ein Dutzend dieser Patienten, von denen die meisten sich als Gauner, Schwindler, Betrüger und womöglich gar als Mörder erweisen. Auf dem Anwesen und in seiner Nachbarschaft ereignen sich zahlreiche Todesfälle, doch der grimmige Humor des Romans besteht darin, daß die Toten entweder Leute sind, die schlichtweg Patienten besuchen, oder Angestellte des Sanatoriums oder Opfer seltsa-

mer Unglücksfälle. Eine alte Frau wird von einem entlaufenen Bullen aufgespießt, und ein Ingenieur wird von einem herabfallenden Stein erschlagen. Ein Zimmermädchen stirbt an Lebensmittelvergiftung, und ein Arzt, der zu Mitternacht auf dem zugefrorenen See Schlittschuh laufen geht, um den Patienten ein gutes Beispiel zu geben, bricht ein und stirbt drei Tage später an Lungenentzündung. Die Flagge auf dem Hauptgebäude wird auf halbmast gesetzt. Von den Patienten stirbt keiner.

Hamsuns Heldin ist ein hübsches, angeberisches Stadtmädchen. Julie d'Espard. »Sie weiß nichts Besonderes, spricht das nicht nuancierte Norwegisch der Mittelklasse, sie singt nicht besser als alle andern, hat keine Haushaltung gelernt, kann keine Alltagsarbeit verrichten, sich nicht einmal eine Bluse nähen, aber sie kann auf einer Schreibmaschine tippen und hat Französisch gelernt. Arme Julie d'Espard!« seufzt Hamsun.

Sie verliebt sich in einen schwindsüchtigen finnischen Grafen und wird schwanger von ihm. Wie sich schließlich zeigt, wird er wegen Betrugs gesucht. Er verschwindet und hinterläßt ihr einen dicken Umschlag mit Geld zur Verwahrung. Voller Verzweiflung sieht sie sich nach jemandem um, der sie heiratet und Vater ihres Kindes wird, doch sie erleidet einen Unfall und behält davon eine Narbe im Gesicht zurück. Dadurch ist sie gezwungen, ihre Ansprüche bei der Suche nach einem Mann herunterzuschrauben. Als sie und der Graf verliebt waren, unternahmen sie häufig Spaziergänge und besuchten Daniel auf seinem Hof. Die natürliche, bescheidene Atmosphäre bei Daniel übte stets eine kräftigende Wirkung auf ihn aus. Jetzt unternimmt Julie ihre Besuche allein. Sie mag Daniel. Er arbeitet fleißig, ißt ordentlich, und sie ist der Meinung, er sähe wohl auch ganz gut aus, wenn er sich nur etwas öfter waschen würde. Ohne viel Aufhebens verführt sie ihn, und die beiden planen zu heiraten.

Für die anderen Frauen im Sanatorium ist Julie eine Außenseiterin und wird wegen ihrer Beliebtheit bei Männern gehaßt. Besonders freundlich ist sie zum Selbstmörder und dessen Freund Anton Moß. In *Das letzte Kapitel* gibt es ver-

schiedene Beispiele für Verknüpfungen von Charakteren, Übereinstimmungen wie auch Komplementärkonstruktionen, die die drei Hauptfiguren miteinander und flüchtig auch mit anderen verbinden. Das seltsame Verhältnis zwischen dem Selbstmörder und Anton Moß ist die erste dieser Verknüpfungen und erinnert an das Verhältnis zwischen Nagel und seinem »anderen Selbst«, dem Liliputaner, in *Mysterien.* Anton Moß ist äußerlich krank. Er leidet an einer schrecklichen Hautkrankheit, die sein Gesicht überzieht und sein Augenlicht bedroht. Der Selbstmörder ist körperlich beinahe unanständig gesund, aber sein Geist ist krank. Er ist von dem Wunsch besessen, sich umzubringen. Diese beiden sind unzertrennliche Freunde, verbergen aber ihre tiefe Besorgnis füreinander hinter einem Umgang, der aus genau kalkulierten und äußerst heftigen Beleidigungen besteht. Da beide intuitiv die Spielregeln verstehen, kommt es zu keinem Mißverständnis. Sie kämpfen, um einander vor dem Zusammenbruch zu bewahren. Hamsun schreibt: »Sie hegten ihre Bitterkeit, um nicht zu jammern, sie knirschten mit den Zähnen, um nicht in Tränen auszubrechen.«
Schließlich wird Anton Moß weggebracht, in ein isoliertes Krankenhaus, und der Selbstmörder bleibt allein zurück. Die anderen Patienten im Torahus-Sanatorium halten ihn für geisteskrank und wollen mit ihm sowenig wie möglich zu tun haben. Wenn er sich spontan doch in eine Unterhaltung einmischt, dann tut er das mit derselben entnervenden Leidenschaftlichkeit, mit der Nagel in seiner norwegischen Kleinstadt an der Küste die Menschen angesprochen hatte. Rektor Frank Oliver, der älteste Sohn Olivers aus *Die Weiber am Brunnen* und jetzt Schuldirektor, taucht mit seinen zwei Söhnen in dem Sanatorium auf. Seine höflichen Versuche, den Selbstmörder zu unterstützen, werden kategorisch zurückgewiesen, und er muß sich die erste seiner Tiraden anhören, über die Albernheit und die ausgesprochene Widernatürlichkeit der Vorstellung, Kinder erziehen zu können. Der Selbstmörder, der den Horror seines Schöpfers Hamsun teilt, liefert die provozierendsten von Hamsuns zahlreichen Angriffen auf das Übel der Schulerziehung.

Hamsuns Haltung scheint wohl häufig psychologisch bedingt und in seinem Minderwertigkeitsgefühl gegenüber Professoren und Leuten mit einer umfangreichen Schulbildung begründet zu sein, eine simple, bittere und irrationale Form von Selbstbehauptung. Bei dieser Gelegenheit ähneln seine Äußerungen sehr stark kritischen Bemerkungen gegenüber dem Schulwesen in der taoistischen Philosophie: »Schule heißt, der Natur zuwiderhandeln, den Schüler auf ein Nebengleis bringen, das in einer ganz andern Richtung als das ursprüngliche läuft.« Er behauptet: »Unsere Seele ist nicht reich im Verhältnis zu dem, was wir aus Büchern gelernt haben, aber gerade im Verhältnis zu ihr können wir Büchergelehrsamkeit entbehren.« Diese Gedankenführung verblüfft und irritiert den Rektor, sehr zum Vergnügen des Selbstmörders.

Der Selbstmörder und Julie d'Espard reden häufig miteinander, und wenn Anton Moß nicht dabei ist, ist der Selbstmörder weniger zurückhaltend, dann zeigt er seine Gefühle viel offener. Er erzählt ihr ausführlich von seiner katastrophalen Ehe. Ein paar Jahre nach ihrer Hochzeit war er dahintergekommen, daß seine Frau einen Liebhaber hatte. Wie Hamlet grübelte er und unternahm nichts. Ihn nahm der Gedanke gefangen, die Affäre hätte schon bestanden, bevor er seine Frau heiratete, und ihre Tochter Leonarda wäre gar nicht sein Kind. Schließlich zog er zu Hause aus und ging ins Sanatorium, während der Liebhaber zu seiner Frau zog. Nun ist er entschlossen, Selbstmord zu begehen, aber aufgrund einer seltsamen Theorie, die besagt, daß Selbstmord noch niedriger sei als Mord, wird er daran gehindert, die Tat zu vollziehen, bis er eine Möglichkeit finden kann, auf ganz außergewöhnliche Art aus dem Leben zu scheiden, um seinen Tod zu erhöhen. Julie tröstet ihn und weist den Gedanken zurück, die Untreue könnte schon vor seiner Heirat begonnen haben. Doch kurz darauf stellt Hamsun sie mit dem Selbstmörder gleich, indem er den finnischen Grafen Fleming wieder auftreten läßt. Nachdem die Anklage gegen ihn fallengelassen wurde, ist er in das Sanatorium zurückgekehrt, um seine Gesundheit wiederherzustellen und Julie wiederzufinden. Inzwischen ist ihr Kind, Flemings Kind, geboren und auf Drängen des unschuldigen Daniel auf den Namen Julius getauft worden. Fleming und Julie erneuern ihr Verhältnis und betrügen Daniel an verschiedenen Orten auf dem Hof. Und so geraten schließlich Daniel und der Selbstmörder – die sich nie wirklich begegnen – in eine vergleichbare Situation.

Diese letzte Entsprechung ist die wichtigste. Daniel findet heraus, daß er betrogen wird, und warnt Fleming und Julie. Sie schlagen seine Warnung in den Wind, und als er sie das nächstemal zusammen findet, erschießt er Fleming. Mit seinem Gewehr flüchtet er in die Berge, und es setzt eine Treibjagd auf ihn ein. Schließlich kehrt Daniel auf seinen Hof zurück und legt die Waffe nieder. Wie Glahn wäscht er sich angesichts des Todes, zieht seine besten Sachen an und wartet gelassen auf die Ankunft des Gendarmen. Er wird zu sieben Jahren Haft verurteilt, doch sein Schicksal wendet sich letztlich zum Guten. Julie läßt ihre Ambitionen fahren, wirft ihre französischen Romane weg und macht sich daran, eine Bäuerin und Julius eine gute Mutter zu werden. Sie will auf Daniel warten.

Soviel Freude gibt es für den Selbstmörder nicht, den Mann, der zuviel nachdachte, der zu lange und zu weit von seinen Instinkten abgekommen war und sich in einer Hölle metaphysischer Spekulation gefangen hat. Die Kenntnis dieser Hölle hat Hamsun mit der Romanfigur gemein: »Wo ist der Weg nach vorn?« heißt es im Buch. »Nirgends. Wo aber ist dann der Weg zurück? Nirgends.« Und trotz einer offenkundigen körperlichen Ursache für seinen Geisteszustand, nämlich der Untreue seiner Frau, taucht das existentielle Problem des Selbstmörders in dem Buch immer wieder auf. In einem Moment der Schwäche erwähnt er Anton Moß gegenüber die Möglichkeit, um Erlösung zu Gott zu beten, macht sich aber sogleich wieder darüber lustig. Das Leben erscheint ihm sinnlos, und Gott ist ihm nichts weiter als ein blindes, unversöhnliches, teilnahmsloses System. Seine lange Rede gegenüber Julie d'Espard enthält den Kern seiner Gedanken und vermutlich auch vieles von Hamsuns eigenem Denken zu Beginn seiner Sechziger:

> Euch ist heute nacht ein Erlöser geboren. Das sage ich nicht, um großschnauzig zu sein; es kann gut sein, daß etwas daran ist, am Erlöser und an der Erlösung – die Erlösung von dem Dasein, das wir bekommen und uns nicht genommen haben, die Erlösung von einem Leben, das uns ohne den geringsten Wunsch aufgedrängt ist. Ach Gott, wie mystisch ist das alles! Aber ich sage deshalb nicht, daß es vollkommen unglaublich sei, manche können ja glauben, gerade, weil es absurd ist. Hier werden wir, den Strick um den Hals, dem Untergang zugeführt, und wir gehen willig mit, unserm eigenen Besten direkt zuwider. Wir hören von dem weisen Plan im Dasein, aber daß wir ihn sehen, ihn einsehen – nein. Ich weiß nicht, was am richtigsten ist, manche sind ja ernsthafte Menschen, die sich nie über das Leben lustig machen. Aber so gehen wir, so wandern wir. Wir werden ohne Unterlaß geführt, was Alter und Zeit nicht in uns vernichten, das schaffen sie jedenfalls um bis zur Unkenntlichkeit. Wenn wir dann eine Zeitlang gewandert sind, dann wandern wir noch eine Weile; wir wandern einen Tag, darauf eine Nacht, und endlich in der Dämmerung des nächsten Tages ist die Stunde gekommen, und wir werden getötet, in Ernst und Güte getötet. Das ist der Roman des Lebens mit dem Tod als letztem Kapitel.

Eine Zeitlang jedoch sieht es so aus, als ob sich für den Selbstmörder ebenfalls alles zum Guten wenden würde. Seine Frau macht ihn im Sanatorium ausfindig und teilt ihm mit, daß sie ihren Liebhaber hinausgeworfen hat. Entschlossener als er, ist sie gekommen, über eine mögliche Scheidung zu sprechen, doch im Laufe des gemeinsam verbrachten Abends geht in ihnen eine Wandlung vor, und es hat den Anschein, als ob ihre Leiden sie schließlich einander wieder nähergebracht hätten. Sie ändert ihren Plan, am folgenden Morgen wieder abzureisen, und begibt sich zu Bett. Um sie,

wenn er ihr Zimmer verläßt, nicht noch einmal wecken zu müssen, damit sie ihre Tür abschließt, bietet ihr der Selbstmörder an, diese von außen zu verschließen, und als er dann in sein eigenes Zimmer geht, nimmt er den Schlüssel mit. Einige der anderen Gäste feiern ein Trinkgelage. Ein Feuer bricht aus, und innerhalb weniger Augenblicke steht das Sanatorium in Flammen. Leo Magnus, dem um sein Leben besorgten Selbstmörder, gelingt die phantastische und spektakuläre Flucht, allerdings halten ihn die Flammen davon ab, das Zimmer zu erreichen, in dem seine Frau eingeschlossen ist. Einen Moment erscheint ihr Gesicht am Fenster, das Haar in Flammen, dann verschwindet es. Das Gebäude brennt ab bis auf den Grund.
Den ganzen folgenden Tag wandert der Selbstmörder um den Berg herum, mit dem Schlüssel zu einem verschlossenen Zimmer in der Tasche, das nicht mehr existiert – eines der außergewöhnlichsten Bilder Hamsuns. Er sucht sich einen Strick, geht in den Wald und schaut nach einem geeigneten Baum aus, um sich zu erhängen. Bei seiner Suche rutscht ihm eine Kiefernnadel in den Strumpf und sticht ihn. Er setzt sich hin, zieht den Stiefel aus und entfernt sie. Der erste, geeignet aussehende Ast bricht, als er ihn ausprobiert. Ein zweiter würde halten, aber statt sich aufzuhängen, setzt sich Leo Magnus hin und beginnt zu weinen. Und dann, wie aus einer Trance erwacht, voller Selbstverachtung, aber am Leben, verläßt er den Berg und verschwindet.
Nagel hatte oft an Selbstmord gedacht und sich schließlich ertränkt; Glahn brachte einen Jagdkollegen dazu, ihn zu erschießen; Leo Magnus aber, einem Leben verhaftet, das er haßt, ist zu feige, die logischen Konsequenzen aus seinen Gefühlen zu ziehen. Er ist ein Gespenst aus den 1890er Jahren, und sein schäbiges Verschwinden ist Hamsuns letzter Kommentar zum Schicksal des zutiefst romantischen Evangeliums vom Leben, das er in jenen Jahren so leidenschaftlich gepredigt hatte. Ein Großteil des Zynismus, den diese späteren Romane an den Tag legen, mag vielleicht von einer starken persönlichen Desillusionierung herstammen, ja vielleicht sogar von einem Abscheu vor sich selbst, weil er

trotz allem mit fünfundsechzig noch am Leben war. Sorgsam läßt Hamsun den Roman jedoch positiv ausgehen, mit einem Bild völliger Normalität: Julie geht zu ihrem Alltagsgeschäft auf dem Hof von Torahus über. Deutlicher als die meisten von Hamsuns späten Romanen läßt *Das letzte Kapitel* erkennen, daß es, wenn er Glück in Form des einfachen Lebens verkündet, wie es Isak von Sellanraa und Daniel genießen und wie es Julie schätzenlernt, das vorgestellte Glück *anderer* ist, das er schildert, und nicht sein eigenes. Geplagt von der Krankheit, sich seiner selbst bewußt zu sein, findet er höchstens eine Ersatzbefriedigung in dem Gedanken, daß andere glücklicherweise frei sind von dieser Krankheit.

Hamsuns Arbeit an dem Roman wurde, als sie schon ziemlich fortgeschritten war, immer wieder unterbrochen, und zwar durch einen recht seltsamen Gerichtsprozeß, in den er zusammen mit seinem jüngeren Bruder Thorvald und dessen Sohn Almar verwickelt war. Im Gefolge von Knuts literarischem Erfolg in den neunziger Jahren hatte sich Thorvald, als einziger der Hamarøy-Pedersens, des Namens Hamsun bedient. Er heiratete am 6. April 1895 unter dem Namen Peder Thorvald Hamsun, und sein Sohn wurde kurz nach seiner Geburt am 4. Dezember 1898 dementsprechend auf den Namen Thorolf Oskar Hamsun getauft.
Hamsun mochte seinen jüngeren Bruder nicht besonders. Thorvald war in den neunziger Jahren eine Zeitlang Polizeidetektiv in Kristiania, und seine Mitwirkung bei der Untersuchung des Falles um die anonymen Briefe, von denen Hamsun 1898 belästigt wurde, war eher hinderlich als dienlich gewesen. Das jedenfalls glaubte Hamsun, und so hatte es in den Jahren darauf keinen direkten Kontakt zwischen den Brüdern gegeben. Thorvald hatte inzwischen seinen Beruf gewechselt und arbeitete jetzt als Zollinspektor in Narvik, während Almar nach der Art von Hamsuns »anderem« Onkel Vetltræin ein unstetes und ungebundenes Leben führte. Im Laufe seiner Wanderungen und seiner mitunter dubiosen Geschäfte schien er so gewaltige Schulden ge-

macht zu haben, daß sich seine Gläubiger schließlich an Hamsun wandten. Hamsun mag nie recht begeistert gewesen sein, daß sein Bruder den Namen angenommen hatte, dem er sich beinahe mystisch verbunden fühlte, nach seinem schier endlosen Experimentieren mit Knut Pedersen, Knut Hamsunn *et al*, hatte sich aber nie bemüßigt gefühlt, etwas dagegen zu unternehmen, bis er zu der Ansicht gelangt war, daß Almars Aktivitäten den Namen in Mißkredit brachten. Zuerst versuchte er, Thorvald und Almar durch Dritte zu überreden, freiwillig auf den Namen zu verzichten. Als das jedoch nicht funktionierte, verklagte er die beiden.

Das Verfahren war außergewöhnlich schleppend und zog sich durch zahlreiche Unterbrechungen und Vertagungen vom 16. November 1922 bis zur Urteilsverkündung am 5. Januar 1925 in die Länge. Thorvald und Almar waren aufgrund der Tatsache, daß sie den Namen schon über zwanzig Jahre ungehindert benutzt hatten, in einer starken Position. Hamsun wiederholte vor Gericht die Geschichte, daß der Name eigentlich durch ein Versehen entstanden war, nämlich infolge eines Druckfehlers, als 1885 sein Artikel über Mark Twain in der *New Illustrated Times* veröffentlicht worden war, und daß er selbst ihn schon 1880 benutzt hatte, in einem Brief vom 24. März an Zahl in Kjerringøy. Der Fall wurde noch dadurch kompliziert, daß es unter den Norwegern, die ihren Heimatort verließen und entweder in die Stadt oder nach Amerika gingen, allgemein üblich war, den Namen ihres Heimatortes als Familiennamen anzunehmen. Die Masse der Bevölkerung sah nichts Schlimmes in der ganzen Sache, und sie hielt es für sehr geschmacklos von Hamsun, seinen eigenen Bruder deswegen zu verklagen, noch dazu da hier ein weltberühmter, wohlhabender Mann gegen einen kleinen Angestellten im öffentlichen Dienst mit einem monatlichen Einkommen von 260 Kronen auftrat. Hamsun ging es um Almar, wenn die Sache aber nach dem Gesetz entschieden werden sollte, mußte sie auch Thorvald mit einschließen.

Ein Journalist wies auf eine böse Ironie in dieser Angelegenheit hin: In seinem Roman *Die Stadt Segelfoß* von 1915 verspottet Hamsun einen gewissen Bauernburschen, Lars Larsen, dem Willatz Holmsen zu einer Ausbildung und schließlich zur Priesterschaft verholfen hatte. Um seinen sozialen Aufstieg (oder nach Hamsuns Ansicht – Abstieg) gebührend zu dokumentieren, ändert er seinen Namen von Larsen in den kultivierteren und etwas verschwedischten »Lassen«. Aufgrund seiner Bildung wird er zu einem bedeutenden Mann unter seinen Mitmenschen, und sein Name wird im ganzen Norden Norwegens bekannt. Wie nicht anders zu erwarten, wenn in einem Hamsun-Roman Brüder auftauchen, ist sein Bruder Julius das ganze Gegenteil von ihm – er ist weltlich, realistisch, steht zu seiner Herkunft und besitzt einen gesunden Menschenverstand, der ihn seinem büchergelehrten Bruder in bezug auf Lebensweisheit vollkommen ebenbürtig macht. Dieser Julius führt in Segelfoß ein Hotel, und in der Absicht, sich den Namen seines Bruders zunutze zu machen, beabsichtigt er, »Hotel Lassen« auf sein Schild zu schreiben. Der Pfarrer verweigert ihm aber die Erlaubnis, wofür er von Hamsun gnadenlos verspottet wird. Diese Geschichte ließ Hamsuns Fall 1922 ziemlich lächerlich erscheinen. Doch ohne dies leugnen zu wollen, sollte aber auch daran erinnert werden, daß Hamsun mit seiner satirischen Darstellung Larsens/Lassens in erster Linie gewisse Aspekte seines eigenen Aufstiegs aus der Armut verspottete. In dem fabelhaften Geschäftsmann Tobias Holmengraa schuf Hamsun eine königliche Inkarnation seiner selbst; in Lassen schuf er einen Affen seiner selbst.

Das Urteil fiel am 5. Januar 1925 im Stadtgericht von Oslo.* Almar und Thorvald wurden für berechtigt befunden, den Namen Hamsun zu benutzen. Hamsun legte beim Obersten Gericht Berufung ein, doch bevor es zu einer erneuten Verhandlung kam, wurde die Sache durch eine private Übereinkunft bereinigt. Hamsun hatte Thorvald 3000 und Almar 5000 Kronen angeboten, wenn sie auf die Benutzung des Namens verzichteten, und sie gingen darauf ein.

---

* 1925 wurde die Hauptstadt von Kristiania in Oslo umbenannt.

Der Fall hinterließ einen bitteren Nachgeschmack. Viele Leute sahen Hamsuns Verhalten als arrogant an und waren darüber empört. Thorvald benutzte den Namen weiterhin, mal mit und mal ohne »d«, fühlte sich aber gedemütigt. Er richtete sogar pathetische Anfragen an das Justizministerium über die Möglichkeit, die Bruderschaft legal annullieren zu lassen.[4] Almar nahm den Namen Bjørnefjell an und führte weiter sein unstetes und ungebundenes Leben. 1937 veröffentlichte er ein Buch unter dem Titel *›Almar Hamsun‹ som døde* (Almar Hamsun, der starb). Es wurde aber nicht der sensationelle Erfolg, den er sich erhofft hatte. Auch nicht besser erging es einem Band Memoiren, der dieses frühere Buch unter dem Titel *›Almar Hamsun‹ som døde – lever* (Almar Hamsun, der starb – lebt) mit enthielt, als er 1971 veröffentlicht wurde.
Die ganze Sache war ziemlich bedauerlich. Sie vernichtete den harmlos angeberischen Thorvald und nährte die zunehmenden Unterstellungen, Hamsuns Unnahbarkeit auf Nørholm sei hauptsächlich ein Ausdruck tiefer Verachtung für die Welt. Die Gerüchte drangen bis in Hamsuns Abgeschiedenheit und verletzten ihn zutiefst. Marie Hamsun wünschte, er hätte diesen Fall nie aufgeworfen, und innerlich mag er sich wohl inzwischen dasselbe gewünscht haben. Aber es war nicht Hamsuns Art, etwas zurückzunehmen. Richtig oder falsch, einem einmal eingeschlagenen Weg folgte er eher bis zur völligen Katastrophe, als daß er einen Fehler eingestand.
Trotz allem waren diese Jahre im großen und ganzen mit die sorglosesten seines ganzen Lebens. Nach außen hin schien für ihn alles gut zu laufen, doch wie er in *Pan* geschrieben hatte, sind »die Quellen von Freude und Schmerz in einem selbst zu finden«, und beginnend im Jahre 1920 finden sich in seinen Briefen recht seltsame und untypische Andeutungen bezüglich eines ganz persönlichen Kummers, den er durchmachte. Sein langes Dankschreiben an Albert Engström vom 30. Dezember 1920, in dem er seine Freude zum Ausdruck brachte, den alten Freund während der Feierlichkeiten anläßlich der Nobelpreisverleihung in Stockholm

wiedergesehen zu haben, enthielt auch diese traurige Bemerkung:

> Wieder einmal mit Ihnen zusammenzusein war ein Segen. Ich könnte nicht sagen, was mich sonst noch dermaßen aufgeheitert hätte, denn ich war sehr niedergeschlagen und fürchtete mich vor jedem.

Zwei Jahre später, als er im Grand Hotel in Arendal an dem Roman *Das letzte Kapitel* arbeitete, schrieb er am Freitag, dem 13. Oktober 1922, um 22 Uhr an Marie:

> Traurig und ekelhaft, hier zu sein. Nein, ich brauche immer mehr ein Kindermädchen, ich sitze da und habe schon Angst, obwohl ich die Türe untertags abgeschlossen lasse ... Ich möchte gerne, daß Du hier wärest, ich kann mich nicht erinnern, daß mir früher so elend zumute war. Aber das muß sich jetzt wohl geben ... Hier ist Gott sei Dank kein Bekannter im Hotel, so werde ich von niemandem gestört ...
> Und jetzt gehe ich mit diesen Zeilen direkt fort und dann zu Bett. Ein Drecksbrief, doch nur, damit Du ein paar Zeilen hast. –
> Gute Nacht, Vensa, ich *brauche* Dich nicht, verstehst Du, aber ich fühle mich allein.[5]

Das letzte Kapitel, sein Buch über den Tod, hatte ihn physisch und geistig erschöpft. In den Monaten nach seiner Veröffentlichung suchte er immer verzweifelter nach einem Stoff für seinen nächsten Roman, fand aber keinen. Sein alter Trick, eine Blockierung in seinem Denken zu umgehen, indem er auf einen plötzlichen Impuls hin von zu Hause wegfuhr, funktionierte diesmal nicht. Im Februar 1925 reiste er nach Bergen und wohnte dort eine Zeitlang im Hotel Norge, Zimmer 45, unter dem Namen Dr. Hansen, in dem sinnlosen Versuch, unerkannt zu bleiben. Der erhoffte Funke, das Licht, blieb jedoch aus. So ließ er nach ein paar Tagen Marie nachkommen, und sie machten Urlaub, sahen sich Bergen an und unternahmen Einkaufsbummel durch die großen Geschäfte.

»Schreiben bedeutet, über sich selbst zu Gericht zu sitzen«, schrieb Henrik Ibsen in einem Gedicht. Das ist eine Bemerkung, die über jedem von Hamsuns Romanen stehen könnte. Der physische Akt, sie zu schreiben, war eine enorme Anstrengung für ihn, ein Kampf, eine Herausforderung, mit dem tobenden Chaos zu streiten; und trotz seines ganzen späteren Geredes, in erster Linie Bauer zu sein und dann erst Schriftsteller, zeigt seine Reaktion, wenn er mit einem Schreibblock konfrontiert wurde, deutlich, daß das nur eine öffentliche Pose war, daß seine Selbstachtung ganz und gar davon abhing, der Herausforderung, Bücher zu schreiben, gerecht zu werden. Wenn er von zu Hause weg war und an den ersten Seiten des Buches arbeitete, enthielt stets mindestens einer seiner Briefe an Marie die Formulierung »Und nun wollen wir mal sehen, aus was für einem Stoff ich *wirklich* bin«, wenn er über den Kampf nachdachte, der ihm noch bevorstand. Die Verleihung des Nobelpreises wirkte sich nicht im geringsten auf sein Verhältnis zwischen seinem literarischen Talent und seiner Selbstachtung aus. Im Januar 1923, als er im Hotel Ernst in Kristiansand an *Das letzte Kapitel* arbeitete, schrieb er an Marie: »Ja, jetzt müssen wir sehen, wozu ich tauge, Leben oder Tod oder Verrotten.« Nun, da die Zeit verging und das große Licht, das in der Vergangenheit ständig für ihn geschienen hatte, nicht mehr schien, kam kein Buch mehr, und er spürte seine Selbstachtung schwinden.
Hamsuns leidenschaftlicher Glaube an den Wert des Unbekannten, des Irrationalen, des Mysteriösen im Leben, den Nagel in *Mysterien* so leidenschaftlich verkündet hatte, war wirklich ein Bestandteil seiner alltäglichen Einstellung zum Leben. Als Victoria Hamsun nicht lange nach ihrer Geburt erkrankt war, hatte Hamsun sie häufig lange an seine nackte Brust gedrückt und dann behauptet, es sei die animalische Wärme seines Körpers gewesen, die ihr das Leben gerettet hatte. Später trug er mit leidenschaftlicher Überzeugung ei-

nen großen Zinkgürtel, den sogenannten »Reiersen-Gürtel«, und führte mit den Herstellern eine lebhafte Korrespondenz darüber, ob der Gürtel tatsächlich Blut *produzierte* oder ob er nur das vorhandene Blut besser zirkulieren ließ. Pflichtbewußt schickte er den Gürtel zum »neu Verzinken« zurück und gab den Glauben an ihn erst nach langem Kampf auf, wozu auch gehört hatte, den Gürtel mit stärkeren Batterien aufzuladen und sogar zwei dieser Gürtel auf einmal zu tragen. Als er sich am 4. Januar 1926 als einer der ersten Norweger einer umfangreichen Psychoanalyse unterzog, war das eine weitere Geste seines Glaubens an das Irrationale und ein Beweis dafür, daß mit sechzig sein Sinn für das Experiment und das Andersartige noch genauso stark war wie eh und je. Sein Analytiker, Johannes Irgens Strømme, praktizierte in Oslo, und auf sein Drängen reiste Hamsun in die Hauptstadt und wohnte die sechs Monate, die die Analyse dauerte, im Hotel Victoria, im Zentrum der Stadt.

Strømme war der Sohn eines Pfarrers aus Maries Heimatstadt Elverum. Während seines Medizinstudiums in den 1890er Jahren waren ihm Artikel von Freud in die Hände gekommen, und die hatten ihn dazu veranlaßt, sich völlig dem Studium dieser neuen Wissenschaft des Geistes zu widmen. 1913 arbeitete er in Zürich als Assistent von Eugen Bleuler, der den Terminus »Schizophrenie« geprägt hatte und ein Pionier in der Erforschung dieser Krankheit war. Er kehrte nach Norwegen zurück und eröffnete 1916 seine Praxis in Oslo.[6] Er schrieb ein Buch mit dem Titel *Nervøsitet* (Nervosität) und schickte Hamsun ein Exemplar davon. Hamsun war fasziniert von dem Buch und erklärte sich nach einer kurzen Korrespondenz zu einer Analyse einverstanden. Das war ein typischer Ausdruck von Hamsuns Aufgeschlossenheit gegenüber Theorien über den Geist und die Arbeitsweise des Bewußtseins, denn die Psychoanalyse wurde 1926 in Norwegen noch mit erheblichem Argwohn betrachtet. Ein Zeitungsbericht über einen Fall im Jahr 1930, in dem Strømme von dem Ehemann einer seiner Patientinnen verklagt worden war, beschreibt ihn als »einen Namen, den die meisten von uns mit dem unklaren Begriff der *Psychoanalyse* in Verbindung bringen, eine Art

Wunderdoktor, ein exklusiver Marcello Haugen«,* und fügte hinzu, es sei »ausgesprochen schwierig, seine ›unmoralischen Behandlungsmethoden‹ zu ertragen. Er ist in vieler Hinsicht ein naiver Mensch, und sein Buch über Nervosität kann nicht als eine wissenschaftliche Arbeit angesehen werden. Die Psychoanalyse ist für ihn ein Evangelium, und sich selbst sieht er als Propheten. Aber er ist ein *guter* Mensch.«[7] Strømme scheint jeoch bei seinen Patienten ausnahmslos Verehrung erweckt zu haben und bei den Unbeteiligten respektvolle Neugier. Hamsun suchte ihn täglich auf, außer sonntags, manchmal sogar zweimal am Tag, und in Briefen an eine zutiefst skeptische Marie in Nørholm schilderte er mit kindlichem Staunen den Verlauf seines neuen Abenteuers:

> (6.1.26) Ich bin jetzt dreimal beim Doktor gewesen, das ist eine merkwürdige Arztbehandlung, sie besteht daraus, daß ich mit allen Kräften versuche, mich an etwas aus den Träumen der letzten Nacht zu erinnern, und dann »analysiert« es der Doktor. Er ist mit mir zufrieden, er erklärte heute wieder, daß es bestimmt ein gutes Resultat geben werde. Er empfiehlt mir sogar, ihm gegenüber skeptisch zu sein, aber er bittet mich, daß ich nach ein bis drei Wochen davonlaufen und das Ganze aufgeben soll. Er arbeitet unermüdlich mit mir, ab und zu tut er mir leid. Wir müssen eben sehen, wie es läuft.

> (29.1.26) Ich mußte mich von dem Luftkissen, auf dem ich sitze, trennen, es wurde undicht und war morgens immer deutlich flacher, wenn es die Nacht über nur auf dem Stuhl lag. So gab ich es zurück und erhielt statt dessen zwei Rasiermesser. Denn der Doktor sagt, das gehört mit zu meinem elenden Zustand, daß ich mich nicht *jeden Tag* rasiere, das ist Faulheit, und ich muß an mir arbeiten, sagt er. Denk, wenn ich jetzt wieder einmal nach Hause komme, werde ich mich jeden Tag rasieren – ich, der ich manchmal eine Woche lang unrasiert herumlief!

---

* Marcello Haugen war ein berühmtes norwegisches Medium und ein Geistheiler.

Sonst ist es das Übliche beim Doktor, einmal täglich ist die Regel, doch manchmal auch zweimal am Tag, wenn er nicht fertig wird. Er ist ungeheuer nett und fleißig. Heute sagte er, er sei sehr zufrieden mit mir, doch mein Inneres leiste großen Widerstand.
Gestern ging ich bei Wang vorbei, er hatte Auktion, ich ging hinein, es war gerammelt voll von Leuten, und man sollte nicht glauben, daß die Zeiten schlecht seien, man bot hoch, in die Hunderte, alles war so voll von Leuten, daß ich nicht sah, um was es ging, doch für einen Tisch, der angeboten wurde, wurden mehrere hundert Kronen bezahlt. Wohl bekomm's, er war jedenfalls nicht Empire.
Gestern habe ich mir eine Krawatte gekauft, jetzt bin ich also fein. Aber noch keinen Hut. Man braucht lange zu einem Loch. – Ich habe mir das angegriffene Buch des Doktors, *Feminismus,* geliehen. Es ist unglaublich unterhaltsam, ist ausverkauft, aber man hat mir für bald ein gebrauchtes Exemplar versprochen, dann schicke ich es.

(4.2.26) Liebe Marie! Ein Monat, seit ich anfing. Ich weiß nicht, was ich noch sagen soll. Wäre ich der erste und einzige, also das Versuchskaninchen, dann würde ich mich wohl sehr skeptisch verhalten, aber wir sind zu viele und in zu vielen Ländern (vor einigen Tagen las ich einen Abschnitt in der *Times,* und Du hast sicher Direktor Arnesens Kritik von Dr. Strømmes *Nervosität* in der *Aftenposten* gelesen). Der Doktor hat mir erzählt, daß er zwei Jahre lang Direktor Arnesens Oberarzt war. Der Direktor glaubte nicht an diese neue Methode, doch dann hatte er eine Schwester, die er nicht heilen konnte, er schickte sie zu Strømme, und sie wurde gesund. Das war vor sieben Jahren.
Gestern abend, als ich nach Hause ging, fiel mir plötzlich ein, daß ich keinen Grund hätte, Angst vor Menschen zu haben (Du erinnerst Dich: die Phobie, Furcht, aus dem Buch?).* Da richtete ich mich auf, ging gerade, legte mich

---

* Vermutlich eine Anspielung auf einen Abschnitt in Strømmes Buch.

in diesem Bewußtsein ins Bett, las etwas, erwachte, lebte weiter in dem Bewußtsein, und jetzt will ich versuchen, mich so zu verhalten. Ich will versuchen, keine Phobie zu haben, warum sollte ich Angst vor Menschen haben!
Als ich das heute dem Doktor erzählte, erzählte er mir folgendes: Am 4. Januar, am gleichen Tag wie Sie, begann eine Dame, eine verheiratete Frau. Sie war über 30, des Lebens überdrüssig, hatte Angst davor, alt zu werden, Angst vor dem Tod, Angst davor, wahnsinnig zu werden. Sie war die ganze Zeit über sexuell impotent gewesen, hatte aber zwei Kinder. Heute habe ich sie heimgeschickt, sagte der Doktor. – Hatten Sie keinen Erfolg bei ihr? fragte ich. – Sie ist gesund, antwortete er. – Auf Dauer? fragte ich. – Ich habe in all diesen 14 bis 16 Jahren nicht einen Rückfall gehabt, sagte er. – Ich fragte ihn etwas aus, sie ließe den Kopf nicht hängen, sei erotisch aufgewacht (was er auch für großartig hielt) und arbeite den ganzen Tag mit ihren Pflichten.
Jaja, jetzt müssen wir sehen, was ich arbeiten kann. Doch ich bin schlimmer, denn ich bin skeptisch und leiste Widerstand (wie es im Buch beschrieben ist) ...[8]

Mit fortschreitender Behandlung schien sich Hamsuns Auffassung über ihren Zweck allmählich zu ändern. Immer häufiger konzentriert er sich auf die Hoffnung, daß die Sitzung bei Strømme eine Fundgrube an Material freisetzen würden, das bisher verschlossen in ihm schlummerte und ihn in die Lage versetzen würde, wieder zu schreiben. Der Wunsch, seine Angst vor den Menschen loszuwerden, ließ nach. Was die Sitzungen bei Strømme auch gebracht haben mochten, auf jeden Fall kam Hamsun in diesen Wochen und Monaten in Oslo viel mehr unter die Leute als seit Jahren, und er nutzte diese Gelegenheit ausgiebig. Er besuchte alte Freunde wie Henrik Lund und bummelte durch die Straßen und Geschäfte der Stadt. Er mußte an seine frühere Zeit denken und suchte einige der Schauplätze von *Hunger* wieder auf. Es schien ihm alles so lange herzusein:

Am Sonntag unternahm ich einen Bummel ums Vaterland und suchte die alten Lieblingsorte von vor 38 – achtunddreißig – Jahren auf. Ich glaubte ein paar der alten Häuser wiederzuerkennen, war mir aber nicht ganz sicher. Mein damaliges Hotel, Tomtegate 11, war sowieso nicht mehr da. Es war ein seltsamer Spaziergang durch die alten Straßen ...

Er ging auch ins Kino und hatte rechte Freude daran, ganz besonders mochte er einfache Abenteuerfilme und Komödien. Mit dem Oberkellner vom Victoria ging er in einen Film über einen blitzschnellen Taschendieb, den er »äußerst interessant« fand; und ein andermal besuchte er eine Vorführung, zu der auch Kinder eingelassen wurden, und sah einen Film über einen »Mann, der alles umriß, was er berührte, sogar Hauswände stürzten über ihm zusammen«. Es war reiner Blödsinn, schrieb er Marie, aber er fand es lustig, und noch lustiger fand er das Lachen der Kinder im Kino.
Nach einiger Zeit hatte er das Gefühl, Fortschritte zu machen:

Heute nacht geschah es zum ersten Mal – ich glaube seit einem Jahr –, daß ich etwas notieren konnte für die Arbeit, mit der ich angefangen habe. Nicht deshalb, es »entsprang« keine Quelle, aber ich war nicht völlig mausetot, und das ermunterte mich. Als ich dem Doktor davon erzählte, überschätzte er es auch nicht, aber er meinte, es sei erfreulich. Ich mußte natürlich darüber Rechenschaft ablegen, und ich sagte, ich glaubte, es käme davon, daß ich Dich in nicht allzu ferner Zeit erwarte ...

Und als er verzweifeln wollte, machte Strømme ihm Mut mit der Gewißheit auf Erfolg:

(27.4.26) Meine liebe Marie! Herzlich gute und erzählende und liebe Briefe von Dir, und vielen Dank dafür und ein Streicherle, wie wir in meiner Kindheit sagten. Ich werde es Dir in Gottes Namen einmal vergelten können. Alles ist so merkwürdig, ich bin da drinnen und doktere an mir herum wegen der verlorengegangenen Arbeitsfähigkeit, ich, der ich nichts anderes will, als zu Hause zu sein und drüben in meinem Haus zu arbeiten und gute Bücher zu schreiben und für uns alle schöne Honorare zu verdienen. Doch da laufe ich Monat für Monat herum und vergeude die Zeit und pflege mich. Aber es *muß* gelingen! sagt der Doktor. Das steht außer allem Zweifel für ihn. Wenn er auch nur einmal *vielleicht* sagte, würde ich unsicher, aber er sagt *absolut!* Doch vorläufig ist das Leben traurig und unheimlich.

Er hatte seinen Appetit verloren, und nicht einmal ein vorgezogenes Mittagessen und ein Spaziergang von acht Stunden änderte etwas daran. Aber er träumte jetzt sehr heftig, und mit recht rührendem Stolz schilderte er Marie einen solchen Traum, »der sogar den Doktor verstummen ließ«.
Im Juni schließlich brach Hamsun die Behandlung ab. Marie war sowieso immer dagegen gewesen, und obgleich er sich nicht unbedingt »geheilt« fühlte, glaubte er doch, gewisse Fortschritte gemacht zu haben. Theaterbesuche, erstmals seit fünfzehn Jahren, hatten nicht dazu beigetragen, seine niedrige Meinung über die Schauspielkunst zu ändern. Nach anderthalb Akten von Galsworthys *Loyalties* (Gentlemen) ging er wieder, teils weil er nicht ein Wort hören konnte, teils weil ihm die Sitze zu heiß waren und teils weil er es abscheulich fand. Ein späterer Theaterbesuch, bei dem er ein Stück mit dem Titel *Dunungen* sah, brachte ihn auf den Gedanken, wieder einmal selbst ein Stück zu schreiben. Marie erzählte er:

Warum ich ein Stück schreiben will, ist so zu erklären: Ein wenig sah ich ja von *Gentlemen;* seitdem habe ich Hedqvist getroffen, der mich bat, *Dunungen* anzuschauen. Gut, ich bekam Eintrittskarten für Gundersen und mich und sah *Dunungen.* Ich hörte kaum besser, aber Gundersen flüsterte mir das zu, worüber das Publikumsvieh lachte – ach, Herrgott, was für armseliges Zeug, und wie dankbar die Leute für wenig waren! An einer Stelle sitzt die »Dame« auf einem Stuhl und redet eine Viertelstunde lang elegisch mit sich selbst! Ich habe keinen Zweifel daran, daß ich es besser gemacht hätte, ich erkenne jetzt auch, daß Spannung dazugehört, worum ich mich früher nicht gekümmert habe.

Das Hauptanliegen dieses Briefes vom 13. Juni ist es jedoch, anzukündigen, daß er nach Hause kommt, und zu versuchen, Maries Ärger schon im voraus etwas den Stachel zu nehmen – sie war sehr eifersüchtig auf seinen gesellschaftlichen Verkehr und zutiefst verärgert über seine Besuche in der ihm angeblich verhaßten Welt des Theaters, der er sie in der ersten Zeit ihrer jungen Liebe unbedingt entreißen wollte:

Ich bin mit mir selbst einig geworden, daß ich binnen kurzem hier aufhören und nach Hause kommen will, und ich möchte den Doktor so langsam darauf vorbereiten. Ich kann aus allen möglichen Gründen nicht ewig hierbleiben. Ich meine ganz bestimmt, daß ich innerlich fester geworden bin, und ich glaube, daß ich wieder etwas schreiben kann, eine »Quelle« ist nicht in mir entsprungen, aber wenn ich mich fünf Monate lang für schweres Geld habe analysieren lassen, ohne die Quelle zu kriegen, dann lassen wir es eben in Gottes Namen bleiben. Ich bin jedenfalls in vierzehn Tagen zu Hause, wenn nicht früher.
Es war wohl verkehrt von mir, zu schreiben, daß Tore hereinkommen sollte,* denn Du hast es ihm gegenüber vielleicht schon erwähnt. Doch das kann man ja damit erklären, daß ich hier früher fertig wurde, als ich dachte. Doch dann betrifft es Dich selbst. Wenn auch Du im Inneren etwas stetiger werden und versuchen könntest, leichteren Sinnes zu sein – nicht nur die ersten Tage, sondern immer –, dann glaube ich, ich kann wieder arbeiten. Herrgott, ich habe doch die ganze Zeit nur um unseres ge-

* In einem früheren Brief hatte Hamsun vorgeschlagen, Tore solle zu ihm nach Oslo kommen und dort weiter zur Schule gehen.

meinsamen Besten willen hier in der Stadt gelebt, und das sollst und mußt Du einsehen. Es gibt so viele Frauen, die dem Mann mit aller Kraft helfen mußten, die Bürde zu erleichtern, um Armut und Not abzuwehren, das brauchst Du nicht, deshalb meine ich, Du könntest lachen und tanzen, anstatt niedergedrückt zu sein und mich selbst niederzudrücken. Über was in aller Welt mußt Du Dich im Grunde grämen? Daß ich Dich bekam, daß Du Dich nicht in möblierten Zimmern hier durchschlagen mußtest? Ja, Du, glaub nur, die haben es gut, die Schauspieler hier, das ist schon etwas, wonach man sich zurücksehnen kann! Immer mehr Kleister ins Gesicht, um die Falten zu verstecken, immer mehr Trinkerei, um sich innerlich aufrecht zu halten, einige lesbisch, andere homosexuell, alle verschuldet wegen der Kleider, die sie tragen. – Bei uns in Nørholm ist es einsam, und das ist für uns beide nicht *nur* gut. Wir müssen mehr Hilfe haben, eine Hausdame, dann brauchst Du nicht mehr auf dem Sprung zu sitzen, ob uns jemand besucht. Diese Ausgabe wird vielleicht dadurch gedeckt, daß wir beide, Du und ich, leichteren Sinnes werden, damit ich wieder arbeiten kann.

Die letzte Sitzung bei Strømme hatte Hamsun am 18. Juni, und dann kehrte er nach Nørholm zurück.*
Die »Behandlung« war erfolgreich gewesen: In seinem Dichterhaus auf Nørholm nahm er sofort den Roman *Landstreicher* in Angriff, den ersten Teil seiner Trilogie über den abenteuerlichen Weltumsegler August, und schrieb in einem Ausbruch an Schaffenskraft noch in diesem Sommer die ganze erste Hälfte des Buches.

* Strømmes stenographische Protokolle der Sitzungen mit Hamsun existieren noch und wurden 1978 Gyldendal übergeben mit der Aussicht auf eine Veröffentlichung. Es hat sich jedoch als unmöglich erwiesen, Strømmes Kurzschrift, die an einem schwedischen System orientiert ist, hinlänglich zu entziffern. Außerdem wurden moralische Einwände erhoben. Strømme hatte das Manuskript 1958 seinem eigenen Verleger, Theodor Myklestad, anvertraut und ihm gegenüber erklärt, die wichtigste Erkenntnis aus der Analyse sei gewesen, daß Hamsun »grenzenlos eifersüchtig« auf Marie gewesen wäre.[9]

Im Herbst 1927 mietete Hamsun eine Villa auf Bygdøy, einer Landenge am Oslo-Fjord nahe der Hauptstadt, und wohnte dort einige Monate mit seiner ganzen Familie. Der Grund für diesen Umzug war zum Teil, Marie ihrerseits eine Behandlung bei Strømme zu ermöglichen. Dazu hatte Hamsun sie, unterstützt von dem Doktor, von Anfang an gedrängt. Nach einigem hoffnungslosem Widerstreben willigte sie schließlich in die Behandlung ein, die sie aber weder brauchte noch wollte und von der sie auch absolut nichts hielt. Ihr Verhältnis zu Strømme war von Anfang an nicht besonders und verschlechterte sich nur. Sie fand seine Besessenheit von sexueller Symbolik lächerlich, biß jedoch die Zähne zusammen und hielt durch. Hamsun arbeitete wieder – und das allein zählte. Das war ein typischer Akt der Selbstaufopferung.
Hamsun nahm seine eigene Analyse am 3. Januar 1927 wieder auf. Mitunter begegneten sich die beiden auf der Treppe zu Strømmes Büro. Nur ein Lächeln oder ein Nicken als Begrüßung war erlaubt; miteinander sprechen durften sie nicht. Unweit der Villa auf Bygdøy mietete Hamsun eine Hütte und arbeitete dort beständig den ganzen Winter über. Im Frühjahr vollendete er *Landstreicher,* und mit seiner Analyse war er am 8. März fertig. Marie atmete erleichtert auf, und sie alle zusammen fuhren nach Nørholm zurück. Wie auch bei dem Aufenthalt in Larvik, bei dem *Segen der Erde* entstand, hat man den Eindruck, daß die ganze Erde in Bewegung gesetzt wurde, damit der Dichter ein neues Buch schreiben konnte.

14

1927–1933: Auf der Höhe des Ruhms: Die *August*-Trilogie

Das Eingangskapitel der *Landstreicher,* dem ersten Band der nach August benannten Trilogie, ist ein Meisterwerk. In einem kleinen Dorf tauchen eines Tages zwei dunkelhäutige, exotische Männer auf. Einer von ihnen ist auf einem Auge blind; er befestigt eine Drehorgel auf einem Stock und beginnt, sie zu spielen. Aus der Umgebung strömen die Leute herbei, hauptsächlich Frauen und Kinder, denn die Männer sind zum Fischen bei den Lofot-Inseln. Es dauert nicht lange, da beginnen die beiden zu streiten. Der Sehende drängt den anderen, weiterzuziehen, da von einem solchen Publikum wie diesem hier kein Geld zu erwarten sei, doch der Halbblinde möchte bleiben und die Leute unterhalten. Der Sehende verliert die Geduld und schlägt seinen Partner, so daß ihm Blut über die Wange läuft. Die Zuschauer protestieren, und ein Bursche von dreizehn Jahren, Edevart mit Namen, stellt dem Tyrannen ein Bein. Er stürzt, steht wieder auf, droht ein paarmal mit der Faust und verschwindet. Das mitfühlende Publikum greift nun in die Taschen nach Münzen für den halbblinden Drehorgelmann. Plötzlich setzt er sie in Erstaunen, indem er auf einen Knopf an der Orgel drückt, worauf eine Klappe fällt und den Blick freigibt auf eine kleine Bühne mit Figuren darauf, die sich nach der Musik bewegen. Napoleon in der Mitte hält ein kleines Fernrohr in der Hand und hebt es ab und zu ans Auge. Er ist flankiert von zwei Generälen, und vor ihnen steht ein kleiner Bettelknabe mit einer Schale in der Hand. Jedesmal, wenn eine Münze auf die Schale gelegt wird, wirft er sie in eine Lade. Das Publikum ist von diesem magischen kleinen Theater bezaubert. Als kein Geld mehr kommt, tritt ein kleines Mädchen vor und legt einen blanken Knopf auf die Schale. Daraufhin macht der Junge einen Ruck in die andere

Richtung, und der Knopf fliegt in weitem Bogen in den Schnee. Auch das finden die Zuschauer herrlich und legen nun alles mögliche auf die Schale, Nägel, kleine Steine, Holzstückchen, bis der Betteljunge durchdreht und die Schale unaufhörlich so heftig schüttelt, daß nichts darauf liegenbleibt. Der Leierkastenmann hört auf zu drehen, schlägt die Klappe vor dem kleinen Theater zu und beendet somit die Vorstellung. Die Frauen des Dorfes geben ihm zu essen und schenken ihm ein Paar warme Socken. Dann macht er sich wieder auf den Weg. Der Junge Edevart, immer noch fasziniert von der Schau, folgt ihm heimlich. Der Mann entdeckt ihn und fordert ihn zornig auf, nach Hause zu gehen. Nun kommt plötzlich der andere Mann hinter einem Gebüsch hervor und fragt, was los sei. Der Halbblinde, der ganz und gar nicht blind ist, wischt sich die vorgetäuschte Blutspur aus dem Gesicht und flüstert mit seinem Begleiter, worauf sie beide lachen. Edevart ist vollkommen verwirrt. Die Männer scheuchen ihn weg, während sie ihre Einnahmen zählen. Dann nicken sie ihm noch einmal zu und wandern weiter. Er kehrt in das Dorf – Polden – zurück, wobei ihm dämmert, daß man ihn zum Narren gehalten hat.

Diese klassische Schilderung des Verlustes der Unschuld läßt ahnen, was nun folgt. Kurz darauf schließt sich Edevart einem älteren Jugendlichen an. Dieser heißt August, stammt aus dem Nachbarort, ist Waise, war Matrose und hat bereits exotische Länder wie Burma gesehen. August ist ein Phantast, ein Lügner, ein Charmeur und ein Hochstapler, der goldene Zahnkronen trägt. Der introvertierte Edevart fühlt sich zu ihm hingezogen, und die beiden begeben sich zusammen auf Abenteuer in Nordnorwegen, ähnlich wie Huck Finn und Tom Sawyer auf dem Mississippi oder wie Hamsuns eigenes früheres Paar – der leichtsinnige Charmeur Munken Vendt und der sensible und zurückgezogene Student Frederick Parelius. Sie bergen die Fischjacht eines ermordeten Schiffers und führen sie nach Süden, nach Bergen. Unterwegs laufen sie verschiedene Häfen an. Auf einer abgelegenen Zwischenstation, einem Bauernhof namens Doppen, begegnen sie einer jungen Frau, die allein ihre beiden Kinder großzieht. Sie sagt, ihr Mann sei nach Amerika fortgegangen. Edevart rettet eines ihrer Schafe. Als er dann mit August weitersegelt, muß er immerzu an sie denken. Er nimmt eine Beschäftigung im Handelshaus Knoff an, das Zahl und seinem Unternehmen in Kjerringøy nachempfunden ist, und arbeitet dort im Lager, um ihr nahe zu sein. Knoff ist ihm sehr gewogen und erteilt ihm später das Kommando über eine Jacht. Edevart unternimmt eine erfolgreiche Fischfangreise, trocknet seinen Fang anschließend in seinem Heimatort Polden und beginnt dort ein bedeutendes neues Geschäft. Doch die Frau in Doppen, Lovise Magrete, geht ihm nicht aus dem Sinn, und eines Tages kehrt er zu ihr zurück. Er wird ihr Geliebter, und sie führen ein idyllisches, glückliches Leben, bis nach einigen Wochen ein Brief für sie kommt. Sie hatte gelogen; ihr Mann war nicht in Amerika, sondern verbüßt in Trondheim eine Haftstrafe für ein Gewaltverbrechen. Der Brief kündigt seine unerwartete, sofortige Entlassung an, und Edevart muß verschwinden. Er nimmt die Arbeit bei Knoff wieder auf. Mitunter sieht er Lovise Magrete, wenn sie mit Haakon, ihrem Mann, zum Einkaufen in die Stadt kommt. Haakon ist ein Trinker und Weiberheld, und seine Frau scheint noch immer von Edevart angetan zu sein. Haakon betrinkt sich und provoziert einen Kampf mit Edevart, und obgleich sie sich darüber im klaren ist, daß sie Edevart mehr liebt, hält sie doch zu ihrem Mann. Die Unmöglichkeit der Situation zermürbt Edevart. Er setzt das abenteuerliche Leben mit August fort, läßt sich von ihm noch mehr in der Kunst des Lügens und Betrügens ausbilden und genießt es, ständig unterwegs zu sein. Er begegnet auch anderen Betrügern, wie Knoffs korruptem ehemaligem Schiffer Solem und dem alten Uhrenverkäufer Papst. August, Solem und Papst halten ihren Lebensstil für den natürlichsten, der nur den Lauf der Welt widerspiegelt, aber nie kann Edevart sein Schamgefühl loswerden. Für ihn wird die Welt allmählich immer mieser. Alles, was geschieht, scheint ihm das Leben zu vergiften. Als er wieder einmal in seine Heimatstadt kommt, findet er sie verändert und auf obskurse Weise verdorben. Ragna, eine

Freundin aus der Kinderzeit, das kleine Mädchen, das den Knopf auf die Schale des Bettelknaben gelegt hatte, hat ein uneheliches Kind zur Welt gebracht, und es hat den Anschein, als hätte ihre Großmutter das Kind erwürgt und es dann als Totgeburt ausgegeben. Edevart gibt sich die größte Mühe, wie August zu sein, nicht mehr gegen das Leben anzukämpfen, sondern seine Banalitäten und Kümmernisse mit großartigen Geschichten und wundervollen Lügen zu überwinden. Er versucht, seine gefährliche Hingabe an sein Gefühlsleben zu durchbrechen, muß jedoch erkennen, daß er das nicht kann, weil er, wie Leutnant Glahn, nicht nur verliebt ist, sondern verliebt in einen Traum von der Liebe und einen Traum der Unschuld. Als Edevart und August nach jener ersten Begegnung mit Lovise Magrete von Doppen wieder weitersegelten, fragte August Edevart, ob er sie nicht geküßt habe. Edevart versuchte, sich männlicher zu geben, als er war, und die Frage mit einem Lachen abzutun, doch hatte sie ihn so schlimm getroffen, daß er das Gefühl hatte, als ob »ein Gemälde, ein Regenbogen in ihm zerrinnen würde«. Als Lovise Magrete später zu ihm kommt und ihn bittet, ihr Geld zu borgen, damit sie mit Haakon und den Kindern nach Amerika zurückkehren und von vorn anfangen kann, gibt er es ihr. Sie trennen sich. Edevart ist niedergeschlagen. Für ihn besteht kein Grund, noch länger an den altvertrauten Orten zu bleiben, und er entschließt sich kurz darauf, selbst sein Glück in Amerika zu versuchen. Er geht still und heimlich, ohne sich von seinen alten Freunden zu verabschieden.

So endet der erste Teil der *Landstreicher*. Er ist in sich abgeschlossen, ein schöner kleiner Roman über den Schmerz des Verlusts der Unschuld, der eine in vieler Hinsicht ähnlich rührende Liebesgeschichte enthält wie *Pan* oder *Victoria*. Edevarts Entschluß zu gehen erinnert an Glahns ähnlichen Entschluß am Ende von *Pan*, als er die hoffnungslose Liebesaffäre mit Edvarda hinter sich hat und danach trachtet, von allem fern zu sein, und nach Indien reist.

»Ich weiß nicht, woher es kommt«, erklärte Hamsun 1929

gegenüber einem deutschen Psychologen, »bewußt tue ich nichts, um es herbeizuführen – ein Traum, ein Satz in einer Zeitung, ein Ton vom Klavier, das Lachen eines Kindes kann es auslösen«.[1] Wahrscheinlich hätte er seine Träume für sich behalten sollen, statt nach Vollendung des ersten Teils des Romans, im Herbst 1926, mit ihnen wieder zu Dr. Strømme zu gehen. Es ist traurig, aber wahr, daß der zweite Teil, der während der Fortsetzung der Analyse geschrieben wurde, weitaus weniger gut ist als der erste. Edevart geht in Wirklichkeit nicht nach Amerika, wodurch sich der Leser ein bißchen betrogen fühlt, besonders angesichts der reservierten Art und Weise, in der die geänderte Entscheidung vermittelt wird. Er führt statt dessen sein Umherziehen und Hausieren mit August fort, auf dessen Persönlichkeit, Heldentaten und Unternehmungsgeist Hamsun immer stärker setzt, um das Interesse an seinem Roman zu erhalten, nun, da die Liebesgeschichte vorüber ist. Teil zwei wird zu einer weniger interessanten Wiederholung von Teil eins und zeigt den Beginn einer Tendenz, die den zweiten Band der Trilogie ernsthaft beeinträchtigt und den dritten ruiniert, nämlich die Sorge um den großen Gedanken.

Seinen Protest gegen den Fortschritt und den »Zeitgeist« hatte Hamsun in *Kinder ihrer Zeit* und *Die Stadt Segelfoß* geäußert. In *Segen der Erde* hatte er eine Lösung angeboten, und in *Die Weiber am Brunnen* zeigte er, daß er verstand, daß seine »Lösung« nichts weiter war als ein liebenswürdiger Traum – daß das Leben aber dennoch nicht zu verachten ist, trotz seiner Schäbigkeit und Grausamkeiten. Mit *Das letzte Kapitel* hatte er eine äußerst persönliche Betrachtung über jene deprimierende Krankheit geschrieben, die sich menschliches Bewußtsein nennt, und einen Roman voll tiefer Verzweiflung geschaffen, der dennoch das Leben bejaht und sich seiner kleinen Freuden erfreut. Alle diese Romane spiegeln bis zu einem gewissen Grad den bewußten Versuch Hamsuns, als eine Art Sprecher oder Ratgeber des norwegischen Volkes zu fungieren, der Tradition von Henrik Wergeland und Bjørnstjerne Bjørnson folgend, und alle tragen sie den Samen des Verhängnisses in sich. Doch keiner von ihnen ist durch seine »Botschaft« entstellt, da Hamsuns instinktive Beherrschung seiner Kunst sie über dem Niveau von bloßer Propaganda hielt. In der *August*-Trilogie, beginnend mit dem zweiten Teil des ersten Bandes, geht es mit dieser Kunst jedoch bergab, die Botschaft drängt sich nach vorn; und ein Unternehmen, das so gut begonnen hatte, endet schließlich sehr schlecht.

Der erste große Gedanke in der Trilogie besagt, Emigration sei eine sehr schlechte Sache und zerstöre die Menschen als Individuen. Demonstriert wird das durch die Schilderung von Edevarts weiterem Schicksal. Gegen Ende der *Landstreicher* unternimmt er die lange verschobene Reise nach Amerika, um mit Lovise Magrete zusammenzusein, die ihr Mann wieder verlassen hat, und in Band zwei, *August Weltumsegler,* kehrt das Paar nach Norwegen zurück. Edevart wird dargestellt als ein noch niedergeschlagenerer, entwurzelterer Versager und Lovise Magrete als eine angeberische Vorstädterin, die Make-up trägt, ihre Herkunft verleugnet und vorgibt, die englische Sprache besser zu beherrschen als die norwegische.

Wenn Schriftsteller sich in solchen Fällen als vorausschauend erweisen, ist es von Vorteil; wenn nicht, fällt es um so mehr auf. Die Zustände im Bergbau, gegen die Émile Zola in *Germinal* so heftig protestierte, waren in Wirklichkeit schon einige Jahre, bevor sein literarischer »Protest« gegen sie erschien, weitgehend verändert worden. Genauso war die Auswanderung eine feste historische Tatsache im Leben Norwegens, lange bevor Hamsun diese Warnungen vor ihren Auswirkungen losließ. Tatsächlich hatte er sich bereits 1892 in einer Erzählung mit dem Titel *Weihnachten in der Berghütte* für die dänische Zeitschrift *Juleroser* zu dem Thema Emigration geäußert.

Den Ausschlag dazu gab eine Erfahrung mit Peter, dem ältesten Sohn der Familie Pedersen, der 1867 im Alter von sechzehn Jahren nach Amerika ausgewandert war und der sich als eine solche Enttäuschung für seinen Bruder Knut erwiesen hatte, als der ihm 1881 folgte. Hamsun schilderte in der Erzählung, wie das Weihnachtsfest auf einem armen Bergbauernhof durch die Ankunft eines Pakets aus Amerika, von Timian, dem ältesten Sohn, beeinflußt wird. Das Paket enthält eine feine Boa aus Fell, das Weichste und Schönste, was je in der Berghütte gesehen wurde. Lange stehen die Kinder um sie herum und beschauen und befühlen sie, ehe sie zu Bett gehen. Die Eltern entscheiden, daß sie Rinaldus, der Zweitälteste, haben sollte. Nur zweimal und mit größter Vorsicht trägt er sie in diesem Winter, beide Male beim Kirchgang. Die Erzählung endet abrupt mit der Information, daß im Sommer darauf die Haare ausfielen und die Motten in die Quasten gekommen waren – ein einziges Bild, das genausoviel über das Erlebnis des amerikanischen Traums aussagt wie all das Geschwafel der Trilogie über Edevart und Lovise Magrete.

Der andere große Gedanke der Trilogie lautet, »Fortschritt« sei grundsätzlich eine schlechte Sache, und um das zu demonstrieren, verwandelt Hamsun August ziemlich ungeschickt von einem interessanten, anregenden Schwindler in ein Symbol der modernen Zeit. Sein Yankee-Unternehmergeist, so erfahren wir, bringt solche Aspekte des modernen Lebens wie das Bankwesen, Fabriken und das Postsystem nach Polden. Er hört nicht auf, der respektlose und wunderlich warmherzige Charmeur zu sein, wie er auch immer wieder recht lustig ist – einmal prahlt er, von seinen Schießereien so viel Blei in seinem Körper zu haben, daß man ihn einmal, in Barbados, mit einer Flugmaschine nicht habe aufsteigen lassen wollen –, und Hamsuns künstlerisches Problem, das die ganze Trilogie hindurch ungelöst bleibt, besteht darin, wie er seine eigene Freude an August und das Bemühen, ihn wegen seiner Wirkung, die er auf die stabile Gemeinde hat, zu tadeln, miteinander in Einklang bringen kann. Der letzte Band, *Nach Jahr und Tag,* zeigt noch einmal die Figuren des zweiten Bandes, zwanzig Jahre später. August ist inzwischen ein alter Mann von über siebzig Jahren. Wie auch schon in Hamsuns anderer Trilogie, den *Wanderer*-Büchern aus den Jahren 1906 bis 1912, ist der Schauplatz des letzten Bandes ein anderer als der der ersten beiden. Wir begegnen August in Segelfoß, einer Stadt, die ganz und gar dem zwanzigsten Jahrhundert angehört und in der es jetzt ein Kino, ein Grandhotel und eine Bank gibt. Er ist ein kinderloser, unverheirateter Gelegenheitsarbeiter und ist für Gordon Tidemand tätig, den Sohn des wagemutigen jungen Ladenbesitzers Theodor, dessen gesellschaftlicher und ökonomischer Stern am Ende des letzten *Segelfoß*-Romans, 1915 erschienen, im Aufgehen begriffen war. Theodor wurde zur wichtigsten Persönlichkeit in der Stadt und zog in das Herrenhaus, das einst der aristokratischen Familie Holmsen gehörte. In Wirklichkeit ist Tidemand gar nicht Theodors Sohn, sondern das Ergebnis einer Affäre zwischen Theodors Frau und einem Zigeuner, Otto Alexander. August besitzt immer noch etwas von seinem früheren Charme und seiner Vorliebe, Seemannsgarn zu spinnen, aber er ist auch ein verärgerter alter Mann, der mit mäßigem Erfolg darum kämpft, seine übergroße Verachtung für die Mittelmäßigkeit aller anderen zu unterdrücken. Er tut sich immer noch groß mit verrückten und genialen Projekten für neue Unternehmungen wie zum Beispiel Schafzucht im großen Stil in den Bergen oberhalb von Segelfoß, die meiste Zeit jedoch bringt er damit zu, Arbeiter zu beaufsichtigen, die für Gordon Tidemand eine Straße ins Gebirge hinauf bauen. Und genau diese Straße geht er eines Tages hinunter, als plötzlich hinter ihm seine Schafe erschrecken und durchgehen. In wilder Flucht rast die Herde die Straße hinab, auf ihn zu, stürzt jäh in einen Abgrund und reißt ihn mit in den Tod.

Nach Jahr und Tag ist einer der schlechtesten von Hamsuns zweiundzwanzig Romanen. Sein Versuch, August zu einem Symbol des »Zeitgeistes« zu machen, schlägt fehl, hauptsächlich deshalb, weil er sich in seiner Entschlossenheit, seine reaktionäre Botschaft zu vermitteln, zu sehr bemüht, seine eigenen zwiespältigen Gefühle für diese Figur zu überwinden. Eine echte Handlung hat der Roman nicht, und Hamsuns typische Erzählmittel, insbesondere das Aufwerfen unzähliger rhetorischer Fragen, um Neugier zu erwecken, erstarren hier zu langatmigen Manierismen. Auch hält sich beim Leser die Neugier, ob ein Postamt eingerichtet beziehungsweise eine Heringsfabrik gebaut werden soll oder nicht, sicherlich in Grenzen; oder ob ein Engländer Gordon Tidemand besuchen wird oder nicht; und wie August, wenn überhaupt, an ein Vermögen aus einem Lotteriegewinn herankommen kann, das in Polden für ihn aufbewahrt wird. In Ermangelung echter Inspiration lebt der Roman von Gereiztheit, häßlichen und nicht überzeugenden Gewaltszenen und rassistischen Verunglimpfungen von Juden, Zigeunern und Lappen. Sechs Jahre Arbeit an der Trilogie und über tausend Seiten hatten Hamsun als Literaten ausgelaugt und nur noch Bodensatz zurückgelassen.

Trotz der künstlerischen Schwächen von *Nach Jahr und Tag* war die *August*-Trilogie ein sensationeller Erfolg und brach alle Verkaufsrekorde für Gyldendal in Norwegen zwischen 1927 und 1933. Von den einzelnen Bänden wurden 30.000, 25.000 beziehungsweise 27.500 Exemplare verkauft. Das war jeweils nahezu doppelt soviel, wie Hamsuns stärkster Konkurrent, Johann Bojer, mit 15.000 erzielte. August wurde zu einem Volkshelden unter den Norwegern und ein Rivale von Ibsens Peer Gynt. Natürlich war es die fabulierende, das Leben liebende Seite Augusts, die das Volk ansprach, und nicht der verdrießliche, verbitterte alte Mann, geradeso wie Hamsun für das Beste an ihm geliebt wird und nicht für das Schlechteste. Und trotz der künstlerisch schwächeren zweiten Hälfte kann man die *Landstreicher* durchaus mit großem Genuß lesen.

Gyldendal hatte diese Erfolge sehr nötig. 1925 war in Oslo der norwegische Verlag Gyldendal gegründet worden. Den Namen hatte er von dem dänischen Mutterunternehmen übernommen, das von 1902 an Hamsuns ständiger Verlag gewesen war. Das Geschäft war durch ein Darlehen von Hamsun ermöglicht worden, das ihn zum Hauptaktionär der Gesellschaft machte. Er hielt 200 von 1200 Aktien. Das war auch eine Gelegenheit, in dem mittlerweile zwanzig Jahre alten Norwegen den Nationalstolz zu fördern, denn es bedeutete, daß die Publikationsrechte für die Werke der »vier Großen« – Ibsen, Bjørnson, Kielland und Lie – endlich wieder in ihr Heimatland zurückkamen.

Mit Gyldendal in Kopenhagen war vereinbart worden, daß die Osloer Gesellschaft den Kaufpreis für die Rechte an den norwegischen Dichtern innerhalb von siebzehn bis zwanzig Jahren zu bezahlen hatte. Nicht zuletzt aufgrund des phänomenalen Erfolgs der ersten beiden Bände der *August*-Trilogie war Harald Grieg in der Lage, die Summe innerhalb von sechs Jahren, bis 1931, aufzubringen. Gyldendal war Hamsun, um es milde auszudrücken, sehr zu Dank verpflichtet. Und die Situation wirkte sich besonders zu seinen Gunsten aus, als er im März 1931 versuchte, seine Rechte an seine Verleger zu verkaufen. Gyldendal in Kopenhagen hatte die »vier Großen« zwischen 1906 und 1907 erworben; doch mit dem Kauf der Rechte zweier weniger bekannten Autoren, Thomas Krag und Andreas Haukland, hatte man enorme Verluste erlitten, und daher war Harald Grieg zuerst gegen Hamsuns Vorschlag. Hamsun bestand darauf, und Grieg gab schließlich nach, in einer Geste, die sicher mehr von Dankbarkeit bestimmt war als von strikten ökonomischen Erwägungen.

Am 12. Mai 1931 unterzeichneten die beiden Parteien einen Vertrag, der dem Gyldendal Verlag Norwegen sämtliche Rechte an allem, was Hamsun geschrieben hatte, auch die der Übersetzung in alle möglichen Sprachen, sicherte und Hamsun um 200.000 Kronen reicher machte. Das Geld wurde ihm sofort ausgezahlt. Nun konnte er einem Wunsch nachgeben, den er vermutlich seit seiner Begegnung mit Zahl in Kjerringøy im Jahr 1879 gehegt hatte, und Krösus spielen.

Innerhalb eines Monats, nachdem er das Geld von Gyldendal erhalten hatte, verschenkte er die Hälfte davon in Form von drei enormen Spenden – 25.000 Kronen an den norwegischen Schriftstellerverband, 25.000 an den Malerverband und 50.000 an zwei ausgewählte Kinderheime. Weniger als zwei Jahre später war er wieder in Griegs Büro und bestand darauf, sich zurückkaufen zu dürfen. Grieg, der einmal kategorisch erklärt hat, Hamsun sei einer der beiden bestaussehenden Männer, denen er je begegnet sei, schildert in seinen Memoiren, wie Hamsun vor ihm gestanden hatte: Den Kopf zur Seite geneigt, wies er mit seinen großen Händen auf sich und erklärte, daß er das Gefühl gar nicht mochte, sich nicht selbst zu gehören, er fühle sich dabei nackt. Grieg tat ihm wieder den Gefallen. Doch als ihm Hamsun sechs Jahre später, am 4. August 1938, wiederum schrieb und ruhig erklärte, Grieg müsse nun »ernsthaft darüber nachdenken, mich wieder zurückzukaufen«, schob Grieg der Sache einen Riegel vor. Die Lage in Europa, erklärte er, habe die verschiedenen Währungen völlig instabil werden lassen, und er sei nicht bereit, sich auf dieses Risiko einzulassen. Hamsun akzeptierte diese Entscheidung mit Fassung. Inzwischen vertraute und liebte er seinen Verleger, wenn es auch über elf Jahre gedauert hatte, bevor er ihm das »Du« anbot; das war im Sommer 1931, als sie eine ganze Nacht hindurch pokerten.[2]

Jetzt war Hamsun weltberühmt. In siebenundzwanzig Sprachen lagen seine Bücher vor, einschließlich Esperanto und Hebräisch, und als 1929 sein siebzigster Geburtstag anstand, bereitete sich das literarische Europa darauf vor, ihn gebührend zu feiern. An fünf Fronten drohte man Hamsun mit einer Biographie. Diese Aussicht erfüllte ihn mit echtem Grauen.

Die schlechte Presse, die er in den 1890er Jahren in Norwegen hatte, insbesondere die wiederholte Andeutung, er verstände sich besser auf die Kunst, sich zu verkaufen, als auf das Schreiben, hatte in ihm einen Horror vor Publicity hervorgerufen und seine Schüchternheit zu einer krankhaften Angst gesteigert. 1894 hatte er Langen daher gebeten, in der deutschen Ausgabe von *Pan* kein Bild von ihm abzudrucken, und im Juli 1905 hatte er Langens Bitte um biographische Fakten folgendermaßen beantwortet:

> Begonnen am 4. August 1860, als ich geboren wurde, und fortgefahren mit vielen hübschen Worten bis jetzt. Ich kann nichts tun. Außerdem, was sollte getan werden? Ich glaube, daß die Leute dieser Bilder und Biographien von Autoren überall auf der Welt überdrüssig sind. Es gibt so viele von uns.[3]

Für seine Freundin Bolette Larsen in Bergen hatte er 1894 eine kurze Darstellung seines Wanderlebens bis zum Durchbruch mit *Hunger* geschrieben. Das ist ein witziges, abfälliges Dokument, das hier und da den kurzen Refrain enthält, »Habe irgendeinen Blödsinn geschrieben«,[4] was deutlich zeigt, daß er es nicht gerade für sehr bedeutend hielt.

1908 beantwortete er eine Liste von Fragen, die ihm Langen gestellt hatte, mit einem falschen Geburtsdatum, der Information, daß seine Vorfahren »vermutlich Bauern, ich weiß nicht«, waren und daß er »keine Schulbildung«[5] besaß. Eine ähnliche Bitte um ausführliche Informationen von einem Russen, der etwa um die gleiche Zeit herum eine Biographie schreiben wollte, ignorierte er ganz.

Doch die Bücher kamen. Das erste 1910. Es war eine kurze Darstellung von Hamsuns Leben und Werk durch den Deutschen Carl Morburger, die auch noch im gleichen Jahr in norwegischer Übersetzung herauskam, 1917 erschien ein Buch des Schweden John Landquist und 1922 zwei kleinere Arbeiten der Amerikaner Josef Wiehr und Hanna Astrup Larsen. Die erste psychoanalytische Studie von Hamsun und seinem Werk, von Eduard von Hitschmann, kam 1924 in Wien heraus, eine weitere Biographie veröffentlichte 1926 der Schwede C. D. Marcus. 1929 war naturgemäß das Jahr mit den meisten Veröffentlichungen über Hamsun – da erschienen nicht weniger als fünf vollständige Bücher. Landquist veröffentlichte eine überarbeitete und erweiterte Neuauflage seines früheren Buches; Cai Woel schrieb eine Untersuchung für Hamsuns dänische Leser; und ein junger norwegischer Psychologe, Trygve Braatøy, verfaßte eine Analyse Hamsuns auf der Grundlage seiner Veröffentlichungen, ein Buch, das Hamsuns Analytiker Strømme in einer Rezension in der Presse verwarf, da es ein »verzerrtes, unzutreffendes Bild Hamsuns« wiedergebe, und zwar auf Grund der »strengen Orientierung nach Adler«. Die beiden besten Bücher waren einmal das von Einar Skavlan, einem norwegischen Schriftsteller, den Hamsun geschätzt hatte und der den Vorteil genoß, den Gegenstand seiner Darstellung persönlich gut zu kennen, und zum anderen Walter A. Berendsohns wissenschaftliche Biographie für den Verlag Langen in Deutschland.

Vor allem Berendsohns Gründlichkeit erstaunte Hamsun, bestürzte ihn sogar. In schriftlichen Antworten auf Berendsohns Anfragen brachte er eine widerwillige Bewunderung für die Art und Weise zum Ausdruck, in der dieser längst vergessene Zeitungsartikel zutage gebracht hatte, und half ihm sogar mit Informationen über Artikel, die er in seinen frühesten Jahren unter Pseudonymen wie W. T.* und Ego geschrieben hatte. Seinem Verleger zuliebe ließ er Professor Berendsohn für drei Tage zu Forschungsarbeiten nach Nørholm kommen; er selbst war in dieser Zeit wohlweislich nicht anwesend. Als er später jedoch dahinterkam, daß Berendsohn an Bergljot und Victoria geschrieben und um Auskünfte über sein Leben mit ihnen gebeten hatte, schrieb er ihm einen Brief, in dem er ihn heftig tadelte und ihm vorwarf, das habe nichts mit der Literaturanalyse zu tun, sondern wäre nur Klatsch und Tratsch.[6]

Berendsohn verärgerte ihn noch mehr, und zwar dadurch, daß er in Fredriksvern eine Frau ausfindig machte, die behauptete, Hamsun in Paris »Trost gegeben« zu haben,[7] sowie mit einer Anzahl Behauptungen und Spekulationen über Hamsuns Beziehungen zu anderen Schriftstellern, die Hamsun gereizt leugnete – er habe keine einzige Zeile von Frank Wedekind gelesen;[8] er habe nie geleugnet, von Dostojewski beeinflußt zu sein;[9] und ganz entschieden leugnete er, von Thomas Mann beeinflußt zu sein, da er 1903 die *Buddenbrooks* gelesen habe. In Wirklichkeit hat er das Buch nicht vor 1927 gelesen. In einer der zahlreichen, langen Huldigungen Thomas Manns an Hamsun zeigt sich vor allen Dingen, daß der Einfluß ganz und gar in der entgegengesetzten Richtung bestanden hat.

Hamsun hat keines der Bücher über ihn gelesen. An den Verlag Langen schrieb er 1928: »Ich bin kein Wunder und

* 1890 wohnte Hamsun kurz in der Waldemar Thranes Gate und mag von daher den Einfall gehabt haben, unter den Initialen W. T. zu schreiben.

erst recht keine Sehenswürdigkeit!« Die ganze Idee von einer literarischen Biographie erschien ihm als etwas Lächerliches: »Du lieber Gott – ich, der ich mich verstecke, wenn Fremde den Weg herunterkommen, um ›das Tier anzustarren‹, ich, der ich stets abschlage, Presseleuten zu begegnen, ich, der ich oft drei Tage lang unrasiert bin …«[10]
1920 wurden ihm alle möglichen Ehrungen zuteil. Einige wies er ab, andere – wenige – nahm er an. Öffentlich weigerte sich Hamsun, einen silbernen Humpen entgegenzunehmen, den ihm der norwegische Schriftstellerverein überreichen wollte. Darin sahen Teile der norwegischen Presse wiederum einen Beweis für seine Arroganz. Privat nahm er kurze Zeit darauf den Humpen an. Auf Einladung Dantschenkos nahm er auch die Ehrenmitgliedschaft des Moskauer Künstlertheaters an, das er als »das beste Theater der Welt«[11] bezeichnete, wies eine ähnliche Einladung von der Akademie der Wissenschaften und der Künste jedoch zurück. Auch die Ehrendoktorwürde von der Universität Köln wies er zurück und erklärte beide Ablehnungen mit den gleichen Worten – weil er Landwirt und Schriftsteller sei und nichts zu tun habe mit Lehrstühlen und Akademien. Die Zurückweisung öffentlicher Ehren war nichts Neues für ihn. 1910 hatte er das Angebot ausgeschlagen, Ritter des Olafsordens zu werden, und 1914 hatte er eine Ehrenmitgliedschaft abgelehnt, die ihm die Theaterschule in Düsseldorf angetragen hatte.
Die beiden Festschriften, die Hamsun am 4. August überreicht wurden, lassen zusammen das wirkliche Ausmaß des Einflusses erkennen, den er seit 1890 auf seine europäischen Zeitgenossen hatte. Langens Buch, ein einziges, in Gänsehaut gebundenes Exemplar, enthielt über hundert Beiträge von einigen der führenden Namen im deutschen Kulturleben: Thomas Mann, Hermann Hesse, Robert Musil, Arthur Schnitzler, Jacob Wassermann, Stefan Zweig, Martin Buber, Arnold Schönberg, Alfred Einstein. Die Schriftsteller zollten Hamsuns Einfluß auf ihre eigene literarische Entwicklung Anerkennung. Einstein pries seine couragierte Individualität, so auch Schönberg:

> Beklagen wir uns nicht über die Zeit, in der wir leben. Ein Zug kann über tausend Menschen fortbewegen, aber ein Geistesriese ist immer noch fähig, einen so großen Gedanken zu denken, daß die Massen in ihren Millionen nicht in der Lage sind, ihm im Denken zu folgen. Aber Sie, Knut Hamsun, wissen das soviel besser als ich!

Diese Verherrlichung des geistigen Aristokraten in Hamsun haben alle deutschen Huldigungen gemein. Für die Mitwirkenden an der Festschrift verkörpert er das leuchtende Beispiel des kompromißlosen Künstlers, den Mißverständnisse kaltlassen, der seiner Kunst alles geopfert und den Sieg davongetragen hat. Eine traurige Ironie des Schicksals war, daß alle diese Verkünder der Individualität, in der Mehrzahl Juden, binnen weniger Jahre aus ihren Positionen und ihrem Zuhause von dem Mann vertrieben wurden, den ihr Held, Hamsun, später als einen »Kämpfer für die Menschheit« und einen »Reformator von höchstem Rang« bezeichnen sollte. Gyldendals norwegische Festschrift enthielt Grußbotschaften einer Anzahl von Hamsuns norwegischen Zeitgenossen, aber auch Beiträge von Maxim Gorki, Gerhart Hauptmann, Heinrich Mann, Thomas Mann, dem ersten Präsidenten der Tschechoslowakischen Republik, T. G. Masaryk, George Sautreau, Stefan Zweig und André Gide. Gide verglich Hamsun mit Dostojewski, bezeichnete ihn aber als »vielleicht noch subtiler« als der Russe. Gorkis und Thomas Manns Beiträge sind ausführliche Artikel, und Gorki ging in seiner Huldigung ganz besonders weit. Er schien von Hamsun besessen zu sein und hielt ihn für eine Art Magier. In einem Brief an Hamsun hatte er 1927 *Segen der Erde, Das letzte Kapitel* und *Die Weiber am Brunnen* »geniale Werke« genannt und hinzugefügt: »Das will ich Ihnen ganz aufrichtig sagen: Im Augenblick sind Sie mit der größte Künstler in Europa; es gibt niemanden, der sich mit Ihnen messen könnte.«[12] In einem früheren Brief, im Jahre 1923, hatte er geschrieben: »Leo Tolstoi und Dutzende anderer russischer Schriftsteller haben das Loblied der Arbeit gesungen; Wladislaw Reymont, ein Pole, hat mit *Die Bauern* einen gewal-

tigen Roman über das Dorfleben geschrieben, doch all dies und noch vieles mehr nimmt nur den zweiten Platz ein hinter Ihrem wunderbaren, mächtigen Werk *Segen der Erde.*«
Gorki blieb Hamsun noch lange nach dessen offenem Bekenntnis zum Nationalsozialismus treu und empfahl ihn jungen sowjetischen Autoren als lebenden Beweis für die Tatsache, daß die Form des Romans aus sich heraus erneuert werden kann, ohne Zuflucht zu den Experimenten eines Proust oder eines Joyce zu nehmen.
Eine andere russische Mitwirkende an der norwegischen Festschrift, Alexandra Kollontai, bestätigte die Bedeutung, die Hamsun für eine ganze Generation russischer Schriftsteller gehabt habe: Andrejew, Bunin, Saitsew, Sologub, sie alle waren von Hamsun »verzaubert«, schrieb sie. Eigentlich gibt es kaum einen unter den Namhaften der russischen Literatur der ersten Hälfte des zwanzigsten Jahrhunderts, der nicht irgendwann einmal von Hamsun beeinflußt gewesen wäre: Pasternak, Paustowski, Alexander Block, Ilja Ehrenburg und Andrej Bely waren allesamt überzeugte Bewunderer von ihm und ebenso eine ganze Reihe mit weniger bekannten Namen.[13] Die Welle der Begeisterung, die 1910 mit der Veröffentlichung von drei separaten Ausgaben der *Gesammelten Werke* Hamsuns einen ersten Höhepunkt erreicht hatte, riß mit dem Erscheinen der neuen Gesellschaftsromane nach 1912 nicht ab. Nicht weniger als vier rivalisierende Ausgaben des *Letzten Kapitels* erschienen 1924, obgleich die chaotische Copyright-Situation verhinderte, daß Hamsun von allen seine Tantiemen erhielt.
Wie ihre deutschen Kollegen blickten die Russen mit ungläubigem Staunen auf Hamsun; sie scheinen ihn für einen Seher, einen Visionär, jemanden, der tief bis ins Herz der Geheimnisse des Lebens vorgedrungen ist, gehalten zu haben. Bereitwillig akzeptierte die Kollontai das Paradoxon in dieser Begeisterung sowjetischer Schriftsteller für jemanden, der so leidenschaftlich reaktionär war wie Hamsun.

Die Namen Thomas Mann und Hermann Hesse sind vielleicht die bekanntesten auf der Liste der Feiernden von

Hamsuns siebzigstem Geburtstag, doch es ist auch interessant zu sehen, welch signifikante Wirkung Hamsun auf Musil und Bely gehabt hat, zwei Autoren, deren literarischer Ruhm ständig zunimmt. Kafka, der 1924 starb, war ein weiterer bedeutender Schriftsteller, der Hamsun begierig las. Ebenso der damals noch sehr junge Brecht.

In Amerika lasen Autoren wie Ernest Hemingway und Sherwood Anderson alles, was sie von Hamsun in die Hände bekommen konnten. 1925 empfahl Hemingway F. Scott Fitzgerald *Segen der Erde*, und Henry Miller versicherte einmal, daß damals jeder Hamsun las. Er bezeichnete ihn als den Dickens für amerikanische Schriftsteller in den zwanziger und dreißiger Jahren.[14]

Von englischen Schriftstellern waren nur Galsworthy und Wells in der Festschrift vertreten. Die Aufnahme Hamsuns in England war reserviert und ist es immer noch. Im Zuge der Nobelpreisverleihung 1920 wurde *Segen der Erde* von englischen Kritikern allgemein mit Beifall bedacht, doch der darauf folgende Versuch, Hamsun in England zu vermarkten – der dritte nach dem Mißerfolg von *Hunger* 1899 und *Neue Erde* 1914 –, schlug wiederum fehl. Das Problem für englische Kritiker bestand darin, daß für die meisten von ihnen der Roman, für den Hamsun den Nobelpreis erhalten hatte, der Einstieg zu ihm war. Und als in den folgenden zehn Jahren weitere Romane erschienen – in gestelzten Übersetzungen, die nichts von der Subtilität von Hamsuns Stil vermittelten, und ohne Hinweise auf ihre Stellung in seinem Gesamtwerk –, gerieten dieselben Kritiker durch die Diskrepanzen in Stil und Inhalt in immer größere Verwirrung. Sie begriffen nicht, daß Hamsun mit sechzig kein »neuer« Schriftsteller mehr war und daß *Segen der Erde* eher ein außergewöhnlicher als ein typischer Hamsun-Roman ist.

Die Verlage waren keine Hilfe in der Sache. Sie gaben nur wenige oder falsche Informationen über die Bücher. Auf dem Schutzumschlag der Übersetzung von 1923 wurde *Victoria* als »neuer« Roman Knut Hamsuns ausgegeben. Der Kritiker vom *Times Literary Supplement (TLS)* bezweifelte,

daß Hamsun das Buch überhaupt geschrieben hatte, und schilderte es als »ganz und gar nicht im Einklang mit seinen bedeutenderen und charakteristischeren Werken. Wir halten *Victoria* für ein unreifes Experiment«. Ein anderer Rezensent beschrieb die *Wanderer*-Romane *(Unter Herbststernen, Gedämpftes Saitenspiel* und *Die letzte Freude)* als eine zusammenhanglose, triviale, verschwommene Geschichte über eine »erbärmliche Eheintrige ohne die mindeste moralische Bedeutung« und beklagte, daß Hamsun dreihundert Seiten benötigte, um eine Situation zu schildern, die de Maupassant in fünfzehn adäquat wiedergegeben hätte. Die Romane wurden mit *Segen der Erde* verglichen und schnitten dabei, wie auch *Kinder ihrer Zeit,* schlecht ab. Jeder war von dem Etikett »Nobelpreis« hypnotisiert.
Eine Besprechung von *Das letzte Kapitel* im *TLS* vom 9. Oktober 1924 war freundlich, wies jedoch zu Recht auf jene Ähnlichkeit zwischen Hamsuns späteren, umfangreichen Romanen hin, die bisweilen an Eintönigkeit grenzte: »Gewisse Merkmale des Buches erinnern auf seltsame – man möchte fast sagen, unverantwortliche – Weise an *Segen der Erde.* Hier wie da wird ein Sanatorium errichtet. Die Ganze wirkt wie ein Palimpsest – eine neue Geschichte, über das bedeutendste Werk des Autors geschrieben.« *
Relativ unbedeutende Werke Hamsuns, wie *Benoni* (1926) und das Drama *Vom Teufel geholt* (1924), wurden veröffentlicht und gebührend verrissen. *Mysterien* (1927) allerdings erhielt eine gute und einfühlsame Kritik, die auf den dostojewskischen Zuschnitt des Romans hinwies und Nagel als eine Kreuzung zwischen Stawrogin und Myschkin bezeichnete. Hamsuns anderes Meisterwerk, *Pan* (1920), wurde ignoriert. Weitere Werke Hamsuns, die in den zwanziger Jahren in England veröffentlicht und besprochen wurden, waren *Rosa, Die Weiber am Brunnen* und *Die Stadt Segelfoß.*

---

* Hermann Hesse, der es in Deutschland rezensierte, bezeichnete es als: »Das weitaus beste Buch, das ich in letzter Zeit gelesen habe. Nüchtern und beherrscht, ohne die vertraute Lyrik Hamsuns früherer Romane, aber im Feuer gehärtet und geschrieben.«

Mitunter führten die Kritiker die Mißerfolge der Romane auf die technische Inkompetenz des Autors zurück, es gab aber auch Reaktionen, die auf einer instinktiven Aversion gegen das Lebensbild beruhten, das Hamsun malte. Ein Kritiker bezeichnete die Charaktere im *Letzten Kapitel* als durch »Herrn Hamsuns Verkleinerungsglas« gesehen, während ein Rezensent der *Weiber am Brunnen* von Figuren schrieb, die »mit der Verachtung von jemandem, der sein Material bedauert und sich dafür entschuldigt, behandelt« werden. Er schloß: »Selbst Strindberg hatte ein wenig Mitleid für die Sünden und Eigenheiten derjenigen, die er so leidenschaftlich verachtete.«

Dieses mangelnde Verständnis für Hamsuns Werke bei den Engländern hat gut bis in die zweite Hälfte dieses Jahrhunderts hineingereicht und sogar das Erscheinen von James McFarlanes Übersetzung von *Pan* im Jahr 1955, in einem Stil, der endlich dem Original gerecht wurde, überdauert. Das *TLS* tat das Buch einfach mit der herablassenden Bemerkung ab, es »mag vielleicht die Bewunderer von Mary Webb ansprechen«.* Überdies schrieb der Rezensent, der Roman spiele »irgendwo am Meer im Süden Norwegens«, und ignorierte dabei einfach, daß gleich die erste Zeile die Handlung eindeutig im Nordland lokalisiert und daß eines der wichtigsten Fabelelemente die Parallele zwischen dem typisch kurzen und intensiven Frühling und Sommer nördlich des Polarkreises und der Liebe zwischen Glahn und Edvarda ist. *Pan* litt ungeheuer unter der haarsträubenden Ignoranz der Engländer gegenüber Skandinavien: Eine Illustration in der ersten englischen Ausgabe zeigt Glahn in Krickethosen vor einem Kricketpavillon, der seine Hütte im Wald darstellen soll. Auf ähnliche Weise litt auch *Victoria.* Ein Illustrator stellte sie auf einem Weg durch tiefen Schnee dar, und zwar in einem leichten Sommerkleid.
Es gab jedoch einige englische Autoren, die sich für Hamsun

* Mary Webb (1881–1927) war die Erfolgsautorin des Hirtenromans *Precious Bane.*

interessierten: Sowohl John Galsworthy als auch H. G. Wells beteiligten sich an der norwegischen Festschrift, und zumindest Hamsun und Wells bewunderten sich gegenseitig. Als erster Präsident des englischen PEN-Klubs hatte Galsworthy Hamsun 1921 als Ehrenmitglied aufgenommen, und ein Jahr später lud er ihn nach England ein, um vor dem Klub zu sprechen. Hamsun arbeitete gerade am *Letzten Kapitel* und gab Marie den Auftrag, die Einladung auszuschlagen, aber in ihrem besten Englisch, denn Galsworthy sei ein »bedeutender Mann«. Zieht man Hamsuns Äußerungen nach dem Ersten Weltkrieg in Betracht, so hätte er die Reise nach England zu diesem Zeitpunkt wahrscheinlich unter gar keinen Umständen unternommen, wenn auch Galsworthy vermutlich von Hamsuns Anglophobie gar keine Ahnung hatte.

Ein weiterer englischer Schriftsteller, der Hamsun zumindest kannte, war Hall Caine. Er hatte ihm 1914 geschrieben und ihn um einen Beitrag für ein König-Albert-Buch, zu Ehren des belgischen Königs, gebeten. Der Brief erreichte Hamsun zu spät, als daß er seinen Beitrag zu dem Buch noch rechtzeitig hätte schicken können. In seiner Antwort versicherte er Hall Caine, daß er sich sonst auf alle Fälle beteiligt hätte. »Das Leben wiederholt sich«, schloß er, und mit einer Anspielung auf den Burenkrieg fügte er hinzu: »Damals war Deutschland das Gewissen der Welt. Jetzt ist England an der Reihe.« Mit einem Unterton stolzer Überraschung erwähnte er die Einladung ein paar Tage später in einem Brief an Alette Gross und bemerkte, Hall Caine »muß doch gewußt haben, daß ich England nie sehr wohlgesonnen war«. In Wirklichkeit ist es unwahrscheinlich, daß zu dieser Zeit überhaupt jemand außerhalb Norwegens etwas von dieser Eigenart Hamsuns gewußt hatte, und diese Bemerkung enthüllt höchstens ein Wunschdenken Hamsuns. Vielleicht hoffte er, die Taktik des aggressiven Schreibens, die ihm in Norwegen mit Erfolg die Aufmerksamkeit derer eingetragen hatte, die er für seine Feinde hielt, und sie zuletzt sogar überzeugt hatte, würde auch bei den Engländern funktionieren. Vielleicht würden die Engländer bald gewahr werden,

daß in Norwegen ein Schriftsteller lebte, der sie mit einer ungewöhnlichen, fanatischen Leidenschaft haßte. Schließlich war es für Hamsun unerträglich, ignoriert, und was seine Ansichten betraf, für unbedeutend gehalten zu werden.
Es ist nicht auszuschließen, daß eine positivere Reaktion seitens Englands und der Engländer auf ihn, besonders in den zwanziger Jahren, seinen Fanatismus entschärft und ihn zu einer weniger engen persönlichen Sicht der geschichtlichen Entwicklungen in Europa zwischen den Kriegen gebracht hätte. Doch selbst der Zufall stellte sich gegen jede Verbesserung des Verhältnisses. 1920 plante die *Times* die Serie *Berühmte Persönlichkeiten* und bat ihn, dafür einen Fragebogen auszufüllen. Hamsun tat das ordnungsgemäß, soweit er es konnte, und schickte den Bogen wieder zurück. Es wirkt schon tragikomisch, wie das englische Establishment und das Naturtalent bei diesen Fragen in Kollision gerieten. Fragen wie »Klubs, nicht mehr als drei bitte!« und »Schulbildung. Bitte alle Schulen angeben, nicht nur höhere und Universitäten. Akademische Grade und Auszeichnungen bitte mit angeben« beantwortete er nur mit dem einen Wort »keine«. Frage zehn: »Berufliche Laufbahn. (Bekleidete Stellungen, sportliche Erfolge, Direktorenposten, geschriebene Bücher – bitte auf die drei, vier der bedeutendsten beschränken)« beantwortete er mit: »Lehrer, Straßenbauarbeiter, Verkäufer und Postangestellter in Norwegen, Landarbeiter, Straßenbahnfahrer und gelegentlicher Vortragsredner in Amerika. Gegenwärtig Bauer. In absehbarer Zukunft Bauer.« Hier sind keinerlei Bücher erwähnt, weder die wichtigsten noch andere.[15] Leider wurde die geplante Serie wieder aufgegeben. Eine banale Sache, gewiß – aber Hamsun war im Innersten überzeugt, daß das Leben ein Mosaik aus lauter Banalitäten sei.
Im Frühjahr 1929 gab es wiederum eine solche verpaßte Gelegenheit. Hamsun hatte Harald Grieg von Gyldendal gebeten, ihm einen neuen englischen Verleger zu suchen, da er mit den Verkaufsergebnissen in England unzufrieden war. Grieg versuchte alles mögliche, Hamsun dazu zu bewegen, ihn auf der beabsichtigten Reise zu begleiten,[16] obgleich er

dessen pessimistische Ansicht über das voraussichtliche Ergebnis teilte. Hamsun ließ sich nicht überreden und empfahl Grieg nur, wenn er in England wäre, sich um Rat und Hilfe an Wells zu wenden. Und so verstrich wieder eine Gelegenheit, daß sich Hamsun und die Engländer kennenlernten. So blieb Hamsuns persönliche Erfahrung von dem Land, dessen Volk er mit solcher Leidenschaft haßte, beschränkt auf eine einzige Fahrt mit der Eisenbahn im lange zurückliegenden Jahr 1880.

George Bernard Shaw gehörte zu denen, die eine Mitwirkung an der Festschrift ablehnten. Er entschuldigte sich mit der Erklärung, selbst erst Objekt einer Feier zum siebzigsten Geburtstag gewesen und daher nicht gewillt zu sein, Knut Hamsuns Leiden über diesen Anlaß noch zu verstärken. In Vorbereitung auf den – wie er immer zu sagen pflegte – »elenden« 4. August hatte Hamsun ohnehin schon geplant, Nørholm und den unvermeidlichen Journalisten zu entfliehen. In ihrem siebensitzigen Cadillac fuhren er, Marie und Tore zu einem geheimgehaltenen Ort, wobei, wie gewöhnlich, Marie am Steuer saß. Der fünfzehnjährige Arild blieb auf Nørholm zurück. Er hatte die Aufgabe, die ganze Post und die Blumen in Empfang zu nehmen und die Presse zu enttäuschen.
Die drei verbrachten den Tag in einer kleinen Pension in Flekkefjord, einer kleinen Stadt an der Küste, südlich von Grimstad. Einen Tag später wurden sie von ein paar Reportern aufgespürt, aber es gab keine Interviews. Die Presse ging an den großen Tag mit der inzwischen vertrauten Einstellung heran, daß Hamsun ein rätselhafter Einsiedler geworden war. Die Bürde, ein »großer Mann« in Norwegen zu sein, die seit dem Tod von Christian Michelsen (dem Helden von 1905) im Jahr 1925 und Roald Amundsens spurlosem Verschwinden bei einem Rettungsflug 1928 immer mehr ihm zugefallen war, konnte Hamsun nur zu seinen eigenen Bedingungen annehmen. Wenn die Außenwelt die Bedingungen zu diktieren versuchte, reagierte er damit, daß er sich einfach vor ihr versteckte.

Man hat das Gefühl, daß er, zumindest zum Teil, seine »Größe« als seine eigene Erfindung ansah. Er besaß sie, als ob sie etwas wäre, das er völlig unabhängig von den Tausenden von Norwegern geschaffen hatte, die seine Bücher kauften. Als die Hamsuns Flekkefjord wieder verließen, ehrte die Wirtin ihn auf eine ganz besondere Weise. Sie rückte den Sessel, auf dem er im Salon gesessen hatte, an eine Wand, hängte ein Foto von ihm darüber und bezeichnete den Sessel auf dem Schild als »Knut Hamsuns Sessel«. Diese Geschichte besagt sehr viel über das vielschichtige Verhältnis zwischen diesem Mann und seinem Volk. Auf bewegende und lächerliche Art zugleich zeigt sie, wie die Norweger ihn mit Nachdruck zu einem Halbgott machten, und erklärt, wie er, in seiner Eitelkeit, jener ungeduldigen und ziemlich verächtlichen Anerkennung dieser Rolle verfallen konnte, die ihren Ausdruck in der respektlosen Arroganz seiner journalistischen Beiträge zwischen 1910 und 1920 und weiter, die dreißiger Jahre hindurch bis zum Krieg, fand.

Doch das unglückliche Ergebnis dieser Entwicklung lag noch ein paar Jahre in der Zukunft. Auf Nørholm verlief das Leben unterdessen ruhig. Die jungen Dänen, die 1922 die Leitung des Gutes übernommen hatten, machten einen Musterbetrieb daraus, und als sie wieder gingen, übernahm Hamsun für kurze Zeit selbst die Leitung. Doch bereits im Herbst 1928, nach nur wenigen Monaten, begann er, sich mit *August* zu beschäftigen, und nahm seine Gewohnheit wieder auf, mit einem Buch »schwanger zu gehen«, wie er es nannte. Diesen zweiten Band der Trilogie schrieb er zum größten Teil zu Hause, in seinem Dichterhaus. Aber auch weiterhin wechselte er gern die Szenerie, wann immer er es für nötig hielt. Das Hotel Norge in Lillesand war immer noch sehr beliebt. Dort belegte er stets dasselbe Zimmer, Nummer 302. Im Frühjahr 1921 verbrachte er außerdem, als einziger Gast, ein paar Wochen in einem entlegenen Hotel in Vråliosen im Landesinneren.

1927 hatte Hamsun an seinen alten Freund Erik Frydenlund in Valdres geschrieben und vorgeschlagen, daß zunächst Tore und später auch Arild unter Eriks Aufsicht dort die

Mittelschule besuchen sollten. Den Kontakt zu Frydenlund hatte er 1922, nach einem Zeitraum von fünf, sechs Jahren wiederaufgenommen. Erik hatte Nørholm besucht, und zu Hamsuns offensichtlicher Freude hatte die alte Freundschaft die Zeit überdauert. Die hinterlassene Korrespondenz zwischen den beiden – Hamsuns Teil – gibt ein beredtes Zeugnis der Herzlichkeit, des Charmes, des Großmutes und des liebenswerten Humors, deren Hamsun fähig war, wenn er jemanden wirklich mochte. Frydenlund war Postmeister, und es ist kein Zufall, daß die Postboten und Postmeister und Telegraphisten, die überall in Hamsuns fiktiver Welt auftauchen, beinahe immer angenehme, menschliche Figuren sind.

Frydenlund willigte ein, sich um die Jungen zu kümmern. Als Arild nach einiger Zeit jedoch Heimweh bekam, reiste Hamsun nach Valdres und blieb eine Weile bei ihnen. Er wohnte bei Frydenlund im Haus und setzte seine Arbeit an *August* fort. Das war im Frühjahr 1930. Zwischen 1927 und 1930 entwickelte sich Valdres zu einer Art Sammelplatz für die Familie. Ellinor, die älteste Tochter, war mit vierzehn auf eine Klosterschule in Deutschland geschickt worden, verbrachte aber ihre Ferien mit der Familie in Valdres. Genaugenommen verbrachten alle Kinder Hamsuns eine gewisse Zeit in Deutschland. Hamsun sah seinen Bildungsauftrag konsequent und praktisch, wenn auch die Vereinbarungen, die er und Marie in bezug auf die Ausbildung ihrer Kinder trafen, klassische Illustrationen des starken Paradoxons sind, das jeden, der Hamsuns Persönlichkeit fassen möchte, vor ein Rätsel stellt: Der Mann, für den das Erlernen fremder Sprachen auch eine Art irreversibler geistiger Verderbtheit mit sich brachte, schickte seine Kinder nicht nur nach Deutschland, sondern auch nach Belgien und Frankreich, und zwar mit dem ausdrücklichen Hinweis, daß sie dort die jeweilige Sprache erlernen sollten. Und als sie in das entsprechende Alter kamen, zeigten ihre beruflichen Ambitionen keine Spur von der literarischen Lehre ihres Vaters vom einfachen Leben; sie hatten die gleichen hochtrabenden Wünsche, die Kinder reicher Eltern überall haben. Ellinor wollte ein Filmstar werden, Tore und Cecilia wollten malen und Arild schreiben.

In Valdres hatte Hamsun 1898 seine Flitterwochen mit Bergljot verbracht. Nach der Scheidung waren die beiden durch Victoria miteinander in Kontakt geblieben, und 1919 hatte Hamsun seine Tochter zum Erlernen des Französischen nach Frankreich geschickt. Sie aber tat dort etwas ganz Schlimmes, sie verliebte sich in einen Engländer, in Déderick Charlesson, den Sohn des englischen Konsuls in Honfleur in der Normandie. Die beiden reisten zusammen nach England, kehrten nach zwei Jahren zurück, heirateten und ließen sich in Honfleur nieder. 1923 verkaufte Bergljot ihr Haus und zog zu den beiden nach Frankreich. Von da an gab es nur noch sporadische Kontakte zwischen den beiden Linien der Hamsun-Familie. 1930 dachte er wieder an Bergljot. Er schrieb an ihre Schwester Alette in Deutschland und bat sie, Bergljot zu bitten, ihm doch »ab und zu« zu schreiben. Er wollte wissen, ob sie in Frankreich glücklich war, und erbot sich, ihr mit Geld auszuhelfen, falls sie nach Wien reisen wollte, um ihre Tochter aus der ersten Ehe mit Eduard Goepfert zu sehen. Vesla war nach dem Scheitern der Ehe 1897 mit ihrem Vater dorthin zurückgekehrt und stand jetzt am Beginn einer Karriere als Unterhaltungsschriftstellerin. Alette schien dieses Interesse und das Angebot von Geld als Beweis dafür angesehen zu haben, daß Hamsun sich schuldig fühlte, und ergriff die Gelegenheit, ihm wegen seiner Gleichgültigkeit gegenüber ihrer Schwester Vorhaltungen zu machen. Als Bergljot ihre Erfahrungen mit Hamsun rekapitulierte, schrieb sie, ihre Aufrechnung hätte ein »bitteres Fazit« ergeben. Doch sie irrte, wenn sie glaubte, daß Hamsun sich schuldig fühlte; er hatte Bergljot nur, soweit er konnte, seine praktische Hilfe anbieten wollen. Die Aufforderung, ein Schuldgefühl einzugestehen, wies er zurück:

> Ich verstehe Deinen Brief nicht ganz. Ich kenne keinen Fall, wo eine Scheidung nicht »zu einer ganz und gar

finanziellen Vereinbarung herabgesunken« wäre – und gleichzeitig gibt es gewöhnlich Streitereien um die Kinder. Was anderes sollte es sein, als das »bittere Fazit«? Unnötig, über etwas anderes zu reden, getan ist getan.[17]

Im Herbst 1930, ein oder zwei Wochen nachdem er diesen Brief geschrieben hatte, begab sich Hamsun ins Krankenhaus nach Arendal, um sich einer Prostataoperation zu unterziehen. Der Arzt machte ihm klar, daß die Operation nicht ungefährlich war, und in der Erkenntnis, daß er möglicherweise sterben könnte, regelte Hamsun in aller Eile seine finanziellen Angelegenheiten mit Victoria. Sie hatte Déderick gegen seinen Willen geheiratet, und von da an hatte er sie nicht mehr mit Geld unterstützt. 1927 hatte er kurz mit ihr korrespondiert und ihr eine Pauschalsumme angeboten, in der Hoffnung, daß so jede Möglichkeit einer Streiterei über sein Geld vermieden werden könnte, wenn er einmal tot wäre. Sie nahm nicht an, doch jetzt, 1930, wiederholte Hamsun das Angebot. Mittlerweile war die französische Währung schwächer geworden, und Victoria war daher bereit, mit ihrem Vater zu verhandeln. Doch sollte die Angelegenheit vom Anwälten geregelt werden, und so dauerte es nicht lange, bis ein eisiges Verhältnis entstand. Victorias Anwälte errechneten, daß ihr von Hamsuns Vermögen 28.000 Kronen zustünden. Durch seine Anwälte ließ Hamsun erwidern, daß sei zuwenig, und bot ihr 45.000 an. Sein Bestreben war, wie schon zuvor, eine endgültige Regelung zu finden; doch Victorias Anwälte rieten ihr, sie solle nicht auf Anteilsrechte an den Tantiemen aus dem Verkauf seiner Bücher verzichten. Victoria fuhr nach Norwegen, wo verschiedene Zusammenkünfte zwischen Anwälten und Mittelsmännern stattfanden. Kurz begegneten sich Victoria und Marie und gingen als Todfeinde auseinander. Über Harald Grieg unterbreitete Hamsun schließlich ein letztes Angebot – 50.000 Kronen –, das Victoria auf Anraten ihrer Anwälte wiederum ausschlug. Dann ruhte die Sache ein Jahr, während der Franc noch weiter sank. 1931 setzte sich Victoria wieder mit ihrem Vater in Verbindung. Sie wäre so arm, schrieb sie, daß sie nicht einmal ein Laken ihr eigen nennen könne – und ob er noch zu seinem »letzten« Angebot stünde? Er mußte ihr mitteilen, daß er aufgrund der enormen Spenden, die er als Ergebnis des Verkaufs seiner Rechte an Gyldendal gemacht hatte, nicht mehr in der Lage war, ihr die 50.000 Kronen zu geben. Sie ließ ihm keine Ruhe, wies ihn vielleicht auch darauf hin, daß ein gewisses Maß verletzten Stolzes mit in Betracht gezogen werden müsse, und schließlich, im Februar 1932, kamen Vater und Tochter zu einer Übereinkunft, wonach er ihr 40.000 Kronen gab und sie erklärte, daß sie auf alle weiteren Ansprüche an seinem Erbe verzichte.[18] Die ganze Geschichte beweist leider die Richtigkeit von Hamsuns Ausführungen in seinem Brief an Alette Gross vom September 1930, gleichzeitig ist sie aber auch ein Beleg für Hamsuns ausgeprägten Verantwortungssinn gegenüber seiner Familie.

1930 war Hamsun nicht das einzige Mitglied seiner Familie, das krank war. Im Frühjahr hütete Marie acht Wochen lang das Bett, und im Sommer war Ellinor krank. Sie war, wie er selbst zugab, Hamsuns Lieblingskind, ein ziemlich wildes Mädchen, das in der Pubertät an regelmäßigen Anfällen von Magersucht litt. In der Mischung aus Wildheit und Sensibilität und Widerspenstigkeit besaß sie Eigenschaften, die an ihren Vater erinnerten, und bezeichnenderweise war es diese Widerspenstigkeit – in der sie ihrem Vater am meisten ähnelte –, für die er sie am meisten schalt. Als Marie Ellinor und Cecilia in Düsseldorf besuchte, trug er ihr auf:

> Frag' Ellinor, ob sie nicht selbst meint, daß es eine Schande ist, uns so große Sorgen zu machen nur wegen ihres hartnäckigen Trotzes. Niemand in der Welt will ihr etwas anderes als wohl, und dann will sie allein, *gegen alle anderen,* wissen, was am besten für sie ist!

Ellinor kam in den Genuß von Hamsuns Wunderkur und wurde zu Erik Frydenlund in Valdres geschickt, damit sie wieder zu Appetit kam. Im November erkrankte Tore an

Bronchitis, und für Januar 1931 wurde eine Art doppelte Erholungsreise arrangiert. Hamsun war gesagt worden, daß er sich nach der Operation drei Jahre lang als Rekonvaleszent ansehen müsse, und so begaben sich er, Marie und Tore plus Tores Privatlehrer Trygve Tveteraas auf eine Reise nach Südeuropa.

Mit der Eisenbahn fuhren sie durch Schweden, Dänemark und Deutschland. Drei Tage blieben sie in Berlin. Die ganze Zeit über saß Hamsun in seinem Zimmer im Hotel, und die deutschen Journalisten belagerten die Halle. Seine prodeutschen Gefühle waren in Deutschland bekannt, und sein Besuch wurde als eine Ehre und als Bestätigung dieser Gefühle angesehen. Doch nicht einmal seine Hochachtung vor den Deutschen vermochte seinen Argwohn gegenüber Journalisten zu überwinden. Eigentlich war seine persönliche Erfahrung von Deutschland damals kaum umfangreicher als seine Erfahrung von England. 1896 war er zwei Monate in München gewesen, und 1920 hatte er eine kurze Reise nach München und Wien unternommen. Und das war es auch schon. Wie die meisten Leidenschaften gediehen seine Liebe zu Deutschland oder sein Haß auf England am besten in seinem Geist, unbefleckt durch Kontakte mit der Realität.

Von Deutschland fuhren sie über die Schweiz weiter nach Mailand und passierten am 19. Januar bei Ventimiglia die italienisch-französische Grenze. Hier kam es zu einer komischen Auseinandersetzung mit dem Zoll. Hamsun regte sich darüber auf, daß ein französischer Beamter ihr ganzes Gepäck durchwühlte, und trug Marie auf, ihm zu erklären, was er davon hielt. Die Folge war, daß der Zöllner nun noch hitziger nach etwas suchte, das zu verzollen wäre, und schließlich entdeckte er, daß Hamsun Pfeife rauchte. Er fragte ihn, ob er Tabak bei sich habe. Hamsun, der ziemlich schwerhörig war, Französisch sowieso kaum verstand und den Mann außerdem unsympathisch fand, ignorierte ihn einige Zeit, stellte dann aber zwei Büchsen Pfeifentabak auf den Tisch. Der Zöllner schnappte sie sich und verschwand. Fünf Minuten später kehrte er zurück mit einem Stück Papier in der Hand und der Forderung nach 20 Franc. Empört

riß Hamsun dem Zollbeamten den Tabak aus der Hand und drohte, ihn lieber aus dem Fenster zu werfen, als dafür Zoll zu bezahlen – zollfrei hatte er die Büchsen durch ganz Europa gebracht, und er wolle doch verdammt sein, wenn er jetzt 20 Franc dafür bezahlte. Der Zollbeamte holte zwei Kollegen zur Verstärkung und drohte, Hamsun zu verhaften. An diesem Punkt griff Tore ein, mit ein paar Worten und einem kleinen Geschenk löste er die Sache zur Zufriedenheit aller – außer Hamsuns. Tores diplomatisches Eingreifen ärgerte ihn. Er hätte die Situation sich lieber entwickeln lassen, ohne zu Takt oder Diplomatie Zuflucht zu nehmen. Vermutlich hätte er sich sogar einsperren lassen. Tore Hamsuns Darstellung dieser Reise im Winter 1931 zeigt, daß der alte Mann, was er auch sonst alles gewesen sein mochte, jedenfalls nicht langweilig war. In Cafés und Hotels führte er sich ständig mit jener eigentümlichen Art mürrischer Exzentrizität auf, die bisweilen bewußt und unwiderstehlich komisch ist, ein andermal jedoch bloß irritierend und bisweilen sogar abscheulich. Er war, wie viele von denen, die ihn persönlich kannten, bezeugt haben, zum Beispiel auch Albert Engstrøm, ganz und gar wie seine Bücher.
In Nizza angekommen, zogen die Hamsuns für kurze Zeit in ein großes Hotel an der Avenue Caravadossi, wo Hamsun die Angestellten damit verunsicherte, daß er sie stets auf norwegisch ansprach. Außerdem weigerte er sich kategorisch, Trinkgeld zu geben, was natürlich unweigerlich dazu führte, daß sie nicht gerade gerngesehene Gäste waren. Tore und Marie gaben sich redliche Mühe, die Situation ein wenig zu retten, indem sie dem Personal heimlich ein paar Münzen zusteckten. Am letzten Tag setzte Hamsun das Personal jedoch in Erstaunen und machte alles wieder wett, indem er großzügige Trinkgelder verteilte. Wie Nagel bereitete ihm nichts größeres Vergnügen, als von sich selbst ein schlechtes Bild zu schaffen und es dann plötzlich mit einer unerwarteten Geste des Großmuts zu zerstören. Gern demonstrierte er, daß die Dinge oftmals anders sind, als sie scheinen, daß er nicht so berechenbar war wie andere Leute. Das machte ihn zu einer einprägsamen Gestalt, wie jemand

aus einem Märchen, wie Geißler aus *Segen der Erde.* Er muß sehr vornehm ausgesehen haben, wenn er in seinem grauen Anzug, mit Hut und Stock auf der Promenade des Anglais spazierenging – eines Tages stürzte eine Gruppe von Touristen auf ihn zu in der Meinung, er sei ein berühmter amerikanischer Automobilhersteller.

Nach einigen Tagen zog die Reisegesellschaft ein paar Kilometer weiter nach Beaulieu-sur-mer und stieg in der Pension Marcellin ab. Hier stieß Hamsun auf einen alten Freund aus seiner Zeit in Paris und seiner ersten Ehe, Peter Egge. Er mag gehofft haben, öfter mit ihm zusammenzukommen, doch Egge war sehr mit den letzten Arbeiten an einem Roman beschäftigt, so daß die beiden sich nur wenig sahen. Egge erinnert sich, daß Hamsun die meiste Zeit in seinem Zimmer blieb und Patiencen legte, während die drei anderen sich von seiner Frau die Stadt zeigen ließen.[19]

Nachdem Knut und Marie wieder heimgereist waren, blieb Tore mit seinem Lehrer noch eine Zeitlang in Südfrankreich, aber natürlich nur, weil Hamsun Peter Egge gebeten hatte, die beiden im Auge zu behalten. Hamsun verkündete, keine große Freude an der Reise gehabt zu haben. Der mißmutige Ton seines Briefes an Erik Frydenlund vom 27. Januar kann aber auch auf seine Operation zurückzuführen sein:

> Lieber EKF
> Marie und ich sitzen im Zug – der teuflisch holpert. Wir haben Tore in Nizza untergebracht, damit er sich erholen kann. Du hast ihn 3 Jahre lang überfüttert, so daß er rein körperlich ein Monstrum geworden ist, aber besonders stark ist er nicht geworden ...
> Wir sind heute in der Mittagszeit von Nizza abgereist, und ich kritzele nun dies zwischen Marseille und Lyon – und Gott bewahre Dich, wie dieser Zug schlingert! Aber was erträgt man nicht für seine Jungen. Eine furchtbare Belastung sowohl für Marie wie für mich, diese Reise. Gewiß haben wir Palmen und Wein und Apfelsinenbäume

> mit schönsten Früchten gesehen und starke Sonne und alles miteinander, aber vieles davon habe ich schon früher gesehen, und die Sonne hier ist nicht warm, ich habe Influenza und sitze hier in 3 Paar Hosen.[20]

Zurück in Norwegen, ging Hamsun verschiedenen Hobbys nach. Als Hauptaktionär des norwegischen Verlags Gyldendal hätte er beträchtlichen Einfluß auf die Führung des Unternehmens ausüben können, wenn er gewollt hätte, doch in Dingen, die die technische Seite der Führung eines Verlags betrafen, verließ er sich ganz auf Harald Grieg. Häufig empfahl er Grieg jedoch die Veröffentlichung gewisser Bücher, von denen er begeistert war. Rufin Piotrowskis *Eine polnische Flüchtlingsgeschichte,* die Hamsun während der Zeit, in der er an *Hunger* schrieb, zum erstenmal in einer gekürzten Übersetzung gelesen und die ihn tief beeindruckt hatte, wurde 1934 auf seine Veranlassung und mit einem Vorwort von ihm in voller Länge gedruckt. Weniger Erfolg hatte er jedoch, als er Grieg überreden wollte, ein amerikanisches Buch über Irrenanstalten mit dem Titel *Pick up the Pieces* zu veröffentlichen, »die seltsamste und talentierteste Sache, die ich je von Amerika gelesen habe«, wie er es bezeichnete. Er beklagte sich, daß sich Gyldendal nicht energisch genug um Maries Kinderbücher und Gedichtbände kümmerte. Mit lobenswerter Loyalität bezeichnete er ihre Sammlung *Vintergrønt* (Wintergrün) aus dem Jahre 1934 als »die einzig echte Poesie, die dieses Jahr geschrieben worden ist«. Sein unglückseliges Interesse in Rassenfragen und auch seine Vorstellung von »Rassenhygiene« führten dazu, daß er Gyldendal die Arbeit eines gewissen Dr. Konrad Simonsen aufzudrängen versuchte. Harald Grieg konnte dem Druck jedoch widerstehen.

Ein weiteres seiner Steckenpferde bestand darin, seine Rechtsanwältin, Sigrid Stray, mit Arbeit zu versorgen. Das war auch wieder so ein Paradoxon – Hamsun, der vorgab, gebildete Frauen zu verabscheuen, heiratete nicht nur eine solche (die obendrein sogar Schauspielerin war), sondern nahm sich auch eine als Anwältin. Durch sie stellte er erneut die Frage nach der Identität der anonymen Briefeschreiberin, die ihn 1897 belästigt hatte. In Zusammenarbeit mit der norwegischen Polizei wurde der weltweit führende Handschriftenexperte Dr. Locard aus Lyon zu Rate gezogen. Nach ausgiebiger Untersuchung der verblaßten Briefe erklärte Lacord kategorisch, daß tatsächlich Anna Munch die Schreiberin gewesen war, was sich Hamsun die ganze Zeit über schon gedacht hatte.[21] Ein anderer Fall, den Frau Stray für ihn bearbeitete, hatte gewisse Ähnlichkeiten mit dem Prozeß um seinen Namen, den er in den Jahren 1922 bis 1925 gegen seinen Bruder Thorvald und seinen Neffen Almar geführt hatte. Diesmal verklagte er die früheren Besitzer von Nørholm, die Familie, der das Haus vor dem Immobilienmakler Longum, von dem es Hamsun 1919 erwarb, gehört hatte.

Dieser Fall war eine eigentümlich norwegische Angelegenheit, drehte sie sich doch um das Recht eines Grundstücksbesitzers, sich nach seinem Grundstück zu nennen, in diesem Fall nach dem Gut Nørholm. Hamsuns Bestreben war darauf gerichtet, diesen ehemaligen Besitzern, die witzigerweise auch noch Petersen hießen, verbieten zu lassen, sich Petersen-Nørholm zu nennen, jetzt da sie überhaupt nichts mehr mit dem Gut zu tun hatten. Vor Gericht erklärte Hamsun, er hätte den Hof niemals gekauft, wenn die Familie Petersen sich im Kaufvertrag mit Longum »Nørholmen« genannt hätte. »In bezug auf Namen bin ich sehr heikel«, erklärte er. Harald Grieg hatte er gebeten, bei Gericht als unbeteiligter Zeuge der Verhandlung beizuwohnen. Ordnungsgemäß war dieser am 27. April 1933 anwesend und hörte Hamsun mit einiger Überraschung beteuern, er habe selbst schon »oft« in Erwägung gezogen, seinen Namen in Nørholm zu ändern,* könne das nun aber nicht, so-

* Hamsun behauptete vor Gericht, Almars Betrügereien hätten ihn auf den Gedanken gebracht, seinen Namen in Nørholm umzuwandeln. Sowohl mit Almar als auch mit Thorvald war es jedoch 1925 zu einer außergerichtlichen Einigung gekommen, schon vor Hamsuns Einspruch gegen das Urteil, und mit dieser Einigung hatte das Argument, er benötige einen neuen Namen, seine Gültigkeit verloren.

lange es das Gesetz der Familie Petersen nicht verbiete, ebenfalls diesen Namen zu tragen. Einstimmig entschied das Gericht am 5. Mai: Allen sechs Mitgliedern der Familie Petersen wurde untersagt, sowohl den Namen Nørholmen als auch Petersen-Nørholm zu führen. Die ganze Sache war wirklich nichts weiter als das Aufeinanderprallen von engstirnigem Snobismus. Hinterher legte Hamsun auch eine etwas dubiose Moral an den Tag, indem er als Audruck seiner Dankbarkeit dem Richter eine in Leder gebundene Ausgabe seiner *Gesammelten Werke* und den beiden Schöffen, beide ortsansässige Landwirte, je ein Exemplar von *Segen der Erde* schenkte.[22]
Solche Streitigkeiten kosteten Hamsun Zeit und Geld, desgleichen aber auch sein größtes Hobby, das Betreiben des Hofes Nørholm. Nur gut, daß er zur Finanzierung all dessen immer noch erfolgreiche Romane schreiben konnte.

Im Oktober 1933 erschien *Nach Jahr und Tag,* und damit war Hamsuns zehnjährige Beschäftigung mit August zu Ende. Die Öffentlichkeit trauerte um seinen Tod. Manche Leser gaben sogar ihrer Hoffnung Ausdruck, August mochte auf den Schafen so weich gelandet sein, daß er den Sturz überlebt hätte und eines Tages wieder auftauchen würde. Jetzt, da das langfristige Projekt der Trilogie abgeschlossen und die Kinder aus dem Haus waren, machte Nørholm einen ziemlich stillen und leeren Eindruck. Vielleicht um diese Lücken auszufüllen, unternahmen die Hamsuns häufige Reisen, mitunter gemeinsam in ihrem Cadillac, gewöhnlich jedoch allein. Im Frühjahr 1934 reiste Hamsun nach Juan-les-pins, um Arild und Ellinor zu besuchen, und verbrachte die Sommermonate in Lillesand und Kristiansand. In dem Jahr verlieh ihm das Goethe-Institut seinen Preis. Die Medaille nahm er an, schlug jedoch die mit dem Preis verbundenen 10.000 Mark aus, mit der Begründung, die Deutschen brauchten das Geld für ihren Wiederaufbau nötiger, und er wolle zeigen, daß er ihre Anstrengungen unterstützte.[23] 1935 besuchte er erneut Deutschland und Frankreich und arbeitete außerdem an seinem Roman *Der Ring schließt sich,* der sein letzter werden sollte. Er arbeitete beständig zu Hause auf Nørholm, bis auf einige Abstecher zum Hotel Norge in Lillesand.

Anfang 1936 war Ellinor in einen schweren Autounfall in Deutschland verwickelt, und Marie reiste nach Berlin, um bei ihr zu sein. Hamsun blieb auf Nørholm zurück, um zu schreiben, hatte aber Mühe, sich zu konzentrieren, da er sich große Sorgen um sein Lieblingskind machte. Doch die Arbeit bedeutete ihm so viel, daß er auf Maries Vorschlag, er solle doch zu ihnen nach Berlin kommen, etwas überrascht reagierte. Ob sie auch darüber nachgedacht habe, ob er dort Ruhe zur Arbeit finden würde, fragte er sie. Wahrscheinlich nicht. Trotzdem schrieb er an Ellinor und bot ihr an zu kommen, wenn sie es wollte.

Später fuhr er nach Egerøya, wo er mit Erfolg am letzten Teil der *August*-Trilogie gearbeitet hatte, und am 19. Juni war das Buch fertig. Am 1. Oktober lag es in den Buchhandlungen, wie gewöhnlich rechtzeitig für das Weihnachtsgeschäft.

Der Ring schließt sich spielt in einer kleinen Küstenstadt Südnorwegens, nicht weit von Oslo entfernt. Der Held ist ein philosophierender Nichtstuer namens Abel Brodersen, und das Interesse des Romans konzentriert sich zum größten Teil auf ihn. Es gibt auch Dutzende von Nebenfiguren, die hauptsächlich nur an Sex und Geld denken und die im Roman die Funktion haben, durch die unterschiedlichen Formen des Kontakts mit Abel die vielen Seiten seiner Persönlichkeit zu beleuchten.

Abel ist das einzige Kind eines alten, reichen Leuchtturmwärters und dessen trunksüchtiger Frau. Als die Mutter stirbt, heiratet der Vater eine junge Frau, Lolla, die ihn verführt hat, um ihr Leben finanziell abzusichern. Abel geht zur See, und nach einer gewissen Zeit in Australien und Neuseeland läßt er sich in Amerika nieder. Er schreibt selten und beantwortet auch keine Briefe, dennoch gibt er zu erkennen, daß er da draußen geheiratet hat.

Eines Tages stirbt der alte Brodersen, und Abel erbt dessen Vermögen. Trotz wiederholter Aufforderung, nach Norwegen zurückzukehren und das Erbe anzutreten, kommt er nicht; er führt ein einfaches Leben in Green Ridge, Kentucky, und macht sich nichts aus Geld. Ein paar Monate später stirbt seine Frau Angèle, und kurz darauf kehrt er dann doch nach Norwegen zurück. Dort hat er sehr viel Erfolg bei Frauen, was ihn aber scheinbar kaltläßt. Alex jedoch, der Ehemann von Lili, einer dieser Eroberungen, erwischt die beiden zusammen im Bett und schießt zweimal auf Abel, trifft ihn in den Fuß und in den Arm. Wie der Held einer isländischen Saga hat sich Abel, obwohl er von Alex gewarnt wurde, erst die Schuhe zugebunden. Er empfindet weder Schuld noch Scham darüber, so mit der Frau eines anderen angetroffen worden zu sein. Als er sich voller Zorn gegen Alex wendet, ist es nicht wegen der Fleischwunden, die er erlitten hat, sondern wegen der Tatsache, daß Alex die Waffe gestohlen hat – Abel erkennt sie nämlich als seine eigene.

Abel setzt seinen unmoralischen Lebenswandel fort, doch scheint sich keiner daran zu stoßen, noch davon überrascht zu sein. Recht bald ist das von seinem Vater geerbte Geld dahin, vergeudet und verschwendet. Materiellen Gütern gegenüber ist Abel völlig gleichgültig und zieht bald darauf in einen verlassenen Eisenbahnschuppen. Im Fenster fehlt eine Scheibe, und die Tür hat kein Schloß.

Es kommt zu einigen Liebesverwicklungen. Lolla, Abels Stiefmutter, ist völlig verrückt nach ihm. Abel ist immer noch in Olga, seine Jugendliebe, vernarrt. Olga liebt Abel heimlich, würde es aber nie öffentlich zugeben. Rechtsanwalt Clemens, der mit Olga verheiratet ist, liebt in Wirklichkeit Lolla.

Lolla wünscht sich verzweifelt, daß Abel »jemand« sei. Mittels vom alten Brodersen geerbten Geldes erwirbt sie die Aktienmajorität an dem Lokalschiff »Sperling«, und zwar hauptsächlich, damit Abel den Kapitänsposten bekommt. In der Seemannsschule hatte Abel die Navigation nicht so richtig kapiert, er besitzt jedoch eine natürliche Begabung, aus praktischer Erfahrung zu lernen, und so wird er ein erfolgreicher Kapitän. Doch gerade diese Begabung macht ihm

das Leben schwer, nichts scheint ihm irgendwelche Probleme zu bereiten. Er leidet unheimlich an Langeweile, und so zieht er eines Tages die Uniform wieder aus, entwischt Lolla und verschwindet erneut nach Amerika. Monate vergehen, und eines Tages kehrt er wieder zurück, völlig abgerissen und mittellos, aber immer noch äußerst zufrieden mit seiner planlosen, ziellosen, ganz und gar sinnlosen Existenz. Er übersteht einen letzten harten Winter in seinem Eisenbahnschuppen, stiehlt sich sein Essen, wenn er es nicht bezahlen kann, mitunter stiehlt er auch nur wegen des Nervenkitzels, wird begehrt von vielen Frauen, weist sie manchmal zurück und manchmal nicht.
Eines Tages kommt in einem Gespräch zwischen Abel und Olga heraus, daß er selbst seine Frau Angèle umgebracht hat, als er sie bei seinem besten Freund, dem Iren Lawrence, antraf. Eigentlich hatte er Lawrence erschießen wollen, aber der Schuß war danebengegangen. Lawrence nahm die Schuld auf sich und wanderte auf den elektrischen Stuhl. Später finden seine Verwandten einen Brief, der den wirklichen Hergang des Falles enthüllt, und gegen Ende des Romans erfahren wir, daß die Behörden in Amerika mit der norwegischen Polizei Kontakt aufgenommen haben, weil sie Abel gern zu dieser Sache vernehmen würden. Unmittelbar bevor Abel davon hört, beabsichtigt er, nach Amerika zurückzukehren. Angesichts der Aussicht, vor Gericht gestellt zu werden, läßt er weder Angst noch Erleichterung erkennen. Wie andere Hamsun-Helden auch, zum Beispiel der Telegraphist Baardsen oder Willatz Holmsen III., oder die klassischen Helden der Sagaliteratur, die Hamsun stets bewunderte, hat Abel eine fatalistische, unausgesprochene Vorahnung seines nahenden Todes, die ihn veranlaßt, seine persönlichen Angelegenheiten zu klären. Seine letzten Taten vor seiner Abreise sind, einem Kind ein versprochenes Fahrrad zu kaufen und einem Fotografen die Rechnung zu bezahlen.
Es muß zugegeben werden, daß Hamsun in diesem Roman, wie übrigens in allen seit *Kinder ihrer Zeit*, zu Weitschweifigkeit neigt und ihr bisweilen auch unterliegt. Doch die for-

malen Details von Hamsuns Erzählstil sind stets interessant, und mit siebenundsiebzig kann er manchmal immer noch mit der unwiderstehlichen und überzeugenden Freiheit desjenigen schreiben, der die Kunst erfunden hat. Als er den Untergang der »Sperling« schildert, richtet er spontan ein paar Bemerkungen direkt an das verlorene Boot. Und als Abel vom Zollmeister Robertsen eine alte Schuld bezahlt bekommt, fällt Hamsun plötzlich, ohne Vorankündigung oder ein extra Satzzeichen, in die erste Person, um uns ein paar Gedanken Abels zu dieser Sache zu vermitteln, und findet dann wieder in die dritte Person zurück. In einem Buch von 320 Seiten tut er das nur ein einziges Mal. Eben so sprunghaft spricht die Erzählung Lolla kurz direkt mit »du« an.

Hamsun bedient sich auch eines seiner typischsten Kunstgriffe; ganz plötzlich wechselt er die Zeiten, fällt vom Imperfekt ins Präsens, und das mitunter mitten im Satz. Häufig tut er das, um mit einem Schlag die Spannung wieder zu erhöhen, wenn ein schwieriges Unternehmen begonnen werden soll oder ein dramatisches Ereignis bevorsteht. Ebenso häufig aber geschieht das ohne ersichtlichen Grund. Die Wirkung scheint jedoch immer die richtige zu sein, und sie demonstriert Hamsuns meisterhafte instiktive Beherrschung der verschiedenen Intensitätsstufen seiner Prosa. *Der Ring schließt sich* enthält auch eines der besten Beispiele für die Dreistigkeit, mit der er seine Meinung darüber ändert, was er als nächstes zu schreiben gedenkt, so daß wir, statt daß uns das durch Umschreiben verborgen bliebe, dies erhalten:

> Clemens mißverstand sie nicht, er dachte natürlich keineswegs, daß sie gekommen sei, um ihm ihre Dienste anzubieten. Oder – dachte er daran? Unbedingt! Einen kurzen wunderbaren Augenblick lang fühlte er es bis ins Herz hinein.

Der Ring schließt sich ist der bei weitem erotischste Roman Hamsuns, und mit Olga enthält er ein eindrucksvolles Porträt einer Frau, die an der seelisch bedingten Perversion ihres Geschlechtstriebs leidet. Der Gedanke daran, daß Abel ein Mörder sein könnte, veranlaßt sie, sich an ihn heranzumachen, um mit ihm ins Bett zu gehen. Außerdem ist der Roman weitestgehend frei von jenen die persönlichen Ansichten des Autors reflektierenden Einschüben, die so typisch für Hamsuns Spätwerk sind. Ganz ohne geht es jedoch nicht: In der Szene, in der die »Sperling« untergeht, während die drei Besatzungsmitglieder, die sie angeblich führen, darüber streiten, wer die Kapitänsmütze tragen soll, macht er sich kurz über die Demokratie lustig. An anderer Stelle weist Abel die Aufmerksamkeit älterer Frauen zurück, die ein Alter erreicht haben, in dem »das Liebesleben für sie vorüber ist«, und die sich statt dessen der Religion, Wohltätigkeit und Politik widmen. Sicher hat Hamsun nicht erkannt, wie ironisch es klingt, wenn er sich über alte Frauen lustig macht, die ihre Aufmerksamkeit Dingen widmen, von denen er selbst mindestens zwei – Wohltätigkeit und Politik – schon seit einiger Zeit zu seinem Hobby gemacht hat.

Hamsuns Hauptanliegen war diesmal jedoch nicht vernichtende Satire, und die Nebenfiguren des Romans sind daher auch weder besonders grotesk noch unausstehlich. Es ist eigentlich eine ungewohnte, provokative Mischung von zwei – oberflächlich gesehen – gegensätzlichen Neigungen. Auf der einen Seite kann es als ein freimütiges Bekenntnis zur Herrenmoral gelesen werden, indem Abel tut, was er will, und mit jeder schläft, die ihm gefällt, einfach weil er dabei keinerlei Schuld empfindet und weil niemand sich darum schert. Auf der anderen Seite kann er als schöpferischer Versuch verstanden werden, Lebensweisheit in Aktion darzustellen; Abel steht dann für die personifizierte Ablehnung aller anerkannten Werte der abendländischen Gesellschaft. Wie ein taoistischer Weiser ist er *im* Staub, aber nicht *aus* Staub.

Immer wieder erinnert uns das im Grunde genommen Paradoxe an Abels Existenz, die paradoxen und unmoralischen Bemerkungen, die er macht, an den rätselhaften Stil von Laotse oder Chuangtse. Stärker als jedes andere Geschöpf

Hamsuns ist er die *bewußt* rätselhafte Person, das lebendige Zen-Rätsel, vor dem jegliches konventionelle Moral- und Kulturverständnis in irritiertem Erstaunen zurückschreckt, und es besteht wenig Zweifel, daß Hamsun in Abel den Weisen schlechthin darstellen wollte, den Menschen, der »den Weg« gefunden hat. Das Leben, das er führt – sich wie Wasser treiben zu lassen, sich um nichts zu bemühen, außerhalb der Beschränkungen, die die Gesellschaft mit den Worten »richtig« und »falsch« bezeichnet hat, zu existieren –, kommt dem idealen Leben des taoistischen Weisen nahe. Wenn man dieser Übereinstimmung mit der alten chinesischen Philosophie weiter nachgeht, stößt man auf eine noch interessantere Übereinstimmung. Die als die Realisten bekannten Philosophen, deren bekanntester Vertreter Han Fei Tsu (um 233 v. Chr.) war, weisen verblüffende Parallelen zu den Nationalsozialisten auf. Sie glaubten nicht, daß der Mensch von einem Sittlichkeitsgefühl beherrscht sei, und lehrten, daß fürchterliche Bestrafungen und enorme materielle Belohnungen die richtige Art seien, ein Volk zu beherrschen. Sie haßten die Intellektuellen und die Händler und liebten das Militär, und so standen die Bauern und vor allem aber der Soldat in höchstem Ansehen. Seltsamerweise fanden die Realisten im Taoismus eine metaphysische Basis für ihre Philosophie. Der berühmte Sinologe Arthur Waley weist darauf hin, daß viele weniger wichtige Lehrsätze des Taoismus unverändert von den Realisten übernommen werden konnten. Taoisten und Realisten stimmten in ihrer Verachtung für Hsien (Leute mit einer hohen Auffassung von Moral), für Buchgelehrsamkeit, für Moral und Mildtätigkeit und für Handel und »unnötige« Einrichtungen überein. Beide Schulen verabscheuten Förmlichkeiten und befürworteten die Rückkehr zu einem einfachen Lebensstil.
Diese Darstellung entspricht sehr stark dem Ideal, für das sich Hamsun mit seinem Leben und Werk und mit besonderer Energie in späteren Romanen wie *Segen der Erde* einsetzte. Die Aspekte des Taoismus, mit denen die Realisten nichts anfangen konnten, wie zum Beispiel dem Bestehen auf der Autonomie des einzelnen, ignorierten sie entweder

oder wandelten sie, wie in dem Fall des wichtigen taoistischen Dogmas des Festhaltens an der Einheit, in eine politische Maxime um – die absolute Vereinigung von allem im Staat. Auch für den verzückten Pantheismus der Taoisten hatten sie keine Verwendung. Diese »mystische Basis des Realismus«, wie Arthur Waley sie nennt, bietet einen der wenigen Anhaltspunkte für ein Verständnis der Koexistenz von zwei so offensichtlich unvereinbaren Geisteshaltungen in Hamsun wie orientalischem Quietismus und abendländischem Faschismus. Diese Tendenzen trieben ihn mit der jeweils gleichen Energie, aber in entgegengesetzte Richtung, niemals aufeinander zu. Nur angesichts diese Paradoxons kann man verstehen, wie Rebecca West davon sprechen konnte, Hamsun besitze »das umfassendste Verständnis der menschlichen Seele«, und ein anderer englischer Bewunderer seiner Romane behaupten konnte, sie zeigten »das klarste Verständnis der Welt des Menschen«, während der Gegenstand ihrer Lobpreisung in seinem späteren Leben soviel literarische Energie der öffentlichen Demonstration einer beklagenswert beschränkten Sicht der menschlichen Seele widmen konnte.

Nach den Enttäuschungen von *August* und *Nach Jahr und Tag* markiert *Der Ring schließt sich* eine Rückkehr zu so etwas wie Form. Der Konzeption, der Ausführung und dem Titel nach erweckt das Buch den Anschein einer bewußten »letzten Äußerung« von Hamsun als Romancier. Seinem Verleger Harald Grieg hat er erzählt, der Titel bedeute, »daß das letzte Glied in der Kette sich mit dem ersten verbindet«,[24] und in der Tat gibt es einige verblüffende Verbindungen zwischen diesem Roman und *Hunger*, der sechsundvierzig Jahre zuvor erschienen ist. Der norwegische Titel *Ringen sluttet* beinhaltet ein Anagramm von *Sult (Hunger)* und weist somit darauf hin, daß der erste Roman – oder ein Traum davon, eine Erinnerung daran – auf gewisse Weise in den Seiten des mutmaßlichen letzten enthalten ist. Es gibt deutliche Ähnlichkeiten zwischen den Hauptfiguren der beiden Romane, und Abels Verhalten läßt einen bisweilen vermuten, Hamsun habe bewußt versucht, die Handlungen des Erzählers in *Hunger* nachzuahmen. So geht Abel zu einem Trödler und versucht, ein Paar Socken und etwas Wäsche zu Geld zu machen, damit er sich etwas zu essen kaufen kann. Nachdem er einer Kuchenverkäuferin eine Menge Geld gegeben hat, kehrt er später, als er großen Hunger leidet, zu ihr zurück und verlangt Kuchen auf Kredit. Von einem Metzger erbettelt er sich Fleisch für einen gar nicht existierenden Hund. Er findet einen Knochen und nimmt ihn mit in seinen Schuppen. (Als Abel ihn auseinanderbricht, um an das Mark zu gelangen, weist Hamsun ausdrücklich darauf hin, daß er das *nicht* etwa tut, um es zu essen, wie der Held in *Hunger,* sondern weil er Schmierfett für seine Tür braucht.) Am Ende von Abels letztem Winter in Norwegen erzählt uns Hamsun: »So schlecht war es ihm wohl noch nie gegangen wie jetzt, ein dauernder Mangel an Nahrung machte ihn gleichsam undeutlich im Gesicht und undeutlich unter den Menschen.« Doch wo es einst Pferde und Kutschen waren, die an dem seltsamen, von sich selbst eingenommenen Erzähler vorbei durch den Straßenschlamm von Kristiania spritzten, sind es jetzt Autos, die an Abel vorbeisausen.

Der einzige große Unterschied zwischen dem Erzähler von *Hunger* und Abel besteht darin, daß es Abel – vorsätzlich – an der einen Sache mangelt, die den Helden von *Hunger* umtrieb: Ehrgeiz. Wie der hungernde junge Schriftsteller begeht Abel einen Akt von Blasphemie. Nicht aus leidenschaftlichem Haß gegenüber Gott, sondern eher um seine Vertrautheit, beinahe seine Verachtung für ihn zu zeigen, stiehlt er als Geschenk für eine Frau, die er liebt, von einer Jesusfigur ein Armband. Es ist, als wollte Hamsun sagen, er wünschte, das Leben nie so ernst genommen zu haben, ein Bekenntnis, das im Geiste Ibsens letztem Werk, *Wenn wir Toten erwachen,* ähnelt. Abel kommt zu etwas Geld und kleidet sich für den Winter neu ein, dann aber fragt er sich: »Was für ein Unterschied ist nun zwischen heute und gestern, hab ich jetzt etwa mehr als vorher? Ein paar Kleider.« Das heißt: nichts.

Der Sinn von Abels Existenz liegt offenbar, wie der Nagels in *Mysterien*, nur in seiner Abweichung von allen für gewöhnlich akzeptierten Standards und Verhaltenskodexen. Er ist »der Geist, der stets verneint«, der Provozierer. Er ist das Paradoxon, die Wahrheit, die auf dem Kopf steht, um Aufmerksamkeit zu erregen. Inmitten desselben alten Rennens entlang derselben alten Straße, in Richtung auf dieselben alten Ziele Sex und noch mehr Sex und Geld und noch mehr Geld und in immer sinnlosere Komplikationen verstrickt, träumt Abel von der Rückkehr zu dem Leben, das er mit Angèle in der Slumstadt Green Ridge, Kentucky, geführt hat. Mit aufgeregter Stimme fragte ihn einmal eine Frau, ob es wahr sei, daß seine Frau Angèle eine Negerin gewesen sei. »Nein«, hatte Abel erwidert, dann aber hinzugefügt: »Aber im übrigen, was hätte es schon ausgemacht?«
Sein Leben in Green Ridge schilderte er Lolla folgendermaßen:

> Mit Angèle? Nein, nein, es ging mir gut. Sie war wunderbar zu mir. Ich war heruntergekommen, das war sie auch, wir lebten beide so dahin. Das taten die andern rings um uns auch. Alle Menschen kamen nur immer mehr und mehr herunter, manche hatten vielleicht eine Flasche Milch oder einen Maiskolben zum Leben, andere gingen herum und froren nur, niemand kam zu Angèle und zu mir und wollte etwas von uns. Nach einem halben Jahr oder einem Jahr kam ein Brief. Der Bote war ein Neger, der nicht lesen konnte, so legte ich den Brief nur hin. Du meinst wohl, es ist schlimm, wenn man wenig zu essen und keine Kleider hat, aber darauf kommt es ja gar nicht an, wir waren selig miteinander wie wilde Tiere. Wir lagen und schliefen zusammen in unserm Untergang. Wenn wir aufwachten, sagten wir nichts, wir standen nur auf und gingen fort, wenn einer von uns aufstand und fortging, kam der andere nach. Wir gehörten beide auf denselben Weg und gingen einander nach. Ab und zu machte ich ihr eine Freude mit einem Huhn vom Farmer. Er war so geizig und hielt Wache. Einmal schoß er nach mir, und

von da an wagte ich nicht mehr zu ihm zu gehen. Das tat nichts, es gab Fische genug im Streamlet, und im Herbst fanden wir überall Früchte. Ich setzte auch ein Bushel süße Kartoffeln.

Lolla, bedrückt: Hättest du nicht fortgehen und dich retten können? Es ist doch nicht gut, ein wildes Tier zu sein.

Doch, das war gut.

Einer perplexen Olga versuchte er, seine Einstellung zum Leben zu erklären, erreichte aber nur, daß er sie noch mehr verwirrte:

Reif werden, sagst du. Eine Mahlzeit am Tag – Gott steh mir bei! Kein Zweifel, du mußt viel ausstehen, und wenn du so leben willst, ist es wohl nur deshalb, weil dir jeder Wille zu etwas fehlt.

Und wenn das nun ein Talent wäre, Olga?

Sie stutzte: Ein Talent? Reden kannst du, Abel, ganz unglaublich, wie du das gelernt hast! Ein Talent? Es ist vielleicht ganz richtig, was du da sagst, und es könnte ja auch alles gleich sein, wenn nur nicht gerade du es wärst, der vor die Hunde geht, Abel.

Für dich klingt es sonderbar, sagte er, aber wenn ich so in der Sonne sitze, brauche ich nicht viel zu essen. Ich habe in den Tropen gesehen, wie die Menschen dort von einem Tag zum andern leben, von der Hand in den Mund, von fast nichts und von der Sonne leben. Millionen leben so. Dort gibt es nichts, was Hinaufkommen heißt, die Menschen dort denken nicht an Geld und Verdienst und Einrichtung, ihr Leben ist einfach, sie nehmen Blumen zum Schmuck. Es war so schön für die Augen, sie anzusehen, so gut für die Augen. Wir fuhren zu den Inseln hinaus und ließen uns dort nieder, wir hatten nichts in den Taschen, was sie brauchten, sie wollten nichts von uns kaufen, und sie bettelten nicht. Wir gingen ins Land hinein, dort tanzten sie und lachten, sie waren freundlich und gaben uns Früchte, sie waren schön und braun, fast ohne Kleider. Wir waren dort zwei Nächte –

Sie blieben nur zwei Nächte in diesem Paradies. Was die beiden Traumexistenzen miteinander verbindet, ist, daß der Schatten des Bewußtseins nie über sie fällt. Bewußtsein ist die Hölle, das gibt Hamsun in seinen Werken häufig zu verstehen. Doch keines zu haben ist ein undenkbarer Traum. Zu den dauerhaften Vergnügen seines Werkes gehören winzige Fragmente dieses Traums, die plötzlich und unerwartet – oftmals inmitten einer besonders düsteren Passage – von der Prosaoberfläche aufblitzen. Manch strahlendes Wunder, mit der selbstvergessenen Entrückung von Kinderaugen gesehen, wie eine Biene, die in einer Blume schläft, oder ein Seehund, der den Kopf wendet und einen Jungen im Ruderboot anschaut.

Wenn man den keineswegs lächerlichen *Bjørger* von 1879 hinzurechnet, dann umspannte Hamsuns schriftstellerische Laufbahn bisher siebenundfünfzig Jahre, in denen er zweiundzwanzig Romane, fünf Bühnenstücke, ein Versdrama, ein kulturgeschichtliches Buch, ein Reisebuch und drei Bände Erzählungen hervorbrachte. In Amerika, Skandinavien und Deutschland galt er allgemein als bedeutendster lebender Schriftsteller und war vermutlich die am meisten bewunderte und nachgeahmte literarische Gestalt seiner Zeit. Nun wäre die Zeit reif gewesen, sich zur Ruhe zu setzen und die letzten Tage eines Lebens von wahrhaft heroischem Fleiß zu genießen. Er hatte seine Frau, seinen hübschen Bauernhof und vier erwachsene Kinder (Victoria nicht mitgerechnet), die ihm im Laufe der Zeit Enkelkinder schenken würden, zur Freude seiner letzten Tage. Doch es hatte den Anschein, als wäre der Preis dafür zu hoch. Von seiner Schriftstellerei besessen, hatte er sich dazu erzogen, niemals mehr von sich selbst zu geben, als er erübrigen konnte, nicht einmal für seine Frau und seine Kinder. Als die Zeit gekommen war, daß er sich nicht mehr so intensiv seinen Büchern widmen mußte, stellte er fest, daß er die Fähigkeit verloren hatte, sich von sich aus zu öffnen. Statt daß er und Marie im Alter Kameraden wurden (wobei Marie erst in den Fünfzigern war), wurde ihr Zusammensein immer mehr von

Feindseligkeit und Aggression geprägt. Die beiden psychoanalytischen Behandlungen bei Strømme in den zwanziger Jahren deuten darauf hin, daß Hamsun klar erkannt hatte, daß wichtige normale Aspekte des Familienverhältnisses durch seine fanatische Hingabe an die Schriftstellerei ernsthaft litten. Seine Briefe an Marie bestätigen das. Immer wieder schrieb er darin, daß es anders werden solle und müsse, daß er versuchen wolle, mehr mit der Familie zusammenzusein. Er hatte versprochen, mit Marie und den Jungen in Grimstad öfter ins Kino zu gehen, und Marie dazu ermutigt, Tanzstunden zu nehmen, so daß sie hinterher ihm die Schritte beibringen könne und sie zusammen tanzen gehen könnten. In einem Brief hatte er geschrieben:

> Es kann einen schon verrückt machen, niemals jemandem zu begegnen, nie sein Zimmer zu verlassen. Ich möchte mit Dir und den Kindern ab und zu nach Grimstad fahren und von Zeit zu Zeit lange Spaziergänge unternehmen. Und wir werden keine Angst vor den Leuten haben. Im Gegenteil, wir werden glücklich sein, und wir werden Gott und der Welt danken.

Doch in einem Leben, das ihm jenseits der einfachen Fähigkeit zu überleben, wie Oliver oder Abel, absolut sinnlos erschien, war seine völlige Versunkenheit in das Schreiben eine psychische Notwendigkeit, und sobald die *August*-Trilogie 1926 mit *Landstreicher* in Gang gekommen war, war von guten Vorsätzen, geselliger und zugänglicher zu werden, nicht mehr viel übrig. Marie gab sich zunehmender Verbitterung hin. In einem geheimen Brief an einen Freund Hamsuns aus alten Tagen, den Witwer von Bolette Larsen in Bergen, schrieb sie:

> Zur Erklärung von Hamsuns Einstellung kann ich Ihnen mitteilen, daß er nicht einen einzigen sogenannten Freund hat, er bringt es nicht fertig, freundschaftliche Briefe zu schreiben, alle Leute sind ihm im Laufe der Zeit völlig egal geworden. Das mag ein Fehler sein, aber Ham-

sun *ist* so ... Wahrscheinlich können Sie es nicht verstehen, daß ein Mensch sich so verändern kann, auch ich kann es nicht, aber faktum est. Seine Arbeit ist sein einziger Freund, seine einzige Liebe. Damit haben wir anderen uns abzufinden.

Diesen Brief habe ich hinter Knuts Rücken geschrieben. Er würde sehr wütend, käme er dahinter, daß ich Ihnen diese paar erklärenden Zeilen geschrieben habe. Daher möchte ich Sie bitten, diesen Brief zu verbrennen und so zu tun, als hätten Sie ihn nie erhalten.[25]

Sie fügte noch hinzu, daß Hamsun alle seine Briefe gewöhnlich von ihr schreiben und auch seine Unterschrift nachahmen ließ. Überall in der Welt bewahrten die Leute vermutlich gefälschte Hamsun-Autogramme auf.

Das war 1928. Ähnlich drückte sie sich fünf Jahre später gegenüber einem Journalisten aus, in einem Interview im März 1933:

Gewiß lebe ich gern hier – aber Hamsun interessiert sich ja nicht für Leute, und darum bekommen wir wenig Besuch. Manches Mal glaube ich, ich lebe in einer hermetischen Abgeschlossenheit.[26]

In den Jahren unmittelbar vor dem Krieg nahm ihre Verbitterung krankhafte Züge an. Immerzu eifersüchtig auf ihren Mann, wurde sie von dem Gedanken besessen, er habe sie in den frühen dreißiger Jahren mit einer dänischen Schauspielerin betrogen. Ihre Befürchtung war verständlich; Hamsuns häufiges Reisen und sein Bedürfnis, allein zu sein, während sie durch die Kinder und ihre Aufgaben mit dem Hof zu Hause angebunden war, müssen viel dazu beigetragen haben, ihren Verdacht zu nähren. Häufig kam es zu Auseinandersetzungen. Mitunter wurden sogar die Fäuste erhoben, und die Kinder mußten dazwischentreten. Häufig stürmte Marie davon und drohte mit Selbstmord. Einmal unternahm sie sogar den halbherzigen Versuch, ihren Mann umzubringen. Ihrer Tochter Cecilia hatte sie aufgetragen, ihm zerkleinerte Tabletten zum Abnehmen ins Essen zu geben, in der Hoffnung, daß er an einer Überdosis sterben würde. Die Tabletten töteten ihn nicht, aber sie ließen ihn wenigstens für eine Weile etwas kürzertreten, was Marie nur befürworten konnte.[27]

Hamsun dagegen verschwand, wann immer es möglich war. Er konnte sich von Nørholm davonmachen und tagelang ohne Erklärung wegbleiben, und 1938 reiste er wieder nach Südeuropa und lebte einige Monate in Italien und Jugoslawien. Nachdem er wieder nach Hause gekommen war, zog er aus Nørholm aus und lebte etliche Monate allein in einem Zimmer im Hotel Bondeheimen in Oslo. Er litt an Langeweile und Depressionen und konnte es nicht ertragen, alt zu werden.

Maries Sorgen, Hamsun könnte sie betrogen haben, waren vermutlich unbegründet. Sein gutes Aussehen und seine Kraft bewahrte sich Hamsun in erstaunlichem Maße bis ins hohe Alter von über achtzig, doch das Bild, das wir von seinem Charakter haben, ist nicht das eines promiskuitiven Mannes. Abgesehen von dem Eingeständnis jenes einmaligen Aktes von Ehebruch während seiner Ehe mit Bergljot und Anna Munchs pathetischen Ergüssen im Jahr 1897, ist sein Leben frei von sexuellen Skandalen. Doch Eifersucht ist schließlich eine Krankheit, und so behauptete Marie 1945, Hamsun habe auf seine alten Tage begonnen, sich für junge Mädchen zu interessieren, und sei ihr mehrfach untreu gewesen.[28] Diese Behauptung äußerte sie gegenüber einem Psychiater in der Vindern-Klinik in Oslo, wo ihr Mann zur Untersuchung eingewiesen war. Ihre ausführliche Darstellung des Ehelebens gegenüber dem Arzt war zweifellos von Furcht beeinflußt – Furcht vor der ihm verliehenen Autorität, Furcht vor dem Schicksal ihres Mannes sowie vor ihrem eigenen, denn sie war ebenfalls des Verrats angeklagt. Sie entwarf ein ziemlich trübes Bild ihrer Ehe, denn sie nahm, vermutlich zu Recht, an, es wäre unter jenen besonderen Umständen töricht, über schöne und glückliche Zeiten zu sprechen. Doch von den Umständen, unter denen sie ihr gemeinsames Leben schilderte, einmal abgesehen, gibt es doch genügend Anhaltspunkte dafür, daß ihre Beziehung nie schlechter gewesen ist als Ende der dreißiger Jahre. Hamsuns Anwältin, Sigrid Stray, in hohem Maße seine Vertraute in jener Zeit, bestätigt dies in ihren Memoiren. Beide Seiten hatten davon gesprochen, sich scheiden zu lassen. Marie hatte mehrfach versucht, Hamsun zu verlassen, jedoch vergeblich. Das einzige, was die beiden in den dreißiger Jahren miteinander teilten, war ihre politische Einstellung.

15

1933–1940: Hamsuns politische Ansichten

»Von Politik verstehe ich nichts«,[1] bekannte Hamsun 1945,* eine Erkenntnis, die ihn jedoch nicht davon abgehalten hat, in den dreißiger Jahren und während der deutschen Besetzung Norwegens eine ganze Reihe von Äußerungen ausgesprochen politischer Natur über Hitler und Nazideutschland von sich zu geben.

Außerhalb Norwegens – und zum Teil auch innerhalb – hält sich ein weitverbreitetes, bequemes Gerücht, diese Äußerungen und die darin zum Ausdruck gebrachte positive Einstellung seien die Ansichten eines Mannes, der an Altersdemenz, an Altersschwachsinn, litt. Das ist ein direktes Resultat der Befunde der beiden Psychiater, die Hamsun auf Verlangen der norwegischen Regierung nach dem Krieg untersuchten und befanden, er leide unter »nachhaltig geschwächten geistigen Fähigkeiten«. Akzeptiert man diesen Befund, so entledigt man sich des moralischen Problems, das sich ansonsten stellt, wenn man die Werke eines Bewunderers des Faschismus, der in Hitler eine tapfere und bewegende Gestalt sah, liest und von ihnen gefesselt ist. Diese Lösung übernahm zum Beispiel der Kritiker und Musikwissenschaftler Hans Keller, um sich seine Liebe für Hamsun und seinen Glauben an dessen Genie zu bewahren. In einer Rezension der *Wanderer*-Romane im *Times Literary Sup-*

* Die Einzelheiten über Hamsuns psychiatrische Untersuchung nach dem Krieg sickerten so nach und nach durch. Ein Buch mit dem Titel *Processen mod Hamsun* (1978; deutsch: *Der Hamsun-Prozeß,* 1979) des dänischen Schriftstellers Thorkild Hansen enthielt so viele Bezugnahmen auf Details des Berichts, daß die Psychiater, die ihn erstellt hatten, Gabriel Langfeldt, und Ørnulf Ødegård, sich entschlossen, ihn in voller Länge zu veröffentlichen, in der Hoffnung, so Mißverständnissen und Mißdeutungen ihrer Befunde vorzubeugen. (Im folgenden darauf Bezug genommen als »der Bericht«.)

plement (TLS) erklärte er 1975, Hamsuns Nazismus »bedrückte mich sehr, bis mir neulich ein Kollege, der Musikchef von Radio Norwegen, erzählte, daß außerhalb Norwegens niemand so recht wisse, wie senil Hamsun geworden war. Nachdem er Nazideutschland besucht hatte, wurde er in einem Rundfunkinterview gefragt, ob er Hitler getroffen habe. ›Wissen Sie, ich bin so vielen Leuten begegnet, da kann ich mich wirklich nicht erinnern.‹«[2] Ein, zwei Wochen später schrieb der englische Übersetzer der *Wanderer*-Bücher, Oliver Stallybrass, einen Brief an das *TLS* und erklärte, die Antwort sei in Wirklichkeit ein Musterbeispiel für Hamsuns versteckten Humor gewesen. Diese Erklärung zog wiederum einen Brief von Keller nach sich, in dem er mit einigem Erstaunen feststellte, es erscheine »unpassend«, daß ein Nazi darüber Witze machte, ob er Hitler getroffen habe oder nicht. Jemand, der dazu fähig war, stellte Keller offensichtlich vor ein Rätsel. Unglückliche Tatsache ist jedoch, daß Hamsun in der fraglichen Zeit keineswegs senil war, und es auch nie wurde.
Hamsuns Faschismus war eine aufrichtige politische Überzeugung, und obgleich er als Persönlichkeit letztlich viel zu kompliziert ist, um ihn schlichtweg als Nazi zu bezeichnen, reagierte er doch zum größten Teil begeistert auf das, was der Faschismus in den dreißiger Jahren zu bieten hatte. 1953 ging Thomas Mann so weit zu behaupten, daß Hamsuns Nazismus »niemanden überraschen konnte, der sich an seine Verspottung Victor Hugos und Gladstones erinnerte. Doch was 1895 in ästhetischer Hinsicht ein interessanter Standpunkt war, ein literarisches Paradoxon, wird 1933 zu einer sehr politischen Position und wirft einen dunklen, unglücklichen Schatten über Hamsuns Ansehen als Dichter und Schriftsteller.«[3]
Hamsuns Ästhetik und seine politischen Ansichten waren komplexe und bisweilen phantastische Strukturen. Ein wichtiges Element in beiden war jener Haß auf die Engländer, der seinen ersten Ausdruck in Hamsuns Reisebuch *Im Märchenland* von 1903 fand. Er tauchte wieder auf in der grotesken Karikatur Sir Hugh Trevelyans in den Romanen

Benoni und *Rosa* von 1908 und dann erneut, und zwar mit bestürzender Heftigkeit, 1912 in *Die letzte Freude*, wo zwei englische Touristen vom Verfasser der Unzucht mit Tieren und Knaben bezichtigt werden. Die meisten von Hamsuns nachfolgenden Romanen enthalten mehr oder weniger umfangreiche Angriffe auf die Engländer, zum einen wegen der arroganten Verachtung des Engländers gegenüber allen, denen er auf seinen Reisen begegnet, zum andern wegen Englands arroganter, imperialistischer Durchführung seiner auswärtigen Angelegenheiten. Der Erste Weltkrieg vertiefte diesen Haß auf die Engländer und verstärkte gleichzeitig Hamsuns Bindung an Deutschland. Persönliche Freunde wie Nils Kjær, Hjalmar Christensen, Sven Elvestad und Sigurd Bødtker waren Deutschland gegenüber ähnlich wohlgesonnen, doch keiner von ihnen teilte diese dunklere Kehrseite seiner Begeisterung.

Obgleich die zwanziger Jahre bei Hamsun eine ruhige Dekade für internationale Angelegenheiten waren, erwachten seine schlummernden Sympathien, als die Aktivitäten der Nazipartei in Deutschland nach ihrer Machtergreifung im Januar 1933 die mißbilligende Aufmerksamkeit gewisser Kreise der internationalen Gemeinschaft zu erregen begannen, und er sprang dem neuen Regime bei, sowohl in privaten Briefen als auch in Zeitungsartikeln. Immer wieder zieht er in seinen Beiträgen England mit auf den Plan, bisweilen unter unglaublicher Erweiterung seiner Phantasie. In einer Kampagne, für Carl von Ossietzky, einen pazifistischen Journalisten, den die Nazis ins Konzentrationslager Sachsenhausen geworfen hatten, den Friedensnobelpreis zu erwirken, erhielten 1934 die führenden Autoren Norwegens einen Brief, in dem sie um ihre Unterstützung gebeten wurden. Auf diese Kampagne kommen wir später noch einmal ausführlich zurück, hier sei nur gesagt, daß Hamsun in seinem Antwortschreiben, in dem er seine Hilfe versagte, beträchtlichen Raum darauf verwendet, dem Komitee eine – genaugenommen – völlig irrelevante Meinung darzulegen:

Glauben Sie, England würde auf internationale Naseweisheit, seine Gewalt über Indien zu beeinflussen, reagieren? Würde es England tolerieren, wenn ein Komplott von Feinden in Berlin ein Gericht gründete, um eine englische Rechtssache zu überwachen und zu korrigieren? Haben England und die übrige Welt eine Horde feindseliger Journalisten nach Rußland geschickt, um das gegenwärtige Gemetzel der Staatsfunktionäre zu überwachen?[4]

Und er schließt seinen Brief mit einer ähnlichen Bemerkung:

> Ich bilde mir nicht ein, bei Ihnen oder Ihrer Londoner Lobby durch diese Zeilen auch nur den geringsten Eindruck zu machen. Aber ich könnte mir vorstellen, daß weder Sie noch andere etwas gegen eine kurze Erklärung meiner Weigerung haben.

Von dieser Deutschland-England-Polarität wurde seine Sicht der politischen Ereignisse beherrscht. Im Januar 1935 schickte er eine Grußbotschaft an das Magazin *Der Norden*, das Organ der Nordischen Gesellschaft, worin er sich zur Rückkehr des Saarlandes an Deutschland äußerte. Das Saarland hatte seit 1919 unter Verwaltung des Völkerbundes gestanden und kam aufgrund einer Volksabstimmung im Januar wieder an Deutschland zurück. Hamsun schrieb:

> Wenn das deutsche *Saarland* mit dem Mutterland wieder ganz vereint ist, dann wird eine Irritation zwischen den Völkern beseitigt sein. Eine neuerliche Irritation wird sich ergeben, wenn die französische Politik – mit Billigung Englands – erneut versucht, Deutschland in fast dauernder Demütigung zu fesseln.[5]

Elf Monate später, am Ende einer zweiten erfolglosen Kampagne, für Ossietzky den Nobelpreis zu erwirken, protestierte Hamsun in einem Artikel in der *Tidens Tegn* gegen diese Kampagnen und fragte, ob Ossietzky sein Land tatsächlich »vor anderen Ländern ausgequetscht und gedemütigt« sehen wollte, »dank der Barmherzigkeit der Engländer und Franzosen«. Dieser Artikel erschien am 22. November, doch die Engländer hatten bereits seit geraumer Zeit versucht, sich von der harten Linie der Franzosen beim Aufrechterhalten der Bedingungen des Versailler Vertrags zu distanzieren: am 18. Juni desselben Jahres hatten sie mit Deutschland ein Flottenabkommen geschlossen und damit Hitlers Wiedereinführung der allgemeinen Wehrpflicht drei Monate zuvor stillschweigend hingenommen. Diese Annäherungsversuche der Engländer an Hitler übersah Hamsun geflissentlich. Es durfte ihnen auf keinen Fall erlaubt sein, sein mittlerweile gefestigtes Bild von Deutschland zu beeinflussen: eine tapfere Nation, die versuchte, nach den verzweifelten Rückschlägen durch den Krieg und die Weltwirtschaftskrise wieder auf die Beine zu kommen, und das trotz eines geschlossenen Widerstandes in Europa und trotz eines immer noch fest in der Rolle des entschlossenen Feindes verankerten Englands. Diese Sicht der Dinge wurde mit manischem Eifer in dem Vorwort bestätigt, das Hamsun zu einem Buch eines gewissen Dr. Karl Hans Fuchs schrieb, das sich mit der Frage der Eingliederung Danzigs ins Deutsche Reich auseinandersetzte. Hamsun schrieb:

> Die Polen sind in Ordnung – in Polen. Darum wird nicht gestritten. Die Polen sind tüchtige Leute und haben daher beizeiten eingesehen, daß sie Danzig nicht würden behalten können, eine deutsche Stadt in Deutschland, sie fanden einen anderen Zugang zum Meer, sie bauten sich einen Hafen an der Mündung ihres eigenen Flusses.
> Gut.
> Als aber England aus alter Gewohnheit seine erneute Einkreisung Deutschlands begann, waren die Polen wiederum tüchtig und stellten ihr Land als Glied in dem englischen Kreis zur Verfügung. Damit glaubte man, die deutsche Stadt behalten zu können.
> Doch da waren die Polen zu tüchtig. Danzig wird sie verlassen. Keine Macht der Welt kann Danzig davon abhalten, sie zu verlassen.

Die Polen sind tüchtige Leute und verfügen über kluge Köpfe, wenn die Zeit kommt, werden sie selbst ihre Dummheit in der Danzig-Frage einsehen. Sie vertrauten auf den Fetzen Papier, der vom Versailler Vertrag übrig ist, und sie vertrauten auf Albions »Garantie«. Sie hätten besser auf ihren eigenen Hafen Gdynia (Gdingen) vertraut. Auch andere Länder haben auf den Vertrag von Versailles und auf Englands Versprechen vertraut – und sind verraten worden. Die Polen hätten statt dessen lieber auf Deutschlands Angebot einer freundschaftlichen Regelung hören sollen.

Danziger, haltet aus! Auch ihr seid gut, und ihr seid Preußen und gehört der großen deutschen Nation an. Eines Tages werdet ihr selbst und eure Stadt wieder zum Vaterland gehören.

Hamsuns Vorwort stammt vom 15. August 1939, also gerade zwei Wochen vor dem Einmarsch der Deutschen in Polen.

Diese antienglische Einstellung mit ihrer vierzigjährigen Geschichte spielt in der Analyse seiner Haltung während der aufkommenden europäischen Krise in den dreißiger Jahren und dem nachfolgenden Krieg eine entscheidende Rolle. Zusammen mit einem verständlichen Gefühl, Deutschland in wirtschaftlicher und kultureller Hinsicht Dank zu schulden, hat sie ein großes Gewicht in den Augen derer, die das Ausmaß, in dem der Faschismus als politische Ideologie es war, was Hamsun an Hitler anziehend fand, auf ein Minimum zu reduzieren trachten. Auf diese Weise wird es möglich, Hamsuns Reaktion als die des »exzentrischen und unberechenbaren Künstlers« zu definieren, in der ihm die Rolle eines politischen Analphabeten zugesprochen wird, der sich törichterweise mit geistigen Verbrechern eingelassen hat und der, selbst wenn er sich sehr für sie engagiert hat, als unschuldig anzusehen ist. Unglücklicherweise geht aus anderen Aussagen hervor, daß seine Reaktion auch Elemente enthielt, die all jene gemein hatten, die in den dreißiger Jahren im Faschismus eine Lösung und in Hitler einen Retter sahen.

Er verstehe, was in der Politik links und rechts bedeute, erklärte er Dr. Ødegård, einem der Psychiater, die ihn nach dem Krieg untersuchten, aber er habe nie den Sozialismus verstanden.[6] Er erschien ihm als etwas Wertloses, da er die persönliche Initiative vernichtete. Dem Bericht zufolge soll er gesagt haben: »Sie bilden sich eine Gruppenmeinung zu den Dingen.« Weiter steht in dem Bericht: »Er erwähnt gereizt die endlosen Streiks wegen nichtigster Dinge.« Und dann wird wieder Hamsun zitiert: »Ich hasse den Kommunismus leidenschaftlich.« Die norwegische Gesellschaft befand sich, wie die der meisten europäischen Staaten in den zwanziger Jahren, in einem politisch unruhigen, turbulenten Zustand. Die russische Revolution von 1917 zeigte in Norwegen Auswirkungen, die wahrscheinlich extremer waren als in irgendeinem anderen Land. Bereits im März 1918 faßte der Parteitag der Arbeiterpartei einen Entschluß, in dem sie sich das Recht vorbehielt, »im Kampf um die ökonomische Emanzipation der Arbeiterklasse von revolutionären Massenaktionen Gebrauch zu machen«. Als einzige sozialistische Partei außerhalb Rußlands vor dem Krieg blieb die Arbeiterpartei in der Komintern und stellte sich somit direkt unter den Einfluß Moskaus. Dieser Zustand dauerte bis zur Gründung einer separaten kommunistischen Partei im Jahr 1923. Die »endlosen Streiks«, auf die Hamsun sich bezog, waren der Grund für den Verlust von durchschnittlich einer Million Arbeitstagen jedes Jahr zwischen 1919 und 1939. Der erste davon war der sechzehntägige Eisenbahnerstreik von 1920 gewesen, durch den Hamsuns Reise nach Stockholm zur Entgegennahme des Nobelpreises behindert worden war. 1921 wurde der Versuch eines Generalstreiks unternommen, an dem sich 150.000 Arbeiter beteiligten, und 1923 gab es einen Streik der Hüttenwerker, der auch auf andere Branchen übergriff, so daß sich schließlich 75.000 Arbeiter sechs Monate lang im Ausstand befanden. Die erste organisierte Reaktion der Rechten darauf war die Gründung der offiziell unpolitischen Vaterländischen Liga im Jahr 1925 auf Initiative Fridtjof Nansens und des Helden von 1905, Christian Michelsen. Das Ziel der Liga bestand darin, »nationale« Elemente gegen »internationale«, mit denen der Sozialismus gemeint war, zu versammeln. Die verschiedenen Gruppierungen innerhalb der Arbeiterpartei boten darauf eine Politik, die so weit links angesiedelt war, daß ihr selbst die Kommunisten mit gutem Gewissen beipflichten konnten, und in der Wahl von 1927 sicherte sich die Partei neunundfünfzig Sitze im Storting, genug, um sie in die Lage zu versetzen, im Januar 1928 eine Minderheitsregierung zu bilden, die jedoch bereits nach zwei Wochen wieder zu Fall gebracht wurde. Ihre kurze Lebensdauer ist nur ein extremes Beispiel für die Eigentümlichkeit des politischen Lebens in Norwegen im Zeitraum zwischen 1920 und 1940, in dem es insgesamt zwölf verschiedene Regierungen gegeben hat.

Anfang der dreißiger Jahre erreichte die Polarisierung der politischen Meinungen ihren Höhepunkt. Zum gewalttätigsten und alarmierendsten Streik kam es 1931 im Norsk Hydrowerk in Menstad, Telemark. Einhundertzwanzig Polizisten, die geschickt worden waren, um die Streikposten vor dem Werk aufzulösen, wurden in die Flucht geschlagen. Die Gewalttätigkeit erreichte ein solches Ausmaß, daß schließlich Soldaten und Kriegsschiffe geschickt wurden, um die Arbeiter zu überwältigen. Verteidigungsminister der rechtsgerichteten Regierung unter Peder Kolstad war damals Vidkun Quisling, und somit trug er auch die Verantwortung für die Entscheidung, das Militär einzusetzen, eine Entscheidung, die ihn in den Augen vieler, so auch Hamsuns, zum Helden werden ließ. In Wirklichkeit hatte Quisling gar nichts damit zu tun. Justizminister Lindboe war bei der fraglichen Kabinettssitzung anwesend und berichtet in seinem Tagebuch, daß Quisling bei jener Beschlußfassung überhaupt keine Rolle gespielt habe. Sein Ruf als starker Mann basierte somit auf einer falschen Annahme. Doch tat er sich in Storting-Sitzungen durch die Heftigkeit seiner Angriffe auf die Arbeiterpartei hervor, in denen er jeden Antrag, auch wenn er nur im entferntesten nach Sozialismus roch, als »Verrat« anprangerte.

Es sah so aus, als steuerte alles auf eine Krise von nicht mehr zu beherrschendem Ausmaß zwischen Links und

Rechts hin. In Norwegen waren die Lebenshaltungskosten von 1920 bis 1933 um die volle Hälfte gestiegen, und im Dezember 1932 waren zweiundvierzig Prozent der Gewerkschafter ohne Arbeit. Im Februar 1933, einen Monat nachdem in Deutschland Hitler an die Macht gekommen war, empfahl Quisling in *Nationen,* dem Organ der Bauernpartei, eine Diktatur als einzige Lösung des Problems, und im Mai dieses Jahres, noch rechtzeitig vor den Wahlen im Herbst, gründete er seine eigene Nazipartei, die Nasjonal Samling. Weder damals noch bei späteren Wahlen erzielte sie einen nennenswerten Erfolg. Im Grunde genommen hatte die Arbeiterpartei den Klassenkampf etwas entschärft, indem sie sich in ihrem Wahlprogramm 1933 für Demokratie aussprach, und mit der Machtübernahme des sozialistischen Staatsmannes Johan Nygaardsvold im Jahr 1935 war die Krise endgültig vorüber. 1939 war noch ein harter Kern von achtzehn Prozent der Gewerkschaftsmitglieder ohne Arbeit, doch der Reallohn war in den letzten zehn Jahren um fünfzehn Prozent gestiegen.
Das alles geschah zu spät, um Hamsun noch beeindrucken zu können. Weder er noch Marie nahmen irgendwie Anteil am Elend der Werktätigen. Beide schienen der Überzeugung, das Leben müsse hart sein, und in einem Interview im März 1933 erklärte Marie gegenüber einem Journalisten, sie glaube, »daß ein Mensch instinktiv mehr leistet, wenn ihm ein Messer an der Kehle sitzt«. Das war in demselben Interview, in dem sie gesagt hatte, Hamsun interessiere sich nicht für Leute, und sie lebe in einer »hermetischen Abgeschlossenheit«. Hamsun war stolz darauf, mit den politischen Ereignissen auf dem laufenden zu bleiben, und außer konservativen Zeitungen wie *Aftenposten* und *Tidens Tegn* und dem *ABC* der Vaterländischen Liga las er auch *Dem Tag entgegen,* eine Publikation der extrem linksgerichteten Bewegung Mot Dag. Er blieb jedoch ein Einsiedler, und zwar aus Neigung, wegen seiner Arbeit und seiner Schwerhörigkeit, und so war sein Bild von der Außenwelt, das er sich in seiner unzugänglichen Feste Nørholm und der noch unzugänglicheren Feste seines Kopfes machte, lediglich jene primitive

Karikatur, die diese Zeitungen ihm verschafften. Das Verfolgen ferner Ereignisse wie des Kampfes am Kai von Menstad jagte ihm Zorn und Angst ein. Im Frühjahr 1932 hielt Quisling im Storting eine stürmische Rede über die bewaffnete Unterminierung der norwegischen Gesellschaft durch die Arbeiterpartei, und Hamsun war einer der über hundert Unterzeichner einer Petition zur Unterstützung Quislings, die auch sofort dem Storting zugeleitet wurde. Im gleichen Jahr schrieb Hamsun ein Vorwort zu einem Buch mit dem Titel *Revolusjonspolitikk og norsk Lov* (Die Politik der Revolution und das norwegische Recht) von Hermann Harris Aall, in dem Aall den Standpunkt vertrat, die revolutionären Aktivitäten der norwegischen Arbeiterpartei seien illegale, und die Partei solle verboten werden.

Aall war Hamsuns bevorzugter Intellektueller. Er war nicht nur Antikommunist, sondern auch energischer Gegner Englands. Bereits 1915 hatte Hamsun eine enthusiastische Besprechung einer Schrift Aalls, *Faren for Skandinavien* (Die Gefahr für Skandinavien), geschrieben. Die »Gefahr« bestand in der drohenden Einbeziehung Norwegens in die Interessen der englischen Außenpolitik. In seinem Vorwort zu Aalls Buch über Norwegen schrieb Hamsun:

> Was geht in unserem Lande vor? Gewalt, Rechtsbruch, Revolution, so weit wie nur Roheit und Führungslosigkeit reichen. Das ist keine vorübergehende Aufreizung, dahinter steckt das Bestreben, ständige Angst und Chaos unter den Menschen zu verbreiten, es ist ein Plan mit dem Ziel der Vernichtung von Leben und Recht und Ordnung. Hier erleben wir Gewalttaten gegen Polizisten, die Ordnungshüter der Gesellschaft, dort treten Banden auf und verbieten den Leuten zu arbeiten. Hier gehen sie mit Messern vor, dort mit Schußwaffen. Gewalt, Rechtsbruch, Revolution.
>
> Ich lege die heutigen Zeitungen weg und warte auf die morgigen neuen Ausschweifungen. Lebe ich in Norwegen?

Kompliziert, wie Hamsun war, sehnte er sich nach einfachen Antworten. Unter seinen früheren literarischen Helden bringen sowohl Nagel als auch Ivar Kareno etwas von diesem Sehnen zum Ausdruck, und zwar in ihrer Vorhersage des »großen Terroristen«, des Mannes, der mit einem einzigen Streich seines Schwertes mit anhaltenden Diskussionen und Zweifeln aufräumt. Der psychiatrische Bericht merkte nach der Darstellung von Hamsuns Ablehnung des Sozialismus an: »... er unterstützt eher das alte patriarchalische System«, womit er Persönlichkeiten wie Zahl von Kjerringøy, Walsøe von Tranøy und seinen Patenonkel Torstein Hestehagen in Lom meint. Versionen dieser alten, geborenen Führer für das zwanzigste Jahrhundert waren es, was er in den kritischen frühen dreißiger Jahren suchte. Schon 1932, vor dem Aufstieg Hitlers, glaubte er, einen solchen gefunden zu haben. In dem Jahr schickte die italienische Regierung Nobelpreisträgern aus nordischen Ländern Einladungen, nach Italien zu kommen und Mussolini zu begegnen. Hamsun schlug die Einladung mit der inzwischen schon geläufigen Entschuldigung ab, er beherrsche die Sprache nicht. Doch wie er Harald Grieg in einem Brief am 5. November 1932 mitteilte, wäre er gern gefahren:

> Ich hätte gern die Gelegenheit genutzt, Mussolini meine große Bewunderung und meinen tiefen Respekt auszudrücken – gnade uns Gott, was für ein Mensch in unserer verrückten Zeit![7]

Und fast genau ein Jahr später brachte er in einer Grußbotschaft an das *ABC* der Vaterländischen Liga eine ähnliche Bewunderung für Mussolinis System zum Ausdruck. Er lobte das *ABC* in hohen Tönen, jedoch mit einer Einschränkung: »In einer Beziehung stimme ich mit dem Blatt nicht überein: Ich habe keine Todesangst vor dem Faschismus, mehr Angst habe ich vor Mowinckels ›Parlamentarismus‹.« Mowinckel war ein liberaler Ministerpräsident, der von 1928 bis 1931 die Regierungsgeschäfte leitete; er konzentrierte sich auf die Anerkennung Norwegens als neutrales Land und schenkte der Verteidigung wenig Aufmerksamkeit. Diese Haltung beunruhigte Hamsun sehr, denn er hatte erkannt, daß es, so wie sich die Dinge nach dem Ersten Weltkrieg entwickelt hatten, bald wieder einen großen Krieg zwischen Deutschland und England geben würde und daß Norwegen eine geeignete Streitmacht haben müsse, wenn seine Interessen von den Hauptbeteiligten an dem Krieg respektiert werden sollten. Und Mowinckels Strategie der Wahrung der norwegischen Neutralität enthielt Einstellungen, die für Hamsun inakzeptabel waren. Unter anderem hatte der Ministerpräsident 1929 in einer Rede gesagt: »Was die Strategie der Marine betrifft, so müssen wir daran denken, daß Großbritannien die Nordsee beherrscht und daß das voraussichtlich noch lange der Fall sein wird.« Hamsun konnte das nur als stillschweigende Garantie interpretieren, Großbritannien gegen Deutschland zu unterstützen, wenn es zu der in seinen Augen unvermeidlichen Auseinandersetzung zwischen diesen beiden Mächten kam. Mowinckel, erklärte er am Schluß seines Grußwortes an *ABC,* »ist eine größere Gefahr als der Faschismus«.[8] Und zwei Monate später prophezeite er in einem weiteren Zeitungsartikel, der Faschismus wäre unvermeidlich:

> Eines Tages wird der Faschismus, in der einen oder anderen Form, auch in Norwegen eindringen. Nur Stockblinde sehen immer noch keinen Unterschied in der Zeit und der Politik von vor dem Krieg und danach, das ist der Typ Austen Chamberlain, Herriot und Beneš, die glauben, daß es, so wie es geht, gutgeht.

Er bezieht sich auf den klarsten Vorteil, den eine Demokratie gegenüber einer Diktatur besitzt, nämlich daß die Führung ausgetauscht werden kann, doch dann kritisiert er Mowinckel, an der Macht zu kleben, ohne das Mandat des Volkes zu besitzen. Er behauptete, das sei eine Verhöhnung des demokratischen Systems und entkräfte den Haupteinwand gegen eine Diktatur. Hamsun versuchte im Grunde, den völligen Zusammenbruch des demokratischen Systems zu verkünden; doch Tatsache ist, daß die norwegische Regierung von 1921 an bis nach dem Zweiten Weltkrieg *stets* eine Minderheitsregierung war und keine einzige Partei im Storting jemals eine Mehrheit besessen hat. In zwanzig Jahren brachte dieses System zwölf Regierungen hervor, funktionierte aber selbst dann noch, wenn es sich dabei um Koalitionsregierungen handelte. In seinen abschließenden Worten prophezeit Hamsun noch einmal den Faschismus, nachdem er auf seine typisch ironische Weise ausführlich darauf hingewiesen hat, daß eigentlich die Arbeiterpartei das moralische Recht habe, die Regierung zu bilden. Im gleichen Atemzug bringt er es fertig, klarzumachen, daß solch ein Zustand undenkbar ist, und weist damit stillschweigend die moralischen Ansprüche, die mit einem demokratischen System verknüpft werden, zurück:

> Gegenwärtig hat bei uns die Arbeiterpartei – wenn nicht mathematisch, so doch moralisch – das Recht und die Pflicht, das Land zu regieren. Über diese Tatsache mögen wir denken, wie wir wollen, doch Gott weiß, es ist eine Tatsache! Und parlamentarisch sollte es ein unredliches Verhalten sein, die Partei um ihre Position zu betrügen?
> Wer hat daran gedacht zu betrügen? Unser unerschütterlicher Demokrat: Er legt sich alles zurecht, um weiter auf seinem Platz zu verharren. Einigung? fragt er, nein, nun werden wir »zusammenarbeiten«. Zusammenarbeit wie vorher!
> Es ist ein bißchen unredlich, ein bißchen schamlos von dem Mann, jetzt weiter an der Regierung zu bleiben, doch er wird bleiben.
> Das ist der Vorteil, den der Parlamentarismus hier in Norwegen gegenüber dem Faschismus besitzt.[9]

Hamsun sah einen charakteristischen Unterschied zwischen Quisling und seiner Partei, der Nasjonal Samling. Gegenüber den Psychiatern, die ihn nach dem Krieg untersuchten, leugnete er, in den dreißiger Jahren Nationalsozialist, bestätigte aber freimütig, schon lange vor dem Krieg »Quislings Mann« gewesen zu sein. Obgleich Hamsun

Quisling nicht persönlich begegnet war, hatte er sich doch nach dessen Rede im Storting im Frühjahr 1932 und nach der Rolle, die er in den Kämpfen in Menstad gespielt hatte, einen guten Eindruck von ihm gebildet. Im Oktober 1936 steuerte er im Organ der Nationalen Partei, *Fritt Folk*, einen Wahlaufruf für ihn bei, in dem er schrieb: »Hätte ich *zehn* Stimmen, würde er sie bekommen. Sein fester Charakter und unbeugsamer Wille sind in dieser Zeit ein Segen für uns.«[10] Wie sich zeigte, hätte die Partei seine zehn Stimmen gut gebrauchen können – ihr Stimmenanteil betrug bei den Wahlen von 1936 lediglich 1,8 Prozent.*

Hamsuns politischer Extremismus war inzwischen ein offenes Geheimnis; doch erregten diese beiden Erklärungen, die den Faschismus als politisches System unterstützten, außerhalb der kleinen Welt der politisch Interessierten wenig öffentlichen Aufruhr. Die erste Erklärung erschien in einer Zeitung mit einem ganz speziellen Leserkreis, der *ABC*, und die zweite in dem Provinzblatt *Fylkesavisen Skien.* Am 11. März 1934 beantwortete er einen Brief des faschistischen Bildhauers Professor Wilhelm Rasmussen, der ihn gebeten hatte, seinen Namen einer Protestaktion gegen den kulturellen Boykott des neuen Deutschlands zur Verfügung zu stellen, und obgleich er Zweifel daran äußerte, daß sein Name überhaupt etwas ausrichten könne, erteilte er Rasmussen die Erlaubnis, ihn »in diesem guten Fall« zu benutzen. »Sie haben den Wind jetzt gegen sich«, schrieb er, »aber sie segeln tapfer weiter und werden den Hafen erreichen.« Sofort leitete der eifrige Rasmussen den Brief an Hamsuns deutschen Verlag weiter, der nun Langen-Müller hieß und bereits auch der inoffizielle Verlag der Partei war, und von da aus wurde der Brief über die ersten Seiten von mindestens einem Dutzend deutscher Zeitungen, einschließlich

* Es entspricht ganz und gar Hamsuns unzuverlässiger Haltung gegenüber seinen eigenen öffentlichen Erklärungen, daß er nicht einmal die eine Stimme, die er hatte, der NS gab. Die einzige Stimme, die die Partei bei den Wahlen vom 23. September 1936 in Hamsuns Wahlkreis Eide erhielt, war die des örtlichen Organisators, Marie Hamsun. Einem Polizisten, der ihn nach dem Krieg befragte, erklärte Hamsun, er sei, soweit er sich erinnern könne, noch nie in seinem Leben zur Wahl gegangen.[11]

dem Parteiblatt *Völkischer Beobachter*, ausposaunt – ein früher Beweis für die Effizienz der Propagandamaschine der Nazis sowie ein Beispiel für die Art und Weise, in der Hamsun von dieser Maschinerie von frühester Zeit an energisch anvisiert wurde. Auch im dänischen *Ekstrabladet* wurde der Brief abgedruckt und über seine freudige Aufnahme in Deutschland berichtet; und wiederum gab es in der norwegischen Presse so gut wie keine Reaktion auf die ganze Angelegenheit.

Sein wirkliches gesellschaftliches Debüt bei der norwegischen Öffentlichkeit gab Hamsun 1935 mit der Veröffentlichung eines Artikels, der einfach »Ossietzky« betitelt war. Carl von Ossietzky hatte als deutscher Soldat am Ersten Weltkrieg teilgenommen und wurde später zum radikalen Pazifisten. Seit 1924 war er Mitarbeiter und ab 1927 Herausgeber der Wochenschrift *Die Weltbühne*. *Aftenposten* stellte seinen Journalismus als kommunistisch-pazifistisch hin, obgleich das Magazin sich in erster Linie literarischen Dingen widmete. Mit wachem Auge verfolgte Ossietzky das Wiedererstarken des Militarismus in Deutschland in den zwanziger Jahren. 1929 wurde er aufgrund der Veröffentlichung eines Artikels über die geheime Wiederbewaffnung der Reichswehr wegen Vaterlandsverrats zu achtzehn Monaten Haft verurteilt. Unverständlicherweise hatte die *Weltbühne* im selben Jahr seine beinahe schon peinlich übertriebene Ehrung Hamsuns anläßlich dessen siebzigsten Geburtstags abgedruckt.[12] Einen Tag nach dem Reichstagsbrand 1933 wurde er wieder verhaftet und ins Konzentrationslager Sachsenhausen gebracht, wo er dreieinhalb Jahre zubringen mußte. Sein Fall wurde von den Pazifisten ganz Europas aufgegriffen,* und 1934 wurde die Kampagne, ihm den Friedensnobelpreis zu verschaffen, ins Leben gerufen.

---

* In einem Brief an die *Times* schrieb Gilbert Murray, daß Ossietzkys Entschluß, die deutsche Wiederaufrüstung anzuprangern, »moralisch gerechtfertigt« war, trotz der Tatsache, daß er sich damit theoretisch zum Verräter machte. Die meisten Moralisten, von Plato bis Kant, so Murray, würden der Entscheidung zustimmen, in dieser Sache dem Diktat seines Gewissens zu folgen.

Hamsuns Antwort auf eine Bitte des Organisationskomitees um Unterstützung haben wir bereits im Zusammenhang mit seinem Englandhaß erwähnt. In Wirklichkeit ging sein Brief an Christopher Vibe, der damals nicht publiziert worden ist, noch um einiges weiter, als bloß exzentrisch seine Weigerung zu erklären. Er bediente sich des stets kontroversen, doch zumindest diskutablen Arguments, der Nobelpreis solle nicht zu politischen Gesten dieser Art benutzt werden, doch dann überschritt er die Grenzen des guten Geschmacks und vertrat eine Ansicht nach dem Motto: »Macht ist Recht«.

> Deutschland macht einen Gesundungsprozeß durch. Und wenn die Regierung sich entschließt, Konzentrationslager zu errichten, dann sollten Sie und die übrige Welt verstehen, daß sie ihre guten Gründe dafür hat. Bis auf weiteres wird dort auf solche Zeugen der Wahrheit wie *Seger* und idealistische Pazifisten wie etwa unsern lieben *Kullman* aufgepaßt.*

1934 erhielt Ossietzky den Nobelpreis nicht. 1935 gehörten sowohl der norwegische Außenminister Koht als auch der frühere Ministerpräsident Mowinckel der Jury an, und um jegliche Möglichkeit zu vermeiden, die Preisverleihung als offizielle Stellungnahme der norwegischen Regierung zu inneren Angelegenheiten Deutschlands zu interpretieren, wurde schließlich beschlossen, in diesem Jahr keinen Friedensnobelpreis zu vergeben. Wiederum war eine machtvolle Kampagne zugunsten Ossietzkys organisiert worden, und Hamsuns Beitrag zu der Debatte, am 11. November 1935 gleichzeitig in *Aftenposten* und *Tidens Tegn* abgedruckt, wiederholte öffentlich die das Jahr zuvor gegenüber Christo-

---

* Der Verweis auf Kullman ist nur ein Beispiel für viele Fälle tragischer Ironie, in die sich Hamsun durch sein loses Mundwerk verstrickte. Olaf Bryn Kullman, ein Pazifist und ehemaliger Marineoffizier, wurde 1941 von den Deutschen inhaftiert und starb später im Konzentrationslager Sachsenhausen, demselben KZ, in das 1933 Ossietzky gebracht worden war.

pher Vibe privat gemachten Ausführungen. Die fassungslose Einfältigkeit seiner Einstellung zu diesem Fall ging sogar so weit, daß er andeutete, wenn es Ossietzky nicht gefiel, was in Deutschland vor sich ging, dann hätte er ja, bevor er eingesperrt wurde, genügend Zeit gehabt, das Land zu verlassen. Die letzten Zeilen seines Artikels lassen deutlich erkennen, daß die moralische Tapferkeit eines Mannes wie Ossietzky ihm vollkommen verborgen blieb:

> Wenn nun Herr Ossietzky statt dessen versuchte, in dieser bedeutungsvollen Übergangsphase mit anzufassen, in der die ganze Welt den Verantwortlichen dieses großen Volkes, dem er angehört, die Zähne fletscht? Was will er überhaupt? Ist es die deutsche Wiederbewaffnung, gegen die er als Friedensfreund zu demonstrieren versucht? Möchte dieser Deutsche lieber, daß sein Land in der Gemeinschaft der Nationen unterdrückt und gedemütigt bleibt, dank der Gnade Frankreichs und Englands?

Die Reaktion in Norwegen war ungeheuer, hauptsächlich unter Hamsuns Schriftstellerkollegen. Dagegen verblaßt die Empörung über die »Hängt sie«-Artikel im Jahr 1915. Die erste und beste Erwiderung erschien noch am gleichen Tag im *Dagbladet.* Sie stammte von dem Dichter und Dramatiker Nordahl Grieg. In einem kurzen Artikel verspottete er Hamsun dort, wo er wußte, daß es ihn am meisten verletzte – bei der Frage der Ehre. Er bezeichnete den Angriff als das, was er war: eine feige Tirade gegen jemanden, der nicht in der Lage war, zu antworten oder sich zu verteidigen.

Der Ossietzky-Artikel wurde, mit weiteren Beiträgen Hamsuns und gelegentlichen Artikeln anderer, die ihn unterstützten, die folgenden drei Jahre lang in der gesamten europäischen Presse diskutiert,* bis zu Ossietzkys Tod an

---

* Auch privat wurde darüber debattiert. Thomas Mann erörterte die traurige Offenbarung, daß sich sein altes Idol auf die Seite der Nazis gestellt hatte, in einem Brief vom 12. Dezember 1935. Er erklärte, er sei »sehr versucht (gewesen), ihm zu schreiben«, weil »ich glaubte, ihm eine Warnung schuldig zu sein; aber es würde zu weit führen, ich habe es aufgegeben«.

Tuberkulose im Jahr 1938. Die aufsehenerregendste Reaktion kam am 14. Dezember 1935, als in der *Tidens Tegn* ein von dreiunddreißig Kollegen Hamsuns, einschließlich seines alten Freundes Peter Egge und seines Biographen Einar Skavlan, unterschriebener Protestbrief erschien. Zum erstenmal seit zwanzig Jahren konnte Hamsun wieder die Privilegien des Ausgestoßenen genießen. »Hast Du meinen Artikel über Ossietzky gelesen?« schrieb er an Tore Hamsun. »Die Bolschewiken schäumen vor Wut. Ich bekomme eine Menge Briefe.« Doch das ganze Ausmaß der Reaktion mag ihn doch etwas bestürzt haben.[13]

Im Februar 1936 war Marie Hamsun noch in Berlin bei Ellinor, die bei einem Unfall verletzt worden war. Hamsun schickte ihr einen Brief mit ein paar zusätzlichen Zeilen zu dem Fall, die er sie ins Deutsche zu übersetzen und einer Erklärung hinzuzufügen bat, die er zu seinem unsprünglichen Artikel geschrieben hatte. Die Erklärung war für den Züricher Redakteur René Sonderegger bestimmt, und die Zusätze schwächten seine unsprünglich unmäßige Haltung etwas ab. Besonders unterstreicht er seinen vernünftigen Standpunkt in bezug auf den politischen Mißbrauch des Nobelpreises und schließt:

> Der Friedensnobelpreis ist nicht für diese Zwecke gedacht!
> Eine ganz andere Frage ist es, ob sich die deutschen Behörden nicht doch eines Tages selbst in der Lage sehen, sie (Carl von Ossietzky sowie weitere merkwürdige – Friedensfreunde – und unbequeme Personen) aus den Lagern zu entlassen.[14]

Die Worte in der Klammer schwächten den versöhnlichen Ton dieser Zeilen wieder stark ab. Hamsun scheint sich wohl selbst nicht sicher gewesen zu sein, wie er diesen Arti-

---

Man kann nur bedauern, daß Thomas Mann seine Meinung geändert hat. Hamsun bewunderte ihn sehr und hätte eine solche »Warnung« von ihm zweifellos nachdenkenswert gefunden. (Thomas Mann, *Briefe 1889–1955*)

kel aufgefaßt haben wollte. Die Verwendung der Klammer läßt erkennen, daß er um sein Ansehen in der Öffentlichkeit besorgt war, was auch der Rest seines Briefes an Marie bestätigt. Er schreibt ihr, er habe sich entschlossen, seine, wie er sich ausdrückt, »Tirade gegen die Demokratie« zurückzunehmen, und beauftragt sie: »Sag mit einem Lächeln, daß ich ein schlechter Demokrat bin.«

Trotz Hamsuns Bemühungen wurde Ossietzky am 23. November 1936 rückwirkend der Friedensnobelpreis für 1935 verliehen. Drei Monate später verbot Hitler allen Deutschen die Annahme eines Nobelpreises.

Bevor wir uns wieder etwas anderem zuwenden, sei noch angemerkt, daß Hamsuns Haltung in dieser Frage keineswegs etwas Ungewöhnliches war. Sein Standpunkt war nur die extreme Ausformung dessen, was große Teile der Mittelschicht Norwegens für richtig hielten. *Aftenposten* berichtete auf der ersten Seite seiner Abendausgabe vom 24. November über die Preisverleihung an Ossietzky, und daneben stand, an gleichermaßen prominenter Stelle, ein Leitartikel mit der Überschrift »Eine Fehlentscheidung«. Das Blatt bedauerte die Verleihung und brachte die Hoffnung zum Ausdruck, die Deutschen würden großmütig darüber hinwegsehen. Darüber hinaus vertrat es die Ansicht, der Friedensnobelpreis sei nun unwiderruflich abgewertet.

Hamsuns leidenschaftliches Engagement für das deutsche Volk war, wie er ganz genau wußte, schon lange vor dem Krieg eine verlorene Sache. Schon jahrzehntelang war es ihm ein Rätsel und ein Ärgernis, daß seinen Landsleuten die Engländer lieber waren als die Deutschen. Der psychiatrische Bericht zitiert unter dem Datum 18. Oktober 1945 die folgende Bemerkung von ihm: »Nein, 98 Prozent des norwegischen Volkes hassen die Deutschen, weil sie Deutsche sind, und lieben die Engländer, weil sie Engländer sind. Sie können mich einfach erschießen. Sie können mit mir machen, was sie wollen. Ich habe keine Angst vor einer Verkürzung meines Lebens.«[15] Diese Zuneigung zu den Deutschen hatte ihre Wurzeln in den 1890er Jahren und setzte sich zusammen aus einem Gefühl rassischer Verwandtschaft mit dem deutschen Volk und tiefer Dankbarkeit ihm gegenüber, weil es sein Talent so früh erkannt und gefördert hat. Deutsche und, in der Zeit seiner Zusammenarbeit mit dem Verlag Znanije, russische Tantiemen waren es gewesen, die es ihm ermöglicht hatten, das Leben eines erfolgreichen Autors in Norwegen zu führen, viele Jahre bevor ihm in der Zeit des Ersten Weltkriegs der Erfolg der *Segelfoß*-Bücher auch unter seinen Landsleuten hohe Verkaufszahlen bescherte. Zu Dr. Ødegård sagte er: »Jeder einzelne große und stolze Kulturname, den wir in Norwegen besitzen, ist zuerst durch das germanische Deutschland gegangen, um in der ganzen Welt groß zu werden.« Auch praktisch brachte Hamsun seine Liebe und Dankbarkeit gegenüber den Deutschen zum Ausdruck. Als seine Kinder alt genug waren, schickte er sie alle vier dorthin zur Schule; und 1934 nahm er zwar die Goethe-Medaille an, nicht aber die an den Preis geknüpften 10.000 Mark. Die sollten für den Wiederaufbau Deutschlands verwendet werden. Vor allem war er ein Verfechter Deutschlands in Norwegen, in guten wie in schlechten Tagen. Als die Politik der Nazis nach ihrer Machtergreifung 1933 in der liberalen Presse ein negatives Echo fand, nahm er stolz seine Rolle aus dem Ersten Weltkrieg wieder auf. Der Ossietzky-Artikel von 1935 war sein aufsehenerregendster Auftritt als Apologet Nazideutschlands. In einem Artikel mit dem Titel »Warten wir's ab!« hatte am 7. Juli 1934 ein Akademiker namens Fredrik Paasche in der *Aftenposten* den Nazismus und die Nazisympathisanten in Norwegen angegriffen und erklärt, daß die versprochene »moralische Erneuerung« in Deutschland keineswegs stattgefunden habe. Die Braunhemden bezeichnete er als verkappte Verbrecher und behauptete, daß die strengen Urteile, die nach den nichtöffentlichen Untersuchungen der Auswüchse von Brutalität im Konzentrationslager Oranienburg verhängt wurden, deutlich erkennen ließen, wie es in diesen Lagern zuging. Drei Tage darauf antwortete Hamsun mit einem Artikel, in dem er auf den gewaltigen Umfang des gesellschaftlichen Wiederaufbaus hinwies, den sich die Deutschen zum Ziel gesetzt hatten, und machte sich über Paasches Ungeduld darüber lustig, daß eine Gesellschaft von sechsundsechzig Millionen Menschen noch keine »moralische Erneuerung« zustande gebracht habe, nachdem das neue Regime gerade fünfzehn Monate im Amt war.

Die Propagandamaschinerie der Nazis erkannte für sich sehr früh den Wert dieser spontanen Solidaritätsbekundungen, die Hamsun für Hitler zu machen bereit war. Sowohl dieser Artikel als auch der Brief an Wilhelm Rasmussen erschien in deutscher Übersetzung in der Zeitschrift der Nordischen Gesellschaft, *Der Nordische Aufseher,* kurz nachdem Hamsun sie geschrieben hatte. Und von 1933 an widmete sich die Nordische Gesellschaft unablässig Hamsun. Der *Aufseher* vom August 1934 war eine anläßlich seines Geburtstags ihm gewidmete Sonderausgabe mit Grußbotschaften einer ganzen Menge deutscher Schriftsteller – doch von beträchtlich geringerem Format als derjenigen, die ihn 1929 so großmütig gepriesen hatten. Hans Friedrich Blunk, Hermann Claudius, Will Vesper, Ina Seidel und Max Mell waren darunter. Alfred Rosenberg steuerte einen kurzen Artikel über Hamsun bei, der seinem Buch über die Naziphilosophie *Der Mythus des 20. Jahrhunderts* entnommen war. Goebbels, der einst selbst literarische Ambitionen hegte, sandte ebenfalls seinen Gruß.

1935 änderte die Nordische Gesellschaft den Titel ihrer Zeitschrift in *Der Norden,* ohne jedoch ihren Inhalt nennenswert zu verändern. Unablässig verkündete sie das Konzept einer rassisch begründeten Gemeinschaft »nordischer« Künstler, und die ständige Werbung für Hamsun und die Berichte über ihn gingen weiter. 1938 wurde ein Grußtelegramm von ihm abgedruckt, das er aus Anlaß der Feier des »nordischen Tages«, des 21. Juni, geschickt hatte. Das Telegramm, das aus Dubrovnik gekommen und vermutlich erbeten worden war, lautete: »Ich bin wie Bjørnson Norweger und Deutscher und begrüße als solcher den Nordischen Tag von Herzen – Knut Hamsun.« Als Hamsun im Sommer von Jugoslawien nach Norwegen zurückreiste, traf er sich in

Berlin mit Marie, und zusammen suchten sie die Funktionäre der Nordischen Gesellschaft in ihrem Büro in der Schellingstraße 6 auf. Marie Hamsun, die politisch aktivere von beiden, wurde in der Zeitschrift sogar abgebildet, und zwar beim Besuch gymnastischer Vorführungen in Begleitung von Nazifunktionären.

Zu seinem achtzigsten Geburtstag 1939 erhielt Hamsun wiederum Glückwünsche von Rosenberg und Goebbels, und zum erstenmal schickte auch Hitler ein Telegramm. Wie üblich zollte ihm die norwegische Presse uneingeschränkte Anerkennung, und der Komponist Davin Monrad-Johansen, ein Faschist, schrieb aus diesem Anlaß ein von *Pan* inspiriertes symphonisches Gedicht. Die Sozialisten hingegen hatten die Hoffnung auf Hamsun mehr oder weniger aufgegeben; vorausgegangen war ein tapferer Kampf, an ihrer Bewunderung für einen Schriftsteller festzuhalten, der ihren Weg verlassen und ihre Bewegung und deren Überzeugung und Anhänger verächtlich abgetan hatte. Von vielen der extremen Linken wurde er nun verachtet, was ihm sehr wohl bewußt war. Einem Bewunderer, der ihm 1938 geschrieben und vorgeschlagen hatte, eine Statue von ihm zu errichten, antwortete er, man sollte keine Zeit damit vergeuden, der »Mob« würde sie ohnehin zerschlagen oder ins Meer stürzen. »In Oslo schleudern mir die Bolschewiken auf der Straße Schimpfwörter nach«, schrieb er. »Zu Hause auf Nørholm erleben wir, daß eine Gruppe, die unten auf der Straße vorbeikommt, zu den Häusern hinaufruft, ob denn Knut nicht zu Hause sei. Zum Schluß heißt es, laß'n sein, der is so alt, dasser bald abkratzt.«[16] Das norwegische *Arbeiderbladet* brachte eine Artikelserie, in der jene Norweger namentlich genannt wurden, die man bezichtigte, Agenten im Sold Nazideutschlands zu sein – Hamsun war auch darunter. *Nationen* führte eine Gegenkampagne und nannte die Beschuldigungen lächerlich. Um herauszustellen, daß sich die Anklage von selbst ad absurdum führe, druckte es die Namen von drei der bezichtigten Männer, versteckte Hamsun jedoch hinter dem Kürzel »m. fl. (und andere)«. In der letzten Verteidigung seines geliebten

Deutschland vor dem Krieg wies Hamsun diese Anonymität in Leserbriefen an *Nationen* und *Aftenposten* zurück, die am 27. September 1939 in beiden Zeitungen gleichzeitig abgedruckt wurden. »Ich bin nicht m. fl.«, prahlte er. »Ich bin Knut Hamsun. Jedermann weiß das«, und voller Stolz schloß er, die drei benannten, ehrenwerten Herren müßten ihm verzeihen, wenn er nun darauf bestehe, als vierter beim Namen genannt zu werden. Dieser Versuch, im Dienst des Nazismus chevaleresk zu sein, enthüllt eine groteske Verdrehung der Werte; und in seinem stolzen Beharren, als der »jedermann« bekannte Knut Hamsun mit diesem Regime in Verbindung gebracht zu werden, steckt ein kräftiger Hinweis auf den Größenwahn, von dem er in seinen erfolgreichen Tagen nie weit entfernt war.

Übereinstimmung zwischen Hamsuns Ansichten und den von den Nazis verkündeten besteht letztlich in der Rassenfrage und in seiner Einstellung zu den Alten, den Schwachen und den Behinderten. In der 1915 geführten Debatte über den Kindsmord und die angemessene Bestrafung der Mütter hatte er vorgeschlagen, es solle mehr Geld und mehr Zeit für die Betreuung von Waisenkindern aufgebracht werden und auch Kindern von Müttern, die zu arm seien, um sich um sie zu kümmern. Seine beharrliche Suche nach Polarität und Widerspruch ließ ihn zu der Ansicht kommen, diese bessere Behandlung könne nur auf Kosten der Betreuung, die man gegenwärtig den Alten und den Geisteskranken angedeihen ließ, erreicht werden. »Die Alten sind Menschen gewesen«, schrieb er, »das ist vorüber. Die anderen sind nie Menschen gewesen und werden es auch niemals sein.«[17] Dieser Kult der Jugend, der Gesundheit, der Stärke und des Lebens war auch ein zentraler Punkt der Naziphilosophie.

Von gleicher Bedeutung war auch die Konzentration auf die Idee von einer germanischen Rasse und die Verpflichtung, die mutmaßliche Reinheit dieser Rasse vor sexuellen und intellektuellen Kontakten mit anderen Rassen, die sie gefährden würden, zu schützen; eine Verpflichtung, die unweigerlich zum Völkermord führen mußte.

Dieser rassistische Mystizismus spielte in Hamsuns Denken – oder eher Nichtdenken – schließlich eine zentrale Rolle in bezug auf seine Haltung gegenüber dem Aufstieg des Nazismus und dem darauf folgenden Krieg in Europa. Um seine Ursprünge aufzuspüren, müssen wir einen Blick auf die sich in der Zeit seines Lebens wandelnden Einstellungen in der Rassenfrage zurückwerfen. Als erstes sei festgehalten, daß es bis 1851, acht Jahre bevor Hamsun geboren wurde, Juden aufgrund des Artikels 2 der norwegischen Verfassung von 1814 ganz und gar verboten war, das Land zu betreten. Und dieses Verbot wurde strikt überwacht, besonders in den ersten Jahren nach 1814. Juden, die mehr oder weniger aus Versehen nach Norwegen gerieten, wurden gewöhnlich verhaftet und eingesperrt. Daß dieses Verbot schließlich aus der Verfassung gestrichen wurde, geht in erster Linie auf eine energische Kampagne zurück, die von dem ersten norwegischen Dichterfürsten Henrik Wergeland geführt worden war, und danach scheint kein großer Rest von Antisemitismus zurückgeblieben zu sein.

In Hamsuns Roman *Landstreicher* findet sich unter anderen die Figur Papst, ein umherziehender jüdischer Uhrenverkäufer, dem Edevart, während er mit August hausieren geht, auf Jahrmärkten begegnet. Papst ist nach einer tatsächlich existierenden Person namens Pabst gestaltet, die in Hamsuns Kindheit den Norden Norwegens bereiste. Bei seinem Tod verfaßte Hamsun einen Nachruf für die Zeitung, in dem er ihn als allseits bekannte Gestalt an der ganzen Küste darstellt und noch hinzufügt: »... es ist fraglich, ob er einen einzigen Feind zurückläßt.« Während das Bild, das Hamsun von seinem Papst entwirft, sich stets auf dessen Judentum konzentriert – was angesichts der Exotik von Papsts Anwesenheit in Norwegen verständlich ist –, lautet sein endgültiges Urteil über ihn, er habe – wie jeder andere in der Welt – sowohl gute als auch schlechte Eigenschaften. Das kann man kaum als antisemitisch bezeichnen.

Der Rassenkult, über den man in Hamsuns Kindheit und Jugend in erster Linie sprach, war weniger der Antisemitismus als vielmehr der Panskandinavismus und später der Panger-

manismus. Der Panskandinavismus war ein linguistisch und geographisch determinierter Kult der Gemeinschaft der Dänen, Schweden und Norweger. Seine berühmteste literarische Ausprägung erhielt er vermutlich in dem Versdrama *Brand,* dem Stück, mit dem Ibsen schließlich der Durchbruch als Schriftsteller gelungen war. *Brand,* 1865 entstanden, war getragen von Ibsens bitterer Enttäuschung über das Versagen seiner Landsleute, Dänemark im Krieg gegen Preußen um den Besitz der Herzogtümer Schleswig und Holstein zu Hilfe zu kommen. An die Stelle des Panskandinavismus trat bald der mystische, auf Rassenbildung basierende Kult des Pangermanismus, der sich besonders unter den norwegischen Studenten, Künstlern und Intellektuellen großer Beliebtheit erfreute.
In den letzten Jahrzehnten des neunzehnten Jahrhunderts griff das norwegische Bestreben um die Unabhängigkeit von Schweden verstärkt um sich, und vielleicht zog man da gerade deshalb die größere Verschwommenheit des Pangermanismus der eher unangenehmen Festlegung auf eine Gemeinschaft mit Schweden vor. Hamsun war gefesselt von diesem Kult. In einem Brief an Langen aus den neunziger Jahren bezeichnete er sich als eine »germanische Seele und keine romanische«. Ein weiterer begeisterter Anhänger des Pangermanismus war sein großes Idol Bjørnson. In einem Brief an seinen Freund Ragna Jacobi schrieb dieser, er setze seinen ganzen Glauben an die Zukunft des Weltfriedens in eine Union aller germanischen Völker »in England, Amerika, Deutschland, Österreich, Holland, Belgien, der Schweiz und in den drei skandinavischen Ländern«. Hamsun war Bjørnson immer noch ergeben genug, um auf eine solche Äußerung besonderes Gewicht zu legen. Beide hatten vermutlich ein 1890 von einem gewissen Julius Langbehn unter dem Titel *Rembrandt als Erzieher* veröffentlichtes Buch gelesen oder ausführliche Diskussionen darüber gehört. Dieses Buch predigte das Evangelium der Gemeinschaft germanischer Künstler in allen Ländern und stellte seinen Lesern Rembrandts Bauerngemälde als Anregung hin, unter der Oberfläche des Rationalen und jenseits der oberflächli-

chen Kultur des Maschinenzeitalters nach der Wahrheit zu suchen. Das Buch, das im gleichen Jahr wie Hamsuns *Hunger* erschien, und zwar anonym, erreichte schon nach wenigen Monaten die unglaubliche Verkaufsziffer von 100.000 Exemplaren. Der Verfasser schrieb in einem Brief an einen skandinavischen Kritiker, in dem er sich für dessen begeisterte Rezension bedankte, in Analogie zu Nietzsches Übermenschen sollten die Skandinavier als »die Überdeutschen« bezeichnet werden.[18] Solch unsinnige und zugleich stark vereinfachende Äußerungen übten auf Hamsun mit Sicherheit eine große Anziehungskraft aus, insbesondere, wenn man bedenkt, wie sehr uns sein späteres Leben das Bild eines Mannes vermittelt, der von dem anhaltenden Bemühen in Anspruch genommen ist, sich von den verschlungenen Qualen des menschlichen Bewußtseins zu befreien, die er in seinen ersten beiden Romanen so vortrefflich dargestellt hat. Die Lehre mag ihm scheinbar auch eine Lösung des Problems der Entwurzelung geboten haben, mit dem er sich schon den größten Teil seines Lebens herumgeschlagen hatte, seiner eigenen wie auch der seiner Landsleute.
Auch eine 1894 begonnene Freundschaft mit einem norwegischen Musikstudenten, Alf Mjøen, hatte Einfluß auf seine Haltung zur Rassenfrage. Die Familie Mjøen gehörte zu den bekanntesten Mitgliedern der norwegischen Gesellschaft, und auch nach seiner Rückkehr aus Paris hielt Hamsun diese Freundschaft aufrecht und war ein häufiger Besucher in dem großen Haus der Familie in Gjøvik. Die ihm hier gebotene Anerkennung und Freundschaft war für ihn von unschätzbarem Wert, in einer Zeit, da gewisse Kreise des norwegischen kulturellen und gesellschaftlichen Establishments ihm gegenüber feindselig eingestellt waren. Für viele war er immer noch der kleine Emporkömmling, der es gewagt hatte, Ibsen, Bjørnson, Kielland und Lie in seinen 1891 gehaltenen Vorträgen anzugreifen, und der 1893 zwei skandalöse Romane geschrieben hatte. Gegen Ende jenes Jahrzehnts machte Hamsun auch der reichen, zur Oberschicht gehörenden Bergljot Bech den Hof, und man hat das Gefühl, diese Epoche spiegelt ganz allgemein seinen entschlossenen

Versuch wider, in den höchsten gesellschaftlichen Kreisen Anerkennung zu finden. Hier in Gjøvik machte er die Bekanntschaft von Alfs Bruder Jon Alfred. Jon Alfred war Biologe und in Norwegen der herausragendste Befürworter der zunehmenden Aufgeschlossenheit gewisser Kreise gegenüber Theorien der »Rassenhygiene«. Von 1907 an hatte er in Oslo sein eigenes Sanatorium, und 1914 veröffentlichte er ein Buch mit dem Titel *Rassenhygiene.* In den zwanziger Jahren besuchte er Konferenzen über Rassenfragen in New York und erwarb sich auf ausgedehnten Vortragsreisen als Gast der Nordischen Gesellschaft in den Dreißigern in Deutschland selbst einen Namen. Die norwegische Nazipartei, die NS, nahm sich Jon Alfred Mjøen als Berater in rassischen Fragen, und als der Antisemitismus einer der Hauptfaktoren ihrer Politik wurde, richtete sie sich offiziell nach seinen komplizierten Einordnungen in verschiedene Stufen des Jüdischseins. Regelmäßig schrieb er in den norwegischen Zeitungen Artikel über Rassenfragen. Seine Frau Clara teilte seine Interessen. 1933 schrieb sie antisemitische Zeitungsartikel, in denen sie die Bücherverbrennungen und die Judenverfolgung verteidigte. In ihren jüngeren Jahren übersetzte sie viel norwegische Literatur ins Deutsche, so auch 1904 Hamsuns *Im Märchenland.* Hamsuns besondere Freunde in dieser Familie waren die Brüder Reidar und Alf, eine allzu freundschaftliche Verbindung mit Jon Alfred läßt sich nicht belegen. Tatsache ist jedoch, daß in gewissen höheren Kreisen der norwegischen Gesellschaft streng rassistische Einstellungen nicht bloß geduldet wurden, sondern geradezu in Mode waren, und daß die rassistischen Gefühle, die Hamsun in den neunziger Jahren hegte, ganz gleich, welcher Art sie auch gewesen sein mochten, durch seinen Kontakt mit dem Rassismus der Schickeria gewiß einen beträchtlichen kulturellen wie auch »wissenschaftlichen« Nachdruck verliehen bekamen.

Schon allein die Bekundung der angeblichen Vorteile und der Überlegenheit der germanischen Rasse schloß zwangsläufig die Herabsetzung anderer Rassen, vornehmlich der jüdischen, mit ein, und Hamsun geriet bald in unmittelbare

Nähe zum Antisemitismus. 1925 schickte ihm ein fanatischer antisemitischer Redakteur namens Mikal Sylten ein Exemplar seiner Broschüre *Hvem er hvem i Jødeverden* (Wer ist wer in der jüdischen Welt) mit der Bitte um seine Stellungnahme. Hamsuns Kommentar wurde – zusammen mit verschiedenen anderen – in Syltens Zeitschrift *Nationalt tidsskrift* anläßlich der Feier ihres zehnjährigen Bestehens abgedruckt. Die Balfour-Deklaration von 1917 und die Schlußfolgerung der Konferenz von San Remo hatte damals gerade die Diskussion um eine nationale Heimstätte für das jüdische Volk in Palästina entfacht, und Hamsun beteiligte sich daran mit seinen in dieser Angelegenheit nicht gerade tiefgründigen Bemerkungen. »Antisemitismus gibt es in allen Ländern«, schrieb er. »Er folgt dem Semitismus, wie die Wirkung der Ursache folgt.«

> Es ist ein äußerst begabtes Volk. Ich sehe hier von meinen fähigen, sympathischen persönlichen Freunden unter den Juden ab, ich denke auch nicht an die unsympathischsten, diejenigen, die sich mit den Einheimischen verheiratet haben, und besonders deren Nachkommen, die Streber, die in Kunst , Politik und Literatur, die Frechen, die Anmaßenden; deren Fähigkeiten sind allzuoft so gering, es sind Fertigkeiten. Aber im allgemeinen sind die Juden ein äußerst intellektuelles, sehr entwickeltes Volk. Wo finden wir etwas Ähnliches wie ihre alte Literatur, ihre prophetischen Gestalten, ihre Lieder? Und denkt nur, wie wunderbar musikalisch dieses Volk ist, sicherlich das melodiöseste Volk auf Erden.
>
> Na und? werden Sie sagen.
>
> Doch die Antwort darauf kann gleichfalls lauten: Na und?[19]

Wie es sich trifft, ist Hamsuns Beitrag der einzige von den abgedruckten, der den Juden noch einige gute Qualitäten zuerkennt. Selbst ein Lob auf die angeblich ungewöhnliche Musikalität der Juden ging dem harten Kern der Leserschaft zu weit – in einer späteren Ausgabe der *Nationalt tidsskrift*

wurde er dahingehend korrigiert, die Juden seien ungewöhnlich begabte *Diebe* der Musik anderer. Nach seiner – höchst persönlichen – Interpretation der Balfour-Deklaration kam Hamsun zu dem Schluß, eine Heimstätte für das jüdische Volk sei wünschenswert, »so daß die exclusive weiße Rasse eine weitere Mischung ihres Blutes vermeiden könnte«, hielt dieses Ziel jedoch für so gut wie unerreichbar, wenn »England und Frankreich weiterhin Kolonien besetzt halten, die sie nicht benötigen«. »Aber solange dies andauert«, fügte er hinzu, »haben die Juden keine andere Heimat als die Heimat anderer. Sie müssen darum weiterhin in den fremden Gesellschaften leben und arbeiten, zu beiderseitigem Unglück.« Obgleich Hamsun Syltens fanatischen Haß auf die Juden nicht teilt, ist er bereit, dessen Aufgabe als »undankbar« zu bezeichnen und seine Ansichten für »solide und ehrenwert« zu halten. *Hvem er hvem i Jødeverden* habe er »mit großem Interesse« gelesen, wie er Sylten schrieb, was ein ziemlich schäbiger Verrat an seinen alten Freunden und Befürwortern wie den Gebrüdern Brandes und Peter Nansen von Gyldendal war, die Sylten in seiner Broschüre als »Pornographen« und »Plagiatoren«[20] bezeichnet hatte.
Vermutlich war die *Nationalt tidsskrift* eine bedeutende Quelle für Hamsuns Rassentheorien. Die ersten Ausgaben des Magazins in den Jahren unmittelbar nach 1916 waren der Darstellung der Macht der Juden in Deutschland und der Verbreitung der »Dolchstoßlegende« gewidmet, die besagte, die Juden und die Kommunisten seien schuld gewesen, daß Deutschland den Krieg verloren hatte. Auch die führende Rolle der Juden in der russischen Revolution war zu dieser Zeit ein bevorzugtes Thema. 1918 prangerte die Zeitschrift einen Nichtjuden, Professor Edvard Bull, wegen seines Angriffs auf ein rassistisches Buch mit dem Titel *Den moderne Menneksetype* (Der moderne Menschentyp) von einem Dänen namens Konrad Simonsen an. Hamsun hatte das Buch auch gelesen, und es hatte ihm sehr gefallen. In einem langen Zeitungsartikel vom Juli 1917 empfahl er es seinen Lesern in einem in Klammern gesetzten Einschub als »das herrlichste Buch, das ich in dieser korrupten Zeit gelesen

habe«.[21] Hamsun kannte Simonsen schon seit 1913; in dem Jahr hatte er ihm geschrieben und sich für ein Werk bedankt, in dem Simonsen eine Erklärung »widerlegt« hatte, die besagte, Dostojewski hätte das – typische »Gesicht eines Verbrechers«. »Ich habe sein Bild an meiner Wand«, schrieb Hamsun, »es ist das feinste und seelenvollste Epileptikerantlitz der Welt«,[22] eine Bemerkung, die nicht weit davon entfernt war, sich bewußt über den ganzen Unsinn lustig zu machen.*

Die Tatsache, daß es den Holocaust gegeben hat, läßt alle antisemitischen Bemerkungen, die beiläufigen ebenso wie die ausführlichen, in demselben grellen und höllischen Licht erscheinen. Hamsun war ein Fanatiker, aber kein fanatischer Antisemit. Er ging bei weitem nicht so weit wie Ezra Pound oder Céline, der von sich sagen konnte, daß ihn zu Hitler am meisten das hinzog, was die anderen am meisten abstieß – sein Antisemitismus. Rassistische Bemerkungen und Karikaturen tauchen in Hamsuns Büchern gelegentlich auf, von den kindischen Anspielungen auf »schwarze Halbaffen« in *Vom Geistesleben des modernen Amerika* bis zur Figur des Hoteliers Vendt in *Nach Jahr und Tag* aus dem Jahr 1933, der eine in den dreißiger Jahren in Norwegen weitverbreitete antisemitische Ansicht verkörpert – die Homosexualität sei im vierzehnten Jahrhundert durch jüdisch-hanseatische Kaufleute von Bergen nach Norwegen eingeschleppt worden.

In seinen gelegentlichen Zeitungsartikeln in den dreißiger Jahren zur Unterstützung des neuen Deutschlands bezeichnet Hamsun sich einmal selbst als antisemitisch, und zwar in dem Artikel »Warten wir's ab« von 1934, in dem er sarkastisch zu verstehen gibt, ein Gegner des neuen Regimes hät-

* Um daran zu erinnern, wie weit verbreitet und angesehen diese postdarwinschen Äußerungen über die Rassen waren, ist es interessant zu hören, daß die Erklärung in bezug auf Dostojewski von Georg Brandes stammte. Und Carl von Ossietzky hatte 1929 geschrieben, Hitler sehe aus wie ein »Zigeunerhäuptling«, was gewiß kein schmeichelhafter Vergleich sein sollte.

te wohl viel lieber wieder »ein solches Deutschland, in dem die Kommunisten, die Juden und Brüning regierten«.[23] Sein Rassismus ist aber vermutlich am besten im Zusammenhang seiner blinden, bedingungslosen *Liebe* zu Deutschland zu verstehen und auf einer grundlegenden Ebene als Teil seiner langen und verworrenen Suche nach einem Weg zurück zur großen Einfachheit. Die Reduzierung auf krasse Gegensätze wie Jung und Alt, Deutschland und England sind nur ein Ausdruck dieser Suche, und die Rückkehr nach Hamarøy 1910 ist ihre äußerliche Manifestation. In seiner Literatur und im Journalismus predigte er unaufhörlich das Evangelium des Bodens und führte ständig Angriffe gegen das Bildungswesen, in seinem Privatleben beharrte er auf der Vormachtstellung des Mannes und sprach mit bitterer Verachtung über die Literatur, ungeachtet der Tatsache, daß er selbst geradezu zwanghaft schrieb. In einem entscheidenden Augenblick hatte er in das große, runde Gesicht des Rassismus geschaut und seine imponierende Einfachheit erblickt, ohne Falten, ohne Runzeln, und war hypnotisiert gewesen.
Ein englischer Rezensent von Hamsuns Roman *Landstreicher* schrieb 1980, »im Fall Hamsuns kann man das Kind nicht ohne das Badewasser haben, wie schmutzig es auch sein mag«, und für die meisten wird diese Seite Hamsuns das schmutzigste Badewasser überhaupt sein. Hamsuns Frau Marie äußerte etwas Ähnliches, als sie über die Bemühungen schrieb, zwischen Hamsun als Mensch und als Schriftsteller zu unterscheiden; es sei wie das Abschälen einer Zwiebel auf der Suche nach dem süß schmeckenden Inneren. »Ich glaube, es würde einem dabei so ergehen«, schrieb sie, »wie jenem Zwiebelschäler, der am Ende mit leeren Händen dasaß.«[24]

Als die schrecklichen Resultate des rassistischen Denkens in Deutschland allmählich publik wurden, reagierte die norwegische Rechte im allgemeinen ungläubig darauf. Noch einige Zeit nach dem Boykott jüdischer Geschäfte im April 1933 schrieb die *Aftenposten* von »angeblicher Judenverfolgung in Deutschland«. Nicht einmal die Nürnberger Gesetze erregten größeren Widerspruch. Erst als in der Kristallnacht 1938 die Synagogen in Flammen aufgingen, drang der Klang der Sturmglocken auch bis in die entferntesten Winkel der ehrenwerten Rechten. Taub und abgeschieden, wie der alte Hamsun war, hörte er nichts davon. Und es war keiner in der Nähe, der ihm sagen konnte, wie sehr er sich zum Narren machte. Marie war ein noch viel überzeugterer Nazi als er. Sie war aktives Mitglied von Quislings NS-Partei. Die Kinder teilten die prodeutsche Einstellung, die ihnen die Eltern sorgfältig beigebracht hatten. Beide Söhne waren ebenfalls NS-Mitglieder. Und selbst wenn Hamsun jemanden in seiner Nähe gehabt hätte, der ihn kritisierte, er hätte nicht auf ihn gehört. Er hörte nur solchen Leuten wie Hermann Harris Aall zu, die seine eigenen Vorurteile bestätigten und verstärkten. Aall war der führende politische Theoretiker der NS und ein enger persönlicher Freund Quislings. Wie Regierungsrat Bogs, der Mann, der für das Bild der Nazis in der skandinavischen Presse verantwortlich war, erkannte Aall rasch den propagandistischen Wert von Hamsuns politischen Ansichten für die Sache und hegte ihn sorgsam. Er war in den dreißiger Jahren ein häufiger Besucher auf Nørholm, eine bemerkenswerte Ausnahme angesichts Hamsuns pauschaler Verdammung studierter Leute.

Dennoch ergaben sich für Hamsun auch Gelegenheiten, seine Haltung zu überdenken. Tore Hamsun schreibt, daß die Ermordung General von Schleichers durch die SS 1934 seinen Vater tief erschütterte. Wie ein echter Monomane fand er jedoch irgendwo in seinem Herzen einen Grund dafür, woraufhin seine Manie unversehrt bleiben konnte. Eine letzte Begegnung mit seinem alten Freund Johannes V. Jensen 1938 im Hotel Bristol in Oslo mag ihn nachdenklich gestimmt haben. Immer noch hatten die beiden ungeheure Achtung voreinander, doch zu sagen hatten sie sich im Grunde nur noch wenig. Jensen tat Mussolini einfach als italienischen Verbrecher ab, der vergessen hatte zu emigrieren, und Hitler fand er so unheimlich, daß er gar nicht von ihm reden wollte. Hamsun war nicht imstande, sich von solchen Begebenheiten beunruhigen zu lassen, und selbst wenn ihm bei einer Sache unwohl war, brachte er es nicht fertig, das öffentlich zuzugeben. Das zu tun hätte bedeutet, zuzugeben, daß er sich geirrt habe, und hätte allen seinen Erklärungen so vollständig die Autorität entzogen, daß er das seelisch nicht überlebt hätte. Es steckt eine gewaltige Ironie in der Tatsache, daß Hamsuns Romane in gewisser Hinsicht alle die Unmöglichkeit behandeln, Äußerungen zu tun, die endgültig, definitiv, absolut und klar sind. Zu mehr als einem »Vielleicht« hat sich der Romancier nie durchgerungen. Und wie in einer Art Ausgleich hielt sich der Journalist Hamsun immer an die Grundregel, sich so direkt zu äußern wie nur möglich. Vor allem durfte kein Raum für Zweifel bleiben – nicht für die kleinste Vermutung, er wisse nicht *ganz genau*, wovon er spreche. Diese Angst, unsicher zu wirken, hat er anscheinend als Schande angesehen. In *Mysterien* denkt er darüber nach und läßt Nagel versuchen zu definieren, was einen großen Dichter ausmacht, und zu dem Schluß kommen, das sei »ein Mensch, der sich nicht schämt. Andere Narren haben Augenblicke, in denen sie im stillen Kämmerlein vor Scham über sich selbst erröten, der große Dichter aber nicht.« *

Vielleicht versuchte Hamsun, diese Haltung auf seinen Entschluß zu übertragen, nicht nur ein großer Dichter, sondern auch ein großer Mensch zu sein. Bjørnson zum Beispiel war eine überaus selbstbewußte und völlig schamlose Persönlichkeit, und es war vermutlich gerade diese Schamlosigkeit, in der Hamsun das Geheimnis sah, ein »großer Mann« zu sein. Man kann sich sehr gut vorstellen, daß sich Bjørnson vor niemandem und nichts schämte. Hamsun jedoch neigte noch im Alter dazu, sich zu schämen, und war fest entschlossen, das seinen Zeitungsartikeln nicht anmerken zu lassen.

---

* Die erste Ausgabe von *Mysterien*, aus dem Jahr 1892 ist noch unverhüllter zynisch in ihrer Einstellung gegenüber »Größe«: Ursprünglich ließ Hamsun den großen Dichter darstellen als »schamlos, unfähig, über seine Verlogenheit zu erröten«.

Mit schmerzlicher Genauigkeit hatte Hamsun sein politisches Schicksal ein halbes Jahrhundert vor Ausbruch des Krieges 1940 in Norwegen umrissen. In einem Artikel über den Schriftsteller und Journalisten Kristofer Randers schilderte er 1894 einen bestimmten Charaktertyp:

> Auf der anderen Seite hat er kein Vertrauen in die Demokratie, die Wahl der Masse, die Herrschaft der Masse. Der Mob widert ihn an. So geht er seinen eigenen Weg, unter eigener Regie, ein unabhängiges Wesen, ein Aristokrat. Das Schlimme ist nur, daß dieser »eigene Weg« so oft der Weg der Reaktion ist.
> Ein abhängiger, aristokratischer Einzelgänger hat keine Gesellschaft. Demokratie widert ihn an, und Reaktion verachtet er. Er ist eine unglückliche Seele, der die bürgerliche Freude bestritten wird, mit einer normalen politischen Partei zufrieden zu sein, sich in ihr zu Hause zu fühlen. Doch mögen seine Sympathien gerade in eine bestimmte Richtung tendieren, zu einer bestimmten Partei hin. Er wünscht sich den Triumph dieser Partei. Er verzehrt sich nach dem Triumph dieser Partei. Gewöhnlich wird er nicht reaktionär, ehe er nicht wirklich sehr alt ist. Solange er jung ist und einen Kopf und ein Herz besitzt, fühlt er sich natürlich stärker zu der Partei hingezogen, die, trotz ihrer demokratischen Reduzierung von allem auf ein Einheitsniveau, für Gedankenfreiheit und Fortschritt eintritt.

So war Hamsuns politische Einstellung in den dreißiger Jahren. Nach dem, was man allgemein unter diesen Begriffen verstand, war er sowohl Faschist als auch Rassist. Er hatte eine Heidenangst vor dem Kommunismus, war ein Prophet der Diktatur des charismatischen Führers, und er hegte Träume von einem germanischen Reich in Europa, das von reinblütigen Deutschen regiert wurde. Die amüsante jugendliche Haltung der 1890er Jahre, das »Schockieren anständiger Leute«, was Thomas Mann als »ein interessanter Standpunkt, ästhetisch gesprochen, ein literarisches Paradoxon« erschien, verhärtete sich in der Tat zu einer morali-

schen und intellektuellen Lähmung, die in den 1930er Jahren zu einer politischen Haltung wurde. Hamsuns Ansichten waren offenkundig keine Ad-hoc-Erscheinung von Altersschwachsinn, auch wenn sie in ihrer hermetischen, solipsistischen Gesamtheit etwas von jenem Wahn an sich haben, der jeden Rassismus nährt. 1933 schrieb ein junger Jude Hamsun, was in Deutschland vor sich ging. Hamsun antwortete ihm freundlich und mitfühlend und versuchte sogar, ihm zu helfen. Doch war es die Person, der er zu helfen versuchte, und nicht der Jude. Hamsuns Antwort enthält die klassische kurze Rundfahrt durch die Hölle des Rassismus: »Soweit ich verstehe, versucht Deutschland nicht, die Juden aus dem Land zu vertreiben«, schrieb er, »doch so wird es von jüdischen Politikern in England und Frankreich und in der gesamten jüdischen Presse dargestellt.«[25]
Eine entscheidende Rolle dabei, daß Hamsun fünf Jahrzehnte lang, in guten wie in schlechten Zeiten, treu zu Deutschland stand und 1945 schließlich des Landesverrats angeklagt wurde, spielte vor allem seine ausgefallene, überaus fanatische Anglophobie. Alles andere war lediglich ein zusätzliches Detail. Wie ausgeprägt diese Verbohrtheit war, wird durch seine Zeitungsartikel während des Krieges, durch die psychiatrische Untersuchung sowie durch den Prozeß anschaulich demonstriert. Er zahlte den Preis dafür, daß er glaubte, einen Punkt erreicht zu haben, wo er es nicht mehr nötig hatte, über die Dinge nachzudenken, um über sie Bescheid zu wissen. Es war eine fruchtbare literarische Theorie gewesen, die ihn in die Lage versetzt hatte, Werke hervorzubringen, die von fabelhafter psychologischer Einsicht strotzten; doch als er sie auch auf die sich ständig verändernde, unberechenbare Welt außerhalb seiner Bücher anzuwenden versuchte, beging er einen schrecklichen Fehler. Als ihm 1945 vorgeworfen wurde, sich antisemitisch geäußert zu haben, schien er wirklich schockiert gewesen zu sein, und in seinen Unterhaltungen mit Dr. Ødegård kam er einmal dem Eingeständnis, unrecht zu haben, so nahe, wie es ihm nur möglich war. Die betreffende Stelle in dem Bericht, die einem keineswegs das Bild eines Mannes ver-

mittelt, der versucht, seine Haut zu retten, lautet folgendermaßen:

> Ihm fiel nichts ein, was Quisling an Unrechtem getan haben könnte. »Ja, das mit den Juden hätte er wohl bleibenlassen können«, sagt er dann spontan. »Uns wie auch anderen Völkern tut es nur gut, einen jüdischen Einschlag zu haben.« Aber in den beiden Zeitungen, die er las, hatte nicht ein Wort über die Juden gestanden, das hat er alles erst später erfahren. Als er in Deutschland war, hatte er wohl etwas gesehen – da gab es gelbe Bänke, und er sah, wie einige kleine Kinder von einer Bank weggehen und sich auf eine der gelben Bänke setzen mußten, weil sie Juden waren. »Aber man sollte doch wohl verstehen, daß ich ein alter Mann bin – ich ging blindlings mit, weil ich nichts hörte. Einer meiner Narrenstreiche!«[26]

16

1940–1945: Hamsuns Krieg

Im Winter 1939 heirateten schnell hintereinander drei von Hamsuns Kindern – Tore in Oslo, Cecilia in Kopenhagen und Ellinor in Berlin. Zusammen reisten Knut und Marie zu Cecilias Hochzeit nach Kopenhagen. Anschließend fuhr Marie allein weiter nach Deutschland. Auf Einladung des Reichspropagandaministers hielt sie in einigen deutschen Städten Lesungen aus Hamsuns Büchern. Zu Ehren seines achtzigsten Geburtstags publizierte Gyldendal eine Sammlung von Hamsuns beachtlicheren Zeitungsartikeln aus den Jahren 1889 bis 1928. Arild Hamsun brachte sein erstes Buch heraus, und Tore Hamsun hatte seine erste Gemäldeausstellung im Kunstnerforbundet in Oslo. In Europa herrschte Krieg, doch die norwegische Regierung verfolgte die Neutralitätspolitik, auf die das Land schon seit seiner Erlangung der Unabhängigkeit im Jahre 1905 ausgerichtet war. Hitlers Regime hatte in den dreißiger Jahren zu immer stärkeren probritischen und antideutschen Haltungen in Norwegen geführt, und für den Fall, daß das Land mit in den Krieg gezerrt wurde, herrschte die allgemeine Meinung, man müsse verhindern, auf der »falschen« Seite zu landen. Am 16. Februar 1940 suchte der deutsche Frachter »Altmark«, mit dreihundert britischen Kriegsgefangenen an Bord, im Jøssingfjord an der Südwestküste Norwegens, zwischen Egersund und Flekkefjord, Schutz vor britischen Verfolgern. Auf persönlichen Befehl von Winston Churchill folgte ihm der Zerstörer »Cossack«. Nach einem kurzen Feuerwechsel wurden das deutsche Schiff geentert und die Gefangenen befreit. Dies bedeutete eine flagrante Verletzung der norwegischen Neutralität, und die Regierung Nygaardsvold legte bei den Briten offiziell Protest ein. Hitlers Argwohn, die Briten würden keinen Augenblick zögern, die norwegische Neutralität zu mißachten, wenn sie es für notwendig hielten, war damit bestätigt. »Was halten Sie nun von den Engländern?« schrieb Hamsun triumphierend an Harald Grieg. Der antwortete, was immer er von den Engländern halten mochte, von den Deutschen halte er noch viel weniger.[1] Grieg war, wie Hamsuns anderer enger Geschäftspartner, die Anwältin Sigrid Stray, ein heftiger Gegner der Nazis.

Vidkun Quisling, inzwischen ein Führer ohne Gefolgschaft, hatte im Dezember 1939 Hitler in Berlin aufgesucht und ihm auseinandergesetzt, die Alliierten könnten Norwegen besetzen wollen. Er erbot sich, einen Staatsstreich zu inszenieren, in dessen Verlauf er die Regierung des Verfassungsbruchs bezichtigen und die Deutschen um Hilfe bitten würde. Hitler sagte Quisling keine Unterstützung für seinen geplanten Staatsstreich zu, gab aber unmittelbar nach der Begegnung seinen militärischen Beratern Order, die Möglichkeit einer Invasion Norwegens zu untersuchen. Dabei ging es ihm in erster Linie darum, den Transport unerläßlicher Lieferungen hochwertigen Eisenerzes aus den schwedischen Minen von Kiruna und Luleå von dem nordnorwegischen Hafen Narvik aus zu sichern. Die Briten und die Franzosen hatten nämlich bereits geplant, ihm diese Wege zu versperren, und hielten eine Streitmacht von 16.000 Mann bereit, die bei Narvik landen und bis zu den Erzgruben vorstoßen sollte. Die Verletzung der norwegischen Neutralität sollte damit gerechtfertigt werden, daß es sich bei dieser Truppe um ein Projekt des Völkerbundes handelte, das dazu dienen sollte, den Finnen nach der sowjetischen Invasion am 30. November 1939 zu Hilfe zu kommen – dieser Überfall war vom Völkerbund als Aggressionsakt verurteilt worden. Am 12. März 1940 schlossen die beiden kriegsführenden Parteien jedoch Frieden, und damit war die Rechtfertigung für ein Eingreifen der Alliierten dahin; sie mußten von der geplanten Landung absehen. Inzwischen, am 21. Februar, hatte Hitler General von Falkenhorst befohlen, die Invasion Norwegens zu organisieren und zu leiten, doch am 8. April setzten die Briten und die Franzosen die norwegische Regierung offiziell davon in Kenntnis, daß sie drei der bedeutendsten Fjorde an der Westküste am Abend zuvor vermint hatten. Mit der Begründung, der Krieg, den Hitler führte, sei eine Verletzung der Menschenrechte, erklärten sie, sich dazu ermächtigt zu fühlen. Damit stand der Schauplatz der Invasion fest.

Die Verminung war für Hamsun natürlich nur ein weiterer Beweis für die Skrupellosigkeit der Engländer. Eine Woche zuvor, am 2. April, hatte er in der NS-Zeitung *Fritt Folk* seiner Besorgnis Ausdruck verliehen. »Der Bär im Osten und die Bulldogge im Westen liegen auf der Lauer. Wir sind die Beute«, schrieb er. »Tatsache ist, ziemlich viele von uns leben in der Hoffnung, daß Deutschland uns beschützen wird – unglücklicherweise nicht heute, sind wir angehalten zu glauben, aber wenn die Zeit gekommen ist.«

Die rechte Zeit kam schneller, als er oder sonst jemand in Norwegen gedacht hatte. Am 9. April trafen die Deutschen ein und landeten an sieben strategischen Punkten entlang der norwegischen Küste. Noch am gleichen Tag flohen die Regierung und der König aus der Hauptstadt, und auf einer Sondersitzung des Storting wurde die Regierung ermächtigt, die Geschicke Norwegens allein zu führen, und zwar so lange, bis der Storting wieder unter normalen Bedingungen zusammentreten konnte. Die allgemeine Mobilmachung wurde verkündet. Ebenfalls noch am 9. April erklärte sich Quisling zum Präsidenten und suchte General Engelbrecht im Hotel Continental auf, um ihn davon in Kenntnis zu setzen. Der General rief die deutsche Botschaft an und berichtete, in seinem Zimmer säße ein Kerl, der behauptete, er sei der Ministerpräsident Norwegens, und ob er ihn verhaften solle?

Quislings »Regierung« dauerte nur fünf Tage. Er war eine verhaßte Gestalt in Norwegen, und der heftige Widerstand und die Sabotageakte, die die deutsche Besatzung in ihrer frühesten Phase zu spüren bekam, waren in gewissem Maße ein Ausdruck der norwegischen Ablehnung des Gedankens, daß ein Mann, der bei den Wahlen so sang- und klanglos durchgefallen war, nun durch seine eigenmächtige Entscheidung eine führende Rolle in der Regierung des Landes spielen sollte. Am 15. April zwang der oberste Gerichtshof, das einzige rechtmäßige Verfassungsorgan, das noch in der Hauptstadt verblieben war, zusammen mit dem deutschen Botschafter Carl Bräuer Quisling zum Rücktritt und errichtete statt dessen einen Verwaltungsrat für die besetzten norwegischen Gebiete. Nygaardsvolds Regierung erkannte ihn an – zumindest wurde damit Quisling von der Macht ferngehalten –, doch mit der Ernennung Josef Terbovens am 24. April zum Reichskommissar wurde die Frage nach dem Sitz der Macht zu einer rhetorischen. Der einundvierzigjährige Terboven, ein kaltschnäuziger, rücksichtsloser Veteran aus der Zeit der Straßenschlachten der Nazis, übernahm für die Dauer des Krieges die absolute Macht in Norwegen. Der König und die Regierung flohen inzwischen immer weiter nach Norden, wobei sie nur langsam vorankamen und den deutschen Truppen immer nur knapp voraus waren. Nach sechs Tagen in Molde, in denen die Stadt täglich beschossen wurde, gingen sie am 29. April an Bord des britischen Schiffes »Glasgow« und fuhren nach Tromsø, im äußersten Norden. Am 7. Mai richtete der König in der freien Zeitung *Lofotposten* einen Aufruf an das norwegische Volk, der in starkem Gegensatz zu den Botschaften stand, die Hamsun zu verbreiten versuchte. »Das ist kein Krieg, was die Deutschen führen«, schrieb er, »sie überziehen Norwegen mit Brand und Mord«, und er beschwor das Volk, zum König und zur Regierung zu stehen. Anfang Juni hatten die Alliierten jedoch beschlossen, Nordnorwegen zu räumen, und am 7. Juni verließen der König und seine Regierung zusammen mit britischen Truppen auf der »Devonshire« Tromsø in Richtung England. Drei Tage später kapitulierte die norwegische Armee und löste sich auf. Damit war der Krieg in Norwegen nach achtwöchigem Kampf zu Ende. Dänemark setzte dem deutschen Einmarsch keinen Widerstand entgegen. Schweden war, um seine Neutralität wahren zu können, zur Zusammenarbeit mit den Deutschen gezwungen, solange diese stark genug waren, um auf dieser Zusammenarbeit bestehen zu können, und Finnland arbeitete aktiv mit Deutschland zusammen, so daß sich mit der Kapitulation

Norwegens am 10. Juni 1940 sozusagen ganz Skandinavien unter deutscher Kontrolle befand. Das bedeutete, daß die skandinavische Halbinsel in militärischer Hinsicht bis zum sowjetischen Vorstoß nach Nordnorwegen im Herbst 1944 nicht viel vom Krieg zu spüren bekam. Die Deutschen befürchteten jedoch immerzu eine Invasion der Alliierten und hielten daher ständig eine Streitmacht von 300.000 bis 500.000 Mann in Norwegen stationiert. Häufig wurden Soldaten von der Front nach Norwegen versetzt, damit sie sich von den Strapazen des Krieges im Osten erholen konnten.

Am 14. April, als der König und die Regierung sich noch im Lande befanden, schrieb Hamsun den ersten von zwei Dutzend oder mehr über die folgenden fünf Jahre verteilten Artikeln, die die Grundlage für die 1945 gegen ihn erhobene Anklage wegen landesverräterischer Aktivitäten bilden sollten. Sein erster Schritt war der Versuch, die Glaubwürdigkeit des Mannes zu zerstören, der die Flucht des Königs und der Regierung aus der Hauptstadt organisiert und die Mobilmachung verkündet hatte – der Präsident des Storting, C. J. Hambro –, indem er ihn den »Sohn einer Einwandererfamilie« nannte, »die sich hier in diesem Lande hatte niederlassen dürfen«. Er stellte ihn als Schwätzer hin und räumte zwar ein, daß er vermutlich auch seine guten Seiten haben mochte, hielt ihn jedoch keineswegs für den richtigen Mann, im Jahr 1940 das norwegische Volk zu führen. »Ihm fehlt das grundlegende Erfordernis dazu«, schrieb Hamsun, »eine norwegische Seele.« Auf versteckte Art sagte er damit, daß Hambro nicht der richtige Mann war, weil er Jude war. Mit einem Angriff auf die Engländer begab er sich dann auf gewohnteres Terrain. Er führte die Hungerblockade an – ein schändliches Kriegsmittel, das die Engländer ersonnen und in ihrer jüngsten Geschichte skrupellos angewendet hatten – und warf den Briten vor, daß sie während des Burenkrieges 27.000 Frauen und Kinder in ihren Konzentrationslagern hatten verhungern lassen. Das sei, so brüstete er sich, keine Propaganda wie Carl Hambros Erklärung, Norwegen befände sich nun mit Deutschland »im Krieg«.

Mit selbstgefälliger Arroganz erteilte Hamsun seine Zeugnisse:

> Ich sehe, und ich höre. Ich gebe mich nicht damit zufrieden, was kurzsichtige Schiffseigentümer und Stortingpolitiker daherreden. Darum haben ich so viele Zeitungen gehalten, ich will auch sehen, was die andere Seite meint. Ich habe Für und Wider abgewogen. Meiner Meinung nach ist das norwegische Volk jetzt zu Unrecht gegen Deutschland aufgehetzt. Die Seeleute sehen nur, daß sie torpediert worden sind, sie sehen nicht, daß England daran schuld ist.[2]

Abschließend vertrat er die Ansicht, an der er den ganzen Krieg hindurch festhielt, nämlich, daß die Deutschen gekommen wären, um Norwegen gegen einen englischen Angriff zu *schützen,* und daß sie außerdem ihr Wort gegeben hätten, Norwegens Unabhängigkeit, Integrität und Neutralität zu respektieren.
Der Artikel trug die Überschrift »Ein Wort an uns«. Das war exakt der Titel, den Hamsun 1910 seiner ersten »Botschaft an die Nation« gegeben hatte, als der Tod Bjørnsons und sein »fünfzigster« Geburtstag zu seiner Proklamierung zum »dikterkongen« des Landes geführt hatten. Eindeutig sah er sich nun wieder in der Rolle des Patriarchen, der in der Stunde der Not zu seinen Landsleuten sprach.
In den ersten Monaten verfolgte Hamsun den Vormarsch der Deutschen mit leidenschaftlichem Interesse. Marie Hamsun schreibt, daß er in diesen Tagen den Postboten an der Gartenpforte von Nørholm erwartete und ihm die Zeitungen aus den Händen riß. Am 27. April erschien in *Nationen* ein kurzer Artikel, in dem er eine Regierung, die erst den Befehl zur Mobilmachung gibt und dann davonläuft, mit Verachtung strafte. Die Flucht des Königs und der gesetzlichen Regierung war für ihn eine eindeutige Desertion.
Eine Woche später, am 4. Mai, erschien der Artikel, der in den Augen der Norweger am stärksten von allem, was er während des Krieges schrieb, seinen Verrat symbolisierte:

NORWEGER!

Als die Engländer in ihrer ungeheuren Zügellosigkeit in den Jøssingfjord eindrangen und unsere Selbständigkeit verletzten, da tatet ihr nichts. Als die Engländer später entlang unserer Küste Minen legten, um den Krieg auf norwegischen Boden zu tragen, da tatet ihr auch nichts.

Aber als die Deutschen Norwegen besetzten und verhinderten, daß uns der Krieg ins Land getragen wurde – *da* tatet ihr etwas: Ihr habt euch mit unserem geflohenen König und seiner privaten Regierung zusammengerottet und mobilisiert.

Es hat keinen Zweck, daß ihr euere Gewehre ergriffen habt und gegen die Deutschen mit den Zähnen knirscht, morgen oder an irgendeinem anderen Tag werdet ihr bombardiert.

England ist außerstande, euch nur mit mehr als ein paar versprengten Grüppchen hier und da zu helfen, die durch die Täler streifen und um Essen betteln.

NORWEGER! Werft die Gewehre fort und geht wieder nach Hause. Die Deutschen kämpfen für uns alle und brechen jetzt Englands Tyrannei über uns und alle Neutralen.[3]

Die bedeutendsten Zeitungen Oslos standen immer noch unter norwegischer Kontrolle und weigerten sich, den Artikel zu drucken, und so erschien er nur in dem NS-Blatt *Fritt Folk*. Hamsun war glauben gemacht worden, daß außer ihm noch viele andere den Aufruf unterzeichnen würden, aber dann wurde schließlich nur sein Name gedruckt. Er fühlte sich, wie er sich ausdrückte, »nonchalant behandelt«, tat es jedoch mit einem Achselzucken ab. Wie dem auch sei, seine anschauliche Sprache und die massive Verachtung, die aus dem Artikel sprach, hätten ihn ohnehin als den Verfasser zu erkennen gegeben, egal, wie viele Namen darunter standen.

Eine nicht publizierte literarische Kuriosität aus diesen ersten Wochen ist ein direkter Aufruf an den König von Norwegen, den Hamsun am 5. Mai geschrieben und an den Redakteur von *Nationen* geschickt hatte. Darin forderte er

König Håkon VII. auf, zurückzukehren und den aussichtslosen Kampf zu beenden oder abzudanken. »Mit der größten Verwunderung stellen viele mit mir fest, daß Ihre Hoheit den Kampf gegen die größte Militärmacht der Welt scheinbar fortzusetzen gedenken«, begann er. Und er schloß seine Botschaft mit ziemlich selbstbewußter Erhabenheit: »Hiermit haben wir uns an unseren König gewandt. Jetzt ist es ernst.« Fünf Tage später rief er den Artikel zurück, und er wurde nie veröffentlicht. In den Jahren des Krieges war Hamsun zweifellos nie weit von krankhafter Selbstüberschätzung entfernt, aber vermutlich war eine so direkte Anrede des Königs selbst für seinen Größenwahn ein zu schwer zu verdauender Akt.[4]

Im Juni 1940 wurde Hamsun in eine Affäre verwickelt, die mit Norwegens Gebietsansprüchen auf Ostgrönland zu tun hatte; einst gehörte es zum Reich der Wikinger, war aber durch den Vertrag von 1814 dänisches Protektorat geworden. Seit der Erlangung der norwegischen Unabhängigkeit im Jahr 1905 kämpfte eine extremistische Bewegung ziemlich hartnäckig um die Rückkehr dieses Territoriums zu Norwegen. 1933 kam die Angelegenheit schließlich vor den Internationalen Gerichtshof in Den Haag, wo die dänische Oberhoheit über das Territorium bestätigt wurde. Ewiggestrige weigerten sich, den Richterspruch zu akzeptieren, und im Mai 1940 wandte sich ein Anwalt namens Gustav Smedal besorgt an Hamsun: Ihm war das Gerücht zu Ohren gekommen, Dänemark wolle Ostgrönland an die USA verkaufen, und er bat Hamsun, einer Gegenkampagne seine Autorität zu leihen. Hamsun, der sich selbst bereits für den Fall Ostgrönland interessiert hatte, versprach zu helfen. Er schrieb an Terboven und erklärte sich bereit, sich auch an Ribbentrop in Berlin zu wenden, da sich Ribbentrop ihm gegenüber auch schon bei früheren Gelegenheiten hilfreich gezeigt hatte. Am 24. Juli erhielt er von Ribbentrop Antwort auf seinen Brief, und am 1. September unterbreitete er Smedal einen Plan, über den er sich sogar selbst etwas wunderte. Marie Hamsun war wieder einmal auf einer Lesereise in

Deutschland, und Hamsuns Plan war nun, daß er sich mit ihr in Berlin treffen wollte und sie dann zusammen Ribbentrop aufsuchen und mit ihm sprechen wollten. Marie würde als Dolmetscherin fungieren, denn trotz all seiner mystischen Verwandtschaft mit dem deutschen Volk konnte er sich in dessen Sprache nicht verständlich machen. Smedal war entzückt und nicht im mindesten überrascht, daß der zweiundachtzig Jahre alte Mann das für ihn tun wollte. Er besorgte Visa für Knut und Arild Hamsun, und im Oktober flogen die beiden nach Deutschland. Die Reise war umsonst. Keine einzige Einladung, die Marie hatte, war auf Hamsun erweitert worden, und als er in Berlin eingetroffen war und sich um eine Begegnung bemüht hatte, hielt Ribbentrop ihn mit der Ausrede hin, er könne ihn frühestens im November empfangen. Sicherlich hatte er, wie Hamsun vermutete, sich mit wichtigeren Dingen zu befassen als mit Ostgrönland. Statt dessen besuchten die Hamsuns ihre Tochter Ellinor, deren Ehe mit einem Filmregisseur namens Richard Schneider-Edenkuben 1939 in die Brüche gegangen war, und blieben ein paar Tage in einem Haus auf einer Insel in der Elbemündung. Ein Porträtmaler namens Ewald Vetter bekam Wind von ihrer Anwesenheit und besuchte sie dort in der Hoffnung, ein Porträt Hamsuns malen zu können. Er aß mit ihnen zu Abend, und seine unschuldige Schilderung der Atmosphäre bei Tisch deckt sich mit den Vermutungen, die Ehe sei nicht glücklich gewesen. Über ihren Mann scheint Marie Hamsun mit Vetter in der dritten Person gesprochen zu haben, indem sie seine Ansichten für ihn darlegte und seine Wünsche übermittelte, alles in der herablassenden und leicht verächtlichen Art, die manche Leute annehmen, wenn sie von sehr alten und sehr schwerhörigen Menschen reden. Hamsun seinerseits saß während der Mahlzeit vollkommen still da, lachte über etwas, das er im Radio gehört haben wollte, und verließ vor den anderen den Raum.[5]

Wieder in Norwegen, suchte Hamsun am 22. Oktober Smedal auf und berichtete ihm, daß es ihm nicht geglückt war, Ribbentrop zu sprechen. Smedal gegenüber machte er einen erschöpften Eindruck, und er beklagte sich über sein Alter. Oft finde er nicht das rechte Wort für das, was er sagen wollte. Ziemlich taktlos bat Smedal ihn wiederum, etwas über die Ostgrönlandaffäre zu schreiben, das in Dänemark veröffentlicht werden sollte. Hamsun weigerte sich und sagte, daß es nicht gut genug sein würde. »Ich lebe nur noch von meinem Namen«, fügte er pathetisch hinzu.[6] Dies war die erste von insgesamt drei Reisen nach Deutschland, die Hamsun während der Kriegsjahre unternahm, und der erste von vielen enttäuschenden Versuchen, die deutsche Politik zu beeinflussen in Angelegenheiten, die von politischen Entscheidungen bis zu Gnadengesuchen reichten.

Im August wurde Hamsun ein ungewöhnliches Erlebnis zuteil – der Verlag Gyldendal wies ein Manuskript von ihm zurück. »Ich bitte Sie, mich nicht zu bitten«, telegraphierte ihm Harald Grieg[7] und benutzte dabei eine Redewendung, deren Hamsun sich selbst häufig bedient hatte, wenn sich der Verlag mit der Bitte an ihn wandte, ein paar lobende Worte über seine zahlreichen Enzyklopädien und Lexika zu verlieren. Das abgelehnte Manuskript bezeichnet Grieg in seinen Memoiren als »einen langen Artikel« und erklärt, es beinhaltete wiederum einen von Hamsuns Angriffen auf die Engländer. Es mag wohl »Ein Paulinisches Wort« gewesen sein, was er am 17. August auf Nørholm schrieb, und zwar in der Form eines offenen Briefes an einen Journalisten namens Victor Mogens, einen Anhänger von Hitler, der aber dennoch den deutschen Einmarsch als Aggressionsakt bezeichnet hatte. In einer Rundfunkansprache bezeichnete Mogens den Befehl des Königs und der Regierung zur Mobilisierung als einen natürlichen Verteidigungsakt, der gegen den Angriff einer feindlichen Streitmacht gerichtet war. Hamsuns Protest dagegen, mit etwa zweitausend Wörtern der zweitlängste aller seiner Artikel während des Krieges, enthält dieselben Themen wie die meisten seiner Artikel zu Beginn des Krieges: die Sinnlosigkeit des bewaffneten Widerstandes gegen die deutschen Truppen, die Torheit, in der deutschen Besetzung etwas anderes als eine freundschaftliche Garantie der Neutralität Norwegens zu sehen, und die völlige Nichtsnutzigkeit aller Sozialisten. Über die Schmähbriefe, die er bekommen hat, schreibt er:

> Sie sind von Leuten, denen es in den Fingern juckt, Leuten, die »zur Feder greifen« müssen. Auch ich bekomme sie jetzt bergeweise, vielleicht noch mehr als Sie. Im weiteren Gegensatz zu Ihrem sind sie überwiegend anonym. Ich habe sie nicht gelesen, nur nachgeschaut, worum es in ihnen geht. Einer von ihnen beginnt so: »Verräter und Schwein!« Im Ton erkenne ich im großen und ganzen den von Tranmæls Gemeinde wieder, der *Pöbel* in der Arbeiterpartei, die, die sich damit brüsten, sich Kommunisten zu nennen.[8]

Die Hauptsache des »Paulinischen Wortes« bestand darin, die Leute dazu zu bringen, sich hinter Quisling zu stellen, so daß eine norwegische Regierung gebildet werden konnte, die die Deutschen akzeptierten. Hamsun preist Quisling überschwenglich als einen Führer und Administrator ersten Ranges und führt als zusätzliche Empfehlung auch noch den Namen seines Freundes und politischen Beraters, Dr. Hermann Harris Aall, ins Feld. Seine Geringschätzung von Demokratie kommt in der Ansicht klar zum Ausdruck, »ein Politiker der allgemein üblichen norwegischen Art muß nicht unbedingt etwas ganz Besonderes sein«, und als Beweis dafür führt er Hambro an. Im Gegensatz dazu ist Quisling »mehr als ein Politiker, er ist ein Denker, ein konstruktiver Geist«. Wenn Norwegen Quislings Diktatur nicht hinnehme, dann werde »dasselbe, nur anders« wieder von vorn beginnen, und zwar mit allem, was Hamsun für die Übel des öffentlichen Lebens im zwanzigsten Jahrhundert ansah: parlamentarische Demokratie, Sozialismus und Klassenkampf und Wahlkampf zwischen verschiedenen politischen Parteien.

»Ein Paulinisches Wort« war wichtig für Hamsun. Kurz nachdem er diesen Artikel geschrieben hatte, fuhr er nach Oslo und zeigte ihn freundlicherweise vor der Veröffentlichung Victor Mogens. Bis der ihn gelesen hatte, hatte Hamsun ohnehin seine Meinung über die Veröffentlichung geändert. Die politische Lage in Norwegen war im Herbst gespannt und unabsehbar. Es gab Gerüchte, Terboven habe vor, weitreichende Veränderungen in der Verwaltung des Landes vorzunehmen. Hamsuns Freundschaft mit Harris Aall brachte es mit sich, daß er in bezug auf solche Gerüchte stets bestens auf dem laufenden war. Quisling reiste inzwischen wieder zu Hitler nach Deutschland. Hier wurde ihm versichert, daß er, wenn die rechte Zeit dazu gekommen sei, eine Regierung in Norwegen werde bilden dürfen. Trotz der Tatsache, daß er im April nur fünf Tage an der Macht war und dann von den Deutschen fallengelassen wurde, kehrte er von seinem Treffen mit Hitler mit neuen Hoffnungen zurück. Kurz danach, am 25. September, erließ Terboven eine Direktive zur Auflösung des seit Mitte April existierenden Verwaltungsrates, und ernannte an seiner Stelle einen Rat von dreizehn Bezirksverwaltungschefs. Quisling war nicht unter ihnen, aber seine Partei, die NS, blieb die einzige erlaubte politische Partei des Landes. Die Direktive verkündete ausdrücklich, daß von nun an die NS »der einzig mögliche Weg des norwegischen Volkes zur Freiheit und Unabhängigkeit« sei. Ob in der Regierung oder nicht, als Führer der NS war Quisling nun in einer Position von erheblicher Macht. Hamsun, der ihn sechs Jahre lang öffentlich hochgelobt hatte, begegnete ihm in diesem Herbst zum ersten und einzigen Mal und war enttäuscht. Der ganze Beitrag, den Quisling zu ihrer Unterhaltung leistete, bestand darin, zweimal »ja« zu sagen. Dennoch hielt Hamsun an der Illusion fest, daß das Norwegens charismatischer Führer sei, sein Cäsar, sein großer Terrorist. Diese Vorstellung hatte für ihn mehr Bedeutung als die politischen Grundsätze der NS, die ihn wenig interessierten. Achtundvierzig Stunden nach Terbovens Direktive, mit der Quislings Stern wieder zu steigen begann, und mehr als einen Monat nachdem er seinen Artikel geschrieben hatte, saß Hamsun wieder mit »Einem Paulinischen Wort« in der Tasche im Zug nach Oslo. Dort ging er schnurstracks zum Büro der Parteizeitung *Fritt*

Folk, und am nächsten Tag erschien der Artikel mit seinem energischen Einsatz für Quisling.[9] Zweifellos trachtete er in dieser sich verändernden Situation danach, für sich selbst auch eine gewisse Machtposition zu beanspruchen. Weder er noch Quisling konnten damals schon erkannt haben, daß Terboven beschlossen hatte, Quisling etwa soviel Macht in Norwegen zuzugestehen, wie in der Schule der Schülervertreter im Verhältnis zum Direktor besitzt.

Im Herbst durchsuchten die Nazis die Büroräume des Verlages Gyldendal und beschlagnahmten Bücher. Zu denen, die sie verboten hatten, gehörte auch Thomas Manns *Buddenbrooks*, jenes Buch, das als erstes auf der Liste der sechs bedeutendsten Bücher aufgeführt war, die Hamsun 1934 an die *New York Times* geschickt hatte.[10] Eine noch umfassendere Liste verbotener Bücher wurde im Herbst 1941 nach der Verhaftung und Inhaftierung von Harald Grieg aufgestellt. Wiederum stammten viele davon von Autoren, die Hamsun bewunderte und die ihrerseits ihn bewunderten. Hamsuns persönliche Isolation und die Informationsbeschränkungen, die die Besatzung mit sich brachte, muß man wohl für die alarmierenden Lücken in seinem Wissen um die politische Realität verantwortlich machen. Nach dem Krieg stellte sich heraus, er hatte keine Ahnung davon, daß die Nazis Bücher verboten hatten. »Sie veröffentlichten alle möglichen Bücher«, protestierte er bei der psychiatrischen Untersuchung.

Im Januar 1941 begab sich Hamsun in Begleitung seines Sohnes Tore zu Terboven in dessen Hauptquartier auf Gut Skaugum, das eigentlich die Residenz des norwegischen Kronprinzen Olaf war, um ihn um die Freilassung des Schriftstellers Ronald Fangen zu ersuchen. Fangen, ehemaliger Vorsitzender des Schriftstellerverbandes, war wegen antinazistischer Aktivitäten verhaftet und ins Gestapogefängnis in der Møllergate 19 gesteckt worden. Das war Hamsuns erste Begegnung mit dem Reichskommissar, und obgleich Terboven ihm zuhörte, holte er anschließend ein umfangreiches Dokument hervor, mit dem er begründete, warum er Fangen nicht freilassen könne. Knapp sechs Monate später, im Juni, wurde er dann doch entlassen, wozu Hamsuns Engagement im Januar sicherlich mit beigetragen hat. Wie bei allen solchen Fällen, in denen Gnadengesuche, Telegramme und Artikel mit im Spiel sind, ist es nahezu unmöglich, deren unmittelbaren Einfluß auf die Sache abzuschätzen und Ursache und Wirkung ins richtige Verhältnis zueinander zu bringen. Da Hamsun natürlich keine Belege besaß, hatte er es in seinem Prozeß ungeheuer schwer, seine Behauptungen zu belegen, während der Okkupationszeit Hunderte von Briefen und Telegrammen mit der Bitte um Freilassung von Verurteilten und Inhaftierten geschrieben zu haben.

Das einzige öffentlich wahrnehmbare Ergebnis dieser Begegnung auf Skaugum war ein weiterer Propagandacoup für die Deutschen. Unangekündigt fand sich ein Fotograf der von den Nazis kontrollierten *Aftenposten* ein und machte zwei Aufnahmen von der Begegnung, von denen das Blatt am nächsten Tag natürlich auch eines abdruckte. Auf diesem ist deutlich zu erkennen, daß Hamsun, der ja bekanntlich Reporter und Pressefotografen nicht leiden konnte, sich von der Kamera abzuwenden versuchte.[11] Ein geplanter Propagandafeldzug ganz anderen Ausmaßes hatte weniger Erfolg. Am Tag nach dem Treffen auf Skaugum konnten die Zeitungen berichten, daß Hamsun eingeladen worden war, mit Terboven in dessen Privatmaschine nach Deutschland zu fliegen. Die Einladung ging, wie sich herausstellte, ursprünglich auf Goebbels zurück, der schon seit langer Zeit ein Bewunderer Hamsuns war. Ein solcher Besuch, wäre er zustande gekommen, hätte den Deutschen ein großes Presseecho beschert. In den zehn Tagen, die sie auf günstiges Flugwetter warteten, hörte Hamsun jedoch von Berlin, daß man von ihm erwartete, für die Reise zu bezahlen, indem er den »großen Mann« spielte und sich durch das ganze Land schleppen ließ, und da stieg er noch im letzten Moment aus.[12]

Der Mißerfolg bei dem Versuch, Ronald Fangen freizubekommen, war eine unerwartete Enttäuschung für Hamsun und scheint der Anlaß dafür gewesen zu sein, daß er an Ter-

boven das Interesse verlor. So wie mit den meisten Gestalten des öffentlichen Lebens, denen Hamsun während des Krieges begegnete, kam es auch mit Terboven zu keinem einvernehmlichen persönlichen Verhältnis. Kurz nach dem Treffen schrieb wieder Gustav Smedal an Hamsun und bat ihn, sich an Terboven zu wenden und die Veröffentlichung eines Buches in Deutsch zu arrangieren, das er über die Ostgrönlandaffäre geschrieben hatte. Hamsun lehnte ab mit der Begründung, er wage es nicht, sie wären nicht direkt Freunde, und sein Name sei von Terbovens Liste gestrichen. Er hatte das Gefühl, ihn mit seiner Absage der Reise nach Deutschland verärgert zu haben.
Daß Hamsun bei Terboven nichts erreicht hatte, läßt einiges erkennen. Erstens hatte ihn seine Bereitschaft, dieser Ostgrönlandangelegenheit seinen Namen zu leihen, sehr früh in den Ruf gebracht, seine Zeit mit läppischen Dingen zu vergeuden, und das wiederum hatte sich auf die viel wichtigere Sache, Leben zu retten und Inhaftierte freizubekommen, negativ ausgewirkt. Zweitens trug ihm gerade seine ständige Verfügbarkeit ähnliche Probleme ein. Zu leicht, zu überschwenglich hatte er sich den Besetzern verschrieben. Die Deutschen wußten, daß er schon jahrelang in sie verliebt gewesen war. Anders als die Liebhaber in seiner fiktiven Welt unternahm er nicht den geringsten Versuch, das zu verheimlichen. Ganz im Gegenteil posaunte er diese Liebe bei jeder passenden und unpassenden Gelegenheit mit aller Leidenschaft hinaus und mußte erkennen, daß das auf das Objekt seiner Liebe genau die gleiche Wirkung ausübte, vor der sich seine literarischen Helden stets fürchteten – der Geliebte reagierte mit begeisterter Zurückhaltung. In bezug auf die Deutschen hielt Hamsun nichts in Reserve. Er hatte sich ihnen vollständig hingegeben, und sie hatten von ihm nichts weiter zu erhoffen außer weiteren Liebeserklärungen. Taktisch gesehen war das ein schwerwiegender Fehler, doch angesichts seiner leidenschaftlichen Überzeugung ist kaum vorstellbar, wie es anders hätte verlaufen können.

Wenn ihm aufgrund der Realitäten des Krieges allmählich die Illusionen schwanden, dann ließ er sich das in seinen Zeitungsartikeln jedenfalls nicht anmerken. Am 24. Januar gab er ein Rundfunkinterview, in dem er neben einigen interessanten Bemerkungen zu Kunst und Politik* wieder die Behauptung äußerte, Demokratie sei ein nicht zu kontrollierendes System. Verächtlich wies er Darstellungen zurück, die Okkupation sei ein Bruch der norwegischen Verfassung. »Als ob das Gesetz vor dem Leben rangierte! Nein, das Leben verändert das Gesetz.«[13]

Am 30. Januar druckte das Lokalblatt von Grimstad Hamsuns »Antwort auf zwei Fragen« ab, die es ihm in bezug auf das künftige Verhältnis zwischen Deutschland und Norwegen gestellt hatte. Hier legte Hamsun einen enormen Optimismus an den Tag und entwickelte eine haarsträubend banale rassische Begründung dafür:

> Die Voraussetzungen sind gegeben – es wird wahrscheinlich noch eine Weile dauern. Auf unserer Seite hätte sich alles sicher viel rascher entwickelt, wenn Bjørnson, unser großer Sprecher und Pangermanist, noch unter uns leben und wirken würde. Doch »es bricht ein neues Zeitalter an, die Zeit wird kommen«. Genauso wie unsere Länder früher einmal zusammengehörten, im Handel, in der Wissenschaft, in Verkehr und Lebensbedingungen, so wird wiederum eine reiche Kulturperiode erblühen, basierend auf einer germanischen Lebensanschauung hier in Norwegen und im ganzen Norden. Die Voraussetzungen sind gegeben. – Dies ist keine Prophetie, es ist »gesunde Weisheit und historische Intuition«. Es ist ein tiefes Bewußtsein des Bekannten und Unbekannten, das in der Verwandtschaft und im Blut wurzelt. Wir sind alle Germanen.[14]

---

* Er sagte, offensichtlich ohne die Ironie seiner Äußerung zu bemerken: »Ich glaube nicht, daß ein Künstler sich einer politischen Kunst hingeben sollte ... Kann politische Kunst überhaupt etwas erreichen? Macht? Nein, es ist besser, bescheiden seine Kunst auszuüben. Auf diese Weise hinterläßt der Künstler nach seinem Tod vielleicht ein großes Werk.« Demnach sah er seine Zeitungsartikel eindeutig nicht als politisch an.

Besonders bemerkenswert ist hier, daß er den Namen des einstigen »dikterkongen« beschwört, seines alten Idols, des ungeheuer selbstbewußten Bjørnstjerne Bjørnson, um seinen Worten Autorität zu verleihen. Das war eine seltsame Referenz angesichts der Tatsache, daß Bjørnson schon über dreißig Jahre tot war, und es legt den Gedanken nahe, daß Hamsun sich in der Rolle des Patriarchen äußerst unwohl fühlte. Die sonderbare Diskrepanz zwischen seinem Verständnis von Patriotismus und dem der überwiegenden Mehrheit seiner Landsleute muß ihm viele Male in seinem Leben zu denken gegeben haben. Daß er unrecht und alle anderen recht haben konnten, stand natürlich ganz außer Frage. Die Beschwörung des Namens Bjørnson in dieser ziemlich absurden Art und Weise läßt einen beinahe an einen kleinen Jungen denken, der sich plötzlich exponiert und alleingelassen fühlt und sich wünscht, sein Vater wäre bei ihm.*

Wie der Titel erkennen läßt, war die »Antwort auf zwei Fragen« ein Artikel, um den Hamsun gebeten worden war. Nach dem Krieg wies er darauf hin, daß er von den Zeitungen immerzu um Beiträge angegangen worden war, gab aber auch freiwillig zu, daß er das meiste, das seiner Feder entstammte, aus eigener Initiative geschrieben hatte. *Fritt Folk* war besonders aufdringlich gewesen und hatte ihn ständig um Stellungnahmen zum Kriegsgeschehen im In- wie im Ausland bedrängt. Mitunter reagierte er, mitunter nicht. Auf Verlangen schrieb er eine kurze Verurteilung von Rudolf Heß, nachdem er sich im Mai 1941 nach England abgesetzt hatte. Und in dem weitaus bereitwilliger geschriebenen Artikel »Wir haben die Richtung geändert und befinden uns nun auf dem Weg in eine neue Zeit und eine neue Welt« (in anderen Zeitungen unter dem Titel »Warum Knut Hamsun Mitglied der NS wurde« gebracht) bot er eine eindeutig

* Daß Hamsun sich des Namens und Ansehens Bjørnsons bedient hatte, blieb nicht unbemerkt. Von der Schriftstellerin und Journalistin Ella Anker erhielt er einen scharfen Protestbrief, der dann 1947 vor Gericht wieder auftauchte, um Hamsuns Behauptungen zu widerlegen, niemand hätte ihm gesagt, daß das, was er tat, falsch war.

illusionäre Darstellung des Lebens, wie er es sich unter den Nazis vorstellte:

> Wir werden in friedlichem Miteinander mit allen Völkern leben, mit ihnen zusammenarbeiten, Waren, Kunst und intellektuelle Ideen austauschen, eine gemeinsame Entwicklung schaffen, um in ein auf Hilfsbereitschaft basierendes System einzutreten – kurz gesagt, Nationalsozialismus.[15]

Alle Länder, alle Völker der Welt seien willkommen in dieser neuen Epoche – selbst die Russen, selbst die Engländer, selbst die Amerikaner. »So ungefähr«, schrieb er, »verstehe ich es.« Und zum Schluß hob er hervor: »Von so vielen ist so vieles über unsere Zukunft geschrieben worden. Doch vor allem hat mir Hitler ins Herz gesprochen.« Angesichts dessen tut man gut daran, sich einer Bemerkung zu erinnern, die er in dem früheren »Paulinischen Wort« über die Schmähbriefe, die er erhielt, gemacht hatte: »Ich habe sie nicht gelesen, nur nachgeschaut, worum es in ihnen geht.« Auch Hitler hatte er nicht gelesen.

Der andauernde Krieg wurde allmählich zu etwas Alltäglichem, und er verlor für Hamsun seinen Reiz. Die recht aufsehenerregende Natur seines eigenen Krieges verleiht diesem, wenn man die Geschichte seines Lebens in diesen Jahren erzählt, in gewissem Sinne eine ungerechtfertigte Bedeutung. Am 30. April schrieb er einen Brief an *Fritt Folk,* in dem er ausdrücklich darum bat, sich nicht mehr wegen Beiträgen an ihn zu wenden. Seine Gedanken waren jetzt mehr mit dem Tod und seiner Ehe beschäftigt. Im Februar 1940, zehn Wochen vor dem deutschen Einmarsch, hatte er in einem Brief an Harald Grieg geschrieben, daß er nun wirklich bald sehr alt sein und es ihm nicht allzuviel ausmachen würde, wenn er all die Ärgernisse des Lebens hinter sich lassen könnte. »Ich bin in guter Laune gewesen«, schrieb er, »aber nun beginnt sie zu versiegen.«[16]

Ein Teil seines Problems war Marie. Zu Hause fühlte er sich seit einiger Zeit alt und unerwünscht. Nie waren die zweiundzwanzig Jahre Altersunterschied zwischen ihm und seiner Frau deutlicher hervorgetreten als jetzt, da er über achtzig war. Mit jedem Monat wurde er tauber, schlapper und trauriger, während sie, mit Ende Fünfzig, immer noch eine attraktive Frau war, die auch noch fünfzehn Jahre jünger aussah, als sie wirklich war. Zweifellos empfand sie den Krieg als eine Art Befreiung, nachdem sie ein Leben lang nichts als Ehefrau des Künstlers und Mutter des tyrannischen Kindes in Hamsun sowie Mutter ihrer wirklichen vier Kinder gewesen war. Da Hamsun erst mit siebenundsiebzig Jahren aufhörte, Bücher zu schreiben, war Marie auch nie ganz frei von der Verantwortung, den Hof zu führen. So war über die Jahre in ihr eine Bitterkeit aufgestiegen, und auch die Psychoanalyse, der sie sich lange mit unterzog, konnte nicht zur Verbesserung ihrer Beziehung beitragen. Wie sie kurz darauf verbittert schrieb, waren Hamsun die Bücher seine einzige wirkliche Liebe, und die Verbitterung hat sie wohl auch empfänglich gemacht für jene seltsame Mischung idealistischer Träume und faschistischer Philosophien, die in den dreißiger Jahren in Europa rasch um sich griffen. Auch Hamsuns Lebensanschauung war zu einem solchen Mischmasch geworden. Doch Marie konnte und wollte nicht dauernd dem Standpunkt folgen, den Hamsun vertrat, und sich für eine Sache verzehren, es aber gleichzeitig vermeiden, sich ihr vollständig hinzugeben. Er führte sich auf wie ein Mitglied der Nasjonal Samling. Auf ihre Veranlassung schrieb er glühende Zeitungsartikel. Überall wurde er für ein Mitglied der Partei gehalten, doch was Mitgliedsausweis und -beitrag sowie den Besuch von Versammlungen und das Eintragen in Wählerlisten betrifft, hatte er sich stets herausgehalten. Marie jedoch war dabei. Sie war die Ortsgruppenleiterin von Eide und stürzte sich mit völliger Hingabe in das gesellschaftliche und politische Leben der Partei. Sie nutzte dieses Engagement, um aus der hermetischen Abgeschlossenheit, mit der Hamsun ihr Leben umgeben hatte, auszubrechen.

Nun war es an ihr, ausgiebig zu reisen. Vier Winter hintereinander, zwischen 1939 und 1943, war sie auf Tournee durch Deutschland, Dänemark und Österreich. Großen Zuhörerkreisen, bestehend aus Soldaten oder Frauen und älteren Männern, überbrachte sie Grüße von Knut Hamsun und Norwegen. Sie las aus Hamsuns Büchern und ihren eigenen Kinderbüchern, und bei ihrer Rückkehr nach Norwegen gab sie den Zeitungen Interviews, in denen sie schilderte, was für triumphale Fortschritte sie machte. Die Zeitungen brachten nun lange und überschwengliche Beiträge über sie, wenn sie auch stets sorgsam darauf achteten, irgendwie ihren Mann mit zu erwähnen. »Wie ihr Mann ist auch Frau Marie Hamsun von unschätzbarem Wert für die NS-Bewegung in Grimstad. Sie gehört dort zu den führenden Persönlichkeiten im Kampf für das neue Norwegen«, schrieb der Korrespondent der *Aftenposten* anläßlich ihres sechzigsten Geburtstages.

Das war *ihr* Krieg, und sie gab sich alle Mühe, Hamsun davon fernzuhalten. Da er so gut wie taub war, hörte er kein Radio, so daß er seine Informationen nur aus der Zeitung oder von Erzählungen Maries beziehen konnte. Die Belastung, ihn ständig über alles zu informieren, war ihr zu groß, und so hat sie ihn wohl absichtlich nicht richtig auf dem laufenden gehalten. Einmal war Sigrid Stray, die mit den beiden mit dem Küstenschiff nach Oslo fuhr, Zeuge eines Gesprächs zwischen ihnen. Marie entgegnete auf etwas, das Hamsun gesagt hatte, daß es in Afrika für die Deutschen schlecht stünde. »Aber sie haben doch Rommel dort!« protestierte er.[17] Das war lange, nachdem sich Rommel aus Nordafrika zurückgezogen hatte, aber Marie klärte ihn nicht auf.*

Ihr Respekt vor Hamsun war dahin. Sie hatte die gewaltige

---

* Wie es die Bekannten der Hamsuns fertigbrachten, zu übersehen, daß die beiden Nazis waren, ist einem Fremden rätselhaft. Vermutlich hat das etwas damit zu tun, daß die betreffenden Leute, wie Sigrid Stray und vor allem auch Harald Grieg, alle privilegierte Mitglieder der kleinen Oberschicht Norwegens waren. Auf der sozialen Leiter weiter unten bestand das Verhältnis zwischen patriotischen Norwegern und norwegischen und deutschen Nazis aus ungetrübtem Haß.

Macht durchbrochen, die er vom Beginn ihrer Ehe an mit aller erdenklichen Mühe aufgebaut hatte. Hamsun erkannte, was geschehen war, und das zerstörte auch einiges von seinem Stolz. Sogar einem Fremden wie Gustav Smedal gegenüber offenbarte er sich, als er schrieb: »Meine Frau ist ins Ausland gefahren. Was sie betrifft, so kann ich sie verstehen, wenn sie nicht schreit.« Sie hatten so schlechten Kontakt miteinander, daß er nicht einmal wußte, ob sie tatsächlich schon das Land verlassen hatte oder ob sie sich noch in Søstrene Larsens Hotel in Oslo aufhielt. Überhaupt neigte die ganze Familie dazu, ihn zu ignorieren und von manchen Dingen auszuschließen. 1940 zum Beispiel hatte Tore für den deutschen Markt ein Buch über ihn geschrieben, von dem er gar nichts wußte.[18]

In dem Bemühen, sich in dieser Situation zu behaupten, setzte er sich mit seiner Anwältin Sigrid Stray ihn Verbindung und bat sie, einen Vertrag aufzusetzen, nach dem die Führung des Hofes und die Verwaltung der Finanzen vorläufig in Maries Verantwortung übergehen sollten. Seine Gyldendal-Aktien sollten unter die Kinder und Marie aufgeteilt werden, und Marie sollte ein Drittel seines Einkommens aus den Tantiemen für seine Bücher bekommen. Besonders in den dreißiger Jahren war das ganz erheblich. Aus Deutschland zum Beispiel erhielt er monatlich einen Scheck, der dem durchschnittlichen Jahreseinkommen eines Norwegers entsprach.* Diese Regelung, die im Juni 1941 endgültig festgelegt wurde, war Hamsuns Art, die Familie auf die Probe zu stellen.

Sein Experiment zeitigte enttäuschende Ergebnisse. Marie war ihr neues Leben einfach zu wichtig, um es wieder aufzugeben. Daß sie Deutsch konnte, war in dieser Situation nicht der geringste ihrer Vorteile gegenüber ihrem Mann. Sie übernahm Nørholm. Der Hof lag in einer Biegung der südlichen Küstenstraße E 18. Sehr bald kamen deutsche Offiziere dahinter, daß sie dort willkommen waren, und so

---

* Allein 1936 wurden 210.000 Exemplare von *Segen der Erde* verkauft, 95.000 von *Victoria*, 68.000 von *Landstreicher* und 49.000 von *Pan*. (Quelle: Anni Carlsson, *Edda*, 1966, Seite 278)

kamen sie auch häufig. Die Abgeschiedenheit, die Hamsun sich dort so mühsam geschaffen hatte, war dahin. Soldaten kamen mit Büchern von ihm und ließen sie signieren. Marie nahm sie entgegen, verschwand mit ihnen, und brachte sie signiert zurück. Hamsun selbst ließ sich nicht blicken. »Ich mag nicht, daß die Deutschen auf den Hof kommen«, sagte er zu Sigrid Stray, »Marie bringt sie alle her.«[19] Eines Abends, an dem es auf Nørholm besonders hoch herging, hielt er einfach auf der Straße ein Auto an und fuhr davon. Im Frühjahr 1943 hatte er genug und beauftragte Sigrid Stray, seine Frau davon zu informieren, daß die 1941 zwischen ihnen getroffene Vereinbarung annulliert sei und er wieder Herr auf Nørholm wäre. Das geschah alles brieflich, denn das Paar schien damals überhaupt nicht miteinander zu reden. Frau Stray entwarf die formale Erklärung, und Hamsun fügte noch eine lange, ziemlich pathetische Passage hinzu, die er so schrieb, als wäre er Frau Stray, die ein Gespräch mit ihm wiedergibt:

> Hamsun hält es inzwischen für notwendig, die Frage erneut aufzuwerfen. Er sagt, die Situation zu Hause habe sich nicht gebessert, sondern sei immer schlimmer geworden. Er fühlt sich im Kleinen wie im Großen ausgeschlossen, den ganzen Tag spricht keiner mit ihm, er wird völlig ignoriert und hat das Gefühl, kein Zuhause zu haben. Diese Bedingungen wirken höchst aufreibend auf seinen Verstand, und sie lähmen seine Persönlichkeit. Er hat erwogen, von zu Hause wegzuziehen. Doch wie die Dinge hier liegen, ließe sich das nur schwer bewerkstelligen, die einzige Möglichkeit für ihn wäre, in Grimstad zu wohnen. Nur wenn er allein zu Hause ist, fühlt er sich jetzt wohl.[20]

Hamsuns andere entscheidende Waffe neben seinem Geld war sein Name. Trotz Maries atemberaubenden Propagandafeldzügen im In- und Ausland konnte deren Wirkung nicht mit der verglichen werden, die Hamsun mit seinen gelegentlichen Zeitungsartikeln erzielte. Sein längster Artikel während des Krieges erschien im Februar 1942, und zwar nur in Deutsch, unter der ironischen Überschrift »Verwirklichte Kameradschaft« in der Monatszeitschrift der Achsenmächte *Berlin-Rom-Tokio.* Er stellt einen breiten Angriff auf den Bolschewismus und die Perfidie Roosevelts und der Alliierten dar und enthält die unverhülltesten und bösesten Äußerungen von Hamsuns Antisemitismus. Roosevelt wird geschildert als »ein Jude in jüdischem Solde, der führende Geist in Amerikas Krieg für das Gold und die Judenmacht«, und der Artikel endet mit der Bemerkung: »Europa wünscht sich weder die Juden noch deren Gold, weder die Amerikaner noch deren Land.«[21]

Das Erscheinen des Artikels in Berlin fiel auf bittere Weise zusammen mit der konsequenten Verfolgung der norwegischen Juden. Im Februar 1942 war es Quisling von den Deutschen schließlich gestattet worden, eine Regierung zu bilden. Das war im Grunde ein Eingeständnis Hitlers, daß die Norweger freiwillig nicht bereit waren, die deutsche Besatzung zu akzeptieren, und daß eine von norwegischen Nazis unternommene Kampagne ideologischer Kriegführung die einzige Hoffnung war, die Situation zu ändern. Terboven behielt weiterhin die Macht im Lande, und er behandelte Quisling weiterhin, wie er es die ganze Zeit schon getan hatte – wie einen Schuljungen. Die Verfolgung der Juden jedoch, die bis dahin kein wesentlicher Punkt der Besatzung war, überließ er gerne ihm. Sechs Wochen nach seiner Ernennung zum Ministerpräsidenten hob Quisling den aus dem Jahr 1851 stammenden Zusatz zum Artikel 2 der norwegischen Verfassung auf, so daß die Anwesenheit der Juden in Norwegen mit einem Schlag wieder illegal war. Noch beschleunigt wurde der Prozeß durch ein Gesetz vom 24. Oktober, das die Behörden ermächtigte, Personen zu verhaften, »von denen anzunehmen war, daß sie verräterische Handlungen begingen«. Zwei Tage später wurden alle männlichen Juden, die älter waren als fünfzehn, festgenommen. Am 11. November wurde das erste Verzeichnis konfiszierten jüdischen Besitzes veröffentlicht, und zwei Wochen später wurden alle Juden, ungeachtet ihres Alters und Geschlechts, zusammengetrieben und nach Deutschland deportiert. 762 waren es insgesamt, zweiundvierzig Prozent der jüdischen Bevölkerung Norwegens. Dreiundzwanzig von ihnen kehrten lebend zurück.

Am 6. April erlitt Hamsun einen Schlaganfall, als er beim Frühstück saß. Er stürzte zu Boden und riß die Tischdecke und alles, was darauf stand, mit sich. Nach zwei Tagen war er wieder auf den Beinen, zog sich aber eine Lungenentzündung zu und wurde am 21. April nach Grimstad ins Krankenhaus gebracht. Dort blieb er eine Woche. Ein Brief vom 22. April an Tore läßt erkennen, daß seine Schreibfähigkeit beeinträchtigt war. Verschiedene Wörter und Silben waren umgekehrt und wiederholt.[22] Auch sein Sprechen war beeinträchtigt, und gewisse einfache Dinge, wie das Zuknöpfen von Knöpfen, fielen ihm einige Zeit schwer. Er erholte sich wieder, doch die Schwierigkeiten beim Schreiben blieben. Noch über ein Jahr später mußte er Briefe bisweilen dreimal neu schreiben, bevor alle Spuren dieser Behinderung beseitigt waren.[23] Für den Rest des Jahres verhinderte das auch weitere Zeitungsartikel. Ende Oktober brachte er es allerdings fertig, eine kurze Einführung zu Gustav Smedals Buch über Ostgrönland zu schreiben.

Unterdessen hatte er sich immer noch mit einer unerwarteten und lästigen Nebenwirkung herumzuschlagen, die aus seiner Sonderstellung im Lande während der Besatzungszeit resultierte. Mit der Zeit stellte er fest, daß er eine seltsam schizophrene Version der Rolle des Patriarchen spielte. Auf der einen Seite war er der ideologische Diktator, der gerne sah, wie das System, an das er glaubte, den Leuten mit Gewalt aufgezwungen wurde, andererseits war er der Mitfühlende, der versuchte, ebendiesen Leuten zu helfen, wenn sie Opfer jener Gewalt wurden. Er erhielt zahlreiche Bitten um Hilfe und reagierte nicht nur auf die von einflußreichen norwegischen Familien, sondern auch auf die von gewöhnlichen Leuten. Er schrieb und telegraphierte an Hitler, Goebbels, Terboven und an den verhaßten Chef der norwegischen Polizei, Jonas Lie, den Enkel des gleichnamigen Schriftstellers.[24] Wie bei jener ersten Gelegenheit, da er Terboven besucht hatte, um für Ronald Fangens Freilassung zu bitten, schien es ihm selten möglich, etwas zu erreichen. Das war eine betrübliche und verwirrende Erfahrung für ihn. Zum erstenmal in seinem Leben befand er sich in einer Situation, die entschiedenes moralisches Engagement verlangte, und er wurde nicht mit ihr fertig. Vor langer Zeit hatte er auf eine konventionelle Moral verzichtet und sich auf sein Gefühl verlassen. Öffentlich war er der Wikinger, der Tartar, der Barbar, die Rothaut; privat der Besorgte und Mitfühlende. Das war ein Widerspruch, den er genossen hatte.

Nun deckten die brutalen Vereinfachungen, die ein Krieg mit sich bringt, sein Doppelspiel auf. Er verlor die Kontrolle über die Widersprüche und mußte sich für die Freilassung von zwei seiner engsten Freunde einsetzen, Harald Grieg und Sigrid Stray, die von den Deutschen verhaftet worden waren. Einer der zahlreichen Juden, denen während der Verfolgungen zur Flucht nach Norwegen verholfen worden war, war Max Tau, ein Verlagsberater aus Berlin, der sich besonders für norwegische Literatur interessierte. Im Herbst 1941 kam er zu Hamsun und bat ihn, sich für das Leben von fünf verurteilten Mitgliedern der Widerstandsbewegung einzusetzen, und Hamsun gab ihm die Erlaubnis, sich in einem Telegramm an Hitler seines Namens zu bedienen.[25] Häufig waren ihm die Bittsteller vollkommen fremd. Allein Hamsun wußte, daß er nicht der »Wunderdoktor« war, für den die Leute ihn hielten. Trotz all seiner Bemühungen ist es ihm wohl nur einmal gelungen, Leben zu retten. Dies war das Resultat seines Artikels »Schon wieder!«, der am 13. Februar 1943 erschien.[26] Wie gewöhnlich schrieb er mit vernichtendem Sarkasmus darüber, daß diese dreizehn Verurteilten sich darauf eingelassen hatten, gegen Deutschland zu kämpfen, und über die verbohrte Sinnlosigkeit ihres Vertrauens darauf, daß schließlich die Engländer kommen und das Land retten würden. Dieser Artikel war einer von denen, an die sich die Norweger mit größter Bitterkeit erinnerten; er wurde als Tritt in den Hintern auf dem Weg zur Richtstätte empfunden. Er schloß jedoch mit einem direkten Eingeständnis, wie bedrückend es war, von Freunden und Angehörigen der Verurteilten Briefe mit der Bitte um Hilfe zu bekommen. Alle dreizehn wurden begnadigt, was nach den Worten ihres Verteidigers, J. C. Mellbye, unmittelbar auf Hamsuns Artikel zurückzuführen war.

Ellinor Hamsun litt seit ihrem Autounfall ständig an starken Schmerzen und war nach dem Scheitern ihrer Ehe mit Richard Schneider-Edenkuben zur Alkoholikerin geworden. Auf einer ihrer Deutschlandreisen brachte Marie sie in ein Sanatorium nach München-Gladbach (jetzt Mönchengladbach), das jedoch bei Bombenangriffen im Winter 1942/43 in Schutt und Asche gelegt wurde. Marie gelang es, sie in einem Heim in Baden-Baden unterzubringen.[27] Aber Ellinors Zustand besserte sich nicht, und so reiste Marie im Januar 1943 wiederum nach Deutschland, und zwar mit der festen Absicht, das Problem ein für allemal zu lösen. Die Hamsuns beschlossen, Ellinor wieder zu sich nach Hause, nach Nørholm, zu holen. Am 17. Mai, an dem *Fritt Folk* Hamsuns Gruß an die NS zum norwegischen Nationalfeiertag veröffentlichte – »Ich finde, jetzt geht es vorwärts, die U-Boote arbeiten ja Tag und Nacht.« –, flogen Knut und Marie nach Berlin, um Ellinor zu sehen und um der Einladung Goebbels nachzukommen, die ja schon zwei Jahre vorlag und damals, 1941, von Hamsun ausgeschlagen worden war.

Am 19. Mai begaben sie sich in die Hermann-Göring-Straße, in das Gebäude direkt neben der amerikanischen Botschaft. Dort, in seinem offiziellen Wohnsitz, wurden sie von Joseph Goebbels empfangen. Dessen Tagebucheintragung für diesen Tag beginnt mit seinen Reaktionen auf die Bombardierung von Staudämmen durch die Alliierten, geht weiter mit dem Ausdruck seines Mitgefühls für die Italiener für all den psychologischen Druck, dem sie aufgrund der englischen und amerikanischen Erfolge in Tunesien ausgesetzt sind, kommentiert einen Hollywood-Film über die Sowjetunion, *Mission to Moscow*, der »die Sowjetfreundschaft so penetrant unter Beweis (stellt), daß selbst die amerikanische Öffentlichkeit dagegen Protest erhebt«, und bedauert die psychologische Wirkung der Reduzierung der Fleischration um hundert Gramm. Dann spricht er von dem »außerordentlich positiven Aufruf« Hamsuns in *Fritt Folk* und schildert schließlich den Besuch:

> Ich bin von diesem Besuch tief ergriffen. Als Hamsun mich zum ersten Mal sieht, treten ihm die Tränen in die Augen, und er muß sich abwenden, um seine Rührung zu verbergen. Ich sehe vor mir einen 84jährigen Greis mit einem prachtvollen Kopf. Die Altersweisheit steht ihm im Gesicht geschrieben. Die Unterhaltung mit ihm ist zwar außerordentlich mühsam, da er wegen vollkommener Taubheit kein Wort versteht und seine Frau ihm das, was ich sage, ins Norwegische übersetzt ins Ohr schreien muß. Trotzdem bin ich von dem Besuch Hamsuns geradezu erschüttert. Er stellt für mich das Idealbild eines großen Epikers dar, und wir können uns glücklich schätzen, seine Zeitgenossen zu sein. Das, was er sagt, hat Hand und Fuß. Er spricht nur wenige Sätze, aber aus ihnen strahlt die Erfahrung des Alters und eines reichen, bewegten, kämpferischen Lebens. Sein Glaube an den deutschen Sieg ist gänzlich unerschütterlich. Er ist von Jugend auf der schärfste Feind der Engländer, für die er nur Verachtung hegt. Er hat lange Zeit in den Vereinigten Staaten gelebt und bezeichnet das Volk der USA als gänzlich kulturlos. Er macht augenblicklich im Reichsgebiet einen Besuch, um sich etwas um seine Tochter Ellinor zu bekümmern, die leicht unter die Räder geraten ist. Ich stelle ihm für seine Familienmission meine ganze Hilfe zur Verfügung. Ich bin sehr glücklich darüber, den großen Dichter an seinem hohen Lebensabend noch persönlich kennen gelernt zu haben. Er ist von einer rührenden Bescheidenheit, die sich paart mit dem Glanz einer großartigen Persönlichkeit. Immer wieder muß ich diese hohe Stirn betrachten, hinter der einmal die Figuren der Viktoria, des Leutnants Glahn, des August Weltumsegler und all die vielen anderen entstanden sind, die mir von frühester Jugend an Begleiter durch das Leben waren. Hamsun ist

ein Dichter, der bereits jenseits von Gut und Böse steht. Er schildert die Menschen nicht, wie sie sein sollen; er sieht sie weder durch die Brille des Optimismus noch durch die Brille des Pessimismus, sondern lediglich durch die Brille einer bestechenden sachlichen Objektivität. Er wird zweifellos später einmal in die Reihe der großen Weltepiker gestellt werden. Daß die skandinavischen Länder ihn heute wegen seiner Deutschfreundlichkeit nicht mehr auflegen und drucken, ist eine Schmach für Schweden, Dänemark und insbesondere für sein Heimatland Norwegen. Ich beauftrage gleich meine Dienststellen, wenigstens in Deutschland eine Neuauflage von hunderttausend Exemplaren herauszubringen. Hamsun wehrt das in aller Bescheidenheit ab. Er meint, er stände so nahe am Grabe, es sei so wenig Papier da, und er werde so viel gedruckt, daß er nicht wüßte, woher er diese Ehre verdiente. Man sieht auch an dieser großen Persönlichkeit wieder, daß wirkliche Genialität sich immer mit einer fast rührenden menschlichen Bescheidenheit paart. Als Hamsun mit seiner Frau nach zwei Stunden weggeht, habe ich das Empfinden, eine der wertvollsten Begegnungen meines Lebens erlebt zu haben. Ich wünsche mir, den Dichter noch recht oft bei mir zu sehen.
Auch Magda ist von dem Besuch tief beeindruckt, zumal da Hamsun immer einer der Lieblingsdichter unserer ganzen Familie war. Jetzt kann ich mir wenigstens, wenn ich seine Bücher lese, ein unmittelbares Bild vom Autor selbst machen. Möge das Schicksal dem großen Dichter wenigstens vergönnen, daß er noch den Tag unseres Sieges erlebt! Wenn einer das durch sein hochgemutes Eintreten für unsere Sache auch unter den schwierigsten Umständen verdient hat, dann ist er das.[28]

Hamsun war von diesem Besuch gleichermaßen bewegt. Nach dem Krieg schilderte er Dr. Goebbels als einen vornehmen Menschen, eine Persönlichkeit mit sechs bemerkenswert hübschen Kindern. Ihr Anblick, sie waren zu sei-

ner Begrüßung alle in einer Reihe aufgestellt, erinnerte ihn, wie er hinterher schrieb, an »Orgelpfeifen«.[29]
Als Hamsun von seiner Reise wieder nach Norwegen zurückgekehrt war, überlegte er, wie er sich bei Goebbels dafür bedanken konnte, daß er ihn empfangen hatte. Lange grübelte er darüber nach, was wohl das geeignetste Geschenk dafür sein könnte, und schließlich kam ihm die Idee, dem Doktor die Medaille zu schicken, die ihm 1920 zusammen mit dem Nobelpreis überreicht worden war. Zusammen mit einer kurzen Erklärung schickte er sie ihm am 17. Juni:

> Herrn Reichsminister Dr. Goebbels. Ich möchte Sie bitten, meinen tiefsten Dank für all Ihre Freundlichkeit entgegenzunehmen, die Sie mir bei meiner jüngsten Reise nach Deutschland erwiesen haben. Ich kann Ihnen nicht genügend danken. Nobel stiftete seinen Preis als Belohnung für die »idealistischste« Schrift des letzten Jahres. Ich kenne niemanden, Herr Minister, der sich auf so idealistische und unermüdliche Weise jahrein, jahraus schriftlich und mündlich für Europa und die Menschheit eingesetzt hat wie Sie.
> Verzeihen Sie mir, daß ich Ihnen meine Medaille schicke. Sie ist ziemlich nutzlos für Sie, aber ich habe nichts anderes, das ich schicken könnte.

Auf den ersten Blick scheint das ein seltsames Geschenk zu sein, aber Hamsun wußte vermutlich, was er tat. Goebbels hatte selbst einmal die Hoffnung gehegt, Schriftsteller zu werden, doch da nichts daraus wurde, war er in die Politik gegangen. Wie die Schilderung seiner Begegnung mit Hamsun erkennen läßt, empfand er jene nicht ungewöhnliche Ehrfurcht, die manche Leute für Künstler hegen, und am 23. Juni bedankte er sich bei Hamsun in einem herzlichen Brief für das Geschenk:

> Daß Sie mich durch die Übersendung der schwedischen Nobelpreismedaille, der höchsten Auszeichnung für Ihre Dichtkunst, ehren, kann mich nur beschämen.
> Ich würde diese Ehrenbezeichnung nicht entgegenneh-

men können, wenn ich glaubte, sie sei nur meiner eigenen öffentlichen Tätigkeit zugedacht. Ich betrachte sie eher als Ausdruck Ihrer Verbundenheit mit unserem Kampf um ein neues Europa und eine glückliche Gesellschaft.[30]

Genaugenommen erhielt Hamsun den Brief erst, als er, fünf ereignisreiche Tage nachdem Goebbels ihn geschrieben hatte, wieder nach Norwegen zurückgekehrt war. Am 23. Juni nämlich saß er wieder im Flugzeug, diesmal nach Wien, wohin er zur Teilnahme als Ehrengast an dem von Goebbels organisierten ersten Vollkongreß der internationalen Presse eingeladen worden war. Vertreter von Deutschland, Italien und Spanien sowie von Ungarn, Rumänien, Bulgarien, Kroatien, der Slowakei und anderen besetzten Ländern wurden erwartet. Mit Hamsun reisten Hermann Harris Aall, immer noch sein Freund und Mentor sowie Archivar und Statistiker seiner Anglophobie, und ein Mann namens Egil Holmboe, der als Dolmetscher fungieren sollte. Das Flugzeug landete zu einem kurzen Zwischenaufenthalt in Berlin, und eine Dreiviertelstunde bevor sie nach Wien weiterflogen, setzte er sich im Hotel Adlon hin und schrieb seiner Tochter Victoria einen kurzen Trostbrief. Sie hatte ihm mitgeteilt, daß seine erste Frau, Bergljot, ihre Mutter, am 10. Juni gestorben war. »Wir paßten nicht zusammen«, schrieb er, »aber wie auch immer, wir haben ein paar schöne Jahre miteinander verbracht.« Weiter hieß es in einem Brief: »Ich reise zu einem Kongreß nach Wien. Man hat mich unbedingt haben wollen. Ich vertrete Norwegen mit meinem Namen, aber ich wäre lieber zu Hause geblieben. Ich glaube auch, daß es für Dich nicht einfach ist, solange der Krieg andauert. Wir hoffen alle, daß es bald besser wird.«* Er gab den Brief auf, stieg ins Flugzeug, und kurz vor 17.30 Uhr betra-

* Nach der Konferenz erwartete ihn noch ein anderer Schatten der Vergangenheit – Bergljots Tochter Vesla aus der Ehe mit Eduard Goepfert, Victorias Halbschwester. Hamsun hatte sie seit den 1890er Jahren nicht mehr gesehen. Mit ihren beiden erwachsenen Töchtern suchte sie Hamsun in seinem Hotel auf und schenkte ihm Bücher und Fotos. Sie war selbst Schriftstellerin geworden.

ten sie unter dem stürmischen Beifall der dort versammelten Journalisten und Würdenträger den Kongreßsaal der Wiener Hofburg. Bei ihm waren Dr. Brauweiler vom Propagandaministerium, Abteilungsleiter Moser vom Reichskommissariat in Oslo, Egil Holmboe und der Chefredakteur vom *Fritt Folk.* Während er zu seinem Ehrenplatz in der ersten Reihe geführt wurde, hielt die Ovation an. Ein paar Minuten später erhob er sich wieder und hielt eine kurze, bescheidene und seltsam ambivalente Ansprache:

> Sie müssen verzeihen, daß ich es gewagt habe, mich hier zu zeigen. Ich bin müde vom Schreiben und zu alt zum Sprechen. Hier sitzen nun Repräsentanten aller europäischen Länder, und ich bitte Sie nur, einen Gruß von einem Dichter aus dem hohen Norden entgegenzunehmen. Er schrieb Bücher, bevor er alt wurde. Jetzt kann er nur mit dem Wohlwollen der Leute rechnen. Er ist *zu* alt.[31]

So furchtlos widersprüchlich wie immer sprach Hamsun, der der deutschen Sprache nicht mächtig war, englisch.[32] Sein eigentlicher Beitrag wurde von Arnt Rishovd, dem Redakteur vom *Fritt Folk,* vorgelesen, und zwar auf deutsch. Die Ironie wurde noch durch die Tatsache verstärkt, daß sich dieser Vortrag als die heftigste und antienglischste Tirade erwies, die Hamsun je geschrieben hat. Goebbels hatte die Konferenz mit dem Ziel organisiert, für Deutschland und Italien, als die Opfer der britischen und amerikanischen »Terror«-Bombenangriffe, Mitgefühl zu mobilisieren. »Rettet die europäische Kultur, die von angelsächsischen Barbaren und Bolschewiken bedroht ist«, lautete die Losung der Konferenz. Hamsun enttäuschte ihn nicht. Als »Norweger, als Mensch und als Deutscher« bezeugte er vor den fünfhundert Versammelten:

> Ich bin tief und innerlich antiangloman, antibritisch, und ich kann mich nicht erinnern, je anders gewesen zu sein. Ich gebe dies nicht als mein Verdienst aus, sondern als meinen Standpunkt. Ich habe bereits in jungen Jahren

> mein Heimatland verlassen, und ich bin fremden Leuten begegnet, auch Engländern. Ein bißchen las ich ja, ein bißchen beobachtete ich, und ein bißchen versuchte ich über das, was ich sah, nachzudenken. Es wirkte so sonderbar unbekannt auf mich, wenn einige die Engländer anderen Nationalitäten vorzogen, doch das war nicht etwa selten der Fall, ganz im Gegenteil war das häufig die Regel, besonders unter Seeleuten. Ich konnte diese Haltung nicht verstehen. Ich für meinen Teil bin nie weniger liebenswerten Leuten begegnet als den Engländern, so egozentrisch, so arrogant, so einzigartig.[33]

Er fuhr fort mit der Erklärung, daß seine Haltung das Ergebnis einer hundertjährigen Kampagne der Engländer von Verrat, Lügen, gebrochenen Versprechen, Aggression, Terror, Mord, heuchlerischer Religion, Unterdrückung und – ein beliebtes Thema – der Aktivitäten des britischen Secret Service war. Seit den Tagen Bismarcks widerstehe nur Deutschland diesem Feldzug. Dann ging er kurz auf die tragische Niederlage im Ersten Weltkrieg ein, bevor er den Faden der Anglophobie wiederaufnahm. In Hamsuns Augen besaß Hitler jegliches Recht auf den polnischen Korridor. England habe sich geweigert, vernünftig zu sein und dieses Recht anzuerkennen. Sie hätten einen Krieg provozieren wollen. Schließlich habe Hitler ihnen geben müssen, was sie wollten:

> Doch nun, England hat also den Krieg gewollt, und Hitler zog das Schwert. Er war ein Kreuzfahrer und Reformator, er wollte eine neue Zeit schaffen und für alle Länder ein neues Leben, eine dauerhafte Einigkeit zwischen den Völkern zum Besten jedes Landes.

Sich zu höchster Leidenschaft emporschwingend, schlug Hamsuns Rhetorik gegen Ende seiner Rede Akkorde an, die schauerlich mit den Worten und Wendungen übereinstimmten, deren er sich 1914 in seinen Zeitungsartikeln zur Unterstützung Deutschlands bedient hatte, und an den leidenschaftlichen Haß der Prophezeiung in seinem Roman *Die letzte Freude* von 1912 erinnern, England müsse »zu Tode gezüchtigt« werden:

> Dies ist mein Glaube und mein Zeugnis: England muß in die Knie gezwungen werden. Über die Yankees und die Bolschewiken zu siegen ist nicht genug. England muß bezwungen werden, oder es wird nie Frieden geben in der Welt. Das habe ich nicht in den Sternen gesehen, es ist eine Einstellung, die auf dem basiert, was ich gesehen habe von Englands Reisen – und seinem Benehmen – in aller Welt. Selbst mein eigenes, kleines, verborgenes Land hat von Generation zu Generation englische Macht zu spüren bekommen, den englischen Mißbrauch der Macht, bis zur Daumenschraube, die unserem Handel angelegt wurde, und der Terrorisierung unserer Schiffahrt, selbst bis zum Secret Service in unseren eigenen Zimmern. Es gibt nichts, das wir nicht erfahren haben.
> Nein, ich habe nichts in den Sternen gesehen, aber im Laufe meines langen Lebens habe ich, glaube ich, gesehen, daß alle Kümmernisse in dieser Welt, das Elend, die Ausbeutung, die gebrochenen Versprechen, die Gewalt und die internationalen Konflikte ihren Ursprung in England haben. Selbst diesen Krieg mit seinem weltweiten Elend haben wir England zu verdanken. England ist die Ursache. England in die Knie!

Die Markigkeit der letzten Zeile läßt erkennen, daß Hamsun seine Rede mit dem Blick auf die Berichterstattung in der Presse geschrieben hat – und richtig, »England in die Knie!« lauteten am nächsten Tag die Schlagzeilen in den Zeitungen der Achsenländer. Auch in anderer Hinsicht demonstrierte er seine literarische Methode: Als er auf die deutsche Niederlage im Ersten Weltkrieg zu sprechen kam, schrieb er sie einer »allmählichen Infiltration mit fremden Elementen« zu, »die den germanischen Geist des Volkes infizierten und schwächten«. Diese typisch Hamsunsche Auslegung erinnert an Hamsuns Artikel »Ein Wort an uns«

von 1940, in dem er auf Carl Hambro anspielt als jemanden, dem »eine norwegische Seele« fehle, und es dem Zuhörer überläßt, selbst den letzten belastenden Schritt zu dem Wort »Jude« zu gehen. Insofern stellen diese beiden Anspielungen den absoluten Tiefpunkt von Hamsuns Prostitution seines literarischen Talents dar.

Neben der Berichterstattung in der Presse der Achse fand die Rede am 28. Juni auch Eingang in *The Times* in London. Der Bericht dort war um einiges länger als die dreizeilige Notiz, mit der die Zeitung über die weitaus dramatischere Begegnung zwischen Hamsun und Hitler drei Tage später berichtete.

Als Hamsun nach Wien flog, wußte er noch nicht, daß er auch Hitler treffen würde. Die Idee dazu stammte vermutlich von Hitlers Pressesekretär, Dr. Otto Dietrich, der auf dem Kongreß in Wien war, und Baldur von Schirach, dem Gauleiter von Wien, den Hitler sich zum Nachfolger heranzog. Nach dem Eröffnungstag gaben von Schirach und Dietrich für die Kongreßgäste einen Empfang. Von Schirach war am 24. Juni gerade erst von einem Besuch bei Hitler in dessen Zufluchtsort im Gebirge, dem Berghof, nach Wien zurückgekommen. Christa Schröder, Hitlers Privatsekretärin, schrieb in ihren Erinnerungen an diese Zeit, von Schirach habe während eines Essens vorgeschlagen, Hitler würde eine Begegnung mit Hamsun vielleicht ganz sympathisch finden.[34] Hitler war allem Anschein nach zuerst gegen diese Idee, ließ sich dann aber überreden. Literatur zählte nicht gerade zu seinen Interessen, und vermutlich war er auch mit Hamsuns Büchern nicht sonderlich vertraut. Dennoch wußte er die Einzelheiten von Hamsuns Kampf und Aufstieg zur Berühmtheit und spürte wohl eine Identifizierung mit ihm als Mann, der es aus eigener Kraft zu etwas gebracht hat.

Sobald die norwegische Gruppe, die mit Hamsun reiste, die Neuigkeit erfahren hatte und sich plötzlich und unerwartet den Weg zum Zentrum der Macht vor sich auftun sah, kam sie zusammen und entwickelte unter Hermann Harris Aall rasch eine Strategie für die Begegnung.[35] Der Hauptpunkt, den Hamsun und Holmboe ansprechen sollten, betraf Quisling und den Status der NS in Norwegen. Quisling und die NS glaubten, falls ihnen Zugang zu gewissen Staatsdokumenten gewährt würde, beweisen zu können, daß die Neutralität der Nygaardsvold-Regierung in Norwegen von 1940 nichts als ein Mythos war und der König wie die Regierung proenglisch eingestellt gewesen waren. Im Zuge seiner Aktion, Quisling nicht mehr als nur eine vorgeschobene Figur sein zu lassen, hatte Terboven ihm ständig den Zugang zu diesen Papieren verweigert. Die NS beklagte, daß er es damit für Quisling, Aall und die Partei insgesamt unmöglich machte, die englandfreundliche Haltung der Bevölkerung zu bekämpfen. Diesen Punkt sollten Hamsun und Holboe Hitler eindringlich vortragen, in der Hoffnung, er würde Terboven anweisen, die betreffenden Papiere herauszugeben. Ein weiteres Thema, das sie ansprechen sollten, betraf den Status der norwegischen Schifffahrt und die lähmende Wirkung auf die Industrie, die die erzwungene Beschränkung auf Flüsse und Binnenseen mit sich brachte.

Als guter Gefolgsmann war Holmboe entschlossen, Aalls Instruktionen zu befolgen. Hamsun jedoch war alles andere als ein guter Gefolgsmann. Trotz seines »Ja und Amen« zu den Instruktionen hatten weder Aall noch Holmboe das Gefühl – und das mit gutem Grund, wie sich zeigte –, sich darauf verlassen zu können, daß Hamsun sich an ihre Abmachungen hielt.

Am Sonntag morgen, dem 26. Juni, wurden die beiden Männer mit Hitlers Privatmaschine zum Obersalzberg geflogen. Während sie in einem Hotel darauf warteten, daß Hitler bereit war, sie auf dem Berghof zu empfangen, nahmen sie ein Frühstück ein. Als ihnen Erfrischungen angeboten wurden, bestellte Hamsun, vermutlich sehr zu Holmboes Bestürzung, ein großes Bierglas voll Kognak und trank es auch aus. Nach Holmboes Worten zeigte das keine sichtbare Wirkung. Kurz darauf traf die Limousine ein, die sie zum Berghof brachte. Beim Aussteigen aus dem Auto bemerkte

Holmboe die Scharfschützen auf dem Dach. Im Haus drinnen halfen ihnen SS-Wachen aus den Mänteln.
Hitler erwartete sie in der Empfangshalle. Er entsprach der Bitte, Holmboe bei dem Gespräch als Dolmetscher fungieren zu lassen, und der offizielle Dolmetscher, Ernst Züchner, zog sich weiter hinter in den Raum zurück und setzte sich an einen Tisch hinter einem schweren Vorhang, um sich Notizen von dem Gespräch zu machen. Zu ihm setzte sich noch ein deutscher Dolmetscher, Dr. Burger, und Hitlers Sekretärin, Christa Schroeder. Hamsun, Holmboe und Hitler nahmen an einem runden Tisch vor einem großen Kamin Platz, während sich Otto Dietrich und Botschafter Walter Hewel, Ribbentrops Verbindungsmann zu Hitler, an einen kleineren Tisch dicht daneben setzten. Zunächst wurden Höflichkeiten ausgetauscht. Hitler fragte Hamsun nach seinen Arbeitsmethoden und erzählte, daß er selbst vorwiegend abends schreibe. Hamsun mochte nicht über das Schreiben reden und versuchte, nachdem er dem Führer versichert hatte, daß er an ihn glaubte, direkt auf Aalls Angelegenheit zu kommen und sie Hitler zu unterbreiten. Im Lauf der Jahre war seine Stimme mit zunehmender Taubheit immer lauter geworden, und so war das folgende Gespräch von dem unsichtbaren Publikum von Stenographen und Hausangestellten deutlich zu vernehmen:*

Hitler: In Kriegszeiten ist ja leider keine überseeische Schiffahrt möglich.
Hamsun: Aber die Ansichten des Reichskommissars gelten auch für die Zukunft.
Hitler: Über die Zukunft kann man noch nichts Endgültiges sagen.
Hamsun: Aber gleichwohl hat man dies zu Norwegen, der drittgrößten Seefahrernation der Welt, gesagt. Der Reichskommissar hat auch auf andere Art

* Das hier wiedergegebene Protokoll basiert auf den separaten stenographischen Notizen des Gesprächs von Züchner und Burger sowie auf Interviews, die Holmboe 1978 gegeben hat. Die Bemerkungen in Klammern sind den Berichten Züchners und Burgers entnommen.

zu verstehen gegeben, daß es in Zukunft ein Norwegen nicht mehr geben wird.

Hitler: Aber Norwegen hat doch – im Gegensatz zu anderen besetzten Ländern – seine eigene Regierung bekommen.

Hamsun: Aber was in Norwegen geschieht, wird ausschließlich vom Reichskommissar bestimmt.

Holmboe, der spürte, daß sich Hamsuns undiplomatisches Vorgehen übel auf ihre vereinbarte Strategie auszuwirken drohte, steuerte das Gespräch auf den Hauptpunkt hin, den Aall vorzubringen gewünscht hatte, und unterbreitete Hitler die Schwierigkeiten, die die NS in Norwegen hatte. Die Mitglieder der Partei würden von den übrigen Norwegern als Landesverräter angesehen, sagte er, und das erschwere ihre Arbeit in hohem Maße. Die Popularität des Königs müsse zunichte gemacht werden, denn das norwegische Volk sei schon immer sehr königstreu gewesen. Kein anderes Volk sei so königstreu. Es sei darum außerordentlich wichtig, daß man dem Volk beweisen könne, wie sehr es betrogen wurde. Er drängte, eine Kommission einzurichten, die die Basis für eine Veränderung der öffentlichen Meinung sein könnte:

Hitler: (irritiert darüber, daß der Dolmetscher eine Diskussion auf eigene Faust mit ihm führt) Also einen Staatsgerichtshof. (es folgt ein längeres Gespräch über den Sinn einer Untersuchungskommission)

Hamsun: (kehrt zu seiner eigentlichen Absicht zurück, Terboven anzugreifen. Sehr bewegt) Die Methoden des Reichskommissars eignen sich nicht für uns. Seine »Preußerei« ist für uns unannehmbar, und dann die Hinrichtungen – wir ertragen das nicht mehr! (das letzte hat Holmboe nicht übersetzt)

Hitler: Die militärischen Besatzungsbehörden sind der Bevölkerung oft freundlicher gesonnen als die politischen, denen die Durchführung der militärischen Forderungen obliegt. Der Reichskommissar hat eine schwierige Aufgabe.

Dann ließ sich Hitler ausführlich darüber aus, welchen Schwierigkeiten sich Terboven ausgesetzt sehen könnte, wenn er ihm zum Beispiel befehlen würde, innerhalb von achtzehn Monaten eine Eisenbahn nach Narvik zu bauen oder eine Straße nach Nordnorwegen innerhalb von sechs Monaten. Ein weiteres Beispiel bezog sich auf die Ukraine. Der aufmerksam zuhörende Otto Dietrich erkannte die Taktik: Das war Hitler, er bediente sich eines seiner effektivsten Mittel, um andere Leute davon abzuhalten, Dinge vorzubringen, die er nicht hören wollte. Er übernahm die Führung des Gesprächs und behielt nahezu ununterbrochen das Wort, bis der Besuch beendet und es praktisch unmöglich war, ein Gegenargument vorzubringen, falls das dann überhaupt noch gewünscht wurde. Nur ein einziges Mal habe er erlebt, daß ein ausländischer Gast ihm das Spiel verdorben habe, schreibt Dietrich in seinen Memoiren: Das sei der norwegische Schriftsteller Knut Hamsun gewesen.[36] Vielleicht war es gerade zu dem Zeitpunkt, da Hitler über die Ukraine so richtig in Fahrt kam, daß Hamsun spürte, was vor sich ging, und das Gespräch wieder auf Terboven zurückführte. Ungeachtet Aalls Instruktionen war er entschlossen, Terboven in Mißkredit zu bringen:

Hamsun: (der eine Weile geschwiegen hat) Terboven will kein freies Norwegen, sondern ein Protektorat, das stellt er uns in Aussicht. Wird er jemals zurückgerufen werden?

Hitler: Der Reichskommissar ist ein Mann des Krieges, er ist ausschließlich wegen kriegspolitischer Aufgaben dort. Später wird er nach Essen zurückkehren, wo er Gauleiter ist.

Hamsun: Es ist nicht so, daß wir gegen die Besatzung sind, wir brauchen sie sicher noch lange. Aber dieser Mann zerstört bei uns mehr, als ein Hitler aufbauen kann. (nicht übersetzt)

Holmboe: (ruft Hamsun zu) Sprechen Sie doch nicht davon, wir haben doch das Versprechen des Führers.

Hitler: Wird der Schicksalskampf, den wir führen, nicht gewonnen, dann ist das unser aller Untergang.

Wieder versuchte Hitler, das Gespräch an sich zu reißen, und begann, seinem Gast einen Vortrag zu halten über neue und verbesserte Methoden der Waffenproduktion, die Aufstellung neuer Panzerdivisionen und damit verbundene militärische Themen. Wieder verlor Hamsun die Geduld und sprach dazwischen. Wie so oft war es nicht so sehr, *was* er sagte, sondern *wie* er es sagte, was Anstoß erregte. Holmboe formulierte es später folgendermaßen: »Er zeigte nicht die Freundlichkeit, die erforderlich ist, um etwas zu erreichen.«

Hamsun: Warum sollen wir uns so unsicher fühlen? Wie soll es bei uns weitergehen? Und in Schweden? Schweden gehört zur germanischen Volksgemeinschaft, zu Deutschland und uns. Wir wollen auch weiterhin mit Schweden zusammenstehen. Aber es entfernt sich immer mehr von uns.

Holmboe: (laut zu Hamsun) Was geht uns Schweden an! Wir haben die Sache Norwegens zu vertreten.

Hamsun: Schweden geht uns sehr viel an. Die Juden locken Schweden ständig weiter von uns weg. (nicht übersetzt)*

* Diese Bemerkung hat die Interpreten dieser Begegnung bis heute vor ein Rätsel gestellt. Mit ziemlicher Gewißheit stellt sie eine Anspielung auf den Stortingpräsidenten C. J. Hambro dar, der in den ersten Tagen nach dem Einmarsch nach Schweden geflohen war und in der ersten Zeit der Okkupation als Sprecher der Regierung auftrat. Legt man generell die ungeheuer personenbezogene Art von Hamsuns Ansichten zugrunde, dann ist es nicht unwahrscheinlich, daß Hamsun in diesem einen Mann, Hambro, die notwendige Legitimation für alle seine antisemitischen Bemerkungen fand. Als zwanzigjähriger Literaturkritiker beim *Morgenbladet* hatte Hambro 1906 Hamsuns Roman *Unter Herbststernen* auseinandergenommen und kategorisch erklärt: »Knut Hamsun ist tot!« Besonders

Hitler: Deutschland hätte keine norwegische Regierung einzusetzen brauchen. Daß dies geschah, zeigt doch unseren guten Willen.

Hamsun: Wir reden gegen eine Wand. (nicht übersetzt)

Hitler: All das ist trotzdem ohne Bedeutung angesichts unserer Opfer, was spielt es für eine Rolle? Die politischen Opfer, die die Bevölkerung der besetzten Länder bringen muß, wiegen nicht so schwer wie die schweren Lasten, die das deutsche Volk zu tragen hat, das zusätzlich zu allem anderen auch noch von großen Blutopfern betroffen ist.

Hamsun: Wir glauben an den Führer, aber sein Wille wird verfälscht. Das Vorgehen in Norwegen ist nicht richtig, es führt später zu einem neuen Krieg. (nur teilweise übersetzt)

An einem Punkt des Gesprächs soll Hitler, wie Christa Schroeder berichtet, gebrüllt haben: »Seien Sie still, davon verstehen Sie nichts!« Das stimmte vermutlich, obgleich er nicht gewußt haben konnte, wie wenig es für Hamsuns Bereitschaft, sich zu einer Sache zu äußern, von Belang war, darüber genau Bescheid zu wissen. An diesem Punkt beendete er das Gespräch abrupt, erhob sich murrend, zuckte mit den Achseln und ging hinaus auf die Terrasse. Hamsun und Holmboe blieb nur noch, ihre Hüte und Mäntel zu nehmen. Als sie gingen, bat Hitler Holmboe, Hamsun zu beruhigen, denn er schien ziemlich durcheinander zu sein. Botschafter Hewel äußerte die gleiche Bitte. Hamsun trug Holmboe auf: »Sagen Sie Adolf Hitler zum Schluß: ›Wir glauben an Sie‹«, worauf Hitler sie höflich, aber kühl verabschiedete.
Auf der Rückfahrt zum Flugplatz nahmen die beiden Norweger wieder vorn im Auto Platz und Martin Bormann und der deutsche Dolmetscher Züchner hinten. Hamsun wußte nicht, daß Züchner Norwegisch verstand, und sprach mit

---

schonungslose Rezensenten seiner Werke vergaß Hamsun nie, und er verzieh ihnen auch nicht. Im öffentlichen Leben und in der öffentlichen Auseinandersetzung kannte Hamsun keine Skrupel.

Holmboe ganz ungezwungen über die Begegnung. Er fragte Holmboe, ob es ihm wohl gelungen war, Hitler sein Anliegen verständlich zu machen, und ob Holmboe auch alles genau übersetzt habe, was er gesagt hatte. Holmboe beteuerte, das getan zu haben, und zwar »Wort für Wort«. Hamsun war nicht völlig überzeugt davon und protestierte dagegen, daß Holmboe das Gespräch in eine andere Richtung gelenkt hatte. Holmboe verteidigte sich damit, daß er sagte, es sei nicht nötig gewesen, daß Hamsun so beharrlich auf Terboven zurückkam, nachdem Hitler doch versichert hatte, daß der Reichskommissar nach dem Krieg zurückgerufen würde. Da geriet Hamsun außer sich vor Wut und schrie den Dolmetscher an, er sei ein Idiot und rede Blödsinn. Der Krieg werde noch sehr lange dauern, prophezeite er, und Terbovens Methoden seien nicht länger tragbar. »Dieser Mann ist unpassend für uns, er ist ungebildet«, erregte sich Hamsun. »Diese Dinge hätten gesagt werden sollen – schonungslos!« Holmboe wandte zaghaft ein, daß ein so hoher, direkt vom Führer eingesetzter Beamter nicht in dieser Form angegriffen werden könne, und der Beweis für Hitlers Wohlwollen sei ja die Tatsache, daß Norwegen eine eigene Regierung bekommen habe. Davon wollte Hamsun nichts hören. »Sie sind ja ein Advokat des gegnerischen Lagers!« schrie er ihn an. »Dänemark hat gleichfalls eine Regierung. Eine Regierung, ja.* Aber es nützt überhaupt nichts, wenn Quisling mit ihm spricht, Terboven bestimmt, was in Norwegen geschieht. Quisling«, fügte er verächtlich hinzu, »dieser ›Mann von wenigen Worten‹. Er kann ja überhaupt nicht reden!« Nach einer kurzen Pause murmelte er, wie zu sich selbst: »Wie soll das bloß enden?«
Nach dem Besuch war Hitler wütend. Dietrich schreibt: »Es verging eine Reihe von Tagen, bevor er die Begegnung ver-

* Dänemark wurde am 9. April 1940 besetzt, demselben Tag wie Norwegen. Ursprünglich hatte es keinen Widerstand gegeben, und bis zum 23. August 1943 hatten die Dänen auch ihre eigene Regierung unter Erik Scavenius. Hamsuns sarkastische Bemerkung läßt erkennen, daß es sich dabei in Wirklichkeit nur um eine Marionettenregierung gehandelt hatte. Das Entstehen eines organisierten Widerstandes führte dazu, daß die Deutschen im August 1943 die volle Macht in dem Land übernahmen.

daut hatte.« Seinen Mitarbeitern gab er strikte Anweisung, »solche Leute« nicht wieder sehen zu wollen. Eine für den folgenden Tag geplante zweite Begegnung Hamsuns mit Goebbels wurde ohne Erklärung abgesagt, und am 29. Juni flog Hamsun nach Norwegen zurück. Terboven, der Mann, den loszuwerden er sich so sehr bei Hitler eingesetzt hatte, war auf den Flughafen Fornebu gekommen, um ihn mit einem mit Naziflaggen geschmückten Auto abzuholen. Ein Foto, das bei dieser Gelegenheit aufgenommen wurde, zeigt, wie Terboven, in makelloser Uniform, Hamsun mit kühler Aufmerksamkeit durch seine Brille betrachtet. Vielleicht wußte er, was Hamsun vorgehabt hatte. Hamsun macht einen gedemütigten Eindruck. Das Haupt geneigt und den Hut in der Hand, steht er vor Terboven. Von seinem Standpunkt aus war die Begegnung ein Fiasko gewesen. Seine persönliche Hoffnung – Terboven aus dem Amt loszuwerden – hatte sich nicht erfüllt. Wie sich herausstellte, zeitigte aber Holmboes Beharrlichkeit im Vorbringen von Aalls Anliegen, eine Kommission einzusetzen, die untersuchen sollte, ob Norwegen vor dem Krieg tatsächlich neutral war, das gewünschte Ergebnis. Kurz darauf erhielt Terboven direkt von Hitler den Befehl, die Dokumente herauszugeben, zu denen Quisling so dringend Zugang erhalten wollte, und die Kommission zur Untersuchung der Neutralität wurde tatsächlich gebildet, mit Aall als Vorsitzendem.

Später versuchte Hamsun die Situation noch zu retten. Er schrieb an Dr. Dietrich und erklärte, er bedauere, Hitler aufgebracht zu haben. Er erklärte, nicht verstanden zu haben, daß Hitler bereitwillig bestätigt hatte, daß Norwegen nach dem Krieg tatsächlich die »hohe Stellung und große Zukunft im Deutschen Reich« erhalten würde, die Hamsun sich für sein Land erträumte. Andernfalls hätte er nicht auf seinem Angriff auf Terboven beharrt. Der Brief wurde nie beantwortet.

Seine Haltung gegenüber Hitler zeigt deutlich, wie völlig undurchführbar sein Doppelspiel war. Öffentlich sprach er weiterhin gut von ihm und pries ihn als einen großen Mann. Privat erklärte er, gegenüber seinem Sohn, daß er ihn nicht gemocht habe. Er klagte darüber, daß er die ganze Zeit über nur von sich gesprochen und ihm einen endlosen Vortrag gehalten hätte, von dem er so gut wie nichts verstanden hatte, von einer Eisenbahnlinie, die er von Trondheim irgendwohin zu bauen gedachte. Er schilderte ihn als kleinen, untersetzten Mann, der aussah wie ein Handwerksbursche. Dieser private Zweifel durfte jedoch nicht an die Öffentlichkeit durchsickern. Hamsun *wünschte* sich, einem großen Mann begegnet zu sein, und wenn die Wirklichkeit sich als enttäuschend erwies, dann war vielleicht die Wirklichkeit im Unrecht. Die Öffentlichkeit sollte jedenfalls von der Enttäuschung nichts erfahren.

Die Ambivalenz hierin wie auch in Hamsuns gesamter Persönlichkeit ist perfekt in einer Äußerung eingefangen, die er nach der Landung auf dem Flughafen gegenüber einem Rundfunkreporter gemacht hat. Sensationsgierig bat der Reporter Hamsun, zu bestätigen, daß er bei Hitler gewesen sei. Hamsun entgegnete lediglich: »Ach, ich bin bei so vielen Leuten gewesen.«[37] War diese Ausflucht von Scham gefärbt oder von Enttäuschung? Oder wollte er einfach lieber verdammt sein, bevor er eine solch ehrfurchtgebietende Begegnung zwischen ihm und Hitler trivialisierte, indem er mit einem impertinenten Rundfunkreporter darüber redete? Das ist schwer zu sagen. Man fragt sich mitunter, ob Hamsun, der seine Rolle so lange gespielt hatte, wirklich wußte, was er selbst dachte. Vielleicht hatten die öffentliche und die private Ansicht über Hitler in seinem Kopf die gleiche Stellung, nur daß die eine gegenüber der anderen manchmal in den Vordergrund rückt.

Die anstrengende Woche hatte ihn erschöpft, und bevor er nach Nørholm zurückkehrte, ging er erst einmal auf ein paar Tage in das Hotel Søstrene Larsen. Am Tag nach seiner Ankunft wurde er von früheren Partnern aus dem Gyldendal Verlag in seinem Zimmer aufgesucht, mit der Bitte, sich für die Freilassung des Literaturhistorikers Francis Bull einzusetzen – des Mannes, der eine Sammlung der Essays von Hamsun 1939 bei Gyldendal herausgegeben hatte. Hamsun wirkte sehr müde auf sie, er rauchte eine Zigarre und starrte die ganze Zeit auf den Boden. Beim Sprechen machte er lange Pausen und versank bisweilen ganz in seinen Gedanken. Auf ihre Bitte um Hilfe entgegnete er mit großem Pathos: »Ja, weiß der Himmel, das werde ich tun!« Sie schlugen vor, er solle sich an Aall oder an einen von Quislings Ministern, einen Mann namens Schanke, wenden. Aall verwarf er als »zu gelehrt«, und Schanke, sagte er, kenne er nicht. Als er hörte, er sei ein ausgebildeter Ingenieur, äußerte er sich verwundert darüber, daß ein Ingenieur überhaupt die Arbeit eines Ministers verrichten könne. Dann schlugen sie Terboven vor, aber auch das wies er zurück. »Terboven schätzt mich nicht besonders«, sagte er.* Darauf erwähnten sie, daß Marie Hamsun bei Terboven schon einiges erreicht hatte.** Das war etwas, das Hamsun ganz und gar überraschte. Er wollte einfach nicht glauben, daß sie bei Terboven Erfolg gehabt haben sollte. Er schien nicht einmal zu wissen, daß sie überhaupt Kontakt mit ihm gehabt hatte. In Wirklichkeit hatte sie ihn nicht nur einmal aufgesucht, sondern mehrfach. Wie um zu versuchen, die Situation zu erklären, schilderte er, wie isoliert er zu Hause lebte. Seit seiner Gehirnblutung im April 1942 wohne er auf Nørholm im zweiten Stock, in einem kleinen Zimmer, das einst als Kinderzimmer gedient hatte. Keiner spreche mit ihm, und er könne auch nicht Radio hören. Nur zum Essen werde er hinuntergerufen, und zwar indem man unten an die Rohrleitungen klopfe. Seine Besucher bemerkten, daß er sehr verbittert sprach, insbesondere über Marie.[38]

Mit den Siegen der Alliierten bei Stalingrad und El Alameïn gegen Ende 1942 hatte sich das Kriegsgeschick gewendet, und es blieb auch 1943 so, als die Deutschen und die Italie-

---

*Albert Wiesener zufolge, dem Anwalt, der während der Okkupation in Oslo mutmaßliche Mitglieder der Widerstandsbewegung und Saboteure verteidigte, hatte Terboven »mehr Angst vor Hamsun als vor Quisling«, obgleich er sich allem Anschein nach vor keinem von beiden sonderlich fürchtete.

**Im September 1942 hatte sie zusammen mit Tore Hamsun Terboven aufgesucht und sich für Harald Grieg eingesetzt, der im Mai 1941 verhaftet worden war. Kurz darauf wurde Grieg freigelassen.

ner aus Afrika hinausgeworfen wurden, die alliierten Streitkräfte über das Mittelmeer setzten und sich durch Italien nach Norden zu kämpfen bekannen. Gegen Unruhen in den besetzten Ländern gingen die Deutschen mit zunehmender Härte vor. Gegen Ende des Jahres wurden 1200 Studenten der Osloer Universität festgenommen. Ihnen drohte die Deportation in Arbeitslager nach Deutschland. Viele Familien waren davon betroffen, und wieder wandten sich die Leute an Hamsun um Hilfe. Er schickte Hitler ein Telegramm. Das war alles, was er tun konnte. Jegliche Illusionen, die er einst in bezug auf seine Rolle als Patriarch und führende Kraft gehegt haben mochte, waren durch das Debakel auf dem Berghof endgültig zunichte gemacht worden. Selbst bei Kleinigkeiten wurde ihm nun nicht mehr Aufmerksamkeit oder Respekt zuteil als jedem anderen. Zwei von Sigrid Stray geschilderte Begegebenheiten bestätigen das. Eine schildert ein privates Treffen zwischen den beiden in Müllers Hotel in Grimstad, wo sie sich über Rechtsfragen unterhalten wollten. Ihr Gespräch wurde von deutschen Offizieren gestört, die dreist an die Tür klopften, eintraten und trotz Hamsuns offensichtlichem Mißvergnügen über ihre Anwesenheit Zigarren herumreichten und darauf bestanden, die Begegnung in einen geselligen Abend umzuwandeln. Einige Zeit später wollte er sie in Arendal treffen, wieder, um Rechtsfragen zu besprechen. Sein Ersuchen um eine Reiseerlaubnis wurde abgewiesen, und damit war die Sache erledigt.

Die langen, stürmischen Artikel waren nun eine Angelegenheit der Vergangenheit, wenn er auch der Sache immer noch, wenn nötig, im *Fritt Folk* seinen Namen lieh. Und es gab auch noch gelegentlich journalistische Verpflichtungen anderer Art. 1944 starb Edvard Munch. In den 1890er Jahren war Hamsun kurz mit ihm befreundet gewesen, doch Munch stritt sich mit jedem, dem er begegnete, und so war der Kontakt zwischen ihnen immer schwächer geworden. Hamsun hatte sich seine Bewunderung für Munchs künstlerischen Mut bewahrt und schrieb einen Gedenkvers auf ihn, der am 25. Januar in der *Aftenposten* erschien. Der ziemlich kriecherische Redakteur des Blattes, Doery Smith, bedrängte ihn, auch andere Beiträge zu schreiben, und druckte prompt den Artikel »Mein Freund der Almanach« ab, eine weitschweifige Betrachtung über Enzyklopädien und wohl das Senilste, was Hamsun jemals geschrieben hat.

Im März 1944 sandte er über den Rundfunk einen Appell an die norwegischen Seeleute, die auf Schiffen der Alliierten arbeiteten, und forderte sie auf, zu desertieren und nach Norwegen heimzukommen.[39] Auf recht melancholische Weise sprach er das Heimweh der Seeleute an und erzählte von ihren Bräuten, Frauen und Kindern an Land, die sie ebenfalls vermißten. Vielleicht kam hier auch einiges von seiner eigenen Unzufriedenheit durch. Gewiß läßt dieser Appell eine viel größere Subtilität erkennen als all seine frühere Propaganda, die, wenn man sie überhaupt als Propaganda ansehen konnte, eigenartig plump war. Wenn der Hauptzweck darin bestand, zu überzeugen, Meinungen zu ändern, dann scheint der hämische und herrische sarkastische Ton, dessen er sich in seinen Ansprachen an das Volk gewöhnlich bediente, eher zur Unterstützung der Gegner seiner Gedanken beigetragen zu haben. In seiner Literatur ist Hamsun einer der größten Vertreter reiner Anmut und Bezauberung, aber in seinen journalistischen Beiträgen macht er von diesem Talent ganz und gar keinen Gebrauch. Die Verachtung, die in ihnen mitschwingt, läßt einen eher vermuten, sie sollten die Leute fernhalten von jenen Ideen, die von Natur aus zu großartig, zu exklusiv, zu wunderbar sind, als daß sie der Durchschnittsbürger je verstehen könnte – dem Mystizismus des Pangermanismus und dem Traum vom Deutschen Reich, mit Norwegen als einer Nation rassischer und geistiger Aristokraten innerhalb dieses Reichs.

Bei den Deutschen und den norwegischen Nazis hatte seine Propaganda mehr Erfolg. Goebbels wußte seine Bemühungen ganz besonders zu schätzen. Verständlich, denn Hamsun war der einzig unbestreitbar große Schriftsteller, den er auf seiner Seite hatte. Ganz besonders freute er sich über Hamsuns Artikel über Roosevelt von 1942. In seiner Tagebucheintragung vom 28. März 1942 vermerkt er: »...ein sehr geistvoller und außergewöhnlich beißender Artikel gegen Roosevelt« und nennt seinen Verfasser einen »der überragenden Intellektuellen des modernen Europas, der stets der Flagge der neuen Ordnung beigestanden hat«. Hamsuns Erscheinen in Wien war ein außerordentlich gelungenes Unternehmen für Goebbels und die Deutschen, und die Tatsache, daß er kurz darauf zu Hitler eingeladen worden war, läßt erkennen, welchen Wert sie darauf legten, sich dieses Namens zu bedienen. Wie wir jedoch gesehen haben, war er so sehr in die Deutschen verliebt und hatte sich ihnen von Anfang an so freizügig hingegeben, daß er keinerlei Kontrolle mehr darüber hatte, wie seine PR-Aura ausgenutzt wurde. Seine enorme Eitelkeit fühlte sich durch diese Gesten der Wertschätzung geschmeichelt – aber das war im Ausland. Zu Hause, an der Basis, widerstand Terboven mit Leichtigkeit seinen Bemühungen, die Politik zu beeinflussen. Auf der anderen Seite war er während des Krieges fraglos Quislings stärkste Karte, und seine Unterstützung bedeutete für die Mitglieder der NS eine außerordentliche Stärkung der Moral. Natürlich war die Mitgliederzahl nach Ausbruch des Krieges und der Einführung des Einparteiensystems gestiegen und stieg nach Quislings Ernennung zum Ministerpräsidenten im Februar 1942 sogar noch drastischer. Von ein paar Hundert vor dem Krieg war die Mitgliederzahl auf 40.000 gestiegen.

Englischsprachige Zeitungen berichteten sporadisch über Hamsuns Krieg. Am 3. Juli 1940 berichtete die *Evening News* von seiner Verurteilung der norwegischen Regierung, und am 8. August 1941 meldete die *New York Times*, daß ein stundenlanges Programm zu Ehren seines Geburtstags vom norwegischen Rundfunk »seltsamerweise nicht für das norwegische Volk gesendet wurde, sondern ›für die deutsche Besatzungsarmee‹«. 1942 führten alliierte Zeitungen, vermutlich aufgrund seines Roosevelt-Artikels, eine kleine, doch deutlich erkennbare Kampagne gegen Hamsun, die etwa sechs Monate andauerte. Verschiedene Zeitungen in England, Amerika und Kanada brachten Geschichten, wie seine Bücher von enttäuschten Norwegern über den Zaun von Nørholm geworfen wurden. Eine andere beliebte Story war die, daß das Postamt von Grimstad zusätzlich Leute habe einstellen müssen, um mit der Flut seiner Bücher fertig zu werden, die an ihn zurückgeschickt worden seien. Eine ähnliche Geschichte schildert eine Auktion, auf der Hamsuns *Gesammelte Werke* für eine Krone an eine Frau verkauft worden seien, die sie dann alle an ihn zurückgeschickt habe. Den Lesern dieser Zeitung, die stets angenommen hatten, die Norweger besäßen keinerlei Sinn für Humor, wurde empfohlen, neu darüber nachzudenken. Die *Palestine Post* in Jerusalem war unterdessen das einzige Blatt, das die antisemitischen Äußerungen über Roosevelt aufgriff.

Auch die Aktivitäten der Söhne Hamsuns zogen die Aufmerksamkeit auf sich. Am 6. September berichtete die *New York Times,* norwegische Autoren seien aus Protest gegen die Übernahme des Gyldendal Verlags durch die NS, in der Person Tore Hamsuns, in Streik getreten. Im Jahr darauf berichtete die *New York Herald Tribune,* daß sich Arild Hamsun zur norwegischen Legion gemeldet hatte, und gab an, Hamsun habe seinen Stolz darüber zum Ausdruck gebracht, daß einer seiner Söhne gegen die Bolschewisten kämpfen werde.

Gelegentlich schlug die Propaganda fehl. Der *Times* machte es nicht das mindeste aus, von der Rede auf dem Kongreß in Wien zu berichten, in der Hamsun ja offen zugegeben hatte, daß die meisten Völker der Welt die Engländer mochten, und seinen eigenen Haß als höchst persönliche Eigenart dargestellt hatte. Und der Bericht der *New York Times* über seinen Artikel »Schon wieder!«, der am Tag seines Erscheinens in Norwegen, dem 13. Februar 1942, aufgenommen wurde, machte mit seinem Hinweis auf die Verurteilung von dreizehn Widerstandskämpfern und der zahlreichen Gnadengesuche nützliche Gegenpropaganda. Nach dem Krieg wiederholte Hamsun immer wieder, sein Hauptbestreben sei es gewesen, zu verhindern, was er als sinnlose Opfer von norwegischen Menschenleben im bewaffneten Kampf gegen die Deutschen ansah. Angesichts des Tones seiner Botschaft

ist es jedoch unwahrscheinlich, daß er viele überzeugt hat, ihm zuzuhören.
Ein weiteres Bestreben Hamsuns gegen Ende des Krieges bestand darin, Deutsche und NS-Anhänger, die sich um den Gang der Dinge Sorgen machten, zu beruhigen. Er gab sich für eine kühne Erklärung seines Glaubens an die deutsche Unbesiegbarkeit her, die am 12. Juni, dem Tag nach der Landung der Alliierten in der Normandie, sowohl im *Fritt Folk* als auch in der *Aftenposten* erschien, obgleich er nach dem Krieg zugab, daß er zu dieser Zeit über die Entwicklungen nicht auf dem laufenden gewesen sei. Er habe das Gefühl gehabt, die Dinge entwickelten sich schlecht. Mit der Entwicklung des Krieges scheint seine Furcht vor dem Kommunismus immer stärker geworden zu sein, und gegen Ende hatte er vermutlich mehr Angst vor den Russen als vor den Engländern. Ein Brief an Victoria vom 3. Juni 1944 vermittelt diesen Eindruck:

> Von Rußland haben wir jetzt in freimütiger Sprache das Schicksal unseres Landes erfahren. Unser verräterischer König und seine verräterische Regierung in London haben Norwegen an die Kommunisten und Bolschewiken in Moskau verkauft. Du kannst Dich mit dem Gedanken trösten, daß Du nichts mehr mit Norwegen zu tun hast. Uns bleibt jetzt nichts mehr als die Niederlage, wenn es den Deutschen nicht gelingt, uns alle zu retten. Gewiß, Deutschland ist ungeheuer stark, aber es muß leider gegen ganz Europa kämpfen. Alle Nationen sollten jetzt zusammenfinden, zusammenstehen und Deutschland helfen, uns vor dem Bolschewismus zu bewahren. Auch Frankreich. Vielleicht sollte vor allem Frankreich das Schwert ziehen, denn kein einziges Volk wird der Umklammerung des russischen Oktopus entkommen, sollte Deutschland in der gigantischen Schlacht, die es in diesem Moment führt, versagen. Nun warten wir auf die Invasion, wir setzen große Hoffnungen in sie, gewiß wird Deutschland gewinnen! Wir müssen abwarten. Vielleicht erlebe ich das Ende des Krieges nicht mehr mit, aber ich

hoffe Tag und Nacht das Beste. Natürlich sorge ich mich um das norwegische Volk, das diese schrecklichen Zeiten erleben muß; und für die kommenden Jahre bange ich um Norwegen, obgleich ich sie selbst nicht mehr erleben werde. Ich kann nur sagen: Gott bewahre uns vor dem Bolschewismus! Ich sage es jedesmal, wenn ich mitten in der Nacht aufwache.

Im August besuchte Hamsun eine Panzerdivision, und ein paar Wochen später wurde er auf einem deutschen U-Boot herumgeführt. Beide Besuche wurden für die Wochenschau gefilmt. In dem U-Boot-Film sieht man, wie er die Seeleute begrüßt, durch das Periskop schaut und mit dem Kapitän spricht. Auch die Zeitungen brachten große Bildberichte. Eine Unterschrift unter einem Foto, auf dem er mit dem Ausdruck unbeschreiblicher Trostlosigkeit auf seinen Hut auf einem Tisch vor sich starrt, lautet: »Knut Hamsun grüßt deutsche Panzersoldaten.«
Sein fünfundachtzigster Geburtstag am 4. August 1944 war für jedermann eine Gelegenheit zum Feiern, außer für den Jubilar selbst. Er erhielt Telegramme von Hitler und Quisling, Glückwunschschreiben von Terboven und Goebbels sowie signierte Fotos von Hitler und Goebbels. Eine neue Ausgabe seiner *Gesammelten Werke* wurde aus diesem Anlaß in Norwegen aufgelegt, ein heroisches Unterfangen angesichts des damaligen Papiermangels. Die Nordische Gesellschaft schenkte ihm einen Jagdfalken aus Rosenthal-Porzellan, und von in Norwegen stationierten deutschen Soldaten erhielt er ein kunstfertig geschnitztes Kästchen, das sie selbst angefertigt hatten. Hans Carossa, der Vorsitzende des Europäischen Schriftstellerverbandes, verkündete die Einrichtung eines Knut-Hamsun-Fonds von 60.000 Reichsmark zur Vergabe von Stipendien, die es skandinavischen Autoren ermöglichen sollten, nach Deutschland zu reisen. Auf der anderen Seite widmete ihm die Widerstandszeitung *Kongespeilet* ihre Ausgabe Nummer 1423 und führte ihm einige seiner eigenen sarkastischen Bemerkungen über die Gebrechlichkeiten und Dummheiten des Alters

vor. Es gab ja mehr als genug davon. Seine Worte an Bjørnson aus dem Jahr 1904 wurden wieder aufgegriffen: »Sie sind alt geworden, Meister ... wenn Sie doch nur nicht alt geworden wären!« Sie brachten alte Sünden wieder hervor, wie zum Beispiel die Kampagne für die Wiedereinführung der Todesstrafe und sogar den Namensprozeß gegen seinen eigenen Bruder.

Das Objekt all dieser Aufmerksamkeit blieb in seinem kleinen, spärlich eingerichteten Zimmer im zweiten Stock auf Nørholm. Aber selbst wenn Hamsun versuchte, sich zu verstecken und ruhig zu verhalten, wurde er von der einen oder anderen Art von Skandal heimgesucht. Erstaunlicherweise erhielt er wieder anonyme Briefe, in denen er bezichtigt wurde, Geliebte zu unterhalten, verheirateten Frauen Geld zu geben und außereheliche sexuelle Beziehungen zu haben. Sigrid Stray fand heraus, wer der Absender war, und daraufhin kamen keine Briefe mehr; nicht einmal in ihren Memoiren gab sie jedoch den Namen des Übeltäters preis.[40]*

Der Umgang mit deutschen Militärangehörigen im Herbst stellt nahezu das Ende von Hamsuns Propagandaaktivitäten dar, und er führte ein stilles Leben auf Nørholm. In den ersten Tagen des neuen Jahres hatte er wiederum einen leichten Schlaganfall. Während er draußen Holz hackte, fiel er um und blieb eine Weile liegen, konnte aber schließlich selbst wieder aufstehen und ins Haus gehen. Ansonsten warteten er, Marie und Ellinor einfach auf das Ende.

Es kam am 2. Mai, und zwar in Form der Nachricht von Hitlers Tod in den Zeitungen. Einen Hinweis darauf, daß es sich um Selbstmord handelte, gab es nicht. Es hieß nur, er sei »gefallen im Kampf gegen den Bolschewismus«. Hamsun grübelte eine Weile darüber nach, und dann tat er etwas ganz Erstaunliches. Um zu zeigen, daß er ein loyaler Mensch war, schrieb er, unaufgefordert, einen Nekrolog auf Hitler und schickte ihn an die *Aftenposten.* Am 7. Mai, als der Aufmacher eine Geschichte über vier Tote und eine An-

* Sigrid Stray berichtet, daß die Briefe eine dänische Geliebte erwähnen, die Hamsun gehabt haben soll, ein Umstand, der nahelegen läßt, daß der Briefeschreiber Marie Hamsun gewesen sein könnte.

zahl Erblindeter war, die im Hafen von Stavanger Methylalkohol getrunken hatten, erschien daneben sein achtzeiliger Nekrolog auf Hitler. Vermutlich läßt nichts von allem, was er je geschrieben hat, die entsetzliche Verbissenheit seines Geistes deutlicher erkennen, dessen erschreckende und letztlich verhängnisvolle Unschuld:

> ADOLF HITLER
>
> Ich bin dessen nicht würdig, mit lauter Stimme über Adolf Hitler zu sprechen, und zu sentimentaler Rührung laden sein Leben und seine Taten nicht ein. Er war Krieger, ein Krieger für die Menschheit und ein Verkünder des Evangeliums vom Recht für alle Nationen. Er war eine reformatorische Gestalt von höchstem Rang, und es war sein historisches Schicksal, in einer Zeit der beispiellosesten Roheit wirken zu müssen, die ihn schließlich gefällt hat. So wird der gewöhnliche Westeuropäer Adolf Hitler sehen, und wir, seine treuen Anhänger, neigen nun unser Haupt angesichts seines Todes.
>
> Knut Hamsun[41]

Wenn es je an der Zeit gewesen ist, daß ein großer Dichter alle seine Ansprüche aufgab und wie ein gewöhnlicher Narr vor lauter Scham errötete, dann war das an dem Tag, da dies erschien. Natürlich tat er das nicht. Statt dessen setzte er sich, wie die übrige Familie Hamsun, hin und wartete auf die vergeltende Gerechtigkeit der Demokratie.

17

1945–1948: Internierung, Verhör und Prozeß

Einen Tag nachdem in der *Aftenposten* Hamsuns Nekrolog auf Hitler erscheinen war, am 8. Mai, ergab sich auf einer spätabendlichen Sitzung in Lillehammer General Franz Böhme, Hitlers erst kurz zuvor ernannter militärischer Oberbefehlshaber in Norwegen, formell der Waffenstillstandskommission der Alliierten. Etwa zur gleichen Stunde, da Böhme die Bedingungen unterbreitet wurden, betrat Reichskommissar Terboven mit einem Fäßchen Schießpulver seinen Bunker auf Skaugum und sprengte sich in die Luft. Am folgenden Morgen um 7.15 Uhr wurden Quisling und seine Minister festgenommen, und in Norwegen war der Krieg zu Ende. Durch ein Gesetz vom 15. Dezember 1944, das die Exilregierung in London erlassen hatte, war die Mitgliedschaft in der NS rückwirkend von 1940 an unter Strafe gestellt worden, und sofort setzten die Verhaftungen ein. Innerhalb einer Woche nach der Kapitulation wurden Tore und Arild Hamsun aufgegriffen, ihre Eltern aber mußten etwas länger warten – es gab 40.000 Parteimitglieder, und sie alle zu verhaften dauerte natürlich seine Zeit.
Am 14. Mai brachte die *Aftenposten*, nun wieder unter freier Redaktion, eine Meldung, der zufolge Hamsun Gift genommen haben sollte und eilig zum Magenauspumpen nach Grimstad ins Krankenhaus gefahren worden sei. Es wurde berichtet, er sei auf dem Wege der Besserung und erhole sich unter Maries Pflege zu Hause auf Nørholm. Genau wie die Zeitungsberichte von 1902 über seinen angeblichen Selbstmordversuch war das Ganze eine üble Übertreibung. Es war in der Tat ein Arzt gerufen worden, doch was auch immer die Ursache dafür gewesen sein mochte, es wurde mit einer halben Flasche Kognak kuriert. Knut und Marie warteten immer noch. Am 26. Mai kam die

Polizei und stellte sie beide unter Hausarrest. Am 12. Juni kamen die Beamten wieder, holten Marie ab und nahmen sie im Blødkjær Gefängnis bei Arendal in Gewahrsam. Aufgrund seines Alters – er war jetzt sechsundachtzig – wurde Hamsun nicht ins Gefängnis gebracht, sondern ins Krankenhaus von Grimstad. Hier wurde er in einem Nebengebäude in einem großen, kalten Zimmer mit drei Eisenbetten und einer Bank untergebracht. In dem Krankenhaus genoß er eine gewisse Freiheit. Er durfte spazierengehen, aber nicht in die Stadt, und Zeitungen waren ihm verboten.

Am 20. Juni gab er gegenüber dem diensthabenden Polizisten von Grimstad eine Aussage zu Protokoll, die erste von vielen Aussagen, die er im Laufe der nächsten drei Jahre in bezug auf seine Einstellung und sein Verhalten zu machen hatte. Hier leugnete er zum erstenmal, zahlendes und eingetragenes Mitglied der NS (Nasjonal Samling) gewesen zu sein, ein Gesichtspunkt, dem in den folgenden Monaten und Jahren noch entscheidende Bedeutung zukommen sollte. Ein Schema wird jedoch schon in dieser ersten Erklärung deutlich: Er steht fest zu allem, was er geschrieben hat, und versucht gleichzeitig, etwaige belastende Seiten seines Privatlebens und der verfaßten Artikel abzuschwächen. Er behauptete, verschiedentlich aus dem Reichskommissariat angerufen und aufgefordert worden zu sein, Erklärungen, beziehungsweise Artikel für die Presse zu schreiben. In dem Protokoll heißt es weiter:

> Es sei mehrere Male geschehen, daß er (der Beschuldigte) mitten in der Nacht bis zu drei dringende Telephonate vom Reichskommissariat in Oslo erhielt. Er habe sich geweigert, etwas zu schreiben, habe aber schließlich nachgeben müssen. Selbstverständlich habe er (der Beschuldigte) gern Norwegen dienen wollen, um dadurch den deutschen Interessen zu dienen. Der Beschuldigte ist hocherfreut, seine Beteiligung zuzugeben.
>
> Er sei nie der NS beigetreten, sei aber in diese Richtung gedrängt worden ... Er habe sich nie richtig mit dem Programm der NS beschäftigt und sich auch nicht dafür inter-

essiert. Persönlich habe der Beschuldigte keinen Mitgliedsbeitrag an die NS gezahlt, es sei aber möglich, daß seine Frau das getan habe. Abgesehen vom Reichskommissariat habe er keine Verbindung zu den Deutschen gehabt.
Der Beschuldigte versucht nicht, seine Verbindung zur NS und zu den Deutschen zu bagatellisieren. Im Gegenteil, er hätte Hilfe geleistet, wenn er gekonnt hätte, weil er gemeint habe, es sei zum Besten Norwegens.
Er habe niemals Spenden an die Frontkämpfer gegeben.
Er wisse nichts über Denunzianten. Er selbst habe niemanden denunziert.
Der Beschuldigte erklärt sich rechtlich für nicht schuldig, weil er gemäß seiner Überzeugung und seines Gewissens auf die beste Art für Norwegen gewirkt habe.[1]

Bei der gerichtlichen Voruntersuchung vor dem Sander Bezirksgericht drei Tage später sagte Hamsun, er habe von den Greueltaten der Nazis nichts gewußt, bis er nach dem Kriege in den Zeitungen davon gelesen hätte, und bestätigte gegenüber dem Gericht, daß er zu dem stehe, was er während der Okkupation in der *Aftenposten* und im *Fritt Folk* geschrieben habe. Gegenüber der Aussage vom 20. nahm er zwei geringfügige Änderungen vor. Er bestand darauf zu sagen, er habe »gern *Deutschland* dienen wollen, um dadurch den *norwegischen* Interessen zu dienen«. Auch war er nicht glücklich über die Verwendung des Begriffs »hocherfreut« – er habe damit eigentlich nur klarmachen wollen, erklärte er, daß er nicht versuche, sich aus seiner Verantwortung herauszuwinden. Die Voruntersuchung wurde auf den 22. September vertagt und Hamsun ins Krankenhaus nach Grimstad zurückgebracht. Sein persönliches Schicksal war ihm bereits gleichgültig. Sorgen machte er sich aber um die Zukunft von Nørholm und das Schicksal seiner Familie.
Im Krankenhaus gefiel es ihm ganz gut. Er ging spazieren, las viel, legte Patiencen, flickte seine Sachen und rauchte Zigarren. Hin und wieder bekam er Besuch. Am 24. August wurde ihm ein Dutzend seiner Zeitungsartikel vorgelegt,

und er gestand, sie geschrieben zu haben. Eine Woche später, am 2. September, mußte er das Krankenhaus verlassen, weil das Zimmer für an Kinderlähmung erkrankte Patienten gebraucht wurde, und wurde in das Altersheim in Landvik zwischen Lillesand und Grimstad verlegt. Das Heim war groß und recht gut eingerichtet, es besaß einen Gemeinschaftsraum, eine eigene Bibliothek, Telefon und täglichen Postdienst. Hamsun bekam ein Zimmer im ersten Stock, und sein Leben ging weiter wie bisher. Er begann wieder ein wenig zu schreiben – eine Art Journal über das, was mit ihm geschah –, aber die große Wandlung ging bereits in ihm vor. Der faschistische Jupiter, der den Wichten da unten Blitz und Donner entgegenschleuderte, wurde hinweggespült. Nun war er der zeitlose asiatische Philosoph, der mit dem Leben dahinströmt, im Staub, doch nicht aus Staub, und gegen nichts Einwände erhebt. Er bezauberte jedermann im Heim, mit enttäuschender Ausnahme des Bibliothekars, der sich weigerte, ihm Bücher auszuleihen. »Wer weiß«, sagte er sich, »vielleicht sind ein paar davon von mir.«
Bei der Verhandlung am 22. September wurde der Fall auf den 23. November vertagt. Die norwegischen Behörden waren sich offenbar noch nicht völlig einig, was mit ihm geschehen sollte. Der vorläufige Plan sah vor, ihn in zwei Punkten anzuklagen, erstens wegen Landesverrats aufgrund des Gesetzes vom 15. Dezember 1944, das rückwirkend bis zum April 1940 die Mitgliedschaft in der NS sowie die Verbreitung von Propaganda im Auftrag der NS unter Strafe stellte; zweitens wegen Anstiftung anderer zu strafbaren Handlungen aufgrund des Paragraphs 140 des Strafgesetzbuchs. Als sich der Oberste Ankläger am 13. Oktober an Dr. Gabriel Langfeldt, den Leiter der psychiatrischen Universitätsklinik von Oslo, wandte und ihn darum bat, als Sachverständiger eine Erklärung darüber abzugeben, ob Hamsun einen Prozeß mit diesen Anklagen durchstehen würde oder nicht, ging es jedoch nicht in erster Linie um eine einfache Lösung für eine peinliche Situation. Die norwegische Öffentlichkeit wußte zum größten Teil nicht, in welchem Ausmaß sich Hamsun in den dreißiger Jahren für

den Faschismus engagiert hatte. Sie hatte ohnehin schon lange mit seiner Exzentrik und Unberechenbarkeit leben und sogar seine Unverbesserlichkeit schätzen gelernt. Zuerst und vor allem war er ihr großer Dichter, ihr Nationalstolz, ein geliebtes und bewundertes und nie völlig braves altes Kind. Wenn er nach dem 9. April 1940 so offen und leidenschaftlich für die Nazis Partei ergriffen hatte, dann konnten sich viele nur schwer oder überhaupt nicht damit abfinden. Weitverbreitet herrschte die Annahme, er sei senil geworden und könnte somit nicht verantwortlich gemacht werden für das, was er in diesen Artikeln zum Ausdruck gebracht hatte. Der Redakteur der *Lofotposten,* die im Mai 1940 immer noch eine freie Zeitung im unbesetzten Nordnorwegen war, schrieb: »Das einzige, was Hamsuns Artikel entschuldigen kann, ist, daß er in seinem hohen Alter geistesschwach geworden ist.«[2] Dieselbe Ansicht vertraten auch ausländische Zeitungen. Die *News* in Dayton, Ohio, schrieb am 22. Mai 1943: »Der Verstand des vierundachtzig Jahre alten Mannes ist, nur so kann man sich das Unvorstellbare erklären, bloß noch der tragische Schatten des einstigen Genius.« Auch in dem Bericht der *Aftenposten* über Hamsuns angeblichen Selbstmordversuch wurde vermutet, er sei senil.

Also wurde Hamsun am 14. Oktober in einen Nachtzug von Arendal nach Oslo gesetzt und in Dr. Langfeldts Klinik auf dem Vinder gebracht. Man mag sich vorstellen, daß der Psychiater die Gelegenheit, einen Genius aus nächster Nähe studieren zu können, unwiderstehlich fand. Nach einer ersten Untersuchung erklärte er, daß er in der Tat einige Zweifel hege, ob Hamsun geistig fit genug sei, den Prozeß durchzustehen, und empfahl, ihn hier in der Klinik gründlich zu untersuchen. In seiner Sitzung vom 12. November ermächtigte das Untersuchungsgericht Oslo Langfeldt und seinen Kollegen Dr. Ødegård, die betreffende Untersuchung vorzunehmen.

So begann zwischen Langfeldt und Hamsun ein Krieg, der Hamsun wiederum jene Rolle aufbürdete, für die er schon immer am besten geeignet war, die des hoffnungslosen, doch charmanten Verlierers. Es sollte ein langer Weg werden, das fast schon geprägte abstoßende Bild des Individuums Hamsun wieder abzumildern, das andernfalls der Nachwelt hinterlassen worden wäre. 119 Tage wurde er in der Klinik behalten, eine Zeit, in der er nach seinen eigenen Worten zu einen »zitternden Wrack« wurde. Die Konfrontation dieser beiden Männer stellt einen außergewöhnlichen und aufschlußreichen Zusammenstoß zwischen den beiden Gesichtern der menschlichen Psyche dar – Langfeldts systematischer, entschieden rationaler Büchergelehrsamkeit und Hamsuns schwungvoller, unberechenbarer und phantasievoller Kunst. In seiner endgültigen Form war der Bericht ein dreiundachtzig Seiten langes Dokument.

Er beginnt mit einer kurzen Darlegung des Auftrags vom Untersuchungsgericht, einer Zusammenfassung der gegen Hamsun erhobenen Beschuldigungen und einem biographischen Abriß, der im wesentlichen auf Einar Skavlans Biographie aus dem Jahr 1929 basiert. Die Verfasser, Langfeldt und Ødegård, geben an, daß sie sich erlaubt haben, sich, mit Diskretion, Hamsuns Schriften als legitimem Werkzeug zur Analyse des Patienten zu bedienen. Sie beschreiben ihn in allgemeinen Kategorien und erwähnen dabei seine Selbstsicherheit, seine Aggression und seine Absonderlichkeiten, wie zum Beispiel seine Verachtung für die Schauspielkunst. Als wäre es unter den gegebenen Umständen von besonderem Interesse, zitieren sie die Rede Ivar Karenos aus dem Stück von 1895, *An des Reiches Pforten,* in der er erklärt, er glaube an »den geborenen Führer, den naturgegebenen Despoten, den großen Befehlshaber, denjenigen, der nicht gewählt wird, sondern der sich selbst zur Herrschaft über die Horden auf Erden erhebt. Eines glaube und hoffe ich, und das ist die Wiederkunft des großen Terroristen, der Lebenskraft, des Cäsaren.«

Dann wurden drei lange Briefe wiedergegeben, die Hamsun 1898 an den Stortingpräsidenten geschickt hatte. Er hatte sie geschrieben, als die Verfolgung durch anonyme Briefe, der er von 1896 bis 1898 ausgesetzt gewesen war, ihren Höhepunkt erreicht hatte, als er allmählich glaubte, daß die

Polizei den Fall niemals lösen würde. »Ein interessierter Kollege« hatte sie den Psychiatern zugeleitet. Seltsamerweise wird Hamsuns Psychoanalyse durch Irgens Strømme im Jahr 1926 in dem Bericht weder diskutiert noch überhaupt erwähnt. Vielleicht wußte man nichts davon. Auf alle Fälle hatten der strenge Freudianer Langfeldt und der unabhängigere Strømme* nichts füreinander übrig, obgleich sie beide Freimaurer waren. Darüber hinaus enthält der Bericht keinen Hinweis auf die Erkenntnisse Dr. Locards, der, nachdem Hamsun 1935 den Fall selbst wiederaufgenommen hatte, festgestellt hatte, daß Anna Munch die Verfasserin der Briefe war. Wiederum wäre es denkbar, daß die beiden Doktoren und der »interessierte Kollege« nichts von diesen Erkenntnissen wußten. Ohne dieses Wissen nehmen sich die drei Briefe jedoch sonderbar aus, zumal dieser Abschnitt des Berichts »Paranoide Reaktion 1898« überschrieben ist. Danach folgt eine Reihe von Aussagen von Verwandten, wie Marie und Tore Hamsun, und anderen, mit denen Hamsun während des Krieges in Kontakt gestanden hatte, wie Harald Grieg, Sigrid Stray und dem Schriftsteller Christian Gierløff. Gierløff, der Hamsun seit 1899 kannte, hatte während des Krieges auf der »anderen« Seite gestanden. Die Nachricht von der Internierung hatte ihn beunruhigt, und so begann er kurz darauf, Hamsun zu besuchen. Er war überzeugt, daß dessen Anglophobie der bestimmende Faktor der ganzen Sache gewesen war, und als alter Bekannter besaß er die entsprechende Sachkenntnis, die er auch an die Psychiater weitergab. In vieler Hinsicht, persönlich wie beruflich, sollte er Hamsun in jenen Jahren eine Hilfe sein. Staatsbeamte, Mitarbeiter der örtlichen Behörden sowie Nachbarn, mit denen Hamsun zu tun gehabt hatte, gaben ebenfalls kurze Erklärungen ab. Der Bericht enthielt außerdem Abschriften vom Briefwechsel zwischen Hamsun und Goebbels aus dem

---

* Strømme hatte eine eigene psychoanalytische Methode entwickelt, die auf Freud, Jung und Bleulers Erkenntnissen basierte und die er »Psychobiologie« nannte. Trotz seiner Pionierrolle als erster praktizierender Analytiker in Norwegen beendete er seine Tage recht weit außerhalb der anerkannten Medizin.

Jahr 1943. Nach diesen einleitenden Dingen gibt der Bericht einige Gespräche mit Hamsun wieder sowie heimliche Beobachtungen, die während seiner Freizeit gemacht wurden:

15. 10. 45: Pat. gerät beim geringsten Anlaß in Zorn. Er wird aus den hiesigen Verhältnissen nicht klug. Er flucht und ist verärgert, wenn die Temperatur gemessen, die Kleidung aus dem Zimmer genommen oder er dem Arzt vorgeführt werden soll.

16. 10. 45: Pat. ist ständig böse und gereizt und will das, was er verlangt, sofort haben. Er ist ungeduldig und reizbar, macht oft spöttische Bemerkungen.

19. 10. 45: Pat. ist guter Laune, höflich und ordentlich. Liest viel.

26. 10. 45: Es sieht so aus, als ob sich der Patient hier zurechtfindet. Zumeist sitzt er da und liest; aber er spricht häufig mit den anderen Patienten. Nachdem er sich heute abend hingelegt hatte, sprach er noch eine Weile mit sich selber. Er sprach davon, er sei zu zählebig, er hätte schon vor mehreren Jahren sterben sollen. Mehrmals brach er aus: »Könnte ich nur Antwort auf die Frage erhalten – *und ich weiß, er hört Gebete.*«

Die meisten Befragungen wurden von Dr. Langfeldt vorgenommen. Zunächst geschah das mündlich, in Anwesenheit eines Stenographen:*

10. 11. 45: (Weshalb sind Sie hier?)

»Ich wurde völlig gesund aus einem Altersheim geholt und hier eingewiesen, ich habe keine Ahnung weshalb, denn ich war völlig gesund. Ich verstehe nicht, warum die Polizei mich nicht sofort verurteilt und sühnen läßt. Ich glaube, der Staatsanwalt kann mit Sicherheit davon ausgehen, daß ich straffähig bin.«

---

* Stellenweise ist das stenographische Protokoll in direkter und stellenweise in indirekter Rede. Die Übersetzung trägt dem Rechnung.

…

> Er habe nicht gewußt, daß die NS ein Terrorregime ausgeübt hat, er verstehe nicht, daß die Deutschen die Massengräber hatten verbergen können, glaubt, es wäre innerhalb der NS zum Umsturz gekommen, wenn das bekanntgeworden wäre. Die Diktatur müsse modifiziert werden, aber das betrachte er als Zukunftsaufgabe. Ganz so schlimm sei sie nun aber auch wieder nicht, wenn man an die »enevoldskongene« denke; die hätten viele gute Dinge bewirkt. »Hitlers Diktatur war etwas Merkwürdiges, ich bekam ein paar positive Eindrücke von ihm. Das war die Wirkung der Massensuggestion. Damals brauchten sie in Deutschland einen Namen, merkwürdig, daß er es dazu bringen konnte, daß er von allen »mein Führer« genannt wurde. Verrückt, daß Generale sich dazu bringen konnten, so etwas zu sagen. Massenhypnose ist abscheulich, man braucht sich nur Theater und Zirkus anzusehen. Das war eine schlechte Zeit für Dichtung.«

Ødegård, den Hamsun etwas sympathischer fand, führte nur zwei Gespräche mit ihm, jeweils etwa eine Viertelstunde. Der Ton dieser Gespräche ist merklich entspannter:

> »Es waren der König und seine Regierung, die mich in dieses Elend gestürzt haben. Ich bin ja immer Monarchist gewesen, und Norwegen war nie etwas anderes als ein Königtum, und so habe ich den Boden unter den Füßen verloren, als der König das Land verließ. Von der Londoner Regierung habe ich nicht das geringste gewußt. Aber er hätte das gleiche tun sollen wie sein Bruder in Dänemark – das war ein kluger Mann. Dann wären uns die Sabotage und die Vernichtungen erspart geblieben.« Auf den Einwand hin, daß in Dänemark wohl ebensoviel Sabotage getrieben wurde wie in Norwegen, lächelt er und sagt, daß die in Dänemark sich das leisten konnten, weit besser als wir.

Er erwähnte immer wieder seine Isolation während des Krieges und sagte, er habe kaum mit seinen Angehörigen sprechen können und sie nur zu den Mahlzeiten gesehen. Und nicht einmal dann habe man miteinander geredet. Er ging auch auf eine Sache ein, die immer wieder heftig diskutiert worden ist – inwieweit er sich dessen bewußt gewesen sei, daß seine Aktivitäten in weiten Kreisen als Landesverrat angesehen wurden. Wie äußerst subjektiv sein Verständnis von Wahrheit gewesen ist, läßt sich an seinem Eingeständnis erkennen, tatsächlich Briefe erhalten, sie aber in den Papierkorb geworfen zu haben, da nicht ein einziger davon von einem »vernünftigen Menschen« gekommen sei. Die Tatsache, daß ihm überhaupt jemand deswegen schrieb, um ihn zu kritisieren, schloß für ihn schon die Möglichkeit aus, daß derjenige ein »vernünftiger Mensch« war. Wahrheit war das, was er dafür hielt. Er war allem Anschein nach nicht in der Lage, zuzugeben, daß er Fehler begangen hatte. Dieser Starrsinn war immerhin eine der von Nagel aufgestellten Grundregeln dafür, ein »großer Dichter« zu werden – er gibt niemals zu, sich geirrt zu haben, denn Irrtum ist eine Schande, und ein großer Dichter schämt sich nie. Hamsuns Reaktion darauf, daß er von Ødegård korrigiert wurde, ist in dieser Beziehung sehr aufschlußreich. Nach dem Einwand, auch in Dänemark habe es Sabotage gegeben, versuchte er, diese Tatsache zu verwischen, indem er noch etwas völlig Irrelevantes dazu äußerte. Etwas später brachte Ødegård das Gespräch auf ihn selbst als Schriftsteller. »Er meint, als Autor sei er selber nun ein toter Mann, und seine Bücher würden nicht mehr viel gelesen werden.« Wieder wurde er nach seiner Einstellung zu Deutschland gefragt:

> Von Deutschland und den Deutschen sagt er, sie hätten viele gute Eigenschaften – »sie sind ordentlich und pflichtbewußt und sind uns gegenüber hilfsbereit gewesen. Jeder einzelne große und stolze Kulturname, den wir in Norwegen besitzen, ist zuerst durch das germanische Deutschland gegangen, um in der ganzen Welt groß zu werden. Der Zugang zu dieser großen Sprachgemeinschaft hat für uns so viel bedeutet.« Er selbst sei immer deutschfreundlich gewesen, aber als Anhänger der Nasjonal Sam-

ling habe er während des Krieges doch nur Kontakt zu den Deutschen gehabt, die ebenfalls Nationalsozialisten waren, und das seien nur wenige Prozent des Volkes gewesen. »Jeder Wurm hat ja mit in den Krieg gemußt, aber nicht alle waren Nationalsozialisten. Einmal werden sie schon wieder hochkommen, und es wäre schrecklich, wenn nicht. Wir haben sie wirklich nötig gehabt, wir, die wir mit der Feder arbeiteten. Wäre es wie in Paris gewesen, dann hätten wir dafür selber bezahlen müssen.« Es sei auch nicht leicht gewesen, Deutschland zu sein – die ganze Welt habe sich von ihm abgewandt ... Sei es da so merkwürdig, wenn sie zu den gleichen Methoden mit Genickschuß und anderem gegriffen hätten, wie die Russen sie ihnen gegenüber angewendet hätten? Es seien ja die Russen gewesen, die damit begonnen hatten, lange Reihen von Leichen, wie Heringe in eine Tonne, in Massengräber zu legen. »Es waren die Russen, die damit angefangen haben.«

Hamsun bemerkte auch, und das nicht zum letztenmal, daß es so, »wie sich die Dinge entwickelt haben, vermutlich am besten ist«. Seine Abneigung gegenüber dem Kommunismus, den Engländern und Roosevelt hatte sich hingegen nicht geändert. Roosevelt sei ein »äußerst ungehobelter Mensch« gewesen, »der jahrelang Städte und Länder bombardiert hat. Er war ein Politiker, der seinen Weg ging, koste es, was es wolle.« Leidenschaftlich sprach Hamsun von Quislings Angriff auf die Kommunisten und die streikenden Arbeiter 1932 im Storting – »jedes Wort war wie eine Bombe«. Dann lenkte Ødegård das Gespräch auf die Juden:

Hamsun sagt, er habe nie etwas gegen die Juden gehabt, und er erwähnt, daß er während des letzten Krieges deutschen Juden hinüber nach Amerika geholfen habe, und er habe viele jüdische Freunde. Als ihm die Stelle in dem Protokoll seines Gesprächs mit Hitler, wo er sich über die Juden in Schweden geäußert hat, gezeigt wurde, lächelte er das geradezu beiseite. Bei Hitler sei das mit den Juden

> eine fixe Idee gewesen, aber er meine nicht, daß Quisling derartige Vorstellungen gehabt habe. Von den Judenverfolgungen in Norwegen und Deutschland habe er keinerlei Ahnung gehabt – jedenfalls habe er nicht gewußt, daß es so schlimm gewesen sei, wie er nun sehen könne.

Das Gespräch kehrte wieder zu dem bereits bekannten Thema seiner Isolation während der Kriegsjahre zurück. Daß diese Behauptung weitestgehend der Wahrheit entsprach, bestätigten Sigrid Stray, Gierløff, Harald Grieg sowie Marie und Tore Hamsun ganz spontan. Hamsuns eigene, literarische Darstellung der Nachkriegsjahre, *Auf überwachsenen Pfaden,* von der später noch die Rede sein wird, stellt noch eine weitere Bekräftigung dar. Wenn man Hamsun je nachsagen kann, er habe nach Entschuldigungen gesucht, dann in der Hinsicht, daß er immer wieder die Aufmerksamkeit auf seine Isolation und Taubheit gelenkt hat sowie auf die Folgen, die sich daraus für ihn ergaben – daß er keine Verbindung mehr mit den Tatsachen des Nazismus und mit dem wirklichen Verlauf des Krieges hatte. Diese Rechtfertigung ist jedoch nur eine ergriffene Chance, ein trügerisch beiläufiger Versuch, Mitgefühl zu erregen. Schon vor dem Krieg wußte Hamsun allerhand über den Nazismus. Er wußte, daß Hitler seine Gegner ermorden ließ. Er hatte sich auch für Konzentrationslager und politische Häftlinge und die Naziaggression gegen Polen ausgesprochen. Er muß erkannt haben, daß eine zu heftige Beteuerung seiner Unschuld auf der Grundlage seiner Isolation einer gründlichen Untersuchung nicht standhalten würde. Mehr als alle anderen wußte er, welchen Wert es hatte, zuwenig zu protestieren. Der Bericht fährt fort:

> Er habe in keiner Weise unter dem Einfluß seiner Familie gestanden, denn keiner von ihnen habe die Geduld gehabt, mit ihm zu reden – schon gar nicht seine Frau – »unsere Beziehung war nicht so«. Sie hätten sozusagen seit vielen Jahren nicht mehr miteinander geredet. Er sagte dies mit deutlicher Trauer in der Stimme, ein wenig

wehmütig-bitter. Aber sofort fügte er eifrig und erregt hinzu, daß man das nicht als Ausrede benutzen solle, um ihn über seine Ehe auszufragen, so wie der Professor (Langfeldt) das versucht habe – dann würde er mit keinem Wort antworten.

...

Er sei sich darüber im klaren, daß er sich nach den derzeit geltenden Bestimmungen strafbar gemacht habe – aber er hebt hervor, daß die Bestimmungen damals nicht gegolten hätten, jedenfalls habe er nicht davon gewußt. Aber jetzt bitte er nur darum, regulär verurteilt zu werden, und zwar ohne Strafmilderung. Er wolle nicht milder behandelt werden, weil er alt sei. Ein bißchen müsse die Strafe natürlich verkürzt werden, denn »so lange Zeit, für die sie die Leute jetzt verurteilen, halte ich ja nicht mehr«.

...

Der Aufenthalt in der Klinik sei ihm eine Qual – man müsse durch drei abgeschlossene Türen hindurch, wenn man an die frische Luft wolle und wieder durch drei abgeschlossene Türen zurück (demonstrierte mit den Händen verbissen das Auf- und Zuschließen jeder einzelnen Tür). Man vergeude damit nur die Zeit, mit der Verbüßung seiner Strafe käme er nicht weiter und ebensowenig mit dem, was er zu tun habe.

Jetzt geht es wieder mit Langfeldt weiter. Aufgrund von Hamsuns Schwerhörigkeit wird die Untersuchung von nun an schriftlich geführt. Die ersten Fragen, die Hamsun zur Beantwortung vorgelegt werden, stellen einen Versuch dar, seine jetzigen Ansichten über seine Kindheit und seine Persönlichkeitsentwicklung zu erfahren. Der Professor war Leute gewohnt, die die Autorität respektierten, die ihm als Psychiater verliehen war, und er war es gewohnt, Antworten auf seine Fragen zu erhalten. Hamsun jedoch war es unmöglich, ihn zu respektieren. Er kam zu den Sitzungen, wie Hamsun sich ausdrückte, »ausgerüstet mit seinen Schulbüchern und seinen gelehrten Werken, die er auswendig gelernt und in denen er seine Examina gemacht hatte, aber das war etwas anderes als das, was hier vorlag«. Für ihn symbolisierte Langfeldt die Institutionalisierung jener empfindlichen Weisheit, die die Psychologie für den Künstler in ihm war. Langfeldt bedeutete »eine Regiererei über das lebendige Leben, Vorschriften ohne Intuition und Herz, eine Psychologie in Vierecken und Rubriken, eine ganze Pseudowissenschaft«. Aus naheliegenden Gründen versuchte Hamsun, seine Feindseligkeit gegenüber dem Professor im Zaum zu halten, doch an einer Stelle fuhren sich die beiden fest. Nicht zufrieden mit der Antwort auf eine seiner Fragen, stellte Langfeldt seinem Patienten vier zusätzliche. Drei davon waren ziemlich unschuldige Bitten um weitere Informationen über Hamsuns Einstellung gegenüber seinem Onkel Hans Olsen, seinem Patenonkel Torstein Hestehagen und seine Zeit als Hausierer und Lehrer. Hamsun lieferte also weitere kurze Antworten, fügte aber ärgerlich noch hinzu: »Herr Professor, ich kann mir über 1., 2. und 3. keine glühendere Schilderung abringen, als Sie hier sehen.« Langfeldts vierte Frage nach dem Grund des Scheiterns seiner Ehe mit Bergljot Bech sowie über den Verlauf seiner Ehe mit Marie, unter besonderer Berücksichtigung der letzten Jahre, hatte er einfach ignoriert. Langfeldt bestand darauf. Hamsun weigerte sich. »Ich wollte mich nicht verstecken«, schrieb er später, »ich wollte nur einer Ungeheuerlichkeit vorbeugen.« Daraufhin ließ Langfeldt Marie Hamsun vom Blødkjær Gefängnis, wo sie immer noch in Untersuchungshaft saß, in die Klinik bringen. Anders als Hamsun ließ sie sich von Langfeldt einschüchtern. In ihren Memoiren, in denen sie die Begegnung schildert,[3] schreibt sie, daß ihr der Professor nach einigen Routinefragen ein paar Fragen stellte, die sie verstummen ließen. Sie fragte, ob es unbedingt nötig wäre, daß sie antwortete, und Langfeldt bestand darauf. Er sagte, das sei äußerst wichtig, wenn er sich ein vollständiges Bild von Hamsun machen wollte. Und bevor sie schließlich antwortete, gab sie noch zu bedenken, wenn Hamsun je etwas davon erführe, dann wäre das das Ende ihrer Ehe. Der Professor versicherte, ihre Informationen würden völlig vertraulich behandelt werden. Dann gab sie alle

Einzelheiten über die gesamten letzten Jahre ihrer Ehe preis. Seit Hamsuns achtundsiebzigstem Lebensjahr sei eine beachtliche Veränderung mit ihm vor sich gegangen. Er sei schwierig geworden, unverträglich, und hätte begonnen, sich für junge Mädchen zu interessieren. Sie behauptete kategorisch, er sei ihr mehrfach untreu gewesen. Er habe sich ihr gegenüber äußerst aggressiv verhalten, weil er glaubte, sie wolle im Hause bestimmen. Er habe die Leute hoffnungslos falsch beurteilt. Sogar denjenigen, die im Hause arbeiteten, habe er die verrücktesten Dinge unterstellen können. Doch wolle sie nicht so weit gehen und das als Verfolgungswahn bezeichnen. Sie betonte, wie sehr er während des Krieges isoliert gelebt habe, und dann gab sie Einzelheiten ihrer Beziehung preis. Für sie sei es ein Zustand offener Feindseligkeit gewesen, es habe Auseinandersetzungen gegeben, er habe sie sogar tätlich bedroht, von Scheidung sei die Rede gewesen, und beide hätten gedroht davonzulaufen. Sie beklagte sich, er habe sie unvorteilhaft mit seiner Mutter verglichen (was Langfeldt dazu veranlaßte, Hamsun in seinem Bericht eine »starke Mutterbindung« zuzusprechen), und er habe schon nach wenigen Jahren zum Ausdruck gebracht, daß er von ihr als Frau enttäuscht gewesen sei. Sie erwähnte seine ungeheure Großzügigkeit und erzählte, er habe häufig anonym Geld an notleidende Künstler geschickt. Insgesamt malte sie Langfeldt ein höllisches Bild ihrer Beziehung und ließ dabei die vielen überaus glücklichen Jahre, die sie miteinander verlebt hatten, unerwähnt. Zweifellos war sie noch beherrscht von der Bitterkeit, ja von dem Haß, mit dem sie ihren Mann seit Ende der dreißiger Jahre und den ganzen Krieg hindurch betrachtet hatte.

Nachdem dieses »Geständnis« abgelegt war, bat Marie darum, ihren Mann zu sehen. Langfeldt willigte ein, und sie wurde in ein leeres Zimmer geführt, wo sie auf ihn warten sollte. Von weit her vernahm sie einen erstaunten Ausruf: »Meine Frau, sagen Sie! Sie meinen wirklich, *meine* Frau?« Es lag keinerlei freudige Überraschung in seiner Stimme, und als er das Zimmer betrat, starrte er sie an und fragte nur: »Was hast du dir denn da ausgedacht!« Seine Reaktion gab ihr zu verstehen, was sie vorher nicht erkannt hatte, daß Hamsun den Professor als Todfeind ansah. Er wußte ganz genau, was Langfeldt getan hatte, und an Maries schuldvollem, verwirrtem Ausdruck erkannte er auch, daß sie ihn verraten und seinem Feind die Informationen geliefert hatte, die er wünschte. Zornig erhob er sich und wandte sich zum Gehen. An der Tür drehte er sich noch einmal um und sagte ganz ruhig: »Jaja, so sage ich dir Lebewohl, Marie, öfter sehen wir uns wohl nicht mehr.«[4] Das war eine Feststellung der Tatsachen, eine Scheidung durch Verkündigung. Und er meinte, was er sagte – beinahe.

Dieses Problem hatte Langfeldt also gemeistert, und er setzte seine Untersuchung fort. Er legte Hamsun Fragen vor, und der schrieb seine Antworten im kümmerlichen Licht einer schwachen und außerdem verhüllten Lampe. Es waren literarische Arbeiten für ihn, und so ging er mit größter Sorgfalt ans Werk:

> (In dem Bericht an die Behörden, den ich über Sie anzufertigen habe, muß ich auch eine Darstellung Ihrer Charaktereigenschaften abgeben. Es wäre daher von großer Wichtigkeit, zu erfahren, was Sie selber darüber denken – da ich davon ausgehe, daß Sie sich im Laufe Ihres Lebens selbst gründlich analysiert haben. Soweit ich das richtig verstehe, sind Sie immer *aggressiv* gewesen. Können Sie erklären, ob es sich dabei um eine *angeborene* Aggressivität handelt oder ob sie ihren Hintergrund in besonderen Erlebnissen Ihrer Jugendzeit hat?
>
> Gleichzeitig habe ich den Eindruck, daß Sie sehr empfindsam sind – *verletzbar.* Stimmt das? Und welche Charaktereigenschaften haben Sie noch? Sind Sie mißtrauisch? Egoistisch oder freigebig? Eifersüchtige Natur? Ausgeprägter Gerechtigkeitssinn? Logiker? Empfindsame oder kalte Natur?)
>
> Hamsun: Ich habe mich auf keine andere Weise analysiert, als daß ich in meinen Büchern mehrere hundert verschiedene Gestalten geschaffen habe – jede für sich aus

mir herausgesponnen, mit Mängeln und Vorzügen, wie sie erdichtete Personen haben.
Die sogenannte »naturalistische« Periode, Zola und seine Zeit, schrieb über Menschen mit Haupteigenschaften. Die nuancierte Psychologie benötigten sie nicht, die Menschen besaßen eine »dominierende Eigenschaft«, die ihre Handlungen bestimmte.
Dostojewski und andere lehrten uns alle etwas anderes über die Menschen.
Von Anfang an, glaube ich, gibt es in meinem gesamten Schaffen nicht eine Person mit einer solchen einzigen gradlinigen dominierenden Eigenschaft. Sie sind alle ohne sogenannten »Charakter«, sie sind gespalten und zusammengesetzt, nicht gut und nicht böse, sondern beides, nuanciert, wechselhaft in ihrem Wesen und ihren Handlungen.
Und so bin zweifellos ich selbst.
Es ist durchaus möglich, daß ich aggressiv bin, daß ich vielleicht ein wenig von all den Eigenschaften habe, die der Professor andeutet – empfindsam, mißtrauisch, egoistisch, freigebig, eifersüchtig, gerechtigkeitsliebend, logisch, gefühlsbetont und kalt – alle diese Eigenschaften wären doch menschlich. Aber ich weiß nicht, ob ich einer von ihnen bei mir selbst ein Übergewicht einräumen kann.
Zu dem, was mich ausmacht, gehört auch noch die Gnadengabe, die mich in den Stand versetzt hat, meine Bücher schreiben zu können. Aber sie kann ich nicht »analysieren«.
Brandes hat sie den »göttlichen Wahnsinn« genannt.

(Würden Sie etwas Genaueres über Ihre religiöse Einstellung niederschreiben (oder diktieren)? Was verstehen Sie unter »Gott«? Glauben Sie überhaupt, daß es außerhalb unser selbst Kräfte gibt, die wir mit unseren Sinnen nicht zu erfassen vermögen?)

Hamsun: Gerade bevor ich neulich aus dem Altersheim in Landvik weggeführt wurde, kam ein Mann in mein Zim-

mer und sagte etwas. Da ich ihn nicht hören konnte, schrieb er es auf einen Papierfetzen: Sind Sie erlöst?
Ich antwortete ihm, nicht ganz so unaufdringlich: Sind Sie selbst erlöst?
Was ich von Gott halte?
Ich bin Autodidakt und habe nicht so viele Schulbücher und gelehrte Werke gesehen. Dank Gottes Gnade lebe ich nun in meinem siebenundachtzigsten Jahr hier auf Erden.

(Wie ist Ihre religiöse Einstellung gewesen? Hat sie irgendeine Veränderung erfahren?)

Hamsun: Am ehesten indifferent. Ich bin nicht gottlos, aber wie alle meine Bekannten und meine Kameraden religiösen Fragen gegenüber gleichgültig.
Nein, keinerlei Veränderung. Ich bin kein besonders eifriger Beter, aber ich bin Gott von Herzen dankbar, daß er mir gegenüber gnädig gewesen ist und mich aus dem einen oder anderen errettet hat.

(Ich hätte gern von Ihnen einen Bericht über einige der wichtigsten Widrigkeiten, denen Sie im Lauf der Jahre begegnet sind, und in welcher Weise diese Sie beeinflußt haben.)

Hamsun: Mir ist sehr viel Schlimmes erspart geblieben, verglichen mit so vielen anderen, hat mich nicht viel Böses getroffen. Ich bin die ganze Zeit gesund gewesen, keine Krankheit, eine Gesundheit, die vieles ertragen hat, vielleicht u. a. deswegen, weil ich von Kindheit an zu entsagen gelernt habe.
Wenn wir daheim über etwas jammerten, hieß es immer: Das ist doch gar nichts, es kommt noch viel schlimmer!
Natürlich habe ich, genauso wie andere auch, Widrigkeiten erfahren, es hat jedoch für gewöhnlich nicht längere Zeit auf mich nachgewirkt. Ich habe eine frohe Natur und scherze und lache gern. Das habe ich von meinem Vater ...
Bei Widrigkeiten kann ich Angriffe auf mich in den Zeitungen nicht unerwähnt lassen. Erst spät fing ich an, einen Namen zu bekommen, und noch in den dreißiger Jah-

ren wirkten, wie ich mich entsinne, Zeitungsangriffe unmittelbar und stark auf mich. Aber ich trug mich nicht lange damit herum.
Nils Vogt schrieb im *Morgenbladet:* »der Apostel des Humbugs in unserer Literatur, der Taschenspieler der neuen Kunst, Knut Hamsun«.

(Wenn Sie am 9. April 1940 gewußt hätten, was Sie nun wissen, unter anderem, daß die Deutschen Ihre Landsleute massenweise gefoltert und getötet und daß sie überall, wohin sie kamen, eine Geistestyrannei ausgeübt haben, hätten Sie dann so geschrieben, wie Sie es 1940 taten?)

Hamsun: Das ist eine hypothetische Situation, aber das hätte natürlich meine Einstellung zum Deutschtum verändert.

Der Bericht schließt mit den Ergebnissen einer ganzen Reihe medizinischer Untersuchungen, denen Hamsun unterworfen wurde, einschließlich eines interessanten Tests über sein Verständnis von verschiedenen Begriffen. Die Auswertung seiner Antworten durch die Psychiater läßt deutlich den gewaltigen Unterschied zwischen dem Intellekt derjenigen erkennen, die sich die Tests ausgedacht hatten und sie interpretierten, und dem Intellekt dessen, der getestet wurde.

Definition von Begriffen ist recht zufriedenstellend.
Beispiel: Selbstverleugnung – »entsagen, sich selbst um einen Vorteil bringen«.
Redlichkeit – »recht handeln, recht denken«.
Andererseits gelang es ihm nur schlecht, *den Unterschied beziehungsweise die Ähnlichkeit zweier Begrifffe* klar zu erkennen.
Beispiel: Was ist der Unterschied zwischen einem Kind und einem Zwerg?
Antwort: Das Alter.
Der Unterschied zwischen Selbstvertrauen und Dünkel?
Antwort: Dünkel würde dazu führen, daß man eine Stellung verliert, die man durch Selbstvertrauen erlangt hat.

Bei der Beantwortung von Fragen nach *ethischen Begriffen* kamen einige drollige Dinge heraus. So zum Beispiel, als der Observant auf die Frage, warum man seiner Frau nicht untreu werden sollte, antwortete: »Weil sie Vergeltung üben kann.«
Auf die Frage, wen er am meisten von allen, die er kannte, bewundert habe, antwortete er: »Um damit fertig zu werden, Bjørnson.«

In ihrer Zusammenfassung hoben die Psychiater die strenge Behandlung Hamsuns bei seinem Onkel Hans Olsen und die schwierigen jungen Jahre hervor, in denen er sich als Schriftsteller nicht habe durchsetzen können. Sein Kampf um Anerkennung sei bestimmt gewesen von einem Haß auf jegliche Autorität, der noch aus den Jahren bei Olsen hergerührt habe. Mißtrauen und Zurückhaltung gegenüber Fremden seien ebenfalls Auswirkungen seiner strengen Erziehung beim Onkel und seines Kampfes um literarische Anerkennung. Seine Selbstironie und Selbstsicherheit seien als Verteidigungsmechanismen zu verstehen, die auf die gleichen Ursachen zurückzuführen seien. Sie erwähnten seine außergewöhnliche *Hartnäckigkeit und Ausdauer,* sein *äußerst empfindsames Gemüt* und sein *starkes Einfühlungsvermögen,* das dazu führe, daß manchmal »die Grenzen zwischen ihm und seiner Umwelt zu verwischen scheinen«. Seine pantheistische Einstellung, seine *starke Beeinflußbarkeit* sowie seine *Halluzinationen* in der Kindheit ließen sich vor diesem Hintergrund am besten erklären. Worauf sein lebenslanges Bedürfnis nach Einsamkeit zurückzuführen sei, könnten sie nicht klar erkennen. Dagegen äußerten sie sich über seine *Aggression,* seine *Freigebigkeit* – besonders Landstreichern und notleidenden Schriftstellern gegenüber – und die damit verbundene *Knausrigkeit in Haushaltsangelegenheiten* sowie die *nahezu krankhafte Genauigkeit zum Zurückzahlen auch der kleinsten Schulden.* Als seine, rein menschlich gesehen, ansprechendste Eigenschaft nannten sie seine *absolute Redlichkeit.*
Zusammenfassend postulierten sie, daß er einen Minder-

wertigkeitskomplex habe sowie ein von seiner starken Triebnatur verursachtes Schuldgefühl, was beides zu heftigen inneren Konflikten geführt habe. Weitere Komplikationen seien durch die Tatsache hinzugekommen, daß er »ein ausgesprochener Führertyp sei, der eine völlige Unterwerfung derjenigen um ihn herum gefordert habe«. Hamsuns Taubheit, seine Isolation innerhalb der Familie und seine beiden Schlaganfälle wurden angeführt. In Anbetracht dessen bezeugten die Sachverständigen, »findet man selten einen Sechsundachtzigjährigen mit einem so wachen Interesse für aktuelle Fragen wie den Observanten«. Seinen geistigen Zustand im Jahr 1898 bezeichneten sie als paranoide Reaktion, die möglicherweise von seiner Verlobten ausgelöst worden sei. Dann kamen sie ziemlich rasch und wenig überzeugend zu ihren Schlußfolgerungen – daß die beiden Schlaganfälle von 1942 und 1944 seine Urteilskraft und seine Widerstandsfähigkeit beträchtlich geschwächt hätten. Die Tatsache, daß er Goebbels seine Nobelpreismedaille geschenkt hat, sei ein Beweis dafür. Aus alldem sowie seiner mit den Jahren gewachsenen Affektlabilität und seiner äußerst unnachgiebigen Haltung gegenüber seiner Familie kamen sie zu dem folgenden Ergebnis ihrer Untersuchungen:

> 1. Wir halten Knut Hamsun nicht für geisteskrank und nehmen nicht an, daß er in der Zeit, in der er die ihm zur Last gelegten Handlungen beging, geisteskrank gewesen ist.
> 2. Wir halten ihn für einen Menschen mit nachhaltig geschwächten geistigen Fähigkeiten, nehmen jedoch nicht an, daß eine unmittelbare Gefahr der Wiederholung strafbarer Handlungen besteht.
> Vinder, 5. 2. 1946
> Ørnulv Ødegård Gabriel Langfeldt

Nach einem Aufenthalt von 119 Tagen wurde Hamsun am 11. Februar aus der Klinik entlassen, und obgleich er nach Nørholm hätte zurückkehren können, ging er wieder ins Altersheim nach Landvik, diesmal als zahlender Gast. Marie, die immer noch auf einen Termin für ihren Prozeß wartete, kam regelmäßig nach Nørholm, und er weigerte sich, mit ihr unter dem gleichen Dach zu sein. »Sie ist mein schlechtes Gewissen«, soll er gesagt haben. Sein Aufenthalt in Landvik kostete 150 Kronen pro Monat, und der Tagesablauf, dem er folgte, war derselbe wie für alle anderen Insassen. 6 Uhr: aufstehen und Feuer machen, 7 Uhr: Frühstück, 12 Uhr: Mittagessen, 15 Uhr: Kaffeetrinken, 19 Uhr: Abendbrot. Ansonsten las oder schrieb er oder ging spazieren. Als zahlender Gast genoß er das Privileg, sich das Essen in seinem Zimmer servieren zu lassen. Es war zweifellos eine interessante Erfahrung für ihn, ohne viele Umstände in die Welt der gewöhnlichen Menschen zurückgebracht worden zu sein, und auch der Verantwortlichkeiten, die damit verbunden waren, ein »großer Mann« zu sein, war er schließlich entledigt. Die vier Monate in der Klinik hatten ihn körperlich und seelisch erschöpft, und er war froh, wieder frei zu sein. Wie gewöhnlich bezauberte er diejenigen, mit denen er in persönlichen Kontakt kam. Eine dreiundsechzigjährige Mitbewohnerin des Heimes schilderte ihn als den »elegantesten Herrn im Heim. Wenn nur die anderen auch so wären wie er!«[5]

Am 18. Februar verkündete der Oberste Ankläger:

> Nach dem Ergebnis der Untersuchung habe ich festgestellt, daß kein öffentliches Interesse an einer Anklageerhebung gegen Hamsun besteht. Er wird bald siebenundachtzig Jahre alt, hat nach Ansicht der Sachverständigen nachhaltig geschwächte geistige Fähigkeiten und ist so gut wie taub. Unter Heranziehung des Paragraphen 85, Absatz 2, Abschnitt 1 habe ich deshalb beschlossen, die Anklage gegen ihn fallenzulassen.

Dem Land blieb somit die Verlegenheit erspart, Hamsun vor Gericht zu stellen, und gleichzeitig konnte es die Gelegenheit nutzen, ihm nun etwas von der Verachtung zurückzugeben, mit denen er seine Landsleute in den ersten Jahren der Okkupation überschüttet hatte. Die Krone jedoch entschied, gegen ihn Anklage wegen Mitgliedschaft in der NS (Mitgliedsnummer 26.000) nach dem 8. April 1940 zu erheben und Wiedergutmachung von ihm zu fordern für seinen Anteil an dem Schaden von insgesamt etwa 300 Millionen Kronen, den die Partei während der Besatzungszeit dem Land zugefügt habe. Die Klage wurde am 16. Mai 1946 in Agder erhoben. Nachdem seine finanzielle Situation überprüft worden war, wurde verkündet, daß er mit einer Forderung von etwa einer halben Million Kronen zu rechnen habe. Interessanterweise war Dr. Langfeldt gegen diese Entscheidung. Er vertrat die Ansicht, die Krone sollte alle logischen Konsequenzen, die aus seinen Untersuchungsergebnissen folgten, akzeptieren und Hamsun auch von der ökonomischen Verantwortlichkeit seiner Handlungen während des Krieges freisprechen.[6] Mit dieser Ansicht stand er jedoch so gut wie allein. Insbesondere die Presse brannte darauf, Hamsun auf der Anklagebank zu sehen.

Das norwegische Rechtssystem kam mit den insgesamt 40.000 Fällen ehemaliger NS-Mitglieder nur langsam voran, und so sollte es noch achtzehn Monate dauern, bis Hamsuns Fall schließlich verhandelt wurde. In der Zwischenzeit bekam er deutlich die Verachtung zu spüren, die der psychiatrische Bericht mit dem Ausdruck, seine geistigen Fähigkeiten seien nachhaltig geschwächt, nahegelegt hatte. Aber noch stärker war er darüber erbittert, daß die Anklage in strafrechtlicher Hinsicht fallengelassen wurde. In Briefen an Christian Gierløff beteuerte er, wie Quisling, daß alles, was er getan habe, zum Besten Norwegens beabsichtigt gewesen war. In diesem einen Punkt glichen sich diese beiden grundverschiedenen Männer. Beide waren gleich aufrichtig in ihrem Patriotismus und beide gleich unfähig zu begreifen, was Demokratie bedeutete. Hamsun bestand darauf, die Verantwortung für alles zu übernehmen, was er getan hatte, wenngleich nicht einmal er vermutlich so weit gegangen wäre, freiwillig den gleichen Preis wie Quisling zu zahlen. Der war am 24. Oktober 1945 standrechtlich erschossen worden. Hamsun war, als schlüge ihm der Oberste Ankläger damit, daß er in strafrechtlicher Hinsicht keine Anklage erhob, »die Waffe aus der Hand«. Irgendwie war er zu der Überzeugung gelangt, daß er vor jedem ordentlichen Gericht freigesprochen werden würde. Drei bis vier Monate lang grübelte er über die Sache nach, und am 23. Juli schließlich schickte er dem Obersten Ankläger einen langen Brief, der später auch in *Auf überwachsenen Pfaden* auftauchte. Er beginnt mit einer Beschwerde über die Behandlung in der Klinik und den mutmaßlichen Zweck der Untersuchung. Wenn das tatsächlich geschehen sei, um ihn für nicht zurechnungsfähig und somit nicht verantwortlich für seine Handlungen zu erklären, dann habe der Oberste Ankläger nicht mit ihm gerechnet:

> Ich habe vom ersten Augenblick an, bei der Vernehmung am 23. Juni, die Verantwortung für das, was ich getan habe, auf mich genommen und diesen Standpunkt später die ganze Zeit hindurch unverkürzt beibehalten. Ich wußte nämlich, wenn ich nur ungehindert sprechen könnte, würde das Blatt sich zum Freispruch für mich wenden oder die Entscheidung doch dem Freispruch so nahe kommen, wie ich selbst zu gehen wagte und das Gericht akzeptieren würde. Ich wußte, ich war unschuldig, taub und unschuldig, ich wäre einer Examinierung des Staatsanwalts wohl gewachsen, indem ich einfach das meiste der wahren Vorgänge erzählt hätte.

Es steckt eine außergewöhnliche Arroganz hierin – vollkommener Freispruch ist etwas, das er nicht zu riskieren *wagt*, und er erwartet, ungeschoren davonzukommen, wenn er »das meiste der wahren Vorgänge« erzählt. Doch daß der Oberste Ankläger die Anklage fallenließ, hatte ihn wehrlos, impotent gemacht:

> Herr Riksadvokat! Gleichzeitig mit der Veröffentlichung des Gutachtens der Sachverständigen ließen Sie der Öffentlichkeit eine Erklärung zugehen, daß Sie das gerichtliche Verfahren gegen mich einstellten und von einer Anklage absahen.

Entschuldigen Sie, aber hier handelten Sie wieder ohne mich. Sie bedachten nicht den Fall, daß ich mit dieser Entscheidung vielleicht nicht zufrieden sein könne, Sie vergaßen, daß ich bei der Vernehmung durch den Untersuchungsrichter und später stets für das, was ich getan habe, einstand und einem Urteil entgegensah. Ihr impulsiver Eingriff ließ mich zwischen Himmel und Erde schweben, meine Sache wurde dadurch nicht entschieden. Die Hälfte stand noch aus. Sie waren der Ansicht, daß mir mit Ihrer Entscheidung gedient sei, aber das war nicht so, und ich glaube, einige Menschen werden mir recht geben. Ich war bis vor kurzer Zeit kein Irgendwer in Norwegen und der Welt, und es paßte mir nicht, den Rest meiner Tage in einer Art von Ihnen erlassener Amnestie ohne Verantwortung für mein Handeln zu verbringen.

Aber Sie, Herr Riksadvokat, schlugen mir die Waffe aus der Hand.

Sie glauben gewiß, dies jetzt – jetzt nachträglich – durch eine Vorladung, die mich vor das Schwurgericht einberuft, berichtigt zu haben. Das berichtigt gar nichts. Ich bin aus meiner festen, klaren Stellung verdrängt worden.

Am Ende mußte er sich mit dem Angebot eines Zivilprozesses gegen ihn zufriedengeben. Das würde einen entscheidenden Schritt zu seinem Ziel darstellen – das Eingeständnis des Staates, daß er tatsächlich geistig gesund war und voll verantwortlich für sein Verhalten während des Krieges.

Hamsuns Frau hatte weniger Glück als er. Am 24. September 1946 wurde ihr Fall vor dem Sander Bezirksgericht verhandelt. Wegen ihrer aktiven Mitgliedschaft in der Nasjonal Samling und ihrer beträchtlichen Propagandaaktivitäten für die Deutschen wurde sie zu drei Jahren Zwangsarbeit verurteilt, unter Anrechnung der 325 Tage, die sie bereits in Untersuchungshaft gesessen hatte. Außerdem wurde ihr eine Geldstrafe von 75.000 Kronen auferlegt, und zeitweilig wurden ihr gewisse bürgerliche Rechte entzogen. Als Mitschuldige an dem Schaden, den die NS dem Land zugefügt hatte, mußte sie eine Entschädigung von 150.000 Kronen zahlen,

eine außergewöhnlich hohe Summe, was gewiß darauf zurückzuführen war, daß sie Knut Hamsuns Frau war. Ihr Einspruch gegen das Urteil wurde am 20. September 1947 vor dem Obersten Gericht verhandelt. Das Urteil von Sand wurde bestätigt, wenngleich auf die Geldbuße von 75.000 Kronen verzichtet wurde. Am 9. Dezember trat sie ihre Strafe im Bredtveter Gefängnis in Grorud in Oslo an.
Eine Woche später, am 16. Dezember, hatte Hamsun vor dem Gericht in Sand zu erscheinen. Es war sofort klar, was das zentrale Dokument der Verhandlung sein würde. Das war ein Formular, ein Fragebogen, der gewöhnlich bei der Antragstellung um Aufnahme in die Partei ausgefüllt wurde. Hier hatte Hamsun die Fragen über seine Eltern beantwortet, bestätigt, daß die Familie seiner Frau frei war von jeglichem jüdischem Blut, daß er selbst nie mit einer Nichtarierin verheiratet gewesen ist und daß er niemals den Freimaurern oder irgendeiner anderen Geheimorganisation angehört habe. Unter Abschnitt F, Besondere Bemerkungen, hatte er mit ziemlichem Stolz (»man hat es vielleicht noch nicht ganz vergessen«) die Reihe von Zeitungsartikeln angeführt, die er im Ersten Weltkrieg zur Verteidigung Deutschlands geschrieben hatte. Doch es war Abschnitt D, der die juristischen Kopfschmerzen verursachte und anhand dessen das Gericht schließlich zu einer Entscheidung kommen mußte. Hier wurde der Betreffende gefragt, ob er bereits Mitglied der NS sei und wenn ja, wann er eingetreten sei. Hamsun hatte eingetragen: »Bin nie aufgenommen worden, habe aber Quislings Partei angehört.« Das war eine absolut klassische Äußerung der seltsam fundamentalen Unverbindlichkeit seiner Einstellung den Dingen gegenüber, eines von den tausend Vielleichts seiner Romane, das nun plötzlich und unerklärlich in der realen Welt des Gerichts auftauchte. Hamsun hatte dieses Formular unterschrieben und datiert mit: Nørholm, 15. Januar 1942. Und um das Rätsel noch schwieriger zu machen, stand in einer anderen Handschrift ganz oben auf dem Formular: »Aufgenommen in die NS am 22. 12. 40«, und die Mitgliedsnummer 26.000 war daraufgestempelt. Wenn es Hamsun und seiner Anwältin Sigrid

Stray gelang, das Gericht – zwei Schöffen und den Amtsrichter – davon zu überzeugen, daß dieses Dokument nicht genügte, um zu beweisen, daß er nach dem 8. April 1940 Parteimitglied gewesen war, dann konnte er das Gericht mit gerettetem Vermögen verlassen.
Hamsuns Stellung zur NS erinnert unweigerlich an seine eigenen Worte in dem Artikel über Kristofer Randers von 1894, in dem er schildert, wie die leidenschaftliche Unabhängigkeit des wahren Individuums stets und beinahe trotz seiner selbst von einer glühenden Sympathie für die Ansichten einer politischen Partei gekennzeichnet ist. Das Individuum verzehrt sich für den Erfolg dieser Partei, vollzieht aber nicht den letzten Schritt dieses Engagements, ihr tatsächlich beizutreten. Somit steht ihm der Fluchtweg zurück in die völlige Individualität, die Freiheit, strikt zu leugnen, daß er meinte, was er gerade gesagt hat, immer offen. Das ist sowohl ein Mechanismus der Selbstverteidigung als auch eine Bestätigung des Rechts für den schöpferischen Künstler, sich sein eigenes moralisches Universum zu schaffen und zu bevölkern. Man wird an eine Eigenschaft von Hamsuns fiktiven Helden erinnert: den entschlossenen Ausdruck des Interesses an etwas – einer Liebesaffäre oder einem Projekt –, gefolgt von abrupter Leugnung jeglichen Interesses daran. Auch *Auf überwachsenen Pfaden* ist davon gekennzeichnet, immer wieder werden kleine leidenschaftliche Ausbrüche von Gleichgültigkeitsbeteuerungen gebändigt. Er will nicht ertappt werden, er läßt sich nicht festlegen. Eine der Notizen, die im Gericht zwischen Hamsun und Sigrid Stray hin und her gingen, veranschaulicht seine Haltung sehr gut:

> Man wollte mich dazu bringen, Freimaurer zu werden, Rotarier, sogar Mitglied einer Abstinenzlerloge – ich habe nein gesagt. Niemand hat mich gebeten, Mitglied der NS zu werden – da hätte ich auch nein gesagt. Ich gehöre keiner Korporation an, ich bin frei.[7]

Und in seiner langen Rede vor dem Gericht, die ebenfalls in

Auf überwachsenen Pfaden aufgenommen ist, versuchte Hamsun wieder, für seine Freiheit einzutreten:

> Was mich fällen – zu Boden werfen soll, sind einzig und allein meine Artikel in den Zeitungen. Etwas anderes kann mir nicht nachgewiesen werden. Insofern ist mein Rechenschaftsbericht sehr einfach und klar. Ich habe niemand denunziert, nicht an Versammlungen teilgenommen, bin nicht einmal in Schwarzhandelsgeschäfte verwickelt gewesen. Ich habe nichts für die Frontkämpfer oder irgendeine NS-Organisation gegeben, deren Mitglied ich, wie jetzt behauptet wird, gewesen sein soll. Also nichts. – Ich bin nicht Mitglied der NS-Partei gewesen. Ich habe zu verstehen versucht, was der Nationalsozialismus war, ich versuchte, mich damit vertraut zu machen, aber es wurde nichts daraus. Doch ist es wohl möglich, daß ich hin und wieder im Geist des Nationalsozialismus geschrieben habe. Ich weiß es nicht, denn ich weiß nicht, was der Geist des Nationalsozialismus ist. Aber es mag sein, daß aus den Zeitungen, die ich las, etwas davon in mich eingesickert ist. Jedenfalls stehen ja meine Artikel vor aller Augen. Ich versuche nicht, sie abzuschwächen, sie geringfügiger zu machen, als sie sind, es mag schon schlimm genug damit sein. Im Gegenteil, ich stehe nach wie vor für sie ein, wie ich immer getan habe.

Was er nicht ganz verstehen kann, ist, daß die Mehrzahl der Norweger seinen Traum von einem Norwegen, das in einem zu neuem Leben erweckten Europa unter Deutschlands Führung einen hervorragenden Platz einnehmen würde, nicht teilte. Für die Verwirklichung dieses Traumes, für Norwegen hatte er geschrieben. Die Sprache, mit der er das darlegt, läßt erkennen, wie sehr er von diesem Traum beherrscht war:

> Der Gedanke sagte mir von Anfang an zu. Mehr noch, er begeisterte mich, ich war davon besessen. Ich erinnerte mich nicht, in dieser ganzen Zeit, in der ich dort in mei-

ner Einsamkeit saß, jemals frei davon gewesen zu sein. Mir schien, es sei ein großer Gedanke für Norwegen, und mir scheint noch heute, daß das eine große und gute Idee war, wohl wert, dafür zu kämpfen und zu arbeiten: Norwegen, ein auf sich selbst stehendes und aus sich selbst leuchtendes Land am Rande Europas!

Zu schnell jedoch kompromittierten ihn die Entwicklungen:

Doch es ging schlecht aus mit dem, was ich tat, es ging schlecht aus. Ich geriet sehr bald mit mir selbst in Widerstreit, und in die tiefste Verwirrung geriet ich, als der König und seine Regierung das Land freiwillig verließen und sich hier daheim außer Funktion setzten. Das riß mir ganz und gar den Boden unter den Füßen weg. Ich blieb zwischen Himmel und Erde hängen. Ich hatte nichts Festes mehr, woran ich mich halten konnte. So saß ich und schrieb, saß und telegraphierte und grübelte. Mein Zustand in dieser Zeit war Grübeln. Ich grübelte über alles nach.

Er schildert, wie er sich plötzlich in der Situation befand, beiden Seiten zu helfen zu versuchen, indem er an Hitler und Terboven Telegramme und Briefe schickte, und daß diese Bemühungen dazu führten, daß er in den Jahren des Krieges in eine noch exponiertere Stellung geriet.

Und diese Telegramme waren es dann, die mich den Deutschen schließlich etwas verdächtig machten. Sie hielten mich für eine Art Vermittler, einen etwas unzuverlässigen Vermittler, auf den man am besten ein wenig achtgab. Hitler selbst verbat sich zuletzt meine Zuschriften. Er wurde sie leid. Er verwies mich an Terboven, aber Terboven antwortete nicht.

Trotz aller Subtilität der Lage, in der er sich befindet, und trotz der vielen abmildernden Halbwahrheiten, die er bietet, einschließlich der Bemerkung »niemand sagte mir, daß es falsch war, was ich schrieb, niemand im ganzen Land«, bringt er es nicht fertig, irgendwelches Bedauern zu äußern beziehungsweise Schuld zu bekennen. Er war zu alt und hatte zu lange die Rolle des »großen Mannes« gespielt, um das tun zu können. Mit den aufrichtigsten, freimütigsten Worten legte er dem Gericht seine Position dar. Er muß gewußt haben, daß seine Rede ihm keinerlei Sympathie einbrachte, daß sie vielmehr eine Verachtung jeglicher Sympathie darstellte, und mit ihr so fortzufahren, wie er es tat, war ein weiteres Zeichen jener schaurig-heldenmütigen Verbissenheit, mit der er sein Leben lang danach strebte, Knut Hamsun zu sein:

> Als ich so dasaß und nach bestem Vermögen schrieb und Tag und Nacht telegraphierte, verriet ich also mein Land, heißt es. Ich war ein Landesverräter, heißt es. Lassen wir das. Aber ich fühlte es nicht so, ich erkannte es nicht so, und ich erkenne es auch heute nicht so. Ich habe Frieden mit mir selbst, ich habe das allerbeste Gewissen.
> Ich schätze das Urteil meiner Mitmenschen ziemlich hoch ein. Ich schätze unser norwegisches Rechtswesen noch höher ein, aber ich schätze es nicht so hoch ein wie mein eigenes Bewußtsein dessen, was gut und böse, was recht und unrecht ist. Ich bin alt genug, um meine eigenen Richtlinien zu haben, und dies ist nun meine Richtlinie.

Das Gericht hörte sich seine Rede an, setzte sich dann drei Tage lang damit auseinander und kam schließlich zu einer Entscheidung. Der Vorsitzende sprach Hamsun von allen Anklagepunkten frei, da er seine Mitgliedschaft in der NS für nicht bewiesen hielt. Die beiden Schöffen hingegen waren der Meinung, daß seine Bereitwilligkeit, für ein NS-Mitglied gehalten zu werden, und seine zahlreichen Andeutungen in Äußerungen gegenüber der Polizei und den Psychiatern dahingehend, er sei in die Partei »hineingeschlittert«, seien Grund genug für die Entscheidung, er müsse die volle Verantwortung für die Tatsache tragen, daß er vom Januar 1942 an als Mitglied registriert war. Das Urteil wurde am 19. Dezember verkündet. Hamsun hatte an den Staat eine Entschädigung von 425.000 Kronen zu zahlen. Seiner weitgehenden Isolation, insbesondere gegen Ende des Krieges, war Rechnung getragen worden, ebenso seiner ständigen Bereitschaft, sich an höchste deutsche Stellen zu wenden und sich für verhaftete und verurteilte Norweger einzusetzen.

Die Höhe der Entschädigungssumme, dazu kamen ja noch die 150.000 Kronen, die Marie zu zahlen hatte, bedeutete für Hamsun den Ruin und war wohl so gedacht gewesen. Am 29. Dezember kündigte Hamsun an, er werde gegen das Urteil Berufung einlegen, und zwar aus zwei Gründen: 1. sei es ein Fehlurteil, anhand des Beweismaterials, das dem Gericht vorgelegen habe, zu erklären, er sei Mitglied der NS gewesen, und 2. sei die geforderte Entschädigung viel zu hoch. Sein Vermögen sei von einer Kommission auf 500.000 Kronen taxiert worden, während er und Marie zusammen zu 575.000 Kronen verurteilt worden seien.

Nach Einlegen der Berufung kehrte Hamsun nach Nørholm zurück. Vor, während und nach dem Prozeß hatte er in Briefen an Angehörige und Freunde immer wieder beteuert, sein persönliches Schicksal sei ihm gleichgültig. Der glühende Realist in ihm war verschwunden. Jetzt und für den Rest seines Lebens war er der Taoist. Ruhm und Ehre hatten ihn aufgesucht, waren eine Weile geblieben und dann wieder ihrer Wege gezogen. Wie er das Gericht darauf hingewiesen hatte: »Die Namen von uns allen, die heute hier anwesend sind, werden in hundert Jahren von der Erde getilgt sein, niemand wird sich ihrer mehr erinnern, sie noch erwähnen. Unsere Schicksale werden vergessen sein.« Sein wirtschaftliches Verantwortungsgefühl jedoch hatte ihn nicht verlassen. Es bedrückte ihn sehr, daß er seine Kinder in den Ruin gestürzt hatte, und er wollte unbedingt etwas dagegen unternehmen. Mit einer gewissen Rechtfertigung sprach er nun davon, er sei »als Schriftsteller ein toter Mann«.[8] Im Jahr 1947 wurden in Norwegen ganze 50 Exemplare seiner *Gesammelten Werke* verkauft, 67 Exemplare *Segen der*

Erde, 38 von *Hunger,* 38 von *Der wilde Chor* sowie einzelne Exemplare anderer Werke. Im Ausland verkaufte sich ebenfalls so gut wie nichts.

Vom Juni 1945 an, der Zeit, da er von Nørholm ins Krankenhaus nach Grimstad gebracht worden war, hatte Hamsun eine Art Tagebuch oder Journal der Ereignisse geführt. Auch in der psychiatrischen Klinik hatte er es weitergeführt, heimlich, und zwar hatte er zwischen die Zeilen eines anderen Buches geschrieben, da er unter Beobachtung stand und fürchtete, und das vermutlich zu Recht, daß das Personal ihm sein Tagebuch wegnehmen und zu Dr. Langfeldt bringen würde. Ursprünglich schrieb er vermutlich nur, um sich angesichts der tausend kleinen Feindseligkeiten des Anstaltslebens, die er tagtäglich zu erleiden hatte, etwas zu trösten. Daß zum Beispiel für die Nacht seine Kleidungsstücke aus der Zelle entfernt oder ständig seine Papiere durch das Personal kontrolliert wurden, verletzte seine unmittelbare Privatsphäre. Einmal nahm sich eine Schwester sogar einfach sein Rasierzeug und rasierte andere Patienten damit, wobei sie es auch noch kaputtmachte. Dagegen konnte er nicht viel mehr tun, als es aufzuschreiben. Im übrigen war das Schreiben überhaupt das einzige, worin er wirklich gut war, das einzige, was er wirklich gern tat. Und nun lieferte ihm die Verhängung dieser ungeheuren Geldbuße plötzlich einen Grund, damit fortzufahren. Von Christian Gierløff ermutigt, entschloß er sich, dieses Journal zu einem Buch zu verarbeiten und zu versuchen, es zu veröffentlichen. Selbst wenn sein Erfolg ein Skandal sein würde, so könnte er sich doch zumindest wieder als Ernährer seiner Kinder betrachten. Rasch entwickelte sich diese Idee zur Besessenheit. »Ich gehe sogar so weit zu sagen«, schrieb er an Victoria in Frankreich, »daß ich inzwischen vielleicht schon tot wäre, hätte ich nicht an diesem Buch arbeiten müssen.«[9] Es standen aber auch noch andere Triebkräfte dahinter – ein brennender Haß auf Dr. Langfeldt und der Wunsch, seine »nachhaltig geschwächten geistigen Fähigkeiten« öffentlich zu zeigen, so daß sich die Leute selbst ein Bild von seiner geistigen Verfassung machen konnten. Zu

Gierløff sagte er: »Ich habe das Gefühl, es steckt wenig Sinn dahinter, den Rest meiner Tage mit diesem Plakat auf dem Rücken zu leben.«[10]
Während er darauf wartete, daß seine Berufung verhandelt wurde, arbeitete er fleißig an seinem Buch. Das Schreiben bereitete ihm erhebliche Mühe. Das Zittern in der rechten Hand und eine spürbare Verschlechterung seines Augenlichts hatten zur Folge, daß an schlechten Tagen die Zeilen kreuz und quer über das Blatt liefen, aber dennoch gab er nicht auf.
Das Berufungsverfahren vor dem Obersten Gericht fand am 18. und 19. Juni 1948 statt. Er hatte sich der Hoffnung hingegeben, die ganze Anklage würde an dem technischen Detail des NS-Formulars scheitern, insbesondere angesichts der Tatsache, daß der ausgebildete Jurist am Gericht der ersten Instanz ihn für unschuldig befunden hatte. Bitterlich bedauerte er, jemals dieses Formular ausgefüllt zu haben. Für ihn war es nur ein fürchterlicher taktischer Fehler, ein fataler Balanceverlust beim Drahtseilakt. »Wenn ich doch nur nicht so *geschwätzig* gewesen wäre, den Fragebogen auszufüllen!« schrieb er an Sigrid Stray.[11]
Das erwies sich tatsächlich als fataler Ausrutscher: Einstimmig bestätigte das Oberste Gericht den Urteilsspruch des Bezirksgerichts, trug jedoch Hamsuns Hinweis auf die Diskrepanz zwischen der geforderten Entschädigung und seinem geschätzten Vermögen Rechnung und reduzierte die Summe auf 325.000 Kronen.
So kam am 23. Juni 1948 die lange Auseinandersetzung zwischen Knut Hamsun und der Demokratie, in den seine Familie unvermeidlich mit verwickelt worden war, zu einem Ende. In ihrem Verlauf hatte er dem Gegner einige der Dinge demonstriert, die ein einzelner erreichen kann, der tapfer genug ist, die Masse zu ignorieren. »Es macht mir Freude, rücksichtslos zu sein, so daß anständigen Leuten die Kinnlade runterfällt und sie mich anstarren«, hatte er 1890 an Bolette Larsen geschrieben. Doch das war ein schwieriges und gefährliches Spiel, das schließlich außer Kontrolle geraten war und sehr schlimm geendet hatte. Die Demokratie

ließ jahrelang nicht nur ihre Toleranz erkennen, sondern auch ihr tiefes Verständnis für die Lektionen und Freuden, die sein Experimentieren mit dem Leben mit sich brachte; doch als er seine Mißachtung zu weit trieb, zeigte sie ihm auch, daß sie sich die ganze Zeit die Macht bewahrt hatte, ihn zu zügeln. Selbst wenn er in seinem Rechtsstreit triumphiert hätte, hätte er es vermutlich bereut. Er hätte damit auf der Seite der Sieger gestanden, und die Strategie, auf die er seine Persönlichkeit und sein Verhältnis zur Gesellschaft gegründet hatte, war für wirklichen Erfolg stets auf seine eigene, tiefste Niederlage angewiesen. Er war kein Angeber. Sein ganzes Leben lang hatte er die Demokratie gepeinigt, und es wäre ihm keine Befriedigung gewesen, wenn die Demokratie sich am Ende als unfähig erwiesen hätte, für sich selbst einzutreten.

Insgesamt hat man das Gefühl, daß die norwegischen Behörden nach dem Krieg ein schwieriges Problem mit Entschlossenheit und Takt behandelt haben. Wenn man an Ezra Pound denkt, der dreizehn Jahre in einem amerikanischen Irrenhaus verbrachte, für Vergehen, die denen Hamsuns ähnlich waren, und an Céline, der achtzehn Monate im Gefängnis saß, dann war Hamsun nachsichtig behandelt worden. Was die anderen Familienmitglieder betraf, so wurde Tore, der älteste Sohn, zu einer Entschädigungszahlung verurteilt, während Arild, der als Berichterstatter an die Front gegangen war, bis Mai 1949 eine Gefängnisstrafe absitzen mußte. Marie wurde im Herbst 1948 aus der Haft entlassen. Auf ihre Geldstrafe von 75.000 Kronen hatte das Oberste Gericht in der Berufungsverhandlung am 20. September 1947 verzichtet, und am 17. Oktober 1951 wurden ihr vom Justizministerium die 150.000 Kronen Entschädigung erlassen. Sie lebte bei Tore und seiner Familie in Asker, einem Vorort von Oslo. Ihr Mann wollte sie nicht wieder auf Nørholm haben. Die im Dezember 1945 mündlich verkündete Trennung war nicht rückgängig gemacht worden.
Die nächsten drei Tage nach der Berufungsverhandlung grübelte Hamsun über das Urteil nach. Immer wieder las er es,

so, als könnte er es einfach nicht glauben. Der treue Gierløff war bei ihm (und plante, ein Buch über ihn zu schreiben). »Wo ist hier der Beweis?« fragte er immer wieder. »Wo ist der *Beweis?*« Dann, am vierten Tag, legte er das alles beiseite, schickte Sigrid Stray ein Telegramm, in dem er sich für ihre »großartige Verteidigung« bedankte, und widmete sich völlig der Vollendung seines Buches und der ganz und gar nicht einfachen Aufgabe, einen Verleger dafür zu finden. Er war schließlich, wie er Harald Grieg im März 1946 geschrieben hatte, »ein toter Mann in Norwegen und der Welt«.[12]

18

1948–1952: Die letzten Jahre: *Auf überwachsenen Pfaden*

Hamsun hat immer eine sehr persönliches Verhältnis zu seinen Verlegern gehabt. Sowohl Harald Grieg als auch sein Vorgänger, Christian Kønig, waren gleichzeitig seine Freunde und Verleger, so daß schriftliche Verträge nicht unbedingt nötig gewesen waren, um mündliche Übereinkommen bindend zu machen. Grieg und Hamsun hatten sich auch nach dem deutschen Einmarsch ihre Freundschaft bewahrt, obgleich sie auf verschiedenen Seiten standen, und hatten sogar noch über Hamsuns Besuch bei Terboven, den er um die Freilassung Ronald Fangens gebeten hatte, Witze gemacht. Hamsun schilderte, wie sehr er sich für Fangen und seine Familie eingesetzt habe, worauf Grieg laut lachte und sagte: »Fangen hat ja gar keine Familie.«[1] Bald jedoch bekam Grieg die Auswirkungen des Krieges ernster zu spüren. Mitte 1941 wurde er von den Deutschen seines Amts im Gyldendal Verlag enthoben und eingesperrt. Nach einem Jahr wurde er, sehr wahrscheinlich als direktes Ergebnis der Fürbitte der Familie Hamsun bei Terboven, wieder freigelassen. Und im Dezember 1943 verlor er seinen begabten Bruder, Nordahl Grieg, bei einem Bombenangriff über Berlin. Der Krieg hatte für ihn deutlichere unmittelbare Folgen als für Hamsun, dessen wesentlichste materielle Entbehrung in der Requisition des Familien-Cadillacs durch die Deutschen bestand.

Nach dem Krieg, Anfang 1946, schrieb Hamsun an Grieg, um wegen einer kleinen Leibrente für Ellinor Hamsun anzufragen. Es gab eine Tradition, die schon auf die frühesten Tage der Bekanntschaft zwischen Hamsun und Gyldendal zurückging, nach der allein dem Direktor des Verlags die Ehre zukam, mit dem illustren Autor zu korrespondieren. Als Grieg jetzt jedoch nicht selbst antwortete, sondern einen seiner Mitarbeiter damit beauftragte, zerbrach sich Hamsun den Kopf darüber und wollte von Grieg den Grund dafür wissen:

Mein »Landesverrat« kann es doch nicht gewesen sein, also muß es etwas anderes sein. Ich kann es nicht selbst ergründen, wenn Du es mir sagen wolltest, wäre ich froh. Ich weiß, ich bin ein toter Mann in Norwegen und der Welt, aber es ist wohl nicht dies, was Du mir zu verstehen geben willst. Was ist im Wege? Ich möchte Dich von Herzen fragen, ob es etwas ist, das ich getan oder zu tun versäumt habe?

Grieg antwortete:

Lieber Hamsun,
Du fragst, »was zwischen Dich und mich getreten ist«. Die Antwort ist ganz einfach: In einem Kampf auf Leben und Tod standen wir in entgegengesetzten Lagern – und tun es noch.
Es gibt wenige Menschen, die ich so sehr bewundert habe wie Dich und wenige, über die ich so froh war. Niemand hat mich tiefer enttäuscht.

Am 5. April schrieb Hamsun zurück:

Lieber Grieg,
Ich danke für Deinen Brief. Das ist ein Geschenk – etwas anderes habe ich nicht zu sagen.
Dein Knut Hamsun

Die Ironie versagte ihre Wirkung. Hamsun hatte mit dem Brief das schroffe Ende einer Freundschaft und damit auch der Geschäftsbeziehungen mit Gyldendal beabsichtigt. Grieg jedoch freute sich über den Brief. Er hielt ihn für einen echten Ausdruck des Dankes von Hamsun für seine ehrliche Antwort, eine Interpretation, die durch die freundliche Form des Grußes gestützt zu werden schien. Er war über-

rascht, als Hamsun mittels seiner Anwältin Sigrid Stray versuchte, seine Beziehungen zu Gyldendal zu lösen.
Hamsun beklagte sich, was angesichts der öffentlichen Meinung nach dem Krieg ziemlich unrealistisch war, der Verlag hätte sich nicht genügend um den Verkauf seiner Bücher bemüht.* Er behauptete, von Lesern Briefe bekommen zu haben, in denen sie ihm schrieben, sie könnten nirgends seine Bücher kaufen. Es sei eindeutig, daß Gyldendal seinen Verpflichtungen ihm gegenüber nicht nachkäme, und daher sei er berechtigt, ihre Vereinbarung als beendet zu betrachten. Vor allem wollte er, in seinem Zorn über Grieg, sicherstellen, daß sie sein neues Buch, *Auf überwachsenen Pfaden,* nicht bekämen. Doch war die Sache komplizierter, als er dachte. Gyldendal leugnete, daß seine Bücher nicht lieferbar wären, und erklärte, wenn bei ihnen keine bestellt würden, dann wären die Buchhändler dafür verantwortlich. Im übrigen könne er mit seinem Buch hingehen, wohin er wolle, für alle seine alten hätten sie jedoch die Verlagsrechte, und sie gedächten, sie auch zu behalten.
Eine Zeitlang zog Hamsun die Möglichkeit in Betracht, *Auf überwachsenen Pfaden* selbst zu verlegen. Hätte er es getan, so hätte sich auf seltsame Weise ein literarischer Kreis geschlossen, der siebzig Jahre zuvor, 1878 in Bodø, mit der Veröffentlichung von Bjørger auf seine eigenen Kosten begonnen worden war. Die praktischen Probleme waren jedoch zu groß. Ihm wurde klar, daß er bald sterben könnte und daß der einfachste Weg der beste war. Die Bekräftigung seines finanziellen Ruins durch das Oberste Gericht am 23. Juni und die Probleme, das Geld für die Strafe aufzubringen, trieben Hamsun unvermeidlich in Griegs Arme zurück.
Kurz nach dem Prozeß war das Buch fertig, und Hamsun übergab das Manuskript Sigrid Stray. Kurz darauf brachte sie Harald Grieg ins Spiel. Hamsuns riesige Entschädigungs-

* Der Verlag besaß die Publikationsrechte an allem, was Hamsun geschrieben hatte. Eine der grundlegenden Verpflichtungen, die ein Verlag gegenüber seinem Autor hat, besteht darin, alles daranzusetzen, seine Bücher auch zu verkaufen, und dafür zu sorgen, daß sie eine angemessene Zeit lang lieferbar sind.

summe konnte nur mit Hilfe eines Darlehens aufgebracht werden, und im Namen von Gyldendal bot Grieg an, ein solches Darlehen zu arrangieren, unter der Bedingung, daß der Verlag die Rechte zur Veröffentlichung des Buches erhielt. Er bestand jedoch darauf, das Buch erst einmal zu lesen, ehe er die endgültige Entscheidung treffen wollte, ob er dafür ein Angebot machen könne oder nicht. Er hatte ja keinerlei Ahnung, was für eine Art Buch Hamsun da geschrieben hatte. Das Ansehen des Verlages hätte ernstlich kompromittiert werden können, hätte er – so bald nach dem Krieg – etwas veröffentlicht, das irgendwie nach Selbstverteidigung roch. Und schließlich fand Grieg viele seiner Befürchtungen bestätigt. In einem langen Brief an Sigrid Stray vom 31. Juli lobte er *Auf überwachsenen Pfaden* als ein ergreifendes menschliches Dokument und bestätigte auch, es widerlege überzeugend die Behauptung, der Verfasser sei jemand mit »nachhaltig geschwächten geistigen Fähigkeiten«. Es störe ihn jedoch, erkennen zu müssen, daß Hamsun seine Ansichten, die er während des Krieges geäußert hatte, keineswegs geändert habe. Er lasse keinerlei Reue erkennen. Grieg hatte das Gefühl, die norwegischen Leser würden besonders verärgert sein über die Häufigkeit, mit der Hamsun in dem Buch die kleinen Freundlichkeiten schilderte, die ihm die Leute erwiesen hatten, während er auf seinen Prozeß wartete. Er betrachtete das als einen Versuch, den Eindruck zu erwecken, als wäre ihm überall Sympathie entgegengebracht worden. Die Publikation eines solchen Buches so kurz nach dem Krieg würde, so versicherte Grieg Frau Stray, unvermeidlich eine negative Reaktion der Presse hervorrufen, die die Verkaufschancen des Buches zunichte machen würde.
Inzwischen untersuchte Frau Stray, zusammen mit anderen, die Hamsun helfen wollten, sein Buch zu veröffentlichen – wie Christian Gierløff, Max Tau und Tore Hamsun –, die Möglichkeit, im Ausland einen Verlag zu finden. Sie stieß auf positives Interesse bei Bonnier in Schweden und für eine deutschsprachige Ausgabe bei dem Schweizer Verlag Ex Libris. Doch hat man das Gefühl, dieses Manövrieren habe ausschließlich dem Zweck gedient, ihre Verhandlungsposi-

tion gegenüber Grieg zu stärken. Gyldendal war der Verlag, den sie wollten und brauchten, und Gyldendal seinerseits wollte *Auf überwachsenen Pfaden* haben. Grieg war ein guter Geschäftsmann und teilte zweifelsohne Hamsuns Gefühl, das Buch würde enormes Aufsehen erregen, wenn es erschiene. Wo die Ansichten der beiden Parteien jedoch weit auseinandergingen, das war die Zeitfrage. Hamsun wollte, daß das Buch so schnell wie möglich herauskäme, noch vor seinem Tod; Grieg bestand darauf, bitteren Erinnerungen an den Krieg müsse erst etwas Zeit gegeben werden zu verblassen. Außer über den völlig unbußfertigen Ton von *Auf überwachsenen Pfaden* war er noch über zwei ganz spezifische Punkte unglücklich. In dem Abschnitt, der sich mit Hamsuns Internierung in der psychiatrischen Klinik auf dem Vinder beschäftigt, hatte er das Gefühl, daß die Schilderung und Diskussion Dr. Langfeldts und seiner Methoden unter Hamsuns persönlichem Haß auf den Mann leide und somit der künstlerischen Qualität des Buches schade. Als Künstler stimmte Hamsun dem zu und brachte seine Abneigung gegenüber dem Professor in eine beherrschtere Form. Bei dem zweiten Punkt zeigte er sich jedoch nicht so kooperativ. Grieg wünschte, daß der Name Langfeldt aus dem Buch gestrichen würde. Sein Argument war, daß der Name im Ausland niemandem etwas sagen würde und daß man, bliebe er drin, riskierte, daß *Auf überwachsenen Pfaden* als weitgehend persönliche Angelegenheit angesehen würde, als das Streben nach einer obskuren persönlichen Rache. Er führte an, auch Frau Stray sowie andere Anhänger Hamsuns, vor allem Gierløff und Tore und Arild Hamsun, teilten diese Ansicht. Hamsun sah in ihrer Haltung nichts weiter als Feigheit, und er hatte wahrscheinlich recht mit seiner Vermutung, daß Grieg nicht wohl war bei dem Gedanken, wie Langfeldt darauf reagieren würde, daß ihn Hamsun zu einer Gestalt in seinem Buch verarbeitet hatte. Über drei Monate lang wurde Hamsun bedrängt, den Namen wegzulassen. Doch wie vorauszusehen war, je mehr er bedrängt wurde, desto mehr widerstand er. In einem Brief an Sigrid Stray vom 9. Mai 1949 machte er schließlich deutlich, daß er eher auf die Veröffentlichung von *Auf überwachsenen Pfaden* verzichten würde, als in diesem Punkt nachzugeben:

> Rechtsanwalt Frau Stray,
> Sie und Grieg sollten Respekt vor der Selbstverteidigung eines alten Dichters haben und sich nicht einmischen, wenn er so und nicht anders in seinem letzten Buch schreibt.
> Ich habe meine Gründe und werde mich nicht zum Lumpen machen.
> Grieg mag sein Wort zurücknehmen und sich weigern, mich zu drucken, er mag mir weiterhin die Korrektur vorenthalten – ich deponiere meinen Willen bis nach meinem Tode an einem sicheren Ort.
> Zum letztenmal:
> *Ich entferne den Namen Langfeldt nicht aus meinem Buch.*

Man kann sich des Gefühls nicht erwehren, daß sich die Sache in verschiedener Hinsicht zu einem Machtkampf zwischen den beiden alten Freunden entwickelte, in dem beide Parteien verschiedentlich versuchten, ihre grundlegende Unabhängigkeit voneinander zu bekunden. Es ergab sich jedoch eine Verhandlungsposition. Die Bögen mit seiner Erstkorrektur hatte Hamsun mit einer hinzugefügten beleidigenden Fußnote über zwei namhafte Norweger, Odd Nansen und Ella Anker, an Gyldendal zurückgeschickt. Das waren Leute, die während des Krieges in Briefen an ihn seine Zeitungsartikel verurteilt hatten, und diese Briefe wurden in seinem Prozeß als Beweismaterial zur Widerlegung seiner Behauptung »niemand sagte mir, daß es falsch war, was ich schrieb, niemand im ganzen Land« vorgelegt.
Die Fußnote zu diesem Satz, der zu seiner Rede vor dem Gericht gehört, lautete: »Nun erinnert man mich daran, daß ich Briefe von Ella Anker und einen Brief von Odd Nansen erhielt. Aber ich bekam damals Briefe von Island bis Indien und hob mir diesen Dreck nicht auf.«
Odd Nansen war der Sohn von Fridtjof Nansen und ein Held des Widerstandes, der von 1942 bis zum Ende des Krieges in

Gefangenenlagern gesteckt hatte. Grieg fand den Ausdruck »Dreck« in Verbindung mit seinem Brief als nicht akzeptabel und gab Sigrid Stray zu verstehen, daß er sich weigern würde, das Buch zu veröffentlichen, falls die Fußnote nicht wieder gestrichen würde. Aus einem Brief von Hamsun an Sigrid Stray geht jedoch hervor, daß Hamsun sich Gedanken machte, wie weit Gierløff in seiner Rolle als Verbindungsmann zwischen ihm und dem Gyldendal Verlag gehen würde, und daß er ihn verdächtigte, als privater Zensor zu fungieren. Außerdem mißfiel ihm der Gedanke, daß Gierløff ein Buch über ihn schreiben wollte. Er argwöhnte, Gierløff sei nicht nur aus reiner Selbstlosigkeit um sein Material besorgt, und hatte darum die umstrittene Fußnote eingefügt, wie den Köder in eine Falle. Nachdem er sich überzeugt hatte, daß Gierløff tatsächlich seine Weigerung, ihm Kopien von dem zukommen zu lassen, was er schrieb, umging, indem er sie sich bei Gyldendal direkt besorgte, strich Hamsun bereitwillig die Fußnote. In Griegs Augen muß das wie ein Sieg ausgesehen haben – und auf der Welle der Erleichterung und des Triumphes hielt sich der Name Langfeldt bis in die endgültige Textfassung des Buches. Endlich war es in einer Form zur Veröffentlichung bereit, die alle akzeptieren konnten.

Es gab allerdings immer noch Meinungsverschiedenheiten über das konkrete Erscheinungsdatum. Hamsun, der sich vermutlich nie so recht eingestehen wollte, welches Ausmaß seine Unpopularität damals besaß, hoffte eine Zeitlang, den Verlag überreden zu können, das Buch zu Ehren seines neunzigsten Geburtstages am 4. August 1949 herauszubringen. Das lehnte Grieg ab, doch man einigte sich auf einen Kompromiß, den er statt dessen vorschlug. Ein paar Tage vor dem 4. gab der Gyldendal Verlag eine Presseerklärung heraus, die lautete: »Knut Hamsun, der am 4. August neunzig Jahre alt wird, hat ein neues Buch geschrieben, das im kommenden Herbst bei Gyldendal herauskommen wird.« Es erschien schließlich am 28. September in einer ersten Auflage von 5000 Exemplaren, die im Handumdrehen vergriffen war. Ein paar Tage später kam eine zweite Auflage mit 7000 Exemplaren heraus. Im Jahr darauf wurde es gleichzeitig in Schweden und in drei verschiedenen deutschsprachigen Ausgaben herausgebracht.

Auf überwachsenen Pfaden ist Hamsuns wirklich letztes Buch, nach dem »falschen« letzten Buch von 1936 – *Der Ring schließt sich.* Es umfaßt die drei Jahre vom Beginn seines Hausarrests auf Nørholm am 26. Mai 1945 bis zur Berufungsverhandlung vor dem Obersten Gericht im Juni 1948, doch als historisches Dokument dieser Periode ist es mit einiger Vorsicht zu genießen. Zweifellos hatte Hamsun, wie Grieg vermutete, bewußt versucht, den Eindruck zu erwecken, daß die Leute, denen er begegnete, ihm Sympathie entgegenbrachten. Natürlich brachten ihm tatsächlich die meisten Leute der begrenzten Welt, in der er lebte, Sympathie entgegen, aber zum größten Teil wegen seines außergewöhnlichen persönlichen Charmes und nicht wegen seiner politischen Ansichten. An anderer Stelle in dem Buch bringt er es zum Beispiel fertig, den Eindruck zu erwecken, er sei im Grunde genommen die ganzen drei Jahre, über die er schreibt, eingesperrt gewesen, während er in Wirklichkeit nach der Entlassung aus Dr. Langfeldts Klinik ein freier Mann war und als zahlender Gast in dem Altersheim von Landvik lebte. Kunst jedoch hat wenig zu tun mit einem Tatsachenbericht, und im Laufe der Zeit hat das Buch eine Eigenexistenz entwickelt, unabhängig von seinen Ursprüngen in historischen Tatsachen.

Das Buch ist in Ich-Form und einem Erzählstil von Hamsuns bester Art geschrieben, flüssig und trügerisch einfach. Es unterscheidet sich wesentlich von allen anderen, die er seit 1912 herausgebracht hat. Die meisten Gemeinsamkeiten hat es sicherlich mit den *Wanderer*-Büchern von 1906 und 1909, wie zum Beispiel den Hang zum Philosophieren, während der alltägliche Lauf des Lebens geschildert wird. Verschwunden sind die Schwülstigkeit und Weitschweifigkeit, die für das Schlimmste des späteren »offiziellen« Werkes charakteristisch sind, und verschwunden ist auch, im großen und ganzen, die Auseinandersetzung mit »großen Gedanken«. Das wirkliche Vergnügen des Buches liegt darin, daß Hamsun am Ende seines Lebens seine größte Stärke wiederentdeckt hat – die einzigartige Fähigkeit, die funkelnde Brillanz des Trivialen im Leben zu preisen, die Freude an kleinen Dingen, an Details, die Bejahung des Wertes des Nutzlosen.

Systeme und große Ideen, der ganze schwere Überbau, mit dem sich das menschliche Bewußtsein bei seiner Suche nach dem Sinn des Lebens belastet, sind unbeschwerten Herzens aufgegeben, und er erkennt wieder, was er die ganze Zeit zwar gewußt, aber vergessen hatte – daß nichts von größerem Belang ist als der Geschmack von einem Stückchen Farnkraut auf der Zunge. Der Sturm der Mißbilligung, der nach dem Krieg über ihn hinwegfegte, brachte es schließlich fertig, ihn, nach Jahren der Flaute, von der Stelle zu bewegen, und seit über dreißig Jahren war er das erstemal wieder in der Lage, ein Buch zu schreiben, das, obwohl es weit zurückreichende Erinnerungen enthält, auf überwältigende Art das Gefühl vermittelt, gegenwärtig zu sein. Paradoxerweise spürt man in der Schilderung seines Lebens in Untersuchungshaft auch ein Gefühl der Befreiung und Erleichterung, das aber durchaus begründet ist: Die Leute erwarteten nicht länger irgend etwas von ihm. Er brauchte nicht mehr den »großen Mann« zu spielen, weder für sich noch für die Öffentlichkeit, der stets wußte, wovon er sprach. Ruhm und Ansehen hatten ihm eines seiner wertvollsten Güter geraubt – seine Anonymität. In Schimpf und Schande nahm er wieder Besitz von seinem Privatleben, und mit einem Gefühl der Erleichterung konnte er die Stützen des Ansehens beiseite legen und aufhören, eine Rolle zu spielen, die er irgendwo tief in seinem Innern nie ganz aufgehört hatte lächerlich zu finden:

> Natürlich habe ich Adernverkalkung, doch auch das macht mir nichts aus, geht mich nichts an. Wenn ich vornehm zu mir selbst bin, nenne ich es Podagra. Es ist nun über ein Jahr her, daß ich keinen Stab mehr gebrauche. Was sollte ich mit dem Stab? Es war nur eine Art Flottheit von mir, ihn in der Hand zu tragen, ähnlich, als wenn ich

den Hut schief aufsetzte und dergleichen. War mir der Stab etwas wie eine Stütze? Nein. Wir waren Kameraden geworden, aber nicht mehr. Wenn wir fielen, lagen wir immer weit voneinander im Schnee.

So mögen Chuangtse oder Laotse über den Stock und den Hut geschrieben haben. Sie waren Ausdruck von Affektiertheiten, denen Hamsun mehr oder weniger seit seinem fünfzigsten Jahr und seiner unglückseligen Wahl zum »dikterkongen« im Jahr 1910, nach dem Tod Bjørnsons, frönte. Wenn man einen der wichtigsten Gründe dafür nennen sollte, daß sein Leben in einem solchen Desaster endete, dann könnte er wohl in diesen Affektiertheiten und in dem Verhältnis zwischen dem Dichter und seinem Publikum, das in jenem Jahr begann, zu suchen sein. Hamsuns Eitelkeit, die bei der Suche nach einem neuen »großen Dichter« zur Ablösung des Quartetts literarischer Vaterfiguren – Ibsen, Kielland, Lie und Bjørnson – von der norwegischen Presse noch hysterisch angestachelt wurde, führte dazu, daß er bereitwillig eine Rolle spielte, für die er als Mensch wie als Dichter völlig ungeeignet war. Seine Tragödie bestand darin, daß er, der eigentlich moderne, neurotische Außenseitertyp von Künstler, der Reisende in inneren Landschaften, versuchte, sich in die ältere literarische Tradition hineinzuzwängen, in die er hineingeboren worden war, jene des Dichters als dem machtvollen Sprecher für die Gesellschaft. Neben Bjørnson war Strindberg Hamsuns zweites frühes Idol als Mensch und Stilist. Zwei ungleichere Typen konnte man sich kaum vorstellen, und so nimmt es kaum wunder, daß Hamsuns Bemühungen, diese beiden Verkörperungen des Väterlichen und des Dämonischen in sich zu vereinen, in einem solchen Desaster endeten. Nagels Meditationen in *Mysterien* über das Wesen von »Größe« lassen erkennen, daß das kluge Kind Hamsun die ganze Sache durchschaute und erkannte, daß alles im wesentlichen eine Frage der Darstellung war. Als er älter und starrköpfiger wurde und immer weniger dazu bereit war, solche respektlosen Ansichten zu akzeptieren, begann er, das Schauspielen ernster zu nehmen. Man fragt sich, ob der Wechsel von der Ich- zur Er-Erzählung nach 1912 dabei eine Rolle spielte; ob er mit der Preisgabe eines der typischsten und reizvollsten Merkmale seiner Ich-Erzählungen – die Fähigkeit, sich über sich selbst lustig zu machen – nicht das psychologisch notwendige Korrektiv zu seinem Größenwahn verlor. Seine Briefe an Freunde und Angehörige lassen erkennen, daß er sich bis zum Ende die einzigartige Fähigkeit zur Selbstironie bewahrt hatte – doch das war im Privatleben. Die Bereitschaft, sich in der Öffentlichkeit selbst zum Narren zu machen, für seine Leser den Clown zu spielen, verschwand. Bemerkenswert unverändert tauchte sie in *Auf überwachsenen Pfaden* wieder auf. Bei einem Spaziergang in der Umgebung von Landvik stürzt er eines Tages vom Wegesrand einen Abhang hinunter und mitten hinein in einen Haufen Müll und Abfall:

> Ich sah mich um. Von hier, wo ich saß, war es nicht mehr so schrecklich tief bis in den Abgrund hinunter, nicht so bodenlos tief, ich triumphierte über den See, der weit unten lag, verachtete ihn ein wenig, übersah ihn. Es war ein Zufall, daß ich hier gelandet war, und ich beabsichtigte nicht, diesen Zufall über mich siegen zu lassen. Ich tat, als sei ich stark in Anspruch genommen, und wühlte im Kehricht, es gab hier interessante Dinge, kleine Drahtenden und Knochen und eine tote Katze und Konservendosen. Wenn nun jemand, der oben auf dem Weg vorüberfuhr, anhielt, so sollte er nur nicht denken, daß ich hinuntergekollert sei, ich wollte ihm zeigen, daß ich etwas suchte, daß ich ein paar wichtige Zettel suchte, die der Wind mir weggeweht hatte.

Das Buch ist voll von solchen Spötteleien über sich selbst und enthält auch Beispiele von Hamsuns kindlichem und oftmals ziemlich traurigem Humor. »Mich ruft jemand, ich höre es«, schreibt er, um in der nächsten Zeile zuzugeben: »Das stimmt ja gar nicht, es ist nur meine Einbildung. Ich will mir nur selbst interessant vorkommen.« Man erkennt wieder, daß einer der stärksten Eindrücke, die Hamsuns Ich-

Romane erwecken, die ihrer Natur entsprechende Einsamkeit der Hauptfigur ist. Glahn, Nagel, Johannes und der Erzähler von *Hunger* sind alle Einzelgänger, die sich in Gesellschaft anderer unwohl fühlen und am liebsten allein sind. In ihrer Abgeschiedenheit finden sie Gesellschaft, Trost und Interesse in der Welt der natürlichen und unbelebten Dinge, die sie umgeben.
Hamsuns Genie als Schriftsteller begründet sich unter anderem in der Leichtigkeit, mit der er zu zeigen verstand, wie unbegrenzt die Möglichkeiten sind, die in Kleinigkeiten stecken. Wie ein Zauberer konnte er sich ein kleines Detail hernehmen und es als Angelpunkt benutzen, aus dem heraus er plötzlich ein ganzes Leben klar und deutlich hervortreten lassen konnte. Während er in dem Unrat herumwühlt, in den er gefallen war, findet er unter dem ganzen Wust eine Zeitung und versucht, sie herauszuangeln. Er erwischt aber nur einen Fetzen davon. Dennoch steckt er ihn ein, nimmt ihn mit ins Altersheim und liest ihn auf seinem Zimmer:

> Natürlich hätte auch die Beute reicher sein können, doch das ist nicht der Rede wert. Übrigens war die Beute vielleicht gar nicht so kläglich, wenn ich sie erst untersucht hatte. Es war ein Zeitungsfetzen ohne Anfang und Ende, ein längerer Text, aber so unglücklich abgerissen, daß er ohne Sinn blieb. Soviel ich begriff, handelte es sich um einen Mann und eine Frau, die traurig miteinander lebten, eine ziemlich banale Affäre aus dem Künstlerleben. Ich hätte den Fetzen wegwerfen können, doch ich wollte etwas davon haben, daß ich ihn nach Haus getragen hatte. Jedenfalls beabsichtigte ich nicht, ein Drama aus der Geschichte zu machen. Hier saß ich mit der Macht und konnte tun, was ich wollte. Ich konnte ganz einfach diese beiden Menschen, dieses Pack, miteinander aussöhnen. Ich hatte die Macht dazu. Geht nach Hause und vertragt euch!

Der Fetzen Papier »ohne Anfang und Ende« erzählt natürlich die Geschichte seines Lebens. Im Alter von einundneunzig Jahren war Hamsun endlich bereit, die unabwendbare Niederlage im Kampf der Geschlechter anzunehmen und tatsächlich diese beiden Menschen, dieses Pack, auszusöhnen. Er bat Marie, zu ihm zurückzukommen. Im Frühjahr 1950 kehrte sie nach Nørholm zurück. Über die vier Jahre der Trennung fiel kein Wort. »Du bist lange weg gewesen, Marie«, waren die einzigen Worte, mit denen er je diese Zeit erwähnte. »Ich habe in all der Zeit, in der du weg warst, niemand anderen gehabt, mit dem ich reden konnte, als Gott.«

Sie pflegte ihn die letzten zwei Jahre seines Lebens. Mit dem Erscheinen von *Auf überwachsenen Pfaden* war für ihn nun auch der letzte dringende Grund, am Leben zu bleiben, erledigt, und jetzt gestand er sich endlich ein, daß er ein sehr alter Mann war. Stoisch nahm er auch die letzten Demütigungen hin, wie zum Beispiel, daß die ansässigen Kinder sich einen Jux daraus machten, ihn mit Schneebällen zu bewerfen, wenn er auf seinem täglichen Gang zum Reddalskanal mit seinem weißen Bart wie ein Weihnachtsmann durch den Wald um Nørholm stapfte. Er gab einfach die Spaziergänge auf. Marie erlaubte er nicht, die betreffenden Kinder ausfindig zu machen und sie zurechtzuweisen. Die große Gleichgültigkeit hatte ihn befallen.

Etwas gab es jedoch noch in ihm, das die Außenwelt anzurühren vermochte. Am 7. März 1951 kam Sigrid Stray nach Nørholm gefahren. Marie hatte sie angerufen und gebeten zu kommen, um ein paar juristische Dinge zu besprechen. Frau Stray brachte ein Exemplar des neuen Katalogs von Gyldendal mit, den Grieg ihr mit der Bitte geschickt hatte, ihn Hamsun zu zeigen. Auf einer Seite war eine große Abbildung von Hamsuns *Gesammelten Werken* und auf einer anderen ein schönes Foto von ihm und ein paar Zeilen über sein Leben.

Sie bemerkte die großen Veränderungen, die auf Nørholm vor sich gegangen waren. Der Hof war vernachlässigt, überall blätterte die Farbe ab. Das Dach eines Nebengebäudes war schon vor Monaten unter der Schneelast geborsten, aber es war kein Geld da, es wieder zu richten. Die Hamsuns selbst gingen in Lumpen. Besonders die Veränderungen an ihm fielen ihr auf, der lange weiße Bart und die fast blinden Augen; all die Zeichen gebieterischen Auftretens waren verschwunden. Als sie drin beim Kaffee saßen, bedankte sich Hamsun wie gewöhnlich bei ihr für ihr Kommen. Dann zeigte sie ihm, was sie von Gyldendal mitgebracht hatte. Hamsun weinte vor ungläubiger Freude und Erleichterung. »Was für eine Neuigkeit haben Sie mir da mitgebracht!« sagte er immer wieder. »Daß ich diesen Tag noch erleben durfte!« Er konnte es kaum glauben, daß ihm vergeben worden war, daß er als Dichter weiterleben würde. Und wiederum weinte er und sagte: »Und Grieg hat das für mich getan!« Doch dann fing er sich wieder und entschuldigte sich und geleitete sie zur Tür. Höflich erkundigte er sich noch nach ihren Geschäften. Seine Stimme war nun wieder klar und fest wie immer. Draußen erzählte Marie ihr noch, wie Hamsun seine Tage verbrachte. An schönen Tagen saßen sie draußen im Garten auf ihrer Lieblingsbank unter dem Goldregenbaum. Abends saß Hamsun in seinem Sessel und las, für gewöhnlich in der Bibel.*

Sein ganzes Leben lang legte er besonderen Wert darauf zu wissen, wie spät es war. In den letzten beiden Jahren wurde sein Augenlicht so schlecht, daß er auf seiner Uhr die Zeit nicht mehr erkennen konnte. Marie kaufte ihm eine große, runde, rote Uhr, die man an die Wand hängen konnte. Er hielt sie auf dem Schoß, wenn er in seinem Sessel saß. Sie hatte kein Glas vor dem Zifferblatt, so daß er die Zeiger mit den Fingern fühlen konnte. Wenn er manchmal einnickte, fiel sie zu Boden, ging aber nicht kaputt.

---

* Jørgen Grave, ein Priester, sprach Hamsun einst auf einem seiner Spaziergänge rund um das Altersheim in Landvik an und erzählte einem Journalisten den folgenden Wortwechsel:
»Lesen Sie die Bibel, Hamsun?« schrie ich ihm ins Ohr.
»Die Bibel? Ja, die lese ich. Ich habe sie schon einige Male gelesen.«
»Was halten Sie davon?«
»Was ich davon halte? Sie ist ein wunderbares Buch, ein wunderbares Buch.«
»Sie ist das Buch. Sie zeigt uns den Weg«, schrie ich.
Er fuchtelte mit seinem Stock herum, antwortete aber nicht. Dann drehte er sich um und setzte seinen Weg zum Heim fort.

»Was wäre für Sie das Schlimmste, das Sie sich vorstellen könnten?« wurde er einmal in einem Fragebogen in Gyldendals Weihnachtskatalog gefragt. »Zu sterben!« hatte er geantwortet. »Ich würde nicht im Traum daran denken, es zu tun, wenn ich es nicht müßte.« Dennoch mußte auch er schließlich einmal gehen. Eines Nachts protestierte er, als Marie versuchte, ihm das Kissen zu richten, damit er bequemer liegen konnte. Dann schlief er achtundvierzig Stunden, und in der Nacht zum 19. Februar 1952 starb er im Schlaf. Marie saß an seinem Bett, und von der Wand blickten Goethe und Dostojewski auf ihn herab.

In Norwegen, einem Land, das seine Dichter mit geradezu peinlicher Begeisterung zu ehren vermag, das ihnen Denkmäler errichtet, sie auf Briefmarken und Geldscheinen abbildet und selbst nach dem geringsten unter ihnen Straßen benennt, erfährt das Leben Hamsuns so gut wie kein ehrendes Gedenken. Ein Museum gibt es in Lom im Gudbrandsdal, wo er geboren wurde, und noch ein kleines auf dem Bauernhof in Hamsund, wo er aufgewachsen ist. Auf einem Hügel in der Nähe, etwas versteckt, steht eine Büste von ihm. Nicht weit davon entfernt, in Presteid, wo er als Junge bei seinem Onkel Hans gewohnt hatte, gibt es einen schmalen, unbefestigten Weg, an dem keine Häuser stehen und der »Knut-Hamsun-Weg« heißt. Eine weitere Büste von ihm steht, auch wieder etwas abseits, in Kjerringøy, dem Handelsplatz im Nordland, wo er 1879 dem großen Zahl begegnet war, dessen Geld ihm den Start als Schriftsteller ermöglicht hatte. Die Statuen in den Stadtzentren jedoch, die Straßennamen, die Plätze, die öffentlichen Gebäude sind ihm immer noch versagt geblieben. Einschlägige Reiseführer enthalten keinerlei Hinweis auf ihn. Vielleicht wäre ihm das sogar ganz recht. Seine Einstellung zum Ruhm war zutiefst ambivalent, und er war auch ganz entschieden dagegen, die Toten zu feiern.
Lebendig geblieben aber ist Hamsun in seinem Lande. Über ihn wird nachgedacht, geschrieben und gesprochen, er ist zu einer Art menschlichem Koan geworden, einem Zen-Rätsel,

einer Frage, zu der die Antwort womöglich gar nicht das ausschlaggebende ist. Wenn die Pfade großer Weisheit und großer Narretei dicht nebeneinander verlaufen, dann ist er sie beide mit der gleichen furchtlosen Hilflosigkeit gegangen, nie genau wissend, auf welchem er sich gerade befand, und sich auch nie so recht darum sorgend. Er war mehr daran interessiert, ein Leben zu führen, das ihn eher schildern als erklären würde. Arild Hamsun erzählte ihm einst von einem wohlwollenden Zeitungsartikel, in dem der Verfasser versucht hatte, seine Position während des Krieges zu erklären. Er hatte vermutlich gedacht, sein Vater würde sich darüber freuen, doch der fluchte nur und schimpfte: »Sie haben in den letzten fünfzig, sechzig Jahren nichts anderes getan, als mich zu ›erklären‹. Ich könnte mich übergeben.«[2]
Marie Hamsun scheint seinen Argwohn gegenüber Erklärungen geteilt zu haben. Sie schilderte ihn als einen großartigen Menschen, der das Schicksal trug, das der Schöpfer für ihn bestimmt hatte und das zu tragen er ihm die Kraft gab. »Er soll weder bemitleidet, noch soll ihm vergeben werden«, sagte sie.[3]
Hamsuns wirkliches Thema als Schriftsteller war die Arbeitsweise des menschlichen Verstandes. Da er seinen eigenen mit solcher Genauigkeit und solchem Einblick darzustellen vermochte, bleiben seine besten Romane, *Hunger, Pan* und *Mysterien,* bemerkenswert zeitlos. Das zwanghafte Interesse ihrer Hauptfiguren an sich selbst und an der verborgenen Auswirkung dessen, was sie sagen und tun, an anderen Figuren, macht ihn zu einem besonders geeigneten Helden für das ausgehende zwanzigste Jahrhundert. Seine Sicht der Persönlichkeit als absichtliche Erfindung und der Leute als Schauspieler, die sich selbst spielen, nimmt unsere Faszination vom Imagekult vorweg. Diese Entdeckung machte ihn zynisch – worin er wiederum modern ist –, aber nicht abweisend. Gegenüber Langfeldt hatte er gesagt:

> Von Anfang an, glaube ich, gibt es in meinem gesamten Schaffen nicht eine Person mit einer solchen einzigen gradlinigen dominierenden Eigenschaft. Sie sind alle ohne

sogenannten »Charakter«, sie sind gespalten und zusammengesetzt, nicht gut und nicht böse, sondern beides, nuanciert, wechselhaft in ihrem Wesen und in ihren Handlungen. Und so bin zweifellos ich selbst.

Hamsuns Sympathie für den Faschismus wird für immer sein Ansehen kompromittieren, als Schriftsteller wie auch als Mensch. Darum ist es wichtig, diese Worte im Gedächtnis zu haben, wenn man über ihn nachdenkt. Ganz besonders in seinem Fall besteht die Gefahr, vor lauter Bäumen den Wald nicht zu sehen. Mehr noch, sobald man über seinen Faschismus nachzudenken beginnt, tauchen auch die Paradoxe wieder auf. Faschismus kennt keinen Humor und verachtet das Leben; Hamsun war zwar gewiß vom Leben desillusioniert, aber niemals haßte er es. Im Gegenteil, er liebte es, und immer wieder bringt er es in seinen Büchern fertig, den Eindruck zu vermitteln, daß es, trotz aller vorhandenen Schäbigkeit und Banalität, eine wundervolle Sache ist, einfach am Leben zu sein. Bemerkenswert wenige große Schriftsteller haben es fertiggebracht, diese entschieden antitragische Sicht des Lebens so überzeugend zu übermitteln wie er.
Er war auch ein lustiger Mensch und konnte über sich selbst und seine Ansprüche lachen, was mit dem pompösen Ernst des Faschismus wohl gänzlich unvereinbar ist. Im Faschismus geht es um Gehorsam und Uniformität; für ihn jedoch war das Recht, er selbst zu sein, die grundlegendste Forderung seines Lebens. Er haßte den Kommunismus so sehr, wie der Kommunismus ihn haßte; doch man kann sich des Gefühls nicht erwehren, hätte er je erfahren, was es bedeutete, unter dem Faschismus zu leben, dann hätte er sicher die gleichen Schwierigkeiten gehabt wie unter einem kommunistischen Regime.
Er war ein außergewöhnlicher Mensch, der sich oberflächlicher Klassifizierung widersetzt. Was mit Sicherheit von ihm gesagt werden kann, ist, daß er ein großer Schriftsteller war und einen enormen Beitrag zur Dichtkunst geleistet hat. Formal gesehen, zählt er zu den einflußreichsten und

innovativsten literarischen Stilisten der letzten hundert Jahre. Es gibt kaum einen europäischen oder amerikanischen Schriftsteller, der nicht – bewußt oder unbewußt – in seiner Schuld steht.

Anhang

In den Anmerkungen verwendete Abkürzungen:

Bericht	*Den rettspsykiatriske erklæring om Knut Hamsun*, Gabriel Langfeldt og Ørnulv Ødegård, Oslo 1978
BM TH	*Knut Hamsun. Briefe an Marie*, Tore Hamsun (Hrsg.), München 1970
BUB	Bergen Universitetsbibliotek
DKB	Det Kongelige Bibliotek, Kopenhagen
EKF	Hamsuns Briefe an Erik Frydenlund zwischen 1885 und 1934, gesammelt und mit einer Einleitung versehen von Harald Næss in *Edda 1959*, S. 225–268
GHA	Gyldendals Hamsun-Archiv. Eine nicht geordnete Sammlung fotokopierter Briefe von Hamsun an Harald Grieg und von Grieg an Hamsun während der Jahre 1925–1940
KH ES	*Knut Hamsun*, Einar Skavlan, Oslo 1934
KH TH	*Knut Hamsun*, Tore Hamsun, Oslo 1959
KHA HN	*Knut Hamsun og Amerika*, Harald Næss, Oslo 1969
KHB TH	*Knut Hamsun. Briefe*, Tore Hamsun (Hrsg.), München 1957
KHMV TH	*Knut Hamsun. Mein Vater*, Tore Hamsun, München 1953
KHSHV TH	*Knut Hamsun som han var*, Tore Hamsun (Hrsg.), Oslo 1956 (Die deutsche Ausgabe *KHB* TH ist gekürzt, daher wird auch aus der norwegischen zitiert)
LJH MH	*Die letzten Jahre mit Knut Hamsun*, Marie Hamsun, München 1961
OUB	Oslo Universitetsbibliotek
ØU SSN	*En ørn i uvær*, Sten Sparre Nilson, Oslo 1960 (dt: *Knut Hamsun und die Politik*, Villingen 1964)
RB MH	*Der Regenbogen*, Marie Hamsun, München 1954
SS	*Min klient Knut Hamsun*, Sigrid Stray, Oslo 1978
U 123/456	Verweise auf die Zeitungsausschnitte in den Akten der Universitätsbibliothek Oslo

Anmerkungen

Die Zitate aus Hamsuns Werken sind entnommen aus *Sämtliche Romane und Erzählungen*, München 1958 und *Gesammelte Werke*, München 1923

Kapitel 1

1 *Bericht*, S. 79
2 *KH* TH, S. 14
3 Ibid., S. 19
4 *KHMV* TH, S. 36 ff.
5 *Bericht*, S. 60
6 *KH* ES, S. 29
7 *KH* TH, S. 42
8 *Bericht*, S. 81
9 U 251/107
10 Harald Grieg, *Hamsun, slik jeg kjente ham*, S. 58
11 U 358/9
12 *KHSHV* TH, S. 35
13 Harald Grieg, *En forleggers erindringer*, S. 222
14 *Edda 1977*, Artikel von Arnfinn Engen, S. 255 (Edda = Nordisk Tidsskrift for Litteraturforskering, gegr. 1914, Kristiania. Redakteur: Gerhard Gran, Redaktionssekr.: Francis Bull)

Kapitel 2

1 *Hardanger Årbok*, 19. 9. 1977, Artikel von Jon Bleie, S. 328
2 *Vesterålens Avis*, 16. 8. 1960, Artikel von Edvard Welle-Strand
3 *KHB* TH, S. 31 f.
4 *GHA*, Brief an Harald Grieg vom 11. 9. 1934
5 *Edda 1972*, Artikel von N. M. Knutsen, S. 321
6 *KHB* TH, S. 33 f
7 *KHSHV* TH, S. 36
8 *Årbok for Gjøvik historielag 3*, 1982, Artikel von Helge Dahl
9 *KHA* HN, S. 15

Kapitel 3

1 *KHB* TH, S. 36
2 *Aftenposten*, 3. 8. 1984, Artikel von Lars-Frode Larsen
3 *KH* ES, S. 80
4 Ibid.
5 *KHA* HN, S. 34
6 Ibid., S. 247
7 Ibid., S. 39
8 *Aftenposten*, 7., 8., 9., 10. August 1984. Neun Briefe von Hamsun an Tveraas, vorgestellt von Harald Næss
9 *Edda 1965*, Artikel von Rolf Nyboe Nettum, S. 27–35
10 *KHB* TH, S. 56 f.
11 Brief von Hamsun an Cammermeyer vom 7. 11. 1884 an OUB

Kapitel 4

1 *KHSHV* TH, S. 69
2 Einzelheiten aus *Magasinet for alle*, 14. 3. 1962, Artikel von Eiliv Odde Hauge, S. 31
3 Bjørn Storberget, *Polden Poståpneri*, S. 3
4 *EKF*, S. 225
5 Brief abgedruckt in *Aftenposten*, 6. 8. 1959
6 Aus Knut Hamsun, *Drei Amerikaner*, München 1959, S. 12
7 Brief vom 27. 10. 1884 in OUB
8 *KH* ES, S. 88
9 *Edda 1963*, Artikel von Olaf Øyslebø, S. 143
10 *EKF*, S. 229
11 *Auf Tournee* ist die ursprüngliche Fassung und erschien auf deutsch zum erstenmal in *Ein Lebensfragment*, München 1989. Hamsun hat noch eine andere Fassung dieser Geschichte geschrieben, die unter dem Titel *Auf der Tournee* in den Erzählband *Gestrüpp* von 1903 aufgenommen wurde.
12 *KHMV* TH, S. 122
13 *EKF*, S. 231
14 *KHB* TH, S. 77 ff.
15 Brief abgedruckt in *Dagbladet*, 16. 12. 1961
16 KHMV TH, S. 131

Kapitel 5

1 *EKF*, S. 230
2 *KHMV* TH, S. 132 f.
3 In *Dagbladet*, 14. 11. und 21. 11. 1886
4 *Artikler 1889–1928*, S. 145 (Die Artikel Hamsuns gibt es bisher nur auf norwegisch in *Artikler i utvalg*, hrsg. v. Francis Bull, Oslo 1939)
5 *Sønner af Norge*, Minneapolis, Minn. 1921, S. 34
6 Brief abgedruckt in *Nordisk Tidsskrift 40*, 1964, S. 295
7 *Bonniers litterära Magasin 2*, Stockholm 1933, S. 51
8 Vgl. Anm. 5
9 Andreas Ueland, *Recollections of an Immigrant*, New York 1929, S. 63
10 Kristofer Janson, *Hvad jeg har oplevet*, S. 222
11 Kroger Johansens Erinnerungen in *Dagbladet*, 18. 1. 1903
12 Loftfields Brief in *Minneapolis Tidende*, 11. 10. 1934
13 Axel Lundgard, *Sett och känt*, Stockholm 1925, S. 100

Kapitel 6

1 *EKF*, S. 233
2 Harry Jacobsen, *Herman Bang*, Band 3, S. 58
3 *KHB* TH, S. 61
4 Ibid., S. 51 f.
5 So z. B. in einem Brief an Langen vom 25. 4. 1914 in OUB
6 *KHB* TH, S. 69
7 Brief an Georg Brandes vom April 1890 in *Strindberg, Brev*, Stockholm 1965, S. 123
8 *KHB* TH, S. 65
9 *KHSHV* TH, S. 58
10 *Olaf Norli. Et Festskrift*, Oslo 1933, Artikel von Olaf Huseby, S. 27 f.
11 Zitiert in Øyvind Anker, *Boken om Karoline*, Oslo 1982, S. 193
12 Der erste davon ist abgedruckt in *Artikler 1889–1928*

13 Jeppe Aakjær, *Før det dages*, Kopenhagen 1929, S. 184
14 *EKF*, S. 236
15 *Kringsjaa*, Kristiania 1904, S. 500
16 z. B. *KHB* TH, S. 162
17 Ibid., S. 92
18 *KHSHV* TH, S. 72
19 *KHB* TH, S. 91
20 *EKF*, S. 238. Auch in Kristofer Janson, *Hvad jeg har oplevet*, S. 225
21 *KHSHV* TH, S. 98
22 *Artikler 1889–1928*, S. 34
23 *Norske Intelligenssedler*, 13. 6. 1890
24 Brief an Bolette Pavels Larsen (undatiert) in OUB
25 Brief an Arne Garborg vom 10. 9. (ohne Jahresangabe) in OUB
26 Brief an Bolette Pavels Larsen (undatiert) in OUB
27 *Artikler 1889–1928*, S. 33
28 *EKF*, S. 241

Kapitel 7

1 Peter Egge, *Minner*, Band 1, S. 211
2 *Samtiden 40*, 1929, S. 353
3 *Kringsjaa*, 1904, S. 500
4 U 351/101 f.
5 *KHB* TH, S. 99
6 *SS*, S. 43
7 *Ord och Bild 63*, Stockholm 1954, S. 25–32
8 Ibid.
9 Ibid.
10 Ibid.
11 Ibid.
12 Brief an Marie Herzfeld vom 7. 1. 1892 in OUB
13 *KHB* TH, S. 59
14 *Aftenposten*, 25. 9. 1892, Rezension von Kristofer Randers
15 Edvard Brandes, *Litterære Tendenser*, Kopenhagen 1968, S. 125–129
16 *KHB*, TH, S. 111
17 Ibid., S. 112
18 Ibid., S. 229
19 *Bericht*, S. 82
20 *KHB* TH (Abschnitt mit dem Titel „Plagiat"), S. 225–233
21 *Norske Intelligenssedler*, 15. 4. 1893
22 O. Anker und E. Beyer, *Brevvekslingen mellom Bjørnstjerne Bjørnson og Amalie Skram 1878–1904*, S. 71, 82, 85
23 Brief an Bolette Pavels Larsen, abgestempelt am 15. 4. 1892, in BUB
24 Brief an Bolette Pavels Larsen vom 10. 9. 1890 in BUB
25 Karte an Gerhard Gran (undatiert) in OUB
26 Datum aus *Danebrog*, 13. 4. 1893

Kapitel 8

1 Johs. A. Dale, *Litteratur og lesing omkring 1890*, S. 30 ff.
2 Ernst Mentze, *Willy Gretor*, S. 109
3 *Danebrog*, 8. 4. 1893
4 Brief an Litleré vom 20. 1. (ohne Jahresangabe) in BUB
5 Briefe an Bolette vom 21. 8., 11. 10., 6. 11. 1893 in BUB
6 Brief an Bolette (undatiert)

7 Brief an Victor Nilsson vom 1. 11. 1893 in OUB
8 Brief an Lybecker vom 23. 7. 1893 in OUB
9 Brief an Langen vom 19. 4. 1895 in OUB
10 Brief an Victor Nilsson vom 5. 9. 1892 in OUB
11 Brief an Bolette vom 30. 10. 1893 in BUB
12 Brief an Bolette vom 12. 11. 1893 in BUB
13 Brief an Bolette vom 6. 7. 1893 in BUB
14 *KHB* TH, S. 177
15 Peter Egge, *Minner*, Band 1, S. 311
16 Hamsuns Briefe an Langen in OUB
17 Brief an Bolette vom 15. 6. 1894 in BUB
18 *Artikler 1889–1928*, S. 14
19 Brief an Bolette vom 8. 4. 1891 in BUB
20 *Artikler 1889–1928*, S. 19
21 Johan Bojer, *Læregutt*, S. 156
22 *KHMV* TH, S. 215 f.
23 *LJH* MH, S. 130
24 *KHB* TH, S. 237. Siehe auch E. Lie, *Erindringer fra et dikterhjem*, S. 139
25 Brief an Langen vom 19. 4. 1895 in OUB
26 Brief an Bolette vom 1. 10. 1893 in BUB
27 S. Przybyszewski, *Erinnerungen an das literarische Berlin*, München 1965, S. 247–251
28 Brief an Bolette vom 24. 2. 1895 in BUB
29 *EKF*, S. 234
30 Mentz Schulerud, *Norsk Kunstnerliv*, S. 533

Kapitel 9

1 Brief an Bolette vom 30. 12. 1894 in OUB
2 Konstantin Stanislawski, *My Life in Art*, London 1980, S. 478
3 Brief an Bolette vom 9. 7. 1895
4 Brief an Bolette vom 5. 2. 1897
5 *KHSHV* TH, S. 87
6 Brief an Bolette vom 24. 7. 1896 in BUB
7 Nach: Franz Kafka, *Gesammelte Werke*, Band 7 *(Tagebücher 1910–1923)*, Frankfurt/Main 1976, S. 51
8 *Urd 56*, Oslo 1952, S. 525 f.
9 Dies und das folgende Material aus den Akten *Anonyme Brev* im Riksarkiv, Oslo
10 Brief an Bolette vom 3. 5. 1897 in BUB
11 Brief an Bolette vom 21. 8. 1897 in BUB
12 *Kringsjaa*, Kristiania 1904, S. 500
13 Brief an Bolette vom 5. 2. 1897 in BUB
14 Brief an Gerda Welhaven vom 4. 8. 1897 in OUB
15 Brief an Bolette vom 29. 11. 1897 in BUB
16 Peter Egge, *Minner*, Band 2, S. 54
17 Hanns Arens, *Unsterbliches München*, München 1968, S. 324
18 Manuskript in OUB
19 Ingolf Kittelsens Augenzeugenbericht in OUB
20 Brief an Langen vom 16. 6. 1898
21 Brief an Langen vom 29. 7. 1898
22 Brief an Langen vom 12. 12. 1898
23 Brief an Bolette vom 4. 7. 1898
24 Brief an Bolette vom 19. 9. 1898
25 *KHB* TH, S. 179 ff.

Kapitel 10

1 Johs. A. Dale, *Menn i motstraum*, Oslo 1973, S. 78
2 Brief vom 12. 4. 1899, von Bergljots Schwester Alette Gross wiedergegeben in einem Brief an Walter Berendsohn vom 26. 6. 1928 in OUB
3 Brief an Slotte vom 31. 5. 1899 in OUB
4 Brief an Aanrud vom 16. 12. 1898 in OUB
5 Telegramm von Hamsun in Helsinki an Bergljot in Wien, Juni 1899, in Déderick Charlessons Archiv
6 Brief an Slotte, datierbar auf den 1. 9. 1899, in OUB
7 Brief in Bergljots Handschrift, aber mit gefälschter Unterschrift Hamsuns, an Langen, datiert auf den 27. 9.; das Jahr 1899 ist in Bleistift hinzugefügt. In einem Brief an Langen vom 20. 10. 1899 schreibt Hamsun von seiner langen Reise, die er »in den letzten zwei Monaten« unternommen habe. Die Dauer des Rußlandaufenthalts ist nicht genau bestimmbar.
8 Brief an Bergljot, datiert auf den 7. 6., in Déderick Charlessons Archiv
9 Johs. A. Dale, *Menn i motstraum*, S. 95
10 Briefe an Bergljot, einer mit der Jahresangabe 1901, in Déderick Charlessons Archiv
11 Olaf Fønss, *Krig, Sult og Film*, Band 2, Kopenhagen 1932, Kapitel 9
12 Brief vom 15. 12. 1902, von Alette Gross an Berendsohn wiedergegeben, vgl. Anm. 2. Siehe auch Otto Weininger, *Kjønn og Karakter*, Oslo 1977, S. 19 (dt: *Geschlecht und Charakter*, München 1980)
13 Nordahl Grieg, *Veien frem. Artikler i utvalg*, Oslo 1947, S. 80–88
14 Brief an Aanrud vom 20. 5. 1904 in OUB
15 Brief an Peter Nansen vom 20. 6. in DKB
16 Peter Egge, *Minner*, Band 2, S. 267–270
17 *BM* TH, S. 99
18 Brief an Bergljot (undatiert) in Déderick Charlessons Archiv
19 Scheidungsvertrag in Déderick Charlessons Archiv
20 *BM* TH, S. 99

Kapitel 11

1 *KH* ES, S. 220
2 U 470/121 ff.
3 Brief an Köhler-Olsen von 1907, abgedruckt in *Nationen*, 6. 5. 1967
4 Ibid.
5 Martin Nag, *Hamsun i russisk åndsliv*, S. 71
6 Ders., *En dikter og hans oversetter: om Knut Hamsun og P. E. Hansen*, Oslo 1980
7 *KH* ES, S. 222
8 Siehe Anm. 6, S. 14
9 *RB* MH, S. 93–103
10 *BM* TH, S. 20 f.
11 Ibid., S. 39 f.
12 Brief an Bolette vom 23. 11. 1893 in BUB
13 Brief an Peter Nansen, undatiert, in DKB
14 Ibid.
15 *Forposten*, 5. 12. 1904, Kristiania
16 *Artikler 1889–1928*, S. 74
17 Ibid., S. 98
18 Ibid., S. 104
19 *RB* MH, S. 187

20 *Verdens Gang*, 9. 8. 1910
21 U 410/45
22 U 410/47
23 *KHSHV* TH, S. 63
24 *Aftenposten*, 6. 9. 1910
25 Martin Nag, *Hamsun i russisk åndsliv*, S. 159
26 *EKF*, S. 258

Kapitel 12

1 U 351/99
2 Brief an Christopher Brinchmann vom 21. 3. 1911
3 *KH* ES, S. 155
4 *RB* MH, S. 183 f.
5 Ibid., S. 242 f.
6 *BM* TH, S. 208 f.
7 Ibid., S. 216
8 *RB* MH, S. 234
9 Brief an Albert Langen vom 10. 2. 1894 in OUB
10 Brief an Albert Langen vom 28. 4. 1898 in OUB
11 Brief an den Langen Verlag vom 10. 12. 1914 in OUB
12 *Tidens Tegn*, 6. 12. 1914
13 In den neueren Werkausgaben Hamsuns ist der Ausdruck „zu Tode züchtigen" getilgt. Die ursprüngliche Fassung ist nachzulesen in Knut Hamsun, *Gesammelte Werke*, Band 5, München 1923, S. 328.
14 Briefe an Vetlesen vom 12. 1., 26. 1., 22. 2., 30. 3. 1915 in OUB
15 Brief an den Langen Verlag vom 2. 9. 1915
16 Brief an den Langen Verlag vom 30. 6. 1917 in OUB
17 Brief an Kønig vom 2. 12. 1915 in *Vinduet 13*, 1959, S. 94
18 Brief an Nansen vom 5. 4. 1913 in DKB
19 Brief an Alette Gross vom 23. 11. 1914 in OUB
20 Vgl. Anm. 17
21 Brief an den Langen Verlag vom 16. 1. 1917
22 Brief an Bolette (undatiert) in OUB
23 *BM* TH, S. 171
24 *EKF*, S. 249
25 Ibid., S. 251
26 Vgl. Anm. 17
27 *BM* TH, S. 229

Kapitel 13

Das Material für die Familiensituation wurde für dieses Kapitel hauptsächlich entnommen aus *RB* MH, *BM* TH, *KH* TH und Arild Hamsun (Hrsg.), *Knut Hamsun og Nørholm*
1 *RB* MH, S. 284 f.
2 *KHMV* TH, S. 353 f.
3 Hamsuns eigener Bericht dieser Begebenheit in OUB
4 Almar Bjørnefjell, *„Almar Hamsun" som døde – lever*, Oslo 1971, S. 188
5 *BM* TH, S. 257 f.
6 Biographische Einzelheiten in *Aftenposten*, 16. 9. 1961
7 *Tidens Tegn*, 11. 10. 1930
8 Alle Briefe über Hamsuns Behandlung aus *BM* TH, S. 286–308
9 Information aus einem Gespräch mit Strømmes Verleger Th. Myklestad am 6. 2. 1986 in Oslo

Kapitel 14

1 Zitiert in *Edda 1967*, Artikel von Johs. A. Dale, S. 147
2 Einzelheiten über Hamsuns Verhältnis zu Gyldendal aus Harald Grieg, *En forleggers erindringer*, auch in *GHA*
3 Brief an Langen vom 31. 7. 1905 in OUB
4 *Bergens Tidende*, 29. 1. 1953
5 Brief an Langen vom 26. 3. 1908 in OUB
6 *KHB* TH, s. 188
7 Ibid.
8 Ibid., S. 189
9 Ibid., S. 190
10 Ibid., S. 186 f.
11 Ibid., S. 356
12 Brief von Gorki an Hamsun, von Nag in *Hamsun i russisk åndsliv* auf die Zeit vom 16. 3. bis zum 18. 4. 1927 datiert
13 Martin Nag, *Hamsun i russisk åndsliv*
14 *Aftenposten*, 16. 11. 1971
15 Manuskript in OUB
16 Brief an Harald Grieg vom 19. 6. 1936 in *GHA*
17 Brief an Alette Gross vom 1. 9. 1930 in OUB
18 Einzelheiten über den Fall aus *SS*, S. 61–88, auch aus Briefen in Déderick Charlessons Archiv
19 Peter Egge, *Minner*, Band 4, S. 157 ff. Siehe auch *Oslo Aftenavis*, 28. 1. 1931
20 *EKF*, S. 266
21 Einzelheiten über diese Angelegenheit in *SS*, S. 37–47, auch Material im Riksarkiv
22 Einzelheiten über diese Angelegenheit in *SS*, S. 9–29
23 *KHB* TH, S. 359 f.
24 Brief an Harald Grieg vom 19. 6. 1936 in *GHA*
25 Brief an Larsen vom 10. 1. 1928 in BUB
26 U 511/107 f.
27 Thorkild Hansen, *Der Hamsun-Prozeß*, S. 356
28 *Bericht*, S. 35

Kapitel 15

1 *Bericht*, S. 57
2 *Times Literary Supplement*, 5. 12. 1975
3 Zuerst erschienen in Puma (Hrsg.), *7 Arts*, New York 1953, dann auf norwegisch in *Folk og Land*, 22. 8. 1953
4 Brief vom 18. 6. 1934, abgedruckt in *Aftenposten*, 30. 10. 1978, Artikel von Kjeld Vibe
5 *Der Norden*, Januar 1935
6 *Bericht*, S. 70
7 *GHA*
8 Brief vom 23. 11. 1933 in *ABC*
9 *Fylkesavisen Skien*, 11. 1. 1934
10 Manuskript in OUB
11 *SS*, S. 100
12 Abgedruckt in Bruno Frei, *Carl v. Ossietzky*, Berlin 1966, S. 256 f.
13 Tore Hamsun, *Mein Vater*, Leipzig 1940, S. 166
14 Brief an Marie mit dem Poststempel vom 4. 2. 1936 in OUB
15 *Bericht*, S. 67

16 Brief an Knut Werswick vom 18. 5. 1938, abgedruckt in *Verdens Gang*, 14. 3. 1967
17 Artikel in *Morgenbladet*, 10. 2. 1915
18 Zitiert in Bradbury und McFarlane (Hrsg.), *Modernism*, London 1981, S. 115
19 Brief vom 1. 12. 1925 an *Nationalt Tidsskrift*, Oslo 1926, S. 8
20 Mein Dank an Oskar Mendelsohn für die Information über Sylten und dafür, daß er mir seine Ausgabe von *Hvem er hvem i jødeverden* überließ.
21 *Artikler 1889–1928*, S. 123
22 *KHB* TH, S. 233
23 *Aftenposten*, 10. 7. 1934
24 *LJH* MH, S. 58 f.
25 *Edda 1977*, Artikel von Allen Simpson, S. 273
26 *Bericht*, S. 69

Kapitel 16

1 Brief von Grieg an Hamsun vom 22. 2. 1940 in *GHA*
2 *ØU* SSN, S. 201–205
3 Ibid., S. 200
4 Manuskript in OUB
5 *Tønsberg Blad*, 28. 3. 1942
6 Gesammelte Korrespondenz zwischen Hamsun und Smedal in OUB
7 *GHA*
8 *ØU* SSN, S. 201–205
9 *Aftenposten*, 16. 10. 1978, Artikel von Sverre Hartmann
10 Die anderen Titel auf Hamsuns Liste der „Sechs bedeutendsten Bücher" waren *Die Elenden* von Victor Hugo, *Verheerung* von Tom Kristensen, *San Michele* von Axel Munthe, *Der Idiot* von Dostojewski und *Meine Kindheit* von Maxim Gorki.
11 *Segelfoss Tidende*, Nr. 2, hrsg. v. Doery Smith, 1957, S. 86 f.
12 Brief von Hamsun an Smedal in OUB
13 *Aftenposten*, 24. 1. 1941
14 *Grimstad Adressetid*, 30. 1. 1941
15 *ØU* SSN, S. 205 f.
16 Brief von Hamsun an Grieg vom 1. 2. 1940 in GHA
17 *SS*, S. 89
18 Ibid., S. 163
19 Ibid., S. 89
20 Ibid., S. 90–95
21 *ØU* SSN, S. 207–213
22 *Bericht*, S. 45
23 Brief an Victoria vom 3. 6. 1944 in Déderick Charlessons Archiv
24 *SS*, S. 119
25 Max Tau, *En flyktning finner sitt land*, Oslo 1964, S. 93 (dt: Ein Flüchtling findet sein Land, Hamburg 1964)
26 *ØU* SSN, S. 213 f.
27 Thorkild Hansen, *Der Hamsun-Prozeß*, S. 100 f.
28 Joseph Goebbels, *Tagebücher*, Zürich 1948, S. 351 f.
29 *Bericht*, S. 61
30 Hamsuns Brief und Goebbels' Antwort in *Bericht*, S. 52 f.
31 Einzelheiten aus U 1012/90
32 Information von Sten Sparre Nilson, Oslo 1986

33 *ØU* SSN, S. 214 ff.
34 Christa Schroeder, *Er war mein Chef*, hrsg. v. Anton Joachimsthaler, München 1985, S. 194
35 Diese Schilderung des Treffens zwischen Hamsun und Hitler basiert auf drei Zeitungsartikeln von Sverre Hartmann und Erik Egeland, die Hamsuns Reisebegleiter und Übersetzer Egil Holmboe 1978 in Island interviewten: in *Berlingske Tidende*, 18. 10. 1978 und 19. 10. 1978 und in *Aftenposten*, 21. 10. 1978.
36 Auszug aus Dr. Otto Dietrich, *12 Jahre mit Hitler*, München 1955, auch abgedruckt in *Segelfoss Tidende*, Januar/März 1958, S. 100
37 *Segelfoss Tidende* Nr. 2, 1957, S. 71
38 *Bericht*, S. 77f.
39 *ØU* SSN, S. 217
40 *SS*, S. 97
41 Thorkild Hansen, *Der Hamsun-Prozeß*, S. 142

Kapitel 17

Hauptquellen für das Hintergrundmaterial dieses Kapitels sind *LJH* MH, *SS*, *Auf überwachsenen Pfaden*

1 *Bericht*, S. 50
2 *Lofotposten*, 3. 5. 1940
3 *LJH* MH, S. 86 f.
4 Ibid., S. 88
5 *Dagbladet*, 30. 3. 1946
6 *Samtiden 67*, Oslo 1958, S. 405–415
7 *SS*, S. 120
8 *Bericht*, S. 71
9 Brief an Victoria vom 10. 7. 1947 in Déderick Charlessons Archiv
10 Christian Gierløff, *Knut Hamsuns egen røst*, Oslo 1961, S. 12
11 *SS*, S. 116
12 Ibid., S. 134

Kapitel 18

Hauptquellen des Materials hier sind *LJH* MH, *SS*, Harald Grieg, *En forleggers erindringer*, *Auf überwachsenen Pfaden*

1 *SS*, S. 135
2 Ibid., S. 172
3 Marie Hamsun in einem Radiointerview, NRK, 12. 9. 1965

Ausgewählte Bibliographie

I. Bücher über Hamsun

Berendsohn, Walter Arthur, *Knut Hamsun. Das unbändige Ich und die menschliche Gemeinschaft*, München 1929

Bull, Francis, *Knut Hamsuns på ny*, Oslo 1954

Fürstenberg, Hilde (Hrsg.), *Die Waldhütte*, Mölln in Lauenberg 1964–1978

Gierløff, Christian, *Kjærlighet og hat i storpolitiken. Særlig om anglomanien og anglofobien*, Oslo 1950

Gierløff, Christian, *Knut Hamsuns egen røst*, Oslo 1961

Grieg, Harald, *En forleggers erindringer*, Oslo 1971

(Hamsun) *Festskrift til Knut Hamsun*, Oslo 1929

Hamsun, Arild (Hrsg.), *Om Knut Hamsun og Nørholm*, Oslo 1961

Hamsun, Marianne, *Hamsun. Eine Bildbiographie*, München 1959

Hamsun, Marie, *Die letzten Jahre mit Knut Hamsun*, München 1961

Hamsun, Marie, *Der Regenbogen*, München 1954

Hamsun, Tore, *Knut Hamsun*, Oslo 1959

Hamsun, Tore, *Knut Hamsun. Mein Vater*, Leipzig 1940

Hamsun, Tore, *Knut Hamsun. Mein Vater*, München 1953

Hamsun, Tore, *Knut Hamsun. Lebensbericht in Bildern*, München 1956

Hamsun, Tore (Hrsg.), *Knut Hamsun. Briefe an Marie*, München 1970

Hamsun, Tore (Hrsg.), *Knut Hamsun. Briefe*, München 1957

Hamsun, Tore (Hrsg.), *Knut Hamsun som han var*, Oslo 1956

Hansen, Thorkild, *Der Hamsun-Prozeß*, Hamburg 1979

Langfeldt, Gabriel og Ødegård, Ørnulv, *Den rettspsykiatriske erklæring om Knut Hamsun*, Oslo 1978

Marstrander, Jan, *Det ensomme menneske i Knut Hamsuns diktning*, Oslo 1959

Nag, Martin, *Hamsun i russisk åndsliv*, Oslo 1969

Nettum, Rolf Nyboe, *Konflikt og visjon. Hovedtemaer i Knut Hamsuns forfatterskap 1890–1912*, Oslo 1970

Nilson, Sten Sparre, *En ørn i uvær*, Oslo 1960

Nilson, Sten Sparre, *Knut Hamsun und die Politik*, Villingen 1964

Nilson, T. I., *Bibliografi over Knut Hamsun 1970–1980*. Unveröffentlichte Arbeit, 1981, Oslo

Næss, Harald S., *Knut Hamsun og Amerika*, Oslo 1969

Østby, Arvid, *Knut Hamsun. En bibliografi*, Oslo 1972

Øyslebø, Olaf, *Hamsun gjennom stilen*, Oslo 1964

Segelfoss Tidende (Hrsg. und Verleger: Doery Smith), Oslo 1957/58–1959/60

Skavlan, Einar, *Knut Hamsun*, (2. Aufl.) Oslo 1934

Storberget, Bjørn, *Postmannen og postdikteren Knut Hamsun*, Oslo 1963

Stray, Sigrid, *Min klient Knut Hamsun*, Oslo 1978

Svarstad, Christianne Undset, *Knut Hamsun og fødebygden Lom*, Oslo 1960

Wiehr, Josef, *Knut Hamsun. His Personality and his Outlook upon Life*, Northampton, Mass. 1921/22

II. Bücher und Zeitungsartikel, die interessante oder nützliche Informationen über Hamsun enthalten oder wertvolles Hintergrundmaterial liefern:

Aakjær, Jeppe, *Før det dages* (Band 3 der *Erindringer*), Kopenhagen 1929

Aall, Hermann Harris, *Faren for Skandinavien*, Kristiania 1915
Anderson, Rasmus B., *Life Story of Rasmus B. Anderson. Written by himself*, Madison, Wis. 1915
Arens, Hanns, *Unsterbliches München*, München 1968
Askeland, Hallvard, *Knut Hamsun i Minneapolis*, in *Sønner af Norge*, Minneapolis, Minn. 1921, S. 34–42
Bassøe, Bjarne, *Stamtavle over familien Bassøe*, Oslo 1969
Bjørnefjell, Almar, *„Almar Hamsun" som døde – lever*, Oslo 1971
Bjørnson, Bjørnstjerne, *Bjørnstjerne Bjørnsons brevveksling med danske 1975–1910*, Kopenhagen 1953
Bly, Robert und Singer, Isaac Bashevis, *Introduction to* Hunger, New York 1967
Bojer, Johann, *Læregutt*, Oslo 1942
Brochmann, Georg, *Den norske Forfatterforening gjennom 50 år*, Oslo 1952
(Bull) *Festskrift til Francis Bull på 50-årsdagen*, Oslo 1937
Buttry, Dolores, *Knut Hamsun's Supposed Anti-Semitism: a Refutation*, in *Edda* (Nordisk Tidsskrift for Litteraturforskering, Hrsg: Francis Bull und Gerhard Gran, Kristiania bzw. Oslo, ab 1914), 2, 1986
Dahl, Helge (Hrsg.), *Hamsuns brev til Alf Mjøen*, in *Samtiden 3*, 1983
Dale, Joh(anne)s A(ndreassen), *Garborg-studiar*, Oslo 1969
Dale, Johs. A., *Litteratur og lesing omkring 1890*, Oslo 1974
Derry, Thomas Kingston, *A History of Modern Norway 1814–1972*, Oxford 1973
Dørsjø, J. (Hrsg.), *Levende anekdoter*, Oslo 1959
Egge, Peter, *Minner*, Bände 1–4, Oslo 1948–55
Engen, Arnfinn, *Knut Hamsun og Zahl på Kjerringøy*, in *Edda* 1977, S. 255–262
Espeland, Arne, *Jens Tvedt*, Oslo 1959
Fjeringstad, Trygve, *Knut Hamsun og Amerika*, unveröffentlichte Arbeit, 1941, Universität Oslo
Fønss, Olaf, *Krig, Sult og Film*, Band 2, Kopenhagen 1932
Gauguin, Pola, *Edvard Munch*, Oslo 1946
Goebbels, Joseph, *Tagebücher. Aus den Jahren 1942–43*, Zürich 1948
(Grieg) *Festskrift til Harald Grieg*, Oslo 1950
Grieg, Nordahl, *Veien frem. Artikler i utvalg*, Oslo 1947
Hansen, John O., *Hamsun i Minneapolis*, in *Minneapolis Journal*, 12. 12. 1920
Irving, David, *Hitler's War*, London 1977
Jacobson, Harry, *Herman Bang*, Bände 1–4, Kopenhagen 1954–1966
Janson, Kristofer, *Hvad jeg har oplevet*, Kristiania 1913
Knutsen, Nils M., *Tre ukjente Hamsun – brev fra 1880*, in *Edda* 1972, S. 321–327
Krag, Vilhelm, *Heirefjæren*, Oslo 1928
Krøger, Cecil, *Knut Hamsun. Hans læreaar*, in *Dagbladet*, 18. 1. 1903
Laws, Yngwar, *Knut Hamsun som jeg kjente ham*, in Næss, Harald S., *Knut Hamsun og Amerika*, Oslo 1969 und in *Sønner af Norge*, Minneapolis, Minn. 1929, S. 388–391
Loftfield, G. E., *Et Hamsun-minde*, in *Minneapolis Tid.*, 11. 10. 1934
Mann, Thomas, *Briefe 1889–1936*, hrsg. v. Erika Mann, Frankfurt/M. 1961
McFarlane, J. W., *The Whisper of the Blood. A Study of Knut Hamsun's Early Novels*, in *Publications of the MLA of America 71*, Menasha 1956
Mendelsohn, Oskar, *Jødenes historie i Norge gjennom 300 år*, Oslo 1969
Mendelssohn, Peter de, *S. Fischer und sein Verlag*, Frankfurt a. M. 1970

Mentze, Ernst, *Willy Gretor, født Petersen*, Kopenhagen 1966
Mjøen, S., *Da mor var ung*, Oslo 1975
Morburger, Carl, *Knut Hamsun. En studie*, Kristiania 1910
Morgridge, Barbara G., *Introduction to the Cultural Life of Modern America*, Cambridge, Mass. 1969
Munch, Anna, *To menneske*, Kristiania 1897
Nag, Martin, *Gorkij i Norge*, Sarpsborg 1983
Nilson, Sten Sparre, *Knut Hamsun, England og Amerika*, in *Scandinavica 1*, London 1962
Nilsson, Victor, *Min Hamsun*, in *Bonniers litterära Magasin 2*, Stockholm 1933, Nr. 8
(Norli) *Olaf Norli – Et Festskrift*, Oslo 1933
Næss, Harald S. (Hrsg.), *Brevveksling med postmaster Erik Frydenlund 1885–1934*, in Edda 1959
Olsen, Frejlif, *En kjøbenhavnsk Journalist*, Kopenhagen 1922
Popperwell, Ronald G., *Knut Hamsun og hans boker på Nørholm*, in *Edda* 1963
Przybyszewski, Stanislaw, *Erinnerungen an das literarische Berlin*, München 1965
Schulerud, Mentz, *Norsk kunstnerliv*, Oslo 1960
Schulerud, Mentz, *På Grand i hundre År 1874–1974*, Oslo 1974
Seland, Johs., *Macody Lund. Et hjerte i en kruttøne*, Oslo 1971
Simpson, Allen, *Knut Hamsun's Anti-Semitism*, in *Edda* 1977, S. 273–293
Skram, A. und Bjørnson, Bj., *Brevvekslingen mellom Bjørnstjerne Bjørnson og Amalie Skram 1878–1904*, hrsg. v. Anker, O. und Beyer, E., Oslo 1982
Skrede, Magne, *Omkring Knut Hamsuns unge aar. Smaatræk om slegten og fra hans ophold i Lom*, in *Nationen*, 30. 9. 1922
Smedal, Gustav, *Patriotisme og landssvik*, Oslo 1950
Stokland, Johan, *Hva Hamarøys gamle protokoller forteller*, in *Segelfoss Tidende 3*, Oslo 1959/60
Strindberg, August, *Brev*, Band 10 1894–95, Stockholm 1968
Strindberg, Frida, *Strindberg och hans andra hustru*, Stockholm 1934
Svarstad, Christianne Undset, *Noen brev fra Knut Hamsun til hans ungdomsvenninne Caroline Neeraas*, in *Ord och Bild 63*, Stockholm 1954
Tau, Max, *Ein Flüchtling findet sein Land*, Hamburg 1964
Voksø, Per (Hrsg.), *Krigens Dagbok: Norge 1940–1945*, Oslo 1984
Wamberg, N. B., *Digterne og Gyldendal*, Kopenhagen 1970
Welblund, Aage, *Omkring den litterære Café*, Kopenhagen 1951
Welle-Strand, Edvard, *Den unge Hamsun*, in *Gads danske Magasin 46*, Kopenhagen 1952, S. 90–105
Welle-Strand, Edvard, *Knut Hamsun som skolelærer i Vesterålen*, in *Norges Kvinder*, 31. 12. 1954
Welle-Strand, Edvard, *Knut Hamsun*, in *Vesterålen*, Sortland, August 1960
West, Rebecca, *The Meaning of Treason*, London 1949
Wieslander, Henning, *Knut Hamsun i brevväxling med Birger Mörner*, in *Samfundet Örebro stads- och länsbiblioteks vänner*, Meddelande 27, Örebro 1959

III. Unveröffentlichte Quellen:
Material im Riksarkiv, Oslo: der Fall der anonymen Briefe von 1897; die Namensklage, die Knut Hamsun gegen seinen Bruder Thorvald erhob, in den Jahren 1923–25; die psychiatrische Untersuchung und die Verhandlung Hamsuns 1945–48.

Briefe: Universität Oslo; Universität Bergen; Königliche Bibliothek, Kopenhagen.
Déderick Charlessons Archiv mit Briefen von Hamsun an Bergljot und Victoria Hamsun.
Gyldendal-Archiv mit fotokopierter Korrespondenz zwischen Harald Grieg und Knut Hamsun aus den Jahren 1925–1940.

Knut Hamsuns Werke

Der Rätselhafte (1877) (Jugendwerk)
Bjørger (1879) (Jugendwerk)
Vom Geistesleben des modernen Amerika (1889)
Hunger (1890)
Mysterien (1892)
Redakteur Lynge (1893)
Neue Erde (1893)
Pan (1894)
An des Reiches Pforten (1895) (Drama)
Spiel des Lebens (1896) (Drama)
Siesta (1897) (Erzählungen)
Abendröte (1898) (Drama)
Victoria (1898)
Munken Vendt (1902) (Dramatisches Gedicht)
Königin Tamara (1903) (Drama)
Gestrüpp (1903) (Erzählungen)
Im Märchenland (1903) (Reisebilder)
Schwärmer (1904)
Der wilde Chor (1904) (Gedichte)
Kämpfende Kräfte (1905) (Erzählungen)
Unter Herbststernen (1906)
Benoni (1908)
Rosa (1909)
Gedämpftes Saitenspiel (1909)
Vom Teufel geholt (1910) (Drama)
Die letzte Freude (1912)
Kinder ihrer Zeit (1913)
Die Stadt Segelfoß (1915)
Segen der Erde (1917)
Die Weiber am Brunnen (1920)
Das letzte Kapitel (1923)
Landstreicher (1927)
August Weltumsegler (1930)
Nach Jahr und Tag (1933)
Der Ring schließt sich (1936)
Auf überwachsenen Pfaden (1949)

Register